JN418495

譯註 毛詩正義 3

모시정의

전통문화연구회

國譯委員

責任飜譯　朴小東
共同飜譯　金文順 金容美 白廣寅 全哲權
常任原文校閱　吳圭根
潤　　文　朴勝珠 南賢熙
校　　訂　李承俊 田炳秀
出　　版　白俊哲 金主賢 崔多情
裝　　幀　김진디자인

國譯管理

管　　理　李和春
普　　及　徐源英

東洋古典現代化와 十三經注疏 譯註

본회가 東洋古典의 飜譯과 敎育, 情報化 등 古典現代化 사업을 시작한 지 어느덧 25년이 되었다. 그간 우리나라의 고전국역 상황을 보면, 東洋古典에 대한 번역문제는 1960년 중반에 한국고전번역을 정부에서 추진하면서 우선 四書五經 등 기본고전을 모범 번역하자는 논의가 있었지만 우리 고전이 아니라고 무산되었다.

1980년대에 韓國學 연구와 한국고전번역의 先決課題는 물론, 國際政治 관계나 經濟상의 이유로도 필요하다는 논의가 제기되었다. 그 후 1988년 본회가 발족하면서 東洋古典 번역을 착수하여, 1990년대 말경 본회에서 소위 '新注'의 四書三經을 註까지 懸吐完譯함으로써 東洋學과 韓國學徒들의 袖珍本이 되고 敎育界와 文化界까지 파급되었다.

그 후 본회 창립 20주년이 되면서 다시 동양고전현대화의 과제와 목표를 논의하면서, 단순한 韓國學의 선결과제를 넘어 東洋文化에 대한 源泉的이며 體系的인 檢討의 필요성이 대두되었으니, 이제 우리는 東洋文化의 先導的 역할을 담당할 준비를 갖추고 21세기에 先進文化强國 건설로 새 歷史를 이루자는 것이었다.

일반적으로 十三經은 核心的 儒家經典의 總稱이지만, 이는 東洋文化의 뿌리라 하겠다. 우리 역사상으로 十三經은 저 멀리 삼국시대에 이미 高句麗의 太學에서 기본 교과로 채택하였고, 百濟에서는 五經博士 制度를 두었고, 新羅 薛聰은 九經을 方言으로 읽었고, 高麗에서는 國子監이나 九齋學堂에서 교육하였으며, 朝鮮朝 成均館과 鄕校, 書堂과 書院에서는 四書五經 등을 교육하여 人材 등용과 국가정책에 절대적 영향을 끼쳤다.

이 十三經의 代表的 註釋書는 漢 · 唐時期의 '古注'라 일컬어지는 十三經注疏와, 그 후 宋代의 朱子的 世界觀이 반영된 '集註'와 '集傳' 등의 '新注'가 두 개의 軸이라 할 수 있다.

그런데 우리는 조선조에서부터 朱子學 일변도의 學風으로 경도되어, 그 偏向性이 오늘에까지 이르렀음은 심히 不幸이라 하겠다. 中國에서는 明 · 淸 시기에 訓詁學, 考證學이라는 學風이 일어 十三經注疏가 經學硏究의 標準이 되었고, 日本에서는 反朱子的 見解와 陽明學의 영향을 받아 明治維新 때 이미 漢文大系 등의 古典整理 사업으로 '古注' 연구가 一般化된 사실을 간과해서는 안 되겠다.

이에 東洋文化의 核心이라 할 수 있는 十三經注疏를 譯註하고, 이를 통해 우리 文化의 傳統에 대해 體系的으로 이해하고 復元함으로써, 그간 편협했던 학술 風土를 넘어 多樣性과 客觀性을 모색하고, 아울러 古典現代化의 水準을 높이고 融合的이고 自生的인 韓國學을 진작시켜야 할 것이다.

오늘날 중국과 일본에서 번역하지 못한 십삼경주소를 본회에서 130여 책으로 10년 안에 完譯하고, 이와 아울러 韓中日 三國의 東洋古典語彙 情報網을 구축함으로써, 우리의 東洋學과 韓國學 연구에 礎石과 架橋가 되어 우리나라가 先進文化强國으로 昇華되고 世界文化 발전에까지 기여하기를 기대한다.

이 十三經注疏의 번역은 三經과 三禮와 春秋三傳과 ≪論語≫, ≪孟子≫, ≪孝經≫, ≪爾雅≫ 등의 十三經을 經은 물론이요 注와 疏까지 譯註하는 것으로, 原典의 傳統性과 번역의 現代性을 기본으로 하여 漢學元老와 新進學者의 協同硏究飜譯으로 추진하고자 한다.

또한 註釋은 宋代의 소위 '新注'와 비교하고, 明淸代의 注와 韓國 先賢의 注와 見解, 그리고 日本의 注를 가급적 반영하며, 深度 있는 硏究解題를 하기로 하였다. 한편 古典의 우리식 讀解文法인 懸吐를 經과 注에 달고 방대한 疏에는 편의상 構文을 이해할 수 있는 標點을 달며, 經・注・疏 전체에 대한 內容索引을 할 계획이다.

끝으로 오랫동안 飜譯과 校閱에 종사하여 오신 元老漢學者와 10여 년 이상 漢學을 연수한 新進學者로서, 이 십삼경주소의 연구번역에 참여하여 難解한 注疏의 譯註에 헌신하시는 모든 분들께 무한한 감사를 드린다.

또한 고전현대화에 대한 政府의 지대한 關心과 支援에 감사를 드리며, 그간 직간접으로 지도편달하여 주신 학계와 교육계 및 문화계 인사 여러분께 심심한 謝意를 표하며, 앞으로도 따뜻한 관심과 엄정한 叱正을 부탁드리며 내내 평강과 행복을 기원한다.

社團法人 傳統文化硏究會 會長 李啓晃

凡例

1. 본서는 十三經注疏 중 ≪譯註 毛詩正義≫의 제3책이다.
2. 본서는 원전의 傳統性과 번역의 現代性을 구현하기 위해 노력하였다.
3. 본서의 底本은 阮元 校刻本 ≪毛詩正義≫(淸 嘉慶 21년(1816) 阮元 校刻 十三經注疏, 中華書局, 2009, 이하 '阮刻本'으로 약칭)로 하되, 北京大 整理本 ≪毛詩正義≫(十三經注疏整理委員會 整理, 北京大學出版社, 2000, 이하 '北京大本'으로 약칭)를 참고하였다.
4. 原文의 經과 각 시편의 序 및 毛亨의 傳과 鄭玄의 箋은 우리나라 전통 방식으로 懸吐하고, 疏는 經에 대한 字句 해석이 중심이므로, 본서에서도 간략하게 標點만 하였다.
5. 原文은 저본의 체제에 따라 經, 序, 傳, 箋, 疏를 구분하되, 經은 大字로 표기하고, 序, 傳, 箋, 疏는 【序】, 【傳】, 【箋】, 【疏】로 표시하여 구분하였다. 陸德明의 音義는 ○로 표시하여 箋이나 傳의 원문에 병기하고, 번역문은 ○를 붙여 별행하였다.
6. 저본은 卷 단위로 별면을 하였으나, 번역서에서는 독자의 편의를 위해 卷뿐만 아니라 周南・召南 등 각각의 風, 雅, 頌 단위로도 별면하였다. 또한 별면에는 '毛詩注疏卷第○(○之○)'과 '○○○○詁訓傳第○'도 함께 표기하였다.
7. 底本에는 詩의 제목이 표기되어 있지 않으나, 독자의 편의를 위하여 詩마다 제목을 표기하였다.
8. 原文의 分節은, 經과 序, 傳, 箋, 音義는 저본의 분절을 따르고 疏는 단락이 길 경우에 의미의 단락에 따라 역자 재량으로 분절하였다.
9. 글자의 음에 대한 저본의 反切 注는 생략하되, 문맥의 이해를 위해 필요한 경우는 살리고, 讀音이 특수하거나 僻字인 경우에는 원문의 해당 글자 뒤의 ( ) 속에 한글로 音을 달았다.
10. 疏에서 설명 대상으로 인용한 經, 序, 傳, 箋의 구절은 번역하지 않고 원문 그대로 쓰되, 뜻을 풀이하는 부분은 ' '로 묶어주었다.

 예 또 序에서 '勉之以正'이라 칭하였으니, 그렇다면 이는 庶人의 처가 아니요,……

11. 序에 대한 疏에서 범위를 지정한 부분의 편명에 붙어 있는 '몇 장 몇 구'는 편제상 편말에 기재되어 있으므로 원문에는 ( ) 안에 넣어 표기하고 번역문에서는 생략하였다.

   예 원문 – 【疏】'葛覃(三章章六句)'至'以婦道' ○ 正義曰：………

   예 번역문 – 序의 〔葛覃〕에서 〔以婦道〕까지

   ○ 正義曰：………

12. 飜譯은 原義에 충실하게 하되, 이해가 어려운 부분은 意譯 또는 補充譯을 하였다.

13. 經文의 번역은 毛亨의 傳을 위주로 하되 소략한 경우는 鄭玄의 箋을 따랐다.

14. 飜譯文은 한글과 漢字를 혼용하였으며, 맞춤법과 띄어쓰기는 한글 맞춤법과 표준어규정을 따르는 것을 원칙으로 하였다.

15. 譯註는 校勘, 異說, 인용문의 出典, 故事, 역사적 사건, 전문용어, 難解語, 人物, 制度, 官職 등에 관한 사항을 밝혔다.

16. 원문의 誤字, 脫字, 衍字, 倒文은 저본의 교감기를 반영하여 번역하고, "교감기에 따라 '○○(바로잡은 글자)'로 번역하였다."로 간략히 譯註하였다. 그 외에도 北京大本을 비롯한 여러 原典 자료를 참고하였으며 이를 譯註에 밝혔다.

17. 疏에서 공영달이 顔師古의 定本과 교감한 사항 중에 본 번역저본에 이미 반영되어 있어 의미가 없는 부분은 번역에서 제외하였다.

18. 본서의 校勘에 사용된 符號는 다음과 같다.

   ( )〔 〕: (저본의 誤字)〔교감한 正字〕

   〔 〕: 저본의 脫字 보충

   ( ): 저본의 衍字 표시

19. 본서에 사용된 주요 부호는 다음과 같다.

   " ": 對話, 각종 引用

   ' ': " " 안의 再引用, 强調

   「 」: ' ' 안의 再引用, 强調

   ( ): 原文에서의 讀音이 특수한 글자나 벽자의 音

   번역문에서의 간단한 역주

   〔 〕: 번역문과 뜻은 같으나 音이 다른 漢字나 句節

   疏에서 설명 대상으로 제시한 經이나 序·傳·箋의 단어나 구절

역주에서 인용한 原文

≪ ≫ : 書名, 典據

〈 〉 : 篇章名, 作品名 표기, 補充譯

【 】 : 序, 傳, 箋, 疏의 표시

○ : 저본에 사용된 단락 구분 표시 準用

陸德明의 音義 앞

20. 본서에서 사용된 標點符號는 다음과 같다.

. : 문장의 종결

, : 한 문장 안에서 句나 節의 구분이 필요한 곳

· : 대등한 명사나 구절의 병렬

“ ” : 인용

‘ ’ : “ ” 안의 재인용

「 」 : ‘ ’ 안의 재인용

: : ‘正義曰’ 뒤, ‘箋云……’의 번역문 앞, 주석의 제시어 뒤

參考文獻

◇ 底本

• ≪毛詩正義≫, 阮元(清) 校刻, 十三經注疏(清 嘉慶刊本), 中華書局, 2009.

◇ 주요 참고본

• ≪毛詩正義≫, 十三經注疏整理委員會 整理, 北京大學出版社, 2000.

◇ 十三經注疏

• ≪周易正義≫, 阮元(清) 校刻, 十三經注疏(清 嘉慶刊本), 中華書局, 2009.
• ≪尙書正義≫, 阮元(清) 校刻, 十三經注疏(清 嘉慶刊本), 中華書局, 2009.
• ≪周禮注疏≫, 阮元(清) 校刻, 十三經注疏(清 嘉慶刊本), 中華書局, 2009.
• ≪儀禮注疏≫, 阮元(清) 校刻, 十三經注疏(清 嘉慶刊本), 中華書局, 2009.
• ≪禮記正義≫, 阮元(清) 校刻, 十三經注疏(清 嘉慶刊本), 中華書局, 2009.
• ≪春秋左傳正義≫, 阮元(清) 校刻, 十三經注疏(清 嘉慶刊本), 中華書局, 2009.
• ≪春秋穀梁傳注疏≫, 阮元(清) 校刻, 十三經注疏(清 嘉慶刊本), 中華書局, 2009.
• ≪春秋公羊傳注疏≫, 阮元(清) 校刻, 十三經注疏(清 嘉慶刊本), 中華書局, 2009.
• ≪論語注疏≫, 阮元(清) 校刻, 十三經注疏(清 嘉慶刊本), 中華書局, 2009.
• ≪爾雅注疏≫, 阮元(清) 校刻, 十三經注疏(清 嘉慶刊本), 中華書局, 2009.
• ≪孟子注疏≫, 阮元(清) 校刻, 十三經注疏(清 嘉慶刊本), 中華書局, 2009.
• ≪孝經注疏≫, 阮元(清) 校刻, 十三經注疏(清 嘉慶刊本), 中華書局, 2009.

◇ 原典 및 字典類

• ≪經典釋文≫, 陸德明(唐), 文淵閣四庫全書 182, 商務印書館, 1983.
• ≪文獻學大辭典≫, 趙國璋・潘樹廣 主編, 廣陵書社, 2005.
• ≪本草綱目≫, 李時珍(明), 文淵閣四庫全書 772~773, 商務印書館, 1983.

- 《四庫全書總目提要》, 紀昀(淸) 總纂, 孟蓬生 外 點校, 河北人民出版社, 2000.
- 《四庫提要辨證》, 余嘉錫, 雲南人民出版社, 2004.
- 《說文解字》, 許愼(後漢), 文淵閣四庫全書 223, 商務印書館, 1983.
- 《說文解字注》, 段玉裁(淸), 上海古籍出版社, 2011.
- 《詩經講義》, 丁若鏞(朝鮮), 韓國文集叢刊 282, 民族文化推進會, 2002.
- 《詩經講義補遺》, 丁若鏞(朝鮮), 韓國文集叢刊 282, 民族文化推進會, 2002.
- 《詩經原始》, 方玉潤(淸) 撰, 李先耕 點校, 中華書局, 2006.
- 《王力古漢語字典》, 王力, 中華書局, 2005.
- 《前漢書》, 班固(後漢), 文淵閣四庫全書 249～250, 商務印書館, 1983.
- 《周禮正義》, 孫貽讓(淸), 續修四庫全書 82～84, 上海古籍出版社, 1995.
- 《中國官制大辭典》, 兪鹿年, 黑龍江人民出版社, 1998.
- 《中國歷代人名大辭典》, 張撝之外 主編, 上海古籍出版社, 1999.
- 《中國歷史紀年表》, 方時銘, 上海人民出版社, 2007.
- 《中國歷史大事典》, 張海鵬 主編, 山東大學出版部, 2000.
- 《春秋考徵》, 丁若鏞(朝鮮), 韓國文集叢刊 283, 民族文化推進會, 2002.
- 《春秋傳服氏注》, 服虔(後漢), 續修四庫全書 117, 上海古籍出版社, 1995.
- 《漢書補注》, 王先謙(淸), 上海古籍出版社, 2008.
- 《韓詩外傳》, 韓嬰(前漢), 영인본, 學民文化社, 1999.
- 《漢詩原流字典》, 谷衍奎, 華夏出版社, 2003.
- 《漢語大詞典》, 羅竹風 主編, 漢語大詞典出版社, 1995.

◇ 單行本類

- 《經學歷史》, 皮錫瑞(淸), 河洛圖書出版社, 1974.
- 《古代漢語》, 王力, 中華書局, 2004.
- 《國語全譯》, 黃永堂 譯注, 貴州人民出版社. 1995.
- 《論鄭玄詩譜的貢獻》, 王洲明, 人民文學出版社, 1986.
- 《毛詩・尙書》, 漢文大系, 新文豐出版有限公司, 1996.
- 《毛詩李黃集解》, 李樗(宋)・黃櫄(宋), 編錄者 未詳, 文淵閣四庫全書, 臺灣商務印書館, 1982.
- 《毛詩傳箋通釋》, 馬瑞辰(淸) 撰, 陳金生 點校, 中華書局, 2004.

- ≪毛詩鄭箋≫, 鄭玄(後漢), 中華書局, 1979.
- ≪說文解字今釋≫ 上・下, 湯可敬, 岳鹿書社, 2002.
- ≪詩經名物新證≫, 揚之水, 北京古籍出版社, 2000.
- ≪詩經研究史概要≫, 夏傳才, 淸華大學出版社, 2007.
- ≪詩三家義集疏≫, 王先謙(淸), 中華書局, 1987.
- ≪詩集傳≫, 朱熹(宋), 臺灣中華書局, 1973.
- ≪鄭玄詩箋例釋≫, 周國瑞, 殷都學刊, 1989.

◇ 研究論著 및 飜譯書

〔韓國〕

- 〈≪四書集註≫의 ≪詩經≫引用詩 註解와 ≪詩集傳≫註解 比較研究〉, 박순철, ≪中國人文科學≫ 50집, 2012.
- ≪詩經≫의 음악성에 대한 조선시대 학자들의 논의와 활용〉, 김수경, ≪中國語文論叢≫ 5집, 2012.
- ≪詩經集傳≫, 成百曉 譯註, 傳統文化研究會, 1999.
- 〈韓國 經學研究의 回顧와 展望〉, 최석기, ≪大東漢文學≫ 19집, 2003.
- 〈한국의 시경론〉, 李炳燦, 단국대학교 박사학위논문, 2001.
- ≪漢文學과 詩經論≫, 沈慶昊, 一志社, 1999.
- 〈≪韓詩外傳≫에 관한 고찰(1)〉, 宋熹準, ≪중국어문학≫ 40집, 2002.
- 〈鄭衆의 ≪草木鳥獸, 皆興辭≫ 考察 : ≪毛詩傳≫・≪鄭箋≫과 ≪孔疏≫를 中心으로〉, 安性栽, ≪중국학≫ 39집, 2011.
- 〈鄭玄 ≪毛詩鄭箋≫ 釋例와 詩經學上의 貢獻〉, 李康範, ≪시경연구≫ 1집, 1999.
- 〈조선 실학시대 君臣間의 학문활동 : ≪詩經講義≫를 통해 본 正祖와 丁若鏞의경우〉, 한예원, ≪남명학연구≫ 6집, 2003.
- 〈朱熹 ≪詩集傳≫〈북풍〉新舊傳 비교 연구(上)〉, 李再薰, ≪中國語文論叢≫ 26집, 2004.
- ≪春秋左氏傳≫, 鄭太鉉 譯註, 傳統文化研究會, 2014.

〔中國〕

- ≪經學歷史≫, 皮錫瑞(淸), 河洛圖書出版社, 1974.
- ≪古代漢語≫, 王力, 中華書局, 2004.

- ≪國語全譯≫, 黃永堂 譯注, 貴州人民出版社. 1995.
- ≪論鄭玄詩譜的貢獻≫, 王洲明, 人民文學出版社, 1986.
- ≪毛詩・尙書≫, 漢文大系, 新文豐出版有限公司, 1996.
- ≪毛詩李黃集解≫, 李樗(宋)・黃櫄(宋), 編錄者 未詳, 文淵閣四庫全書, 臺灣商務印書館, 1982.
- ≪毛詩傳箋通釋≫, 馬瑞辰(淸) 撰, 陳金生 點校, 中華書局, 2004.
- ≪毛詩鄭箋≫, 鄭玄(後漢), 中華書局, 1979.
- ≪說文解字今釋≫ 上・下, 湯可敬, 岳鹿書社, 2002.
- ≪詩經名物新證≫, 揚之水, 北京古籍出版社, 2000.
- ≪詩經硏究史槪要≫, 夏傳才, 淸華大學出版社, 2007.
- ≪詩三家義集疏≫, 王先謙(淸), 中華書局, 1987.
- ≪詩集傳≫, 朱熹(宋), 臺灣中華書局, 1973.
- ≪鄭玄詩箋例釋≫, 周國瑞, 殷都學刊, 1989.

〔日本〕

- ≪『毛詩』の文獻學的硏究ー出土文獻との比較を中心に≫, 藪敏裕, 汲古書院, 2020
- ≪毛詩正義譯注≫1, 岡村繁, 中國書店, 1986.
- ≪毛詩正義硏究≫, 田中和夫, 白帝社, 2003
- 〈毛詩正義引書索引〉, 野間文史, 廣島大學大學院文學硏究科論集 66卷 特輯号 1, 廣島大學大學院文學硏究科, 2006
- ≪毛詩注疏譯注 小雅≫1,2,3 田中和夫, 白帝社, 2010/2013/2019.
- ≪『詩經』興詞硏究≫, 福本郁子, 硏文出版, 2012.

〔英美〕

- *A Guide to Chinese Literature*, Wilt L. Idema, University of Michigan Press, 1997.
- *Book of Songs (Shi-Jing): A New Translation of Selected Poems from the Ancient Chinese Anthology*, James Trapp, Amber Books Limited, 2021.
- *Chinese Theories of Reading and Writing : A Route to Hermeneutics and*

Open Poetics, Ming Dong Gu, State University of New York Press, 2005.

- *Love and War in Ancient China: Voices from the Shijing,* William S-Y. WANG, City University of Hong Kong Press, 2013.
- *The Book of Songs,* Arthur Waley, Routledge, 2005.
- *The Language of the Book of Songs,* W. A. C. H. Dobson, University of Toronto Press, 1968.
- *The Making of Early Chinese Classical Poetry,* Stephen Owen, Harvard University Asia Center, 2006.
- *The Shaping of the Book of Songs: From Ritualization to Secularization,* Zhi Chen, Institut Monumenta Serica, 2007.

◇ 도판 자료

- ≪毛詩名物圖說≫, 徐鼎(淸), 辛卯年刊本.
- ≪毛詩品物圖攷≫, 岡元鳳(日) 纂輯, 新世紀出版社, 1975.
- ≪三才圖會≫, 王圻(明) 外, 上海古籍出版社, 2005.
- ≪宋板六經圖≫, 臺北 : 未詳, 1987.
- ≪新政三禮圖≫, 聶崇義(宋), 康熙 12年(1673) 通知堂刊本.
- ≪五經圖彙≫, 松本幻憲(日) 編, 寛政 3年(1791) 刊本.
- ≪禮器圖≫ - 漢文大系本.
- ≪六經圖≫ - 四庫全書本.
- ≪六經圖考≫ - 禮耕堂重訂本.
- ≪陸氏草木鳥獸蟲魚疏圖解≫, 淵在寬(日), 安永 8年(1779) 京都書肆刊本.

◇ 電子文獻 및 Web DB

- CD-ROM 中國基本古籍庫
- 동양고전종합DB (http://db.cyberseodang.or.kr)
- 상우천고 (http://www.s-sangwoo.kr)
- 이체자정보검색 (http://db.itkc.or.kr/DCH/)
- 電子版 文淵閣四庫全書, 上海古籍出版社.
- 한국고전종합DB (http://db.itkc.or.kr)

目 次

毛詩注疏 卷第三(三之二)

鄘柏舟詁訓傳 第四

毛詩國風　鄭氏箋　孔穎達疏

蝃蝀(체동)

【序】 蝃蝀은 止奔也라 衛文公이 能以道化其民하니 淫奔之恥를 國人不齒也라

〈蝃蝀〉은 음란한 짓을 그친 것을 읊은 시이다.

衛 文公이 바른 道로 백성을 교화하니 음란하여 부끄러운 짓을 한 자를 나라 사람들이 어울려주지 않은 것이다.

【箋】 不齒者는 不與相長稚라 ○ 蝃蝀은 爾雅에 作螮(체)蝀이라

不齒는 더불어 서로 아는 체하지 않는 것이다.

○ 蝃蝀은 《爾雅》〈釋天〉에는 '螮蝀'으로 되어 있다.

【疏】 '蝃蝀(三章章四句)'至'不齒' ○ 正義曰：作'蝃蝀'詩者, 言能止當時之淫奔. 衛文公以道化其民, 使皆知禮法, 以淫奔者爲恥, 其有淫之恥者, 國人皆能惡(오)之, 不與之爲齒列相長稚, 故人皆恥之而自止也.

序의 〔蝃蝀〕에서 〔不齒〕까지

○ 正義曰：〈蝃蝀〉의 시를 지은 것은, 당시의 음란한 짓을 그치게 한 것을 말한다.

위 문공이 바른 도로 백성을 교화하여 모두 禮法을 알아 음란한 짓을 수치로 여기게 하자, 음란을 하여 수치스러움이 있는 자를 백성들이 모두가 미워하여 서로 아는 대열에 끼워주지 않았다. 그리하여 사람들이 모두 부끄러워하여 스스로 그친 것이다.

蝃蝀在東하니 **莫之敢指**로다

동쪽에 뜬 무지개
감히 손가락질 못하네

【傳】 蝃蝀은 虹也라 夫婦過禮하면 則虹氣盛하니 君子見戒而懼諱之하고 莫之敢指라

蝃蝀은 '무지개'이다. 부부가 예에 어긋나면 무지개의 기운이 성해지는데, 君子가 이 警戒를 보고 두려워하여 피하고 감히 손가락질하지 못한 것이다.

【箋】 箋云 虹은 天氣之戒어늘 尙無敢指者어든 況淫奔之女를 誰敢視之리오

箋云 : 무지개는 天氣의 경계인데도 오히려 감히 손가락질하는 자가 없는데, 더구나 음란한 여인을 누가 감히 쳐다보겠는가.

女子有行하니 遠父母兄弟니라

여인 시집가는 도리 있으니
부모형제 멀리함이라네

【箋】 箋云 行은 道也라 婦人은 生而有適人之道하니 何憂於不嫁하여 而爲淫奔之過乎아하니 惡(오)之甚이라

箋云 : 行은 道이다. '여인은 나면서부터 사내에게 시집갈 道理가 있는데, 어찌 시집가지 못할 것을 걱정하여 음란한 잘못을 하는가.'라고 하였으니, 매우 미워한 것이다.

【疏】 '蝃蝀'至'兄弟' ○ 正義曰 : 此惡淫奔之辭也. 言虹氣見(현)於東方, 爲夫婦過禮之戒, 君子之人, 尙莫之敢指而視之, 況今淫奔之女, 見(현)爲過惡, 我誰敢視之也. 旣惡淫奔之女, 因卽就而責之, 言女子有適人之道, 當自遠其父母兄弟, 於理當嫁, 何憂於不嫁, 而爲淫奔之過惡乎.

經의 〔蝃蝀〕에서 〔兄弟〕까지

○ 正義曰 : 이는 음란한 짓을 미워한 말이다. '무지개의 기운이 동방에 나타나는 것은 禮를 잘못한 부부 때문에 내린 경계인데도 군자가 오히려 감히 손가락질하여 보지 못하는데, 하물며 지금 음란한 여인이 버젓이 나쁜 짓을 하니 내 어찌 감히 보겠는가.'라고

한 것이다. 음란한 여인을 미워하기 때문에 곧 가서 '여인에는 사내에게 시집가는 도리가 있으니, 당연히 자기의 부모형제를 멀리하여 도리에 맞게 시집가야 하는데, 어찌 시집가지 못할 것을 걱정하여 음란한 나쁜 짓을 하는가.'라고 꾸짖은 것이다.

【疏】 傳'蝃蝀'至'敢指' ○ 正義曰：釋天云"螮蝀, 謂之雩(우), 螮蝀, 虹也." 郭璞曰"俗名爲美人." 音義云"虹, 雙出, 色鮮盛者爲雄, 雄曰虹, 闇者爲雌, 雌曰蜺." 此與爾雅字小異, 音實同, 是爲虹也. 序云'止奔', 而經云'莫之敢指', 是虹爲淫戒, 故言'夫婦過禮則虹氣盛'也.

傳의 〔蝃蝀〕에서 〔敢指〕까지

○ 正義曰：≪爾雅≫ 〈釋天〉에는 "螮蝀은 무지개〔雩〕를 말하니, 螮蝀은 '虹'이다."라고 하였는데, 郭璞은 "〈螮蝀의〉 속칭은 美人이다."라고 하고, 陸德明의 ≪音義≫에는 "虹은 쌍으로 뜨는데, 색이 매우 선명한 것이 수컷이니 수컷을 '虹'이라고 부르고, 어두운 것이 암컷이니 암컷을 '蜺'라고 부른다."라고 하였으니, 이 〈蝃는〉 ≪이아≫의 〈螮〉와 글자는 조금 다르나 음은 실제 같으니, 이는 虹이다. 序에서 '止奔'이라고 하고 經文에서 '莫之敢指'라고 하였으니, 이는 무지개를 음란에 대한 경계로 여긴 것이다. 그리하여 '부부가 예에 어긋나면 무지개의 기운이 성해진다.〔夫婦過禮 則虹氣盛〕'라고 한 것이다.

【疏】 '夫婦過禮', 謂不以道, 妄淫行夫婦之事也. 月令, "孟冬, 虹藏不見(현)." 則十月以前, 當自有虹. 言由夫婦過禮者, 天垂象, 因事以見(현)戒, 且由過禮而氣更(갱)盛, 不謂凡平無虹也. 以天見戒, 故君子見而懼諱自戒. '懼諱', 惡此由淫過所致, 不敢指而視之, 若指而視之, 則似慢天之戒, 不以淫爲懼諱然, 故莫之敢指也.

'夫婦過禮'는 바른 도리로 하지 않고 제멋대로 夫婦의 일을 음란하게 행한 것을 말한다. ≪禮記≫ 〈月令〉에 "孟冬에는 무지개가 숨고 나오지 않는다."라고 하였으니, 그렇다면 10월 이전에는 당연히 무지개가 있는 것이다. 禮를 잘못한 부부 때문에 하늘이 상징을 보인 것이니, 일을 통하여 警戒를 나타내고 또 예를 잘못함으로 인하여 氣가 더욱 왕성해짐을 말한 것이지, 평소에 무지개가 없다고 말한 것은 아니다. 하늘이 경계를 나타냈기 때문에 군자가 보고 두려워하고 피하여 스스로 경계한 것이다.

'懼諱'는 이것이 음란한 잘못에서 초래한 것임을 미워하여 감히 손가락질하여 보지 못한 것이니, 만약 손가락질하여 본다면 마치 하늘의 경계를 무시하여 음란함을 두려워하고 피하지 않은 것과 같다. 그리하여 감히 손가락질하지 못한 것이다.

朝隮于西러니 崇朝其雨로다

이른 아침 무지개 서쪽에 뜨더니
아침 먹을 때엔 비 내리네

【傳】 隮는 升이요 崇은 終也라 從旦至食時 爲終朝라

隮는 '오름'이고, 崇은 '끝'이다. 먼동이 틀 때부터 밥 먹을 때까지가 終朝이다.

【箋】 箋云 朝有升氣於西方이면 終其朝則雨하니 氣應自然이니 以言婦人生而有適人之道도 亦性自然이라 ○ 隮는 鄭注周禮云 隮는 虹이라 應은 應對之應이라

箋云 : 이른 아침에 무지개〔氣〕가 서쪽에서 뜨면 아침이 끝나갈 즈음에는 비가 내리니, 자연스런 氣의 대응이다. 이를 가지고 부인이 나면서부터 남에게 시집가는 도리가 있음도 천성이 본래 그러한 것임을 말한 것이다.

○ 隮에 대해서 鄭玄은 ≪周禮≫ 〈春官 眡祲〉의 注에서 "隮는 虹이다."라고 하였다. 應은 응대할 때의 應이다.

女子有行하니 遠兄弟父母니라

여인 시집가는 도리 있으니
형제부모 멀리함이라네

【疏】 '朝隮'至'父母' ○ 正義曰 : 言朝有升氣於西方, 終朝, 其必有雨. 有隮氣, 必有雨者, 是氣應自然, 以興女子生, 則必當嫁, 亦性自然矣. 故又責之, 言女子生有適人之道, 遠其兄弟父母, 何患於不嫁而爲淫奔乎.

經의 〔朝隮〕에서 〔父母〕까지

○ 正義曰 : '이른 아침에 무지개가 서쪽에 뜨면, 아침이 끝날 때에는 반드시 비가 내

린다. 무지개가 뜨면 반드시 비가 내리는 것은 바로 자연스런 기의 대응'임을 말하여, 여인이 태어나면 반드시 시집가는 것도 천성이 본래 그러함을 興한 것이다. 그리하여 또 책망하여 '여인은 나면서부터 사내에게 시집가는 도리가 있어, 자기의 형제부모를 멀리하는 것인데, 어찌 시집 못 갈 것을 걱정하여 음란한 짓을 하는가.'라고 한 것이다.

【疏】 傳'從旦'至'終朝' ○ 正義曰：以朝者, 早旦之名, 故爾雅, "山東曰朝陽." 今言終朝, 故至食時矣. 左傳曰"子文治兵, 終朝而畢, 子玉終日而畢.[1)]" 是終朝, 非竟日也.

1) 子文治兵……子玉終日而畢：子文과 子玉이 治兵한 일로 '終朝'와 '終日'의 뜻을 설명한 것이다. ≪春秋左氏傳≫ 僖公 27년에 城濮의 전쟁에서 "楚子가 宋나라를 포위하려고 子文에게 睽에서 治兵하게 하니 아침 먹을 즈음〔終朝〕에 마치고 한 사람도 죽이지 않았다. 子玉에게 다시 蔿에서 治兵하게 하니 해가 질 무렵〔終日〕에 마쳤다.〔楚子將圍宋 使子文治兵於睽 終朝而畢 不戮一人 子玉 復治兵於蔿 終日而畢〕"라고 하였다.

傳의 〔從旦〕에서 〔終朝〕까지

○ 正義曰：'朝'는 이른 아침의 뜻이다. 그리하여 ≪爾雅≫에서 "산 동쪽을 朝陽이라 부른다."라고 한 것이다. 지금 '終朝'라고 하였으니 아침밥 먹을 때가 된 것이다. ≪春秋左氏傳≫ 僖公 27년에 "子文은 治兵을 '終朝'에 마치고, 子玉은 '終日'에 마쳤다."라고 하였으니, 이 終朝는 온종일이 아닌 것이다.

【疏】 箋'朝有'至'自然' ○ 正義曰：眡祲(침)注云 "隮, 虹也. 詩云'朝隮于西.'" 則隮亦虹也. 言升氣者, 以隮, 升也, 由升氣所爲, 故號虹爲隮, 鄭司農亦云 "隮者, 升氣." 是也. 上'蝃蝀 虹也', 色青赤, 因雲而見(현), 此言雨徵, 則與彼同也. 眡祲, '掌十煇(운)之法, 以觀妖祥'[1)], 注云 "煇, 謂日光氣也." 則隮亦日之光氣矣. 蝃蝀亦日光氣, 但日在東, 則虹見西方, 日在西方, 虹見東方, 無在日傍之時. 鄭注周禮, 見隮與此同, 故引以證, 非謂此爲妖祥也.

1) 眡祲……以觀妖祥：眡祲(眡祲)은, 十煇의 법으로 나쁘고 좋은 조짐을 살펴서 길흉을 구분하는 직책이다. 십운은, 해 곁에 퍼지는 열 가지 기운의 형상을 말한다. 첫 번째는 祲이니 陰과 陽의 기운이 서로 침범한 것으로 붉은 구름을 陽, 검은 구름을 陰이라고 하고, 두 번째는 象이니 붉은 까마귀와 같고, 세 번째는 鑴이니 해 곁에 구름이 해를 찌르는 모습이고, 네 번째는 監이니 해 곁에 붉은 구름이 冠과 끈처럼 걸려 있는 것이고, 다

섯 번째는 闇이니 일식・월식이고, 여섯 번째는 瞢이니 해와 달이 빛이 없는 것이고, 일곱 번째는 彌이니 구름이 해를 꿰뚫어 지나가는 것이고, 여덟 번째는 敘이니 구름이 해 위에 산처럼 가지런하게 떠있는 것이고, 아홉 번째는 隮니 무지개이고, 열 번째는 想이니 어떤 모양을 상상하게 하는 雜氣이다.(≪周禮≫ 〈春官 宗伯 眡祲〉의 注≫)

箋의 〔朝有〕에서 〔自然〕까지

○ 正義曰 : ≪周禮≫ 〈春官 宗伯 眡祲〉의 注에, "隮는 무지개이다. ≪詩經≫에 '이른 아침 무지개 서쪽에 뜨더니'라고 하였다."라고 하였으니, 隮도 무지개이다. '升氣'라고 한 것은, 隮는 '올라감'인데 기가 올라가서 이루어진 것이기 때문이다. 그리하여 虹을 隮로 부른 것이니, 鄭司農(鄭衆)도 "隮는 升氣이다."라고 한 것이 이것이다. 위 〈傳의〉 '蝃蝀 虹也'는 청색과 적색이 구름으로 인해 나타나서이니, 여기의 〈箋에서〉 말하는 '비의 징조'는 곧 이 〈虹과〉 마찬가지이다.

〈眡祲〉에 '十煇의 法을 관장하여 妖祥을 살핀다.'라고 한 것의 注에 "煇(운)은 햇살이 퍼지는 기운을 말한다."라고 하였으니, 그렇다면 隮도 햇살이 퍼지는 기운이다. 蝃蝀도 햇살이 퍼지는 기운인데, 다만 해가 동쪽에 있으면 무지개가 서쪽에 나타나고, 해가 서쪽에 있으면 무지개가 동쪽에 나타나 해의 옆에 있는 때는 없다. 鄭玄은 ≪周禮≫의 注에서 '隮'를 여기와 같은 것으로 여겼다. 그리하여 인용하여 증명한 것이지, 이것을 '妖祥'이라고 여긴 것이 아니다.

乃如之人也여 懷昏姻也아

이처럼 음란한 여인
혼인을 생각하는가

【傳】 乃如는 是淫奔之人也라

乃如는 음란한 사람이다.

【箋】 箋云 懷는 思也니 乃如是之人이 思昏姻之事乎아하니 言其淫奔之過惡之大라

箋云 : 懷는 '생각함'이니, '이러한 여인도 혼인의 일을 생각하는가.'라고 한 것이니, 음란이 큰 잘못임을 말한 것이다.

大(태)**無信也**요 **不知命也**로다

너무나 信義 없고
명을 알지 못하네

【傳】 不待命也라

〈부모의〉 명을 기다리지 않은 것이다.

【箋】 箋云 淫奔之女 大無貞絜之信하고 又不知昏姻은 當待父母之命이라하니 惡(오)之也라

箋云 : '음란한 여인이 전혀 정결한 신의가 없고, 또 혼인은 부모의 명을 기다려야 함을 모른다.'라는 것이니, 미워한 것이다.

蝃蝀三章이니 **章四句**라

〈蝃蝀〉 3章이니 章마다 4句이다.

相鼠(상서)

【序】 **相鼠**는 **刺無禮也**라 **衛文公**이 **能正其群臣**이나 **而刺在位承先君之化**하여 **無禮儀也**라

〈相鼠〉는 無禮를 풍자한 시이다.

衛 文公이 여러 신하들을 바르게 하였다. 그러나 지위에 있는 자들이 선대 군주의 나쁜 풍습에 물들어 禮에 걸맞은 행동이 없음을 풍자한 것이다.

【疏】 '相鼠(三章章四句)'至'禮儀' ○ 正義曰 : 作相鼠詩者, 刺無禮也. 由衛文公, 能正其群臣, 使有禮儀, 故刺其在位有承先君之化無禮儀者. 由文公能化之, 使有禮, 而刺其無禮者, 所以美文公也. 凱風美孝子而反以刺君, 此刺無禮而反以美君, 作者之本意然也.

在位無禮儀, 文公不黜之者, 以其承先君之化, 弊風未革, 身無大罪, 不可廢之故也.

序의 〔相鼠〕에서 〔禮儀〕까지

○ 正義曰 : 〈相鼠〉 시를 지은 것은 無禮를 풍자한 것이다.

衛 文公이 신하들을 바르게 하여 예에 걸맞은 행동을 하게 하였다. 그리하여 지위에 있는 자들이 선대 군주의 나쁜 풍습에 물들어 禮에 걸맞은 행동이 없는 것을 풍자한 것이다. 文公이 잘 교화하여 예의가 있게 하였는데, 無禮를 풍자한 것은 문공을 찬미한 것이다. 〈邶風 凱風〉편은 효자를 찬미하면서 도리어 군주를 풍자한 것인데, 여기서는 무례를 풍자하면서 도리어 군주를 찬미하였으니, 이는 작자의 본래 생각이 그러한 것이다. 문공이 禮에 걸맞은 행동 없이 지위에 있는 자들을 내쫓지 않은 것은, 그들이 선대 군주의 나쁜 풍습을 이어받아 잘못된 풍습을 아직 고치지는 못하였으나 자신에게는 큰 죄가 없어 내쫓을 수 없었기 때문이다.

相鼠有皮어늘 人而無儀아

쥐에게도 가죽 있는데
사람이 바른 행동 없으랴

【傳】 相은 視也라 無禮儀者 雖居尊位나 猶爲闇昧之行이라

相은 '보는 것'이다. 禮에 걸맞은 행동이 없는 자가, 비록 존귀한 자리에 있지만 오히려 〈예에〉 어두운 행동을 한 것이다.

【箋】 箋云 儀는 威儀也라 視鼠有皮어늘 雖處高顯之處나 偸食苟得하고 不知廉恥하니 亦與人無威儀者同이라

箋云 : 儀는 품위 있는 행동이다. 쥐를 보니 가죽이 있는데, 비록 높은 곳에 살면서도 구차히 먹이를 도둑질하여 먹으면서 염치를 알지 못하니, 역시 사람으로서 품위 있는 행동이 없는 자와 같은 것이다.

人而無儀하니 不死何爲오

사람이 바른 행동 없으니
죽지 않으면 무엇하랴

【箋】 箋云 人以有威儀爲貴어늘 今反無之하여 傷化敗俗하니 不如其死無所害也라

箋云 : 사람은 품위 있는 행동이 있음을 귀하게 여기는데, 지금 도리어 없어 교화와 풍속을 손상케 하니, 죽어서 해가 없게 하는 것만 못한 것이다.

【疏】 '相鼠'至'何爲' ○ 正義曰 : 文公, 能正其群臣, 而在位猶有無禮者, 故刺之, 視鼠有皮, 猶人之無儀, 何則. 人有皮, 鼠亦有皮, 鼠猶無儀, 故可恥也, 人無禮儀, 何異於鼠乎. 人以有威儀爲貴, 人而無儀, 則傷化敗俗, 此人不死何爲, 若死則無害也.

經의 〔相鼠〕에서 〔何爲〕까지

○ 正義曰 : 文公이 여러 신하들을 바르게 하였는데도, 지위에 있는 자들 중에 여전히 無禮한 자가 있었다. 그리하여 풍자하여 '가죽이 있는 쥐를 보니 위의가 없는 사람과 같았다. 어째서인가? 사람도 피부가 있고 쥐도 가죽이 있는데 쥐는 오히려 위의가 없다. 그리하여 부끄러울 만하다. 그러니 사람으로서 예에 걸맞은 행동이 없다면 쥐와 무엇이 다르겠는가. 사람은 품위 있는 행동이 있는 것을 귀하게 여기는데, 사람으로서 품위 있는 행동이 없다면 교화와 풍속을 손상케 할 뿐이니, 이런 사람은 죽지 않으면 무엇을 하겠는가. 죽는다면 해가 없을 것이다.'라고 한 것이다.

【疏】 箋'視鼠'至'者同' ○ 正義曰 : 大夫雖居尊位, 爲闇昧之行, 無禮儀而可惡(오), 猶鼠處高顯之居, 偸食苟得, 不知廉恥. 鼠無廉恥, 與人無禮儀者同, 故喩焉. 以傳曰'雖居尊位', 故箋言'雖處高顯之居', 以對之.

箋의 〔視鼠〕에서 〔者同〕까지

○ 正義曰 : 大夫가 비록 존귀한 자리에 있을지라도 예에 어두운 행동을 하여 예에 걸맞은 행동이 없어 미워할 만하니, 마치 쥐가 높은 곳에 살면서도 먹이를 도둑질하여 구차하게 먹으면서 염치를 모르는 것과 같다. 쥐가 염치없는 것과 사람이 예의 없는 것이 같다. 그리하여 비유한 것이다. 傳에서 '雖居尊位'라고 하였기 때문에 箋에서 '雖處高顯之居'라고 하여 대응한 것이다.

相鼠有齒어늘 **人而無止**아

쥐에게도 이가 있는데
사람이 그칠 곳이 없으랴

【傳】 止는 所止息也라

止는 '그치는 것'이다.

【箋】 箋云 止는 容止라 孝經曰 容止可觀이라하니 無止(韓詩止節)〔則雖居尊〕[1)]이나 無禮節也라

1) (韓詩止節)〔則雖居尊〕: 저본의 교감기에 따라 '則雖居尊'으로 번역하였다.

箋云 : 止는 '몸가짐'이다. ≪孝經≫ 〈聖治〉에 "몸가짐 볼만하다."라고 하였으니, 올바른 몸가짐이 없으면 비록 존귀한 자리에 있더라도 예절이 없는 것이다.

人而無止하니 **不死何俟**오

사람이 그침이 없으니
죽지 않으면 무얼 기다릴까

【傳】 俟는 待也라

俟는 '기다림'이다.

相鼠有體어늘

쥐에게도 사지가 있는데

【傳】 體는 支體也라

體는 '사지'이다.

【疏】 傳'體 支體' ○ 正義曰 : 上云'有皮'・'有齒', 已指體言之, 明此言體, 非徧(변)體也,

故爲'支體'.

傳의 〔體 支體〕

○ 正義曰 : 위에서 '有皮'와 '有齒'를 말하여 이미 몸을 가리켜 말하였으니, 여기서 말한 體는 분명 신체 전부가 아니다. 그리하여 '支體'라고 한 것이다.

人而無禮아 **人而無禮**하니 **胡不遄**(천)**死**오

사람이 禮가 없으랴
사람이 예가 없으니
어찌 빨리 죽지 않는고

【傳】 遄은 速也라

遄은 '빨리'이다

相鼠三章이니 **章四句**라

〈相鼠〉 3章이니 章마다 4句이다.

干旄(간모)

【序】 **干旄**는 **美好善也**라 **衛文公臣子多好善**하니 **賢者樂告以善道也**라

〈干旄〉는 善을 좋아함을 찬미한 시이다.

衛 文公의 신하 중에 선을 좋아한 자가 많으니, 현자가 善道로 즐겁게 고해준 것이다.

【箋】 賢者는 時處士也라

賢者는 당시의 處士이다.

【疏】 '干旄(三章章六句)'至'善道' ○ 正義曰 : 作干旄詩者, 美好善也. 衛文公臣子多好

善, 故處士賢者, 樂告之以善道也. 毛以爲"此敍其由臣子多好善, 故賢者樂告以善道, 經三章, 皆陳賢者樂告以善道之事", 鄭以"三章皆上四句, 言文公臣子建旄乘馬, 數(삭)往見賢者於浚邑, 是好善, 見(현)其好善, 下二句, 言賢者樂告以善道也."

序의 〔干旄〕에서 〔善道〕까지

○ 正義曰 : 〈干旄〉 시를 지은 것은 선을 좋아함을 찬미한 것이다.

衛 文公의 신하 중에 선을 좋아한 자가 많았다. 그리하여 현자인 處士가 선도로 즐겁게 고해준 것이다. 毛亨은 "이 시는 신하 중에 선을 좋아한 자가 많았기 때문에 현자가 선도로 즐겁게 고해준 것을 서술한 것이니, 經文의 세 장이 모두 현자가 선도로 즐겁게 고해준 일을 기술한 것이다."라고 여기고, 鄭玄은 "세 장 모두 위 4구는 文公의 신하들이 깃발을 꽂고 말을 타고서 浚邑으로 자주 찾아가서 현자를 만나보았음을 말하였으니, 이는 선을 좋아함이니 그들이 선을 좋아함을 나타낸 것이고, 아래 2구는 현자가 선도로 즐겁게 고해준 것을 말한 것"으로 여긴 것이다.

【疏】 箋'賢者時處士' ○ 正義曰 : 以臣子好善, 賢者告之, 則賢者非臣子, 故云'處士'也. 士者, 男子之大稱, 言處者, 處家未仕爲官. 鄕飮酒註云"賓・介, 處士賢者, 鄕大夫賓之, 以獻於君."[1] 是未仕也.

1) 鄕飮酒註云……以獻於君 : 옛날 鄕大夫가 군주에게 士를 천거하는 일이다. ≪儀禮≫ 〈鄕飮酒禮〉에 의하면 향대부가 벼슬에서 물러나 후학을 가르치는 선생에게 가서 賓과 介가 될 만한 자를 상의하여, 현자를 賓으로, 그 다음을 介로, 그다음을 衆賓으로 삼아 그들과 禮로 술을 함께 마시고 군주에게 천거하는 제도이다.

箋의 〔賢者 時處士〕

○ 正義曰 : 신하가 선을 좋아하기 때문에 현자가 고해준 것이니, 그렇다면 현자는 신하가 아니다. 그리하여 '處士'라고 한 것이다. '士'는 남자의 존칭이고, '處'는 집에 있으면서 아직 벼슬하지 않은 것을 말한다. ≪儀禮≫ 〈鄕飮酒禮〉의 注에 "賓과 介로서 處士인 현자를 鄕大夫가 賓으로 대우하여 군주에게 천거한다."라고 하였으니, 이는 아직 벼슬하지 않은 것이다.

孑孑干旄여 在浚之郊로다

우뚝 세운 쇠꼬리 旗
浚邑 교외에 있네

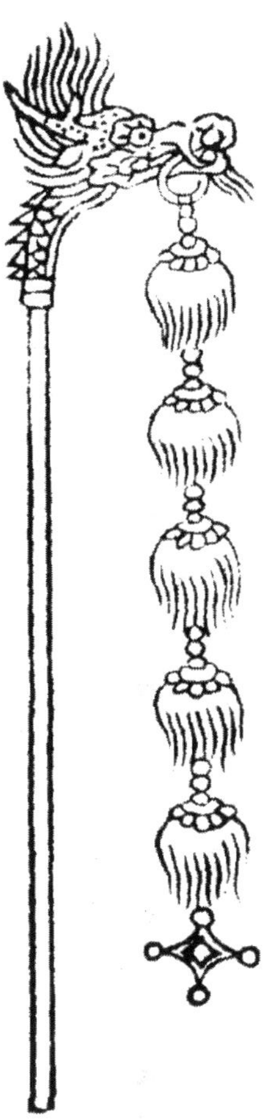
干旄(≪五經圖彙≫)

【傳】 孑孑은 干旄之貌라 注旄於干首니 大夫之旃(전)也라 浚은 衛邑이라 古者에 臣有大功이면 世其官邑이라 郊外曰野라

孑孑은 '干旄의 모습'이다. 깃대의 꼭대기에 쇠꼬리를 드리운 것이니, 大夫의 旗이다. 浚은 衛의 읍이다. 옛날 신하에게 큰 공이 있으면 官邑을 세습하였다. 교외를 '野'라고 한다.

【箋】 箋云 周禮에 孤卿[1]建旃하고 大夫建物[2]이라하니 首皆注旄焉이라 時有建此旄하고 來至浚之郊하니 卿大夫好善也라 ○ 通帛爲旃이라

1) 孤卿 : 太師, 太傅, 太保 등 三公의 副官인 少師, 少傅, 少保에 대한 통칭이다.(≪周禮≫ 〈天官 掌次〉)
2) 孤卿建旃 大夫建物 : 司常이 관장하는 九旗를 직급과 용도에 따라 달리 세우는데, 그중에서 孤卿과 大夫의 旗 부분을 설명한 것이다. 九旗는 왕은 日月을 그린 '大常', 제후는 交龍을 그린 '旂', 孤卿은 通帛으로 만든 '旃', 대부는 雜帛으로 만든 '物', 師都에는 熊虎를 그린 '旗', 州里에는 鳥隼(준)을 그린 '旟(여)', 縣鄙에는 龜蛇를 그린 '旐(조)', 道車에는 全羽를 매다는 '旞(수)', 斿車에는 析羽를 매다는 '旌' 등이다.(≪周禮≫ 〈春官 宗伯〉)

箋云 : ≪주례≫ 〈춘관 종백〉에 "孤卿은 旃旗를 세우고, 대부는 物旗를 세운다."라고 하였는데, 모두 깃대의 꼭대기에 쇠꼬리를 드리운 것이다. 이때에 이 旄旗를 세우고서 浚邑의 교외로 온 이가 있었으니, 경대부가 선을 좋아한 것이다.

○ 꾸밈이 없는 순색의 비단으로 만든 것이 旃이다.

素絲紕(비)之요 良馬四之로다

흰 실로 비단을 짜는듯
좋은 말 네 필을 모네

【傳】 紕는 所以織組也니 總紕於此에 成文於彼니 願以素絲紕組之法으로 御四馬也라

紕는 짜는 것이니 이쪽에서 비단을 짜면 저쪽에서 무늬가 이루어지니, 흰 실로 비단을 짜는 방법으로 네 필 말 몰기를 원한 것이다.

【箋】 箋云 素絲者는 以爲縷니 以縫紕旌旗之旒縿(류삼)[1]하고 或以維持之라 浚郊之賢者 既識卿大夫建旄而來하고 又識其乘善馬라 四之者는 見之數也라

1) 旒縿(류삼) : 縿은 旌旗의 술을 다는 부분이고, 旒는 縿에 다는 술이다.

箋云 : '素絲'는 이것으로 실을 만드는 것이니, 이것으로 기의 縿과 술을 꿰매 붙이기도 하고 붙들어 매기도 한다. 浚邑의 교외에 사는 현자가, 경대부가 쇠꼬리 기를 세우고 오는 것을 알고, 또 좋은 말 탄 것을 안 것이다. '四之'는 〈현자가 경대부를〉 만나본 회수이다.

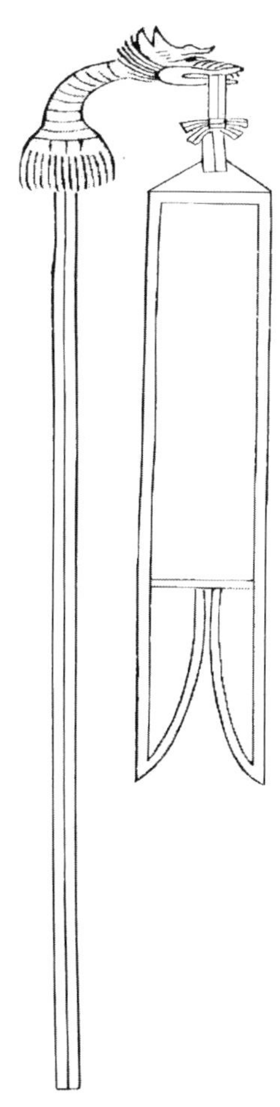

物(≪新定三禮圖≫)

彼姝者子여 何以畀(비)之리오

저 진실하고 순종하는 그대에
무엇으로 답해줄까

【傳】 姝는 順貌라 畀는 予也라

姝는 '忠順한 모습'이다. 畀는 '줌'이다.

【箋】 箋云 時賢者 既說(열)此卿大夫有忠順之德하고 又欲以善道與之하니 心誠愛厚之至라 ○ 畀는 與也니 注予同이라

箋云 : 당시 현자가 경대부들이 진실하고 순종하는 덕을 지녔음을 기뻐하고, 또 善道로 말해주고 싶어 하였으니, 지극히 마음이 진실하고 사랑이 두터운 것이다.

○ 畀는 '줌'이니, 注의 '予'도 같다.

【疏】'孑孑'至'畀之' ○ 毛以爲"衛之臣子好善, 故賢者樂告之以善道." 言建孑孑然之干旄, 而食邑在於浚之郊, 此好善者, 我願告之以素絲紕組之法, 而御善馬四轡之數, 以此法而治民也. 織組者, '總紕於此, 成文於彼', 猶如御者執轡於此, 馬騁於彼, 以喩治民立化於己, 而德加於民, 使之得所, 有文章也, 賢者願以此道告之. 賢者旣願告以御衆之德, 又美此臣之好善, 言彼姝然忠順者之子, 知復更何以予之, 言雖有所告, 意猶未盡也.

經의 〔孑孑〕에서 〔畀之〕까지

○ 毛亨은 "衛의 신하들이 선을 좋아하였다. 그리하여 현자가 선도로 즐겁게 고해준 것이다."라고 여겼다. 우뚝 쇠꼬리 기를 세웠고 식읍이 浚邑의 교외에 있으니, 이것이 선을 좋아하는 것이고, 내가 흰 비단실로 직조하는 법과 좋은 말을 모는 네 가닥 고삐 수를 고해주고자 하였으니, 이 법으로 백성을 다스리는 것임을 말한 것이다.

베를 짜는 것은 '이쪽에서 비단을 짜면 저쪽에서 무늬가 이루어지는 것〔總紕於此 成文於彼〕'이니, 마치 마부가 이쪽(수레)에서 고삐를 잡고 있으면 말은 저쪽(앞)에서 달리는 것과 같다. 이것으로 백성을 다스림에, 자기가 백성 다스리는 교화의 법도를 세우면 백성에게 덕이 베풀어져 그들이 제 위치를 얻어 법도가 있게 됨을 비유한 것이니, 현자가 이 도로 말해주고자 한 것이다.

현자가 백성을 다스리는 덕으로 말해주고자 하고, 또 이 신하들이 선을 좋아함을 훌륭하게 여겨 '저 진실하고 순종하는 아름다운 그대에게 다시 무엇으로 말해줄지를 알겠는가?'라고 한 것이니, 비록 고해준 것이 있는데도 오히려 미진하게 생각함을 말한 것이다.

【疏】鄭以爲"浚郊處士言, 衛之卿大夫, 建此孑孑然之干旄, 來在浚之郊, 以素絲爲縷, 縫紕此旌旗之旒縿, 又以維持之, 而乘善馬, 乃四見於己也. 故賢者有善道, 樂以告之." 云彼姝然忠順之子, 好善如是, 我有何善道以予之, 言心誠愛之, 情無所悋(린).

鄭玄은 "浚邑 교외에 있는 處士가 衛의 경대부가 우뚝 干旄를 세우고 浚邑의 교외에 왔는데, 흰 실로 끈을 만들어 旌旗에 술을 붙이고, 또 이것으로 묶고, 좋은 말을 타고서 마침내 네 번이나 자기를 찾아왔음을 말하였다. 그리하여 선도를 지닌 현자가 즐겁게 고해준 것이다."라고 여겼다. '저 진실하고 순종하는 아름다운 그대, 선을 좋아함이 이와 같은데, 내게 고해줄 만한 무슨 선도가 있겠는가.'라고 하였으니, 이는 마음으로 진정 사랑하여 아낌없는 情임을 말한 것이다.

【疏】 傳'孑孑'至'曰野' ○ 正義曰：謂之干旄者, 以注旄於干首, 故釋天云 "注旄首曰旌." 李巡曰 "旄, 牛尾, 著(착)干首." 孫炎曰 "析五采羽, 注旄上也, 其下亦有旒縿." 郭璞曰 "載旄於竿頭, 如今之幢, 亦有旒也." 如是則干之首, 有旄有羽也, 故周禮序官夏采註云 "夏采, 夏翟羽色. 禹貢, 徐州貢夏翟之羽, 有虞氏以爲緌(유)[1], 後世或無, 故染鳥羽, 象而用之, 謂之夏采." 其職注云 "緌以旄牛尾爲之, 綴於幢上." 所謂注旄於干首者也.

1) 緌(유)：≪周禮≫〈序官 夏采〉의 經文에는 "왕이 죽으면 綏로 魄을 부른다. 綏는 旄에 쇠꼬리가 있는 것이다.〔王崩 以綏復魄 綏有旄牛尾也〕"라고 하여 緌가 '綏'로 되어 있는데, 두 글자는 서로 통용되는 글자이다.

傳의 〔孑孑〕에서 〔曰野〕까지

○ 正義曰：'干旄'라 한 것은, 깃대의 꼭대기에 쇠꼬리를 드리우기 때문이다. 그리하여 ≪爾雅≫〈釋天〉에 "꼭대기에 쇠꼬리를 드리운 것이 旌이다."라고 하였는데, 李巡은 "旄는 쇠꼬리를 깃대의 꼭대기에 붙인 것이다."라고 하고, 孫炎은 "다섯 빛깔의 깃털을 쪼개 旄 위에 드리운 것이니, 그 아래에는 역시 술이 있다."라고 하고, 郭璞은 "깃대 꼭대기에 쇠꼬리를 설치하여 지금의 幢旗와 같은데 역시 술이 있다."라고 하였으니, 이와 같다면 깃대의 꼭대기에 쇠꼬리도 있고 깃털도 있는 것이다. 그리하여 ≪周禮≫〈序官 夏采職〉의 注에 "夏采는 여름의 꿩 깃털 색이다. ≪尙書≫〈禹貢〉에는 '徐州에서 여름철 꿩〔夏翟〕의 깃털을 바치면 有虞氏가 이것으로 〈깃발의 장식인〉 緌를 만들었다. 그러나 후세에는 이 깃털이 없는 경우도 있었다. 그리하여 새의 깃털을 물들여 꿩의 깃 모양으로 만들어 사용하고 夏采라 하였다."라고 하고, 〈夏采職〉의 注에 "緌는 旄牛의 꼬리로 만들어 幢旗 위에 묶은 것이다."라고 하였으니, 이른바 '깃대의 꼭대기에 쇠꼬리를 드리운 것이다.〔注旄於干首〕'이다.

【疏】 言'大夫之旃'者, 以經言干旄, 唯言干首有旄, 不言旒縿, 明此言干旄者, 乃是大夫之旃也. 周禮, '孤卿建旃.' 衛侯無孤[1], 當是卿也. 大夫者, 揔名, 故春秋, 書諸侯之卿,皆曰'大夫', 是也. 天子以下(建旃之)〔之建旃〕[2]者, 干首, 皆注旄, 獨以爲卿之建旃者, 以臣多好善, 當據貴者爲言, 故知是卿旃也.

1) 衛侯無孤 : 旃旗를 세우고 찾아온 자가 卿임을 설명한 것이다. 周나라 때 官爵의 등급을 九命으로 구분하였는데, 上公은 九命으로 東西 나라를 관리하는 方伯이 되고, 王의 三公은 八命이고, 侯·伯은 七命이고, 王의 卿은 六命이고, 子·男은 五命이고, 王의 大夫와 公의 孤는 四命이고, 公·侯·伯의 卿은 三命이고, 公·侯·伯의 大夫와 子·男의 卿은 再命(二命)이고, 公·侯·伯의 士와 子·男의 大夫는 一命이다.(≪周禮≫ 〈春官 典命〉) 이에 따르면 三公의 孤는 四命이라 하고 侯爵의 제후에는 孤를 언급함이 없으므로 후작의 제후국인 衛나라에는 孤가 없는 것이다.

2) (建旃之)〔之建旃〕: 저본의 교감기에 따라 '之建旃'으로 번역하였다.

'大夫之旃'이라고 한 것은, 經文에서 말한 '干旄'에 대하여 〈傳에서〉 깃대의 꼭대기에 '旄'가 있는 것만을 말하고 '旒縿'은 말하지 않았으니, 분명 여기에서 말한 干旄는 바로 대부의 旃이기 때문이다. ≪周禮≫ 〈春官 宗伯〉에 "孤와 卿은 旃을 세운다."라고 하였는데, 衛侯에게는 孤가 없으니 당연히 이는 卿이다. 〈그런데 大夫라고 하였으니,〉 '대부'는 총괄하는 명칭이다. 그리하여 ≪春秋≫에서 제후의 경을 표시할 때 모두 '대부'라고 한 것이 이것이다. 천자 이하로 旃을 세우는 자는 깃대의 꼭대기에 모두 쇠꼬리를 드리우는데 유독 卿이 旃을 세운다고 한 것은, 신하 중에 선을 좋아하는 이가 많아 귀한 자를 근거로 말하여야 하기 때문이다. 그리하여 이것이 경의 旃임을 안 것이다.

旃(≪三才圖會≫)

【疏】 大夫得言在浚之郊, 則此臣子食邑於浚也. 所以得食邑者, 由古者, 臣有大功, 世其官邑, 故左傳曰"官有世功, 則有官族, 邑亦如之." 是有功之臣, 得世官邑也. 有功世邑, 則宜爲卿, 故擧旃言之. 三章皆言'在浚', 則所論是一人, 皆卿也.

대부가 浚邑의 교외에서 말을 들었으니, 이는 신하가 浚을 食邑으로 한 것이다. 식읍을 얻을 수 있는 것은 옛날에 신하가 큰 공이 있으면 그 官邑을 세습하기 때문이다. 그리하여 ≪春秋左氏傳≫ 隱公 8년에 "관직에 대대로 공이 있으면 관직으로 族의 姓을 삼으니 식읍도 이와 같다."라고 하였으니, 이것이 공이 있는 신하가 관읍을 세습하는 것이다. 큰 공이 있어 관읍을 세습하면 마땅히 경이 된다. 그리하여 旃을 들어 말한 것이다. 세 장 모두에서 '浚邑에 있다'고 말하였으니, 그렇다면 〈각 장에서〉 거론한 것은 한 사람으로 모두 卿이다.

【疏】 二章言干旟(여), 傳曰 "鳥隼曰旟." 於周禮則州里之所建. 若卿而得建旟者, 大司馬職曰 "百官載旟." 注云 "百官, 卿大夫也, 載旟者, 以其屬衛王也. 凡旌旗, 有軍衆者畫異物." 然則平常建旃, 出軍則建旟, 是卿有建旟之時. 旟亦有旄, 二章互文也, 言旄則有旒縿, 言旟則亦有旄矣.

둘째 장에서 말한 '干旟'에 대하여 傳에서 "새매를 그린 것을 旟라 한다."라고 하였으니, ≪周禮≫ 〈春官 司常〉에 의하면 州와 里에 세우는 것이다. 경이면 旟旗를 세울 수 있는 자이니, ≪주례≫ 〈夏官 大司馬職〉에 "百官은 旟를 설치한다."라고 하고, 注에 "백관은 경대부인데 旟旗를 설치하는 것은, 왕을 호위하는 데 소속되기 때문이다. 대체로 旌旗에 있어 軍衆을 통솔하는 자는 〈각기〉 다른 사물을 그린다."라고 하였다. 그렇다면 평상시에는 旃을 세우고, 군대를 출동할 때에는 旟를 세우는 것이니, 이는 경이 旟를 세우는 때가 있는 것이다.

旟에도 쇠꼬리가 있으니 둘째 장은 〈첫째 장과〉 서로 호응한 글이다. 쇠꼬리를 말하였으면 旒와 縿이 있고, 旟를 말하였으면 또한 쇠꼬리가 있는 것이다.

【疏】 卒章言'干旌', 傳曰 "析羽爲旌." 於周禮則遊車之所載. 卿而得建旌者, 鄕射記[1]注云 "旌, 摠名也." 爾雅云 "注旄首曰旌." 則干旄・干旌一也. 旣設旒縿, 有旃旟之稱, 未設旒縿, 空有析羽, 謂之旌. 卿建旌者, 設旒縿而載之, 遊車則空載析羽, 無旒縿也.

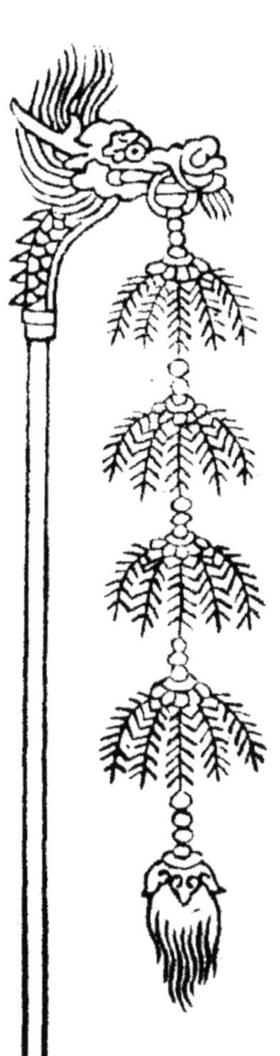
干旌(≪五經圖彙≫)

1) 鄕射記 : ≪儀禮≫ 〈鄕射禮〉의 記를 말한다. '記'는 賈公彦의

설명에 따르면, 經文에 미비되어 있는 것과 경문 이외의 고대의 말을 기록한 것이다. ≪儀禮≫에서 記는 몇 편을 제외하고 거의 모든 편에 부기되어 있다.

마지막 장에서 말한 '干旌'에 대하여 傳에서 "쪼갠 깃〔析羽〕으로 旌을 만든 것이다."라고 하였으니, ≪周禮≫ 〈春官 司常〉에 의하면 遊車에 설치하는 것이다. 경이면 旌旗를 세울 수 있는 자인데, ≪儀禮≫ 〈鄕射禮〉 記의 注에 "旌은 총괄하는 명칭이다."라고 하고, ≪爾雅≫ 〈釋天〉에 "꾹대기에 쇠꼬리를 드리운 것을 旌이라고 한다."라고 하였으니, 〈首章에서 말한〉 干旄와 干旌은 동일한 것이다. 旒와 縿이 있으면 旃과 旟라는 名稱이 있는 것이고, 旒와 縿이 없이 析羽만 있는 경우에는 旌이라고 한다. 旌을 세우는 경은 〈평소에는〉 旒와 縿이 있는 旃旗를 세우되, 遊車의 경우에는 석우만을 꽂고 旒와 縿이 없는 것이다.

【疏】 釋地云 "郊外謂之牧, 牧外謂之野." 此言'郊外曰野', 略爾雅之文, 以言在浚之郊, 明所食邑在郊外也. 下言'在浚之都'·'在浚之城', 言於郊爲都邑, 相兼一也.

≪이아≫ 〈釋地〉에 "郊의 밖을 牧이라고 하고, 牧의 밖을 野라고 한다."라고 하였는데, 여기에서 '郊의 밖을 野라고 한다.〔郊外曰野〕'라고 한 것은, ≪이아≫의 글을 간략히 하여 浚邑의 교외에 있음을 말한 것이니 분명 식읍이 교외에 있는 것이다. 아래 장에서 말한 '在浚之都'와 '在浚之城'은 郊에 있는 都邑을 말하니 서로 같은 것이다.

【疏】 箋'周禮'至'好善' ○正義曰 : '孤卿建旃'·'大夫建物', 司常文也. 又曰 "通帛爲旃, 雜帛爲物." 注云 "凡九旗之帛, 皆用絳." 則通帛, 大赤也, 雜帛, 以白爲飾絳之側也. 知首皆注旄者, 以夏采, '王崩, 以綏復魄[1], 綏有旄牛尾也.' 注云 "王祀四郊, 乘玉輅, 建太常, 今以之復, 去其旒, 異於(此)〔生〕[2], 亦因先王有徒綏[3]." 是太常之干有旄也, 又出車云'設此旐矣, 建彼旄矣', 此亦云'干旄', 是九旗之干, 皆有旄矣, 故知旃物首, 皆注旄焉. 以序言'多好善', 故卿大夫兼言之.

1) 復魄 : 사람이 죽으면 魂氣가 위로 올라가기 때문에 죽었을 때에 이를 불러 넋에 회복시키고자 하는 것을 말한다.(≪周禮≫ 〈序官 夏采〉 注疏)
2) (此)〔生〕: 저본의 교감기에 따라 '生'으로 번역하였다.
3) 先王有徒綏 : 선왕은 有虞氏이고 徒는 '없음'을 말하는데, 有虞氏가 綏가 없는 旂旗를 사용하였음을 말한다.(≪周禮≫ 〈序官 夏采〉 注疏)

箋의 〔周禮〕에서 〔好善〕까지

○ 正義曰 : '孤卿建旃'과 '大夫建物'은 ≪周禮≫ 〈春官 司常〉의 글이다. 또 〈춘관 사상〉에 "通帛으로 旃을 만들고, 雜帛으로 物을 만든다."라고 하였는데, 注에 "九旗의 帛은 모두 絳色을 쓴다."라고 하였으니, 그렇다면 通帛은 赤色旗이고, 雜帛은 백색으로 絳色 비단 가장자리를 장식한 것이다.

太常(≪新定三禮圖≫)

꼭대기에 모두 쇠꼬리를 드리운 것을 안 것은, ≪周禮≫ 〈序官 夏采〉에 '王이 죽으면 緌로 넋에 〈혼을〉 회복시키는데, 〈본래〉 緌에는 旄牛의 꼬리가 있다.'라고 하고, 注에 "왕이 四郊에 제사할 때에는 玉輅를 타고 太常旗를 세우는데, 이제 〈緌로 魄에 魂을〉 회복시키므로 술〔旒〕을 제거하여 살아 있을 때와 다르게 한 것이니, 이 또한 선왕이 술 없는 緌를 사용하였던 것을 따른 것이다."라고 하였으니, 이것이 太常의 깃대에 쇠꼬리가 있는 것이다. 또 〈小雅 出車〉에 '이 旐旗 설치하고〔設此旐矣〕', '저 旄旗 세웠네.〔建彼旄矣〕'라고 하였는데, 여기에서도 '干旄'를 말하였으니, 이것이 九旗의 깃대에 모두 쇠꼬리가 있는 것이다. 그리하여 旃과 物의 꼭대기에 모두 쇠꼬리를 드리움을 안 것이다.

序에서 '선을 좋아한 이가 많았다.〔多好善〕'라고 하였다. 그리하여 경과 대부를 겸하여 말한 것이다.

【疏】 傳'紕所'至'四馬' ○ 正義曰 : 以二章言組, 卒章言織, 故於此摠解之, 言'紕所以織組也'. 以織組, 總紕於此, 成文於彼, 似御執轡於此, 馬騁於彼, 故願以素絲紕組之法, 御四馬也. 言'願以'者, 稱賢者之意, 欲告文公臣子以此道, 故言'願以'也. 言'總紕於此成文於彼'者, 家語文也.

傳의 〔紕所〕에서 〔四馬〕까지

○ 正義曰 : 둘째 장에서 組를 말하고, 마지막 장에서 織을 말하였다. 그리하여 여기에서 총괄해 풀이하여 '紕는 짜는 것이다.〔紕 所以織組也〕'라고 한 것이다. 비단을 짜는 자

가 이쪽에서 비단을 짜면 저쪽에서 무늬가 이루어지니, 이는 마부가 이쪽에서 고삐를 잡고 있으면 말이 저쪽 앞에서 달리는 것과 비슷하다. 그리하여 素絲로 紕組하는 〈것과 같은〉 방법으로 四馬를 몰기 바란 것이다.

'願以'라고 한 것은, 현자의 생각에 文公의 신하에게 이 道로 고해주고자 함이다. 그리하여 '願以'라고 한 것이다.

'總紕於此 成文於彼'라고 한 것은 ≪孔子家語≫의 글이다.

【疏】 箋'素絲'至'之數' ○ 正義曰：以前云干旄說旌旗, 而此云'素絲紕之', 故知以素絲爲線縷, 所以縫紕旌旗之旒縿也. 縿謂繫於旌旗之體, 旒謂縿末之垂者, 須以縷縫之, 使相連, 釋天云 "纁帛縿." 郭璞曰 "衆旒所著(착)." 孫炎曰 "爲旒于縿." 是也.

箋의 〔素絲〕에서 〔之數〕까지

○ 正義曰 : 앞에서는 干旄를 말하면서 旌旗를 설명하고, 이 장에서는 '素絲紕之'를 말하였다. 그리하여 素絲로 끈을 만들어 정기의 旒와 縿을 꿰맨 것임을 안 것이다. 縿은 정기의 본체에 붙인 것을 말하고, 旒는 縿의 끝에 드리운 것을 말하는데, 반드시 끈으로써 꿰매어 서로 연결되게 하니, ≪爾雅≫ 〈釋天〉에는 "옅은 홍색비단의 縿이다."라고 하고, 郭璞은 "많은 旒를 붙인다."라고 하고, 孫炎은 "縿에 旒를 단다."라고 한 것이 이것이다.

【疏】 '或以維持'者, 謂旒之垂數非一, 故以縷相綴連之. 〔節〕[1]服氏云 "六人, 維王之太常." 注云 "維之以縷. 王旌十二旒, 兩兩, 以縷綴連之, 傍三人持之, 禮天子旌曳地." 諸侯旂九旒, 釋天又曰 "練旒九, 維以縷." 孫炎曰 "維持以縷, 不欲其曳地." 然則諸侯以下, 旒數少而且短, 維之以否, 未可知也. 經直言'紕之', 不言其所用, 故言或, 爲疑辭. 前經言'干旄', 是浚郊之賢者, 識卿大夫建旄而來, 此又云'良馬', 是又識其乘善馬也. '四之'者, 四見之數也.

1) 〔節〕 : 저본의 교감기에 따라 '節'을 보충하여 해석하였다.

'或以維持'는, 旒는 드리운 수가 하나가 아니므로 실로 서로 꿰매어 연결함을 말한다. ≪周禮≫ 〈夏官 節服氏〉에 "여섯 사람이 王의 太常旗를 유지한다."라고 하였는데, 注에 "끈으로 유지한다. 王의 旌旗는 12旒인데 두 개씩을 끈으로 묶어 연결하여 양쪽 곁 3人이 붙든다. 禮에 천자의 정기는 땅에 끌린다."라고 하였다. 제후의 旂旗는 9旒이니, ≪爾

雅≫ 〈釋天〉에 또 "마전한 旒가 9인데 끈으로 유지한다."라고 하고, 孫炎은 "끈으로 유지하는 것은 땅에 끌리지 않게 하고자 함이다."라고 하였으니, 그렇다면 제후 이하는 旒의 수가 적고 또 짧을 것이지만, 유지하는지의 여부는 알 수 없다.

經文에 '紕之'라고만 말하고 용도는 말하지 않았다. 그리하여 '或'이라고 하여 의문사로 표현한 것이다. 앞의 經文에서 '干旄'라고 하였으니 이는 浚邑 郊外의 현자가 경대부가 旄旗를 세우고 온 것을 안 것이고, 여기에서 또 '良馬'라고 하였으니 이는 또 그가 좋은 말을 탄 것을 안 것이다. '四之'는 네 번 만나 본 횟수이다.

孑孑干旟여 在浚之都로다

우뚝 세운 새매 기
浚의 都邑에 있네

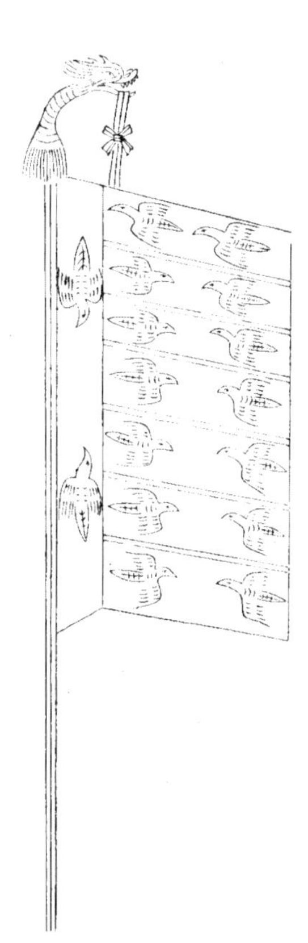
旟(≪新定三禮圖≫)

【傳】 鳥隼(준)曰旟요 下邑曰都라

새매를 그린 기를 旟라고 하고, 下邑을 都라고 한다.

【箋】 箋云 周禮에 州里建旟[1]하니 謂州長之屬[2]이라

1) 州里建旟 : 나라에 대규모의 군대 검열이 있을 때에 縣·鄙·鄕·遂의 官長은 九旗 중 용맹과 민첩함을 상징하는 旟를 세우는 것을 말한다.

2) 屬 : 徽識(휘지)를 말하는데 조정이나 軍中에서 식별하기 위한 작은 旌旗로 그 위에 맡은 관직과 성명을 기록한다.(≪周禮注疏≫ 〈春官 司常〉)

箋云 : ≪周禮≫ 〈春官 司常〉에 "州와 里는 旟를 세운다."라고 하였으니, 州長의 표지를 말한다.

【疏】 箋'周禮'至'之屬' ○正義曰 : 箋以爲 "賢者見時臣子實建旟而來, 此爲州長, 非卿大夫." 若卿大夫, 則將兵乃建旗, 非賢者所當見也. 周禮, 州長, 中大夫, 天子之州長也, 鄕射目錄[1]云 "州長, 射於州序之禮." 經曰 "釋獲者執鹿中." 記云 "士則鹿中[2]." 是諸侯之州長, 士也.

1) 鄕射目錄 : 鄭玄이 ≪周禮≫·≪儀禮≫·≪禮記≫의 각 편의 명칭과 뜻을 풀이한 ≪三禮目錄≫에 있는 것인데 현재는 망실되었다.

2) 經曰釋獲者執鹿中 記云士則鹿中 : '釋獲者'는 鄕射禮를 행할 때 射者의 적중한 숫자를 계산하는 사람이고, '鹿中'은 적중한 수를 계산하는 도구로 나무를 사슴 모양으로 조각한 것이니 士가 사용한다. 대부는 兕(시)中을 사용한다.

箋의 〔周禮〕에서 〔之屬〕까지

○ 正義曰 : 箋은 '현자가 당시의 관리가 실제로 旟를 세우고 온 것을 보았으니 이는 州長이지 경대부가 아니다.'라고 여긴 것이다. 경대부의 경우에는 군사를 거느릴 때에만 旟를 세우니 현자가 볼 수 있는 것이 아니다. ≪周禮≫ 〈地官 州長〉에 州長은 中大夫이니 천자의 주장이다. 〈그런데〉 ≪儀禮≫ 〈鄕射禮〉 鄭玄의 目錄에 "〈봄과 가을에〉 주장이 州의 序에서 활 쏘는 예이다."라고 하고, ≪의례≫ 〈향사례〉에 "釋獲하는 사람이 鹿中을 잡는다."라고 하고, 〈향사례〉의 記에 "士는 鹿中을 사용한다."라고 하였으니, 이는 제후의 주장이니 士이다.

【疏】 言'之屬'者, 見(현)鄕遂官非一, 司常云"師都建旗, 州里建旟, 縣鄙建旐." 注云"師都, 六鄕六遂大夫也, 州里縣鄙, 鄕遂之官, 互約言之." 如鄭之意, 則以鄕遂同建旟. 鄕之下有州, 州爲第二, 黨爲第三, 族爲第四, 閭爲第五, 比爲第六, 其遂之下有縣, 縣爲第二, 鄙爲第三, 酇(찬)爲第四, 里爲第五, 隣爲第六. 今云'州里建旟', 則六鄕內州長·黨正, 及六遂內酇長·里宰·隣長等五人, 同建旟也, 又云'縣鄙建旐', 謂六遂內縣正·鄙師, 及六鄕內族師·閭胥·比長等五人, 同建旐, 故鄭云'互約言'也.

'之屬'을 말한 것은, 鄕과 遂의 관리가 하나가 아님을 나타낸 것이니, ≪周禮≫ 〈春官 司常〉에 "師都는 旗를 세우고, 州里는 旟를 세우고, 縣鄙는 旐를 세운다."라고 하고, 注에 "師都는 6鄕과 6遂의 대부이고, 州里와 縣鄙는 鄕과 遂의 관리이니 서로 묶어 말한 것이다."라고 하였으니, 鄭玄의 뜻과 같다면 鄕과 遂는 똑같이 旟를 세운다. 鄕의 밑에 州가 있으니, 州가 두 번째이고 黨이 세 번째이고 族이 네 번째이고 閭가 다섯 번째이고 比가 여섯 번째이며, 遂의 밑에 縣이 있으니, 縣이 두 번째이고 鄙가 세 번째이고 酇이 네 번째이고 里가 다섯 번째이고 隣이 여섯 번째이다. 그러니 여기서 말한 '州里建旟'는 6鄕 안의 州長·黨正과 6遂 안의 酇長·里宰·隣長 등 5人이 똑같이 旟를 세우고, 또

'縣鄙建旐'는 6遂 안의 縣正・鄙師와 6鄕 안의 族師・閭胥・比長 등 5인이 똑같이 旐를 세움을 말한다. 그리하여 鄭玄이 '서로 묶어 말한 것이다[互約言]'라고 한 것이다.

【疏】 諸侯之鄕, 亦大夫, 故鄕飮酒目錄云'諸侯之鄕大夫三年賓賢能之禮', 是鄕爲大夫, 則遂亦大夫也, 其縣與州長班同, 則亦士也. 黨鄙在州縣之下, 或亦爲士, 酇族以下卑, 則皆非士矣. 上章朝臣言卿大夫, 則此(名)[各][1]亦有大夫兼鄕遂與州縣也. 卿大夫以下, 及不命之士等, 職位雖卑, 皆問善道, 其可互約, 別圖於後, 鄕旗, 州旟・黨旟・族旐・閭旐・比旐, 遂旗, 縣旐・鄙旐・酇旟・里旟・隣旟.

1) (名)[各] : 저본의 교감기에 따라 '各'으로 번역하였다.

제후의 鄕도 대부이다. 그리하여 《儀禮》〈鄕飮酒〉 鄭玄의 目錄에 '제후의 향대부가 3년마다 덕행과 재주가 있는 사람을 賓으로 대접하는 禮'를 말하였으니, 이는 鄕이 대부가 되는 것이니 그렇다면 遂도 대부이다. 縣과 州의 長은 班列이 같으니 그렇다면 역시 士이다. 黨과 鄙는 州와 縣의 밑에 있으니 혹 또한 士일 것이나, 酇과 族 이하는 낮으니 그렇다면 모두 士가 아니다. 上章에서 朝臣을 경대부라고 하였으니, 그렇다면 여기에도 각기 대부가 鄕遂와 州縣을 겸한다. 경대부 이하와 명을 받지 못한 士 등은 직위는 비록 낮으나 모두 善道를 묻기 때문에 서로 묶을 수 있으나, 뒤에서 따로 따져보면 鄕旗는 州旟・黨旟・族旐・閭旐・比旐이고, 遂旗는 縣旐・鄙旐・酇旟・里旟・隣旟이다.

素絲組之요 良馬五之로다

흰 실로 비단을 짜는 듯
좋은 말에 다섯 고삐이네

【傳】 總以素絲而成組也요 驂馬五轡(비)라

흰 실로 비단을 짠 것이고, 〈두 服馬의 네 고삐에 한〉 驂馬의 고삐까지 다섯이다.

【箋】 箋云 以素絲紕로 縫組於旌旗하여 以爲之飾이라 五之者는 亦(爲)[謂][1]五見之也라

1) (爲)[謂] : 저본의 교감기에 따라 '謂'로 번역하였다.

箋云：흰 실끈으로 旌旗에 꿰매어 장식한 것이다. '五之'는 역시 다섯 번 만나본 것을 말한다.

【疏】 傳'驂馬五轡' ○正義曰：凡馬, 士駕二, 既夕禮云 "公賵(봉)以兩馬.[1)]" 是也. 大夫以上, 駕四, 四馬則八轡矣. '驂馬五轡'者, 御車之法, 驂馬, 內轡, 納於觖(결), 唯執其外轡耳. 驂馬, 馬執一轡, 服馬則二轡俱執之, 所謂六轡在手也. 此經有'四之'·'五之'·'六之', 以御馬, 喩治民, 馬多益難御, 故先少而後多, 傳稱漸多之由爲說, 從內而出外. 上章'四之', 謂服馬之四轡也, 此章, 加一驂馬, 益一轡, 故言'五之'也, 下章, 又加一驂, 更益一轡, 故'六之'也. 據上'四之'爲服馬, 此加一驂, 乃有五, 故言'五轡'也.

1) 公賵(봉)以兩馬：賵은 군주가 士의 장례 때에 送葬을 돕기 위하여 두 필의 말을 하사하는 것을 말하는데, 이때에 玄纁의 묶음도 같이 내린다.(≪儀禮≫ 〈既夕禮〉 注)

傳의 〔驂馬五轡〕

○正義曰：말의 제도는 士는 두 필이 끄는 수레를 타니, ≪儀禮≫ 〈既夕禮〉에 "公이 두 필의 말로 賵을 한다."라고 한 것이 이것이다. 대부 이상은 네 필의 말이 끄는 수레를 타니 말이 네 필이면 여덟 고삐이다. 〈그런데〉 '驂馬五轡'라고 한 것은, 수레 모는 법에 驂馬의 안쪽 고삐는 고리에 넣어 묶고 밖의 고삐만을 잡는다. 〈따라서〉 참마는 말마다 고삐 한 개만 잡고 服馬는 고삐 두 개를 모두 잡으니, 〈〈秦風〉의 〈駟驖〉과 〈小戎〉에〉 이른바 '여섯 고삐 손에 있네.〔六轡在手〕'라는 것이다.

이 經에 있는 '四之'·'五之'·'六之'는, 말을 모는 것으로 백성을 다스림을 비유한 것이니 말이 많으면 몰기가 더욱 어렵다. 그리하여 적은 것을 먼저하고 많은 것을 뒤에 한 것이니, 傳은 점차 많아지는 이유를 들어 설명하면서 안(복마)으로부터 밖(참마)으로 넓혀간 것이다. 앞 장의 '四之'는 복마의 네 고삐를 말하니, 이 장은 참마 하나를 추가하여 고삐 하나가 늘어났다. 그리하여 '五之'라고 한 것이고, 아래 장은 또 참마 하나를 추가하여 다시 고삐 하나가 늘어났다. 그리하여 '六之'라고 한 것이다. 앞장의 '四之'가 복마인 것에 의거해보면 여기에는 참마 하나를 추가한 것이니 5가 된다. 그리하여 '五轡'라고 한 것이다.

【疏】 王肅云 "古者, 一轅之車, 駕三馬則五轡, 其大夫皆一轅車. 夏后氏, 駕兩, 謂之

麗(리), 殷益以一騑, 謂之驂, 周人, 又益一騑, 謂之駟. 本從一驂而來, 亦謂之驂." 經言驂則三馬之名. 又孔晁[1]云"作者歷言三王之法, 此(似)〔以〕[2]述傳, 非毛旨也. 何則, 馬以引重, 左右當均, 一輈車, 以兩馬爲服, 傍以一馬驂之, 則偏而不調, 非人情也. 株林曰'乘我乘駒.' 傳曰'大夫乘駒.' 則毛以大夫亦駕四也. 且殷之制亦駕四, 故王基[3]云'商頌曰「約軧(지)錯衡, 八鸞(난)鏘鏘.」是則殷駕四, 不駕三也.'"

1) 孔晁 : 西晉시대 五經博士로 王肅學派의 대표적 인물이다. 저서로는 ≪逸周書≫ 등이 있다.
2) (似)〔以〕: 저본의 교감기에 따라 '以'로 번역하였다.
3) 王基 : 삼국시대 魏의 將領으로 文武를 兼備하였다. 鄭玄의 學說을 수정 논박한 王肅에 대응하여 ≪毛詩駁≫을 지었다.

王肅이 "옛날에 한 끌채의 수레는 세 필의 말이 끌었으니 그렇다면 고삐가 다섯인데, 大夫는 모두 한 끌채의 수레를 탔다. 夏나라는 두 필로 끌었기 때문에 '麗'라고 하고, 殷나라는 한 필의 곁말〔騑馬〕을 추가하여 '驂'이라고 하고, 周나라는 한 필의 곁말을 더 추가하여 '駟'라고 하였으나, 본래 한 필의 驂馬부터 그 이후의 것을 또한 '驂'이라고 한 것이다."라고 하였으니, 經에서 〈五之는〉 驂을 말하니 바로 세 번째 말의 名稱이라고 여긴 것이다.

또 孔晁는 "作者(王肅)가 三王의 법을 차례로 말하여 이것으로 傳을 설명하였으나, 毛亨의 뜻이 아니다. 어째서인가? 말은 무거운 짐을 끄는 것이므로 좌우가 균일해야 하는데, 한 끌채의 수레에 두 필의 말을 服馬로 삼고 옆에 한 필을 驂馬로 하면 한 쪽으로 치우쳐 조화롭지 않으니 人情에 합당하지 않다. 〈陳風 株林〉에 '우리 그대 네 필의 수레 탔네.〔乘我乘駒〕'라고 하였는데, 傳에 '대부는 네 필 말이다.'라고 하였으니, 毛亨은 대부 역시 네 필의 말이 끄는 수레를 타는 것으로 여긴 것이다. 또 殷나라의 제도에도 네 필의 말로 수레를 끌었다. 그리하여 王基가 '〈商頌 烈祖〉에 「붉게 꾸민 수레바퀴 축 끝 문채 나는 멍에에 여덟 개의 방울 쟁글거리네.〔約軧錯衡 八鸞鏘鏘〕」라고 하였으니, 이는 殷나라가 네 필의 말로 수레를 끈 것이지 세 필의 말로 수레를 끈 것이 아니다.' 하였다."라고 하였다.

【疏】 又異義[1]"天子駕數, 易孟·京[2], 春秋公羊, 說'天子駕六', 毛詩說'天子至大夫, 同

駕四, 士駕二', 詩云'四牡彭(방)彭', 武王所乘, '龍旂承祀, 六轡耳耳', 魯僖所乘, '四牡騑騑 周道(委)〔倭〕[3)]遲' 大夫所乘. 謹案, 禮王度記[4)]曰'天子駕六, 諸侯與卿同駕四, 大夫駕三, 士駕二, 庶人駕一.' 說與易・春秋同."

1) 異義 : 漢나라 許愼이 今文으로 된 經學과 古文으로 된 경학의 다른 내용을 분별하여 서술한 ≪五經異義≫의 약칭이다. ≪오경이의≫는 그 내용을 논박한 鄭玄의 ≪駁五經異義≫의 앞부분에 실려 전해졌으나 함께 일실되었다. ≪四庫全書提要≫의 내용을 정리하면, ≪舊唐書≫ 〈經籍志〉와 ≪新唐書≫ 〈藝文志〉에 書名이 수록되어 있으나 ≪宋史≫ 〈예문지〉에 서명이 보이지 않으므로 唐宋의 사이에 일실되었을 것으로 추측된다. 현재 ≪사고전서≫에 전하는 내용은 ≪사고전서≫를 편수할 때 王應麟의 편집본을 토대로 거듭 정리하고 내용을 바로잡아 온전한 내용만을 앞에 나열하고 ≪박오경이의≫의 내용만이 겨우 전하는 것을 뒤에 부록으로 실은 것이다.
2) 易孟・京 : 前漢 시대의 학자인 孟喜와 京房이 각각 저술한 ≪周易≫의 주석서를 말한다.
3) (委)〔倭〕 : 孫詒讓의 교감기에 따라 '倭'로 번역하였다.
4) 禮王度記 : 禮書인 ≪王度記≫로 齊 宣王 때 淳于髡 等이 禮節制度의 규범을 설명한 책인데 현재는 망실되었다.

또 ≪五經異義≫에 "天子의 수레를 끄는 말의 수에 대하여, ≪孟氏易≫・≪京氏易≫과 ≪春秋公羊傳≫은 '천자의 수레는 여섯 필의 말이 끈다.〔駕六〕'이라고 하였는데, 毛詩는 '천자로부터 大夫까지 똑같이 네 필 말이 끌고〔駕四〕 士는 두 필 말이 끈다.〔駕二〕'라고 하였으니, 〈小雅 山北〉의 '네 필 수말 쉬지 않고 달리네.〔四牡彭彭〕'는 〈천자인〉 武王이 탄 수레이고, 〈魯頌 閟宮〉의 '용 깃발로 제사를 이어 받드시니, 여섯 고삐 부드럽고 부드럽네.〔龍旂承祀 六轡耳耳〕'는 〈제후인〉 魯 僖公이 탄 수레이고, 〈小雅 四牡〉의 '네 필의 말 끊임없이 달려가니, 큰길 멀고도 머네.〔四牡騑騑 周道倭遲〕'는 대부가 탄 수레이다. 내가 禮書인 ≪王度記≫를 살펴보니, '천자는 駕六하고 제후와 경은 똑같이 駕四하고 대부는 駕三하고 士는 駕二하고 서인은 駕一한다.'라고 하여 설명이 ≪孟氏易≫・≪京氏易≫・≪春秋公羊傳≫과 같다."라고 하였다.

【疏】 "(互)〔玄〕[1)]之聞也, 周禮校人'掌王馬之政, 凡頒良馬而養乘之, 乘馬一師四圉.' 四馬爲乘. 此一圉者, 養一馬, 而一師監之也. 尙書顧命'諸侯入應門, 皆布乘黃朱', 言獻四黃馬朱鬣(렵)也. 旣實周天子駕六, 校人則何不以馬與圉以六爲數, 顧命諸侯何以不獻六馬. 王度記曰'大夫駕三', 經傳無所言, 是自古無駕三之制也."

1) (互)〔玄〕: 저본의 교감기에 따라 '玄'으로 번역하였다.

〈鄭玄이 논박하기를〉 "내가 들으니, ≪周禮≫ 〈夏官 校人〉에 '校人이 王馬의 정사를 담당하는데, 良馬를 나누어주어 길러서 타게 하니 乘馬에는 한 명의 師와 네 명의 圉이다.'라고 하였으니, 네 필의 말이 乘이 된다. 이는 한 사람의 圉가 한 필의 말을 기르고 한 사람의 師가 監督하는 것이다. ≪尙書≫ 〈顧命〉에 '제후들이 應門으로 들어와 모두 갈기가 붉은 네 필의 黃馬를 나열하였다.'라고 한 것은, 붉은 갈기가 있는 네 필의 黃馬를 바치는 것을 말한다. 실제 周의 天子가 '駕六'을 하였다면 〈교인〉에서 어찌하여 馬와 圉를 6으로 數를 삼지 않고, 〈고명〉에서 諸侯들이 어찌하여 여섯 필의 말을 바치지 않은 것인가? ≪王度記≫에 '대부는 세 필의 말이 끄는 수레를 탄다.'라고 하였으나, 經文과 傳에 언급한 바가 없으니 이는 예로부터 '駕三'의 制度가 없었기 때문이다."라고 하였다.

【疏】 箋'以素'至'之飾' ○ 正義曰 : 前云'孑孑干旟', 言旌旗之狀, 此云'素絲組之', 爲旌旗之飾, 可知周禮九旂(기)皆不言組飾, 釋天說龍旂云"飾以組." 而此鄕大夫, 鄕遂之官, 亦有組, 則九旂皆以組爲飾, 故郭璞曰 "用綦組飾旒之邊." 是也.

箋의 〔以素〕에서 〔之飾〕까지

○ 正義曰 : 앞에서 말한 '孑孑干旟'는 旌旗의 모습을 말한 것이고, 여기서 말한 '素絲組之'는 旌旗를 꾸민 것이니, ≪周禮≫의 九旂에서 모두 꾸밈을 말하지는 않았지만, ≪爾雅≫ 〈釋天〉에서 龍旂를 설명하여 "組로 꾸민다."라고 하였고, 여기의 향대부는 鄕과 遂의 관리로 역시 '組'가 있다. 그렇다면 九旂는 모두 조로 꾸민 것임을 알 수 있다. 그리하여 郭璞이 "끈〔綦組〕으로 旒의 가장자리를 꾸민다."라고 한 것이 이것이다.

彼姝者子여 何以予之오

저 진실하고 순종하는 그대
무엇으로 말해줄까

孑孑干旌이여 在浚之城이로다

우뚝 세운 쇠꼬리 기

浚邑의 성에 있네

【傳】 析羽爲旌이라 城은 都城也라

쪼갠 깃으로 旌을 만든 것이다. 城은 都城이다.

素絲祝之요 良馬六之로다

흰 실로 비단을 짜는 듯
좋은 말에 여섯 고삐이네

【傳】 祝은 織也라 四馬六轡라

祝은 '짜는 것'이다. 말 네 필에 여섯 고삐이다.

【箋】 箋云 祝은 當作屬(촉)이니 屬은 著(착)也라 六之者는 亦謂六見之也라

箋云 : 祝은 屬으로 해석해야 되니 屬은 '붙임'이다. '六之'는 역시 여섯 번 만나본 것을 말한다.

彼姝者子여 何以告之오

저 진실하고 순종하는 그대
무엇으로 말해줄까

干旄三章이니 章六句라

〈干旄〉 3章이니 章마다 6句이다.

載馳(재치)

【序】 載馳는 許穆夫人作也니 閔其宗國顚覆하고 自傷不能救也라 衛懿公이 爲狄人所

滅하고 **國人分散**하여 **露於漕邑**하니 **許穆夫人**이 **閔衛之亡**하고 **傷許之小**하여 **力不能救**하고 **思歸唁**(언)**其兄**이나 **又義不得**이라 **故賦是詩也**라

〈載馳〉는 許 穆公 부인이 지은 시이니, 친정 나라(衛)가 망한 것을 안타깝게 여기고 구원할 수 없음을 스스로 가슴 아파한 것이다.

衛 懿公이 狄人에게 멸망하고 백성들이 흩어져 漕邑에 노숙하였다. 이에 許 穆公 부인이 衛나라가 망한 것을 안타깝게 여기고 許나라가 작아 힘으로 구원할 수 없음을 가슴 아파하고, 돌아가 오라비를 위문하고 싶었지만 또 의리상 할 수 없었다. 그리하여 이 詩를 지은 것이다.

【箋】 滅者는 懿公死也니 君死於位曰滅이라 露於漕邑者는 謂戴公也니 懿公死하고 國人分散이어늘 宋桓公이 迎衛之遺民渡河하여 處之於漕邑하고 而立戴公焉이라 戴公與許穆夫人은 俱公子頑烝於宣姜所生也라 男子先生曰兄이라 ○ 閔은 一本作愍이라 弔失國曰唁이라

滅이란 衛 懿公이 죽은 것이니, 군주가 군주의 지위에서 죽는 것을 '滅'이라고 한다. '露於漕邑'은 衛 戴公 때를 말하니, 의공이 죽고 백성들이 흩어지자 宋 桓公이 衛의 遺民을 맞이하여 河水를 건너 漕邑에 거처하게 하고 대공을 세운 것이다. 대공과 許 穆公 부인은 모두 公子 頑이 〈庶母인〉 宣姜과 간통하여 출생한 자들이다. 먼저 태어난 男子를 '兄'이라고 한다.

○ 閔이 '愍'으로 된 本이 있다. 나라 잃은 것을 위문하는 것을 '唁'이라고 한다.

【疏】 '載馳(五章 首章六句 二章三章四句 四章六句 卒章八句)'至'是詩' ○ 正義曰：此載馳詩者, 許穆夫人所作也, 閔念其宗族之國見滅, 自傷不能救之. 言由衛懿公爲狄人所滅, 國人分散, 故立戴公, 暴(폭)露而舍於漕邑. 宗國敗滅, 君民播遷, 是以, 許穆夫人, 閔念衛國之亡, 傷己許國之小, 而力弱不能救, 故且欲歸國而唁其兄, 但在禮, 諸侯夫人, 父母終, 唯得使大夫, 問於兄弟, 有義不得歸. 是以, 許人尤之, 故賦是載馳之詩, 而見(현)己志也. 定本・集注[1]皆云'又義不得.' 則爲有字者, 非也.

1) 集注：梁의 崔靈恩이 지은 ≪毛詩集注≫를 말한다. 陸德明은 "많은 해석을 모아서 편찬한 것으로 三家詩를 탐구하는 기본이다."라고 하였다.(≪經義考≫)

序의 〔載馳〕에서 〔是詩〕까지

○ 正義曰 : 이 〈載馳〉 시는 허 목공 부인이 지은 것이니, 자기 친정 나라가 멸망당함을 안타깝게 여기고 구할 수 없음을 스스로 가슴 아파한 것이다.

'위 의공이 狄人에게 죽임을 당하고 백성이 흩어졌다. 그리하여 대공을 세워 조읍에 노숙하며 거처하였다. 친정 나라가 멸망하여 군주와 백성이 流離하였다. 이 때문에 허 목공 부인이 衛나라가 멸망한 것을 안타깝게 여기고, 자기의 許나라가 작고 힘이 약해 구할 수 없음을 가슴 아파하였다. 그리하여 우선 친정 나라에 돌아가 오라비를 위문하고자 하였으나, 다만 예법에 제후의 부인은 친정 부모가 죽으면 오직 대부를 보내서 형제를 위문해야 하므로 義理상 갈 수가 없다. 이 때문에 許나라 사람들이 허물하였다. 그리하여 이 〈載馳〉 시를 지어 자기의 생각을 나타낸 것'임을 말한 것이다.

定本과 ≪毛詩集注≫ 모두 '又義不得'이라고 하였으니 그렇다면 〈又자를〉 '有'자로 하는 것은 잘못이다.

【疏】 上云'許穆夫人作.' 又云'故賦是詩.' 作賦一也. 以作詩, 所以鋪陳其志, 故作詩名曰賦, 左傳曰"許穆夫人, 賦載馳." 是也. 此'思歸唁其兄', 首章, 是也, '又義不得', 二章以下, 是也. 此實五章, 故左傳, '叔孫豹・鄭子家賦載馳之四章', 四猶未卒, 明其五也. 然彼賦載馳, 義取控引大國, 今'控于大邦', 乃在卒章. 言賦四章者, 杜預云"幷賦四章以下, 賦詩雖意有所主, 欲爲首引之勢, 幷上章而賦之也."

위에서 '許穆夫人作'이라고 하고 또 '故賦是詩'라고 하였으니, 作과 賦는 같다. 詩를 짓는 것은 자기의 생각을 펼치는 것이다. 그리하여 詩 짓는 것을 '賦'라고 한 것이니, ≪春秋左氏傳≫ 閔公 2년에 "許 穆公 부인이 〈載馳〉를 賦하였다."라고 한 것이 이것이다.

이 序의 '思歸唁其兄'은 첫 장이 이것이고, '又義不得'은 둘째 장 이하가 이것이다. 이 詩는 실제로 다섯 장이다. 그리하여 ≪春秋左氏傳≫ 文公 13년과 襄公 3년에 '叔孫豹와 鄭子家가 〈재치〉의 넷째 장을 읊었다.'라고 하였는데, 〈卒章이 아닌〉 四라는 것은 아직 끝나지 않은 것과 같으니 분명 다섯 장이다. 그러나 그들이 〈재치〉를 읊은 것은, 大國에 원조를 끌어들이려는 뜻을 취한 것이니 지금 '控于大邦'이 바로 마지막 장에 있다. 그런데 넷째 장을 읊었다고 한 것에 대해, 杜預는 "四章 이하를 아울러 읊은 것이니, 詩를 읊음에는 비록 주장하는 뜻이 있을지라도, 실마리를 일으키는 정황을 위해서는 앞의 장을 아울러 읊는다."라고 하였다.

【疏】左傳服虔注"載馳五章, 屬鄘風, 許夫人, 閔衛滅, 戴公失國, 欲馳驅而唁之, 故作以自痛國小, 力不能救. 在禮, 婦人父母旣沒, 不得寧兄弟. 於是, 許人不嘉, 故賦二章, 以喻'思不遠'也, 許人尤之, 遂賦三章. 以卒章, 非許人不聽, 遂賦四章, 言'我遂往, 無我有尤也.'"

服虔의 ≪春秋左氏傳≫ 閔公 2년 注에 "〈載馳〉 다섯 장은 鄘風에 속하는데, 許 穆公 부인이 衛나라가 멸망하고 戴公이 나라를 잃은 것을 안타깝게 여겨 달려가 위로하고 싶었다. 그리하여 시를 지어 나라가 작아 힘으로 구원할 수 없음을 스스로 가슴 아파한 것이다. 禮에 제후의 부인은 부모가 죽은 뒤에는 형제를 〈직접〉 위문할 수 없다. 이에 許나라 사람들이 〈부인이 직접 위문하고자 함을〉 달가워하지 않았다. 그리하여 〈부인이〉 둘째 장을 지어 '그리움 외면할 수 없네.[思不遠]'라고 알리고, 허나라 사람들이 허물하자 마침내 셋째 장을 지은 것이다. 마지막 장은 허나라 사람들이 허락하지 않음을 비난한 것이다. 그리하여 마침내 넷째 장을 지어 '나 마침내 가리니 나에게 허물 있다 하지 말라.'라고 한 것이다."라고 하였다.

【疏】服氏旣云'載馳五章', 下歷說唯有四章者, 服虔意以傳稱四章, 義取控於大國, 此卒章, 乃是傳之所謂四章也, 因以差次章數以當之. 首章, 論歸唁之事, 摠其所思之意, 下四章, 爲許人所尤而作之, 置首章於外, 以下別數爲四章也. 言許大夫不嘉, 故賦二章, 謂除首章而更有二章, 卽此二章三章, 是也. 凡詩之作, 首尾接連, 未有除去首章, 更爲次弟者也. 服氏此言, 無所案據, 正以傳有四章之言, 故爲此釋, 不如杜氏幷賦之說也.

服虔이 '〈載馳〉는 다섯 장'이라고 하고서 아래에는 4장만 있는 것으로 하나하나 설명한 것은, 복건의 뜻이 '≪春秋左氏傳≫에서 四章이라 한 것은 대국에게 원조를 끌어들이려는 뜻을 취한 것인데, 여기의 마지막 장이 바로 ≪춘추좌씨전≫에서 말한 넷째 장'인 것으로 여겨 章의 수를 잘못 次序하여 해당시킨 것이다.

즉 첫 장은 돌아가 위문할 일을 논하여 그리워하는 뜻을 총괄한 것이고, 아래 네 장은 許나라 사람들이 허물하였기 때문에 지은 것인데, 첫 장을 제외하고 아래를 별도로 세어 네 장으로 여긴 것이다. 許나라의 대부가 달가워하지 않았기 때문에 두 장을 지었다고 한 것은, 첫 장을 제외하고 또 두 개의 장이 있음을 말한 것이니 곧 여기의 둘째 장과 셋째 장이 이것이다. 〈그러나〉 시를 지을 때는, 첫 장에서 끝장까지 이어 지으니 첫 장을 제외하고 새로 次第를 삼는 경우는 없다.

그러니 복건의 이 말은 근거할 만한 것이 없고, 바로 ≪춘추좌씨전≫에 '四章'이란 말이 있기 때문에 이렇게 解釋한 것이니, 杜氏의 '아울러 읊었다'는 說만 못하다.

【疏】 '滅者'至'曰滅' ○ 正義曰 : '君死於位曰滅', 公羊傳文也. 春秋之例, 滅有二義, 若國被兵寇, 敵人入而有之, 其君雖存, 而出奔, 國家多喪滅, 則謂之滅, 故左傳曰 "凡勝國曰滅[1]." 齊滅譚, 譚子奔莒(거), 狄滅溫, 溫子奔衛之類, 是也. 若本國雖存, 君與敵戰而死, 亦謂之滅, 故云'君死於位曰滅', 卽昭二十三年胡子髡(곤)沈子逞滅[2]之類, 是也.

1) 勝國曰滅 : 杜預는 "勝國은 사직을 단절시키고 토지를 차지하는 것이다.〔勝國 絶其社稷 有其土地〕"라고 하였다.(≪春秋左氏傳≫ 文公 15년 注)

2) 昭二十三年胡子髡 沈子逞滅 : 吳國이 鷄父전투에서 楚國의 屬國인 頓・胡・沈・蔡・陳・許 등 六國의 연합군을 대패시키고 胡子 髡과 沈子 逞을 죽인 일이다.(≪春秋公羊傳≫ 昭公 23년)

箋의 〔滅者〕에서 〔曰滅〕까지

○ 正義曰 : '君死於位曰滅'은 ≪春秋公羊傳≫ 昭公 23년의 글이다. ≪春秋≫의 例에 '滅'은 두 가지 뜻이 있다. 〈첫째는〉 만약 나라가 적병의 침략을 당하여 狄人이 들어와 차지하면 임금이 비록 살아 있을지라도 도망하여 국가가 대부분 멸망하게 되니 이를 '滅'이라고 한다. 그리하여 ≪春秋左氏傳≫ 文公 15년에 "싸워 나라를 이기는 것을 滅이라고 한다."라고 하였는데, 齊나라가 譚나라를 멸망시키자 譚子가 莒로 도망하고, 狄이 溫나라를 멸망시키자 溫子가 衛나라로 도망간 따위가 이것이다. 〈둘째는〉 만약 本國은 비록 보존되었더라도 군주가 적과 싸우다 죽으면 또한 '滅'이라고 부른다. 그리하여 '군주가 군주의 지위에서 죽는 것을 滅이라고 한다.〔君死於位曰滅〕'라고 한 것이니, 바로 ≪춘추≫ 소공 23년 胡子 髡과 沈子 逞이 멸망한 따위가 이것이다.

載馳載驅하여 **歸唁衛侯**하리라

말 몰아 달려가서
돌아가 衛侯 위문하리라

【傳】 載는 辭也라 弔失國曰唁이라

載는 語助辭이다. 나라 잃은 것을 위문함을 唁이라고 한다.

【箋】 箋云 載之言은 則也라 衛侯는 戴公也라

箋云 : 載의 뜻은 則이다. 衛侯는 戴公이다.

驅馬悠悠하여 言至于漕러니

멀리멀리 말 몰아
漕邑에 이르려 하였더니

【傳】 悠悠는 遠貌라 漕는 衛東邑이라

悠悠는 '먼 모양'이다. 漕는 衛의 동쪽 읍이다.

【箋】 箋云 夫人이 願御者驅馬悠悠乎니 我欲至于漕라

箋云 : 부인이 마부가 멀리 말 몰아가기를 바란 것이니, 이는 자신이 漕邑에 이르고자 한 것이다.

大夫跋涉하니 我心則憂로다

대부들 산 넘고 물 건너 쫓아오니
내 마음 시름에 젖었네

【傳】 草行曰跋이요 水行曰涉이라

풀길로 가는 것을 跋이라고 하고, 물 건너는 것을 涉이라고 한다.

【箋】 箋云 跋涉者는 衛大夫來하여 告難於許時라 ○ 韓詩云 不由蹊遂而涉曰跋涉이라하니라

箋云 : '跋涉'한 것은, 衛의 대부가 와서 許나라에 어려움을 알린 때이다.

○ ≪韓詩≫에는 "小路를 경유하지 않고 물을 건너가는 것을 '跋涉'이라고 한다."라고 하였다.

【疏】 '載馳'至'則憂' ○ 正義曰 : 夫人, 言己欲驅馳而往歸於宗國, 以弔唁衛侯, 故願御者馳馬悠悠然而遠行, 我欲疾至於漕邑. 我所以思願如是者, 以衛大夫跋涉而告難於我, 我心則憂閔其亡, 傷不能救, 故且驅馳而唁之. 鄭, 唯'載之言則'爲異, 餘同.

經의 〔載馳〕에서 〔則憂〕까지

○ 正義曰 : 부인이 '나는 말 달려 친정 나라로 돌아가 衛侯를 위문하고자 하였다. 그리하여 馬夫에게 멀리멀리 말 몰아 달려가길 원하였으니, 내가 漕邑에 빨리 도착하고자 한 것이다. 내가 이와 같이 하고자 한 까닭은, 衛나라의 대부가 산 넘고 물 건너 〈달려와서〉 나에게 곤란함을 알렸기 때문이니, 내 마음은 衛나라가 망한 것을 서글퍼 하고 구해줄 수 없음을 가슴 아파하였다. 그리하여 우선 말 달려가 위문하려 한 것이다.'라고 한 것이다. 鄭玄은 '載의 뜻은 則이다.'라고 한 것만 다르고 나머지는 〈傳과〉 같다.

【疏】 傳'弔失國曰唁' ○ 正義曰 : 昭二十五年, 公孫於齊, 次於陽州, 齊侯唁公於野井, 穀梁傳曰 "弔失國曰唁, 唁公不得入于魯." 是也. 此據失國言之, 若對弔死曰弔, 則弔生曰唁. 何人斯云 "不入唁我." 左傳曰 "齊人, 獲臧堅, 齊侯使夙沙衛唁之." 服虔云 "弔生曰唁." 以生見獲, 故唁之也.

傳의 〔弔失國曰唁〕

○ 正義曰 : 魯 昭公 25년에 昭公이 齊나라로 도망하여 陽州에 머물자 齊侯가 野井에서 소공을 위문하였는데, ≪春秋穀梁傳≫에 "나라를 잃은 것을 위문하는 것을 '唁'이라고 하니 昭公이 魯나라로 들어가지 못함을 위문한 것이다."라고 한 것이 이것이다. 이는 나라 잃음을 근거하여 말한 것이니, 죽은 자를 위문함이 '弔'인 것에 대비해보면 산 자를 위문함이 '唁'이다. 〈小雅 何人斯〉에 "〈어찌 내 魚梁에는 가면서〉 들어와 나는 위문하지 않는고.〔不入唁我〕"라고 하고, ≪春秋左氏傳≫ 襄公 3년에 "齊人이 〈魯나라의〉 臧堅을 사로잡자 齊侯가 夙沙衛를 시켜 위문하였다."라고 하였는데, 服虔이 "산 자를 위문하는 것

을 唁이라 한다."라고 하였으니 생포되었기 때문에 위문한 것이다.

【疏】 傳'草行曰跋' ○ 正義曰：左傳云"跋涉山川." 則跋者, 山行之名也. 言草行者, 跋, 本行草之名, 故傳曰"反首茇(발)舍以行[1]." 山必有草, 故山行亦曰跋.

1) 反首茇(발)舍以行：反首는 머리를 풀어 늘어뜨림이고 茇舍는 초막이니, 秦나라가 晉侯를 사로잡아 秦나라로 돌아가자 晉나라의 대부들이 머리를 풀어 늘어뜨리고 초막을 거두어 따라 간 것을 말한다.(≪春秋左氏傳≫ 僖公 15년)

傳의 〔草行曰跋〕

○ 正義曰：≪춘추좌씨전≫ 襄公 5년에 "산을 넘고 물을 건넜다."라고 하였으니, '跋'은 산을 넘어가는 것을 말한다. 그런데 '草行'이라고 한 것은, 跋이 본래 풀을 헤치며 가는 것이기 때문이다. 그리하여 ≪춘추좌씨전≫ 僖公 15년에 "머리 풀어 늘어뜨리고 초막을 거두어 따라갔다."라고 한 것이다. 산에는 반드시 풀이 있다. 그리하여 山行을 또한 跋이라고 한 것이다.

既不我嘉나 不能旋反이리

나를 옳게 여기지 않지만
내 마음 되돌리지는 못하리

【傳】 不能旋反我思也라

내 그리워하는 마음을 돌리지는 못한다는 것이다.

【箋】 箋云 既는 盡이요 嘉는 善也니 言許人이 盡不善我欲歸唁兄이라

箋云：既는 '다함'이고 嘉는 '옳게 여김'이니, 許나라 사람들이 모두 내가 돌아가 오라비를 위문하려는 것을 옳게 여기지 않음을 말한다.

視爾不臧이나 我思不遠이라

그대들 옳게 여기지 않지만
내 그리움 외면할 수가 없네

【傳】不能遠衛也라

衛를 멀리할 수 없다는 것이다.

【箋】箋云 爾는 女니 女는 許人也라 臧은 善也라 視女不施善道救衛라

箋云 : 爾는 '그대'이니 그대는 許나라 사람들이다. 臧은 '옳게 여김'이다. 허나라 사람들이 선도를 베풀어 衛를 구제하지 않음을 안 것이다.

【疏】'旣不'至'不遠' ○ 正義曰 : 夫人, 旣欲歸唁, 而許大夫不聽, 故責之云 "汝許人, 盡不善我欲歸唁其兄, 然不能旋反我心中之思, 使不思歸也." 旣不得去, 而又責之言 "我視汝許大夫不施善道以救衛, 由此故我思不遠於衛, 恒欲歸唁之爾, 旣不能救, 何以止我也."

經의 〔旣不〕에서 〔不遠〕까지

○ 正義曰 : 부인이 돌아가 위문하고 싶었으나 許의 대부가 들어주지 않았다. 그리하여 책망하기를 "그대 許나라 사람들은 모두 내가 돌아가 오라비를 위문하고자 함을 옳게 여기지 않지만, 내 마음속의 그리움을 돌이켜 친정으로 돌아가려는 생각을 못하게는 할 수 없다."라고 하고, 갈 수 없게 되자 또 책망하기를 "나는 그대 허나라 대부들이 선도를 베풀어 衛나라를 구하지 않음을 알았다. 이 때문에 내 마음은 衛나라를 멀리할 수 없어 늘 돌아가 위문하려 하는 것인데, 구원해주지도 않으면서 무슨 이유로 나를 막는가."라고 한 것이다.

旣不我嘉나 不能旋濟리라

나를 옳게 여기지 않지만
되돌려 그치게는 못하리

【傳】濟는 止也라

濟는 '그침'이다.

視爾不臧이나 **我思不閟**(비)리라

그대들 옳게 여기지 않지만

내 그리움을 막지는 못하리

【傳】 閟는 閉也라

閟는 '닫음'이다.

陟彼阿丘하여 **言采其蝱**(맹)하리라

저 높은 언덕에 올라

貝母를 캐리라

【傳】 偏高曰阿丘라 蝱은 貝母也니 升至偏高之丘하여 采其蝱者는 將以療疾이라

한쪽이 비탈진 언덕을 阿丘라고 한다. 蝱은 貝母이니, 한쪽이 비탈진 언덕에 올라가서 패모를 캐는 것은 질병을 치료하려는 것이다.

【箋】 箋云 升丘采貝母는 猶婦人之適異國하여 欲得力助하여 安宗國也라 ○ 蝱은 藥名也라

箋云 : 언덕에 올라 貝母를 캐는 것은, 부인이 다른 나라에 가서 도움을 얻어 친정 나라를 안정시키려는 것과 같다.

○ 蝱은 약초의 이름이다.

蝱(≪毛詩品物圖攷≫)

女子善懷는 **亦各有行**이어늘

여인이 생각 많음은

각자의 도리 있거늘

【傳】 行은 道也라

行은 '도리'이다.

【箋】 箋云 善은 猶多也요 懷는 思也라 女子之多思者有道니 猶升丘采(其)[1]蝱也라

1) (其) : 저본의 교감기에 따라 衍字 처리하여 번역하였다.

箋云 : 善은 '많음'과 같고, 懷는 '생각'이다. 여인이 생각 많음은 도리가 있음이니 마치 언덕에 올라 貝母를 캐는 것과 같다는 것이다.

許人尤之하니 衆穉且狂이로다

許나라 사람들 허물하니
유치하고도 미치광이들이로다

【傳】 尤는 過也라 是乃衆幼穉且狂이니 進取一概之義라

尤는 '허물함'이다. 이는 바로 유치한 자들과 狂人으로 하나의 의리만 고집스레 추구한 것이다.

【箋】 箋云 許人은 許大夫也라 過之者는 過夫人之欲歸唁其兄이라 ○ 尤는 本亦作訧하고 穉는 本又作稚라

箋云 : 許人은 許의 대부들이다. '허물한 것'은 부인이 친정으로 가 오라비를 위문하고자 함을 허물한 것이다.

○ 尤는 訧로 되어 있는 本도 있고, 穉는 稚로 되어 있는 本도 있다.

【疏】 '陟彼'至'且狂' ○ 正義曰 : 夫人旣爲許人所止, 而不得歸, 故說已歸意以非之. 言有人升彼阿丘之上, 言欲采其蝱者, 欲得其蝱以療疾, 猶婦人適於異國, 亦欲得力助以安宗國. 然我言力助宗國, 似采蝱療疾, 是我女子之多思, 亦各有道理也. 旣不能救, 思得暫歸, 許人守禮尤我, 言此許人之尤過者, 是乃衆童穉無知且狂狷之人也, 唯守一槩之義, 不知我宗國今(人)〔之〕[1]敗滅, 不與常同, 何爲以常禮止我也.

1) (人)〔之〕: 저본의 교감기에 따라 '之'로 번역하였다.

經의 〔陟彼〕에서 〔且狂〕까지

○ 正義曰 : 부인이 許人에게 저지당하여 친정으로 갈 수 없었다. 그리하여 자기의 돌아가려는 뜻을 설명하고 비난하였다. 저 한쪽으로 비탈진 언덕 위로 올라가는 사람이 있음을 말하여, '貝母를 캐려는 것은 패모를 얻어 질병을 치료하고자 해서이니, 이는 마치 내가 타국에 가는 것도 원조를 얻어 친정 나라를 안정시키고자 함과 같다. 그러나 내가 친정 나라를 원조할 것을 말한 것은, 패모를 캐서 질병을 치료함과 비슷하니, 이는 나와 같은 여인이 생각이 많은 것도 각자의 도리가 있어서이다.'라고 한 것이다.

구할 수 없게 되어 잠시 돌아가 〈위문할 것을〉 생각하였는데, 許나라 사람들이 禮를 지켜 나를 허물하니 '이 許나라 사람들이 허물하는 것은, 바로 무지한 어린이들과 미치광이들이어서 한 가지의 의리만을 지키고, 내 친정 나라가 지금 패망하여 평상시와 같지 않음을 알지 못해서이니 어찌 나를 평상시의 예로 막는가.' 하였다.

【疏】 傳'偏高'至'貝母' ○ 正義曰 : '偏高阿丘', 釋丘文, 李巡曰 "謂丘邊高." '莔(맹)[1]貝母', 釋草文, 陸機疏云 "蝱, 今藥草貝毋也. 其葉, 如栝樓而細小, 其子, 在根下, 如芋子, 正白, 四方連累相著(착), 有分解." 是也.

1) 莔(맹) : '蝱'과 통용하는 글자이다.

傳의 〔偏高〕에서 〔貝母〕까지

○ 正義曰 : '偏高阿丘'는 ≪爾雅≫ 〈釋丘〉의 글인데, 李巡은 "〈阿丘는〉 언덕의 가장자리가 높은 것을 말한다."라고 하였다. '莔 貝母'는 ≪爾雅≫ 〈釋草〉의 글인데, 陸機의 ≪毛詩草木鳥獸蟲魚疏≫에 "蝱은 지금의 藥草인 貝母이다. 잎은 하눌타리와 같은데 가늘며 작고, 씨는 뿌리 아래 부분에 있고 토란과 비슷하며 순백색이고 사방으로 엉켜서 서로 붙어 있는데 응어리를 푸는 성질이 있다."라고 한 것이 이것이다.

【疏】 箋'善猶'至'采蝱' ○ 正義曰 : 夫人思衛, 爲許所尤, 方宜開釋許人, 不宜自稱善思, 故許人尤之, 明嫌其多思, 故云'善猶多'也. 此'多思''有道', 自夫人之意, 言猶升丘采蝱者, 以經云'亦各有行', 亦各, 不一之辭, 明采蝱與己俱有道理, 故云'亦各'也, 然則此與上互相明, 上言采蝱療疾, 猶己欲力助宗國, 此言己思有理, 則采蝱亦有理矣.

箋의 〔善猶〕에서 〔采蝱〕까지

○ 正義曰 : 부인이 衛나라를 생각하다가 許人에게 허물을 받았으니, 의당 許人을 설득하여 이해시켜야 되는 것이지 스스로 좋은 생각〔善思〕이라고 말해서는 안 된다. 그러므로 '許人尤之'는 분명 여인이 생각이 많은 것을 싫어한 것이다. 그리하여 '〈好善懷의〉 善은 多와 같다.'라고 한 것이다. 여기의 '多思'와 '有道'는 부인의 생각으로 말한다면 언덕에 올라 貝母를 캐는 것과 같다고 말한 것이다. 그러나 經文에서 말한 '亦各有行'의 '亦各'은 하나가 아니라는 말이니, 패모를 캐는 것과 자기가 〈가려는 것이〉 모두 道理가 있음을 밝힌 것이다. 그리하여 '亦各'이라고 한 것이다. 그렇다면 여기의 箋과 위의 箋은 서로 뜻을 밝힌 것이니, 위에서 蝱을 캐서 질병을 치료함을 말하였으니 이는 자기가 힘써 친정 나라를 돕고자 하는 것과 같고, 여기에서는 나의 생각이 도리가 있다고 말하였는데, 그렇다면 패모를 캠도 도리가 있다는 것이다.

【疏】 傳'是乃'至'之義' ○ 正義曰 : 論語云 "狂者進取." 注云 "狂者進取, 仰法古例, 不顧時俗." 是進取一概之義. 一概者, 一端, 不曉變通, 以常禮爲防, 不聽歸唁, 是童蒙而狂也.

傳의 〔是乃〕에서 〔之義〕까지

○ 正義曰 : ≪論語≫ 〈子路〉에 "狂者는 進取한다."라고 하였는데, 注에 "狂者進取라는 것은 古例만을 좋게 여겨 법으로 삼고 당시의 풍속을 돌아보지 않은 것이다."라고 하였으니, 이는 하나의 의리만을 고집스레 추구하는 것이다. '一概'란 한 단면이니, 변통할 줄 모르고 평상시의 예로 막아 친정에 가 위문하려는 것을 허락하지 않은 것이니, 이것이 어리고 미치광이라는 것이다.

【疏】 箋'許人許大夫' ○ 正義曰 : 下云'大夫君子', 故許人爲許大夫, 上章'視爾不臧', 箋云 "爾汝, 汝許人." 大夫亦由此也. 大夫而曰人者, 衆辭. 下箋云 "君子, 國中賢者." 此獨云大夫者, 以言'衆穉且狂', 是責大夫之辭, 故不及國中賢者, 下以己情恕而告之, 不必唯對國中大夫, 故兼言賢者焉.

箋의 〔許人 許大夫〕

○ 正義曰 : 아래 장에서 '大夫君子'를 말하였다. 그리하여 許人이 許의 대부가 되는 것

이다. 앞장 '視爾不臧'의 箋에서 "爾는 汝요 汝는 許人이다."라고 하였으니, 대부도 이에 연유한다. 대부인데 '人'이라고 한 것은 수가 많음을 말한다. 아래 장의 箋에 "君子는 나라 안의 賢者이다."라고 하였는데, 여기에서 '大夫'라고만 한 것은 '衆穉且狂'이라고 한 것이 바로 대부를 책망하는 말이기 때문이다. 그리하여 나라 안의 현자를 언급하지 않은 것이고, 아래는 자기의 감정을 고하는 것이니 반드시 나라 안의 대부만을 대상으로 할 필요가 없다. 그리하여 현자를 겸하여 말한 것이다.

我行其野에 芃(봉)芃其麥이리

나 衛 들녘 갈 때에
보리 무성하리

【傳】 願行衛之野에 麥芃芃然方盛長이라

衛의 들녘에 갈 때에 보리가 한창 무성하게 자라기를 바란 것이다.

【箋】 箋云 麥芃芃者는 言未收刈하여 民將困也라

箋云 : '麥芃芃'은 아직 수확하지 못해서 백성이 앞으로 곤궁해질 것을 말한다.

控于大邦이나 誰因誰極고

큰 나라에 하소연하고프나
누굴 통하고 누가 가리

【傳】 控은 引이요 極은 至也라

控은 '이끎'이고, 極은 '이름'이다.

【箋】 箋云 今衛侯之欲求援하니 引之力助於大國之諸侯나 亦誰因乎며 由誰至乎아 閔之라 故欲歸問之라

箋云 : 지금 衛侯가 구원을 바라고 있으니 대국의 제후에게 원조를 얻고 싶지만, 또한

누구를 통해 할 것이며 누가 가야 하겠는가. 이것이 걱정이다. 그리하여 돌아가 위문하고자 한 것이다.

大夫君子여 無我有尤어다

대부 군자들아
날 허물하지 말지어다

【箋】 箋云 君子는 國中賢者라 無我有尤는 無過我也라

箋云 : '君子'는 나라 안의 현자이다. '無我有尤'는 자기를 허물하지 말라는 것이다.

百爾所思나 不如我所之니라

많은 그대들 생각한다지만
내가 감만 못하니라

【傳】 不如我所思之篤厚也라

깊이 생각하는 나만은 못하다는 것이다.

【箋】 箋云 爾는 女니 女는 衆大夫君子也라

箋云 : 爾는 '그대'이니 그대는 여러 대부와 군자이다.

【疏】 '我行'至'所之' ○正義曰 : 夫人冀得歸唁, 說己往意, 我所以歸唁於衛者, 我比欲行衛之野, 觀其芃芃然方盛之麥, 時未收刈, 明民困苦, 閔其國民, 故欲往行之. 又欲問衛求援引之力助於大國之諸侯, 亦由誰因乎, 由誰至乎, 我之歸唁, 爲此而已爾, 許之大夫及國中君子, 無以我爲有過而不聽問. 爾之過我, 由不思念於衛, 汝百衆大夫君子, 縱有所思念於衛, 不如我所思之篤厚也, 由情不及己, 故不聽我去耳.

經의 〔我行〕에서 〔所之〕까지

○正義曰 : 夫人이 돌아가 위문할 수 있기를 바라서 자기가 가려는 뜻을 설명한 것이

니, '내가 衛나라로 돌아가 위문하려는 것은, 내가 친히 衛나라의 들녘에 가고자 할 때에 한창 무성하게 자라는 보리를 보리니, 아직 수확하지 못하여 분명 백성들이 곤궁할 것이니 衛나라의 백성들이 불쌍하다. 그리하여 가려 하는 것이다. 또 衛나라를 위문하여 구원하도록 대국의 제후에게 원조를 얻고 싶지만, 또한 누구를 통해 할 것이며 누구를 보내야 하겠는가. 내가 돌아가 위로하려 함은 이 때문이니, 許의 대부와 나라 안의 군자들은 내가 허물이 있다고 여겨 위문하는 것을 허락하지 않는 일이 없도록 하라. 그대들이 나를 허물함은 衛나라를 생각하지 않아서이다. 그대 여러 대부와 군자가 비록 衛나라를 생각한다 할지라도 깊이 생각한 나만 못하니 이는 情이 나만 못하기 때문이다. 그리하여 내가 가는 것을 허락하지 않은 것이다.'라고 한 것이다.

【疏】 箋'欲求'至'誰至乎' ○正義曰：此時, 宋桓公, 迎衛之遺民, 立戴公, 是夫人所知, 不須問矣. 又於時, 十二月也, 草木已枯, 野無生麥, 而云問所控引, 言欲觀麥者, 夫人志在唁兄, 思歸訪問, 非是全不知也. 又思欲嚮衛, 得於三月四月, 民飢麥盛之時, 出行其野, 不謂當今十二月也, 故鄭志[1]答趙商云"狄人入衛, 其時明然, 戴公廬漕及城楚丘二者, 是還復其國也. 許夫人傷宗國之滅, 又閔其民, 欲歸行其野, 視其麥, 是時之憂思, 乃引日月而不得歸, 責以冬夏與誰因誰極, 未通於許夫人之意." 是也.

1) 鄭志：鄭玄의 孫子 鄭小同이 편찬한 책으로, 정현이 제자들과 문답한 내용이다. 11卷이었으나 原本은 佚失되었고, 현재 남아 있는 것은 후일 학자들이 모아 편집한 것으로 총3권, 보유 1권이다.(≪四庫全書總目≫)

箋의 〔欲求〕에서 〔誰至乎〕까지

○正義曰：이때에 宋 桓公이 衛의 遺民을 맞이하여 戴公을 세웠으니, 이 일은 夫人이 알고 있는 것이니 물을 필요가 없다. 또 시기로는 12월이니 초목이 이미 시들어 들녘에 자라고 있는 보리가 없다. 그런데 '끌어들일 곳을 묻는다.'라고 하고 '보리를 보고자 한다.'라고 한 것은, 부인의 생각이 오라비를 위문하는 데 있어 돌아가 보고 물을 것을 생각한 것이지 전혀 모르는 것이 아니다. 또 衛나라로 가고자 하여 백성이 굶주리고 보리가 무성하게 자라는 3, 4월에 들녘에 나갈 것을 생각한 것이니, 지금 12월임을 말한 것이 아니다. 그리하여 ≪鄭志≫에서 趙商에게 "狄人이 衛나라를 차지한 것은 그 시기가 분명하고, 戴公이 漕邑에서 노숙한 것과 楚丘에 성을 쌓은 것의 두 가지는 다시 나라를 회

복한 것이다. 그러니 許 穆公 부인이 친정 나라가 멸망한 것을 가슴 아파하고 또 衛나라의 백성을 불쌍히 여겨 衛나라의 들녘으로 돌아갈 때에 보리를 보려 한 것이니 이는 당시의 걱정이다. 그런데 도리어 時期에 돌아가지 못함을 들어서 冬과 夏 및 '誰因'과 '誰極'으로 따진다면, 이는 허 목공 부인의 뜻을 모르는 것이다."라고 답한 것이 이것이다.

載馳五章이니 一章六句요 二章〔章〕[1]四句요 一章六句요 一章八句라

1) 〔章〕: 저본의 교감기에 따라 보충하여 번역하였다.

〈載馳〉 5章이니, 한 章은 5句이고 두 章은 章마다 4句이고 한 章은 6句이고 한 章은 8句이다.

鄘國 十篇이니 三十章이요 百七十六句라

鄘國(鄘風) 10篇이니 30章이고 176句이다.

衛淇奧詁訓傳 第五

毛詩國風　鄭氏箋　孔穎達疏

○ 鄭王은 俱云 紂都之東也라

鄭玄과 王肅 모두 〈淇水를〉 紂 都城의 동쪽이라고 하였다.

淇奧(기욱)

【序】 淇奧은 **美武公之德也**라 **有文章**하고 **又能聽其規諫**하고 **以禮自防**이라 **故能入相于周**하니 **美而作是詩也**라 ○ **淇**는 **水名**이요 **奧**은 **隈也**라 **草木疏云奧亦水名**이라

〈淇奧〉은 衛 武公의 德을 찬미한 詩이다.

武公이 훌륭한 자질이 있고 또 신하들의 規諫을 잘 받아들이고 예법으로 자신을 단속하였다. 그리하여 周 조정에 들어가 잘 도우니 찬미하여 이 詩를 지은 것이다.

○ 淇는 강의 이름이고, 奧은 '강줄기의 굽이진 곳'이다. 〈陸機의〉 ≪毛詩草木鳥獸蟲魚疏≫에는 "奧도 강의 이름이다."라고 하였다.

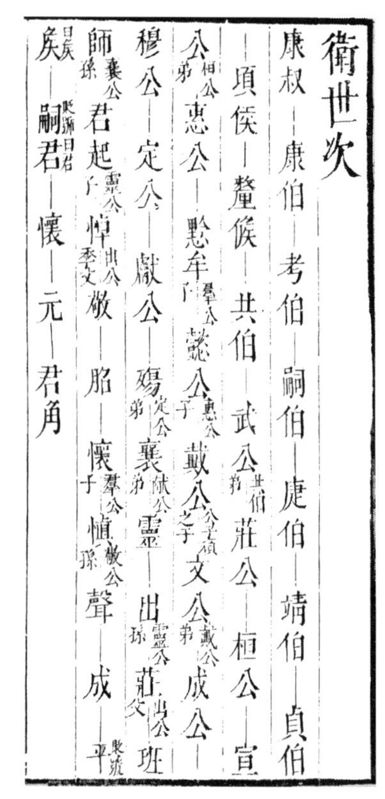

衛世次(≪六經圖考≫)

【疏】 '淇奧(三章章九句)'至'是詩' ○ 正義曰：作淇奧詩者, 美武公之德也. 既有文章, 又能聽臣友之規諫, 以禮法自防閑, 故能入相於周爲卿士, 由此故美之而作是詩也. 沔水箋云 "規者, 正圓之器也." 司諫注云 "以義正君曰(規)〔諫〕[1]." 然則方圓者, 度之準, 禮義者, 德之則, 正圓以規, 使依度, 猶正君以禮, 使入德, 故謂之規諫. 諫, 干也, 干君之意而告之.

1) (規)〔諫〕: 저본의 교감기에 따라 '諫'으로 번역하였다.

序의 〔淇奧〕에서 〔是詩〕까지

○ 正義曰：〈淇奧〉 시를 지은 것은 武公의 덕을 찬미한 것이다.

훌륭한 자질이 있고 게다가 신하와 벗의 規諫을 잘 받아들이고 禮法으로 자기를 단속하였다. 그리하여 周 조정에 들어가 천자를 잘 도와 卿士가 되었다. 이 때문에 그를 찬미하여 이 詩를 지은 것이다. 〈小雅 沔水〉의 箋에는 "規는 圓을 바르게 하는 器具이다."라고 하고, ≪周禮≫ 〈地官 司諫〉의 注에는 "義로 군주를 바르게 하는 것을 諫이라고 한다."라고 하였다. 그렇다면 方과 圓은 척도의 기준이고 禮와 義는 덕의 준칙이니, 規로 圓을 바르게 하여 척도를 따르게 하는 것이 마치 禮로 군주를 바르게 하여 덕에 들어가게 함과 같다. 그리하여 '規諫'이라고 한 것이다. 諫은 '범함'이니 군주의 〈잘못된〉 뜻을 범해 고해주는 것이다.

【疏】 卒章傳曰"重較(각), 卿士之車." 則入相爲卿士也, 賓之初筵云"武公旣入而作是詩也." 則武公當幽王之時, 已爲卿士矣. 又世家云"武公將兵佐周平戎, 甚有功, 平王命爲公." 則平王之初, 未命爲公, 亦爲卿士矣. 此云'入相于周', 不斥其時之王, 或幽或平, 未可知也. 若平王則爲公, 而云卿(而)〔者〕[1], 卿爲典事, 公其兼官, 故顧命注"公兼官, 以六卿爲正次[2]." 是也.

1) (而)〔者〕：저본의 교감기에 따라 '者'로 번역하였다.

2) 公兼官 以六卿爲正次：천자가 諸侯를 불러들여 卿의 관직을 겸직시킬 때, 爵位의 순서에 따라 첫째를 冢宰로, 둘째를 司徒로, 셋째를 宗伯으로, 넷째를 司馬로, 다섯째를 司寇로, 여섯째를 司空으로 삼는 것을 말한다. ≪尙書≫ 〈顧命〉의 注에 의하면 "이는 六卿의 선후를 次第한 것이니 총재가 첫째이니 召公이 맡고, 사도가 둘째이니 芮伯이 하고, 종백이 셋째이니 彤伯이 하고, 사마가 넷째이니 畢公이 맡고, 사구가 다섯째이니 衛侯가 하고, 사공이 여섯째이니 毛公이 맡았다.〔此先後六卿次第 冢宰第一 召公領之 司徒第二 芮伯爲之 宗伯第三 彤伯爲之 司馬第四 畢公領之 司寇第五 衛侯爲之 司空第六 毛公領之〕"라고 하였다.

마지막 章의 傳에 "重較은 卿士의 수레이다."라고 하였으니, 곧 들어가 도와 卿士가 된 것이고, 〈小雅 賓之初筵〉의 序에 "武公이 周에 들어온 뒤에 이 詩를 지었다."라고 하였으니, 그렇다면 武公이 幽王 때에 이미 卿士가 된 것이다. 또 ≪史記≫ 〈衛世家〉에 "무공이 군사를 거느리고 周를 도와 戎狄을 평정하여 큰 공을 세우자 平王이 명하여 公

으로 삼았다."라고 하였으니, 그렇다면 평왕의 초에는 아직 命을 내려 公이 된 것이 아니니 역시 卿士였다. 여기에서 '入相于周'만을 말하고 당시의 왕을 지칭하지 않았으니 유왕인지 평왕인지는 알 수 없다. 만약 평왕 때라면 公일 것인데 '卿'이라고 한 것은, 卿이 일을 주관하는데 公이 卿의 官職을 겸하였기 때문이다. 그리하여 ≪尙書≫ 〈顧命〉의 注에 "公은 官職을 겸하니 六卿으로 正次한다."라고 한 것이 이것이다.

【疏】 言'美武公之德', 摠敘三章之義也. '有文章', 卽'有斐君子', 是也. '聽其規諫以禮自防', 卽'切磋琢磨, 金錫圭璧', 是也. '入相於周', 卽'充耳會弁猗重較兮', 是也. 其餘皆是武公之德, 從可知也. 序先言'聽諫'・'自防', 乃言'入相於周'者, 以先說在國之德, 乃言入相. 經亦先言其德盛聽諫, 後陳卿士之車服爲事次也. 諸言美者, 美所施之政教, 此則論質美德盛學問自修, 乃言美其身之德, 故敘者異其文也.

'美武公之德'이라고 한 것은 세 章의 뜻을 총괄하여 서술한 것이고, '有文章'은 바로 〈經文의〉 '문채 나는 군자여.〔有斐君子〕'가 이것이고, '聽其規諫 以禮自防'은 바로 '절차탁마하여 金과 錫, 圭와 璧이 되듯이 하다.〔切磋琢磨 金錫圭璧〕'가 이것이고, '入相於周'는 바로 '琇瑩 귀막이하고 별모양으로 弁하여 重較에 의지하였네.〔充耳琇瑩 會弁如星 猗重較兮〕'가 이것이니, 그 나머지도 모두 武公의 덕임을 미루어 알 수 있다.

序에서 먼저 '聽諫'과 '自防'을 말하고 나서 '入相於周'를 말한 것은, 자기 나라에 있을 때의 덕을 먼저 설명하고 나서 周로 들어가 도운 것을 말한 것이니, 經文도 먼저 '德盛과 聽諫'을 말하고 뒤에 '卿士의 車服'을 서술하여 일의 차례로 삼은 것이었다.

일반적으로 찬미하는 말들은 시행한 政教를 찬미하는 것이지만, 여기서는 곧 자질의 아름다움과 덕의 성대함과 學問함과 스스로를 닦은 것을 논하고 나서 그의 덕을 찬미한 것이다. 그리하여 〈序에서〉 敍述한 것이 〈經文의〉 글과 다른 것이다.

【疏】 案世家云 "武公, 以其賂賂士, 以襲攻共伯[1]." 而殺兄簒國, 得爲美者, 美其逆取順守[2], 德流於民, 故美之. 齊桓・晉文, 皆簒弑而立, 終建大功, 亦皆類也.

1) 以其賂賂士 以襲攻共伯 : 武公이 公子일 때에 釐侯에게 받은 재물을 병사에게 뇌물로 주어 희후의 무덤가에서 共伯을 습격하자 공백이 희후의 묘도에서 자살한 일을 말한다. ≪史記≫ 〈衛康叔世家〉에 "42년에 희후가 죽자 太子인 共伯 餘가 즉위하여 임금이 되었다. 공백의 아우 和(무공)가 희후에게 총애를 받아 희후가 그에게 많은 뇌물을 주었다.

和가 그 뇌물로 병사들에게 뇌물을 주어 공백을 〈희후의〉 墓 가에서 襲攻하니 공백이 희후의 묘도로 들어가 자살하였다.〔四十二年 釐侯卒 太子共伯餘立爲君 共伯弟和有寵於釐侯 多予之賂 和以其賂賂士 以襲攻共伯於墓上 共伯入釐侯羨自殺〕"라고 하였다.

2) 逆取順守 : 逆取는 무력으로 帝位를 탈취하는 것을 말하고, 順守는 逆取한 후에 正道로 다스림을 말한다.

≪史記≫ 〈衛世家〉를 살펴보니 "武公이 재물을 병사에게 뇌물로 주어 共伯을 습격하였다."라고 하였으니, 형을 죽이고 나라를 빼앗았는데도 찬미를 받을 수 있었던 것은, 그가 逆取하였으나 順守하여 덕이 백성에게 미친 것을 아름답게 여긴 것이다. 그리하여 그를 찬미한 것이니, 齊 桓公과 晉 文公이 모두 찬탈하여 군주를 죽이고 제후가 되었으나 종국에는 큰 공을 세운 것들도 모두 유사하다.

瞻彼淇奧하니 綠竹猗(의)猗로다

저 淇水 굽이진 곳 보니
綠竹 아름답고 무성하네

【傳】 興也라 奧은 隈也라 綠은 王芻也요 竹은 (篇)〔萹〕[1)]竹也라 猗猗는 美盛貌라 武公이 質美德盛하여 有康叔之餘烈이라 ○ 綠은 爾雅에 作菉하니 音同이라 韓詩에 竹은 作藩(독)하고 云藩은 篇筑(축)也라하니 石經[2)]同이라 隈는 孫炎云水曲中也라하다 芻는 郭璞云今呼白脚莎라하니 一云卽菉蓐草也라 萹竹은 本亦作扁이라 竹은 韓詩에 作筑한대 郭云似小藜요 赤莖節이며 好生道旁하니 可食이요 又殺蟲이라하고 草木疏云有草似竹하니 高五六尺이니 淇水側人謂之菉竹也라하다

1) (篇)〔萹〕 : 저본의 교감기에 따라 '萹'으로 번역하였다. 아래도 같다.

2) 石經 : 經文을 올바르게 전하기 위하여 돌에 새긴 經典인데, 後漢의 蔡邕이 교정하여 쓴 喜平石經과 唐의 開成 연간(836~840)에 만들어진 開成石經

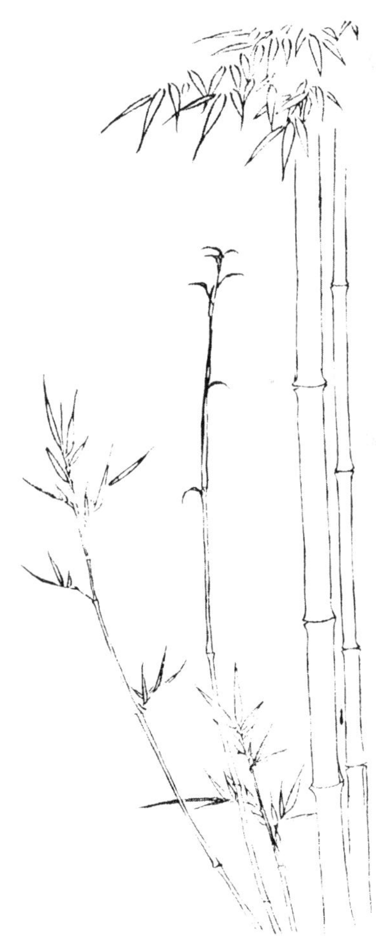

綠竹(≪毛詩品物圖攷≫)

등이 있다.

興이다. 奧은 '물가의 굽이진 곳'이다. 綠은 王芻이고, 竹은 萹竹이다. 猗猗는 아름답고 무성한 모양이다. 武公이 자질이 아름답고 덕이 성대하여 〈衛의 시조〉 康叔이 물려준 공적이 있었다.

○ 綠은 ≪爾雅≫ 〈釋草〉에는 '菉'으로 되어 있는데 音이 같다. ≪韓詩≫에 竹은 薄으로 되어 있고 "薄은 篇筑이다."라고 하였는데, 石經도 같다. 隈는 孫炎이 "굽이진 물가의 안쪽이다."라고 하였다. 芻는 郭璞은 "지금 白脚莎라고 부른다."라고 하였는데, 한편으로는 菉蓐草라고 한다. 萹竹은 '扁'으로 되어 있는 본도 있다. 竹은 ≪韓詩≫에는 '筑'으로 썼는데, 곽박은 "작은 명아주와 비슷하고 줄기와 마디가 적색이며 길 가에 잘 자라는데 먹을 수 있고 또 벌레를 죽이는 성분이 있다."라고 하고, 〈陸機의〉 ≪毛詩草木鳥獸蟲魚疏≫에는 "대나무와 비슷한 풀인데 높이가 5,6척이다. 淇水의 주변 사람들은 '菉竹'이라고 부른다."라고 하였다.

有匪君子여 如切如磋하며 如琢如磨로다

문채 나는 君子여
뼈와 뿔을 자르고 다듬듯
옥과 돌을 쪼고 곱게 간듯

【傳】 匪는 文章貌라 治骨曰切이요 象曰磋요 玉曰琢이요 石曰磨라 道其學而成也하니 聽其規諫以自脩 如玉石之見琢磨也라 ○ 匪는 本又作斐하고 韓詩作邲(필)하니 美貌也라 磨는 本又作摩라

匪는 '문채 나는 모양'이다. 뼈를 가공하는 것을 切이라고 하고, 象牙를 가공하는 것을 磋라고 하고, 玉을 가공하는 것을 琢이라고 하고, 돌을 가공하는 것을 磨라고 한다. 학문하여 성취하는 것을 말하니, 그가 規諫을 받아들여 스스로를 닦음이 마치 玉과 돌이 다듬어지는 것과 같은 것이다.

○ 匪는 또 '斐'로 된 본이 있고 ≪韓詩≫에는 '邲'로 되어 있는데, '아름다운 모습'이다. '磨'는 또 摩로 된 본이 있다.

瑟兮僩(한)兮며 赫兮咺(훤)兮니

엄숙하고 관대하며

훌륭하고 분명한 몸가짐

【傳】 瑟은 矜莊貌요 僩은 寬大也라 赫은 有明德赫赫然이요 咺은 威儀容止宣著也라 ○ 僩은 韓詩云美貌라하고 說文云武貌라 咺은 韓詩에 作宣하니 宣은 顯也라

瑟은 엄숙하고 공경하는 모습이고, 僩은 '관대함'이다. 赫은 밝은 덕이 있어 빛나는 것이고, 咺은 위엄 있는 모습과 행동이 드러남이다.

○ 僩은 ≪韓詩≫에는 "아름다운 모습이다."라고 하고, ≪說文解字≫에는 "씩씩한 모습이다."라고 하였다. 咺은 ≪한시≫에는 '宣'으로 썼는데, 宣은 '드러남'이다.

有匪君子여 終不可諼(훤)兮로다

문채 나는 군자여

끝내 잊을 수가 없네

【傳】 諼은 忘也라

諼은 '잊음'이다.

【疏】 '瞻彼'至'諼兮' ○ 正義曰：視彼淇水隈曲之內, 則有王芻與萹竹, 猗猗然美盛, 以興視彼衛朝之上, 則有武公質美德盛. 然則王芻萹竹所以美盛者, 由得淇水浸潤之故, 武公所以德盛者, 由得康叔之餘烈故. 又言此有斐然文章之君子, 謂武公, 能學問聽諫, 以禮自脩, 而成其德美, 如骨之見切, 如象之見磋, 如玉之見琢, 如石之見磨, 以成其寶器, 而又能瑟兮顔色矜莊, 僩兮容裕寬大, 赫兮明德外見, 咺兮威儀宣著. 有斐然文章之君子, 盛德之至如此, 故民稱之, 終不可以忘兮.

經의 〔瞻彼〕에서 〔諼兮〕까지

○ 正義曰：저 淇水 가의 굽이진 곳의 안쪽을 살펴보니 王芻와 萹竹이 무성하고 아름

다웠다. 이것으로, 저 衛나라의 조정을 살펴보니 武公이 자질이 아름답고 덕이 성대한 것을 興한 것이다. 그렇다면 왕추와 편죽이 아름답고 무성한 것은 淇水가 적셔주고 기름지게 하였기 때문이고, 무공의 덕이 성대한 것은 康叔이 물려준 공적을 얻었기 때문이다. 또 문채 나는 군자라고 한 것은, 무공이 학문하고 規諫을 잘 받아들이고 예의로 스스로를 닦아 덕을 아름답게 한 것이 마치 뼈가 잘리고 象牙가 다듬어지고 玉이 쪼아지고 돌이 연마되어 보배로운 기물이 됨과 같으며, 또 안색이 엄숙하고 공경스럽고 용모가 너그럽고 관대하며 밝은 덕이 밖으로 나타나고 위엄 있는 모습과 행동이 드러남을 말한다. 문채가 나는 군자가 지극히 성대한 덕이 이와 같았다. 그리하여 백성들이 찬미하고 끝내 잊을 수 없는 것이다.

【疏】 傳'奧隈'至'餘烈' ○ 正義曰 : '隩隈', 釋丘文. 孫炎曰 "隈, 水曲中也." 又云 "厓內爲隩." 李巡曰 "厓內近水爲隩." 是也. 陸機云 "淇奧, 二水名." 以毛云隩隈爲誤, 此非也. 爾雅所以訓此, 而云'隩隈', 明非毛誤.

傳의 〔奧隈〕에서 〔餘烈〕까지

○ 正義曰 : '隩(奧)隈'는 ≪爾雅≫ 〈釋丘〉의 글이다. 孫炎은 "隈는 굽이진 물가의 안쪽이다."라고 하고, 또 "물가의 안쪽이 隩이다."라고 하였는데, 李巡이 "언덕 안쪽의 물과 가까운 곳이 隩이다."라고 한 것이 이것이다. 陸機의 ≪毛詩草木鳥獸蟲魚疏≫에는 "淇와 奧은 두 강의 이름이다."라고 하여 毛傳에서 '隩은 隈'라고 한 것을 틀린 것으로 여겼으니 이는 잘못이다. ≪이아≫에서 이 때문에 이를 풀이하여 '隩은 隈이다.'라고 하였으니, 분명 毛傳이 틀린 것이 아니다.

【疏】 釋草云 "菉, 王芻." 舍人曰 "菉, 一爲王芻." 某氏曰 "菉, 鹿蓐也." 又曰 "竹, 萹蓄." 李巡曰 "一物二名." 郭璞曰 "似小藜, 赤莖節, 好生道傍, 可食." 此作'竹, 萹竹', 字異音同, 故孫炎某氏皆引此詩, 明其同也. 陸機云 "綠竹, 一草名, 其莖葉似竹, 青綠色, 高數尺. 今淇隩傍生此, 人謂此爲綠竹." 此說亦非也. 詩有'終朝采綠', 則綠與竹別草, 故傳依爾雅, 以爲王芻與萹竹異也.

≪爾雅≫ 〈釋草〉에 "菉은 王芻이다."라고 하였는데, 舍人은 "菉은 일명 王芻이다."라고 하고, 某氏는 "菉은 鹿蓐이다."라고 하였으며, 〈석초〉에 또 "竹은 萹蓄이다."라고 하였는

데, 李巡은 "하나의 사물에 두 개의 이름이다."라고 하고, 郭璞은 "작은 명아주와 비슷하고 줄기와 마디가 붉으며 길가에 잘 자라는데 먹을 수 있다."라고 하였으니, 이 傳에서 '竹은 萹竹이다'라고 한 것은, 〈蓄과 竹이〉 글자는 다르나 음이 같기 때문이다. 그리하여 孫炎과 某氏 모두가 이 詩를 인용하여 서로 같음을 밝힌 것이다. 陸機의 ≪毛詩草木鳥獸蟲魚疏≫에는 "綠과 竹은 한 가지 풀이름이니, 줄기와 잎은 대나무와 비슷하고 청록색이며 키는 수척이다. 지금 淇水와 隩水의 가에 이 풀이 자라고 있는데 사람들이 이것을 綠竹이라고 한다."라고 하였는데, 이 설명 또한 잘못이다. 〈小雅 采綠〉에 '아침 먹을 때까지 王芻를 캤는데도〔終朝采綠〕'의 구절이 있으니 그렇다면 '綠'과 '竹'은 다른 풀이다. 그리하여 傳에서 ≪이아≫에 따라 '王芻'와 '萹竹'으로 달리 여긴 것이다.

【疏】 二章'綠竹青青', 傳云 "茂盛." 卒章'綠竹如簀(책)', 傳云 "積也." 言'茂盛', 似如積聚, 亦爲美盛也. 又云'有康叔之餘烈'者, 烈, 業也, 美武公之質美德盛, 有康叔之餘業, 卽謂以淇水比康叔, 以隩內比衛朝, 以綠竹美盛比武公質美德盛也.

둘째 章의 '綠竹青青'의 傳에 "〈青青은〉 무성함이다."라고 하고, 마지막 章의 '綠竹如簀'의 傳에 "〈簀은〉 積이다."라고 하였으니, '茂盛'이란 말은 쌓아서 모아놓은 것과 비슷하니 또한 아름답고 성대한 것이다.

또 '有康叔之餘烈'이라고 한 것의 '烈'은 功業이니, 武公이 자질이 아름답고 덕이 성대하여 康叔이 물려준 공적이 있음을 찬미한 것이니, 바로 '淇水'를 康叔에 비유하고, '굽이진 물가의 안쪽'을 衛의 조정에 비유하고, '綠竹이 아름답고 무성한 것'을 武公의 자질이 아름답고 덕이 성대한 것에 비유하였음을 말한다.

【疏】 傳'匪文章'至'琢磨' ○ 正義曰 : 論語云 "斐然成章[1]." 序曰 "有文章." 故斐爲文章貌也. 釋器云 "骨謂之切, 象謂之磋, 玉謂之琢, 石謂之磨." 孫炎曰 "治器之名." 則此謂治器加功而成之名也, 故論語注云 "切磋琢磨, 以成寶器." 是也. 此其對例耳, 白圭之玷尙可磨[2], 則玉亦得稱磨也, 故下箋云 "圭璧亦琢磨." 傳旣云'切磋琢磨'之用, 乃云'道其學而成也', 指解切磋之喩也.

1) 斐然成章 : '찬란하게 문채만 이루었다.'는 것으로, 공자가 陳에서 魯로 돌아가 제자들을 가르치고자 할 때 한 말이다. ≪論語≫ 〈公冶長〉에 "돌아가리라. 돌아가리라. 우리 문하

의 제자들은 狂簡하여 찬란하게 문채만 이룰 뿐 다듬을 줄을 모른다.〔歸與歸與 吾黨之小子狂簡 斐然成章 不知所以裁之〕"라고 하였다.

2) 白圭之玷尙可磨：≪詩經≫ 〈大雅 抑〉의 "흰 옥돌에 있는 흠은 그래도 갈아낼 수 있지만, 말의 흠은 어떻게 해볼 수가 없다.〔白圭之玷 尙可磨也 斯言之玷 不可爲也〕"라는 구절이다.

傳의 〔匪 文章〕에서 〔琢磨〕까지

○ 正義曰：≪論語≫ 〈公冶長〉에 '斐然成章'이라고 하고, 序에 '有文章'이라고 하였다. 그리하여 '斐'가 문채 나는 모양이 되는 것이다. ≪爾雅≫ 〈釋器〉에 "뼈를 〈가공하는 것을〉 '切'이라고 하고, 象牙를 〈가공하는 것을〉 '磋'라고 하고, 玉을 〈가공하는 것을〉 '琢'이라고 하고, 石을 〈가공하는 것을〉 '磨'라고 한다."라고 하고, 孫炎은 "器物을 가공하는 것의 이름이다."라고 하였으니, 이는 器物을 가공할 때에 공력을 더하여 완성시키는 것의 이름을 말한다. 그리하여 ≪논어≫ 〈學而〉의 注에 "切磋琢磨하여 寶器를 만든다."라고 한 것이 이것이다. 이는 對稱하는 사례이고, 〈大雅 抑〉에서 "흰 옥돌에 있는 흠은 그래도 갈아낼 수 있다.〔白圭之玷 尙可磨〕"라고 하였으니 玉에도 '磨'라고 할 수 있다. 그리하여 아래의 箋에서 "圭와 璧도 쪼고 연마한다.〔圭璧 亦琢磨〕"라고 한 것이다. 傳에서 '切磋琢磨'의 쓰임새를 말하고 나서 '학문하여 성취하는 것을 말한다.〔道其學而成〕' 하였으니, 〈이는〉 '切'과 '磋'의 비유를 풀이한 것이다.

【疏】 又言而能聽其規諫, 以禮自脩飾, 如玉石之見琢磨, 則唯解琢磨, 無切磋矣. 此經文相似, 傳必知分爲別喩者, 以釋訓云 "如切如磋, 道學也." 郭璞曰 "骨象, 須切磋而爲器, 人須學問以成德." 又云 "如琢如磨, 自脩也." 郭璞曰 "玉石之被琢磨, 猶人自脩飾也." 禮記大學文同爾雅[1], 是其別喩, 可知.

1) 禮記大學文同爾雅：≪禮記≫ 〈大學〉편에 말한 '如切如磋 道學'과 '如琢如磨 自脩'의 글이 ≪爾雅≫의 글과 동일함을 말한다.

또 말을 하면 規諫을 잘 받아들이고 禮로 스스로를 닦음이 마치 옥석이 琢磨됨과 같으니, 그렇다면 '琢磨'만을 풀이하고 '切磋'는 〈언급이〉 없다. 여기의 經文은 서로 비슷한데, 傳에서 반드시 나누어 따로 비유한 것임을 안 것은 〈다음과 같은 이유이다.〉 ≪爾雅≫ 〈釋訓〉에 "如切如磋는 학문함을 말한다."라고 하였는데, 郭璞은 "뼈와 상아는 반드시 切磋하여야 器物이 되고, 사람은 반드시 학문을 하여야 덕을 이룬다."라고 하고, 또 〈釋訓〉

에 "如琢如磨는 스스로 닦음이다."라고 하였는데, 郭璞은 "玉石이 琢磨되는 것이 사람이 스스로를 닦는 것과 같다."라고 하고, ≪禮記≫ 〈大學〉의 글이 ≪이아≫와 같으니, 이를 통해 구별하여 비유하였음을 알 수 있다.

【疏】 傳'瑟矜莊'至'宣著' ○ 正義曰：此四者, 皆言內有其德, 外見(현)於貌, 大同而小異也. '瑟 矜莊', 是外貌莊嚴也 '僩 寬大', 是內心寬裕, '赫 有明德赫然', 是內有其德, 故發見於外也, '咺 威儀宣著', 皆言外有其儀, 明內有其德, 故釋訓與大學, 皆云'瑟兮僩兮, 恂慄也, 赫兮咺兮, 威儀也'. 以瑟僩者, 自矜持之事, 故云'恂慄'也, 言其嚴峻戰慄也, 赫咺者, 容儀發揚之言, 故言'威儀'也, 其實皆是威儀之事. 但其文互見, 故分之.

傳의 〔瑟矜莊〕에서 〔宣著〕까지

○ 正義曰：이 네 가지는 모두 안에 덕을 지니고 있어 밖으로 모습에 나타남을 말하니, 대동소이하다. '瑟 矜莊'은 외모가 씩씩하고 엄숙함이고, '僩 寬大'는 마음이 관대하고 넉넉함이다. '赫 有明德赫然'은 안에 덕을 지니고 있기 때문에 밖으로 드러난 것이고, '咺 威儀宣著'는 모두 밖에 올바른 몸가짐이 있음을 말하여 안에 〈걸맞은〉 덕이 있음을 밝힌 것이다. 그리하여 ≪爾雅≫ 〈釋訓〉과 ≪禮記≫ 〈大學〉 모두 "瑟兮僩兮는 恂慄이고, 赫兮咺兮는 威儀이다."라고 한 것이다. 瑟과 僩은 스스로 엄숙한 태도를 가지는 일이므로 '恂慄'이라고 한 것이니 엄격하고 두려워함을 이르고, 赫과 咺은 용모와 위의가 드러남을 말하므로 '威儀'라고 한 것이니, 실제에 있어서는 모두 威儀의 일이다. 다만 글을 서로 번갈아 표현하였기 때문에 나눈 것이다.

瞻彼淇奧하니 綠竹青青이로다

저 淇水 굽이진 곳 보니
綠竹 무성도 하네

【傳】 青青은 茂盛貌라 ○ 青은 本或作菁하니 音同이라

青青은 '무성한 모양'이다.

○ 青은 菁으로 된 本도 있는데 音은 같다.

有匪君子여 充耳琇瑩이며 會弁如星이로다

문채 나는 君子여
아름다운 옥돌 귀막이며
皮弁의 옥 장식 별처럼 반짝이네

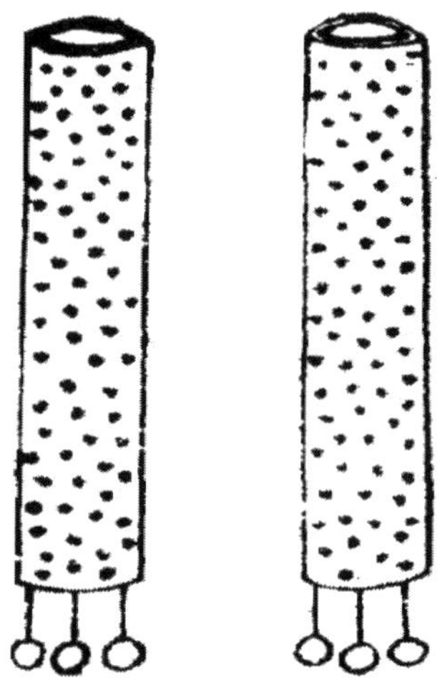
瑱(≪五經圖彙≫)

【傳】 充耳는 謂之瑱이라 琇瑩은 美石也라 天子玉瑱이요 諸侯以石이라 弁은 皮弁이니 所以會髮이라

充耳는 '귀막이'를 말한다. 琇瑩은 '아름다운 돌'이다. 천자는 옥 귀막이를 하고, 제후는 돌 귀막이를 한다. 弁은 皮弁이니 머리카락을 모으는 것이다.

【箋】 箋云 會는 謂弁之縫中이니 飾之以玉하여 皪(력)皪而處하여 狀似星也라 天子之朝服皮弁하여 以日視朝라 ○ 琇는 說文云 石之次玉者라 會는 古外反이니 注同이니 鄭注周禮則如字요 說文作膾(괴)라 皪은 本又作礫(력)이라

箋云 : 會는 弁의 솔기를 말하니, 옥으로 장식하여 깨끗하고 선명하게 붙여 모양이 마치 별과 같은 것이다. 天子는 朝服에 皮弁을 하고 날마다 조회를 본다.

○ 琇는 ≪說文解字≫에 "玉에 다음가는 돌이다."라고 하였다. 會는 〈音이〉 '괴'이니 注도 같은데, 鄭玄이 ≪周禮≫를 注한 곳에는 본음으로 읽는다고 되어 있고, ≪說文解字≫에는 '동곳〔膾〕'으로 되어 있다. 皪은 또 '礫'으로 된 본이 있다.

【疏】 '有匪'至'如星' ○ 毛以爲"有斐然文章之君子, 謂武公, 其充耳以琇瑩之石, 爲之會髮之弁, 文駮如星." 言有其德而稱其服, 故宜入王朝而爲卿相也. ○ 鄭說在箋.

經의 〔有匪〕에서 〔如星〕까지

毛亨은 "斐然히 문채 나는 君子는 武公을 말하니, 그가 琇瑩의 돌로 귀막이를 하고 머리카락을 모으는 皮弁이 문채가 별처럼 반짝인다."라고 여겼으니, 덕이 복식에 걸맞기 때문에 〈周의〉 王朝에 들어가 卿相이 됨에 합당함을 말한 것이다.

○ 鄭玄의 說明은 '箋'에 있다.

【疏】 傳'天子'至'會髮' ○正義曰：案冬官玉人職云 "天子用全, 上公用龍(망), 侯用瓚, 伯用將." 鄭注云 "公侯, 四玉一石, 伯子男, 三玉二石." 由此言之, 此傳云'諸侯以石', 謂玉石雜也. 禮記云 "周弁, 殷冔(후), 夏收." 言收者所以收髮, 則此言'會'者, 所以會髮, 可知.

傳의 〔天子〕에서 〔會髮〕까지

○正義曰：≪周禮≫ 〈冬官 玉人職〉을 살펴보니 "천자는 純玉을 쓰고, 上公은 龍玉을 쓰고, 侯는 瓚玉을 쓰고, 伯은 將玉을 쓴다."라고 하였는데, 鄭玄의 注에는 "公과 侯는 玉이 5분의 4인 美石을 사용하고, 伯과 子와 男은 玉이 5분의 3인 미석을 사용한다."라고 하였으니, 이를 가지고 말하면 이 傳에서 말한 '諸侯以石'은 玉과 石이 섞여 있음을 말한다. ≪禮記≫ 〈郊特牲〉에 "周나라는 弁이고, 殷나라는 冔이고, 夏나라는 收이다."라고 하였는데, 收란 머리카락을 거두는 것을 말하니, 그렇다면 여기에서 말한 '會'는 머리카락을 모으는 것임을 알 수 있다.

【疏】 箋'會謂'至'視朝' ○正義曰：弁師云 "王之皮弁, 會五采玉璂." 注云 "會, 縫中也, 皮弁之縫中, 每貫結五采玉十二以爲飾, 謂之綦, 詩云'會弁如星.' 又曰'其弁伊綦[1]', 是也." 此云'武公所服', 非爵弁, 是皮弁也. 皮弁而言會, 與弁師皮弁之會同, 故云'謂弁之縫中'也.

1) 綦：〈曹風 鳲鳩〉의 經文과 毛亨의 傳에는 '얼룩무늬 騏'자로 되어 있다. 그런데 鄭玄이 箋에서 옥을 달아 장식한다는 뜻인 '綦'가 되어야 한다고 하고, 또 ≪周禮≫의 注에서 '綦'자로 바꾸어 썼다. 그리하여 공영달이 '綦'로 말한 것이다.

箋의 〔會謂〕에서 〔視朝〕까지

○正義曰：≪주례≫ 〈夏官 弁師〉에 "왕의 皮弁은 솔기를 다섯 가지 색채의 옥으로 장식한다."라고 하였는데, 注에 "會는 솔기이니, 피변의 솔기마다 다섯 가지 색채의 옥 12개를 꿰매어 장식하는 것을 綦라고 하는데, 詩에 '會弁如星'이라고 하고, 또 〈曹風 鳲鳩〉에 '피변 얼룩무늬 문채 나네.〔其弁伊綦〕'라고 한 것이 이것이다."라고 하였으니, 여기에서 말한 '武公所服'은 爵弁이 아니고 피변이다. 피변인데 '會'라고 한 것은, 〈하관 변사〉의 '皮弁之會'와 같기 때문이다. 그리하여 '弁의 솔기를 말한다.〔謂弁之縫中〕'라고 한 것이다.

【疏】弁師上云“王之皮弁, 會五采玉璂.” 又曰“諸侯及孤卿大夫之皮弁, 各以其等爲之.” 注云“皮弁則侯伯璂飾七, 子男璂飾五, 玉亦三采.” 武公, 本畿外諸侯, 入相於周, 自以本爵爲等, 則玉用三采, 而璂飾七, 故云‘飾之以玉, 皪皪而處, 狀似星’. 若非外土諸侯事王朝者, 則卿璂飾六, 大夫璂飾四, 及諸侯孤卿大夫, 各依命數, 竝玉用二采, 其韋弁飾與皮弁同. 此皮弁, 天子視朝之服, 玉藻云“天子皮弁以日視朝.” 是也. 在朝, 君臣同服, 故言‘天子之朝’也. 諸侯亦皮弁以視朝, 以序云‘(又)〔入〕[1]相於周’, 故爲在王朝之服.

1) (又)〔入〕: 저본의 교감기에 따라 ‘入’으로 번역하였다.

〈夏官 弁師〉의 앞에서는 “왕의 皮弁은 솔기를 다섯 가지 색채의 옥〔璂〕으로 꿰매어 장식한다.”라고 하고, 또 “諸侯와 孤와 卿과 大夫의 피변은 각각 등급에 따라 한다.”라고 하였는데, 注에 “피변은 侯와 伯은 璂의 장식이 일곱 개이고, 子와 男은 璂의 장식이 다섯 개인데, 옥은 역시 세 가지 색채이다.”라고 하였다. 武公이 본래 畿外의 제후로서 周에 들어가 도왔으니, 본래의 작위를 가지고 등급을 매기면 옥은 세 가지 색채를 쓰고 璂의 장식은 일곱 개이다. 그리하여 ‘옥으로 장식하여 깨끗하고 선명하게 붙여 모양이 마치 별과 같은 것이다.〔飾之以玉 皪皪而處 狀似星〕’라고 한 것이다. 경기 밖에서 〈들어와〉 왕의 조정을 섬기는 제후가 아닌 경우에는, 卿은 璂의 장식이 여섯 개이고, 대부는 璂의 장식이 네 개이며, 제후와 孤와 卿과 대부에 이르러서는 각각 命數에 따르되 모두 두 가지 색채의 옥을 쓰는데, 그 韋弁의 장식은 피변과 같다.

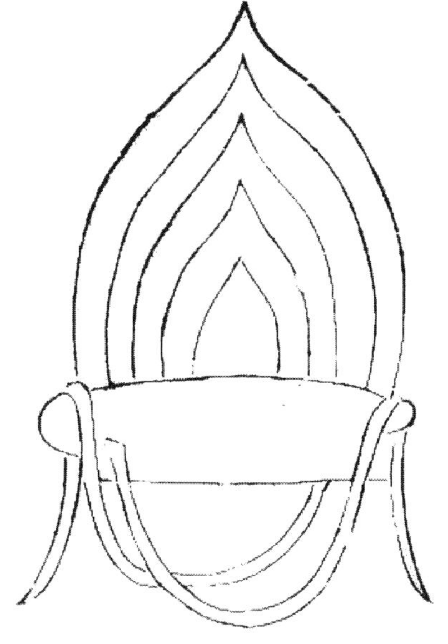
皮弁(≪新定三禮圖≫)

이 피변은 천자가 조회할 때의 服飾이니 ≪禮記≫ 〈玉藻〉에서 “천자는 피변을 하고 날마다 조회를 받는다.〔天子皮弁以日視朝〕”라고 한 것이 이것이다. 조정에 있을 때에는 君臣이 복식을 같이한다. 그리하여 ‘天子之朝’라고 한 것이다. 제후도 피변을 하고 조회를 하는데, 序에서 ‘周에 들어가 도왔다.〔入相於周〕’라고 하였기 때문에 왕의 조정에 있을 때의 복식이 되는 것이다.

瑟兮僩兮며 **赫兮咺兮**니

엄숙하면서도 관대하며

훌륭하고 분명한 몸가짐

有匪君子여 **終不可諼兮**로다

문채 나는 군자여

끝내 잊을 수가 없네.

瞻彼淇奧하니 **綠竹如簀**이로다

저 淇水 굽이진 곳 보니

綠竹 쌓인 듯 많네

【傳】 簀은 積也라

簀은 '쌓음'이다.

有匪君子여 **如金如錫**이며 **如圭如璧**이로다

문채 나는 군자여

金이며 錫과 같으며

圭며 璧과 같네

【傳】 金錫은 鍊而精이요 圭璧은 性有質이라

金과 錫은 단련해서 精純한 것이고, 圭와 璧은 질박한 성질이 있다.

【箋】 箋云 圭璧亦琢磨니 四者亦道其學而成也라

箋云 : 圭와 璧도 탁마를 하는 것이니, 네 가지(金·錫·圭·璧)는 역시 학문하여 완성됨을 말한다.

寬兮綽兮하니 (倚)〔猗〕[1]重較(각)兮로다

1) (倚)〔猗〕: 저본의 교감기에 따라 '猗'로 번역하였다.

너그럽고 여유 있으니

卿士의 수레를 탔네

【傳】 寬은 能容衆이요 綽은 緩也라 重較은 卿士之車라

寬은 '많은 사람을 포용할 수 있는 것'이고, 綽은 '너그러움'이다. 重較은 卿士의 수레이다.

【箋】 箋云 綽兮는 謂仁於施舍라 ○ 猗는 依也라 較은 車兩傍上出軾[1]也라

1) 較 車兩傍上出軾 : 較은 卿士가 타는 수레에 설치하여 평상시에 손으로 잡게 하는 나무를 가리킨다. 수레의 양쪽 끝에 세로로 세운 것이 輢이고, 輢에 가로로 설치한 것이 較인데 敬意를 표할 때 잡는 軾보다 위에 있다. 唐 呂溫은 "옛날에 수레의 몸통은 길이가 4척 4촌 3푼인데, 앞뒤로 3등분하여 앞쪽 3분의 1 지점에 수레 바닥에서 3척 3촌만큼의 높이에 가로로 나무를 설치한 것이 軾이고, 軾보다 2척 2촌이 높게 가로로 설치한 하나의 나무가 較이다.〔古者 車箱 長四尺四寸三分 前一後二 橫一木 下去車牀三尺三寸 謂之軾 又於軾上 二尺二寸橫一木 謂之較〕"라고 하고, 北宋 范處義의 ≪詩補傳≫에는 "較은 높이가 5척 5촌이고 軾은 높이가 3척 3촌인데 較이 軾 위로 나왔기 때문에 重較이라 한다.〔較 高五尺五寸 軾 高三尺三寸 較既出於軾上 故曰重較〕"라고 하였다.

箋云 : '綽兮'는 仁한 마음으로 베푸는 것을 말한다.

○ 猗는 '의지함'이다. 較은 수레의 양쪽 끝에 설치한 것으로 軾보다 위에 있다.

善戲謔兮나 不爲虐兮로다

諧謔도 잘하시나

지나치진 않다네

【傳】 寬緩弘大하여 雖則戲謔이나 不爲虐矣라

너그럽고 도량이 커서 비록 해학을 하지만 지나치게 하지는 않은 것이다.

【箋】 箋云 君子之德은 有張有弛(이)[1]라 故不常矜莊하고 而時戲謔이라 ○ 弛는 本亦作施하니 同이라

1) 君子之德 有張有弛(이) : 군자의 덕은 '백성을 다스릴 때에 한편으로 조이고 한편으로 풀어주기도 한다.'는 것으로, ≪禮記≫ 〈雜記〉에 "활을 팽팽하게 당기기만 하고 놓지 않는 것은 文王과 武王도 할 수 없고, 놓기만 하고 당기지 않는 것은 문왕과 무왕이 하지 않는 것이니, 한 번 당기고 한 번 놓은 것이 문왕과 무왕의 道이다.〔張而不弛 文武不能 弛而不張 文武不爲 一張一弛 文武之道也〕"라고 하였다.

箋云 : 군자의 덕은 조임도 있고 풀어줌도 있다. 그리하여 항상 엄숙하고 공경하는 모습만 하지 않고 때로 해학을 하는 것이다.

○ 弛는 '施'로 되어 있는 本도 있는데, 다 같다.

【疏】 '有匪'至'虐兮' ○ 正義曰 : 言有匪然文章之君子, 謂武公, 器德已成, 練精如金錫, 道業既就, 琢磨如圭璧, 又性寬容兮, 而情綽緩兮, 既外脩飾而內寬弘. 入相爲卿士, 倚此重較之車兮, 實稱其德也, 又能善戲謔兮而不爲虐兮, 言其張弛得中也.

經의 〔有匪〕에서 〔虐兮〕까지

○ 正義曰 : 찬란하게 문채 나는 군자라고 하는 것은 武公이 기국과 덕성이 완성되었는데도 純一하게 단련하기를 마치 金과 錫을 하듯이 하고, 道業이 성취되었는데도 탁마하기를 마치 圭와 璧을 하듯이 하였으며, 또 인정이 관대하고 심성이 여유로워 외면이 잘 다듬어지고 내면이 관대하였음을 말한다. 〈이에 주나라에〉 들어가 도와 卿士가 되어 이 重較의 수레를 탔으니, 실로 그의 덕에 걸맞았고 또 해학을 잘하면서도 지나치지 않았으니, 그가 조이고 풀어준 것이 중도에 맞았음을 말한다.

【疏】 傳'金錫'至'有質' ○ 正義曰 : 此與首章互文. 首章, 論其學問聽諫之時, 言如器未成之初, 須琢磨. 此論道德既成之時, 故言如圭璧已成之器. 傳以金錫言其質, 故釋之言此已練而精, 圭璧擧已成之器, 故本之言性有質, 亦互文也. 言金錫有其質, 練之故益精, 圭璧有其實, 琢磨乃成器, 故箋云"圭璧亦琢磨, 四者亦道其學而成之."

傳의 〔金錫〕에서 〔有質〕까지

○ 正義曰 : 여기는 첫 章과 互文이다. 첫 章은 學問하고 規諫을 받아들이는 때를 논한 것이니, 그릇이 아직 완성되지 않은 초기에는 반드시 탁마하여야 하는 것과 같음을 말하였다. 여기는 도와 덕이 완성된 때를 논하였다. 그리하여 圭와 璧처럼 완성된 器物과 같음을 말한 것이다. 傳에서 金과 錫은 본질을 말하였으므로 이는 단련이 되어 정밀해진 것이라고 해석하여 말하고, 圭와 璧은 완성된 器物임을 들었으므로 질박한 성질이 있음에 근본하여 천성에 바탕이 있음을 말한 것이 역시 互文이다. 金과 錫은 본질이 있는데 단련하기 때문에 더욱 정밀해지고, 圭와 璧은 실질이 있지만 탁마하여야 器物이 완성됨을 말한다. 그리하여 箋에서 '圭와 璧도 탁마를 하는 것이니, 네 가지는 역시 학문하여 완성된다.〔圭璧亦琢磨 四者 亦道其學而成之〕'라고 한 것이다.

【疏】 傳'重較卿士之車' ○ 正義曰 : 序云'入相於周', 而此云'猗重較兮', 故云'卿士之車'. 輿人注云 "較, 兩輢上出軾者." 則較謂車兩傍, 今謂之平較. 案大車, 以子男入爲大夫, 得乘子男車服, 則此重較, 謂侯伯之車也. 但周禮無重較・單較之文.

傳의 〔重較 卿士之車〕

○ 正義曰 : 序에서 '入相於周'를 말하고, 이 장에서 '猗重較兮'를 말하였다. 그리하여 '〈重較은〉 卿士의 수레이다.〔卿士之車〕'라고 한 것이다. ≪周禮≫ 〈考工記 輿人〉의 注에 "較은 수레의 양쪽 끝 輢에 설치한 것으로 軾보다 위에 있다."라고 하였으니, 그렇다면 較은 수레의 양쪽 가장자리를 말하니 지금은 '平較'이라고 한다. 〈王風 大車〉를 살펴보면, 子와 男이 들어가 대부가 되면 子와 男의 수레를 타고 예복을 입는다. 그렇다면 여기의 '重較'은 侯와 伯의 수레를 말한다. 다만 ≪周禮≫에는 '重較'과 '單較'이라는 글이 없다.

【疏】 箋'綽兮 謂仁於施舍' ○ 正義曰 : 謂有仁心於施恩惠, 舍勞役, 左傳曰 "喜有施舍."[1] 是也. 俗本作人字者誤. 定本作仁.

1) 喜有施舍 : 기쁠 때에는 희사를 한다는 말이니, ≪春秋左氏傳≫ 昭公 25년에 "슬프면 哭泣이 있고 즐거우면 歌舞가 있고 기쁘면 施舍가 있고 노여우면 戰鬪가 있다.〔哀有哭泣 樂有歌舞 喜有施舍 怒有戰鬪〕"라고 하였다.

箋의 〔綽兮 謂仁於施舍〕

○ 正義曰 : 仁한 마음으로 은혜를 베풀고 노역을 없앰을 말하니, ≪春秋左氏傳≫ 昭

公 25년에 "기쁨에는 施舍가 있다.〔喜有施舍〕"라고 한 것이 이것이다. 俗本에 〈仁字가〉 '人'자로 되어 있는 것은 잘못이다. 定本엔 '仁'으로 되어 있다.

淇奧三章이니 **章九句**라

〈淇奥〉 3章이니 章마다 9句이다.

考槃(고반)

【序】 考槃은 **刺莊公也**라 **不能繼先公之業**하여 **使賢者退而窮處**라

〈考槃〉은 衛 莊公을 풍자한 詩이다.

先公(武公)의 功業을 잘 계승하지 못하여 현자가 물러나 궁벽한 곳에 은거하게 한 것이다.

【箋】 窮은 猶終也라

窮은 '마침'과 같다.

【疏】 '考槃(三章章四句)'至'窮處' ○ 正義曰：作考槃詩者, 刺莊公也. 刺其不能繼其先君武公之業, 脩德任賢, 乃使賢者, 退而終處於澗阿, 故刺之. 言先君者, 雖今君之先, 以通於遠, 要則不承繼者, 皆指其父, 故晨風云"忘穆公之業." 又曰"棄先君之舊臣." 先君, 謂穆公也, 此刺不能繼先君之業, 謂武公也, 經三章, 皆是也.

序의 〔考槃〕에서 〔窮處〕까지

○ 正義曰 : 〈考槃〉의 詩를 지은 것은 莊公을 풍자한 詩이다.

그가 先君 武公의 功業을 잘 계승하여 덕을 닦고 현자를 등용하지 못하여, 마침내 현자가 물러나 산골짜기 언덕에서 생을 마칠 때까지 살게 하였다. 그리하여 풍자한 것이다.

선군이라고 한 것은, 비록 지금 군주의 선군에서부터 먼 선조까지 해당되지만, 요약하면 계승하지 못한 것은 모두 그의 아버지의 〈공업을〉 가리킨다. 그리하여 〈秦風 晨風〉의 序에 "〈秦 康公이〉 穆公의 공업을 잊은 것이다."라고 하고, 다시 "선군의 옛 신하

를 버린 것이다."라고 하였으니, 〈신풍〉의 선군은 목공을 말하고, 여기는 선군의 공업을 잘 계승하지 못하였음을 풍자한 것으로 무공을 말하니, 經文의 세 章이 모두 이것이다.

【疏】 箋'窮猶終' ○ 正義曰：不以澗阿爲窮處者, 以經皆賢者怨君之辭, 而言成樂在澗, 成其樂之所在, 是終處之義, 故以窮爲終也.

箋의 〔窮 猶終〕

○ 正義曰：澗과 阿를 궁벽한 곳으로 여기지 않은 것은, 經文의 말이 모두 현자가 군주를 원망한 것인데, 즐거움을 이룸이 산속 개울에 있음을 말하였으니, 그 즐거움을 이룸이 있는 곳이 바로 생을 마칠 때까지 사는 곳의 뜻이기 때문이다. 그리하여 '窮'을 '終'으로 여긴 것이다.

考槃在澗하니 碩人之寬[1]이로다

1) 寬：箋에 의거하여 '초라하고 곤궁함'으로 번역하였다. 이와 상대되는 아래 장의 薖와 軸에 대한 해석도 傳보다는 箋이 논리의 일관성이 있기 때문이다.

즐거움 山澗에서 이루니
大人 모습 초라하고 곤궁하네

【傳】 考는 成이요 槃은 樂也라 山夾水曰澗이라

考는 '이룸'이고, 槃은 '즐거움'이다. 산골짜기의 흐르는 물을 '澗'이라고 한다.

【箋】 箋云 碩은 大也라 有窮處어늘 成樂在於此澗者하니 形貌大人而寬然有虛乏之色이라 ○ 澗은 韓詩作干하고 云"墝埆之處也"라

箋云：碩은 '큼'이다. 생을 마칠 때까지 사는 곳이 있는데 즐거움을 이룸이 이 山澗에 있었으니, 모습은 大人이지만 초라하고 궁핍한 기색이 있는 것이다.

○ 澗은 ≪韓詩≫에는 干으로 되어 있고, "높고 척박한 곳이다."라고 하였다.

獨寐寤言하니 永矢弗諼(훤)하리라

홀로 자다 깨어 말하노니
길이 맹서하네 잊지 않으리

【箋】 箋云 寤는 覺(교)요 永은 長이요 矢는 誓요 諼은 忘也라 在澗獨寐라가 覺而獨言하되 長自誓以不忘君之惡하니 志在窮處라 故云然이라 ○ 覺는 又如字라

箋云 : 寤는 '깨어남'이고, 永은 '길이'이고, 矢는 '맹서'이고, 諼은 '잊음'이다. 山澗에서 홀로 자다가 깨어나 독백하기를 "길이 人君의 악을 잊지 않겠다고 스스로 맹서한다."라고 하였으니, 생을 마칠 때까지 〈그곳에서〉 살려는 뜻이다. 그리하여 그렇게 말한 것이다.

○ 覺는 또 本音(깨달을 '각')으로도 읽는다.

【疏】 '考槃'至'弗諼' ○ 正義曰 : 此篇, 毛傳所說不明. 但諸言碩人者, 傳皆以爲大德之人, 卒章'碩人之軸', 傳訓軸爲進, 則是大德之人, 進於道義也. 推此而言, 則寬薖(과)之義, 皆不得與箋同矣. 王肅之說, 皆述毛傳, 其注云 "窮處山澗之間, 而能成其樂者, 以大人寬博之德, 故雖在山澗, 獨寐而覺, 獨言先王之道, 長自誓不敢忘也, 美君子執德弘, 信道篤也." 歌所以詠志, 長以道自誓, 不敢過差, 其言或得傳旨, 今依之以爲毛說. 鄭以爲 "成樂在於澗中而不仕者, 是形貌大人, 寬然而有虛乏之色. 旣不爲君用, 飢乏退處, 故獨寐而覺則言, 長自誓不忘君之惡. 莊公不用賢者, 反使至飢困, 故刺之."

經의 〔考槃〕에서 〔弗諼〕까지

○ 正義曰 : 이 篇은 毛亨의 傳에서 설명한 것이 분명하지 않다. 다만 여러 곳에서 말한 '碩人'을 그 傳에서 모두 큰 덕이 있는 사람으로 여기고, 이 편의 마지막 章 '碩人之軸'의 傳에서 軸을 進으로 풀이하였다. 그렇다면 이는 큰 덕이 있는 사람이 道義에 나아간 것이다. 이를 미루어 말하면 寬과 薖는 뜻이 모두 箋과는 다르다. 王肅의 해설은 모두 毛亨의 傳을 기술한 것인데, 그의 注에서 "山澗의 사이에 궁벽하게 거처하면서도 즐거움을 이룰 수 있었던 것은 大人이 관대한 덕이 있었기 때문이다. 그리하여 비록 山澗에 있을지라도 홀로 자다가 깨어 선왕의 도를 독백하고 감히 길이 잊지 않겠다고 스스로 맹서한 것이니, 군자가 큰 덕을 지니고 正道를 독실하게 믿음을 찬미한 것이다."라고 하였으니, 노래는 생각을 읊는 수단인데, 道로써 스스로 맹서하여 길이 감히 어긋나지 않겠다는 것이니, 그의 말이 傳의 뜻에 맞는 듯하여 이제 이를 근거하여 毛亨의 설로 삼는다.

鄭玄은 "즐거움이 山澗에 살면서 벼슬하지 않음에 있었으니, 모습은 대인이나 초라하고 궁핍한 기색이 있다. 이는 인군에게 등용되지 못하여 물러나 살면서 굶주리기 때문이다. 그리하여 홀로 자다 깨어나 독백하여 인군의 악을 길이 잊지 않겠다고 스스로 맹서한 것이다. 莊公이 현자를 등용하지 아니하고 도리어 굶주리고 곤궁함에 이르게 하였으므로 그를 풍자한 것이다."라고 여긴 것이다.

【疏】 傳'山夾水曰澗' ○ 正義曰：釋山文也. 傳以澗爲窮處, 下文阿・陸, 亦爲窮處矣, 故釋地云"大陸曰阿." 而下傳曰"曲陵曰阿." 以大雅云'有卷者阿', 則阿有曲者, 於隱遯爲宜. 釋地又云"高平曰陸, 大陸曰阜." 則陸與阜類, 亦可以隱居也.

傳의 〔山夾水曰澗〕

○ 正義曰：≪爾雅≫ 〈釋山〉의 글이다. 傳은 澗을 궁벽한 곳으로 여겼으니, 아래 經文의 阿와 陸도 궁벽한 곳이다. 그리하여 ≪이아≫ 〈釋地〉에서 "큰 흙산을 阿라고 한다."라고 하고, 아래 傳에서 "굽은 언덕을 阿라고 한다."라고 한 것이다. 〈大雅 卷阿〉에서 '굽은 阿에〔有卷者阿〕'라고 하였으니, 그렇다면 阿는 굽은 곳이 있는 곳이니 은둔하기에 알맞다. 〈석지〉에서 또 "높으면서 평평한 곳을 陸이라고 하고, 큰 陸을 阜라고 한다."라고 하였으니, 그렇다면 陸과 阜는 같으니 역시 은거할 수 있는 곳이다.

【疏】 箋'成樂'至'之色' ○ 正義曰：此經言'考槃', 文連'在澗', 明碩人成樂在於此澗, 謂成此樂而不去, 所謂'終處'也. 以寬薖及軸, 言碩人之飢狀, 則碩人, 是其形也, 故云'形貌大人'. 不以寬爲寬德者, 以卒章言軸爲病, 反以類此, 故知爲'虛乏之色'也. 不論其有德之事者, 以怨君不用賢, 有德可知, 故不言也.

箋의 〔成樂〕에서 〔之色〕까지

○ 正義曰：이 經文에서 '考槃'을 말하면서 글이 '在澗'으로 이어졌으니, 분명 碩人이 즐거움을 이룸이 이 山澗에 있는 것이니, 이 즐거움을 이루어 떠나가지 않음을 말하니 이른바 '終處'이다.

寬과 薖와 軸으로 碩人의 굶주린 상태를 말하였으니, 그렇다면 碩人은 바로 그 모습이다. 그리하여 '모습은 大人이다.〔形貌大人〕'라고 한 것이다. 寬을 '寬德'으로 여기지 않은 것은, 마지막 장에서 말한 軸을 '病'으로 여긴 것을 돌이켜서 이를 類推한 것이다. 그리하여 '초라하고 궁핍한 기색[虛乏之色]'임을 안 것이다. 〈현자에게〉 德이 있는 일을 거론하지 않은 것은, 군주가 현자를 등용하지 않음을 원망하였으니 德이 있음을 알 수 있기 때문이다. 그리하여 언급하지 않은 것이다.

【疏】 箋'在澗'至'云然' ○正義曰：賢者志欲終處於此澗, 而不仕君朝, 故云然. 若其更有仕心, 則不復自誓矣.

箋의 〔在澗〕에서 〔云然〕까지

○正義曰：현자의 뜻이 이 山澗에서 생을 마칠 때까지 살고 군주의 조정에 벼슬하지 않고자 한 것이다. 그리하여 그렇게 말한 것이다. 만약 다시 벼슬할 생각이 있었다면 다시 스스로 맹서하지 않았을 것이다.

考槃在阿하니 碩人之薖로다

굽이진 언덕에서 즐거움 이루니
大人 굶주리네

【傳】 曲陵曰阿라 薖는 寬大貌라

굽이진 언덕을 '阿'라고 한다. 薖는 寬大한 모습이다.

【箋】 箋云 薖는 飢意라 ○薖는 韓詩에 作過(과)하니 過는 美貌라

箋云：薖는 '굶주림'의 뜻이다.

○薖는 ≪韓詩≫에는 '過'로 되어 있는데, 過는 아름다운 모습이다.

獨寐寤歌하고 永矢弗過리라

홀로 자다 깨어 노래하고
길이 맹서하네 다시는 나아가지 않으리

【箋】 箋云 弗過者는 不復入君之朝也라

箋云 : '弗過'는 다시는 인군의 조정에 들어가지 않겠다는 것이다.

考槃在陸하니 碩人之軸이로다

평원에서 즐거움 이루니
대인 괴로웁네

【傳】 軸은 進也라

軸은 '나아감'이다.

【箋】 箋云 軸은 病也라

箋云 : 軸은 '괴로움'이다.

【疏】 傳'軸進'箋'軸病' ○ 正義曰 : 傳軸爲迪, 釋詁云 "迪, 進也." 箋以與陸爲韻, 宜讀爲逐, 釋詁云 "逐, 病." 逐與軸, 蓋古今字異.

傳의 〔軸進〕과 箋의 〔軸病〕

○ 正義曰 : 傳은 軸을 '迪'으로 풀이하였는데, ≪爾雅≫ 〈釋詁〉에 "迪은 나아감이다."라고 하였다. 箋은 〈軸은〉 陸과 韻이 되니 逐으로 읽어야 한다고 여겼는데, 〈석고〉에 "逐은 病이다."라고 하였으니, 아마도 逐과 軸은 古今의 글자가 다른 것이다.

獨寐寤宿하여 永矢弗告리라

홀로 자다가 깨어 누워서
길이 맹서하네 다시는 고해줄 말 없으리

【傳】 無所告語也라

고해줄 말이 없다는 것이다.

【箋】 箋云 不復告君以善道라

箋云 : 다시는 군주에게 善道로 고하지 않을 것이라 한 것이다.

考槃三章이니 **章四句**라

〈考槃〉 3章이니 章마다 4句이다.

碩人 (석인)

【序】 **碩人**은 **閔莊姜也**라 **莊公**이 **惑於嬖妾**하여 **使驕上僭**하고 **莊姜賢而不答**하여 **終以無子**하니 **國人**이 **閔而憂之**라

〈碩人〉은 莊姜을 가엽게 여긴 詩이다.

莊公이 嬖妾에게 빠져 〈폐첩으로 하여금〉 교만하여 위로 참람하게 하고, 장강이 어진데도 대우해주지 않아 끝내 자식이 없으니, 백성들이 그녀를 가엽게 여기고 걱정한 것이다.

【疏】 '碩人(四章章七句)'至'憂之' ○ 正義曰 : 嬖妾, 謂州吁之母. 惑者, 謂心所嬖愛, 使情迷惑, 故夫人雖賢, 不被答偶. 經四章, 皆陳莊姜宜答而君不親幸, 是爲國人閔而憂之.

序의 〔碩人〕에서 〔憂之〕까지

○ 正義曰 : 嬖妾은 州吁의 어미를 말한다. '惑'은 마음이 총애하는 이에게 빠져 情이 미혹되게 함을 말한다. 그리하여 부인이 비록 어진데도 부인으로서 대우받지 못한 것이다. 經의 네 章은 모두 莊姜이 대우받아야 하는데도 군주가 총애하지 않았음을 말하였으니, 이것이 나라 사람들이 가엽게 여기고 걱정한 이유이다.

碩人其頎(기)여 **衣錦褧**(경)**衣**로다

훤칠하고 귀하신 이

비단옷에 홑옷 덧입었네

【傳】 頎는 長貌요 錦은 文衣也니 夫人德盛而尊하여 嫁則錦衣加褧襜(첨)이라

頎는 '키가 큰 모습'이고 錦은 '문채 나는 옷'이니, 부인이 덕이 훌륭하고 존귀하여 시집갈 때에 비단옷에 홑옷을 덧입은 것이다.

翟衣(≪五經圖彙≫)

【箋】 箋云 碩은 大也니 言莊姜儀表 長麗俊好頎頎然이라 褧은 禪也라 國君夫人은 (翟衣)〔衣翟〕[1] 而嫁어늘 今衣錦者는 在塗之所服也라 尙之以禪衣는 爲其文之大(태)著라 ○ 褧은 說文에 作檾(경)하니 枲(시)屬也라

1) (翟衣)〔衣翟〕: 저본의 교감기에 따라 '衣翟'으로 번역하였다.

箋云 : 碩은 '큼'이니, 莊姜의 모습이 아름답고 준수하며 훤칠함을 말한다. 褧은 '홑옷'이다. 國君의 부인은 翟衣를 입고 시집가는데, 지금 비단옷을 입었으니 이는 〈시집가는〉 도중에 입는 옷이다. 홑옷을 덧입은 것은, 비단옷의 아름다움이 너무 드러나기 때문이다.

○ 褧은 ≪說文解字≫에는 '檾'으로 되어 있는데, 모시 종류로 〈만든 옷이다.〉

齊侯之子요 衛侯之妻며 東宮之妹요 邢侯之姨며 譚公維私로다

齊侯의 따님이고
衛侯의 아내이며
東宮의 누이이고
邢侯의 처제이며
譚公이 형부라네

【傳】 東宮은 齊大(태)子也라 女子後生曰妹요 妻之姊妹曰姨요 姊妹之夫曰私라

東宮은 齊의 태자이다. 여자 동생을 '妹'라고 하고, 妻의 자매를 '姨'라고 하고, 자매의 남편을 '私'라고 한다.

【箋】 箋云 陳此者는 言莊姜容貌旣美하고 兄弟皆正大라 ○ 邢은 姬姓國이라 譚은 國名이라

箋云 : 이를 말한 것은, 莊姜의 용모가 아름답고 형제들이 모두 바르고 훌륭함을 말한 것이다.

○ 邢은 姓이 姬氏인 나라이다. 譚은 나라 이름이다.

【疏】 '碩人'至'維私' ○ 毛以爲 "有大德之人, 其貌頎頎然長美, 衣此文錦之服, 而上加以褧襜之褌衣. 在塗服之, 以來嫁者, 乃是齊侯之子, 嫁爲衛侯之妻, 又是東宮太子之妹, 嫡夫人所生, 爲邢侯之姨, 而譚公又是其私. 容貌旣美, 父母兄弟正大如此, 君何爲不答之也." ○ 鄭以碩人爲形貌碩大爲異.

經의 〔碩人〕에서 〔維私〕까지

○ 毛亨은 "큰 德이 있는 사람이 모습이 훤칠하게 크고 아름다운데, 이 문채 나는 비단옷을 입고 위에 홑옷인 褧襜을 덧입었다. 도중에 이를 입고서 시집온 이는, 바로 齊侯의 딸이니 시집와 衛侯의 부인이 된 이이고, 또 제나라의 동궁 태자의 누이이며, 정실부인의 소생이고, 邢侯의 처제이며, 譚公이 또 그의 형부이다. 용모가 아름답고 부모형제가 이와 같이 바르고 훌륭한데 군주는 어찌하여 대우하지 않는가."라고 여긴 것이다.

○ 鄭玄은 碩人을 외모가 훤칠한 것으로 여겼으니 〈이것만이 傳과〉 다르다.

【疏】 傳'頎長'至'褧襜' ○ 正義曰 : 猗嗟云 "頎而長兮." 孔〔子〕[1]世家云 "頎然而長." 故爲長貌, 下箋云'敖敖猶頎頎'也, 與此相類, 故亦爲長貌. 以類宜重言, 故箋云'頎頎然'也. 王制云 "錦文珠玉." 書傳云 "衣文錦." 故知錦文衣也. 以碩爲大德, 錦衣爲在塗之服, 故云'夫人德盛而尊嫁則錦衣'. 經言'衣錦褧衣', 上衣謂衣著(착), 下衣爲衣服. 丰云'衣錦褧衣'對'裳錦褧裳', 裳非著名, 故箋云 "裳用錦." 與此異也. 襜亦褌而在上, 故云'加之以褧襜'.

1) 〔子〕 : 저본의 교감기에 따라 '子'를 보충하여 번역하였다.

傳의 〔頎長〕에서 〔褧襜〕까지

○ 正義曰 : 〈齊風 猗嗟〉에 "훤칠하게 키가 크다.〔頎而長兮〕"라고 하고, ≪孔子世家≫에 "훤칠하게 키가 크다.〔頎然而長〕"라고 하였다. 그리하여 〈頎는〉 키가 큰 모습이 되고, 아래 箋에서 말한 '敖敖는 頎頎와 같다'는 것도 여기와 서로 같다. 그리하여 역시 키가 큰

모습이 되는 것이다. 모습을 표현할 때에는 중첩하여 말하는 것이 합당하다. 그리하여 箋에서 '頎頎然'이라고 한 것이다.

≪禮記≫ 〈王制〉에 "문채 나는 비단과 珠玉이다."라고 하고, ≪尙書大傳≫에 "문채 나는 비단옷을 입는다.〔衣文錦〕"라고 하였다. 그리하여 '錦이 문채 나는 옷〔錦 文衣〕'임을 안 것이다. 碩을 大德으로 여기고 錦衣를 〈시집가는〉 도중의 옷으로 여겼다. 그리하여 '부인이 덕이 훌륭하고 존귀하여 시집갈 때에 비단옷에 홑옷을 덧입은 것이다.〔夫人德盛而尊 嫁則錦衣〕'라고 한 것이다. 經文에서 말한 '衣錦褧衣'에서 위의 衣字는 옷을 입는 것을 말하고 아래의 衣字는 衣服이다. 〈鄭風 丰〉에서 말한 '衣錦褧衣'는 '裳錦褧裳'과 對가 되니 裳字는 '입는다'의 뜻이 아니다. 그리하여 그 箋에서 "裳은 비단을 사용한다.〔裳用錦〕"라고 하였으니, 여기의 〈'衣'자와〉 다르다. 襜도 禪衣로 옷 위에 입는다. 그리하여 '褧襜을 덧입는다.'라고 한 것이다.

【疏】 箋'莊姜'至'大著' ○ 正義曰：言莊姜儀容表狀, 乃長大而佳麗, 又佼壯美好頎頎然也. 玉藻云 "禪爲絅." 故知褧禪衣也. 又解國君夫人, 當翟衣而嫁, 今言錦衣非翟衣, 則是在塗之所服也. 錦衣所以加褧者, 爲其文之大(태)著也, 故中庸云 "衣錦尙絅, 惡(오)其文之大著." 是也. 此夫人錦衣, 爲在塗之服, 丰云'錦衣錦裳', 庶人之妻, 嫁時之服, 非爲在塗, 與夫人異也. 士昏禮云 "女次(紂)〔純(준)〕[1]衣纁袡(염)." 士禮, 故不用錦衣. 庶人之妻, 得與夫人同者, 賤不嫌也.

1) (紂)〔純(준)〕: 저본의 교감기에 따라 '純'으로 번역하였다.

箋의 〔莊姜〕에서 〔大著〕까지

○ 正義曰：莊姜의 용모가 장대하고 아름다우며 또 어여쁘고 건장하면서 고와 훤칠한 것을 말한 것이다. ≪禮記≫ 〈玉藻〉에 "禪은 絅이다."라고 하였다. 그리하여 褧이 禪衣임을 안 것이다. 또 國君의 부인은 翟衣를 입고 시집가는 것이라고 해석하였는데, 여기서 말한 '錦衣'는 적의가 아니니, 그렇다면 이는 〈시집가는〉 도중에 입는 옷이다.

비단옷에 홑옷을 덧입는 것은 문채가 너무 드러나기 때문이다. 그리하여 ≪예기≫ 〈中庸〉에 "비단옷을 입고 홑옷을 덧입는 것은 문채가 너무 드러나는 것을 싫어해서이다."라고 한 것이 이것이다. 여기의 '夫人錦衣'는 〈시집가는〉 도중에 입는 옷이고, 〈鄭風 丰〉에서 말한 '錦衣錦裳'은 庶人의 妻가 혼인할 때 입은 옷이지 〈시집가는〉 도중에 입는 옷이 아니니, 〈國君의〉 夫人과는 다르다. ≪儀禮≫ 〈士昏禮〉에서 말한 "여인은 머리장식하고 흰 명주옷을 입고 옅은 홍색 단을 한다.〔女次 純衣 纁袡〕"는 것은 士의 昏禮이다. 그리하여 '錦衣'를 사용하지 않은 것이다. 〈혼인할 때에〉 서인의 처가 〈國君의〉 부인과 같은 옷을 입을 수 있는 것은, 비천함을 嫌疑하지 않기 때문이다.

【疏】 傳'東宮'至'曰私' ○正義曰：太子居東宮, 因以東宮表太子, 故左傳曰 "娶於東宮得臣之妹." 服虔云 "得臣, 齊太子名, 居東宮." 是也. 繫太子言之, 明與同母, 見(현)夫人所生之貴, 故箋云'兄弟皆正大'. 經無弟而言弟者, 協句也. 釋親云 "男子謂女子先生爲姊, 後生爲妹, 妻之姊妹同出爲姨, 女子謂姊妹之夫爲私." 孫炎曰 "同出, 俱已嫁也, 私, 無正親之言." 然則謂吾姨者, 我謂之私. 邢侯譚公, 皆莊姜姊妹之夫, 互言之耳. 春秋, '譚子奔莒.' 則譚子爵, 言公者, 蓋依臣子之稱, 便文耳."

傳의 〔東宮〕에서 〔曰私〕까지

○正義曰：太子가 東宮에 거처하기 때문에 太子를 '東宮'으로 표기한 것이다. 그리하여 ≪春秋左氏傳≫ 隱公 3년에 "〈衛 莊公이 齊의〉 東宮 得臣의 누이에게 장가들었다."라고 하고, 服虔이 "得臣은 齊나라 太子의 이름인데 東宮에 거처하였다."라고 한 것이 이것이다. 太子를 연계하여 말한 것은, 어머니가 같음을 밝혀 〈國君의〉 부인이 낳아 귀한 신분임을 나타낸 것이다. 그리하여 箋에서 '형제들이 모두 바르고 훌륭하다.〔兄弟 皆正大〕'라고 한 것이다.

經文에는 '弟'자가 없는데 弟를 말한 것은, 句를 맞춘 것이다. ≪爾雅≫ 〈釋親〉에 "男子는 누나를 姊라고 하고, 누이를 妹라고 하고, 妻의 출가한 姊妹는 모두 姨라고 하며, 女子는 姊妹의 남편을 私라고 한다."라고 하였는데, 孫炎은 "同出이란 모두 이미 시집을 간 것이고, 私란 正統의 친속관계가 없다는 말이다."라고 하였다. 그렇다면 나를 姨라고 부르는 자를 나는 私라고 부르는 것이다. 邢侯와 譚公은 모두 莊姜 姊妹의 남편이니 互言이다. ≪春秋≫ 莊公 10년에 '譚子가 莒로 도망하였다.'라고 하였으니, 그렇다면 譚子의 작위를 公이라고 한 것은, 臣子의 호칭을 따라 글을 편하게 쓴 것이다.

手如柔荑(제)요

손은 삘기같이 보드랍고

【傳】如荑之新生이라

싹이 막 나온 삘기와 같다는 것이다.

【疏】傳'如荑之新生' ○ 正義曰：以荑所以柔, 新生故也, 若久則不柔, 故知新生也.

傳의〔如荑之新生〕

○ 正義曰：삘기가 부드러운 것은 싹이 막 나왔기 때문이니, 오래되었다면 부드럽지 않다. 그리하여 '싹이 막 나왔음'을 안 것이다.

膚如凝脂요

살결은 엉긴 기름 같고

【傳】如脂之凝이라

기름이 엉긴 것과 같다는 것이다.

【疏】傳'如脂之凝' ○ 正義曰：以脂有凝有釋, 散文則膏脂皆摠名. 對例, 卽內則注所云 "脂, 肥凝者, 釋者曰膏." 釋器云 "氷, 脂也." 孫炎曰 "膏凝曰脂." 是也.

傳의〔如脂之凝〕

○ 正義曰：기름에는 엉긴 것도 있고 풀린 것도 있는데, 구별없이 말하면 膏와 脂는 총괄하는 이름이다. 상대하는 예로는 ≪禮記≫〈內則〉의 注에서 "脂는 기름이 엉긴 것이고 풀어진 것을 膏라 한다."라고 하고, ≪爾雅≫〈釋器〉에서 "굳은 것이 脂이다."라고 하고, 孫炎이 "膏가 엉긴 것을 脂라고 한다."라고 한 것이 이것이다.

領如蝤蠐(추제)요

목은 나무굼벵이와 같고

【傳】領은 頸也라 蝤蠐는 蝎(갈)蟲也라 ○ 爾雅云 蟦(분)은 蠐螬요 蝤蠐는 蝎이라하야늘 郭云 蠐螬在糞土中이요 蝎在木中이니 蝎은 桑蠹(두)라하니 是也라 蠹는 蝎也라

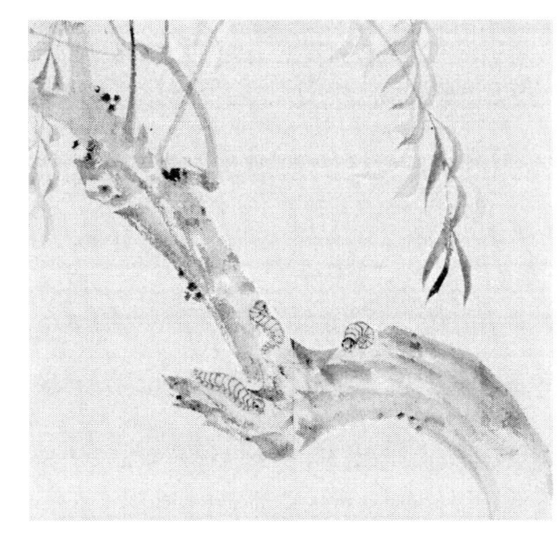
蝤蠐(≪詩經名物圖解≫)

領은 '목'이다. 蝤蠐는 '나무굼벵이'이다.

○ ≪爾雅≫ 〈釋蟲〉에 "蟦은 蠐螬이고, 蝤蠐는 蝎이다."라고 하였는데, 郭璞이 "蠐螬는 썩은 흙 속에 살고 蝎은 나무 속에 사는데, 蝎은 뽕나무 벌레이다."라고 한 것이 이것이다. 蠹는 蝎蟲이다.

【疏】 傳'領 頸 蝤蠐 蝎蟲' ○正義曰：領, 一名頸, 故禮記曰"其頸(五)〔七〕[1]寸." 又名項, 士冠禮云"緇布冠頍(규)項."[2] 是也. 釋蟲云"蟦, 蠐螬, 蝤蠐, 蝎." 孫炎曰"蠐螬, 謂之蟦蠐, 關東, 謂之蝤蠐, 梁益之間, 謂之蝎." 又曰"蝎, 蛣蝠(길굴)." 孫炎曰"蝎, 木蟲也." 又曰"蝎, 桑蠹." 孫炎曰"卽蛣蝠也." 然則蟦蠐也·蠐螬也·蝤蠐也·蛣蝠也·桑蠹也·蝎也 一蟲而六名也. 以在木中, 白而長, 故以比頸.

1) (五)〔七〕：저본의 교감기에 따라 '七'로 번역하였다.

2) 緇布冠頍(규)項：頍는 머리를 감싸 冠을 고정시키는 것이고 項은 목이니, 緇布冠에는 관을 고정시키는 비녀가 없기 때문에 규를 사용해 고정시키고, 끈을 달아 턱 밑의 목에 매는 것을 말한다.

傳의 〔領 頸 蝤蠐 蝎蟲〕

○ 正義曰：領은 一名 '頸'이다. 그리하여 ≪禮記≫ 〈玉藻〉에 "〈投壺의〉 頸은 7寸이다."라고 하였다. 또 項이라고 하니, ≪儀禮≫ 〈士冠禮〉에 "緇布冠은 목 위에 맨다.〔緇布冠頍項〕"라고 한 것이 이것이다.

≪爾雅≫ 〈釋蟲〉에 "蟦은 蠐螬이고, 蝤蠐는 蝎이다."라고 하였는데 孫炎은 "蠐螬는 蟦蠐를 말하는데 關東에서는 蝤蠐라고 하고 梁州와 益州 사이에서는 蝎이라고 한다."라고 하고, 또 "蝎은 蛣蝠이다."라고 하였는데 孫炎은 "蝎은 木蟲이다."라고 하고, 또 "蝎은 桑蠹이다."라고 하였는데 孫炎은 "바로 蛣蝠이다."라고 하였으니, 그렇다면 蟦蠐·蠐螬·蝤蠐·蛣蝠·桑蠹·蝎은 같은 벌레로 여섯 개의 이름이 있는 것이다. 나무 속에 사는데 희면서 길다. 그리하여 목에 비유한 것이다.

齒如瓠(호)犀요

치아 박씨같이 고르고

【傳】 瓠犀는 瓠瓣(판)[1]이라

1) 瓠犀 瓠瓣(판) : 저본의 교감기에 '瓠犀 瓠瓣'의 '瓠瓣'은 定本에 따라 '瓠'자가 없는 것이 더 낫다고 하였다.

瓠犀는 '박의 씨'이다.

【疏】 傳'瓠犀 瓠瓣' ○ 正義曰 : 釋草云 "瓠棲, 瓣也." 今定本亦然, 孫炎曰 "棲, 瓠中瓣也." 棲與犀, 字異音同.

傳의 〔瓠犀 瓠瓣〕

○ 正義曰 : ≪이아≫ 〈釋草〉에 "瓠棲는 박의 씨이다."라고 하고 지금의 定本에도 그러한데, 孫炎은 "棲는 박 안의 씨이다."라고 하였으니, 棲와 犀는 글자는 다르나 음은 같다.

螓(진)首蛾眉로다

매미 이마 누에나방 눈썹이네

【傳】 '螓首'는 顙廣而方이라

螓首는 이마가 넓고 모가 진다.

【箋】 箋云 螓은 謂蜻(청)蜻也라 ○ 蜻은 方頭有文이니 王肅云 如蟬而小라

箋云 : 螓은 '작은 매미'를 말한다.

○ 蜻은 네모진 머리에 문양이 있는 것인데, 王肅은 "매미와 같은데 조금 작다."라고 하였다.

【疏】 箋'螓 謂蜻蜻' ○ 正義曰 : 釋蟲云 "蚻(찰), 蜻蜻." 舍人曰 "小蟬也." 靑靑[1]者, 某氏曰 "鳴蚻蚻者." 孫炎曰 "方言云 '有文者, 謂之螓.' 郭氏曰 '如蟬而小, 有文.' 是也." 此蟲

額廣而且方, 此經手・膚・領・齒, 擧全物以比之, 故言'如', '螓首'・'蛾眉', 則指其體之所似, 故不言'如'也.

1) 青青 : 저본의 교감기에 "青青은 蜻蜻과 같으니, 蜻蜻을 青青으로 풀이함은 옛 법이다." 하였다.

箋의 〔螓 謂蜻蜻〕

○ 正義曰 : ≪爾雅≫ 〈釋蟲〉에 "蚻은 蜻蜻이다."라고 하였는데, 舍人은 "작은 매미이다."라고 하였다. 青青을 某氏는 "우는 소리가 蚻蚻한 놈이다."라고 하였는데, 孫炎은 "≪方言≫에 '문양이 있는 놈을 螓이라고 한다.'라고 하고, 郭璞이 '매미인데 작고 문양이 있다.'라고 한 것이 이것이다."라고 하였다. 이 곤충은 이마가 넓고 또 네모진 놈인데, 이 經文의 手・膚・領・齒는 물체 전부를 들어 비유한 것이다. 그리하여 '如'를 말하고, '螓首'와 '蛾眉'는 몸 전체 중에 비슷한 부분을 가리킨 것이다. 그리하여 '如'를 말하지 않은 것이다.

巧笑倩(천)兮며

아리따운 웃음 예쁜 보조개

【傳】 倩은 好口輔라 ○ 倩은 本亦作蒨(천)하니 韓詩云 蒼白色이라

倩은 '예쁜 보조개'이다.

○ 倩은 蒨으로 되어 있는 본도 있는데, ≪韓詩≫에는 "蒼白色이다."라고 하였다.

【疏】 傳'倩 好口輔' ○ 正義曰 : 以言巧笑之狀, 故知'好口輔'也. 左傳曰 "輔車相依[1]." 服虔云 "輔, 上頷(함)車也, 與牙相依." 則是牙外之皮膚, 頰(협)下之別名也, 故易云 "咸其輔頰舌." 明輔近頰也, 而非頰也. 笑之貌美, 在於口輔, 故連言之也.

1) 輔車相依 : 輔는 입가의 살(輔頰)이고 車는 어금니의 아래 뼈(牙車)로, 輔는 밖에 있는 부분이고 車는 안에 있는 것으로 서로 의지한다는 것이다. 여기서는 ≪春秋左氏傳≫의 글을 인용하여 輔에 대한 의미가 입가의 '볼'임을 증명한 것이다.

傳의 〔倩 好口輔〕

○ 正義曰 : 예쁘게 웃는 모양을 말한 것이다. 그리하여 '예쁜 보조개〔好口輔〕'임을 안

것이다. ≪春秋左氏傳≫ 僖公 5년에 "輔와 車는 서로 의지한다."라고 하였는데, 服虔은 "輔는 입가의 살이니 치아와 서로 의지하는 것이다."라고 하였다. 그렇다면 이는 치아 밖의 살로 뺨 아래쪽의 다른 이름이다. 그리하여 ≪周易≫ 咸卦 上六 爻辭에 "감동함이 輔와 頰과 舌에 있다."라고 하였으니, 분명 輔는 頰에 가깝지만 頰은 아니다. 웃는 모습의 아름다움은 보조개에 있다. 그리하여 이어서 말한 것이다.

美目(盻)〔盼(반)〕[1)]兮로다

1) (盻)〔盼(반)〕: 저본의 교감기에 따라 '盼'으로 번역하였다. 아래도 같다.

아름다운 눈동자 분명도 하네

【傳】 盼은 白黑分이라

盼은 〈눈의〉 흑과 백이 분명한 것이다.

【箋】 箋云 此章은 說莊姜容貌之美 所宜親幸이라 ○ 盼은 韓詩云 黑色也라하고 字林云 美目也라하니라

箋云 : 이 章은 莊姜의 아름다운 용모가 총애를 받는데 합당함을 말한 것이다.

○ 盼은 ≪韓詩≫에는 "黑色이다."라고 하고, ≪字林≫에는 "아름다운 눈이다."라고 하였다.

碩人敖敖하니 說(세)于農郊로다

훤칠하고 덕 있는 이
郊外에 머물렀네

【傳】 敖敖는 長貌요 農郊는 近郊라

敖敖는 '키가 큰 모습'이고, 農郊는 近郊이다.

【箋】 箋云 敖敖는 猶頎頎也라 說는 當作襚니 禮春秋之襚도 讀皆宜同이라 衣服曰襚하니 今俗

語然이라 此는 言莊姜始來에 更(경)正衣服于衛近郊라 ○ 說는 本或作稅하니 毛는 舍也라하고 鄭作襚라

箋云 : 敖敖는 '頎頎'와 같다. 說는 〈襚衣의〉 '襚'자로 써야 하는데, 禮書와 ≪春秋≫의 襚도 모두 같게 읽어야 한다. 衣服을 '襚'라고 하니, 지금의 세속의 말도 그렇다. 여기는 莊姜이 처음 올 때에 衛나라의 근교에서 의복을 바꾸어 바르게 입은 것을 말한다.

○ 說는 稅로 쓰여 있는 본도 있는데, 毛亨은 '머문 것이다.'라고 하고 鄭玄은 '襚'라고 하였다.

四牡(모)有驕하며 朱幩鑣(표)鑣어늘 翟茀(불)以朝하니

건장한 네 필 수말
붉은 재갈 장식에 힘 왕성한데
꿩 깃 장식 가리개 수레 타고 조정에 드니

【傳】 驕는 壯貌요 幩은 飾也라 人君은 以朱纏(전)鑣扇汗하고 且以爲飾이라 鑣鑣는 盛貌라 翟은 翟車也니 夫人은 以翟羽飾車라 茀은 蔽也라

驕는 '건장한 모양'이고, 幩은 '장식'이다. 군주는 붉은 끈으로 재갈 밖의 쇠〔扇汗〕를 묶고 아울러 장식한다. 鑣鑣는 '왕성한 모습'이다. 翟은 翟車이니 부인은 꿩 깃으로 수레를 장식한다. 茀은 '가리개'이다.

【箋】 箋云 此又言莊姜自近郊로 旣正衣服하고 乘是車馬하여 以入君之朝하니 皆用嫡夫人之正禮어늘 今而不答이라 ○ 幩은 說文云 馬纏鑣扇汗也라하니라 鑣는 馬銜外鐵也니 一名扇汗이요 又曰排沫이라 爾雅云 鑣는 謂之钀(알)[1]이라

1) 钀(알) : ≪爾雅≫ 〈釋器〉 郭璞의 注에는 "말 재갈 곁의 쇠이다.〔馬勒旁鐵〕"라고 하였다.

箋云 : 이는 또 莊姜이 근교에서 의복을 바르게 하고서 이 수레를 타고 군주의 조정에 들어온 것을 말한 것이니, 모두 정실부인의 바른 예로 하였는데 지금은 대우를 받지 못한 것이다.

○ 幩은 ≪說文解字≫에는 "말 재갈 밖의 쇠를 묶은 것이다."라고 하였다. 鑣는 말 재

갈 밖의 쇠붙이로, 一名 扇汗이고, 또 排沫이라고도 하는데, ≪爾雅≫ 〈釋器〉에는 “鑣는 钀을 말한다.”라고 하였다.

大夫夙退하여 無使君勞러니라

大夫들 일찍 물러가
군주 고단케 함 없었네

【傳】 大夫未退엔 君聽朝於路寢하고 夫人聽內事於正寢하니 大夫退然後罷라

대부가 조정에서 물러가기 전에는, 군주는 路寢에서 정사를 다스리고 부인은 正寢에서 궁실 안의 일을 다스리니, 대부가 물러간 뒤에야 일을 마친다.

【箋】 箋云 莊姜始來時에 衛諸大夫朝夕者皆早退하여 無使君之勞倦者니 以君夫人新爲妃(배)耦하여 宜親親之故也라 ○ 夙退는 韓詩에 退는 罷也라하다 案禮記云 朝廷曰退요 妃曰配라하니라

箋云 : 莊姜이 처음 왔을 때에 조석으로 등청하던 衛나라의 대부들이 모두 일찍 물러가 군주를 수고롭게 함이 없었으니, 이는 君夫人이 새로 배필이 되어 친하게 지내야 하기 때문이다.

○ 夙退에 대해 ≪韓詩≫에 “退는 파함이다.”라고 하였다. 살펴보니 ≪禮記≫ 〈少儀〉 注에 “朝廷에서는 ‘退’라고 한다.”라고 하고, 〈曲禮〉 注에 妃를 ‘配’라고 한다.“ 하였다.

【疏】 ‘碩人’至‘君勞’ ○ 毛以爲, “言有大德之人, 敖敖然其形貌長美, 其初來嫁, 則說(세)舍於衛之近郊, 而整其車飾, 則乘四牡之馬, 驕驕然壯健, 以朱飾其鑣, 則鑣鑣然而盛美, 又以翟羽爲車之蔽. 其車馬之飾如此, 乃乘之以入君之朝. 旣入朝, 而諸大夫聽朝者, 皆爲早退, 以君與夫人, 新爲妃耦, 宜相親幸, 無使君之勞倦.”, 此, 言莊姜容貌之美, 皆用嫡夫人之正禮, 君何爲不答之乎.

經의 〔碩人〕에서 〔君勞〕까지

○ 毛亨은, “‘큰 덕이 있는 사람이 훤칠한 모습으로 크고 아름다운데 처음 시집올 적에 衛나라의 근교에 머물러 수레의 장식을 정비하였으니, 바로 타고 온 네 마리 말이 우뚝

하게 건장한데, 붉은 끈으로 재갈을 장식하여 매우 아름답고, 또 꿩 깃털로 수레의 가리개를 한 것이다. 수레와 말의 꾸밈이 이와 같았는데, 마침내 이를 타고서 군주의 조정으로 들어왔다. 조정에 들어왔으니 조정에서 일을 하는 여러 대부들은 모두 일찍 물러가 군주와 부인이 새로 배필이 되어 응당 서로 친애하여야 하니 군주를 수고롭게 함이 없게 함을 말한 것이다."라고 여겼으니, 이는 莊姜이 용모가 아름답고 모두 嫡夫人의 바른 禮로 하였는데, 군주는 어찌하여 대우하지 않는가라고 〈힐난한 것이다.〉

【疏】 鄭以爲"形貌大人而佼好, 長麗敖敖然, 欲至於國, 舍其在塗之服, 而更正衣服於近郊, 乃馳車馬以入國." 餘同.

鄭玄은, "모습이 큰 사람으로 아름답고 훤칠하게 잘생겼는데, 國都에 이르러 도중에 입었던 옷을 벗고, 근교에서 의복을 바꾸어 바르게 입고 나서 수레를 달려 國都에 들어가고자 한 것이다."라고 여겼다. 나머지는 〈毛亨의 뜻과〉 같다.

【疏】 傳'農郊 近郊' ○正義曰：以下云'翟茀以朝', 明此在國近郊. 毛於詩, 皆不破字,[1] 明此說爲舍. 孫毓述毛云"說之爲舍, 常訓也."

1) 毛於詩 皆不破字：毛亨은 시에서 모두 본래 글자의 의미로 해석한다는 말이다. '破字'는 본래의 글자를 古書의 使用例를 假字하여 해석함을 말한다. 예컨대 경문의 '說'를 鄭玄은 ≪春秋≫의 사례를 이용하여 '遊'로 해석해야 한다고 한 것을 말한다.

傳의 〔農郊 近郊〕

○ 正義曰：아래 句에서 '꿩 깃 장식 가리개 수레 타고 조정에 듦〔翟茀以朝〕'을 말하였으니, 분명 이는 國都의 근교에 있는 것이다. 毛亨은 詩에 있어 모든 글자에 대하여 다른 글자로 바꾸어 해석하지 않았으니, 분명 이 說는 '머무름'이다. 孫毓은 毛亨의 뜻을 서술하여 "說를 舍라고 한 것은 일상적인 풀이이다."라고 하였다.

【疏】 箋'說當'至'近郊' ○正義曰：類前章'衣錦褧衣', 謂在塗之服, 明至近郊, 更正翟衣而入國, 故爲襚, 不言聲之誤, 從可知. 士喪禮云"兄弟不以襚進."[1] 雜記云"襚者曰'寡君使某襚.'" 此禮之襚, 春秋文九年"秦人來歸僖公成風之襚." 隱元年公羊傳曰"衣被曰襚." 穀梁傳曰"衣衾曰襚." 此春秋之(遂)〔襚〕[2]也. 襚於農郊之襚, 與禮及春秋之襚, 讀皆同也. 禮與春秋之襚謂之衣服, 曰'襚贈死者', 故何休云"襚猶遺也, 以衣服可以遺人, 因謂衣服爲襚. 雖遺吉之衣服, 亦謂爲襚, 今俗語猶然." 以禮文施於死者, 故引俗語以證之.

1) 士喪禮云 兄弟不以襚進 : 襚는 죽은 자를 위하여 보내는 옷을 말하니, 大功服 이상의 親이 있는 자는 수를 줄 때에는 사람을 시켜 전하지 않고 직접 방 안에 펴놓는다.(≪禮記≫ 〈少義〉 疏)

2) (遂)〔襚〕: 저본에는 '遂'로 되어 있으나, 위의 글을 참고하면 '襚'가 합당하므로 북경대본에 따라 '襚'로 바로잡았다.

箋의 〔說當〕에서 〔近郊〕까지

○ 正義曰 : 前章의 '衣錦褧衣'가 도중의 의복을 말한 것임을 미루어보면, 분명 近郊에 이르러 翟衣로 바꾸어 바르게 입고서 國都에 들어온 것이다. 그리하여 襚가 되니, 〈說의〉 독음이 잘못되었음을 말하지 않아도 따라서 알 수 있다.

≪儀禮≫ 〈士喪禮〉에 "형제간은 襚를 줄 때에 사람을 시켜 전하지 않는다."라고 하고, ≪禮記≫ 〈雜記〉에 "〈제후국에서 副介나 末介로 온〉 襚者가 '우리 군주께서 저를 시켜 襚를 하게 하였습니다.'라고 한다."라고 하였으니, 이는 禮書에 나오는 襚이다. ≪春秋≫ 文公 9년에 "秦人이 와서 僖公과 成風(夫人의 諡號)을 위한 襚를 바쳤다."라고 하고, ≪春秋公羊傳≫ 隱公 원년에 "衣被를 襚라고 한다."라고 하고, ≪春秋穀梁傳≫ 隱公 원년에 "衣衾을 襚라고 한다."라고 하였으니, 이는 ≪춘추≫에 나오는 襚이다. 그러하니 '〈經文의〉 襚(說)於農郊'의 襚와 예서·≪춘추≫의 襚는 뜻이 모두 같다.

예서와 ≪춘추≫에서는 襚를 '衣服'이라고 하고, '襚는 죽은 자에게 주는 것이다.'라고 하였다. 그리하여 何休는 "襚는 '遺'와 같으니, 의복은 사람에게 보낼 수 있기 때문에 의복을 '襚'라고 한 것이다. 비록 吉服을 보낼지라도 역시 '襚'라고 이르니, 지금의 俗語도 마찬가지로 그러하다."라고 하였는데, 예서의 글은 死者에게 행하는 것을 말한다. 그리하여 속어를 끌어다 증명한 것이다.

【疏】 傳云'衣被·衣衾', 此云'衣服'者, 以夫人所更正而服之, 不必爲衾也, 故云'服', 服, 摠名也. 前'衣錦褧衣', 在塗之服, 則此爲夫人所嫁之服. 所嫁之服, 褕翟之等也, 以近郊服之而入國, 故爲'更正衣服於衛近郊'. 又下言夫人車馬之飾, 明此爲正其所著(착)之

正服也.

≪春秋≫의 두 傳에서 '衣被와 衾'이라고 하였는데 여기에서는 '衣服'이라고 한 것은, 부인이 바꾸어 바르게 입은 것이니, 반드시 衾(이불)이 될 수는 없기 때문이다. 그리하여 '服'이라고 한 것이니 服은 총괄하는 명칭이다. 앞의 '衣錦褧衣'가 〈시집가는〉 도중의 옷이라면 여기의 〈의복은〉 부인이 혼례할 때의 옷이다. 혼례할 때의 옷은 褕衣와 翟衣 등인데, 近郊에서 입고 國都에 들어왔기 때문에 '衛나라의 근교에서 의복을 바꾸어 바르게 입은 것이다.〔更正衣服於衛近郊〕'라고 한 것이다. 또 아래에서 부인 車馬의 장식을 말하였으니, 여기는 분명 입어야 할 정복을 바르게 함이 된다.

【疏】 傳'幩飾'至'茀蔽' ○ 正義曰：以言'朱幩', 朱爲飾之物, 故幩爲飾. 又解朱所飾之狀, 故言"人君以朱纏鑣扇汗." 且因以爲馬之飾. 此纏鑣之鑣, 自解飾之所施, 非經中之鑣也, 故又云"鑣鑣, 盛貌." 言旣以朱飾其鑣, 而四牡之馬, 鑣鑣而盛, 非謂唯鑣之盛. 淸人云 "駟介, 麃麃." 傳曰 "盛貌." 與此同也. 車之所以有翟者, 夫人以翟羽飾車. '茀', 車蔽也, 婦人乘車, 不露見(현), 車之前後, 設障以自隱蔽, 謂之茀, 因以翟羽爲之飾. 巾車注引詩, 乃云"此翟茀, 蓋厭(엽)翟也. 厭翟, 次其羽, 使相迫也, 重翟·厭翟[1), 謂蔽."是也.

1) 重翟厭翟：重翟은 왕후의 다섯 가지 수레 중 첫 번째로, 왕을 따라 제사할 때 타는데 덮개가 있고 꿩의 깃털을 중첩하여 장식한 것이고, 厭翟은 두 번째로, 왕을 따라 제후에게 賓饗할 때에 타는데 덮개가 있고 꿩의 깃털을 나란히 이어 장식한 것이다.(≪周禮≫ 〈巾車職〉)

傳의 〔幩飾〕에서 〔茀蔽〕까지

○ 正義曰：經文에서 '朱幩'을 말하였으니, 朱는 꾸미는 물건이 된다. 그리하여 幩을 '飾'이라고 한 것이다. 또 朱로 꾸민 모양을 풀이하였다. 그리하여 "군주는 붉은 끈으로 재갈 밖의 쇠를 묶는다.〔人君 以朱纏鑣扇汗〕"라고 하고, 또 이어서 말의 장식이라고 한 것이다. 여기 纏鑣의 鑣는 본래 꾸민 곳을 해석한 것이지 經文의 鑣가 아니다. 그리하여 또 "鑣鑣는 왕성한 모습이다.〔鑣鑣 盛貌〕"라고 한 것이니, 朱로 재갈을 꾸미고 네 필의 수말이 매우 왕성함을 말한 것이지, 재갈만이 성대하다고 한 것이 아니다. 〈鄭風 淸人〉에 "네 필의 말 麃麃하도다.〔駟介麃麃〕"라고 하고, 여기의 傳에서 "〈麃麃는〉 왕성한 모습

이다."라고 하였는데 〈거기의 '麃麃'는 여기의 鑣鑣와〉 같은 글자이다.

수레에 꿩 깃이 있는 것은 부인의 수레는 꿩 깃으로 꾸미기 때문이다. '茀'은 수레의 가리개인데, 부인은 수레를 탈 때엔 〈모습을〉 드러내 보이지 않기 때문에 수레의 앞과 뒤에 장막을 설치하여 스스로 은폐한다. 이것을 '茀'이라고 하는데 이 때문에 꿩 깃〔翟羽〕으로 장식하는 것이다. ≪周禮≫ 〈春官 巾車〉의 注에 이 시를 이용하고서 "이는 翟茀이니 아마도 厭翟일 것이다. 厭翟은 그 깃을 차례로 촘촘하게 이어붙인 것이다. 重翟과 厭翟은 가리개가 있는 〈수레를〉 말한다."라고 하였으니 이것이다.

厭翟車(≪新定三禮圖≫)

【疏】 傳'大夫'至'然後罷' ○ 正義曰 : 釋大夫所以早退之意, 而兼言夫人者, 以君聽外治, 夫人聽內職, 事與君皆同, 大夫退然後罷, 故連言之. 玉藻云 "君日出而視朝, 退適路寢聽政, 使人視大夫, 大夫退然後, 適小寢釋服." 適小寢, 即是罷也. 又昏義曰 "天子聽外治, 后聽內職." 夫人之於國, 與后同, 故知聽內事於正寢. 鷄鳴箋云 "蟲飛薨薨, 所以當起者, 卿大夫朝者(旦)〔且〕[1]罷歸." 則似早退由君者, 以國之政事, 君與大夫之所謀, 若君早朝, 事早畢, 若晚朝, 事晚畢, 故云 "卿大夫(旦)〔且〕罷歸." 是早晚由君也. 君出視朝, 事畢乃之路寢, 以待大夫之所諮, 決事之多少, 大夫所主, 故使人視大夫, 大夫退然後罷, 明非由於大夫, 要事畢否〔在〕[2]大夫.

1) (旦)〔且〕: 저본의 교감기에 따라 '且'로 번역하였다. 아래도 같다.
2) 〔在〕: 저본의 교감기에 따라 '在'를 보충하여 번역하였다.

傳의 〔大夫〕에서 〔然後罷〕까지

○ 正義曰 : 대부가 일찍 퇴청하는 뜻을 풀이하면서 부인을 겸하여 말한 것은, 군주는 外治의 일을 처리하고 부인은 內職의 일을 처리하는데 부인의 일이 모두 군주의 경우와

같아서 대부가 물러간 뒤에야 파하기 때문이다. 그리하여 이어서 말한 것이다.

≪禮記≫ 〈玉藻〉에 "군주는 해가 뜨면 조회를 보고 路寢(正殿)으로 물러가 정사를 듣는다. 사람을 시켜 대부들을 살피게 하여 대부들이 물러간 뒤에 小寢(燕寢)으로 가서 조복을 벗고 〈연복을 입는다.〉"라고 하였으니, 소침으로 가는 것이 바로 여기의 '罷'이다. 또 ≪예기≫ 〈昏義〉에 "천자는 外治의 일을 처리하고, 왕후는 內職의 일을 처리한다."라고 하였는데, 제후의 부인이 제후국에 있어서는 왕후와 같다. 그리하여 정침에서 궁 안의 일을 처리함을 알 수 있다.

〈齊風 鷄鳴〉의 箋에 "쉬파리 윙윙대며 나는 때에 일어나야 하는 이유는, 조회 온 경대부들은 〈인군이〉 먼저 罷하여야 돌아가기 때문이다."라고 하여 〈대부들이〉 일찍 물러감이 군주에 달려 있는 듯이 한 것은, 나라의 정사는 군주가 대부와 도모하는 바이니 만약 군주가 일찍 조회하면 일이 일찍 끝나고 늦게 조회하면 일이 늦게 끝나기 때문이다. 그리하여 '경대부들은 〈인군이〉 먼저 罷하여야 돌아간다.'라고 한 것이니, 이것이 〈대부가 물러갈〉 시간의 빠름과 늦음이 군주에 달려 있는 것이다. 군주는 나와서 조회를 받고 조회가 끝나야 비로소 路寢으로 가서 대부들의 자문을 기다리니, 결정할 일의 많고 적음은 대부의 소관사항이다. 그리하여 사람을 시켜 대부를 살피게 하여 대부들이 물러간 뒤에 파하는 것이니, 분명 대부에 달린 것이 아니지만 일을 마칠 것인가의 여부는 대부에 달려 있는 것이다.

河水洋洋하여 北流活(괄)活이어늘

河水 넘실넘실
북쪽으로 콸콸 흐르는데

施罛濊(고활)濊이어늘 鱣鮪(전유)發發이로다

물속에 그물 척척 치니
철갑상어 다랑어 많고도 많네

葭菼(가담)揭(갈)揭이어늘 庶姜孼(알)孼이며

갈대 물억새 길고도 긴데
잉첩들 치장 성대하며

庶士有朅(걸)이로다

대부들 씩씩도 하였네

【傳】洋洋은 盛大也요 活活은 流也라 罛는 魚罟요 濊은 施之水中이라 鱣은 鯉也요 鮪는 鮥(락)也라 發發은 盛貌라 葭는 蘆요 菼은 薍(완)也라 揭揭은 長也요 孽孽은 盛飾이라 庶士는 齊大夫니 送女者라 朅은 武壯貌라

洋洋은 '성대함'이고, 活活은 '흐르는 모양'이다. 罛는 '고기 그물'이고 濊은 '물속에 설치함'이다. 鱣은 '잉어'이고, 鮪는 '다랑어'이다. 發發은 '왕성한 모습'이다. 葭는 '갈대'이고, 菼은 '물억새'이다. 揭揭은 '길다'이고, 孽孽은 '화사하게 꾸밈'이다. 庶士는 齊나라의 대부이니, 여인을 수행하여 간 자이다. 朅은 '씩씩하고 건장한 모습'이다.

【箋】箋云 庶姜은 謂姪娣라 此章은 言齊地廣饒하고 士女佼好하여 禮儀之備어늘 而君何爲不答夫人가하니라 ○ 活은 又如字라 濊은 馬云 大魚網目大豁(활)豁也라하고 韓詩云 流貌라하고 說文云 凝[1]流也라하니라 鱣은 大魚로 口在頷下하고 長二三丈이며 江南呼黃魚하니 與鯉全異라 鮪는 似鱣하니 大者는 名王鮪하고 小者는 曰叔鮪하니 沈云 江淮間曰叔이요 伊洛曰鮪요 海濱曰鮥(락)이라하니라 發은 馬云 魚著(착)罔尾發發然이라하고 韓詩作鱍(발)이라 孽은 韓詩作钀(알)하니 長貌라 朅은 韓詩作桀하니 云健也라 薍은 江東呼之烏蓲하니 蓲는 音丘라

1) 凝 : ≪毛詩傳箋通釋≫에는 '礙'로 되어 있다.

箋云 : 庶姜은 〈媵妾인〉 姪과 娣를 이른다. 이 章은 '齊의 땅이 넓고 비옥하며 귀족의 여인이 아름답고 훌륭하여 예에 맞는 의표를 갖추고 있는데, 군주는 어찌하여 부인에게 대우하지 않는가.'라고 한 것이다.

○ '活'은 또 本音으로 읽는다. 濊은 馬融은 "큰 물고기를 잡는 그물의 코는 커서 성기다."라고 하고, ≪韓詩≫에는 "흐르는 모양이다."라고 하고, ≪說文解字≫에는 "흐름을 그치게 하는 것이다."라고 하였다. 鱣은 큰 물고기로 입이 빰 아래에 있고 길이는 2, 3丈이며, 江南에서는 '黃魚'로 부르는데, 鯉와는 전혀 다르다. 鮪는 鱣과 비슷한데, 큰 놈

은 이름이 '王鮪'이고 작은 놈은 '叔鮪'라고 한다. 沈重은 "江水와 淮水 지역에서는 '叔'이라고 하고, 伊水와 洛水 지역에서는 '鮪'라고 하고, 해변 지역에서는 '鮥'이라고 한다."라고 하였다. 發은 馬融은 "고기가 그물에 걸려 꼬리를 심하게 팔딱이는 것이다."라고 하고, ≪한시≫에는 '鱍'로 되어 있다. 孽은 ≪한시≫에는 '巘'로 되어 있는데 긴 모양이다. 朅은 ≪한시≫에는 '桀'로 되어 있는데, '강건하고 용맹함이다'.라고 하였다. 薍은 江東에서는 '烏蓲'라고 부르는데, 蓲는 음이 '丘'이다.

【疏】 傳'罛魚罟'至'送女者' ○正義曰：釋器云 "魚罟, 謂之罛." 李巡曰 "魚罟, 捕魚具也." '鱣鯉'·'鮪鮥', 謂魚有二名. 釋魚, 有鯉·鱣, 舍人曰 "鯉, 一名鱣." 郭璞曰 "鯉, 今赤鯉魚也, 鱣, 大魚, 似鱏(심)而短鼻, 口在頷下, 體有邪行甲, 無鱗肉黃, 大者, 長二三丈, 今江東呼爲黃魚." 卽是也. 釋魚, 又有鰋(언)·鮎(점), 孫炎曰 "鰋, 一名鮎." 郭璞曰 "鰋, 今鰋額白魚, 鮎, 別名鯷(제), 江東通呼鮎爲鮧(제)." 舍人以鱣鯉爲一魚, 孫以鰋鮎爲一魚, 郭璞以四者各爲一魚.

傳의 〔罛魚罟〕에서 〔送女者〕까지

○ 正義曰：≪爾雅≫ 〈釋器〉에 "魚罟를 罛라고 한다."라고 하였는데, 李巡은 "魚罟는 물고기를 잡는 도구이다."라고 하였다. '鱣鯉'와 '鮪鮥'은 물고기에 두 이름이 있음을 말한다. ≪이아≫ 〈釋魚〉에 鯉와 鱣이 있는데, 舍人은 "鯉는 一名 鱣이다."라고 하고, 郭璞은 "鯉는 지금의 붉은 잉어〔赤鯉魚〕이고, 鱣은 큰 물고기이니, 철갑상어와 비슷한데 코가 짧고 입이 뺨 아래에 있으며, 몸에는 비스듬한 줄로 된 딱딱한 각질이 있고 비늘이 없으며 속살은 황색이니 큰 놈은 길이가 2, 3丈인데, 지금 江東에서는 '黃魚'로 부른다."라고 한 것이 바로 이것이다. 〈석어〉에 또 鰋과 鮎이 있는데, 孫炎은 "鰋은 一名 鮎이다."라고 하고, 郭璞은 "鰋은 지금의 메기 중에 이마가 하얀 물고기이고, 鮎은 다른 이름이 鯷인데 江東에서는 공통으로 鮎을 鮧라고 부른다."라고 하였으니, 舍人은 鱣과 鯉를 같은 물고기로 여기고, 孫炎은 鰋과 鮎을 같은 물고기로 여기고, 郭璞은 네 가지를 각각 하나의 물고기로 여긴 것이다.

【疏】 陸機云 "鱣鮪出江海, 三月中, 從河下頭來上. 鱣, 身形似龍, 銳頭, 口在頷下, 背上腹下, 皆有甲, 縱廣四五尺, 今於盟津東石磧上, 釣取之. 大者千餘斤, 可烝爲臛(확),

又可爲鮓(자), 魚子可爲醬. 鮪, 魚形似鱣而青黑, 頭小而尖, 似鐵兜鍪(무), 口亦在頷下, 其甲可以摩薑. 大者不過七八尺, 益州人謂之鱣. 鮪, 大者爲王鮪, 小者爲鮛(숙)鮪, 一名鮥, 肉色白, 味不如鱣也. 今東萊遼東人謂之尉魚, 或謂之仲明. 仲明者, 樂浪尉也, 溺死海中, 化爲此魚." 如陸之言, 又以今語驗之, 則鯉·鮪·鱣·鮥, 皆異魚也, 故郭璞曰 "先儒及毛詩訓傳, 皆謂此魚有兩名, 今此魚, 種類形狀有殊, 無緣强合之爲一物." 是郭謂毛傳爲誤也.

陸機의 ≪毛詩草木鳥獸蟲魚疏≫에는 "鱣과 鮪는 강과 바다에서 나오는데, 3월 중에 河水의 하류에서 상류로 올라온다. '鱣'은 몸체의 모양이 龍과 비슷한데, 뾰족한 머리에 입은 뺨 아래에 있고 등 위와 배 아래에 모두 角質이 있다. 크기는 4, 5척인데, 지금 盟津의 동쪽 돌무더기 위에서 낚시로 잡는다. 큰 놈은 천 근이 넘는데, 삶아 국을 만들 수 있고 또 식혜를 만들 수 있으며, 알은 젓갈을 만들 수 있다. '鮪'는 물고기의 모양이 鱣과 비슷한데, 청흑색이며, 머리는 작고 뾰족하여 철투구와 비슷하고, 입은 역시 뺨 아래 있으며, 각질은 생강을 갈 수 있다. 큰 놈도 7, 8척을 넘지 않는데, 益州人들은 '鱣'이라고 부른다. 鮪는 큰 놈은 王鮪이고 작은 놈은 鮛鮪인데 一名 鮥이고, 속살은 백색인데 맛이 鱣만 못한다. 지금 東萊와 遼東人들은 尉魚로 부르는데, 혹자는 仲明이라고 한다: 仲明이란 자는 樂浪尉였는데, 바다에 빠져 죽어 변하여 이 물고기가 된 것이다."라고 하였으니, 만약 陸機의 말을 다시 지금의 말로 증험해보면, 鯉·鮪·鱣·鮥은 모두 다른 물고기이다. 그리하여 郭璞이 "先儒와 ≪毛詩≫의 訓傳에서 모두 '이 물고기에는 두 개의 이름이 있다.'라고 하였지만, 지금 이 물고기는 종류와 생김새가 다른데도 아무 까닭 없이 억지로 동일한 물고기로 여긴 것이다."라고 하였으니, 이는 郭璞이 〈毛傳〉이 잘못된 것으로 여긴 것이다.

【疏】 '葭蘆'·'菼薍', 釋草文, 李巡曰 "分別葦類之異名." 郭璞曰 "蘆, 葦也, 薍, 似葦而小." 如李巡云, 蘆薍共爲一草, 如郭云, 則蘆薍別草. 大車傳曰 "菼, 鵻(추)也, 蘆之初生." 則毛意以葭菼爲一草也. 陸機云 "薍, 或謂之荻(적), 至秋堅成, 則謂之萑(환). 其初生三月中, 其心挺出, 其下本大如箸, 上銳而細, 揚州人謂之馬尾." 以今語驗之, 則蘆薍別草也. 桓三年左傳曰 "凡公女嫁於敵國公子, 則下卿送之." 於時, 齊衛敵國, 莊姜, 齊侯之子, 則送者下卿也. 大夫, 卿之摠名, 士者, 男子之大稱, 故云"庶士, 齊大夫, 送

女者.”

‘葭蘆’와 ‘菼薍’은 ≪爾雅≫ 〈釋草〉의 글인데, 李巡은 “갈대 종류의 다른 이름을 분별한 것이다.”라고 하고, 郭璞은 “蘆는 葦이고, 薍은 葦와 비슷한데 작다.”라고 하였으니, 李巡의 말과 같다면 蘆와 薍은 모두 같은 풀이고, 郭璞의 말과 같다면 蘆와 薍은 다른 풀이다. 〈王風 大車〉의 傳에 “菼은 鵻이니, 蘆가 처음 나온 것이다.”라고 하였으니, 그렇다면 毛亨의 뜻은 葭와 菼을 같은 풀로 여긴 것이다. 陸機의 ≪毛詩草木鳥獸蟲魚疏≫에는 “薍은 혹 ‘荻’이라고 하기도 하는데, 가을이 되어 억세지면 ‘萑’이라고 부른다. 3월 중에 처음 나오는데 속대는 쭉 뻗어 나와 아래 부분은 크기가 젓가락만 하고 윗부분은 뾰쪽하고 가늘어 揚州人들은 ‘馬尾’라고 한다.”라고 하였으니, 지금의 말로 증험해보면, 蘆와 薍은 다른 풀이다.

≪春秋左氏傳≫ 桓公 3년에 “公의 딸이 대등한 나라의 公子에게 시집가게 되면 下卿이 수행한다.”라고 하였으니, 이때에 齊와 衛는 대등한 나라이고 莊姜은 齊侯의 딸이다. 그렇다면 수행하여 간 자는 下卿이다. 대부는 卿을 총괄하는 이름이고, 士는 남자를 높여 부른 것이다. 그리하여 “庶士는 齊나라의 대부이니 여인을 수행하여 간 자이다.〔庶士齊大夫送女者〕”라고 한 것이다.

【疏】 箋‘庶姜’至‘廣饒’ ○ 正義曰：此, 爲莊姜不見答而言, 則非(曰)〔目〕[1]國中之女, 故爲姪娣, 二者非一, 故稱衆也. 齊所以得有河者, 左傳曰 “賜我先君之履, 西至於河.”[2] 是河在齊西, 北流也. 衛境亦有河, 知此是齊地者, 以庶姜庶士類之, 知不據衛之河也.

1) (曰)〔目〕: 저본의 교감기에 따라 ‘目’으로 번역하였다.

2) 賜我先君之履 西至於河 : 齊나라에 河水가 있음을 증명하기 위하여 제나라가 楚나라를 침략할 때 초나라의 항의에 管仲이 답한 내용을 인용한 글이다. ≪春秋左氏傳≫ 僖公 4년에 관중이 대답하기를 “옛날 召康公(奭)이 우리 先君 太公에게 ‘너는 실로 五侯와 九伯 중에 〈잘못하는 자를〉 쳐서 周의 왕실을 돕도록 하라.’라고 하면서 우리 선군에게 실행할 범위를 정해주었는데, 동쪽으로는 바다에, 서쪽으로는 河水에, 남쪽으로는 穆陵에, 북쪽으로는 無棣에 이르렀다.〔昔召康公命我先君大公 五侯九伯 女實征之 以夾輔周室 賜我先君履 東至於海 西至於河 南至於穆陵 北至於無棣〕”라고 하였다.

箋의 〔庶姜〕에서 〔廣饒〕까지

○ 正義曰 : 이는 莊姜이 보답을 받지 못한 것 때문에 말한 것이니, 그렇다면 나라 안

의 여인을 지목한 것이 아니다. 그리하여 〈庶姜이〉 姪과 娣가 되는 것인데, 姪과 娣는 한 사람이 아니다. 그리하여 '衆'이라고 한 것이다. 齊나라에 河水가 있게 된 것은, ≪春秋左氏傳≫ 僖公 4년에 "우리 선군에게 정벌하도록 정해준 범위가 서쪽으로는 河水에 이른다."라고 하였으니, 바로 河水가 제나라의 서쪽에 위치하여 북쪽으로 흐르는 것이다. 衛나라의 국경 안에도 河水가 있다. 그런데 이곳이 제나라의 땅임을 안 것은, '庶姜'과 '庶士'로 유추해보면 위나라의 河水를 근거하지 않았음을 알 수 있기 때문이다.

碩人四章이니 **章七句**라

〈碩人〉 4章이니 章마다 7句이다.

毛詩注疏 卷第三(三之三)

毛詩國風　鄭氏箋　孔穎達疏

氓(맹)

【序】**氓**은 **刺時也**라 **宣公之時**에 **禮義消亡**하여 **淫風大行**하니 **男女無別**하여 **遂相奔誘**라가 **華落色衰**면 **復**(부)**相棄背**라 **或乃困而自悔喪其妃**(배)**耦**라 **故序其事以風焉**이니 **美反正刺淫**(泆)〔**佚**〕[1]**也**라 ○ **氓**은 **民也**니 **韓詩云美貌**라

1) (泆)〔佚〕: 저본의 교감기에 따라 '佚'로 번역하였다. 아래도 같다.

〈氓〉은 시대를 풍자한 것이다.

宣公 때에 禮義가 사라져 음란한 풍속이 크게 유행하니 남녀가 분별이 없어 마침내 서로 유혹하고 어울렸다가 美貌가 가시면 다시 서로 버리고 배신하였다. 어떤 이는 마침내 곤궁해지고서야 자신의 配偶를 잃은 것을 스스로 후회하였다. 그리하여 그 일을 서술하여 풍자한 것이니, 正道로 돌아옴을 찬미하고 음탕함을 풍자한 것이다.

○ 氓은 백성인데 ≪韓詩≫에는 "아름다운 모습이다." 하였다.

【疏】'氓(六章章十句)'至'淫(泆)〔佚〕' ○ 正義曰：言'男女無別'者, 若外言不入於閫, 內言不出於閫, 是有別也, 今交見往來, 是無別也. '奔誘'者, 謂男子誘之, 婦人奔之也. '華落', '色衰', 一也, 言顏色之衰, 如華之落也. '或乃困而自悔'者, 言當時皆相誘, 色衰乃相棄, 其中或有困, 而自悔棄喪其妃耦者, 故敍此自悔之事, 以風刺其時焉. '美'者, 美此婦人反正自悔, 所以刺當時之淫(泆)〔佚〕也. '復相棄背'以上, 摠言當時一國之事, '或乃困而自悔'以下, 敍此經所陳者, 是困而自悔之辭也. 上二章, 說女初奔男之事, 下四章, 言困而自悔也. '言旣遂矣, 至於暴矣', 是其困也, '躬自悼矣', 盡'亦已焉哉', 是自悔也.

序의 〔氓〕에서 〔淫(泆)〔佚〕〕까지

○ 正義曰：'男女無別'을 말한 것은, 밖의 말이 문 안으로 들어오지 않고 안의 말이 문

밖으로 나가지 않게 하면 이는 분별이 있는 것인데, 지금 사귀며 왕래함이 분별이 없기 때문이다. '奔誘'는 남자가 꾀어 부인이 〈예가 아닌데도〉 따른 것을 말한다. '華落'과 '色衰'는 같으니, 쇠한 안색이 떨어진 꽃과 같음을 말한다. '或乃困而自悔'는, 당시에는 모두 서로 유혹했다가 안색이 쇠해지자 마침내 서로 버렸는데, 그중에는 곤궁해지고 나서야 제 配偶를 버린 것을 후회하는 이도 있었음을 말한다. 그리하여 스스로 후회한 일을 서술하여 그 시대를 풍자한 것이다. '美'는 이 부인이 정도로 돌아와서 스스로 후회한 것을 찬미한 것이니, 당시의 음탕함을 풍자한 방법이다.

'復相棄背' 이상은 당시 온 나라의 일을 총괄하여 말한 것이고, '或乃困而自悔' 이하는 이 經에서 말한 것이 곤궁해지고 나서 스스로 후회한 내용임을 서술한 것이다. 위의 두 장은 여인이 처음 남자를 따라간 일을 말하고, 아래 네 장은 곤궁해지고 나서야 스스로 후회한 일을 말한다. 시집온 지 오래되자 험한 꼴을 당하게 되었네〔言旣遂矣 至於暴矣〕'는 곤궁해짐이고, '내 스스로 슬퍼하노라〔躬自悼矣〕'로부터 '나도 그만두어야지〔亦已焉哉〕'까지는 스스로 후회한 것이다.

氓之蚩(치)蚩 抱布貿絲러니

인상 좋은 그이
布를 안고 와서 실을 사나 했더니

【傳】 氓은 民也라 蚩蚩(者)[1]는 敦厚之貌라 布는 幣[2]라

1) (者) : 저본의 교감기에 따라 衍字로 처리하였다.
2) 幣 : 실을 사기 위한 돈의 개념으로 가져온 布를 말한다.

氓은 사람이다. 蚩蚩는 '후덕한 모습'이다. 布는 幣이다.

【箋】 箋云 幣者는 所以貿買物也라 季春에 始蠶하여 孟夏賣絲라

箋云 : 幣는 물건을 사고파는 수단이다. 늦봄에 양잠을 시작하여 초여름에 명주실을 판다.

匪來貿絲요 來卽我謀라

실을 사러 온 게 아니라
와서는 나를 도모하였네

【箋】 箋云 匪는 非요 卽은 就也라 此民非來買絲요 但來就我하여 欲與我謀爲室家也라

箋云 : 匪는 '아님'이고, 卽은 '나아감'이다. 이 사내가 실을 사러 온 것이 아니라 단지 내게 와서 나와의 혼인을 도모하려는 것이었다.

送子涉淇하여 至于頓丘라

그이 전송하느라 淇水 건너
頓丘까지 갔었네

【傳】 丘一成爲頓丘[1]라

1) 丘一成爲頓丘 : ≪爾雅≫ 〈釋丘〉에 "丘가 하나 포개어져 있는 것을 敦丘라 한다."라고 하였는데, 郭璞은 "成은 重(포개지다)과 같다."라고 하였다.

丘가 하나 더 포개져 있는 곳이 頓丘이다.

【箋】 箋云 子者는 男子之通稱이라 言民誘己한대 己乃送之하여 涉淇水至此頓丘하여 定室家之謀하고 且爲會期라

箋云 : 子는 남자의 통칭이다. 사내가 자기를 유혹하자 자신이 마침내 그를 전송하며 淇水를 건너 이 頓丘에 이르러 혼인을 도모하기로 약속하고 또 만날 기일을 정한 것을 말한 것이다.

匪我愆期요 子無良媒니

내가 시기를 미루려던 게 아니라
그대 좋은 매파가 없어서였으니

【傳】 愆은 過也라

愆은 '넘김'이다.

【箋】 箋云 良은 善也라 非我(以)〔心〕[1]欲過子之期요 子無善媒來告期時라 ○ 愆은 字又作僁(건)이라

1) (以)〔心〕: 저본의 교감기에 따라 '心'으로 번역하였다.

箋云 : 良은 '좋음'이다. 내 마음이 그대가 정한 시기를 미루려던 게 아니라 그대가 좋은 매파를 보내 時期를 고하지 않았다는 것이다. ○ 愆은 '僁'字로 되어 있는 것도 있다.

將子無怒하라 秋以爲期라

그대는 노여워 말고
가을로 기약하자 하였네

【傳】 將은 願也라

將은 '바람'이다.

【箋】 箋云 將은 請也라 民欲爲近期라 故語之曰 請子無怒하라 秋以與子爲期라

箋云 : 將은 '청함'이다. 사내가 가까이 기일을 정하고자 하였다. 그리하여 말하기를 "그대는 노여워 말아요. 가을로 그대와 기일을 정하지요."라고 한 것이다.

【疏】 '氓之'至'爲期' ○ 毛以爲 "此婦人言 '己本見誘之時, 有一民之善蚩蚩然顔色敦厚, 抱布而來, 云當買絲, 此民於時本心, 非爲來買絲, 但來就我, 欲謀爲室家之道, 以買絲爲辭, 以來誘己. 我時爲男子所誘, 卽送此子涉淇水至於頓丘之地, 與之定謀, 且爲會期. 男子欲卽於夏中以爲期, 己卽謂之非我欲得過子之期, 但子無善媒來告其期時, 近恐難可會, 故願子無怒於我, 與子秋以爲期.'" ○ 鄭唯以將爲請爲異, 其以時對面與之言, 宜爲請.

經의 〔氓之〕에서 〔爲期〕까지

○ 毛亨은, "이 부인이, 자기가 꼬임을 당할 때에, 후덕하니 인상 좋은 한 사내가 布를 가지고 와서 실을 사러 온 것이려니 했는데, 이 사내의 당시 본심은 와서 실을 사러 온

게 아니라 다만 나에게 와서 혼인하는 방법을 도모하고자 한 것이니, 실을 사는 것을 구실 삼아 와서는 나를 유혹한 것이다. 내가 그때 사내에게 유혹되어 이 사내를 전송하느라 淇水를 건너 頓丘 지역까지 가서 그와 혼인하기로 약속하고 만날 시기를 정하였다. 사내는 여름 중으로 정하고자 했지만, 나는 그에게 '내가 그대가 정한 시기를 미루려는 것이 아니라, 다만 그대가 좋은 매파를 보내와서 기일을 고하는 절차가 없었으니 가까운 시기에는 만나기는 어려울 듯하네요. 그리하여 그대는 내 말에 노여워 말고 그대와 가을에 만나기로 정하지요.'라고 한 것"으로 여겼다.

○ 鄭玄이 오직 '將'을 '請'으로 여겨 모형과 다른 것은, 당시 대면하여 말한 것이므로 '請'이 되어야 하기 때문이다.

【疏】 傳'氓民'至'布幣' ○正義曰：氓，民之一名，對文則異，故遂人注云"變民言(也)〔甿〕[1]，異內外[2]也．甿，猶懵，懵，無知貌."是其別也，其實通，故下箋云"言民誘已."是也．論語及靈臺註皆云"民者，冥也."此，婦人見棄，乃追本男子誘已之時，已所未識，故以悠悠天子之民言之，不取於冥與無知．既求謀已，與之相識，故以男子之通稱言之，'送子涉淇'·'將子無怒'，是也，既因有廉恥之心，以君子所近而託號之，'以望復關'，是也．以婦人號夫爲君子，是其常稱，故傳曰'復關 君子之所近'，又因男子告已云'爾卜爾筮'，已亦答之云'以爾車來'也．三章言'士'·'女'者，時賢者所言，非男女相謂也．士者亦男子之大號，因賢者所言，故四章言'士貳其行'也．以'蚩蚩'言民之狀，故云'敦厚貌'，謂顏色敦厚，已所以悅之．

1) (也)〔甿〕: 저본의 교감기에 따라 '甿'으로 번역하였다.
2) 異內外 : 나라의 郊野를 관장하는 遂人의 경우, 도성 안의 백성을 民으로 한 것에 상대하여 도성 밖의 백성을 甿으로 달리 표현한 것을 말한다.

傳의 〔氓民〕에서 〔布幣〕까지

○ 正義曰：氓은 民의 다른 이름인데 상대하여 쓰면 다르다. 그리하여 ≪周禮≫ 〈地官 司徒 遂人〉의 注에 "民을 바꾸어 甿이라 하니 內와 外를 구별한 것이다. 甿은 懵과 같으니 懵은 無知한 모습이다."라고 하였으니, 이는 〈글자는〉 다르나 실제로는 통한다. 그리하여 아래 箋에서 '言民誘已'라고 한 것이 이것이다. ≪論語≫ 〈泰伯〉 및 〈大雅 靈臺〉 註에서 모두 "民은 어리석다〔冥〕"라고 하였는데, 여기에서는 부인이 버림을 받고 나서야

남자가 자기를 유혹하던 때에 자기가 알지 못했음을 되돌아본 것이다. 그리하여 天子의 많은 백성 〈중 하나의 뜻으로〉 말하였고, 冥과 無知의 뜻을 취하지 않은 것이다.

이미 자기를 도모하려 하였으니 서로 알게 된 사이이다. 그리하여 남자의 통칭으로 말하였으니 '그이 전송하느라 淇水 건너〔送子涉淇〕'와 '그대는 노여워 말고〔將子無怒〕'가 이것이다. 부끄러운 마음이 생겨서 사내〔君子〕와 가까운 곳에 의탁하여 호칭하였으니 '復關을 바라보았네〔以望復關〕'라고 한 것이 이것이다. 부인이 남편을 말할 때 君子라 함은 일상적 호칭이다. 그리하여 傳에서 '復關은 君子와 가까운 곳이다.' 한 것이다. 또 남자가 자기에게 '그대의 거북점 시초점에'라 한 것으로 인해 자기도 대답하기를 '그대의 수레 가져 오세요'라 한 것이다.

3장에서 말한 '士'와 '女'는 당시의 賢者가 말한 것이고, 男女가 서로를 말한 것이 아니다. 士는 또한 남자의 존칭이니 賢者가 말한 것이다. 그리하여 4장에서는 '士가 그 행실을 달리 하였네'라 한 것이다. 〈여기서는〉 '蚩蚩'로 사내의 모습을 말하였다. 그리하여 '敦厚貌'라 한 것이니, 인상이 후덕해 보여 이 때문에 자기가 좋아함을 말한 것이다.

【疏】 外府注云 "布, 泉(전)也, 其藏曰泉, 其行曰布, 取名於水泉, 其流行無不徧." 檀弓註云 "古者謂錢爲泉布, 所以通布貨財, 泉亦爲布也." 知此布非泉而言幣者, 以言抱之則宜爲幣, 泉則不宜抱之也. 載師, 鄭司農云 "里布者, 布參印書, 廣二寸長二尺, 以爲幣, 貿易物. (引)[1]詩云'抱布貿絲', 抱此布也." 司農之言, 事無所出, 故鄭易之云 "罰以一里二十五家之泉也." 此布幣, 謂絲麻布帛之布, 幣者, 布帛之名, 故鹿鳴云 "實幣帛筐篚", 是也.

1) (引) : ≪周禮注疏≫에 의거하여 衍字로 처리하였다.

≪周禮≫ 〈天官 司徒 外府〉 注에 "布는 泉인데, 저장된 것을 '泉'이라 하고 사용되는 것은 '布'라 하니 샘물에서 이름을 따온 것으로 샘물은 흘러 두루 미치지 않는 곳이 없기 때문이다."라고 하였고, ≪禮記≫ 〈檀弓〉 註에 "옛날에 돈을 '泉布'라 하였으니, 재화를 유통시키는 것으로, '泉' 역시 '布'이다."라고 하였다.

여기의 '布'가 '泉'이 아니라 '幣'를 말함을 안 것은, 안고 왔다고 말하였으니 그렇다면 마땅히 '幣'이니, '泉'이라면 안고 올 수 없기 때문이다. ≪周禮≫ 〈地官 司徒 載師〉에 鄭司農(鄭衆)이 "里布란 베 조각에 글자를 박은 것인데, 폭이 2寸, 길이가 2尺이 되게 해서 화폐로 삼아 물건을 무역하는 것이다. ≪詩經≫에 '布를 안고 와서 실을 사나 했더니〔抱布貿絲〕'라고 하였으니, 이 布를 안고 온 것이다."라고 하였는데, 정사농의 이 말은 근거할 만한 일이 없었다. 그리하여 鄭玄이 바꾸어 말하기를 "〈집 주변에 삼과 뽕나무를 심지 않은 자에게〉 1里 25가의 泉으로 벌하였다."라고 하였다. 여기의 '布 幣'는 絲麻布帛의 布를 말한 것이니, 幣는 布帛의 명칭이다. 그리하여 〈小雅 鹿鳴〉의 序에서 "幣帛을 광주리에 담는다."라고 한 것이 이것이다.

【疏】 箋'季春'至'賣絲' ○正義曰：月令季春云 "后妃齊戒以勸蠶事." 是季春始蠶, 孟夏云 "蠶事旣畢, 分繭稱絲." 是孟夏有絲賣之也. 欲明此婦人見誘之時節, 故言賣絲之早晚. 以男子旣欲爲近期, 女子請之至秋, 明近期不過夏末, 則賣絲是孟夏也.

.箋의 〔季春〕에서 〔賣絲〕까지

○正義曰：≪禮記≫ 〈月令〉 季春에 "后妃가 재계하고 양잠을 권장한다."라고 하였으니 이는 季春에 양잠을 시작하는 것이고, 〈월령〉 孟夏에 "양잠이 끝나면 고치를 나누고 실의 무게를 단다."라고 하였으니 이는 孟夏에 실을 파는 일이 있는 것이다. 이 부인이 유혹당하던 때를 밝히고자 하였다. 그리하여 실을 파는 시기를 말한 것이다. 남자가 가까이 기일을 정하려 하였기 때문에 여자가 가을이 되면 하자고 청하였으니, 분명 '近期'는 늦여름을 넘기지 않는 때이다. 그렇다면 '賣絲'는 곧 초여름인 것이다.

【疏】 傳'丘一成爲頓丘' ○正義曰：釋丘云 "丘一成爲敦丘, 再成爲陶丘, 三成爲崑崙丘." 孫炎曰 "形如覆敦, 敦器似盂." 郭璞曰 "成, 猶重也", 周禮曰 "爲壇三成." 又云 "如覆敦者, 敦丘." 孫炎曰 "丘一成之形象也." 郭璞曰 "敦, 盂也, 音頓." 與此字異音同.

傳의 〔丘一成爲頓丘〕

○正義曰：≪爾雅≫ 〈釋丘〉에 "丘가 하나 더 포개져 있는 곳이 敦丘이고, 두 개 더 포개져 있는 곳이 陶丘이며, 세 개 더 포개져 있는 곳이 崑崙丘이다."라고 하였는데, 孫炎은 "모양이 敦을 엎어놓은 것과 같으니 敦은 주발〔盂〕과 같다."라고 하고, 郭璞은 "成은 重과 같다."라고 하였는데 ≪周禮≫ 〈秋官 司寇〉에 "壇을 만들 때는 3단으로 한다."라고 하였다. 또 〈≪이아≫에〉 "敦을 엎어놓은 것과 같은 것이 敦丘이다.〔如覆敦者 敦丘〕"라고 하였는데, 孫炎은 "丘가 하나 더 포개져 있는 형상이다."라고 하였고, 郭璞은 "敦은 주발

인데 음은 頓이다."라고 하였으니, 여기와 글자는 다르나 음은 같다.

【疏】 箋'子者'至'會期' ○正義曰 : '子'者, 有德之名, 此男子非能有德, 直以子者, 男子之通稱, 故謂之爲子也. 上云'來卽我謀', 男就女來與之謀也, 今此送之, 故知至此頓丘, 定室家之謀. 又下云'匪我愆期', 則男子於此與之設期也, 故知'且爲會期'言且者, 兼二事也.

箋의 〔子者〕에서 〔會期〕까지

○ 正義曰 : '子'는 덕이 있는 이의 호칭인데, 여기의 남자가 덕이 있지는 않은데도 바로 子라 한 것은 남자의 통칭이기 때문이다. 그리하여 子라 한 것이다. 위에서 말한 '와서는 나를 도모하였네〔來卽我謀〕'는 남자가 여자에게 와서 그녀와의 〈혼인을〉 도모한 것인데 지금 여기서는 그를 전송한 것이다. 그리하여 이 頓丘까지 이르러 혼인 계획을 정한 것임을 안 것이다. 또 아래에 '내가 시기를 미루려던 게 아니라〔匪我愆期〕'라고 하였으니, 남자가 이때에 그녀에게 시기를 제안한 것이다. 그리하여 '且爲會期'에서 말한 '且'는 두 가지 일을 겸한 것임을 알 수 있다.

乘彼垝垣(궤원)하여 以望復關이라

저 무너진 담 위에 올라
復關을 바라보았네

【傳】 垝는 毁也라 復關은 君子所近也라

垝는 '무너짐'이다. 復關은 君子와 가까운 곳이다.

【箋】 箋云 前旣與民以秋爲期러니 期至라 故登毁垣하여 鄕其所近而望之하고 猶有廉恥之心이라 故因復關以託號民云 此時始秋也라 ○所近은 附近之近이라 鄕은 本又作嚮이라

箋云 : 전에 사내와 가을로 약속하였는데 기일이 되었다. 그리하여 무너진 담에 올라가 그가 있는 곳과 가까운 곳을 향하여 바라보고 그래도 부끄러운 마음이 든 것이다. 그리하여 復關이라는 지명에 의탁하여 이 사내를 부르면서 "지금 비로소 가을이 되었네요."라고 한 것이다.

○ 所近은 '附近'의 近이다. 鄕은 嚮으로 되어 있는 本도 있다.

【疏】 傳'復關 君子所近' ○ 正義曰 : '復關'者, 非人之名號, 而婦人望之, 故知君子所近之地. 箋又申之猶有廉恥之心, 故因其近復關, 以託號此民, 故下云 '不見復關' · '旣見復關', 皆號此民爲復關. 又知此時始秋者, 上云'秋以爲期', 下四章'桑之落矣', 爲季秋, 三章'桑之未落', 爲仲秋, 故知此時始秋也.

傳의 〔復關 君子所近〕

○ 正義曰 : '復關'은 사람의 이름이 아니라 부인이 바라본 곳이다. 그리하여 군자와 가까운 곳임을 안 것이다. 箋에서 또 '오히려 부끄러운 마음이 있었다. 그리하여 그와 가까운 復關이라는 지명에 가탁하여 이 사내를 부른 것'이라고 거듭 해설한 것이다. 그리하여 아래에서 말한 '不見復關'과 '旣見復關'은 모두 이 사내를 '復關'이라고 부른 것이다. 또 이때가 초가을임을 안 것은 위에서 '가을로 기약하지요〔秋以爲期〕'라고 했기 때문이니, 아래 4장의 '뽕잎이 지네〔桑之落矣〕'는 季秋이고, 3장의 '뽕잎 지기 전에는〔桑之未落〕'은 仲秋인 것이다. 그리하여 이때가 초가을임을 안 것이다.

不見復關하여 **泣涕漣漣**이러니

復關을 보지 못하여
하염없이 눈물 나더니

【傳】 言其有一心乎君子라 故能自悔라

군자를 향한 한결같은 마음이 있었다. 그리하여 스스로 후회함을 말한 것이다.

【箋】 箋云 用心專者는 怨必深이라 ○ 漣은 泣貌라

箋云 : 〈군자를 향한〉 마음이 한결같은 이는 원망도 반드시 깊은 것이다.

○ 漣은 눈물 흘리는 모양이다.

旣見復關하니 **載笑載言**이라

復關을 보고는

이내 웃고 말하였네

【箋】 箋云 則笑則言은 喜之甚이라

箋云 : 바로 웃고 말함은 매우 기뻐함이다.

爾卜爾筮하니 **體無咎言**이라

그대를 거북점 시초점 쳐보니
나쁘다는 말이 없으니

【傳】 龜曰卜이요 蓍曰筮라 體는 兆卦之體라

거북점을 卜이라 하고, 시초점을 筮라 한다. 體는 거북점과 시초점의 내용이다.

【箋】 箋云 爾는 女也라 復關既見此婦人하고 告之曰 我卜女筮女하니 宜爲室家矣라 兆卦之繇(주)에 無凶咎之辭니 言其皆吉하여 又誘定之라 ○ 體는 如字니 卦兆之體也니 韓詩作履니 履는 幸也라 繇는 卦兆之辭也라

箋云 : 爾는 '그대'이다. 復關이 이 부인을 보고 말하기를 "내 그대로 거북점과 시초점을 쳐보니 아내 삼기에 알맞았소. 占辭에 흉하다는 말이 없었소."라고 하였으니, 모두 길함을 말하여 또 〈혼사를〉 정하도록 유혹한 것이다.

○ 體는 본음대로 읽으니 점의 내용인데, ≪韓詩≫에는 履(밟다)로 되어 있으니, 履는 幸(가다)이다. 繇는 시초점과 거북점의 占辭이다.

【疏】 傳'體兆卦之體'・箋'兆卦'至'定之' ○ 正義曰 : 傳以經卜・筮竝言, 故兼云'兆・卦之體', 謂龜兆・筮卦也. 左傳云其繇曰 "一薰一蕕, 十年尙猶有臭[1]." 是龜之繇, 易曰 "困于石, 據于蒺藜[2]." 是卦之繇也. 二者, 皆有繇辭, 此男子實不卜筮而言皆吉無凶咎者, 又誘以定之, 前因貿絲以誘之, 今復(부)言卜・筮, 以誘之, 故言又也.

1) 其繇曰……十年尙猶有臭 : ≪春秋左氏傳≫ 僖公 4년에 晉 獻公이 驪姬를 부인으로 삼고자 하여 점을 치자 거북점은 불길하고 시초점은 길하였다. 헌공이 시초점을 따르려 하자 卜人이 말리며 말한 내용이다.

2) 困于石 據于蒺藜 : ≪周易≫ 困卦 六三의 爻辭이다. “돌에 채여 넘어져 가시나무에 쓰러짐이라, 집에 들어가도 아내를 만나볼 수 없으니 흉하다.〔困于石 據于蒺藜 入于其宮 不見其妻 凶〕”

傳의 〔體 兆卦之體〕와 箋의 〔兆卦〕에서 〔定之〕까지

○ 正義曰 : 傳은, 經에서 卜과 筮를 모두 말하였으므로 ‘兆卦之體’라고 겸하여 말한 것이니, 거북점의 점괘〔龜兆〕와 시초점의 점괘〔筮卦〕를 말한다. ≪春秋左氏傳≫ 僖公 4년에, “〈驪姬의〉 占辭에 ‘향초와 독초를 한 그릇에 담아두면 10년이 지나도 오히려 악취가 난다.’라고 하였다.” 하였으니 이는 거북점의 점사이고, ≪周易≫ 困卦에 “돌에 채여 넘어져 가시나무에 쓰러짐이다.”라고 하였으니 이는 시초점의 점사이다. 두 가지에는 모두 점사가 있는데, 여기의 사내는 실제로 거북점과 시초점을 치지 않고서 모두 길하여 흉하다는 말이 없다고 한 것은 다시 〈혼사를〉 정하도록 유혹한 것이니, 앞에서는 실을 사는 일로 유혹하고 지금은 또 거북점과 시초점을 말하여 유혹한 것이다. 그리하여 ‘又’라고 말한 것이다.

以爾車來하라 以我賄遷하리라

그대 수레 가져오세요
내 짐 실어 가리이다

【傳】 賄는 財라 遷은 徙也라

賄는 ‘짐’이다. 遷은 ‘옮겨감’이다.

【箋】 箋云 (女)〔爾〕[1]는 女니 復關也라 信其卜筮皆吉이라 故答之曰 徑以女車來迎我하라 我以所有財(遷)〔賄〕[2]徙就女也호리라

1) (女)〔爾〕 : 경문인 ‘以爾車來’의 ‘爾’를 해설한 부분이므로 저본의 ‘女’를 ‘爾’로 고쳐 번역하였다.
2) (遷)〔賄〕 : 저본의 교감기에 따라 ‘賄’로 번역하였다.

箋云 : 爾는 ‘그대’이니 復關이다. 그 거북점과 시초점이 모두 길하다는 말을 믿었다. 그리하여 답하기를 “어서 그대의 수레 가지고 와서 나를 맞이하세요. 내 짐들을 실어 그

대에게 가지요."라고 한 것이다.

桑之未落엔 其葉沃若이러니
于嗟鳩兮여 無食桑葚(심)이어다
于嗟女兮여 無與士耽이어다

뽕잎 지기 전에는
그 잎 윤기 났었네
아 비둘기여
오디 먹지 말지어다
아 저 여인아
사내와 놀아나지 말지어다

桑(≪詩經名物圖解≫)

【傳】 桑은 女功之所起라 沃若은 猶沃沃然이라 鳩는 鶻鳩也니 食桑葚過면 則醉而傷其性이라 耽은 樂也라 女與士耽이면 則傷禮義라

桑은 여인의 일의 시작이다. 沃若은 '윤택이 난다[沃沃然]'와 같다. 鳩는 비둘기이니, 오디를 많이 먹으면 취하여 정신을 잃게 된다. 耽은 '놀아남'이다. 여인이 사내와 놀아나면 禮義를 손상하게 된다.

【箋】 箋云 桑之未落은 謂其時仲秋也라 於是時에 國之賢者 刺此婦人見誘라 故于嗟而戒之라 鳩以非時食葚이 猶女子嫁不以禮하고 耽非禮之樂이라○ 沃은 如字라 葚은 本又作椹(심)이니 桑實也라

箋云 : '桑之未落'은 이때가 仲秋임을 말한 것이다. 이때에 나라의 현자가 이 부인이 유혹당한 것을 풍자하였다. 그리하여 탄식하고 경계한 것이다. 비둘기가 제때가 아닌데 오디를 먹는 것이, 여인이 예로써 시집가지 않고 예를 어기며 놀아나는 것과 같은 것이다.

○ 沃은 본음대로 읽는다. 葚은 椹으로 되어 있는 본도 있는데, 뽕나무의 열매이다.

士之耽兮는 猶可說也어니와

女之耽兮는 不可說也니라

사내가 놀아남은
그래도 할 말이 있지만
여인네 놀아남은
해명할 수가 없느니라

【箋】 箋云 說은 解也라 士有百行하니 可以功過相除나 至於婦人無外事하야는 維以貞信爲節이라

箋云 : 說은 '해명함'이다. 사내는 많은 일이 있으니 공으로 과실을 덮을 수 있지만, 바깥 일이 없는 부인네는 오직 정절과 신의로 절도를 삼는 것이다.

【疏】 '桑之'至'不可說' ○ 毛以爲 "桑之未落之時, 其葉則沃沃然盛, 以興己色未衰之時, 其貌亦灼灼然美, 君子則好樂於己, 已與之耽樂, 時賢者見己爲夫所寵, 非禮耽樂, 故吁嗟而戒己." 言吁嗟鳩兮, 無食桑椹, 猶吁嗟女兮, 無與士耽. 然鳩食桑椹過時, 則醉而傷其性, 女與士耽過度, 則淫而傷禮義. 然耽雖士女所同, 而女(思)〔異〕[1]於男, 故言士之耽兮, 尙可解說, 女之耽兮, 則不可解說. 已時爲夫所寵, 不聽其言, 今見棄背, 乃思而自悔.

1) (思)〔異〕: 저본의 교감기에 따라 '異'로 번역하였다.

經의 〔桑之〕에서 〔不可說〕까지

毛亨은, "뽕잎이 떨어지기 전에 그 잎이 윤기 나고 무성한 것으로 자신의 아름다움이 사라지기 전에 외모도 환하게 어여뻤음을 興한 것이다. 사내가 자기를 좋아하고 자기도 그와 놀아났는데 당시의 현자가 자기가 사내에게 사랑받아 예를 어기며 놀아나는 것을 보았다. 그리하여 탄식하고 자신을 경계한 것"이라고 여겼다. '아 비둘기여 오디 먹지 말지어다.'는, '아 여인이여 사내와 놀아나지 말지어다.'와 같음을 말한 것이다. 그러나 비둘기가 철이 지나 오디를 먹으면 취하여 그 정신을 잃게 되고, 여인이 사내와 도를 넘어 놀아나면 음란해져 예의를 어긴다. 그러나 놀아남은 비록 남녀가 같지만 여인은 사내와는 다르다. 그리하여 '사내의 놀아남은 그래도 할 말이 있으나 여인의 놀아남은 해

명할 수 없다'라고 한 것이다. 자신이 당시에 사내에게 사랑 받아 그 말을 듣지 않았는데 지금 버려지고 나서야 마침내 생각해보고 스스로 후회한 것이다.

【疏】 ○ 鄭以爲 "男子旣秋來見己, 己使之取車, 男子旣去, 當桑之未落, 其葉沃若, 仲秋之時. 國之賢者, 刺己見誘, 故言吁嗟鳩兮, 無得非時食椹. 吁嗟女兮, 無得非禮與士耽. 士之耽兮, 尙可解說, 女之耽兮, 則不可解說. 己時不用其言, 至季秋乘車而從之, 故今思而自悔."

鄭玄은, "남자가 가을에 와서 자기를 만났고 그에게 수레를 가져오게 하였으니 남자가 간 때는 뽕잎이 지기 전이라 그 잎이 윤기 날 때이니 仲秋이다. 나라의 현자가, 여인이 유혹당한 것을 풍자하였다. 그리하여 '아, 저 비둘기야 제때가 아니면 오디를 먹지 말지어다. 아, 여인이여 예를 어겨가며 사내와 놀아나지 말지어다. 사내의 놀아남은 그래도 할 말이 있지만 여인의 놀아남은 해명할 수 없다.'라고 하였다. 여인 자신이 당시에 그 말을 따르지 않고 季秋가 되자 수레 타고 따라갔다. 그리하여 지금 생각하고 후회한 것"으로 여긴 것이다.

【疏】 傳'桑女'至'禮義' ○ 正義曰 : 言桑者, 女功之所起, 故此女取桑落與未落, 以興己色之盛衰. 毛氏之說, 詩未有爲記時者, 明此以爲興也. 言'鳩鶻鳩'者, 釋鳥云 "鶌(굴)鳩, 鶻鵃(주)." 某氏曰 "春秋云 '鶻鳩氏司事'[1], 春來冬去." 孫炎曰 "一名鳴鳩." 月令云 "鳴鳩拂其羽", 郭璞曰 "似山鵲而小, 短尾, 靑黑色, 多聲." '宛彼鳴鳩', 亦此鳩也, 陸機云 "班鳩也", 爾雅鳩類, 非一, 知此是鶻鳩者, 以鶻鳩冬始去, 今秋見之, 以爲喩, 故知非餘鳩也.

1) 鶻鳩氏司事 : 魯 昭公 17년에 郯子가 朝見할 때에, 昭公이 郯子의 조상인 少皞氏가 새의 이름으로 관직명을 삼은 까닭을 묻자 少皞가 즉위할 때에 鳳鳥가 날아왔기 때문이라고 대답한 내용의 일부이다. 司事는 농사를 맡은 관직이다.(≪春秋左氏傳≫)

傳의 〔桑女〕에서 〔禮義〕까지

○ 正義曰 : 桑이 여인의 일이 시작되는 것임을 말하였다. 그리하여 이 여인이 桑의 '落'과 '未落'을 취하여 아름다움이 한창인 때와 사라진 때를 興한 것이다. 毛氏가 해설함에 시에 때를 표현한 말이 없으므로 이로써 〈아름다움이 한창일 때와 사라진 때를〉 興한 것임을 밝힌 것이다. '鳩는 鶻鳩이다' 한 것은, ≪爾雅≫ 〈釋鳥〉에 "鶌鳩는 鶻鵃이다"

라고 했기 때문이다. 某氏는 "≪春秋左氏傳≫에 '鶻鳩氏는 司事이다.'라고 하였는데, 〈杜預는 注에서〉 '봄에 왔다가 겨울에 간다.'라고 하였다." 하였고, 孫炎은 "一名이 鳴鳩이다."라고 하고 ≪禮記≫ 〈月令〉에 "鳴鳩가 그 날개를 친다."라고 하고, 郭璞은 "메까치와 비슷한데 작고 꼬리가 짧으며 검푸른 색에 시끄럽게 운다."라고 하였다. 〈小雅 小宛〉의 '저 작은 鳴鳩여〔宛彼鳴鳩〕'라고 한 것도 이 鳩인데, 陸機는 "〈鳴鳩는〉 班鳩이다."라고 하였으니, ≪爾雅≫의 鳩類는 한 종류가 아닌데 여기서 〈鳩가〉 鶻鳩임을 안 것은 鶻鳩는 겨울이 시작되면 떠나는데 지금 가을에 이를 보고서 비유로 삼았기 때문이다. 그리하여 다른 비둘기가 아님을 안 것이다.

鳴鳩(≪詩經名物圖解≫)

【疏】 鳩食椹過時者, 謂食之過多, 故醉而傷其性. 經直言無食桑椹, 而云'過時'者, 以'與士耽'相對. 耽者, 過禮之樂, 則如食桑椹過時矣. 女與士耽以過禮, 故爲傷禮義, 則時賢者戒女之過禮, 謂己爲君子所寵過度, 不謂非禮之嫁爲耽也.

비둘기가 철이 지나서까지 오디를 먹는다는 것은 너무 많이 먹음을 말한다. 그리하여 취하여 정신을 잃게 되는 것이다. 經에서는 '오디를 먹지 말지어다'라고만 했는데 '過時'를 말한 것은 '與士耽'에 對句한 것이다. '耽'은 예를 어기며 놀아남이니 철이 지나도록 오디를 먹는 것과 같은 것이다. 여인이 사내와 예를 어기며 놀아났다. 그리하여 예의를 손상하게 된다〔傷禮義〕라고 한 것이다. 이는 당시의 현자가 여인이 예를 어긴 것을 경계한 것이니, 자신이 사내에게 과도하게 사랑받은 것을 말한 것이지 예를 어기며 시집간 것이 耽임을 말한 것은 아니다.

【疏】 箋'桑之'至'之樂' ○正義曰 : 以上章初秋云'以爾車來', 始令男子取車, 下章季秋云'漸車帷裳', 謂始適夫家, 則'桑之未落', 爲仲秋明矣. 言士·女, 則非自相謂之辭, 故知國之賢者, 刺其見誘而戒之. 其時仲秋則無椹, 賢者禁鳩食之, 由當時無也, 假有而食之爲非時, 以非時之食椹, 以興非禮之行嫁, 故云'耽非禮之樂'.

箋의 〔桑之〕에서 〔之樂〕까지

○ 正義曰 : 上章의 초가을에 '그대 수레 가져오세요〔以爾車來〕'라고 한 것은 비로소 사내로 하여금 수레를 가져오게 함이고, 下章의 季秋에 '수레휘장 적시었지〔漸車帷裳〕'라고 한 것은 막 남편의 집에 간 것을 말하니, 그렇다면 〈여기의〉 '桑之未落'은 仲秋임이 분명하다.

士와 女라 한 것은 각자 서로를 일컫는 말이 아니다. 그리하여 나라의 현자가 여인이 유혹당함을 풍자하여 경계한 것임을 안 것이다.

때가 仲秋이면 오디는 없는데 현자는 비둘기가 오디 먹는 것을 금지하였으니, 〈이는〉 당시에는 없기 때문에 있다고 가설하여 오디를 먹는 때가 아니라고 한 것이니, 제철이 아닌데 오디를 먹는 것으로 예를 어기며 시집감을 興한 것이다. 그리하여 '예를 어기며 놀아났다〔耽非禮之樂〕'라고 한 것이다.

【疏】 鄭志張逸問"箋云'耽非禮之樂', 小雅云'和樂且耽[1)]', 何謂也." 答曰 "禮樂者, 五聲八音之謂也, 小雅亦言過禮之盛, 和樂, 過禮之言也. 燕樂嘉賓過厚, 賢也, 不以禮耽者, 非禮之名, 故此禁女爲之, 小雅論燕樂, 言作樂過禮, 以見厚意, 故亦言耽而文連和樂也."

1) 耽 : 〈小雅 鹿鳴〉에는 '湛'으로 되어 있다.

≪鄭志≫에 張逸이 "箋의 '예를 어기며 놀아났다〔耽非禮之樂〕'와 〈小雅 鹿鳴〉의 '오래도록 즐겁게 하도다〔和樂且耽〕'는 무엇을 말한 것입니까?"라고 묻자, 답하기를 "禮樂은 五聲과 八音을 말하는데, 〈小雅〉는 또 〈본래의〉 예를 넘어 융숭하게 함을 말한 것이므로, 和樂은 〈본래의〉 예보다 지나침을 말한다. 〈〈鹿鳴〉의〉 귀한 손님을 편안하고 즐겁게 하기를 지나치게 함은 좋은 것인데, 〈여기의〉 예를 어기며 놀아남은 非禮를 지칭하는 말이다. 그리하여 여기서 여인이 이를 행함을 금한 것이다. 〈小雅〉에서 '燕樂'을 언급한 것은 예를 넘어서까지 음악을 연주하여 후히 대접하는 뜻을 보인 것이다. 그리하여 역시 耽을 말하면서 글을 '和樂' 뒤에 붙인 것이다."라고 하였다.

【疏】 箋'士有'至'爲節' ○ 正義曰 : 士有大功, 則掩小過, 故云'可以功過相除.' 齊桓・晉文, 皆殺親戚簒國而立, 終能建立高勳於周世, 是以功除過也.

箋의 〔士有〕에서 〔爲節〕까지

○ 正義曰 : 士에게 큰 공이 있으면 작은 과실을 덮는다. 그리하여 '공으로 과실을 덮을 수 있다.〔可以功過相除〕'라 한 것이다. 齊 桓公과 晉 文公은 모두 친척을 죽이고 나라를 찬탈하여 제후가 되었지만 끝내는 周나라 시대에 큰 공을 세웠으니 이것이 공으로 과실을 덮는다는 것이다.

桑之落矣여 其黃而隕이로다

自我徂爾하여 三歲食貧이라

淇水湯(상)湯하니 漸車帷裳이로다

뽕잎이 지네 누렇게 바래서 지네

나 시집와서 3년 내내 가난했네

淇水 넘실넘실 수레휘장 적시었지

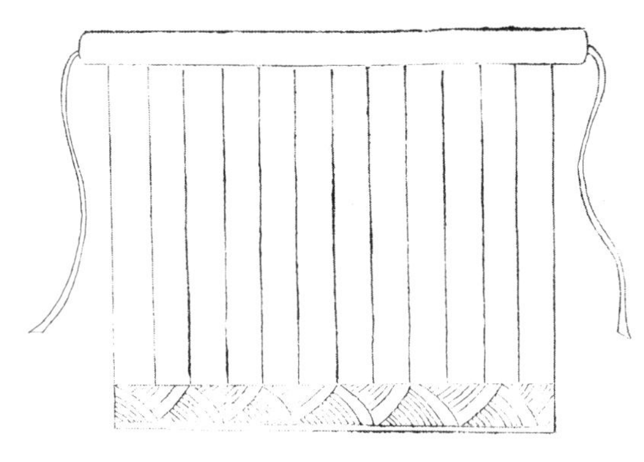

帷裳(≪三才圖會≫)

【傳】 隕은 (惰)〔隋(타)〕[1]也라 湯湯은 水盛貌라 帷裳은 婦人之車也라

1) (惰)〔隋(타)〕 : 저본의 교감기에 따라 '隋'로 번역하였다.

隕은 '떨어짐'이다. 湯湯은 물이 넘실대는 모습이다. 帷裳은 부인의 수레휘장이다.

【箋】 箋云 桑之落矣는 謂其時季秋也니 復關以此時車來迎己라 徂는 往也니 我自是往之女家로 女家乏穀食하여 已三歲貧矣라 言此者는 明己之悔 不以女今貧故也라 (幃)〔帷〕[1]裳은 童容也니 我乃渡深水에 至漸車童容이어늘 猶冒此難而往하니 又明己專心於女라 ○ 漸은 漬(지)也요 濕也라 隋字는 又作墮라

1) (幃)〔帷〕 : 저본의 교감기에 따라 '帷'로 번역하였다. 다만 아래 疏에서 ≪周禮≫ 注를 인용한 부분에서는 '幃'를 쓰는 것이 맞다고 하였다.

箋云 : '桑之落矣'는 그때가 季秋임을 말하니, 復關이 이때에 수레를 가지고 와서 나를 맞이한 것이다. 徂는 '가다'이니 '내가 그대의 집에 시집온 때부터 그대의 집은 곡식이 부족하여 3년이 지나도록 가난하였다.'라고 하였으니, 이를 말한 것은 내가 후회하는 것

이 그대가 지금 가난하기 때문이 아님을 밝힌 것이다. 帷裳은 여인이 타는 수레의 휘장이니 '내가 마침내 깊은 물을 건널 때에 수레의 휘장을 적셨어도 오히려 이 어려움 무릅쓰고 갔다.'라고 하였으니, 이는 또한 내가 오로지 그대에게만 마음을 두었기 때문임을 밝힌 것이다.

○ 漸은 '젖음'이고 '축축함'이다. 隋字는 墮로 되어 있는 본도 있다.

女也不爽이요 士貳其行이로다

여인의 잘못이 아니라
사내가 변해서라네

【傳】 爽은 差也라

爽은 '잘못'이다.

【箋】 箋云 我心於女라 故無差貳어늘 而復關之行有二意라

箋云 : 내가 그대에게만 마음을 두었기에 변함이 없었는데 復關의 행실에는 두 마음이 있었던 것이다.

士也罔極하여 二三其德이라

사내가 중심이 없어
변덕을 부렸네

【傳】 極은 中也라

極은 '중심'이다.

【疏】 '桑之'至'其德' ○ 毛以爲 "桑之落矣之時, 其葉黃而隕墜, 以興婦人年之老矣之時, 其色衰而彫落, 時君子則棄已, 使無自以託, 故追說見薄之漸. 言自我往爾男子之家, 三歲之後, 貧於衣食而見困苦, 已不得其志, 悔已本爲所誘, 涉湯湯之淇水, 而漸車之帷裳而往, 今乃見棄, 所以自悔也. 旣追悔本之見誘, 而又怨之, 言我心於汝男子也, 不爲差貳, 而士何謂二三其行於己也. 士也行無中正, 故二三其德, 及年老而棄己, 所以怨也."

經의 〔桑之〕에서 〔其德〕까지

毛亨은, "뽕잎이 질 때에 그 잎이 누렇게 변하여 떨어지는 것으로, 부인이 나이 들었을 때에 아름다움이 시들어 사라진 것을 興한 것이다. 당시 남편이 자신을 버려 의탁할 수 없게 만들었다. 그리하여 돌아보고 점차 박대를 받게 된 것을 추억하여 '내가 사내의 집에 시집온 때로부터 3년 뒤에는 입고 먹는 것이 부족해서 고충을 겪었고 그의 사랑도 얻지 못하여 내가 처음 유혹 당했던 것을 후회하였다. 넘실대는 淇水를 건너 수레휘장 적셔가며 시집왔건만 지금은 버림을 받았으니 이 때문에 스스로 후회한다.'라고 하였다. 처음 유혹당한 것을 돌이켜 후회하고, 또 그를 원망하여 '내 마음 그대에게 두고 변치 않았는데 사내는 어째서 내게 변덕을 부린단 말인가. 사내가 바른 행실이 없어서이다. 그리하여 변덕을 부려 나이 들어 늙자 나를 버렸으니, 이 때문에 원망한다.'라고 한 것"으로 여긴 것이다.

【疏】 鄭以爲"婦人言己本桑之落矣, 其黃而隕之時, 當季秋之月, 我往之爾家. 自我往汝家時, 已聞汝家三歲以來乏於穀食, 已貧矣. 我不以汝貧之故, 猶涉此湯湯之淇水, 漸車之帷裳, 冒難而來." 言己專心於汝如是, 今而見棄, 所以悔也. 餘同.

鄭玄은, "부인이 '내가 뽕잎이 지던 그때를 추억해보니 잎이 누렇게 바래서 지는 그때는 季秋의 달이었는데 〈이때에〉 내가 그대 집에 시집갔다. 내가 그대 집에 시집가던 때부터 그대의 집이 3년 동안 먹을 곡식이 부족했다고 들었으니, 이미 가난했던 것이다. 내가 〈후회하는 것은〉 그대가 가난하기 때문이 아니라, 오히려 이 넘실대는 淇水를 건널 때에 수레휘장을 적셔가며 어려움을 무릅쓰고 온 것이다.'라고 한 것"으로 여겼으니, '자기가 이처럼 오로지 그대에게만 마음을 주었는데도 지금 버림을 받았으니 이 때문에 후회함'을 말한 것이다. 나머지는 〈毛亨과〉 같다.

【疏】 傳'帷裳 婦人之車' ○正義曰 : 傳以大夫之車立乘, 有蓋無幃裳, 此言'帷裳'者, 婦人之車故也. 傳於上章以桑爲女功所起爲興, 此桑落黃隕, 亦興也. '其黃而隕', 旣興顔色之衰, 則食貧在已衰之後, 言'自我徂爾三歲食貧', 謂至夫家三歲之後, 始貧乏於衣食, 漸不得志, 乃追悔本冒漸車之難而來也, 故王肅曰 "言其色黃而隕墜也." 婦人不愼其行, 至於色衰, 無以自託. 我往之汝家, 從華落色衰以來, 三歲食貧矣. 貧者, 乏食飢而不充, 喩不得志也.

傳의 〔帷裳 婦人之車〕

○ 正義曰 : 傳은 大夫의 수레는 서서 타니 덮개는 있고 휘장은 없는데, 여기에서 '帷裳'을 말한 것은 부인의 수레이기 때문이라고 〈여긴 것이다.〉 傳은 上章에서 양잠〔桑〕으로 여인의 일이 시작됨을 興하였다고 여겼으니, 여기의 뽕잎이 누렇게 바래서 지는 것도 興이 된다. '其黃而隕'이 아름다움이 사라짐을 興한 것이다. 그렇다면 '食貧'은 이미 〈아름다움이〉 사라진 뒤에 해당되니, '自我徂爾 三歲食貧'이라 한 것은 남편 집에 이른 지 3년 뒤에 비로소 입고 먹을 것이 부족해졌음을 말하니 점점 사랑을 얻지 못하게 되어 마침내 수레휘장을 적시는 어려움을 무릅쓰고 온 것을 돌이켜 후회한 것이다. 그리하여 王肅은 "색이 누렇게 바래서 지는 것을 말한다."라고 하였으니, 부인이 그 행실을 삼가지 않고 〈시집가서〉 아름다움이 사라지게 되자 스스로 의탁할 데가 없는 것이다. 내가 그대 집에 시집가서 아름다운 모습이 사라진 뒤로 3년 동안 곤궁한 것이다. 貧은 먹을 게 부족하여 굶주려 〈허기를〉 채우지 못함이니 사랑을 얻지 못함을 비유한 것이다.

【疏】 箋'桑之'至'於女' ○ 正義曰 : 月令季秋, '草木黃落', 故知桑之落矣. '其黃而隕', 其時季秋也. 上使'以爾車來', 不見其迎之事, 此言漸車涉水, 是始往夫家, 故知復關以此時車來迎已也. 此始嚮夫家, 已言'自我徂爾, 三歲食貧', 故以爲自我往之汝家之時, 汝家乏穀食已三歲, 貧矣, 我猶渡水而來. 此婦人但當悔其來耳, 而言穀食先貧者, 於時君子家貧, 恩意之情遇已漸薄, 已遭困苦, 所以悔. 言已先知此貧而來, 明已之悔 不以汝今貧之故, 直以二三其德, 恩意疏薄故耳.

箋의 〔桑之〕에서 〔於女〕까지

○ 正義曰 : 《禮記》 〈月令〉에, 季秋에 '초목이 누렇게 바래서 진다.'라고 하였다. 그리하여 뽕잎이 짐을 안 것이니, '其黃而隕'은 이때가 季秋인 것이다. 위에서 '그대 수레 가져오세요〔以爾車來〕' 하였지만 맞이하는 일은 나타나 있지 않는데, 여기에서 수레휘장 적시며 물 건너갔다 하였으니 처음 남편의 집에 간 때이다. 그리하여 復關이 이때에 수

레 가져와서 나를 맞이한 것을 안 것이다. 이때가 처음 남편 집으로 향하던 때인데 이미 '나 시집와서 3년 내내 가난했네.〔自我徂爾 三歲食貧〕'라고 하였다. 그리하여 '내가 그대의 집에 시집을 갔을 때에 그대의 집은 이미 곡식이 부족한 지가 3년이었으니 가난했던 것이고, 나는 그럼에도 淇水를 건너 왔었다.'라고 한 것으로 여긴 것이다. 이 부인은 다만 자기가 온 것만을 후회해야 되는데 곡식이 이미 부족했음을 말한 것은 당시에 남편 집이 이미 가난했다는 것이고, 은애의 정으로 자기를 대하는 것이 점점 박해져 자기가 고통을 당한 것이 〈바로〉 후회한 까닭이다. 자기가 그 가난함을 미리 알고도 온 것을 말하여 자기가 후회하는 것이 그대의 가난 때문이 아니라 다만 그대가 변덕을 부려 은애의 정이 식어졌기 때문임을 밝힌 것이다.

【疏】 幃裳, 一名童容, 故巾車云"重翟・厭翟・安車, 皆有容・蓋." 鄭司農云"容, 謂襜(첨)車, 山東謂之裳幃, 或曰童容." 以幃障車之傍, 如裳以爲容飾, 故或謂之幃裳, 或謂之童容. 其上有蓋, 四傍垂而下, 謂之襜, 故雜記曰"其輤(천)有裧(첨)." 注云"裧, 謂鼈甲邊緣." 是也. 然則童容與襜別. 司農云"謂襜車者, 以有童容, 上必有襜, 故謂之爲襜車也." 此唯婦人之車飾爲然, 故士昏禮云"婦車亦如之有襜." 是也. 幃裳在傍, 渡水則濕. 言己雖知汝貧, 猶尙冒此深水漸車之難而來, 明己專心於汝, 故責復關有二意也.

幃裳은 또 다른 이름이 童容이다. 그리하여 ≪周禮≫ 〈春官 巾車〉에 "重翟・厭翟・安車는 모두 容과 蓋가 있다."라고 하였는데, 鄭司農은 "容은 襜車를 말하니, 山東에서는 裳幃라고 하고 童容이라고도 한다."라고 하였으니 휘장으로 수레의 옆을 가려 치마처럼 드리워 장식하는 것이다. 그리하여 幃裳이라고도 하고 童容이라고도 하는 것이다. 그 위에 덮개가 있고 사방으로 드리워 늘어지게 한 것을 襜이라고 한다. 그리하여 ≪禮記≫ 〈雜記〉에 "상여 덮개에 휘장〔裧〕이 있다."라고 하였는데, 그 주에 "裧은 자라 등딱지의 가장자리 모양을 〈본 뜬 것을〉 말한 것이다."라고 한 것이 이것이다. 그렇다면 童容과 襜은 다르다. 鄭司農은 "襜車라 한 것은 童容이 있고 위에 반드시 襜이 있기 때문이다. 그리하여 이것을 襜車라 한 것이다."라고 하였으니 이는 부인의 수레 장식만 그러하다. 그리하여 ≪儀禮≫ 〈士昏禮〉에 "부인의 수레 역시 그와 같이 襜이 있다."라고 한 것이 이것이다. 수레휘장은 옆에 〈늘어져〉 있으니 물을 건너면 젖는다. '내가 비록 그대가 가난함을 알았지만 오히려 이 깊은 물이 수레휘장을 적시는 어려움을 무릅쓰고 온 것'을 말하여, '내가 그대에게만 마음을 두었음'을 밝혔다. 그리하여 復關이 딴 마음을 품은 것을 책망한 것이다.

三歲爲婦하여 靡室勞矣어늘

아내가 되어 3년 동안은
집안일의 괴로움은 없었건만

【箋】 箋云 靡는 無也라 無居室之勞니 言不以婦事見困苦라 有舅姑曰婦라

箋云 : 靡는 '없음'이다. 집안일의 괴로움이 없었던 것이니, 부인의 일로 고통을 당하지 않았음을 말한 것이다. 시부모가 있는 이를 婦라 한다.

夙興夜寐하여 靡有朝矣라

아침 일찍 일어나고 밤늦게 잠들어
하루아침의 겨를도 없었네

【箋】 箋云 無有朝者는 常早起夜臥하여 非一朝然이니 言己亦不解惰라

箋云 : '하루아침의 겨를도 없었다.'는 것은 항상 일찍 일어나고 밤늦게 자서 하루아침만 그런 것이 아니니 자기도 게으르지 않았음을 말한 것이다.

言既遂矣하니 至于暴矣라

시집온 지 오래되자
험한 꼴을 당하게 되었네

【箋】 箋云 言은 我也요 遂는 猶久也니 我既久矣는 謂三歲之後見遇浸薄하여 乃至見酷暴라

言은 '나'이고 遂는 '오래됨'과 같으니, '我既久矣'는 3년 뒤에 점점 박대를 받아 마침내 포악하게 구는 일까지 당하게 된 것을 말한 것이다.

兄弟不知나 咥(희)其笑矣리라

형제들은 알지 못하지만
알면 히죽거리며 비웃겠지

【傳】 咥咥然笑라

히죽거리며 비웃는 것이다.

【箋】 箋云 兄弟在家하여 不知我之見酷暴나 若其知之면 則咥咥然笑我라 ○ 咥는 笑也니 說文云 大笑也라하니라

箋云 : 형제들은 친정에 있어 내가 험한 꼴 당한 것을 모르지만, 만약 안다면 히죽거리며 나를 비웃을 것이다.

○ 咥는 웃는 것이니, ≪說文解字≫에 "크게 웃는 것이다."라고 하였다.

靜言思之하고 躬自悼矣로다

가만히 생각해보고
내 스스로 슬퍼하노라

【傳】 悼는 傷也라

悼는 '슬픔'이다.

【箋】 箋云 靜은 安이요 躬은 身也니 我安思君子之遇已無終하고 則身自哀傷이라

箋云 : 靜은 '안정함'이고 躬은 '몸소'이니, 내가 남편이 날 〈아내로〉 대우하기를 끝까지 하지 않은 것을 가만히 생각해보고 자기 스스로 슬퍼한 것이다.

【疏】 '三歲'至'悼矣' ○ 正義曰 : 婦人追說已初至夫家, 三歲爲婦之時, 顔色未衰, 爲夫所愛, 無室家之勞, 謂夫不以室家婦事以勞於己. 時夫雖如此, 己猶不恃寵自安, 常自早起夜臥, 無有一朝一夕而自解惰. 我已三歲之後, 在夫家久矣, 漸見疏薄, 乃至於酷暴矣. 我兄弟不知我之見遇如此, 若其知之, 則咥咥然其笑我矣. 我既本爲夫所誘, 遇己不終, 安靜而思之, 身自哀傷矣.

經의 〔三歲〕에서 〔悼矣〕까지

○ 正義曰 : 부인이 돌이켜보고 말하기를, “내가 처음 남편 집에 와서 아내가 되어 3년 동안에는 아름다움이 사라지지 않아 남편의 사랑을 받았고 집안일의 괴로움이 없었다.” 라고 하였으니, 남편이 집안일로 자기를 괴롭히지 않았음을 말한 것이다. 당시에 남편이 비록 이와 같이 하였지만 자신은 오히려 총애를 믿고 스스로 편안히 지내지 않고, 항상 일찍 일어나고 밤늦게 자서 하루아침 하루저녁이라도 나태한 적이 없었다. 그런데 내가 시집온 지 3년이 지난 뒤에 남편 집에 산 지가 오래되자, 차츰 박대를 당하여 마침내 포악하게 굴기까지 하였다. 내 형제들은 내가 이와 같은 일을 당하고 있음을 모르지만 만약 안다면 히죽거리며 나를 비웃을 것이다. 내가 애초에 남편에게 유혹당한 것인데도 나를 대우하기를 끝까지 하지 않았으니 가만히 생각해보고 스스로 서글퍼한 것이다.

【疏】 箋‘有舅姑曰婦’ ○ 正義曰 : 公羊傳曰 “稱婦, 有姑之辭”, 傳以國君無父, 故云‘有姑’, 其實婦亦對舅, 故士昏禮云 “贊見婦於舅姑.” 是也.

箋의 〔有舅姑曰婦〕

○ 正義曰 : ≪春秋公羊傳≫ 宣公 元年에 “婦라 일컬음은 시어머니가 있다는 말이다.” 라고 하였으니, ≪춘추공양전≫은 國君(宣公)이 아버지가 없으므로 ‘시어머니가 있다’라 한 것인데 실제로 婦는 〈시어머니뿐 아니라〉 시아버지에 대해서도 쓰는 말이다. 그리하여 ≪儀禮≫ 〈士昏禮〉에 “贊이 신부를 시부모에게 뵈인다.”라고 한 것이 이것이다.

及爾偕老러니 老使我怨이로다

그대와 해로하려 하였는데
늙어지자 나 원망하게 하네

【箋】 箋云 及은 與也니 我欲與女俱至於老러니 老乎汝反薄我하여 使我怨也라

箋云 : 及은 與이니, 내가 그대와 해로하려 하였는데 늙어지자 그대는 도리어 나를 박대하여 나로 하여금 원망하게 한 것이다.

淇則有岸이며 隰則有泮이어늘

淇水에는 언덕이 있고
습지에는 물가가 있거늘

【傳】 泮은 坡也라

泮은 비탈이다.

【箋】 箋云 泮은 讀爲畔하니 畔은 涯也라 言淇與隰에 皆有厓岸하여 以自拱持어늘 今君子放恣心意하여 曾無所拘制라 ○ 坡는 本亦作陂니 澤陂詩傳云障也라 呂忱云 陂는 阪也니 亦所以爲隰之限域也라 本或作破字니 未詳이라 觀王述意면 似作破라 拱은 本又作共하니 音同이라

箋云 : 泮은 畔으로 읽는데 畔은 물가이다. 淇水와 습지에는 물가와 언덕이 있어서 〈넘치는 것을〉 스스로 막는데 지금 남편은 마음을 방자하게 먹어 일찍이 거리낌이 없음을 말한 것이다.

○ 坡는 陂로 되어 있는 본도 있는데, 〈陳風 澤陂〉의 傳에 '둑이다'라고 하고, 呂忱은 "陂는 비탈이니 또한 습지가 끝나는 구역이다."라고 하였다. 破字로 되어 있는 본도 있는데 자세하지 않지만 王肅이 풀이한 뜻을 보면, 破字가 되는 듯하다. 拱은 共으로 되어 있는 본도 있는데 음은 같다.

總角之宴에 言笑晏晏하고 信誓旦旦이러니

즐겁던 처녀 적에는
다정히 웃으며 말하고
진실하고 간절하게 맹세하였더니

【傳】 總角은 結髮也요 晏晏은 和柔也라 信誓旦旦然이라

總角은 머리를 묶은 것이고, 晏晏은 다정함이다. 약속과 맹세가 진실했다는 것이다.

【箋】 箋云 我爲童女未笄(계)하고 結髮宴然之時에 女與我言笑晏晏然而和柔하여 我其以

信으로 相誓旦旦(耳)〔爾〕[1]니 言其懇惻款誠이라 ○ 宴은 如字니 本或作丱(관)者는 非라 旦은 說文作悬(단)悬이라 惻은 本亦作𢡆(측)이라

1) (耳)〔爾〕: 저본의 교감기에 따라 '爾'로 번역하였다.

箋云 : 내가 처녀로 비녀를 꽂지 않고 머리를 묶어 즐겁던 때에는 그대가 나와 다정하고 온화하게 웃으며 말하여 나도 정성스럽고 간절하게 신의로써 맹세하였다는 것이니, 그가 정성스럽고 진실했음을 말한 것이다.

○ 宴은 본음대로 읽으니, 丱으로 되어 있는 본은 잘못이다. 旦은 ≪說文解字≫에는 悬悬으로 되어 있다. 惻은 𢡆으로 되어 있는 본도 있다.

不思其反이로다

옛 약속 지킬 것은 생각지도 않네

【箋】 箋云 反은 復也라 今老而使我怨하니 曾不念復其前言이라

箋云 : 反은 '이행함'이다. 지금 늙어지자 나로 하여금 원망하게 하니, 일찍이 예전의 약속을 이행할 생각을 하지 않은 것이다.

反是不思하니 亦已焉哉라

약속 지킬 것을 생각지 않으니
나도 그만두어야지

【箋】 箋云 已焉哉는 謂此不可奈何니 死生自決之辭라

箋云 : '已焉哉'는 이제 어찌할 수 없음을 말한 것이니 단호하게 결단하는 말이다.

【疏】 '及爾'至'已焉哉' ○ 正義曰 : 言"男子本謂己云'與汝爲夫婦, 俱至於老, 不相棄背.' 何謂今我旣老, 反薄我, 使我怨. 何不念其前言也. 然淇則有岸, 隰則有泮, 以自拱持, 今君子反薄而棄己, 放恣心意, 曾無所拘制", 言淇隰之不如. 本我總角之宴然幼稚之時, 君子與己言笑晏晏然和柔而相親, 與己爲信誓, 許偕至於老者, 旦旦然懇惻款誠如是, 及今老而使我怨, 是曾不思念復其前言, 而棄薄我. 我反復是君子不思前言之事, 則我(而)〔亦〕[1]已焉哉. 無可奈何.

1) (而)〔亦〕: 저본의 교감기에 따라 '亦'으로 번역하였다.

經의 〔及爾〕에서 〔已焉哉〕까지

○ 正義曰 : "남자가 본래 나에게 맹세하며 '그대와 부부가 되어 함께 늙어 서로 배반하지 말자.'라고 하였었는데, 어찌하여 지금 내가 늙었다고 도리어 나를 박대하여 나로 하여금 원망하게 하는가. 어찌하여 그대가 전에 했던 말을 생각지 않는가. 그러나 淇水에는 언덕이 있고 습지에는 물가가 있어 스스로 〈넘치는 것을〉 막는데, 지금 그대는 도리어 나를 박대하고 버리며 마음을 방자하게 먹어 거리낌이 없다."라고 하였으니, 〈이는〉 淇水와 습지보다도 못함을 말한 것이다.

애초에 내가 머리를 묶어 즐겁던 처녀 적에 그대는 나와 온유하고 다정하게 웃으며 말하여 서로 친애하였고, 나와 맹세하여 함께 늙자고 한 것이 이처럼 진실하고 간절하며 정성스러웠는데, 이제 늙어지자 나로 하여금 원망하게까지 하니, 이는 일찍이 전에 한 약속을 이행할 것을 생각하지 않고 나를 박대하고 버린 것이다. 내가 그대가 전의 약속을 〈이행할 것을〉 생각지 않는 일을 되짚어보니 나도 그만두어야지. 어찌할 수 없도다.

【疏】 箋'我欲'至'我怨' ○ 正義曰 : 以下云'不思其反', 責其不念前言, 則男子之初與婦人有期約矣, 則此'及爾偕老', 男子之辭, 故箋述之云'我欲與汝俱至於老, 老乎汝反薄我, 使我怨也.' 言'反薄我', 明'及爾偕老', 男子之言也. 老者, 以華落色衰爲老, 未必大老也.

箋의 〔我欲〕에서 〔我怨〕까지

○ 正義曰 : 아래에서 말한 '不思其反'이 전에 한 말을 생각지 않음을 책망한 것이면 남자가 처음에 부인과 기약한 것이 있었던 것이니 그렇다면 여기의 '及爾偕老'는 남자의 말이다. 그리하여 箋에서 서술하여 '내가 그대와 해로하려 하였는데 늙어지자 그대는 도리어 나를 박대하여 나로 하여금 원망하게 한 것이다.〔我欲與汝俱至於老 老乎汝反薄我 使我怨也〕'라고 한 것이다. '反薄我'라 한 것은 '及爾偕老'가 남자의 말임을 밝힌 것이다. '老'는 아름다움이 사라진 것을 老라 한 것이지 반드시 매우 늙은 것은 아니다.

【疏】傳'泮坡'箋'泮讀'至'拘制' ○正義曰：以隰者下濕猶如澤，故以泮爲陂．澤陂傳云"陂，澤障．"是也．箋以泮不訓爲陂，故'讀爲畔'，以申傳也．但毛氏於詩無易字者，故箋易之，其義猶不異於傳也．畔者，水厓之名，以經云'有岸'·'有泮'，明君子之無也，故云'今君子放恣心意，曾無所拘制'，則非君子．

傳의 〔泮坡〕와 箋의 〔泮讀〕에서 〔拘制〕까지

○ 正義曰：隰은 낮고 습한 것이 澤과 같다. 그리하여 泮을 '물가'라 한 것이다. 〈陳風 澤陂〉의 傳에서 "陂는 못가〔澤〕의 둑이다."라고 한 것이 이것이다. 箋에서는 泮을 '물가〔陂〕'라고 訓하지 않았다. 그리하여 '讀爲畔'이라 하여 傳의 〈뜻을〉 폈다. 단 毛氏는 詩의 글자를 바꾼 것이 없다. 그리하여 箋에서 〈글자를〉 바꾼 것인데 그 뜻은 그래도 傳과 다르지 않다. 畔이라는 것은 물가의 명칭인데 經에서 말한 '有岸'과 '有泮'이 남편에게는 〈그러한 것이〉 없음을 밝힌 것이다. 그리하여 '지금 남편은 마음이 방자하여 거리낌이 없다.'라고 하였으니 남편을 그르게 여긴 것이다.

【疏】傳'總角'至'旦旦然' ○正義曰：甫田云"總角丱兮，未幾見兮，突而弁兮．"是男子總角未冠，則婦人總角未笄也，故箋云'我爲童女未笄(계)'，內則亦云"男女未冠·笄者，總角，衿纓．"以無笄，直結其髮，聚之爲兩角，故內則注云"(故)〔收〕[1]髮結之．"甫田傳云"總角，聚兩髦也．"釋訓云"晏晏，柔也．"故此云'晏晏，和柔'，又曰"晏晏·旦旦，悔爽忒(상특)也．"謂此婦人恨夫差貳其心，變本(言)〔忘〕信[2]，故言此晏晏·旦旦，而自悔，解言此之意，非訓此字也．定本云'旦旦'，猶怛怛．

1) (故)〔收〕：저본의 교감기에 따라 '收'로 번역하였다.
2) (言)〔忘〕：저본의 교감기에 따라 '忘'으로 번역하였다.

傳의 〔總角〕에서 〔旦旦然〕까지

○ 正義曰：〈齊風 甫田〉에 "쌍상투 한 總角 조금 지나 보면 우뚝 갓을 쓰고 있다네."라고 하였는데 이는 남자의 總角에는 아직 갓을 쓰지 않은 것이니 그렇다면 여인의 總角에는 아직 비녀를 꽂지 않는 것이다. 그리하여 箋에서 "내가 처녀로 비녀를 꽂지 않고〔我爲童女未笄〕"라고 한 것이다. ≪禮記≫ 〈內則〉에서도 "갓을 쓰지 않은 남자와 비녀를 꽂지 않은 여인은 쌍상투를 하고 향주머니를 찬다."라고 하였으니, 비녀가 없으므로 머리카락을 묶고 모아서 양 갈래로 뿔처럼 동여매기만 한다. 그리하여 〈내칙〉의 注에서

"머리카락을 모아 묶는 것이다."라고 하였고, 〈제풍 보전〉의 傳에 "總角은 머리카락을 양 갈래로 모아 동여매는 것이다."라고 한 것이다.

≪爾雅≫ 〈釋訓〉에 "'晏晏'은 부드러움이다."라고 하였다. 그리하여 여기서 '晏晏 和柔'라 하였다. 〈석훈〉에 또 "'晏晏'·'旦旦'은 〈남편의〉 변심을 한스러워함이다."라고 하였으니, 이 부인이 남편이 마음을 달리 먹어 본심이 변하여 약속을 잊음을 한스러워한 것을 말한다. 그리하여 여기에서 '晏晏'·'旦旦'을 말하여 스스로 후회한 것이니, 이것을 말한 뜻을 해설한 것이지 이 글자를 訓한 것은 아니다. 定本의 '旦旦'은 '怛怛'과 같다.

【疏】 箋'我爲'至'款誠' ○ 正義曰：箋言'結髮宴然之時', 解經'總角之宴'. 經有作丱者, 因甫田總角丱兮而誤也. 定本作宴. 傳直云'信誓旦旦然', 不解旦旦之義, 故箋申之言, "旦旦者, 言懇惻爲信誓, 以盡己款誠也."

箋의 〔我爲〕에서 〔款誠〕까지

○ 正義曰：箋에서 말한 '結髮宴然之時'는 經의 '總角之宴'을 해설한 것이다. 經에 〈'宴'이〉 '丱'으로 되어 있는 본은 〈齊風 甫田〉의 '總角丱兮'로 인하여 잘못된 것이다. 定本에는 '宴'으로 되어 있다.

傳에서는 '信誓旦旦然'이라고만 하고 '旦旦'의 뜻을 해설하지 않았다. 그리하여 箋에서 거듭하여 말하기를 "旦旦은 정성스럽고 간절히 맹세하여 자기의 진심을 다함을 말한 것이다."라고 한 것이다.

【疏】 箋'曾不念復其前言' ○ 正義曰：今定本云'曾不念復其前言', 俗本多誤. '復其前言'者, 謂前要誓之言, 守而不忘, 使可反復, 今乃違棄, 是不思念復其前言也.

箋의 〔曾不念復其前言〕

○ 正義曰：지금 定本에서 말한 '曾不念復其前言'이 잘못되어 있는 俗本이 많다. '復其前言'은 전에 맹세했던 말을 지키고 잊지 않아 돌이켜 이행할 수 있게 함을 말하는데, 지금은 마침내 〈약속을〉 어기고 버렸으니, 이는 전의 약속을 이행할 것을 생각하지 않음이다.

氓六章이니 **章十句**라

〈氓〉 6章이니 章마다 10句이다.

竹竿(죽간)

【序】 竹竿은 衛女思歸也라 適異國而不見答하여 思而能以禮者也라

〈竹竿〉은 衛女가 돌아갈 것을 생각한 것이다.

異國에 시집가서 答禮를 받지 못하여 〈돌아갈 것을〉 생각하면서도 禮로써 잘 행한 것이다.

籊(적)籊竹竿으로 以釣于淇라

길고 가는 낚싯대로
淇水에서 낚시하네

【傳】 興也라 籊籊은 長而殺(쇄)也라 釣以得魚 如婦人待禮以成爲室家라

興이다. 籊籊은 '길면서 가는 것'이다. 낚시로 고기를 잡는 것이 부인이 예우를 기다려 부부의 도를 이루는 것과 같은 것이다.

豈不爾思리오마는 遠莫致之로다

어찌 그대 생각지 않으라만
멀어서 이를 수가 없다네

【箋】 箋云 我豈不思與君子爲室家乎리오마는 君子疏遠己하여 己無由致此道라 ○ 遠은 如字라

箋云 : 내 어찌 君子와 부부가 됨을 생각지 않겠는가마는 君子가 나를 소원하게 대하여 내가 이 도를 이룰 길이 없는 것이다.

○ 遠은 본음대로 읽는다.

【疏】'籊籊'至'致之' ○ 正義曰：籊籊然長而殺之竹竿, 以釣於淇, 必得魚, 乃成爲善釣, 以興婦人嫁於夫, 必得禮, 乃成爲室家. 今君子不以禮答已, 已豈不思與爾君子爲室家乎, 但君子疏遠於已, 已無由致此室家之道耳.

經의 〔籊籊〕에서 〔致之〕까지

○ 正義曰 : 장대처럼 길고 가는 낚싯대로 淇水에서 낚시하면 반드시 물고기를 잡아야 마침내 훌륭한 낚시질이 된다는 것으로, 부인이 남편에게 시집갔으면 반드시 예우를 받아야 마침내 부부의 도를 이룬다는 것을 興한 것이다. 그런데 지금 君子는 자기에게 답례하지 않으니, 자기가 어찌 君子와 부부가 되기를 생각지 않겠는가마는 君子가 자기를 소원하게 대하여 부부의 도를 이룰 길이 없는 것이다.

泉源在左하고 淇水在右라

泉源은 왼쪽에
기수는 오른쪽에 있네

【傳】泉源은 小水之源이요 淇水는 大水也라

泉源은 작은 물줄기의 발원이고, 淇水는 큰 물이다.

【箋】箋云 小水有流入大水之道는 猶婦人有嫁於君子之禮라 今水相與爲左右而已니 亦以喩已不見答이라

箋云 : 작은 물줄기가 큰 물로 흘러드는 이치가 있음은, 부인이 君子에게 시집가는 禮가 있는 것과 같다. 그런데 지금은 물줄기가 각각 왼쪽과 오른쪽으로 흐르고 있을 뿐이니 또한 자기가 답례받지 못함을 비유한 것이다.

【疏】傳'泉源'至'大水' ○ 正義曰：泉源者, 泉水初出, 故云'小水之源', 淇則衛地之川, 故知大水. 箋申說之, 言小水有流入大水合爲(二)〔一〕[1]之道, 猶婦人於君子有相親幸之禮, 今淇水與泉源左右而已, 不相入, 猶君子與已異處, 不相親, 故以喩已之不見答.

1) (二)〔一〕: 저본의 교감기에 따라 '一'로 번역하였다.

傳의 〔泉源〕에서 〔大水〕까지

○ 正義曰 : 泉源은 泉水가 처음 나온 곳이다. 그리하여 '小水之源'이라 하고 淇水는 衛 땅의 강이다. 그리하여 큰 물임을 안 것이다. 箋에서 거듭 해설하여 '작은 물줄기가 큰 물로 흘러들어 합해져 하나가 되는 이치가 있는 것이, 마치 부인이 君子에게 사랑받는 예가 있는 것과 같다. 그런데 지금 淇水와 泉源은 〈각각〉 왼쪽과 오른쪽으로 흘러갈 뿐 서로 흘러들지 않으니, 이는 마치 君子와 자기가 다른 곳에 살아 서로 친애하지 않음과 같다. 그리하여 자기가 답례받지 못한 것을 비유한 것'이라 한 것이다.

女子有行은 遠兄弟父母라

여인의 시집감은
부모 형제를 멀리하는 것이라네

【箋】 箋云 行은 道也라 女子有道當嫁耳니 不以不答而違婦禮라

箋云 : 行은 道이다. 여인은 응당 시집가야 하는 도리가 있을 뿐이니 답례받지 못했다 하여 부인의 예를 어기지는 않는다.

淇水在右하고 泉源在左어늘
巧笑之瑳(차)며 佩玉之儺(나)로다

淇水는 오른쪽에
泉源은 왼쪽에 있는데
방긋 웃으며
패옥 차고 절도 있게 걷네

【傳】 瑳는 巧笑貌요 儺는 行有節度라

瑳는 '방긋 웃는 모습'이고, 儺는 걸음걸이에 절도가 있는 것이다.

【箋】 箋云 已雖不見答이나 猶不惡(오)君子하고 美其容貌與禮儀也라 ○ 儺는 說文云 行有

節也라

箋云 : 자기가 비록 답례를 받지 못했으나 오히려 君子를 미워하지 않고 모습과 예의를 아름답게 갖춘 것이다.

○ 儺는 ≪說文解字≫에 "걸음걸이에 절도가 있는 것이다."라고 하였다.

淇水滺滺하니 檜楫(즙)松舟로다

淇水는 유유히 흐르니
檜나무 노에 소나무 배로다

檜(≪毛詩品物圖攷≫)

【傳】滺滺는 流貌라 檜는 柏葉松身이라 楫은 所以櫂(도)舟也라 舟楫相配나 得水而行이요 男女相配나 得禮而備라

滺滺는 '흐르는 모습'이다. 檜는 측백나무 잎에 소나무 몸이다. 楫은 배를 젓는 도구이다. 배와 노는 서로 짝이지만 물이 있어야 가고, 남녀는 서로 짝하지만 예가 있어야 〈부부의 도리가〉 갖추어진다.

【箋】箋云 此傷己今不得夫婦之禮라 ○ 檜는 木名이라 楫은 本又作檝(즙)이라 方言云 楫은 謂之橈(요)하고 或謂之櫂라하고 釋名云 楫은 捷也니 撥水舟行捷疾也라하니라

箋云 : 이는 자기가 지금 부부간의 예우를 받지 못함을 서글퍼한 것이다.

○ 檜는 나무 이름이다. 楫은 檝으로 되어 있는 本도 있다. ≪方言≫에는 "楫은 橈라 하고 櫂라고도 한다."라고 하고, ≪爾雅≫ 〈釋名〉에 "楫은 '빠름'이니 물을 저어 배를 빨리 가게 하는 것이다."라고 하였다.

【疏】傳'檜柏葉'至'而備' ○ 正義曰 : 釋木云 "檜, 柏葉松身." 書作栝(괄)字. 禹貢云 "杶(춘)·榦·栝·柏[1)]" 注云 "柏葉松身曰栝." 與此一也. 言楫所以櫂舟, 以喩女所以配男. 此不答之詩, 以舟楫喩男女, 故反而爲興, 言舟楫相配, 得水而行, 男女相配, 得禮而備.

1) 杶・榦・栝・柏 : 荊州에서 바치는 공물의 일종이다.

傳의 〔檜柏葉〕에서 〔而備〕까지

○ 正義曰 : ≪爾雅≫ 〈釋木〉에 "檜는 측백나무 잎에 소나무 몸이다."라고 하고 ≪尙書≫에는 栝字로 되어 있다. ≪尙書≫ 〈禹貢〉에 "참죽나무・산뽕나무・전나무・측백나무이다."라 하였는데, 그 注에 "측백나무 잎에 소나무 몸을 한 것을 栝이라 한다."라고 하였으니 여기와 같다.

楫은 배를 젓는 도구임을 말하여 여인이 남자와 짝하는 것을 비유하였다. 이는 답례를 받지 못함을 노래한 시로, 배와 노로 남녀에 비유한 것이다. 그리하여 반복하여 興한 것이니, '배와 노는 서로 짝이지만 물이 있어야 가고, 남녀는 서로 짝하지만 예가 있어야 〈부부의 도리가〉 갖추어짐'을 말한 것이다.

駕言出遊하여 **以寫我憂**아

수레 타고 나가 노닐어
이내 근심 쏟아나 볼까

【傳】 出遊는 思鄉衛之道라

出遊는 衛로 향하는 길을 생각한 것이다.

【箋】 箋云 適異國而不見答하니 其除此憂는 維有歸耳라 ○ 鄉은 本又作嚮이니 同이라

箋云 : 異國에 시집가서 답례를 받지 못하였으니, 이 근심을 털어버릴 길은 그저 돌아감에 있을 뿐인 것이다.

○ 鄉은 嚮으로 되어 있는 本도 있는데 같다.

竹竿四章이니 **章四句**라

〈竹竿〉 4章이니 章마다 4句이다.

芄蘭(환란)

【序】 芄蘭은 刺惠公也라 驕而無禮하니 大夫刺之라

〈芄蘭〉은 衛 惠公을 풍자한 것이다.

〈惠公이〉 교만하고 무례하니 大夫가 그를 풍자하였다.

【箋】 惠公以幼童卽位러니 自謂有才能而驕慢하고 於大臣에 但習威儀하여 不知爲政以禮라 ○芄은 本亦作丸이라 芄蘭은 草名이라

惠公이 어린 나이에 즉위하였는데 스스로 재능이 있다고 여겨 교만하고 大臣에게 威儀만 익숙히 갖추고서 예로써 정사할 줄을 몰랐다.

○ 芄은 丸으로 되어 있는 本도 있다. 芄蘭은 풀이름이다.

【疏】 '芄蘭(二章章六句)'至'刺之' ○正義曰：毛氏以爲"君子當柔潤溫良, 自謂無知, 今而不然, 是爲驕慢." 故二章章首一句及第四句, 是也. 下二句, 言有威儀, 是無禮也. 次二句, 言佩觿(휴)佩韘(섭), 明雖幼而行成人之事, 不當驕慢. 鄭以爲"幼而行成人之事, 當任用大臣, 不當驕慢." 上四句, 是也, (無)〔刺〕[1]之, 亦下二句, 是也.

1) (無)〔刺〕: 저본의 교감기에 따라 '刺'로 번역하였다.

序의 〔芄蘭〕에서 〔刺之〕까지

○ 正義曰：毛氏는 "君子는 부드럽고 온순하며 스스로를 무지하다고 여겨야 하는데 지금 惠公은 그렇지 않으니, 이것이 교만함이다."라고 여겼다. 그리하여 두 章의 첫 句와 4句가 이것이다. 아래 두 句(5, 6구)는 威儀가 있음을 말했으니 이것이 '無禮'이다. 다음의 두 구는 뿔송곳을 차거나 활깍지를 찬 것을 말하였으니, 비록 어리지만 어른의 일을 행하니 교만해서는 안 됨을

芄蘭(≪詩經名物圖解≫)

밝힌 것이다.

정현은 "어리지만 어른의 일을 행하니, 대신을 임용해야 하고 교만해서는 안 된다."라고 여겼으니, 위의 네 구가 이것이고, 풍자한 것은 또한 아래 두 구가 이것이다.

【疏】 箋'惠公'至'以禮' ○ 正義曰：經言童子, 則惠公時仍幼童. 童者, 未成人之稱, 年十九以下, 皆是也. 閔二年左傳曰 "初惠公之卽位也少." 杜預云 "蓋年十五六." 杜氏以傳言"初衛宣公, 烝於夷姜, 生伋子, 爲之娶於齊而美, 公娶之, 生壽及朔." 言爲之娶於齊, 則宣公已卽位也. 宣公以隱四年冬立, 假令五年卽娶齊女, 至桓十二年見經, 凡十九年, 而朔尙有兄壽, 則宣公卽位三四年, 始生惠公也, 故疑爲十五六也. 且此'自謂有才能', 則非身幼也, 經云'能不我知.' 是'自謂有才能'. 刺之而言容璲之美, 故知但習威儀, 不知爲政以禮.

箋의 〔惠公〕에서 〔以禮〕까지

○ 正義曰：經에서 童子라 하였으니, 그렇다면 惠公은 당시에 아직 어린 동자였다. 童은 아직 성인이 되지 않은 이의 명칭이니, 19세 이하가 모두 童이다. ≪春秋左氏傳≫ 閔公 2년에 "당초에 惠公이 즉위하였을 때에는 나이가 어렸다."라고 하였는데 杜預는 "나이는 15, 6세쯤일 것이다."라고 하였으니, 杜氏의 이 견해는 ≪春秋左氏傳≫에서 "당초에 衛 宣公이 夷姜과 간음하여 伋子를 낳았는데, 〈후에〉 그를 위하여 齊나라에서 아내를 맞이하게 하였다가 그녀가 아름다웠으므로 선공이 자신의 아내로 맞이하여 壽와 朔을 낳았다."라고 하였기 때문이다. 伋子를 위해 齊나라에서 아내를 맞이하게 하였다고 하였으니, 그렇다면 이는 이미 宣公이 즉위한 뒤이다. 宣公은 隱公 4년(B.C. 719) 겨울에 즉위하였으니 설사 5년경에 齊나라 여인을 아내로 맞이하였다 하더라도, 經文에 〈그의 죽음이〉 나타나 있는 桓公 12년(B.C. 700)까지는 도합 19년인데, 더욱이 朔에게는 형인 壽가 있었으니, 그렇다면 宣公이 즉위하고 3년이나 4년쯤에 비로소 惠公을 나은 것이다. 그리하여 15, 6세쯤일 것으로 짐작한 것이다.

또 여기에서 '스스로 재능 있다고 여긴 것〔自謂有才能〕'은 몸이 어린 것이 아니니, 經에서 '자신이 무지하다고 여기지 않네.〔能不我知〕'라 한 것이 〈바로〉 스스로 재능이 있다고 여긴 것이다. 풍자하면서 칼과 패옥을 찬 아름다운 모습을 말하였다. 그리하여 〈箋에서 惠公이〉 威儀만 익숙하고 禮로써 政事를 할 줄은 모른 것을 안 것이다.

芄蘭之支여

박주가리의 줄기여

【傳】 興也라 芄蘭은 草也라 君子之德은 當柔潤溫良이라

興이다. 芄蘭은 풀이다. 君子의 덕은 부드럽고 온화해야 한다.

【箋】 箋云 芄蘭柔弱하여 恒蔓(延)[1]於地라가 有所依緣이면 則起라 興者는 喩幼穉之君은 任用大臣이라야 乃能成其政이라 ○恒蔓於地 本或作蔓延於地者는 後人輒加耳라

1) (延) : 저본의 교감기에 따라 衍文으로 처리하여 번역하였다.

箋云 : 芄蘭은 유약하여 항상 땅으로 뻗다가 의지할 것이 있으면 타고 오른다. 興한 것은, 어린 군주는 大臣을 임용해야만 비로소 그 정사를 이룰 수 있음을 비유한 것이다. ○'恒蔓於地'가 '蔓延於地'로 되어 있는 本은 後人이 멋대로 더한 것일 뿐이다.

童子佩觿(휴)로다

어린아이가 뿔송곳을 찼네

【傳】 觿는 所以解結이니 成人之佩也라 人君治成人之事니 雖童子라도 猶佩觿하여 早成其德이라 ○佩는 依字면 從人이니 或玉傍作者는 非라 觿는 解結之器라

觿는 매듭을 푸는 것인데 成人이 찬다. 人君은 成人의 일을 다스리니, 비록 어린아이일지라도 오히려 뿔송곳을 차고서 일찍 그 덕을 이루는 것이다.

○佩는 본래 글자의 뜻을 따르면 부수가 人변을 따르니, 혹 玉변에 쓴 것은 잘못이다.

觿(≪三才圖會≫)

鑴는 매듭을 푸는 도구이다.

雖則佩鑴나 能不我知로다

뿔송곳을 찼지만
자신이 무지하다고 여기지 않네

【傳】 不自謂無知하여 以驕慢人也라

스스로를 무지하다 여기지 않아 남에게 교만한 것이다.

【箋】 箋云 此幼稚之君이 雖佩鑴與나 其才能은 實不如我衆臣之所知爲也라 惠公自謂有才能而驕慢하니 所以見刺라

箋云 : 이 어린 군주가 비록 뿔송곳을 찼으나 그 재능은 실로 우리 신하들이 아는 것만도 못한 것이다. 혜공이 스스로 재능이 있다고 여겨 교만하였으니 이 때문에 풍자된 것이다.

容兮遂兮하고 垂帶悸兮로다

찰랑이는 패옥 용모 볼만하고
치렁거리는 띠 드리웠네

【傳】 容儀可觀이니 佩玉遂遂然하며 垂其紳帶悸悸然하여 有節度라

용모와 거동이 볼만하니 패옥은 찰랑이며, 드리운 띠는 치렁치렁하여 절도가 있는 것이다.

【箋】 箋云 容은 容刀也라 遂는 瑞也라 言惠公佩容刀與瑞하고 及垂紳帶三尺則悸悸然하여 行止有節度나 然其德不稱服이라 ○ 悸는 韓詩作萃니 垂貌라

箋云 : 容은 '容刀(장식용 칼)'이다. 遂는 瑞玉이다. 惠公이 容刀와 瑞玉을 차고 3尺이나 되게 드리운 띠는 치렁거려 거동에 절도가 있지만 그 덕이 복식에 걸맞지 않음을 말한

것이다.

○ 悸는 ≪韓詩≫에 萃로 되어 있는데, 드리워진 모양이다.

【疏】'芄蘭'至'悸兮' ○毛以爲"言芄蘭之支性柔弱阿儺, 以興君子之德, 當柔潤溫良. 今君之德, 何以不溫柔而爲驕慢. 以君今雖童子而佩成人之觿, 則當治成人之事, 當須溫柔, 何爲今雖則佩觿而才能不自謂我無知, 以驕慢人也. 君非直驕慢, 又不知爲政當以禮, 而徒善其外飾, 使容儀可觀兮, 佩玉璲璲兮, 垂其紳帶悸悸兮, 而內德不稱, 無禮以行之."

經의 〔芄蘭〕에서 〔悸兮〕까지

毛亨은, "박주가리 줄기의 성질이 유약하고 연함을 말하여, 군자의 덕은 부드럽고 온화해야 함을 興한 것이다. 지금 군주의 덕은 어찌하여 온유하지 않고 교만한가. 군주가 지금 동자지만 成人의 뿔송곳을 찼으면 성인의 일을 다스려야 하고 온유해야 한다. 그런데 어째서 지금 비록 뿔송곳을 찼으면서도 〈자신의〉 재능에 대해 스스로 무지하다 여기지 않고 남에게 교만하게 구는가. 군주가 교만할 뿐 아니라, 또 정사는 禮로써 해야 함을 모르고 외모를 꾸미는 것만 잘하여 용모와 거동을 볼만하게 꾸며 패옥은 찰랑거리고 드리운 띠는 치렁거리나 내면의 덕이 걸맞지 못하여, 예로 행함이 없다."라고 한 것으로 여겼다.

【疏】鄭以爲"言芄蘭之支, 以柔弱恒延蔓於地, 有所依緣則起, 以興幼稚之君, 以幼時恒闇昧於政, 有所任用, 乃能成其德教. 君今幼弱, 何以不任用大臣. 君雖童子, 佩成人之觿, 則當治成人之事. 君雖則佩觿, 欲治成人之事, 其才能實不如我衆臣之所知, 何故不任大臣, 而爲驕慢矣. 不知爲政以禮, 徒善其威儀, 佩容刀與瑞玉及垂紳帶, 使行止有節度悸悸兮, 而內無德以稱之."

鄭玄은, "박주가리의 줄기가 유약하여 항상 땅에 뻗어 가다가 의지할 것이 있으면 타고 올라가는 것을 말하여 나이 어린 군주가 어릴 때에는 항상 정사에 어둡기 때문에 임용한 〈대신이〉 있어야 비로소 그 德教를 이룰 수 있음을 興한 것이다. 군주는 지금 어린데도 어찌 대신을 임용하지 않는가. 군주가 비록 어리지만 성인의 뿔송곳을 찼으면 성인의 일을 다스려야 한다. 군주가 비록 뿔송곳을 차고서 성인의 일을 다스리고자 하나 그 재능은 실로 우리 신하들이 아는 것만 못한데 무슨 이유로 대신을 임용하지 않고 교만한가. 예로써 정사할 줄을 모르고 다만 거동만을 꾸며 容刀와 瑞玉을 차고 띠를 드리워 치렁치렁 거동을 절도에 맞게 하였으나 안으로 그에 걸맞은 덕이 없었던 것이다."라고 한 것으로 여겼다.

【疏】傳'芄蘭'至'溫良' ○ 正義曰：釋草云 "雚(관), 芄蘭." 郭璞曰 "蔓生, 斷之有白汁可啖." 陸機疏云 "一名蘿摩, 幽州人謂之雀瓢." 以此草支葉柔弱, 序刺君驕慢, 故以喩君子之德當柔潤溫良.

傳의 〔芄蘭〕에서 〔溫良〕까지

○ 正義曰：≪爾雅≫ 〈釋草〉에 "雚은 박주가리이다."라고 하였는데, 郭璞은 "덩굴져 자라고 자르면 나오는 흰 즙은 먹을 수 있다."라고 하고, 陸機의 ≪毛詩草木鳥獸蟲魚疏≫에는 "一名 蘿摩니 幽州 사람들은 雀瓢라 한다."라고 하였다. 이 풀의 줄기와 잎이 유약한 것으로 序에서 군주의 교만함을 풍자한 것이라고 하였다. 그리하여 이것으로 군자의 덕은 부드럽고 온화하고 선량해야 함을 비유했다고 여긴 것이다.

【疏】箋'芄蘭'至'其政' ○ 正義曰：以此大夫刺之, 而下云'能不我知.' 則刺其驕慢自專, 故易傳取其有所依緣, 以興幼稚當須任用大臣也.

箋의 〔芄蘭〕에서 〔其政〕까지

○ 正義曰：이는 大夫가 〈군주를〉 풍자한 시로, 아래의 經에서 '자신이 무지하다고 여기지 않네.〔能不我知〕'라고 하였으니, 그가 교만하여 제멋대로 함을 풍자한 것이다. 그리하여 傳의 〈'當柔潤溫良'을〉 '의지할 것이 있으면 타고 오른다〔有所依緣〕'로 바꾸어 어린 군주는 대신을 임용해야 함을 興한 것으로 여겼다.

【疏】傳'觿所以'至'其德' ○ 正義曰：內則云 "子事父母, 左佩小觿, 右佩大觿." 下別云 "男女未冠笄者.[1)]" 故知成人之佩. 內則注云 "觿貌如錐, 以象骨爲之." 是可以解結也. 又解童子而得佩成人之佩者, 由人君治成人之事, 故使得佩以早成其德故也. 尙書注云 "人君十二而冠佩爲成人." 則似十二以上, 要人君雖未十二, 亦治成人之事, 不必至冠也. 此解觿以成人自當佩之, 不必國君, 爲父母在乃服也. 下章韘(섭)亦佩時有之, 擧

以言焉, 不必國君常佩.

1) 男女未冠笄者 : ≪禮記≫ 〈內則〉에 冠禮와 笄禮를 하지 않은 남녀는 容臭(향낭)를 찬다고 되어 있다.

傳의 〔觿所以〕에서 〔其德〕까지

○ 正義曰 : ≪禮記≫ 〈內則〉에 "자식이 부모를 모실 때에는 왼쪽에 작은 뿔송곳을 차고 오른쪽에 큰 뿔송곳을 찬다."라고 하였는데 그 아래에 "冠禮와 笄禮를 하지 않은 남녀가 〈차는 것〉"을 별도로 언급하였으므로 〈위는〉 成人이 차는 것임을 안 것이다. 〈내칙〉의 注에 "뿔송곳의 모양은 송곳과 같은데, 象骨로 만든다."라고 하였으니, 이는 매듭을 풀 수 있는 것이다. 또 '어린아이인데도 成人이 차는 것을 찰 수 있는 것은, 군주는 성인의 일을 다스리기 때문에 차고서 일찍 그 덕을 이루게 하기 때문이다.'라고 풀이하였다. ≪尙書≫의 注에 "人君은 12세에 冠禮를 하고 佩玉을 차고 成人이 된다."라고 하였다. 그렇다면 〈뿔송곳은〉 12세 이상부터 〈차는〉 듯하나 人君은 아직 12세가 되기 전이라도 역시 성인의 일을 다스리니 꼭 관례에 이르러야만 차는 것은 아니다. 여기서, 뿔송곳은 성인으로서 응당 차야 하는 것임을 풀이하였으니, 반드시 國君만이 아니라 부모가 살아 있어야 차는 것이다. 下章의 활깍지도 차는 때가 있어 이를 들어 말한 것이니, 반드시 國君이 항상 차는 것이 아니다.

【疏】 傳'不自謂無知' ○ 正義曰 : 傳以此直責君驕慢, 言君於才能不肯自謂我無知.

傳의 〔不自謂無知〕

○ 正義曰 : 傳은, 이는 다만 군주의 교만함을 책망한 것으로 여겼으니, 군주가 〈자신의〉 재능에 대하여 스스로 무지하다고 여기려 하지 않았음을 말한 것이다.

【疏】 箋'此幼'至'見刺' ○ 正義曰 : 箋以此大夫刺之, 云'能不我知', 則大夫自我也. 以君才能, 不如我所知, 因解其見刺之意, 由自謂有才能, 而驕慢大臣, 故刺之.

箋의 〔此幼〕에서 〔見刺〕까지

○ 正義曰 : 箋은, 이는 大夫가 〈군주를〉 풍자한 것인데, 〈經에서〉 '지혜는 우리만 못하네.〔能不我知〕'라고 하였으니, 〈我는〉 大夫 자신이라 여긴 것이다. 군주의 재능이 내가 아는 것만 못하다는 것으로 군주가 풍자 된 뜻을 풀이하였으니, 스스로 재능이 있다고

여겨 대신에게 교만했기 때문에 그를 풍자한 것이다.

【疏】 傳'容儀'至'節度' ○正義曰：傳以此三者皆言兮，故各爲其狀．孝經曰 "容止可觀．" 大東云 "鞙(현)鞙佩璲．" 璲本所佩之物，因爲其貌，故言'佩玉璲璲然'，帶之垂者，唯有紳耳，故知垂其紳帶也．'悸悸然有節度'，摠三者之辭．

傳의 〔容儀〕에서 〔節度〕까지

○正義曰：傳은 이 세 가지에 모두 '兮'를 말하였으므로 각기 그 모습을 〈형용한 것이〉 된다. ≪孝經≫에 "용모와 거동은 볼만하게 한다."라고 하고 〈小雅 大東〉에 "길게 드리운 패옥〔鞙鞙佩璲〕"이라 하였는데, 璲는 본래 차는 물건이므로 그로 인해 그것을 〈찬〉 모습을 〈형용한〉 것이다. 그리하여 '패옥 찰랑거리며〔佩玉璲璲然〕'라고 한 것이다. 帶 중에 드리울 수 있는 것은 큰 띠〔紳〕뿐이다. 그리하여 紳帶를 드리운 것임을 안 것이다. '悸悸然 有節度'는 세 가지 물건을 총괄하는 말이다.

【疏】 箋'容刀'至'不稱服' ○正義曰：箋以容及璲與帶相類，則皆指體言也，故爲容刀與瑞．知紳帶垂三尺者，禮記玉藻云 "紳長制，三尺.[1]" 是也．'行止有節度'，亦摠三者之辭也．

1) 三尺：띠의 길이이다. ≪禮記≫ 〈玉藻〉에는 "띠 길이의 제도는 士는 3尺, 有司는 2尺 5寸이다.〔紳長制 士三尺 有司二尺有五寸〕"로 되어 있다.

箋의 〔容刀〕에서 〔不稱服〕까지

○正義曰：箋은, 容과 璲와 帶를 서로 同類로 여겼으니, 모두 물체를 가리키는 말이다. 그리하여 容刀와 瑞玉으로 여긴 것이다. 드리운 띠가 3尺임을 안 것은, ≪禮記≫ 〈玉藻〉에 "띠 길이의 제도는 3尺이다."라고 한 것이 이것이다. '行止有節度'는 또한 세 가지 물건을 총괄한 말이다.

芄蘭之葉이여

박주가리의 잎이여

【箋】 箋云 葉은 猶支也라

箋云：葉은 〈유약함이〉 줄기와 같다.

童子佩韘이로다

어린아이가 활깍지를 찼네

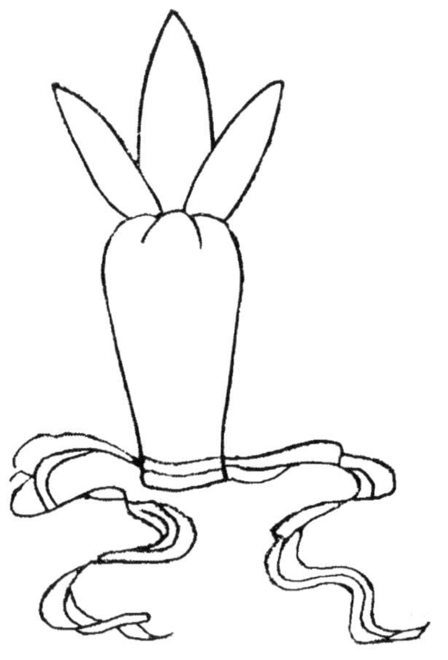

韘(≪三才圖會≫)

【傳】 韘은 玦也니 能射御則佩韘이라

韘은 활깍지이니, 활을 쏠 때 활깍지를 찬다.

【箋】 箋云 韘之言은 沓이니 所以彄(구)沓手指라 ○ 玦은 本又作決하니 音同이라

箋云 : 韘의 뜻은 '끼우다'이니, 깍지를 손가락에 끼우는 것이다.

○ 玦은 決로 되어 있는 本도 있는데 音이 같다.

【疏】 傳'韘玦'箋'韘之言沓' ○ 正義曰 : 傳云玦者, 以禮及詩言決·拾[1]. 車攻傳曰 "決, 鉤弦." 繕人注云 "玦, 挾矢時所以持弦飾也, 著(착)右手巨指." 引士喪禮曰 "玦用正, (玉)〔王〕[2]棘[3]若(擇)〔檡(택)〕[4]棘." 則天子用象骨爲之, 著右臂大指以鉤弦闓(개)體. 大射·士喪注皆然, 以士用棘, 故推以上用骨. 大射注諸侯亦用象骨, 以大夫用骨不必用象. 彼注云鉤弦, 與車攻傳同, 則一也.

1) 以禮及詩言決拾 : ≪儀禮≫ 〈鄕射禮〉·〈大射〉와 ≪詩經≫ 〈小雅 車攻〉에 보인다.
2) (玉)〔王〕 : 저본의 교감기에 따라 '王'으로 번역하였다.
3) (玉)〔王〕棘 : 아래의 檡棘과 함께 나뭇결이 곱고 단단하여 깍지를 만드는 데 쓰이는 나무 이름이다.
4) (擇)〔檡(택)〕 : 저본의 교감기에 따라 '檡'으로 번역하였다.

傳의 〔韘玦〕과 箋의 〔韘之言沓〕

○ 正義曰 : 傳에서 玦을 말한 것은 ≪儀禮≫와 ≪詩經≫에서 決과 拾을 말해서이다. 〈小雅 車攻〉의 傳에서 "決은 시위를 거는 것이다."라고 하고, ≪周禮≫ 〈夏官 繕人〉의 注에 "玦은 화살을 시위에 메길 때에 시위를 당기는 물건으로 오른손 엄지에 낀다."라고 하고, 〈그 注에서〉 ≪의례≫ 〈士喪禮〉를 인용하여 "玦은 결이 고운 것을 쓰니 王棘이나

檡棘이다."라고 하였으니, 천자는 象骨로 만들어 오른손 엄지에 끼고서 시위를 당겨 활의 몸통을 연다. ≪의례≫ 〈大射〉와 〈사상례〉의 注가 모두 그러하니 士는 王棘을 쓴다. 그리하여 미루어 士 이상은 骨을 쓴다고 한 것이다. 〈대사〉의 注에 諸侯도 象骨을 쓴다고 하였으니, 大夫가 사용하는 骨은 반드시 象骨은 아니다. 저 注에서 '鉤弦이다.'라고 한 것과 〈거공〉의 傳이 같으니 한가지이다.

【疏】 拾, 一名遂, 以韋爲之, 著(착)於左臂, 所以遂弦, 與玦別. 鄭以禮無以韘爲玦者, 故易之爲沓. 士喪禮曰"纊極二." 注云"極, 猶放弦也, 以沓指放弦令不挈也. 生者以朱韋爲之而三, 死用纊又二, 明不用也." 知生用朱韋而三者, 大射云"朱極三." 注云"以朱韋爲之食指·將指·無名指, 小指短, 不用." 此是'彄沓手指'也. 車攻云"決拾既佽." 箋云'手指相比次', 亦謂巨指既著玦, 左臂加拾, 右手指又著沓而相比次也.

拾은 一名 遂이니 가죽으로 만들어 왼쪽 팔에 차고서 시위를 맞는 곳이니 玦과는 다르다. 鄭玄은 禮書에 韘을 玦이라 한 것이 없으므로 바꾸어 〈'韘'을〉 '沓'이라고 한 것이다. ≪儀禮≫ 〈士喪禮〉에 "솜 깍지가 둘이다.〔纊極二〕"라고 하였는데, 注에 "極은 시위를 놓는 것과 같으니, 손가락에 끼워 시위를 놓을 때에 〈손가락에〉 걸리지 않게 하는 것이다. 산 자는 붉은 가죽으로 만들되 세 개인데, 죽은 자는 솜으로 만들되 또 두 개이니 사용하지 않음을 밝힌 것이다."라고 하였다. 산 자는 붉은 가죽으로 만들어 쓰되 세 개임을 안 것은, ≪의례≫ 〈大射〉의 "朱極三"의 注에서 "붉은 가죽으로 만들고 食指·將指·無名指에 끼는데 小指는 짧아서 쓰지 않는다."라고 해서이니, 이것이 '깍지를 손가락에 끼우는 것〔彄沓手指〕'이다. 〈小雅 車攻〉에서 "활깍지와 팔찌 차례로 끼우고〔決拾既佽〕"라고 하였는데, 箋에 '팔과 손가락에 〈쏘기 편하도록〉 차례로 착용함이다.'라고 한 것도 엄지손가락에 玦을 끼고, 왼팔에 팔찌〔拾〕를 차고 오른손 세 손가락에 또 깍지를 끼우되 차례대로 함을 말한 것이다.

雖則佩韘이나 **能不我甲**이라

비록 활깍지를 찼으나
익숙함은 우리만 못하네

【傳】 甲은 狎也라

甲은 '익숙함'이다.

【箋】 箋云 此君雖佩韘與나 其才能은 實不如我衆臣之所狎習이라 ○ 甲은 如字니 爾雅同이라 韓詩作狎이라

箋云 : 이 君이 비록 활깍지를 찼으나 그 재능은 실제로 우리 신하들이 익숙히 하는 것만도 못하다는 것이다. ○ 甲은 본음대로 읽으니 ≪爾雅≫도 같다. ≪韓詩≫에는 狎으로 되어 있다.

容兮遂兮하고 垂帶悸兮로다

찰랑이는 패옥 용모 볼만하고
치렁거리는 띠 드리웠네

芄蘭二章이니 章六句라

〈芄蘭〉 2章이니 章마다 6句이다.

河廣(하광)

【序】 河廣은 宋襄公母歸于衛하여 思而不止라 故作是詩也라

〈河廣〉은 宋 襄公의 어머니가 衛로 돌아와 아들을 그리워함을 그만두지 못하였다. 그리하여 이 시를 지은 것이다.

【箋】 宋桓公夫人은 衛文公之妹라 生襄公而出이러니 襄公卽位한대 夫人思宋이나 義不可往이라 故作詩以自止라

宋 桓公의 夫人은 衛 文公의 누이이다. 襄公을 낳고 쫓겨났는데 양공이 즉위하자 부인이 宋을 그리워하였지만 의리상 갈 수 없었다. 그리하여 시를 지어 스스로를 제지한

것이다.

【疏】'河廣(二章章四句)'至'是詩' ○ 正義曰：作河廣詩者, 宋襄公母, 本爲夫所出, 而歸於衛, 及襄公卽位, 思欲嚮宋而不能止, 以義不可往, 故作河廣之詩, 以自止也. 序言所思之意, 經二章皆言義不得往之事.

序의 〔河廣〕에서 〔是詩〕까지

○ 正義曰：〈河廣〉 시를 지은 것은, 송 양공의 어머니가 본래 남편에게 쫓겨나 衛나라로 돌아갔는데 양공이 즉위하자 宋나라로 돌아가려는 마음을 단념하지 못하였지만 의리상 갈 수 없었다. 그리하여 이 시를 지어 스스로 단념한 것이다. 序에서는 그리워한 뜻을 말하였지만 經의 두 章은 모두 의리상 갈 수 없는 일을 말하였다.

【疏】箋'宋桓'至'自止' ○ 正義曰：左傳云 "公子頑烝於宣姜, 生文公及宋桓夫人." 故知文公之妹, 襄公, 桓公之子, 故知襄公之母. 今定本無襄公之母四字. 然子無出母之道, 故知當桓公之時, 生襄公而出. 今繫之襄公言母歸者, 明思而不止, 當襄公時, 故云'襄公卽位, 夫人思宋也. 所以義不得往者, 以夫人爲先君所出, 其子承父之重, 與祖爲一體, 母出與廟絶, 不可以私反, 故義不得也.

箋의 〔宋桓〕에서 〔自止〕까지

○ 正義曰：≪春秋左氏傳≫ 閔公 2년에 "公子 頑(昭伯)이 宣姜과 간통하여 衛 文公과 송 환공의 夫人을 낳았다."라고 하였다. 그리하여 夫人이 문공의 누이임을 안 것이고, 양공은 환공의 아들이므로 〈夫人이〉 양공의 어머니임을 안 것이다. 지금 定本에는 '襄公之母'라는 네 글자가 없다. 그러나 자식이 어머니를 내쫓는 도리는 없다. 그리하여 응당 환공 때에 양공을 낳고 쫓겨난 것임을 안 것이다. 지금 '襄公'에 이어 '母歸'라고 말한 것은, 그리워하면서 단념할 수 없음이 양공 때에 해당함을 밝힌 것이다. 그리하여 '襄公卽位 夫人思宋'이라 한 것이다.

의리상 갈 수 없는 까닭은, 부인이 先君에게 쫓겨나면 그 아들은 아버지의 중한 계통을 이어 조부와 일체가 되니, 어머니가 쫓겨나 조상과 단절되어도 사사로운 인정으로 돌아오게 할 수가 없다. 그리하여 의리상 갈 수 없는 것이다.

【疏】 大戴禮及家語皆云"婦有七出, 不順父母出, 爲逆, 無子出, 爲絶人世, 淫佚出, 爲其亂族, 疾妬出, 爲其亂家, 有惡疾出, 爲其不可供粢(자)盛, 多口出, 爲其離親, 盜竊出, 爲其反義. 有三不去, 有所取無所歸, 不去, 更三年喪, 不去, 前貧〔賤〕[1]後富貴, 不去."

1) 〔賤〕 : 저본의 교감기에 따라 보충하여 번역하였다.

≪大戴禮記≫ 〈本命〉과 ≪孔子家語≫ 〈本命解〉에서 모두 "부인에게는 쫓겨나는 일곱 가지 경우가 있는데, 부모에게 순종하지 않으면 쫓겨나니 거역해서이고, 자식이 없으면 쫓겨나니 대를 끊어서이고, 음란하면 쫓겨나니 친족을 어지럽혀서이고, 질투하면 쫓겨나니 가문을 어지럽혀서이고, 惡疾이 있으면 쫓겨나니 〈조상에게〉 粢盛을 바칠 수 없어서이고, 말이 많으면 쫓겨나니 혈육을 이간질해서이고, 도둑질하면 쫓겨나니 의리를 저버렸기 때문이다. 반면 내쫓지 않는 세 가지 경우가 있으니, 맞이해온 곳은 있었으나 돌아갈 친정이 없으면 내쫓지 않으며, 〈부모의〉 삼년상을 함께 치렀으면 내쫓지 않으며, 전에는 가난하고 미천했으나 나중에 부유하고 귀해진 경우는 내쫓지 않는다."라고 하였다.

【疏】 於今令犯七出, 雖在三不去之中, 若不順父母與淫無子, 亦出. 雖古亦應然, 以其終不可絶嗣與勃德故也. 諸侯之夫人雖無子不出, 以嬪妾旣多不爲絶嗣, 故易同人注云"天子諸侯后夫人不出." 是也. 知者, 以春秋魯夫人無子多矣, 皆不出, 若犯餘六出則(夫)〔去〕[1], 故雜記有出夫人禮, 又春秋杞伯姬來(婦)〔歸〕[2]及此宋桓夫人, 皆是也. 王后犯出, 則廢之而已, 皆不出, 非徒無子, 故易鼎卦注云"嫁於天子, 雖失禮, 無出道, 遠之而已." 以天子天下爲家, 其后無所出故也.

1) (夫)〔去〕 : 저본에는 '夫'로 되어 있으나, 四庫全書本에 의거하여 '去'로 고쳐 번역하였다.
2) (婦)〔歸〕 : 저본의 교감기에 따라 '歸'로 고쳐 번역하였다.

지금의 법령에 '七出'을 범하면 쫓아낼 수 있는데, 비록 '三不去' 중에 해당되더라도 만약 부모에게 순종하지 않거나 음란하거나 자식이 없는 경우이면 역시 쫓아낸다. 비록 옛날일지라도 응당 그러하였으니, 끝내 대를 끊을 수 없고 道德을 무너뜨릴 수 없기 때문이었다. 諸侯의 부인은 비록 자식이 없더라도 내쫓지 않으니, 嬪妾이 많아 대가 끊어지지 않기 때문이다. 그리하여 ≪周易≫ 同人卦의 注에 "天子나 제후의 后夫人은 내쫓지 않는다."라고 한 것이 이것이다.

이를 안 것은 ≪春秋≫에 魯의 夫人 중에 자식이 없는 이가 많았는데 모두 쫓겨나지 않았고, 나머지 여섯 조항을 범한 경우에는 쫓겨났기 때문이다. 그리하여 ≪禮記≫ 〈雜記〉에는 〈제후의〉 쫓겨난 夫人이 〈친정나라로 돌아갈 때의〉 禮가 있고, 또 ≪춘추≫의 杞 伯姬가 친정으로 돌아간 것과 여기의 宋 桓公의 부인이 모두 이 경우이다.

王后는 七出을 범하면 폐할 뿐이고 모두 쫓겨나지는 않았으니, 자식이 없는 경우뿐만이 아닌 것이다. 그리하여 ≪주역≫ 鼎卦의 注에 "天子에게 시집오면 비록 예를 잃더라도 내쫓는 도리는 없고 〈폐하여〉 멀리할 뿐이다."라고 하였으니, 천자는 천하를 家로 삼으니 그 后妃가 돌아갈 곳이 없기 때문이다.

誰謂河廣고 一葦杭之로다

누가 河水가 넓다 하는가
갈대 하나면 건널 수 있는 것을

【傳】 杭은 渡也라

杭은 '건너감'이다.

【箋】 箋云 誰謂河水廣與아 一葦加之면 則可以渡之라하니 喩狹也라 今我之不渡는 直自不往耳요 非爲其廣일새라

箋云 : '누가 河水가 넓다 하는가. 갈대 하나 띄우면 건널 수 있다.'라 한 것이니 좁은 것을 비유한 것이다. 지금 내가 건너지 않음은 다만 스스로 가지 않는 것일 뿐이고 넓기 때문은 아니다.

【疏】 箋'一葦'至'喩狹' ○ 正義曰 : 言一葦者, 謂一束也, 可以浮之水上而渡, 若桴栰(부벌)然, 非一根葦也. 此假有渡者之辭, 非喩夫人之嚮宋渡河也. 何者. 此文公之時, 衛已在河南, 自衛適宋, 不渡河.

箋의 〔一葦〕에서 〔喩狹〕까지

○ 正義曰 : '一葦'라 한 것은 '한 묶음〔一束〕'을 말하니, 뗏목처럼 물에 띄워 건너갈 수 있는 것이지 〈갈대〉 한 뿌리만이 아니다. 여기서는 건너는 자의 말을 빌려 말한 것이지, 부인이 宋나라를 향하여 河水를 건넘을 비유한 것이 아니다. 어째서인가? 이는 文公의

때이니, 衛나라가 이미 하수 남쪽에 있어 위나라에서 송나라에 갈 때에 하수를 건너지 않기 때문이다.

誰謂宋遠고 跂(기)予望之로다

누가 宋나라 멀다 하는가
발돋움하면 보이는 것을

【箋】 箋云 予는 我也라 誰謂宋國遠與아 我跂足則可以望見之라하니 亦喩近也라 今我之不往은 直以義不往耳요 非爲其遠이라

箋云 : 予는 '나'이다. '누가 송나라가 멀다고 하는가. 내가 발돋움하면 바라볼 수 있다.'라고 한 것이니 또한 가까움을 비유한 것이다. 지금 내가 가지 않음은 다만 의리상 갈 수 없을 뿐이고 멀어서가 아닌 것이다.

【疏】 箋'誰謂'至'亦喩近' ○正義曰 : 宋去衛甚遠, 故杜預云"宋今梁國睢(수)陽縣也." 言跂足可見, 是喩近也. 言亦者, 以喩宋近猶喩河狹, 故俱言亦. 定本無亦字, 義亦通.

箋의 〔誰謂〕에서 〔亦喩近〕까지

○正義曰 : 宋은 衛와의 거리가 매우 멀다. 그리하여 杜預는 "宋은 지금의 梁國 睢陽縣이다."라고 하였다. 발돋움하면 볼 수 있음을 말하였으니 이는 가까움을 비유한 것이다. '亦'을 말한 것은 宋이 가까움을 비유한 것이 〈위에서〉 河水가 좁음을 비유한 것과 같기 때문이다. 그리하여 모두 '亦'을 말한 것이다. 定本에는 '亦'字가 없는데, 뜻은 역시 통한다.

誰謂河廣고 曾不容刀로다

누가 河水 넓다 하는가
거룻배 하나도 띄울 수 없는 것을

【箋】 箋云 不容刀는 亦喩狹이라 小船曰刀라 ○刀는 如字니 字書作舠요 說文作鯛니 竝音刀라

箋云：不容刀는 또한 좁은 것을 비유한 것이다. 작은 배를 刀라 한다.

○ 刀는 본음대로 읽으니, 字書에는 舠로 되어 있고, ≪說文解字≫에는 鯛로 되어 있는데 모두 음은 '도'이다.

【疏】 箋'小船曰刀' ○正義曰：上言一葦桴栰之小, 此刀宜爲舟船之小, 故云'小船曰刀'. 說文作鯛, 鯛, 小船也, 字異音同. 劉熙釋名云 "二百斛以上曰艇, 三百斛曰刀, 江南所謂短而廣, 安不傾危者也."

箋의 〔小船曰刀〕

○ 正義曰：위에서 '一葦'가 작은 뗏목이라 하였으니 여기의 '刀'는 마땅히 작은 배가 된다. 그리하여 '小船曰刀'라 한 것이다. ≪설문해자≫에는 鯛로 되어 있는데, 鯛는 작은 배이니 글자는 다르고 음은 같다. 劉熙의 ≪釋名≫에는 "200斛 이상 〈실을 수 있는 배를〉 '艇'이라고 하고, 300斛을 〈실을 수 있는 배를〉 '刀'라고 하니, 江南에서 말하는, 짧고 넓어 안정감이 있어 뒤집히지 않는다고 하는 것이다."라고 하였다.

誰謂宋遠고 **曾不崇朝**로다

누가 宋나라 멀다 하는가
반나절도 걸리지 않는 것을

【箋】 箋云 崇은 終也라 行不終朝하니 亦喩近이라

箋云：崇은 '마침'이다. 가는 데 반나절도 걸리지 않는 것이니, 또한 가까움을 비유한 것이다.

河廣二章이니 **章四句**라

〈河廣〉 2章이니 章마다 4句이다.

伯兮(백혜)

【序】 伯兮는 刺時也라 言君子行役하여 爲王前驅러니 過時而不反焉이라

〈伯兮〉는 시절을 풍자한 시이다.

남편〔君子〕이 부역 나가서 왕의 선봉이 되었는데 기한이 지나도 돌아오지 않은 것을 말하였다.

【箋】 衛宣公之時에 蔡人衛人陳人이 從王伐鄭에 伯也爲王前驅久라 故家人思之라○ 爲는 于僞反이요 又如字니 注下爲王竝同이라 從王伐鄭을 讀者或連下伯也하여 爲句者는 非라

衛 宣公 때에 蔡人·衛人·陳人이 王을 따라 鄭나라를 정벌할 때에 남편이 왕의 선봉이 된 지가 오래되었다. 그리하여 家人이 그리워한 것이다.

○ 爲는 음이 于와 僞의 반절이고 또한 본음대로 읽으니, 注와 아래 經文의 '爲王'도 같다. '從王伐鄭'을 읽는 이가 혹 아래의 '伯也'까지 이어서 〈'從王伐鄭伯也'라고〉 한 句로 보는 것은 잘못이다.

【疏】 '伯兮(四章章四句)'至'不反〔焉〕[1]' ○ 正義曰：此言過時者, 謂三月一時. 穀梁傳 "伐不踰時." 故何草不黃箋云 "古者師出不踰時, 所以厚民之性." 是也. 此敍婦人所思之由, 經陳所思之辭, 皆由行役過時之所致. 敍言爲王前驅, 雖辭出於經, 摠敍四章, 非指一句也.

1)〔焉〕: 저본의 교감기에 따라 보충하여 번역하였다.

序의 〔伯兮〕에서 〔不反焉〕까지

○ 正義曰：여기에서 말한 '過時'는 한 계절인 3개월을 말한다. ≪春秋穀梁傳≫ 隱公 5년에 "정벌은 기한을 넘기지 않는다."라고 하였다. 그리하여 〈小雅 何草不黃〉의 箋에 "옛날에 군사의 출정이 기한을 넘기지 않았으니, 이는 백성의 생명을 귀히 여겼기 때문이다."라고 한 것이 이것이다. 이 시는 부인이 그리워하는 까닭을 서술한 것이니, 經에서 그리움을 표현한 말들은 모두 부역이 기한을 넘긴 결과에서 말미암은 것이다. 序의 '爲王前驅'는 비록 그 말이 經(1장의 네 번째 구)에서 나온 것이지만, 네 章을 총괄하여 서술한 것이지 1句만을 가리키는 것이 아니다.

【疏】 箋'衛宣'至'思之' ○ 正義曰：蔡人·衛人·陳人從王伐鄭, 春秋桓五年經也, 時當

宣公, 故云'衛宣公之時.' 服虔云 "言人者, 時陳亂無君[1], 則三國皆大夫也, 故稱人." 公羊傳曰 "其言從王伐鄭, 何? 從王正也." 鄭答臨碩引公羊之文, 言"諸侯不得專征伐, 有從天子及伯(패)者之禮." 然則宣公從王爲得其正, 以兵屬王節度, 不由於衛君, 而以過時刺宣公者, 諸侯從王雖正, 其時天子微弱, 不能使衛侯從己, 而宣公自使從之. 據其君子過時不反, 實宣公之由, 故主責之宣公, 而云'刺時'者也.

1) 陳亂無君 : ≪春秋左氏傳≫ 桓公 5년에, 陳 桓公 鮑가 죽고 그의 동생인 佗가 임금이 되기 위해 태자 免을 죽인 일이 일어나 陳나라에 임금이 없었다. ≪春秋公羊傳≫에서는, 천자의 힘이 미약해지자 제후들이 이반하였는데, 鄭나라를 친히 정벌할 때에 오직 힘이 약한 蔡・衛・陳만이 周王을 존중하고 따랐으니, '人'이라고 칭한 것은 천하의 기강을 잡지 못한 천자를 비판한 것이라고 해석하였다.

箋의 〔衛宣〕에서 〔思之〕까지

○ 正義曰 : 蔡人・衛人・陳人이 王을 따라 鄭나라를 정벌한 것은 ≪春秋≫ 桓公 5년의 經文이니, 宣公 때이다. 그리하여 '衛宣公之時'라 한 것이다. 服虔은 "'人'이라 한 것은, 당시에 陳이 어지러워 군주가 없었으니 3국이 모두 大夫였다. 그리하여 '人'이라 한 것이다."라고 하였다.

≪春秋公羊傳≫에 "왕을 따라 鄭나라를 정벌함을 말한 것은 어째서인가? 왕을 따른 것이 옳기 때문이다."라고 하니, 鄭玄이 臨碩에게 답하면서 ≪춘추공양전≫의 글을 인용하여 말하기를 "諸侯는 마음대로 정벌할 수 없고 천자나 霸者를 따르는 예가 있다."라고 하였다. 그렇다면 선공이 왕을 따라 〈정벌한〉 것은 옳고, 〈자국의〉 군대를 왕의 지휘 하에 맡겨 〈명이〉 衛의 군주에게서 나오는 것이 아니었다. 그런데도 기한이 지난 것으로 선공을 풍자한 것은, 제후가 왕을 따라 〈정벌하는〉 것이 비록 옳으나 당시에 천자가 미약하여 衛侯로 하여금 자기를 따르게 하지는 못하였고, 선공이 스스로 따르게 한 것이기 때문이다. 군자가 기한이 지나도 돌아오지 못한 것을 근거로 보면 실제로 선공에게서 말미암은 것이다. 그리하여 선공을 주로 책망하여 '刺時'라고 한 것이다.

伯兮朅(걸)兮하니 邦之桀兮로다

씩씩한 그이

나라의 英傑이로다

【傳】 伯은 州伯也라 朅은 武貌요 桀은 特立也라

伯은 州伯이다. 朅은 씩씩한 모습이고, 桀은 특출한 것이다.

【箋】 箋云 伯은 君子字也라 桀은 英桀이니 言賢也라

箋云 : 伯은 君子의 字이다. 桀은 준걸이니 뛰어남을 말한 것이다.

【疏】 傳'伯州伯'至'特立' ○ 正義曰 : 言'爲王前驅', 則非賤者, 今言伯兮, 故知爲州伯, 謂州里之伯. 若牧下州伯, 則諸侯也, 非衛人所得爲諸侯之州長也, 謂之伯者, 伯, 長也. 內則云 "州史獻諸州伯, 州伯命藏諸州府[1)]", 彼州伯對閭史・閭府, 亦謂州里之伯. 傑者, 俊秀之名, 人莫能及, 故云'特立'.

1) 州史獻諸州伯 州伯命藏諸州府 : 아기가 태어나면 지아비는 宰에게 아이의 이름을 알리고, 재는 閭史(閭의 屬吏)에게 알리고, 여사는 두 장에 이름을 써서 한 장은 閭府에 보관하고, 다른 한 장은 州史(州의 관리)에게 바친다. 그러면 주사는 州伯에게 고하고, 주백은 州府에 보관하라고 명한다.(≪禮記正義≫ 〈內則〉)

傳의 〔伯州伯〕에서 〔特立〕까지

○ 正義曰 : '爲王前驅'라 하였으니 미천한 자가 아니고, 지금 '伯兮'라 하였으므로 '州伯'임을 안 것이니 〈州伯은〉 州里의 伯을 말한다. 만약 牧 이하 州伯이면 諸侯인데 衛人은 제후들의 州長이 될 자격이 아니었다. 그런데도 伯이라 한 것은 伯이 長이기 때문이다. ≪禮記≫ 〈內則〉에 "州史(주의 서리)가 州伯에게 아뢰면 州伯이 州府에 보관하도록 명한다."라고 하였으니, 이 州伯은 閭史와 閭府를 상대하여 붙인 명칭이니 또한 州里의 우두머리이다. 傑은 준수함을 가리키는 말이니 다른 사람이 미칠 수 없으므로 '特立'이라 한 것이다.

【疏】 箋'伯君子字' ○ 正義曰 : 伯・仲・叔・季, 長幼之字, 而婦人所稱云伯也, 宜呼其字, 不當言其官也. 此在前驅而執兵, 則有勇力, 爲車右, 當亦有官, 但不必州長爲之. 朅爲武貌, 則傑爲有德, 故云'英傑', 傑亦特立, 與傳一也.

箋의 〔伯君子字〕

○ 正義曰：伯·仲·叔·季는 나이에 따른 字이니 부인이 '伯'이라고 부른 것은, 남편의 자를 불러야지 그의 관직을 말해서는 안 되기 때문이다. 여기서 그가 선봉이 되어 무기를 잡았다면 용맹과 힘이 있어 戎車의 車右가 된 것이니, 응당 또한 관직이 있어야 한다. 다만 꼭 州長이어야만 하는 것은 아니다. 朅이 씩씩한 모습이니, 그렇다면 偞(桀)은 덕이 있는 모습이다. 그리하여 '英傑'이라 한 것이며, 傑도 '특출함'이니, 傳의 뜻과 같다.

伯也執殳(수)하여 爲王前驅로다

그이는 창을 잡고서
왕의 선봉이 되었네

【傳】 殳長丈二而無刃이라

殳는 길이가 1丈(10척) 2尺인데 날이 없다.

【箋】 箋云 兵車는 六等이니 軫也와 戈也와 人也와 殳也와 車戟也와 酋(추)矛也니 皆以四尺爲差라 ○ 長은 如字라 軫은 本亦作轔이라

箋云：兵車는 6등이니 軫(수레의 뒤턱)과 창과 사람과 殳와 車戟과 酋矛니, 모두 4尺씩 차등한다.

○ 長은 본음대로 읽는다. 軫은 轔으로 되어 있는 本도 있다.

【疏】 傳'殳長丈二而無刃' ○ 正義曰：考工記云 "殳長尋有四尺." 尋八尺, 又加四尺, 是丈二也. 冶氏爲戈戟之刃, 不言殳刃, 是無刃也.

傳의 〔殳長丈二而無刃〕

○ 正義曰：≪周禮≫ 〈考工記〉에는 "창의 길이는 1尋 4尺이다."라고 하였으니 1尋인 8척에 다시 4척을 더한 것이니, 이것이 '丈二'이다. 〈考工記 冶氏〉에는 戈戟의 날을 만든다고 하고, 殳의 날에 대하여는 말하지 않았으니, 이것이 '無刃'이다.

【疏】 箋'兵車'至'爲差' ○ 正義曰：因殳是兵車之所有, 故歷言六等之差. 考工記曰 "兵車六等之數, 車軫四尺, 謂之一等, 戈(祕)〔柲(비)〕[1]六尺有六寸, 旣建而迆(이), 崇於軫

四尺[2), 謂之二等, 人長八尺, 崇於戈四尺, 謂之三等, 殳長尋有四尺, 崇於人四尺, 謂之四等, 車戟常, 崇於殳四尺, 謂之五等, 酋矛常有四尺, 崇於戟四尺, 謂之六等." 是也. 彼注云"戈・殳・戟・矛, 皆插車輢." 此云執之者, 在車當插, 用則執之, 此據用以言也. 又廬人先言戈・殳・車戟・酋矛・夷矛之長短, 乃云"攻國之兵[3)." 又云"六建既備, 車不反覆." 注云"六建, 五兵與人也." 則六建於六等, 不數軫而數夷矛. 不引之者, 因六等自軫歷數, 人・殳以上爲差之備故. 引之六等者, 自地以上, 數之其等, 差有六, 故注云"法易之三才六畫(획)[4)." 非六建也. 建者, 建於車上, 非車上所建也.

1) (祕)〔柲(비)〕: 저본의 교감기에 따라 '柲'로 번역하였다.

2) 崇於軫四尺 : 戈柲는 길이가 6尺 6寸인데, 높이가 4尺인 軫보다 4척이 높은 이유는 수레 위에 세우되, 똑바로 세우지 않고 비스듬히 세우기 때문이다.

3) 攻國之兵 : 다른 나라를 공격할 때의 병기는 나라를 방어할 때의 병기보다 짧아야 함을 말한 것이다. ≪周禮注疏≫에서는, '병사는 많고, 갈 길은 멀고 험하며, 먹을 것은 부족하므로 짤막한 것이 행군하기에 용이하기 때문'이라고 하였다.

4) 三才六畫(획) : ≪주례주소≫에서는, '兵車의 둥근 덮개는 하늘을, 수레 뒤턱은 땅을, 사람은 그 중간을 상징하는데, 하늘에는 陰陽, 땅에는 剛柔, 사람에게는 仁義가 있으니, 하나의 才가 두 개의 畫을 겸하여 6획이 되는 원리를 병거의 6等이 본뜬 것'이라고 해설하였다.

箋의 〔兵車〕에서 〔爲差〕까지

○ 正義曰 : 殳가 兵車에 갖추어져 있는 것이므로 여섯 등급의 차이를 하나하나 말한 것이다. ≪周禮≫ 〈考工記〉에 "병거에 〈갖추는 기물〉 여섯 등급의 규격은, 車軫은 4尺이니 1等이라 하고, 戈柲는 6척 6寸으로 비스듬히 세워두어 軫보다 4尺이 높으니 2등이라 하고, 사람은 키가 8척으로 戈보다 4척이 높으니 3등이라 하고, 殳는 길이가 1尋 4척(12척)으로 사람보다 4척이 높으니 4등이라 하고, 車戟은 1常(16척)으로 殳보다 4척이 높으니 5등이라 하고, 酋矛는 1상 4척(20척)으로 戟보다 4척이 높으니 6등이라 한다."라고 한 것이 이것이다.

≪주례≫의 注에서 "戈・殳・戟・矛는 모두 車輢에 꽂는다."라고 하였다. 여기서 '잡았다'라고 한 것은 수레의 제 자리에 꽂아 두었다가 쓰게 되면 잡는 것이니, 쓸 때를 근거하여 말한 것이다.

또 〈考工記 廬人〉에서는 戈・殳・車戟・酋矛・夷矛의 길이를 먼저 말하고 이어서 '다른 나라를 공격할 때의 병기'의 〈길이를〉 말하고는, 또 "〈수레에〉 세워두는 여섯 가지가 다 갖추어지면 수레는 전복되지 않는다."라고 하였는데, 注에 "六建은 다섯 병기와 사람이다."라고 하였다. 그렇다면 이 '六建'은 여섯 등급에 '軫'을 넣지 않고 夷矛를 넣은 것이다. 〈鄭玄이〉 이를 인용하지 않은 것은, 여섯 등급이 軫부터 하나하나 헤아려 人과 殳 이상으로 차등하여 갖추어지는 것이기 때문이다. 이 '六等'을 인용한 것은 땅에서부터 위로 그 등급을 헤아리면 여섯 차등이 있어서이다. 그리하여 注에 "≪周易≫의 '三才六畫'을 본받은 것이다."라고 하였으니 이는 六建이 아니다. 建은 수레 위에 세우는 것이지 수레 위에 〈병기를〉 세우는 바탕〔軫〕이 아니다.

【疏】 凡兵車皆有六建, 故廬人先言戈・殳・車戟・酋矛・夷矛, 乃云"攻國之兵." 又云"六建既備." 六建在車, 明矣. 但記者, 因酋矛・夷矛, 同爲矛稱, 故自軫至矛爲六等, 象三材之六畫, 故不數夷矛, 其實六建與六等一也. 若自戈以上數爲六等, 則人於六建, 不處其中, 故鄭云"車有天地之象, 人在其中焉." 明爲由此, 故自軫數之, 以戈・軫爲地材, 人・殳爲人材, 矛・戟爲天材. 人處地上, 故在殳下, 如此, 則得其象矣. 或以爲凡兵車則六建, 前驅則六等, 知不然者, 以考工記兵車六等之數, 鄭云 "此所謂兵車也." 明兵車皆然, 非獨前驅也.

대체로 兵車에는 다 六建이 있다. 그리하여 〈廬人〉에서 먼저 戈・殳・車戟・酋矛・夷矛를 말하고 나서 "攻國之兵"을 말하고 또 "六建既備"를 말하였으니, 六建이 병거에 갖추어 있음이 분명하다. 다만 기록한 자가 酋矛와 夷矛를 똑같이 矛의 명칭으로 여겼기 때

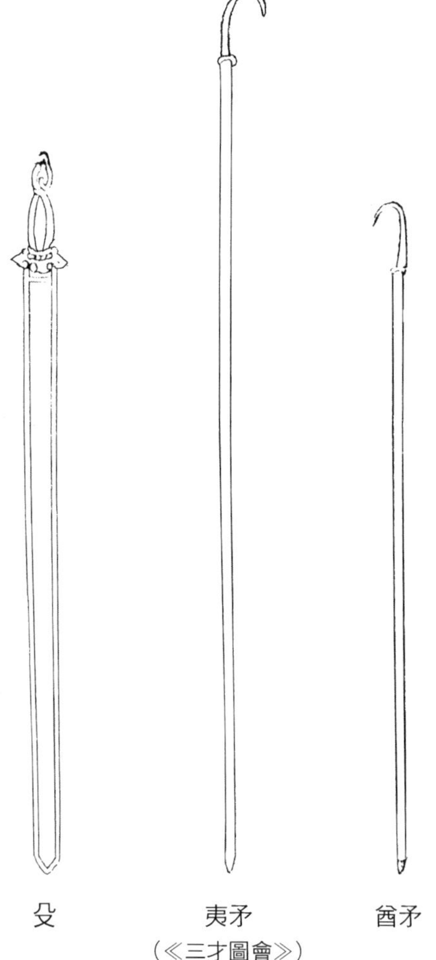
殳　夷矛　酋矛
(≪三才圖會≫)

문에 軫으로부터 矛까지가 六等이 되고, 三材의 六畫을 본떴기 때문에 夷矛를 넣어 세지 않은 것이나, 실제로는 六建과 六等은 한가지이다. 만약 戈로부터 위로 헤아려 六等이 된다면 사람은 六建에서 그 중간에 있지 않다. 그리하여 鄭玄이 "수레에는 天地의 象이 있는데, 사람은 그 중간에 해당된다."라고 한 것이니, 이는 분명 이 때문이다. 그리하여 軫부터 헤아린 것이니, 戈·軫은 地材로 여기고 人·殳는 人材로 여기고 矛·戟은 天材로 여긴 것이다. 사람은 땅 위에 있다. 그리하여 殳의 아래가 된 것이니, 이와 같다면 알맞은 象이 된다.

혹자는, '대체로 병거로 말하면 六建이고, 前驅로 말하면 六等이다.'라고 하였지만, 그렇지 않음을 안 것은 ≪周禮≫ 〈冬官 考工記〉에 기록된 병거의 六等의 수에 대하여 정현이 "이것이 이른바 병거이다."라고 하였으니, 분명 병거가 모두 그러한 것이지 前驅만이 그러한 것이 아니다.

【疏】 前驅在車之右, 其當有勇力, 以用五兵, 不得無夷矛也. 司兵云 "掌五兵." 鄭司農云 "五兵者, 戈·殳·戟·酋矛·夷矛." 又曰 "軍事, 建車之五兵." 註云 "車之五兵, 司農所云者, 是也. 步卒之五兵, 則無夷矛而有弓矢." 則前驅非步卒, 必有夷矛明矣. 知步卒五兵與在車不同者, 司右云 "凡國之勇力之士, 能用五兵者, 屬焉." 注云 "勇力之士屬焉者, 選右當於中, 司馬法云'弓矢·殳·矛·戈·戟相助, 凡五兵, 長以衛短, 短以救長.[1]'" 以司兵云建車之五兵, 則步卒五兵與車兵異矣. 夷矛長, 非步卒所宜用, 故以司馬法五兵弓矢·殳·矛·戈·戟當之. 車之五兵云建, 與六建文同, 故以司農所云戈·殳·戟·酋矛·夷矛當之. 勇力之士屬司右, 選右當於中[2], 則仍是步卒未爲右也, 故以步卒五兵解之. 步卒無夷矛, 數弓矢爲五兵, 在車則六建, 除人, 卽五兵, 以弓矢不在建中, 故不數也. 其實兵車皆有弓矢, 故司弓矢云 "唐·大利車戰·野戰, 枉矢·絜矢用諸守城車戰." 又檀弓注云 "射者在左." 又左傳曰 "前驅歂(천)犬射而殺之[3]." 是皆有弓矢也.

1) 長以衛短 短以救長 : 긴 무기를 가진 자로 짧은 무기를 가진 자를 호위하고, 짧은 무기를 가진 자로 긴 무기를 가진 자를 도와준다는 뜻이니, ≪周禮注疏≫에 의하면 "포위할 때는 弓矢로 긴 무기 가진 이를 돕고, 戈戟으로 짧은 무기 가진 이를 도우며, 성을 방어하는 경우에도 戈戟으로 짧은 무기 가진 이를 돕고, 殳矛로 긴 무기 가진 이를 돕는다. 〔圍者以弓矢爲長 戈戟爲短 守者亦以戈戟爲短 以殳矛爲長〕"라고 하였다.

2) 選右當於中 : 車右의 임무 중에는 가운데에 타는 장수나 왕을 호위하고 보필하는 역할이 있는데, 이를 잘 수행할 만한 이를 선발한다는 뜻이다. 병거의 왼쪽에는 사수가, 가운데에는 왕이나 장수가, 우측에는 창을 담당하는 병사가 타는데 이가 車右이다.

3) 前驅歂(천)犬射而殺之 : 병거에 사수가 선봉으로 타고 弓矢를 사용한 예를 든 것이다. ≪春秋左氏傳≫ 僖公 28년에, 衛侯가 前驅인 歂犬을 시켜 叔武를 쏘아 죽이게 한 일이다.

前驅는 兵車의 오른쪽에 타는데, 응당 용맹과 힘이 있어 다섯 무기를 쓰니, 夷矛가 없을 수 없다. ≪周禮≫ 〈夏官 司兵〉에 "〈司兵은〉 다섯 병기를 관장한다."라고 하였는데, 鄭司農은 "五兵은 戈·殳·戟·酋矛·夷矛이다."라고 하고, 또 "전쟁에는 병거에 다섯 병기를 세운다."라고 하였는데, 注에 "병거의 다섯 병기는, 鄭司農이 말한 것이 이것이다. 보병의 다섯 병기에는 夷矛가 없고 弓矢가 있다."라고 하였다. 그렇다면 前驅는 보병이 아니니, 반드시 夷矛가 있는 것이 분명하다.

보병의 다섯 병기가 병거에 세워두는 것과는 같지 않음을 아는 것은, ≪주례≫ 〈夏官 司右〉에 "나라의 용맹과 힘이 있는 병사 중에 다섯 병기를 잘 쓰는 자를 〈司右에〉 소속시킨다."라고 하였는데, 注에 "'용맹과 힘이 있는 병사를 〈司右에〉 소속시킨다.'라고 한 것은 車右를 선발하되 車中에 합당한 이로 하고, ≪司馬法≫에서는 '弓矢·殳·矛·戈·戟이 서로 도우니, 무릇 다섯 병기는 긴 것으로 짧은 것을 호위하고, 짧은 것으로 긴 것을 구조한다.'라고 하였다." 하였으니, ≪주례≫ 〈하관 사병〉에서 말한 '수레에 세워두는 다섯 병기'로 따져보면, 보병의 다섯 병기가 車兵의 그것과는 다른 것이다.

夷矛는 길어서 보병이 쓰기에 마땅한 것이 아니다. 그리하여 ≪사마법≫에서 다섯 병기인 弓矢·殳·矛·戈·戟으로 해당시키고 병거의 다섯 병기에 建을 말하였으니, 이는 '六建'과 글이 같다. 그리하여 鄭司農이 말한 戈·殳·戟·酋矛·夷矛로 해당시킨 것이다. 용맹과 힘이 있는 무사를 司右에 소속시킴은 車右를 선발하되 車中에 합당한 이로 하는 것이니, 곧 보병은 車右가 되지 못한다. 그리하여 〈정현은〉 보병의 다섯 병기로 해설한 것이다. 보병에 夷矛가 없고 弓矢를 셈하여 다섯 병기로 하고, 병거의 경우는 여섯 가지를 세우는데 사람을 빼면 곧 다섯 병기이니, 弓矢는 六建 가운데 들지 않는다. 그리하여 꼽히지 못한 것이다. 그러나 실제 병거에는 모두 弓矢가 있다. 그리하여 ≪주례≫ 〈夏官 司弓矢〉에 "唐弓·大弓은 車戰이나 野戰에 유리하다. 枉矢와 絜矢는 성을 지킬 때와 車戰에 쓰인다."라고 하고, 또 ≪禮記≫ 〈檀弓〉의 注에 "사수는 왼쪽에 있다."라고 하고, 또 ≪春秋左氏傳≫에 "前驅인 歇犬이 〈叔武를〉 쏘아 죽였다."라고 하였으니, 이것이 모두 弓矢가 있는 것이다.

自伯之東으로

그이 동쪽으로 간 뒤로

【疏】'自伯之東' ○正義曰：此時從王伐鄭, 鄭在衛之西南, 而言東者, 時蔡衛陳三國從王伐鄭, 則兵至京師, 乃東行伐鄭也. 上云'爲王前驅', 卽云'自伯之東', 明從王爲前驅而東行, 故據以言之, 非謂鄭在衛東.

經의〔自伯之東〕

○正義曰：이때에 왕을 따라 鄭나라를 정벌하였는데 정나라가 衛나라 서남쪽에 있는데도 동쪽이라 말한 것은, 당시에 蔡·衛·陳 세 나라가 왕을 따라 정을 정벌하였으니, 군대가 京師에 모여 마침내 동쪽으로 가서 정나라를 쳤기 때문이다. 위에서 '爲王前驅'를 말하고 바로 '自伯之東'을 말하였으니, 분명 왕을 따라 선봉이 되어 동쪽으로 간 것이다. 그리하여 이를 들어 말한 것이지 정나라가 위나라의 동쪽에 있다고 한 것이 아니다.

首如飛蓬이라

쑥대 같은 내 머리

【傳】婦人이 夫不在하여 無容飾이라

부인이 남편이 없어 모양을 내지 않은 것이다.

豈無膏沐이리오 誰適爲容고

머리에 바를 기름 없으랴만
누굴 위해 모양 내겠는가

【傳】適은 主也라

適은 '위주로 함'이다.

其雨其雨러니 杲(고)杲出日이라

비 오려나 비 오려나 했더니
쨍쨍 다시 해가 뜨네

【傳】杲杲然日復(부)出矣라

쟁쨍 해가 다시 뜨는 것이다.

【箋】箋云 人言其雨其雨어늘 而杲杲然日復出이 猶我言伯且來伯且來어늘 則復不來라

箋云 : 사람들이 비가 오려나 비가 오려나 했는데 쨍쨍 해가 다시 뜬 것이, 내가 그이가 오려나 오려나 했는데 역시 오지 않는 것과 같은 것이다.

願言思伯하여 甘心首疾이로다

매양 그이 생각하다
그리움 가득하여 머리 아프네

【傳】甘은 厭也라

甘은 '가득함'이다.

【箋】箋云 願은 念也니 我念思伯하여 心不能已가 如人心嗜欲所貪을 口味不能絶也하니 我憂思以生首疾이라

箋云 : 願은 '생각함'이니 내가 남편을 생각하고 그리워하여 마음에 그만둘 수 없는 것이 마치 마음이 좋아하여 탐하는 것에 입맛을 끊을 수 없는 것과 같으니, 내가 근심하고 그리워하다 머리 아픈 병이 난 것이다.

【疏】'願言思伯 甘心首疾' ○ 毛於二子乘舟傳曰 "願, 每也." 則此願亦爲每. 言我每有所言, 則思念於伯, 思之厭足於心, 由此故生首疾.

經의 〔願言思伯 甘心首疾〕

○ 毛亨이 〈邶風 二子乘舟〉의 傳에서 "願은 '매양'이다."라고 하였으니 여기의 '願'도 '매양'이다. 내가 매양 할 말이 있으니, 그것은 남편을 생각함에 그리움이 마음에 가득 차서 이 때문에 머리가 아픈 병이 난 것을 말한 것이다.

【疏】 傳'甘厭' ○ 正義曰：謂思之不已, 乃厭足於心, 用是生首疾也. 凡人飮食口甘, 遂至於厭足, 故云'甘厭也.'

傳의 〔甘厭〕

○ 正義曰：그리움을 단념하지 못하여 마침내 가슴에 가득 차서 이 때문에 머리 아픈 병이 남을 말한 것이다. 대체로 사람은 음식이 입에 달면 마침내 가득 찰 때까지 먹는다. 그리하여 '甘 厭也'라 한 것이다.

【疏】 箋'如人'至'不能絶' ○ 正義曰：箋以甘心者, 思之不能已, 如口味之甘, 故左傳云"請受而甘心焉."[1] 始欲取以甘心, 則甘心未得爲厭, 故云'我念思伯, 心不能已, 如人心嗜欲, 甘口不能絶.' 甘與子同夢, 義亦然.

1) 請受而甘心焉：甘心의 뜻이 '厭'이 아닌 예를 든 것이다. ≪春秋左氏傳≫ 莊公 9년에 齊나라가 乾時에서 魯나라를 대파하고, 鮑叔이 노나라에 "공자 糾는 친족이니 魯君께서 죽이고 管仲과 召忽은 원수이니 그들을 데려다가 속 시원히 원수를 갚겠다."라고 요청한 일이다.

箋의 〔如人〕에서 〔不能絶〕까지

○ 正義曰：箋에서는, 甘心은 그리움을 단념할 수 없는 것이 마치 입의 단맛과 같은 것이라고 여겼다. 그리하여 ≪春秋左氏傳≫ 莊公 9년에 "〈그들을〉 데려다가 속 시원히 〈원수를〉 갚겠다.〔請受而甘心焉〕"라고 하였으니, 애초에 잡아다 속 시원히 〈원수를〉 갚고자 한 것이니, 그렇다면 甘心은 厭이 될 수가 없다. 그리하여 '내가 남편을 생각하고 그리워하여 그만둘 수 없음이, 마치 마음이 좋아하여 탐하는 것에 입에 단맛을 끊을 수 없는 것과 같으니〔我念思伯 心不能已 如人心嗜欲 甘口不能絶〕'라고 한 것이다. 〈齊風 鷄鳴〉의 "그대와 단꿈을 꾸고 싶지만〔甘與子同夢〕"이라 한 뜻도 그러하다.

焉得諼(훤)草하여 言樹之背오

어디에서 諼草 얻어
뒤뜰에 심어볼까

諼草(≪毛詩品物圖攷≫)

【傳】 諼草는 令人(忘憂)〔善忘〕[1)]이라 背는 北堂也라

1) (忘憂)〔善忘〕: 저본의 교감기에 따라 '善忘'으로 번역하였다.

諼草는 사람에게 쉬 잊게 하는 풀이다. 背는 뒤채이다.

【箋】 箋云 憂以生疾하여 恐將危身하여 欲忘之라 ○諼은 本又作萱(훤)하고 說文作藼(훤)하니 云 令人忘憂也라하고 或作蕿(훤)이라 背는 沈又如字라 忘은 又如字라

箋云 : 근심으로 병이 나서 몸이 상할까 염려하여 잊고자 한 것이다.

○諼은 萱으로 되어 있는 본도 있고, ≪說文解字≫에는 藼으로 되어 있는데 "사람에게 근심을 잊게 하는 것이다."라고 하였고, 혹 蕿으로 되어 있는 것도 있다. 背는 沈氏도 본음대로 읽었다. 忘도 본음대로 읽는다.

願言思伯하여 使我心痗(매)로다

매양 그이 생각하다
내 마음 병들었네

【傳】 痗는 病也라

痗는 '병'이다.

【疏】 '焉得'至'心痗' ○毛以爲 "君子旣過時不反, 已思之至甚, 旣生首疾, 恐以危身, 故言我憂如此, 何處得一忘憂之草. 我樹之於北堂之上, 冀觀之以忘憂. 伯也旣久而不來, 每有所言思此伯也, 使我心病." ○ 鄭以願爲念爲異.

經의 〔焉得〕에서 〔心痗〕까지

○ 毛亨은, "君子가 기한이 지나도 돌아오지 않아 자기의 그리움이 너무 심하여 두통이 났으니 몸이 상할까 두려웠다. 그리하여 '내 근심이 이와 같으니 어디에서 근심을 잊게 하는 풀 한 뿌리 얻을까? 〈얻는다면〉 내 뒤뜰 위에 심고 그것을 바라보면서 근심을 잊으련다. 伯이 오래 지나도 오지 않으니, 내 매양 이 伯을 그리워하느라 내 마음 병들게 된 것이다.'라고 한 것"으로 여겼다.

○ 鄭玄은 願을 念으로 여겨 달리 보았다.

【疏】 傳'諼草'至'北堂' ○ 正義曰 : 諼訓爲忘, 非草名, 故傳本其意言. 焉得諼草, 謂欲得令人善忘憂之草, 不謂諼爲草名, 故釋訓云 "諼, 忘也." 孫氏引詩云'焉得諼草', 是諼非草名也. 背者, 嚮北之義, 故知在北, 婦人欲樹草於堂上, 冀數(삭)見之, 明非遠地也, 婦人所常處者, 堂也, 故知北堂. 士昏禮云 "婦洗在北堂." 有司徹云 "致爵于主婦. 主婦北堂." 注皆云 "北堂, 房半以北爲北堂. 堂者, 房室所居之地, 摠謂之堂. 房半以北爲北堂, 房半以南爲南堂也." 昏禮注云 "洗南北直室東(西)〔隅〕[1], 東西直房戶與隅間." 謂在房室之內也. 此欲樹草蓋在房室之北, 堂者, 摠名, 房外內(背)〔皆〕[2]名爲堂也.

1) (西)〔隅〕: 저본의 교감기에 따라 '隅'로 번역하였다.
2) (背)〔皆〕: 저본의 교감기에 따라 '皆'로 번역하였다.

傳의 〔諼草〕에서 〔北堂〕까지

○ 正義曰 : 諼의 뜻은 忘이니 풀이름이 아니다. 그리하여 傳에서 그 뜻에 근거하여 말한 것이다. '어디에서 諼草 얻어〔焉得諼草〕'는 사람으로 하여금 근심을 쉬 잊게 하는 풀을 얻고자 함을 말한 것이지, 諼이 풀이름임을 말한 것이 아니다. 그리하여 ≪爾雅≫ 〈釋訓〉에 "諼은 '잊음'이다."라고 하였는데, 孫氏는 ≪詩經≫의 '焉得諼草'를 인용하였으니, 이것이 諼이 풀이름이 아닌 〈근거이다.〉

'背'는 북쪽을 향한다는 뜻이다. 그리하여 북쪽에 있음을 안 것이고, 부인이 堂 뒤에 심어 자주 보기를 바란 것이니 분명 먼 곳이 아니며, 부인이 항상 거처하는 곳이 堂이므로 北堂임을 안 것이다. ≪儀禮≫ 〈士昏禮〉에 "부인이 〈손과 잔을〉 씻는 곳은 北堂에 있다."라고 하고, ≪의례≫ 〈有司徹〉에 "主婦에게 爵을 올린다. 주부는 北堂에 있다."라고 하였는데, 注에서 모두 "北堂은 房의 절반 이북이 北堂이다. 堂은 房과 室이 차지하는 곳인데 총괄하여 堂이라 한다. 房의 절반 이북이 北堂이고 房의 절반 이남이 南堂이다."라고 하고, ≪의례≫ 〈사혼례〉의 注에 "〈손과 잔을〉 씻는 곳의 남북은 곧 堂의 동쪽 모퉁이이고, 그 동서는 곧 房戶와 모퉁이의 사이이다."라고 하였으니, 房과 室 안에 있음을 말한 것이다. 이는 諼草를 심고자 한 곳은 房과 室의 북쪽에 있고, 堂은 총괄한 명칭이니, 房의 안팎을 모두 堂이라 이름한 것이다.

伯兮四章이니 **章四句**라

〈伯兮〉 4章이니 章마다 4句이다.

有狐(유호)

【序】 **有狐**는 **刺時也**라 **衛之男女失時**하여 **喪其妃耦焉**이라 **古者國有凶荒**이면 **則殺**(쇄) **禮而多昏**하여 **會男女之無夫家者**하니 **所以育人民也**라

〈有狐〉는 시대를 풍자한 것이다.

衛의 남녀가 혼기를 놓쳐 배우자를 얻지 못한 것이다. 옛날에 나라에 흉년이 들면 예를 간소화하여 혼인을 많이 시켜 남편과 아내가 없는 남녀를 만나게 하였으니, 이는 백성을 번성하게 하는 방법이다.

【箋】 育은 生長也라 ○ 所以育人民也 本或作蕃育者는 非라

育은 '낳아 기름'이다.

○ '所以育人民也'의 〈'育'이〉 혹 '蕃育'으로 되어 있는 본은 잘못이다.

【疏】 '有狐(三章章四句)'至'人民' ○ 正義曰 : 作有狐詩者, 刺時也. 以時君不敎民隨時殺禮爲昏, 至使衛之男女失年盛之時爲昏, 而喪失其妃耦, 不得早爲室家, 故刺之. 以古者國有凶荒, 則減殺其禮, 隨時而多昏, 會男女之無夫家者, 使爲夫婦, 所以蕃育人民. 刺今不然, 男女失時, 謂失男女年盛之時, 不得早爲室家, 至今人而無匹. 是喪其妃耦, 非先爲妃而相棄也, 與氓序文同而義異[1). 大司徒曰 "以荒政十有二聚萬民[2), 十曰多昏." 注云 "荒, 凶年也, 多昏, 不備禮而娶昏者多也." 是凶荒多昏之禮也. 序意言古者有此禮, 故刺衛不爲之, 而使男女失時, 非謂以此詩爲陳古也, 故經皆陳喪其妃耦, 不得匹行, 思爲夫婦之辭.

1) 與氓序文同而義異 : 이 序와 〈衛風 氓〉의 序에서 모두 '喪其妃耦'를 말하였는데, 여기는 장차 배우자가 될 이를 만나지 못한 것을 뜻하는 반면, 〈氓〉에서는 이미 혼인한 여인이 배우자를 잃음을 뜻하니, 그 의미가 다름을 말한 것이다.

2) 荒政十有二聚萬民 : 고대에, 흉년이 들면 백성을 결속하고 안정시키기 위해 12조의 황정을 시행하였는데, 12조에는 ①散利(종자와 식량 빌려주기), ②薄征(租稅의 경감), ③緩刑(형벌을 너그럽게 하기), ④弛力(부역 면제), ⑤舍禁(산택의 금법 해제), ⑥去幾(관문과 시장 사찰 정지), ⑦眚禮(길례와 빈례의 간소화), ⑧殺哀(凶禮의 간소화), ⑨蕃樂(악기를 사용치 않는 것), ⑩多昏(혼인 장려), ⑪索鬼神(폐지한 제사를 찾아 다시 지내는 것), ⑫除盜賊(도적 제거)이 있다.(≪周禮≫ 〈地官 大司徒〉)

序의 〔有狐〕에서 〔人民〕까지

○ 正義曰 : 〈有狐〉 시를 지은 것은 시대를 풍자한 것이다.

당시 군주가 백성으로 하여금 제때에 맞춰 예를 간소화하여 혼인하게 하지 않아서, 衛의 남녀로 하여금 혼기를 놓쳐 그 짝을 얻지 못하여 제때에 혼인하지 못하는 지경에 이르게 하였다. 그리하여 풍자한 것이다.

옛날에 나라에 흉년이 들면, 그 예를 간소화하여 제때에 맞춰 혼사를 장려하여 남편이나 아내가 없는 남녀를 만나게 해서 부부가 되게 하였으니, 이는 백성을 번성하게 하고자 함이었다. 지금은 그렇지 않아 남녀가 때를 잃은 것을 풍자하였으니, '남녀가 혼기를 놓쳐 일찍 혼인하지 못하여 지금 사람들이 짝이 없는 지경에 이름'을 말한 것이다. 이는 그 배우자가 될 이를 얻지 못한 것이지 먼저 배우자가 되었다가 서로 버린 것이 아니니, 〈衛風 氓〉의 序와 글은 같으나 뜻은 다르다.

≪周禮≫ 〈地官 大司徒〉에 "荒政 12조로 백성을 결속하게 하니……10조는 '혼인 장려〔多昏〕'이다."라고 하였는데, 注에 "荒은 '흉년'이다. '多昏'은 예를 〈다〉 갖추지 않고 혼인하는 자가 많은 것이다."라고 하였으니 이것이 흉년에 혼사를 장려하는 예이다. 序의 뜻은, 옛날에 이런 예가 있었는데도 위나라가 그 예를 시행하지 않아 남녀로 하여금 때를 잃게 한 것을 풍자하였음을 말한 것이지, 이 시로 옛날의 일을 말한 것이라고 한 것은

아니다. 그리하여 經에서 모두 제 배우자가 될 이를 얻지 못하여 짝을 이루어 가지 못하여 부부가 될 것을 생각하는 말을 한 것이다.

有狐綏(수)綏하여 **在彼淇梁**이로다

여우 짝지어 가서
저 淇水 돌다리에 있네

【傳】 興也라 綏綏는 匹行貌라 石絶水曰梁이라

興이다. 綏綏는 짝지어 가는 모습이다. 돌로 물을 막은 것을 梁이라 한다.

心之憂矣는 **之子無裳**이로다

마음의 근심은
그이에게 아래옷이 없는 것

【傳】 之子는 無室家者라 在下曰裳하니 所以配衣也라

之子는 배우자가 없는 사람이다. 아래옷을 裳이라 하니, 윗옷〔衣〕에 짝한 것이다.

【箋】 箋云 之子는 是子也라 時婦人喪其妃耦하여 寡而憂라 是子無裳은 無爲作裳者니 欲與爲室家라

箋云 : 之子는 '이 사람'이다. 이때에 여인이 그 배우자가 될 이를 얻지 못하여 짝이 없음을 근심하였다. '그이에게 裳이 없다'는 것은 裳을 지어줄 이가 없는 것이니, 〈자기가〉 그와 부부가 되고자 한 것이다.

【疏】 '有狐'至'無裳' ○ 正義曰 : 有狐綏綏然匹行, 在彼淇水之梁而得其所, 以興今衛之男女 皆喪妃耦, 不得匹行, 乃狐之不如, 故婦人言心之憂矣, 是子無室家, 已思欲與之爲室家. 裳之配衣, 猶女之配男, 故假言之子無裳, 已欲與爲作裳, 以喩已欲與之爲室家.

經의 〔有狐〕에서 〔無裳〕까지

○ 正義曰 : 여우가 쌍으로 짝지어 가서 저 기수의 돌다리에 있어 제자리를 얻은 것으로, 지금 衛의 남녀가 모두 그 배우자를 얻지 못하여 짝지어 가지 못하니 이는 여우만도 못함을 興한 것이다. 그리하여 여인이 마음에 근심하는 것은, 이 사람에게 배우자가 없으니 내가 그와 부부가 되고자 함을 말한 것이다. 裳이 윗옷에 짝함은 여인이 사내와 짝하는 것과 같다. 그리하여 이 사람에게 아래옷이 없으니 자기가 아래옷을 지어주고자 함을 빗대어 말하여 자기가 그와 부부가 되고자 함을 비유한 것이다.

【疏】 傳'綏綏 匹行貌' ○ 正義曰 : 序云'喪其妃耦'而言, 故知綏綏是匹行之貌.

傳의 〔綏綏 匹行貌〕

○ 正義曰 : 序에서 '喪其妃耦'로 말하였다. 그리하여 綏綏가 짝지어 가는 모습임을 안 것이다.

【疏】 傳'之子'至'配衣' ○ 正義曰 : 以此稱婦人之辭, 言之子無裳, 則謂男子爲之子也, 故言'之子, 無室家者'. 直指言無裳, 則因事見義, 以喩己當配夫, 故云'裳, 所以配衣'. 二章傳曰'帶, 所以申束衣', 則傳皆以衣喩夫, 以裳帶喩妻, 宜配之也, 故箋云是子無裳, 欲與爲室家之道. 申說傳裳所以配衣之義.

傳의 〔之子〕에서 〔配衣〕까지

○ 正義曰 : 이 시는 여인이 한 말을 든 것이니, '之子無裳'이라 하였으니 남자가 '之子'임을 말한 것이다. 그리하여 '之子는 배우자가 없는 사람이다.〔之子 無室家者〕'라 한 것이다. 裳이 없는 것만을 지적하여 말하였으니, 일로 인하여 뜻을 드러내어 자기가 사내에게 짝이 되기에 합당함을 비유한 것이다. 그리하여 '〈아래옷을〉 裳이라 하니, 윗옷에 짝한 것이다〔裳 所以配衣〕'라고 한 것이다. 2장의 傳에서 '帶는 옷을 묶는 것이다〔帶 所以申束衣〕'라고 하였으니, 傳에서는 모두 윗옷으로 남편을 비유하고, 裳과 띠로 아내를 비유하였으니 짝이 되기에 마땅하다고 여겼다. 그리하여 箋에서 "'그이에게 裳이 없다.'는 것은 〈裳을 지어줄 이가 없는 것이니,〉 그와 부부의 도리를 이루고자 한 것이다."라고 말하여 傳의 '裳 所以配衣'의 뜻을 거듭 말한 것이다.

有狐綏綏하여 在彼淇厲로다

여우 짝지어 가서
저 淇水 깊은 물가에 있네

【傳】 厲는 深可厲之(者)〔旁〕[1)]이라

1) (者)〔旁〕: 저본의 교감기에 따라 '旁'으로 번역하였다.

厲는 깊어 옷을 벗어들고 건널 만한 곳의 옆이다.

心之憂矣는 之子無帶로다

마음의 근심은
그이에게 띠가 없는 것

【傳】 帶는 所以申束衣라

帶는 옷을 묶는 것이다.

有狐綏綏하여 在彼淇側이로다

여우 짝지어 가서
저 淇水 가에 있는데

心之憂矣는 之子無服이로다

마음의 근심은
그이에게 의복이 없는 것

【傳】 言無室家 若人無衣服이라

배우자가 없음이 사람에게 의복이 없는 것과 같음을 말한 것이다.

有狐三章이니 章四句라

〈有狐〉 3章이니 章마다 4句이다.

木瓜(모과)

【序】木瓜는 美齊桓公也라 衛國有狄人之敗하여 出處于漕러니 齊桓公救而封之하고 遺之車馬器服焉이라 衛人思之하고 欲厚報之하여 而作是詩也라

〈木瓜〉는 齊 桓公을 찬미한 것이다.

衛나라가 狄人에게 패하여 漕邑에 나가 머물렀는데, 齊 桓公이 구제하여 봉해주고 車馬와 기물과 의복을 보내주었다. 衛人이 그것을 생각하고 후하게 보답하고자 하여 이 시를 지은 것이다.

【疏】'木瓜(三章章四句)'至'是詩' ○正義曰：有狄之敗, 懿公時也, 至戴公, 爲宋桓公迎而立之, 出處於漕, 後卽爲齊公子無虧所救. 戴公卒, 文公立, 齊桓公又城楚丘以封之, 則戴也·文也, 皆爲齊所救而封之也. 下摠言遺之車馬器服, 則二公皆爲齊所遺.

序의 〔木瓜〕에서 〔是詩〕까지

○正義曰：狄人에게 패한 것은 懿公 때이고, 戴公 때에 이르러 宋 桓公이 맞이하여 왕위에 오르게 하고, 漕邑에 나가 머문 뒤에 곧 齊의 公子 無虧의 구원을 받았다. 〈후에〉 대공이 죽고 文公이 즉위하였는데 齊 桓公이 또 楚丘에 성을 쌓고 봉해주었으니, 그렇다면 대공과 문공이 모두 齊의 구원을 받아 봉해진 것이다. 아래에서 車馬와 器服을 선물한 것을 총괄하여 말하였으니, 곧 두 公이 모두 齊에게서 원조를 받은 것이다.

【疏】左傳"齊侯使公子無虧帥(솔)車三百乘, 以戍漕, 歸公乘馬·祭服五稱·牛羊豕鷄狗皆三百與門材, 歸夫人魚軒[1]·重錦三十兩." 是遺戴公也, 外傳[2]齊語曰"衛人出廬於漕, 桓公城楚丘以封之, 其畜散而(死三月)〔無育〕[3], 齊桓公與之繫馬三百." 是遺文公也. 繫馬, 繫於廐之馬, 言遺其善者也, 器服, 謂門材[4]與祭服. 傳不言車, 文不備, 此不言羊·豕·鷄·狗, 擧其重者言. 欲厚報之, 則時實不能報也, 心所欲耳. 經三章皆欲報之辭.

1) 魚軒：부인이 타는 수레로, 魚皮로 장식한 것이다.

2) 外傳 : ≪春秋外傳≫인 ≪國語≫를 말한다. 춘추시대 魯나라 左丘明이 ≪春秋左氏傳≫을 짓기 위해 춘추시대 8국의 역사를 나라별로 적은 책이다.
3) (死三月)〔無育〕: 저본의 교감기에 따라 '無育'으로 고치고, "畜은 여섯 종의 가축이다. 散은 잃어버린 것을 말한다. 育은 기르는 것이다.〔畜 六畜也 散 謂失亡也 育 養也〕'라 한 ≪국어≫ 〈齊語〉의 주석을 참조하여 번역하였다.
4) 門材 : 楊伯峻의 ≪春秋左傳注≫에는 "門戶를 만드는 재료이다." 하였다.

≪春秋左氏傳≫ 閔公 2년에 "齊侯가 公子 無虧에게 병거 3백 乘을 거느리고 가서 漕邑을 지키게 하고, 戴公에게 말 네 필과 祭服 다섯 벌과 소・양・돼지・닭・개 모두 300마리와 門材를 보내주고, 부인에게는 魚軒과 重錦 30兩을 보내주었다."라고 하였으니, 이는 대공에게 선물한 것이다.

≪國語≫ 〈齊語〉에 "衛人이 조읍에 나가 임시로 거처하였는데, 齊 桓公이 楚丘에 성을 쌓아 봉해주고, 그 가축들이 흩어져 기를 것이 없자 제 환공이 繫馬 3백 필을 주었다."라고 하였으니 이는 文公에게 선물한 것이다. 繫馬는 우리에 매어두는 말이니 좋은 말을 준 것을 말한다.

'器服'은 門材와 祭服을 말한다. ≪춘추좌씨전≫에서 車를 말하지 않은 것은 다 갖추어 쓰지 않은 것이고, 여기서 양・돼지・닭・개를 말하지 않은 것은 중요한 것만 들어 말한 것이다. 후하게 보답하고자 하였으니, 그렇다면 당시에 실제로는 보답할 수 없었고 마음에 그러하고자 한 것뿐이었다. 經의 세 章은 모두 보답하고자 하는 말이다.

木瓜(≪毛詩品物圖攷≫)

投我以木瓜라도 **報之以瓊琚**는

나에게 모과를 던져주더라도

瓊琚로 보답함은

【傳】 木瓜는 楙(무)木也니 可食之木이라 瓊은 玉之美者요 琚는 佩玉名이라 ○ 瓊은 說文云 赤玉也라 楙는 字亦作茂하니 爾雅云 楙는 木瓜也라

木瓜는 楙木(모과나무)이니 〈열매를〉 먹을 수 있는 나무이다. 瓊은 옥의 아름다움이다. 琚는 패옥의 이름이다. ○ 瓊은 ≪說文解字≫에 "붉은 옥이다."라고 하였다. 楙는 茂字로 쓰기도 하니, ≪爾雅≫에는 "楙는 木瓜이다."라고 하였다.

匪報也요 永以爲好也로다

보답이 아니라
길이 잘 지내자는 것이네

【箋】 箋云 匪는 非也니 我非敢以瓊琚爲報木瓜之惠요 欲令齊長以爲玩好하여 結己國之恩也라

箋云 : 匪는 非이니, 나는 감히 瓊琚로 모과의 은혜에 대해 보답하는 게 아니라, 齊나라가 길이 옥을 완상하고 애호하여 우리나라와 은혜로운 정을 맺게 하려는 것이다.

【疏】 '投我'至'爲好' ○ 正義曰 : 以衛人得齊桓之大功, 思厚報之而不能, 乃假小事以言. 設使齊投我以木瓜, 我則報之而不能, 乃假以瓊琚, 我猶非敢以此瓊琚報齊之木瓜, 欲令齊長以爲玩好, 結我以恩情而已. 今國家敗滅, 出處於漕, 齊桓救而封我, 如此大功, 知何以報之.

經의 〔投我〕에서 〔爲好〕까지

○ 正義曰 : 衛人이 齊 桓公에게 큰 공덕을 입어 후히 보답할 것을 생각했으나 할 수 없어서 마침내 작은 일로 가탁하여 말한 것이다. 설령 齊의 인군이 우리에게 모과를 던져주더라도 우리는 보답할 수 없으니, 마침내 瓊琚에 가탁하여 우리는 오히려 감히 이 瓊琚로 齊의 모과에 대해 보답하는 것이 아니라, 제 환공이 〈이 옥을〉 길이 완상하고 애호하여 우리나라와 은혜로운 정을 맺게 하려는 것뿐이라 한 것이다. 지금 나라가 패망하여 漕邑에 나가 머물게 되었는데, 제 환공이 구원하여 우리를 봉해주었으니 이와 같은 큰 공덕에는 어떻게 보답할지를 아는 것이다.

【疏】傳'木瓜'至'玉名' ○正義曰：釋木云"楙，木瓜." 以下木桃・木李，皆可食之木，則此木瓜亦美木可食，故郭璞云"實如小瓜，酸可食." 是也. 以言瓊琚，琚是玉名，則瓊，非玉名，故云'瓊，玉之美者.' 言瓊是玉之美名，非玉名也. 聘義注云"瑜，玉之美者，亦謂玉中有美處，謂之瑜." 瑜非玉名也. 有女同車云"佩玉，瓊琚." 故知'琚，佩玉名.' 此言'琚，佩玉名.' 下傳云'瓊瑤，美石.'・'瓊玖，玉(名)〔石〕[1].' 三者互也. 琚言佩玉名，瑤・玖亦佩玉名，瑤言美石，玖言玉名，明此三者皆玉石雜也，故丘中有麻傳云"玖石，次玉." 是玖非全玉也.

1) (名)〔石〕：저본의 교감기에 따라 '石'으로 번역하였다.

傳의 〔木瓜〕에서 〔玉名〕까지

○ 正義曰：≪爾雅≫ 〈釋木〉에 "楙는 모과이다."라고 하였는데, 아래의 木桃와 木李가 모두 〈그 열매를〉 먹을 수 있는 나무이니, 그렇다면 이 모과도 먹을 수 있는 좋은 나무이다. 그리하여 郭璞이 "열매는 작은 오이와 같은데, 맛이 시고 먹을 수 있다."라고 한 것이 이것이다.

'瓊琚'라 하였으니, 琚가 玉名이면 瓊은 玉名이 아니다. 그리하여 '瓊 玉之美者'라 한 것이니, 瓊이 옥의 아름다움을 지칭하는 것이지 玉의 명칭이 아님을 말한다. ≪禮記≫ 〈聘義〉의 注에 "瑜는 옥의 아름다움이니, 또한 옥 안에 있는 아름다운 부분이 瑜임을 말한 것이다."라고 하였으니, 瑜는 玉의 명칭이 아니다. 〈鄭風 有女同車〉에 "佩玉은 瓊琚로다"라고 하였다. 그리하여 琚가 佩玉의 명칭임을 안 것이다. 여기서 "琚는 佩玉의 이름이다.〔琚 佩玉名〕"라고 하고, 아래 傳에서 '瓊瑤는 아름다운 돌이다.'라고 하고, '瓊玖는 옥돌이다.'라고 하였으니, 세 가지는 互言한 것이다. 琚를 佩玉의 명칭이라 하였으니 瑤・玖도 佩玉의 명칭인데, 〈아래에서〉 瑤를 아름다운 돌이라 하고 玖를 옥돌이라고 하니, 분명 이 세 가지는 모두 옥과 돌이 섞인 것이다. 그리하여 〈王風 丘中有麻〉의 傳에 "玖는 玉에 버금가는 돌이다."라고 하였으니, 이 玖는 순수한 玉이 아니다.

投我以木桃라도 報之以瓊瑤는

나에게 복숭아를 던져주더라도

瓊瑤로 보답함은

【傳】 瓊瑤는 美(玉)〔石〕[1)]이라 ○ 瑤는 說文云 美石이라

1) (玉)〔石〕: 저본의 교감기에 따라 '石'으로 번역하였다.

瓊瑤는 아름다운 돌이다.

○ 瑤는 ≪說文解字≫에 "아름다운 돌이다."라고 하였다.

匪報也요 永以爲好也로다

보답이 아니라

길이 잘 지내자는 것이네

投我以木李라도 報之以瓊玖는

나에게 오얏을 던져주더라도

瓊玖로 보답함은

【傳】 瓊玖는 玉(名)〔石〕[1)]이라 ○ 玖는 書云 玉이니 黑色이라

1) (名)〔石〕: 저본의 교감기에 따라 '石'으로 번역하였다.

瓊玖는 옥돌이다.

○ 玖는 ≪字書≫에 "옥이니 흑색이다."라고 하였다.

匪報也요 永以爲好也로다

보답이 아니라

길이 잘 지내자는 것이네

【傳】 孔子曰 吾於木瓜에 見苞苴(저)之禮行이라

孔子는 "나는 〈衛風 木瓜〉에서 싸서 선물하는 禮가 행해짐을 보았다." 하였다.

【箋】 箋云 以果實相遺者는 必苞苴之니 尙書曰 厥苞橘柚라

箋云 : 과일을 서로 선물하는 경우에는 반드시 싸서 주니, ≪尙書≫ 〈禹貢〉에 "싸놓은 귤과 유자"라고 하였다.

【疏】 傳'孔子'至'禮行' ○正義曰 : 孔叢云 "孔子讀詩, 自二南至於小雅, 喟然嘆曰'吾於二南, 見周道之所成, 於柏舟, 見匹夫執志之不易, 於淇奧, 見學之可以爲君子, 於考槃, 見遯世之士而无悶於世, 於木瓜, 見苞苴之禮行, 於緇衣, 見好賢之至.'" 是也. 傳於篇末, 乃言之者, 以孔叢所言, 摠論一篇之事, 故篇終言之, 小弁之引孟子[1)]亦然.

1) 小弁之引孟子 : 幽王을 풍자한 〈小雅 小弁〉의 마지막 두 구절인 '我躬不閱 遑恤我後'의 傳에서 ≪孟子≫ 〈告子 下〉의 3장을 인용하여 〈소변〉의 내용을 총론한 것을 말한다. 〈고자 하〉 3장은 高子가 "〈소변〉은 소인의 시이다."라고 한 것에 대하여 맹자가, 어버이의 과실이 커 원망함은 친히 여기는 것이고, 친히 여김은 바로 仁이라고 대답한 내용이다.

傳의 〔孔子〕에서 〔禮行〕까지

○正義曰 : ≪孔叢子≫에 "孔子가 시를 읽을 적에 〈周南〉·〈召南〉에서 〈小雅〉에 이르러 한숨 쉬고 탄식하며 말하기를 '나는 〈周南〉·〈召南〉에서 周나라의 道가 이루어진 것을 보았고, 〈邶風 柏舟〉에서 필부가 뜻을 지켜 바꾸지 않는 것을 보았고, 〈衛風 淇奧〉에서 배워 군자가 될 수 있는 것을 보았고, 〈衛風 考槃〉에서 은둔한 선비가 세상에 연연해하지 않는 것을 보았고, 〈衛風 木瓜〉에서 싸서 선물하는 예를 행하는 것을 보았고, 〈鄭風 緇衣〉에서 현자를 지극히 좋아하는 것을 보았다.' 하였다."라고 하였으니, 〈바로〉 이 부분이다. 篇末의 傳에서 비로소 이를 말한 것은, ≪공총자≫에서 말한 것으로 한 편의 일을 총론하기 위해서이다. 그리하여 편의 끝에 말한 것이니, 〈小雅 小弁〉의 傳에서 ≪孟子≫를 인용한 것도 그러하다.

【疏】 箋'以果'至'橘柚' ○正義曰 : 箋解於木瓜所以得見苞苴之禮者, 凡以果實相遺者, 必苞苴之, 此投人以木瓜·木李, 必苞苴而往, 故見苞苴之禮行. 知果實必苞之者, 尙書曰 "厥苞橘柚", 橘柚在苞, 明果實皆苞之. 曲禮注云 "苞苴裹(과)魚肉", 不言苞果實者, 注擧重而略之. 此苞之所通, 曲禮註云 "或以葦, 或以茅." 故旣夕(禮)[1)]云 "葦苞[2)]二." 野有死麕(균)"白茅苞之." 是或葦或茅也.

1) (禮) : 저본의 교감기에 따라 衍文으로 처리하여 번역하였다.
2) 葦苞 : 갈대로 짜서 양고기나 돼지고기를 쌀 때 쓰는 것이다.

箋의 〔以果〕에서 〔橘柚〕까지

○ 正義曰 : 箋에서, 〈木瓜〉에서 싸서 선물하는 예를 볼 수 있다고 한 까닭을 해설한 것이니, 대체로 과일을 서로 선물하는 경우에는 반드시 싸기 때문에, 여기서 衛人에게 모과나 오얏을 선물한 경우에도 반드시 싸서 보낸 것이다. 그리하여 싸서 선물하는 예가 행해짐을 본 것이다. 과일을 반드시 싸는 것을 안 것은, ≪尙書≫에 "싸놓은 귤과 유자"라 하였으니 귤과 유자가 포장되어 있었다면 분명 모든 과일을 쌌을 것이기 때문이다. ≪禮記≫ 〈曲禮〉의 注에 "苞苴는 魚肉을 싸는 것이다."라고 하고 과일을 싸는 것을 말하지 않은 것은, 注에서 중요한 것을 들고 〈과일을〉 생략한 것이다. 싸는 것은 똑같은데 ≪예기≫ 〈곡례〉의 注에 "갈대로 싸거나 띠풀로 싼다."라고 하였다. 그리하여 ≪儀禮≫ 〈旣夕禮〉에는 "갈대 싸개가 두 장이다."라고 하고, 〈召南 野有死麕〉에서는 "흰 띠풀로 싸네."라고 하였으니, 이것이 '갈대로 싸거나 띠풀로 싸는 것〔或葦或茅〕'이다.

木瓜三章이니 **章四句**라

〈木瓜〉 3章이니 章마다 4句이다.

衛國十篇이니 **三十四章**이요 **二百(四)〔三〕[1] 句**라

1) (四)〔三〕 : 저본의 교감기에 따라 '三'으로 번역하였다.

衛國(衛風) 10篇이니 34章이요 203句이다.

毛詩注疏 卷第四(四之一)

王黍離詁訓傳 第六

○ 陸曰 王國者는 周室東都王城畿內之地로 在豫州하니 今之洛陽是也라 幽王滅에 平王東遷하니 政遂微弱하여 詩不能復雅라 下列稱風하고 以王當國하니 猶春秋稱王人이라

陸德明이 "王國은 周 왕실의 동쪽 도읍인 王城 畿內의 땅으로 豫州에 있었으니 지금의 洛陽이 이곳이다. 幽王이 죽자 平王이 동쪽으로 천도하니 王政이 마침내 미약해져서 詩가 다시는 '雅'가 될 수 없었다. 그리하여 列國으로 낮추어 '風'이라 일컫고 '王'으로 國에 해당시킨 것이니, ≪春秋≫에서 '王人'이라 부른 것과 같다."라고 하였다.

毛詩國風　鄭氏箋　孔穎達疏

王城譜

王城者는 周東都王城畿內方六百里之地라

王城은 周 왕실의 동쪽 도읍인 王城 畿內인 사방 600리의 땅이다.

【疏】 正義曰：車攻序云"復(부)會諸侯於東都." 謂王城也. 周以鎬京爲西都, 故謂王城爲東都, 王城卽洛邑. 漢書地理志云"初洛邑, 與宗周通封畿, 東西長, 南北短, 短長相覆千里." 韋昭[1]云"通在二封之地, 共千里也." 臣瓚[2]按"西周方八百里, 八八六十四, 爲方百里者六十四, 東周方六百里, 六六三十六, 爲方百里者三十六. 二都, 方百里者百, 方千里也." 秦譜云"横有西周畿內八百里之地." 是鄭以西都爲八百, 東都爲六百, 其言, 與瓚同也.

1) 韋昭 : 삼국시대 吳나라 사람이고 字는 弘嗣이며 雲陽 사람이다. 저명한 史學家이고 東

吳 네 임금의 重臣을 지냈다. 저서에 ≪漢書音義≫·≪國語注≫·≪官職訓≫·≪三吳郡國志≫ 등이 있다.

2) 臣瓚 : 姓氏 등 개인의 자세한 기록은 남아 있지 않고 西晉의 校書郞 傅瓚이라는 설과 薛瓚이라는 설이 있으나 자세하지 않다. ≪漢書≫를 연구하여 저서에 ≪漢書集解音義≫ 24권이 있었으나 현재는 전하지 않는다.

○ 正義曰 : 〈小雅 車攻〉의 序에 "다시 諸侯를 東都에 모이게 하였다."라고 하니, 王城을 말한다. 周는 鎬京을 西都로 삼았다. 그리하여 왕성을 東都라고 한 것이니, 왕성은 곧 洛邑이다. ≪漢書≫ 〈地理志〉에 "처음에 낙읍이 주 왕조의 도읍(鎬京)과 도성 주위의 땅으로 연결되어 東西로는 길고 南北으로는 짧으니, 전체의 면적으로 보면 1,000리가 된다."라고 하고, 韋昭는 "두 지역의 땅을 합하면 모두 1,000리이다."라고 하며, 臣瓚의 按에 "西周는 사방 800리이니, 8곱하기 8은 64이므로 사방 100리가 되는 것이 64개이고, 東周는 사방 600리이니, 6곱하기 6은 36이므로 사방 100리가 되는 것이 36개이다. 그러므로 서도와 동도에 사방 100리인 것이 100개이니 사방 1,000리이다."라고 하고, ≪秦譜≫에 "가로로 西周 畿內의 땅 800리를 소유하였다."라고 하였다. 이는 鄭玄이 서도를 800리로 여기고, 동도를 600리로 여긴 것이니, 그 말이 신찬과 같다.

【疏】 鄭志趙商問 "定四年左傳曰 '曹爲伯甸.' 言爵爲伯, 服在甸[1]. 案曹國實今定陶, 去王城六七百里. 甸服在二服, 去王城一千五百里, 亦復不合, 敢問其故." 答曰"東都之畿, 方六百里, 半之三百里, 定陶去王城八百里有餘, 豈六七百也. 除畿內三百里, 又侯五百里, 定陶在外, 何謂之不合. 以子魚[2]言爲伯甸, 本其始封而在甸服, 明東都六百, 初則然矣. 西都初則亦八百, 相通可知. 周禮每言王畿千里者, 制禮設法據方圓而言, 其實地形不可如圖也. 蓋以西都先王所居, 東都貢賦所均, 不可竝爲二畿, 故通數之共爲千里."

1) 服在甸 : 王畿로부터 두 번째인 甸服에 위치했다는 말이다. 영토를 구획하는 방법으로 五服(侯服·甸服·綏服·要服·荒服 : ≪尙書≫ 〈益稷〉)과 九服(侯服·甸服·男服·采服·衛服·蠻服·夷服·鎭服·藩服 : ≪周禮≫ 〈夏官 職方氏〉)이 있는데, 두 경우에서 모두 전복은 侯服의 다음인 제2服에 해당한다.

2) 子魚 : 춘추시대 衛나라의 太祝인 祝佗의 字이다.

≪鄭志≫에서 趙商이 묻기를 "≪春秋左氏傳≫ 定公 4년에 '曹나라는 伯爵으로 甸服의

제후가 되었다.〔曹爲伯甸〕'라고 하였으니, 爵位는 伯이고 服은 甸에 있음을 말한 것입니다. 살펴보면 曹國은 실제 현재의 定陶縣으로 王城과의 거리가 6~700리입니다. 그런데 2服인 전복은 王城과의 거리가 1,500리이니, 또한 다시 맞지 않습니다. 까닭을 여쭙니다."라고 하였다.

답하기를 "東都의 畿內의 땅이 사방 600리이니, 반으로 나누면 300리이고, 定陶縣은 王城에서 800여 리인데, 어째서 6~700리가 되는가. 畿內 300리를 제외하고 또 侯服은 500리이고, 定陶가 〈후복의〉 밖에 위치하고 있으니 어찌 맞지 않다고 하겠는가. 子魚가 '〈曹나라는〉 백작으로 전복의 제후가 되었다.'라고 한 말로 처음 봉해진 것을 따져보면 전복에 해당한다는 것이니, 분명 동도가 600리이니 처음에는 그랬을 것이다. 西都도 처음에는 800리였으니, 서로 연결되었을 것임을 알 수 있다. ≪周禮≫에서 매양 王의 畿內가 1,000리라고 하는 것은 예를 제정하고 법을 시행할 때에 方과 圓을 근거하여 말한 것이니, 실제 지형은 그림과 같을 수는 없다. 이는 서도는 先王이 거처했던 곳이고 동도는 土貢과 賦稅가 〈서도와〉 균등한 한 곳이지만 나란히 두 畿內가 될 수는 없다. 그리하여 통합한 수로 1,000리라고 한 것이다."라고 하였다.

其封域은 在禹貢豫州太華外方之間이라

그 封域은 ≪尙書≫ 〈禹貢〉의 豫州의 太華(華山)와 外方(嵩高山) 사이에 있다.

【疏】 正義曰：禹貢云"荊河惟豫州." 注云"州界, 自荊山而至于河, 而王城在河南·洛北, 是屬豫州也." 太華, 卽華山也, 外方, 卽嵩高也. 地理志 "華山, 在京兆華陰縣南, 外方, 在潁川嵩高縣." 則東都之域, 西距太華, 東至於外方, 故云"之間."

○ 正義曰：〈禹貢〉의 "荊山과 河水는 豫州에 있다."라는 구절의 注에 "州의 경계는 형산으로부터 하수에 이르고 王城은 하수의 남쪽과 洛水의 북쪽에 있으니, 이는 豫州에 속한다."라고 하였다. '太華'는 華山이고, '外方'은 嵩高山이다. ≪地理志≫에 "화산은 京兆 華陰縣의 남쪽에 있고, 외방은 潁川 嵩高縣에 있다."라고 하였으니, 그렇다면 東都의 지역은 서쪽으로 화산에 이르고 동쪽으로 외방에 이른다. 그리하여 "之間"이라 한 것이다.

北得河陽하고 漸冀州之南이라

북쪽의 河陽에서 冀州의 남쪽에 이르렀다.

【疏】正義曰：僖二十五年左傳, 稱襄王賜晉文公陽樊・溫・原之田, "晉於是始啓南陽." 杜預云 "在晉山南河北, 故曰南陽." 是未賜晉時, 爲周之畿內, 故知北得河陽. 夏官職方氏云"河內曰冀州." 知河北之地漸冀南境也.

○ 正義曰：≪春秋左氏傳≫ 僖公 25년에 襄王이 晉 文公에게 陽樊과 溫과 原의 땅을 하사한 일을 말하여, "晉이 이때에 비로소 南陽을 개척하였다."라고 하였는데, 杜預가 "晉山의 남쪽과 河水의 북쪽에 있었다. 그리하여 '남양'이라 한 것이다."라고 하였으니, 이는 晉에게 하사하기 전에는 周의 畿內이다. 그리하여 북쪽으로 '河陽'을 얻었음을 안 것이다. ≪周禮≫ 〈夏官 職方氏〉에 "河內를 冀州라 한다."라고 하였으니, 河北의 땅이 기주의 남쪽 경계에 이른 것을 안 것이다.

周 武王(≪歷代帝王眞像≫)

始에 武王作邑於鎬京하니 謂之宗周니 是爲西都라

처음 武王이 鎬京에 도읍하였으니, 이를 宗周라고 하니 이곳이 西都이다.

【疏】正義曰：文王有聲云"宅是鎬京, 武王成之." 是武王作邑於鎬京也. 正月云"赫赫宗周." 謂鎬京也. 後平王居洛邑, 亦謂洛邑爲宗周, 祭統云"卽宮于宗周[1]." 謂洛邑也. 以洛邑爲東都, 故謂鎬京爲西都.

1) 卽宮于宗周：衛 莊公(蒯聵)이 자기를 도운 孔悝(회)의 공로에 감사하여 내린 鼎銘의 일부로, 공회의 7대조인 孔達이 成公을 도운 일을 서술한 내용의 일부이다.

○ 正義曰：〈大雅 文王有聲〉에 "〈文王이〉 鎬京에 터를 잡으시고, 武王이 이루셨다."라고 하였으니, 이는 무왕이 호경에 도읍한 것이다. 〈小雅 正月〉에 "빛나도다! 宗周여."라고 하였으니, 호경을 말한 것이다. 뒤에 平王이 洛邑에 거주하고는 또한 낙읍을 종주라

고 하였으니, ≪禮記≫ 〈祭統〉에 "종주에 있는 大室로 나아가게 하였다."라고 한 것은 낙읍을 말한다. 낙읍을 東都라고 하였다. 그리하여 호경을 일러 西都라고 한 것이다.

周公이 攝政五年에 成王在豐[1]이러니 欲宅洛邑이라 使召公先相宅하고 旣成에 謂之王城이라 是爲東都니 今河南是也라

1) 豐 : 周 文王이 灃水의 서안에 건설한 豐京으로, 武王이 건설한 鎬京과 함께 豐鎬로 불린다. 豐京에는 宗廟와 園囿가 있었다.

周公이 섭정한 지 5년에 成王이 豐에 있었는데 洛邑에 터를 잡고자 하였다. 召公으로 하여금 먼저 터를 살펴보게 하고 완성되자 王城이라 하였다. 이곳이 東都이니, 지금의 河南이 이곳이다.

【疏】 正義曰 : 洛誥云"周公曰'予惟乙卯, 朝至于洛師[1], 我乃卜澗水東·瀍(전)水西, 惟洛食[2]. 我又卜瀍水東, 亦惟洛食.'" 注云 "我以乙卯日, 至於洛邑之衆, 觀召公所卜之處, 皆可長久居民, 使服田相食瀍水東. 旣成, 名曰成周, 今洛陽縣是也, 召公所卜處, 名曰王城, 今河南縣是也." 則成周·洛邑, 同年營矣.

1) 洛師 : 洛邑을 말한다. 周 成王 때에 周公이 낙읍으로 도읍을 옮기고, 洛師圖를 그려 바치며 전말을 보고하였다.
2) 洛食 : 洛에서 吉兆를 얻었음을 말한다. 거북점을 칠 때에 껍질을 구워 길흉을 점치기 전에 史官이 먼저 먹줄로 그려 정해놓는데, 구웠을 때 갈라진 모양이 먹줄을 먹은 것을 食墨이라 하고 이를 길조로 여긴다.(≪書集傳≫ 〈洛誥〉)

○ 正義曰 : ≪尙書≫ 〈洛誥〉에 "周公이 '내가 乙卯日 아침에 洛邑에 이르러 澗水의 동쪽과 瀍水의 서쪽을 점쳐보니 낙읍을 먹어 들어갔습니다. 내가 또 전수의 동쪽을 점쳐보니 또한 낙읍을 먹어 들어갔습니다.' 하였다."라고 하였는데, 注에 "내가 을묘일에 낙읍의 백성들에게 가서 召公이 점쳐놓은 곳을 살펴보니, 모두 오래도록 백성들이 살 만하여 전수의 동쪽에서 농사지어 먹고 살게 하였다. 완성되자 '成周'라 명명하였으니 지금의 洛陽縣이 이곳이고, 소공이 점친 곳을 '王城'이라 하였으니 지금의 河南縣이 이곳이다."라고 하였다. 그렇다면 성주와 낙읍은 같은 해에 건설된 것이다.

【疏】 書傳云"周公, 攝政五年, 營成周." 則知此二邑, 皆五年營之也. '成王在豐, 欲宅洛邑, 使召公先相宅', 書序[1)]文, 彼注云"欲擇土中, 建王國, 使召公在前視所居者, 王與周公, 將自後往也." 武王已都鎬京, 成王尙云在豐者, 豐有文王廟, 將行, 就告之, 故召誥云"王朝步自周, 則至于豐." 注云"於此從鎬京, 行至於豐, 就告文王廟." 是也. 此王城, 於漢時爲河南縣也.

1) 書序 : ≪尙書≫의 각 편 머리에 있는 小序를 말한다. ≪漢書≫ 〈藝文志〉와 ≪隋書≫ 〈經籍志〉에는 孔子가 纂修하였다고 하였고, 朱子는 經師가 지은 것이라고 하였으며, 근대의 康有爲와 崔適은 劉歆의 僞作이라고 하여 설이 분분하다.

≪尙書大傳≫에 "周公이 攝政한 지 5년에 成周를 건설하였다."라고 하였으니, 그렇다면 이 두 읍이 모두 5년에 건설된 것을 알 수 있다.

'成王在豐 欲宅洛邑 使召公先相宅'은 〈書序〉의 글이니, 그 注에 "사방의 중심이 되는 곳을 골라 王國을 건설하고자 하여 召公으로 하여금 살 만한 곳을 먼저 살피게 하니, 왕과 주공이 뒤에 몸소 가고자 함이었다."라고 하였다. 武王이 鎬京에 도읍하였는데 成王이 오히려 豐에 있다고 한 것은, 풍에 文王의 사당이 있어 장차 떠나려 할 적에 나아가 告由한 것이다. 그리하여 ≪尙書≫ 〈召誥〉에 "왕이 아침에 걸어서 周로부터 豐에 이르렀다."라고 하고, 注에 "이때에 호경으로부터 풍에 이르러 문왕의 사당에 나아가 고유하였다."라고 한 것이 이것이다. 여기의 王城은 漢代에 河南縣이 되었다.

召公이 旣相宅에 周公이 往營成周하니 今洛陽是也라

召公이 터를 정하자 周公이 가서 成周를 건설하였으니 지금의 洛陽이 이곳이다.

【疏】 正義曰 : '召公, 旣相宅, 周公, 往營成周', 亦書序文也. 地理志"河南郡有洛陽縣, 周公遷殷頑民, 是爲成周." 是也.

○ 正義曰 : '召公 旣相宅 周公 往營成周'도 〈書序〉의 글이다. 〈地理志〉에 "河南郡에 洛陽縣이 있으니, 周公이 殷의 완악한 백성들을 이주시켰으니, 이곳이 成周이다."라고 한 것이 이것이다.

成王이 居洛邑하여 遷殷頑民於成周하고 復(부)還歸處西都라

成王이 洛邑에 거처하여 殷의 완악한 백성들을 成周로 이주시키고 다시 돌아와 西都에

거처하였다.

【疏】 正義曰：洛誥云 "戊辰, 王在新邑烝[1]." 是成王居洛邑也. 書序云"成周既成, 遷殷頑民." 注云 "此皆士也, 周謂之頑民, 民, 無知之稱." 是〔遷〕[2]殷頑民於成周也. 周本紀云 "太史公曰 '學者皆稱周伐紂, 居洛邑, 其實不然. 武王營之, 成王使召公卜居之, 遷九鼎焉, 而周復都豐鎬.'" 是成王復還歸西都.

1) 烝：宗廟의 제사를 말하는데, 봄에는 祠, 여름에는 禴, 가을에는 嘗, 겨울에는 烝이라 한다.(≪詩經≫ 〈小雅 天保〉)
2) 〔遷〕：저본의 교감기에 따라 보충하여 번역하였다.

○ 正義曰：≪尙書≫ 〈洛誥〉에 "戊辰에 왕이 新邑에 있으면서 烝祭를 지냈다."라고 하니, 이는 成王이 洛邑에 거처한 것이다. 〈書序〉에 "成周가 건설되자 殷의 완악한 백성들을 이주시켰다."라고 하고, 注에 "이들은 모두 士이니, 周가 말한 '頑民'의 '民'은 無知한 사람의 호칭이다."라고 하였으니, 이것이 殷의 頑民을 성주에 이주시킨 것이다. ≪史記≫ 〈周本紀〉에 "太史公이 '學者들이 모두 周가 紂를 주벌하고 洛邑에 기거했다고 하지만 사실은 그렇지 않다. 武王이 건설하고 成王이 召公으로 하여금 살 만한 곳을 점치게 하여 九鼎을 그곳에 옮겼다가 周가 다시 豐鎬에 도읍하였다.' 하였다."라고 하였으니, 이는 성왕이 다시 西都에 돌아온 것이다.

至於夷厲하여 政教尤衰라 十一世幽王이 嬖褒姒하여 生伯服하고 廢申后하니 太子宜咎奔申이라

夷王과 厲王에 이르러 政教가 더욱 쇠퇴하였다. 11代 幽王이 褒姒를 총애하여 伯服을 낳고 申后를 폐하니 太子 宜咎가 申으로 달아났다.

【疏】 正義曰：周本紀云"懿王立, 王室遂衰." 郊特牲曰"覲禮不下堂而見諸侯, 下堂而見諸侯, 自夷王始." 昭二十六年左傳曰"至於厲王, 王心戾虐, 萬民弗忍, 居王於彘." 是王室之衰, 始於懿王, 至於夷・厲, 政教尤衰也. 十一世者, 以言武王作邑, 因據武王數之.

○ 正義曰：≪史記≫ 〈周本紀〉에 "懿王이 즉위함에 왕실이 마침내 쇠퇴하였다."라고 하고, ≪禮記≫ 〈郊特牲〉에 "覲禮에 〈天子가〉 堂에서 내려가 제후를 만나지 않는 것인

데, 당에서 내려가 제후를 만난 것이 夷王으로부터 시작되었다."라고 하며, ≪春秋左氏傳≫ 昭公 26년에 "厲王에 이르러 왕의 마음이 사납고 모질어 백성이 참지 못하고 왕을 彘로 유배시켰다."라고 하였다. 이는 왕실의 쇠미함이 懿王에서 시작하여 夷王과 厲王 때에 이르러 政敎가 더욱 쇠미해진 것이다. 11世라는 것은 '武王作邑'이라 하였으므로 이 때문에 武王에 의거하여 계산한 것이다.

【疏】 周本紀云"武王崩, 子成王誦立, 崩, 子康王釗(쇠)立, 崩, 子昭王瑕立, 崩, 子穆王滿立, 崩, 子共王繄扈(예호)立, 崩, 子懿王囏(간)立, 崩, 共王弟孝王辟方立, 崩, 子夷王燮立, 崩, 子厲王胡立, 崩, 子宣王靜立, 崩, 子幽王宮皇立." 自武王至幽王, 凡十二王, 除孝王辟方[1], 是十一世也.

1) 除孝王辟方 : 父子가 대를 이은 것이 아니므로 제외한 것이다. 孝王은 穆王의 아들이고 共王의 아우로서 7대 懿王의 숙부이다. 懿王이 죽은 뒤에 자리를 이을 太子 燮(燮)이 무능하여 辟方이 왕위를 탈취하여 8대왕이 되었다. 孝王이 죽은 뒤에는 제후가 懿王의 태자 燮을 옹위하여 자리를 이었다.

≪史記≫ 〈周本紀〉에 "武王이 죽자 아들 成王 誦이 즉위하였고, 〈성왕이〉 죽자 아들 康王 釗가 즉위하였으며, 〈강왕이〉 죽자 아들 昭王 瑕가 즉위하였고, 〈소왕이〉 죽자 아들 穆王 滿이 즉위하였으며, 〈목왕이〉 죽자 아들 共王 繄扈가 즉위하였고, 〈공왕이〉 죽자 아들 懿王 囏이 즉위하였으며, 〈의왕이〉 죽자 共王의 아우인 孝王 辟方이 즉위하였고, 〈효왕이〉 죽자 〈의왕의〉 아들 夷王 燮이 즉위하였으며, 〈이왕이〉 죽자 아들 厲王 胡가 즉위하였고, 〈여왕이〉 죽자 아들 宣王 靜이 즉위하였으며, 〈선왕이〉 죽자 아들 幽王 宮皇이 즉위하였다."라고 하였으니, 武王으로부터 幽王에 이르기까지 모두 왕이 12명인데 효왕인 벽방을 제외하였으니, 이것이 11世인 것이다.

【疏】 本紀又云"幽王三年, 嬖褒姒, 生伯服, 幽王欲廢太子. 太子母, 申侯女而爲后. 幽王得褒姒, 愛之, 欲廢申后, 并去太子, 用褒姒爲后, 以其子伯服爲太子." 鄭語云"王嬖褒姒, 使至於爲后, 而生伯服. 王欲殺太子, 以成伯服, 必求之申." 是申后見廢, 太子奔申, 王欲於申求之, 故韋昭云"太子時奔申也."

≪史記≫ 〈周本紀〉에 또 "幽王 3년에 褒姒를 총애하여 伯服을 낳자 유왕이 太子를 廢

하려고 하였다. 태자의 어머니는 申侯의 딸로 后妃가 되었다. 유왕이 포사를 얻고 총애하여 申后를 폐위하고 아울러 태자를 내쫓아 포사를 후비로 삼고 그의 아들 백복을 태자로 삼고자 하였다."라고 하고, ≪國語≫ 〈鄭語〉에 "왕이 포사를 총애하여 그를 후비로 삼고 백복을 낳기에 이르렀다. 왕이 태자를 죽이고 백복을 세우고자 하여, 申에게 반드시 〈宜咎를 돌려줄〉 것을 요구하였다."라고 하였으니, 이는 신후가 폐위되고 태자가 申으로 달아나자 왕이 申에게 〈태자를 내놓기를〉 요구한 것이다. 그리하여 韋昭가 "태자가 당시에 申으로 달아났다."라고 한 것이다.

申侯與犬戎으로 攻宗周하여 殺幽王於戲라

申侯가 犬戎과 함께 宗周를 공격하여 戲에서 幽王을 죽였다.

【疏】 正義曰：周本紀云"幽王之廢后, 去太子也, 申侯怒, 乃與繒[1]・西夷犬戎[2], 共攻幽王. 幽王擧烽火徵兵, 兵莫至. 遂殺幽王麗山下, 虜褒姒, 盡取周賂而去." 魯語"里革對成公云'幽王滅於戲.'" 孔晁曰"戲, 西周地名." 史記云'麗山', 國語言'於戲', 則是麗山之下有地名戲, 皇甫謐云"今京兆新豐東二十里戲亭是也." 潘岳西征賦[3], 述幽王之亂滅云"軍敗戲水之上, 身死麗山之北." 則戲亦水名, 韋昭云"戲, 山名." 非也.

1) 繒：姒姓의 나라이다. 夏禹의 후예라고 전하는데, 춘추시대 莒(거)國에 의해 멸망되었다.
2) 西夷犬戎：고대 陝西와 山西 지역에 거주한 부족으로 畎戎・犬夷・昆夷라고도 하였다.
3) 西征賦：西晉의 潘岳이 長安令으로 있을 적에 지은 賦이다.

○ 正義曰：≪史記≫ 〈周本紀〉에 "幽王이 후비를 폐위하고 태자를 내쫓자 申侯가 노하여 마침내 繒・西夷犬戎과 함께 유왕을 공격하였다. 유왕이 봉화를 올려 〈제후들에게〉 병사를 징발하였으나 구원병이 오지 않았다. 마침내 유왕을 麗山의 아래에서 죽이고 포사를 사로잡아 周의 재물을 모두 가지고 갔다."라고 하였다. ≪國語≫ 〈魯語〉에 "里革이 魯 成公을 對面하고 말하기를 '유왕이 戲에서 죽었습니다.' 하였다."라고 하였는데, 孔晁가 "戲는 西周의 지명이다."라고 하였다. ≪사기≫에 '여산'이라 하고 ≪국어≫에는 '於戲'라 한 것은 여산의 아래에 희라는 지명이 있어서이니, 皇甫謐이 "지금 京兆 新豐縣의 동쪽 20리에 있는 戲亭이 이곳이다."라고 하였다. 潘岳의 〈西征賦〉에 유왕이 난에 죽은 것을 말하면서 "군대는 戲水의 가에서 패하고, 자신은 여산의 북쪽에서 죽었네."라고 하

였으니, 그렇다면 '희'는 또한 물의 명칭이니, 韋昭가 "희는 산의 명칭이다."라고 한 것은 잘못이다.

晉文侯鄭武公이 迎宜咎于申而立之하니 是爲平王이라 以亂故徙居東都王城이라

晉 文侯와 鄭 武公이 태자 宜咎를 申에서 맞아 세우니, 이 사람이 平王이다. 난리 때문에 東都의 王城에 천도하여 살았다.

【疏】 正義曰：鄭語云"晉文侯, 於是平定天子." 隱六年左傳稱"周桓公言於王曰'我周之東遷, 晉鄭焉依.'"[1] 地理志"幽王敗, 桓公死, 其子武公, 與平王東遷." 周本紀云"於是, 諸侯乃卽申侯而(其)〔共〕[2]立故幽王太子宜咎, 是爲平王." 地理志云"幽王淫褒姒, 滅宗周. 子平王東居洛邑." 鄭所據之文也.

1) 周桓公……晉鄭焉依：周 桓公은 周公 黑肩이다. 周는 그의 采地인데, 扶風 雍縣 동북에 周城이 있다. 幽王이 犬戎에게 살해되어 平王이 東遷할 때에 晉 文侯와 鄭 武公이 王室을 보좌하였다. 그리하여 "晉과 鄭에 의지하였다."라고 한 것이다.
2) (其)〔共〕：저본의 교감기에 따라 '共'으로 번역하였다.

○ 正義曰：≪國語≫〈鄭語〉에 "晉 文侯가 이때에 天子를 평정하였다."라고 하고, ≪春秋左氏傳≫ 隱公 6년에 "周 桓公이 왕에게 말하기를 '우리 주나라가 동천할 때에 晉과 鄭에 의지했습니다.' 하였다."라고 하며, ≪漢書≫〈地理志〉에 "幽王이 패배하고 환공이 죽으니, 그의 아들 武公이 平王을 도와 동천하였다."라고 하고, ≪史記≫〈周本紀〉에 "이때에 제후가 마침내 申侯에게 나아가 죽은 유왕의 태자 宜咎를 함께 옹립하였으니, 이 사람이 평왕이다."라고 하며, 〈地理志〉에 "유왕이 포사에게 빠져 宗周를 멸망시켰다. 아들 평왕이 동쪽으로 洛邑에 옮겨 살았다."라고 하였으니, 鄭玄이 근거한 글들이다.

於是에 王室之尊이 與諸侯無異하여 其詩不能復(부)雅라 故貶之하여 謂之王國之變風이라

이에 왕실의 존엄이 제후와 다름이 없어서 그 시가 더는 '雅'가 될 수 없었다. 그리하여 격을 낮추어 그 시를 王國의 변풍이라 한 것이다.

【疏】 ○ 正義曰：於時王室雖衰, 天命未改, 春秋王人[1]之微猶尊矣. 言'與諸侯無異'者, 以其王爵雖在, 政教纔行於畿內, 化之所及, 與諸侯相似, 故言無異也. 詩者, 緣政而作, 風・雅, 繫政廣狹, 故王爵雖尊, 猶以政狹入風. 此風・雅之作, 本自有體, (猶)[2] 而云"貶之謂之風"者, 言作爲雅(頌), 〔猶〕[3]貶之而作風, 非謂採得其詩乃貶之也.

1) 王人 : 周王室의 微官으로 天子의 官吏를 높여 '人'이라 부르고 字를 부른 것을 말한다. ≪春秋≫ 莊公 6년에 "봄 정월에 王人 子突이 衛를 救援하였다〔春正月 王人子突救衛〕"라고 하였다.

2) (猶) : 저본의 교감기에 따라 '猶'자를 衍字로 처리하여 번역하였다.

3) (頌)〔猶〕 : 저본의 교감기에 따라 '猶'로 번역하였다.

○ 正義曰 : 이때에 왕실이 비록 쇠미해졌지만 天命이 아직 바뀌지 않았으니, 그래서 ≪春秋≫에서 王人(周王室의 微官)이 미약하지만 그래도 〈제후보다 위에 서열하여〉 높인 것이다. '與諸侯無異'라 한 것은, 왕의 爵位는 비록 남아 있지만 政敎가 겨우 畿內에만 행해져서 교화가 미친 것이 제후와 같았다. 그리하여 '無異'라고 한 것이다.

詩는 政事에 의해 지어지는 것이고, 風과 雅는 정사가 미치는 범위의 넓고 좁음에 관계된다. 그리하여 왕의 작위가 비록 존귀하지만 오히려 정사가 미치는 범위가 좁아서 國風에 넣은 것이다. 이 風과 雅가 지어지는 것은 본디 體가 있는 것인데 "격을 낮추어 風이라 했다."라고 한 것은, 〈존귀함으로 보면〉 雅로 지어져야 하는데 오히려 격을 낮추어 風으로 지어진 것을 말한 것이지 그 시를 채록하고 나서 격을 낮추었다고 한 것은 아니다.

【疏】 鄭志, 張逸問"平王微弱, 其詩不能復雅. 厲王流於彘, 幽王滅於戲, 在雅何." 答曰 "幽・厲無道, 酷虐於民, 以强暴至於流滅. 豈如平王微弱, 政在諸侯, 威令不加於百姓乎. 其意言幽・厲以酷虐之政, 被於諸侯, 故爲雅, 平・桓則政敎不及畿外, 故爲風也."

≪鄭志≫에, 張逸이 묻기를 "平王은 미약하여 그 시가 더는 雅가 될 수 없었습니다. 厲王은 彘에 유배되고 幽王은 戲에서 죽었는데도 〈그 시가〉 雅에 해당하는 것은 어째서입니까?"라고 하니, 답하기를 "유왕과 여왕이 무도하고 백성에게 잔혹하여 강포함 때문에 유배되고 죽임을 당함에 이르렀다. 그러나 어떻게 평왕이 미약하여 정사가 제후에게 좌우되고 위엄과 명령이 백성에게 미치지 못한 것과 같겠는가. 그 의미는 유왕과 여왕이 잔혹한 정사로 제후에게 영향을 주었으므로 雅가 된 것이지만, 평왕과 桓王은 政敎가 畿外에 미치지 못했으므로 風이 된 것을 말한다."라고 하였다.

【疏】言'王國變風'者, 謂以王當國, 故服虔云"尊之猶稱王, 猶春秋之王人." 稱王而列於諸侯之上, 在風則卑矣已. 此列國, 當言周而言王, 則尊之, 故題王以當國, 而敍以實應, 故每言閔周也. 周本紀云"平王卽位, 五十一年崩, 太子泄父早死, 立其子林, 是爲桓王. 二十三年崩, 子莊王他立, 十五年崩." 維此三王有詩耳.

'王國變風'이라 한 것은 王을 國風에 해당시킨 것을 말한다. 그리하여 服虔이 "높여서 그래도 王이라 칭한 것이니, ≪春秋≫의 王人과 같다."라고 하였으니, 왕이라 칭하여 제후의 위에 두었지만 風에 있으니 낮은 것이다. 국풍에서 나라에 나열하였으니 당연히 周라 해야 하는데도 王이라 한 것은 높인 것이다. 그리하여 王으로 써서 국풍에 해당시켰지만 序에서는 사실대로 대응하였다. 그리하여 매양 '周를 가엾게 여긴 것이다〔閔周〕'라고 한 것이다.

≪史記≫ 〈周本紀〉에 "平王이 즉위하여 51년에 죽었고, 태자 泄父가 일찍 죽어서 그의 아들 林을 세웠으니, 이 사람이 桓王이다. 23년에 죽었고, 아들 莊王 他가 즉위하여 15년에 죽었다."라고 하였으니, 이 세 왕에게만 시가 있을 뿐이다.

【疏】黍離序云"閔周室之顚覆." 言鎬京毁滅, 則平王時也. 君子(行)〔于〕[1]役及揚之水・葛藟(류), 皆序云平王, 是平王詩矣. 君子陽陽・中谷有蓷(퇴), 居中, 從可知. 兎爰序云桓王, 則本在葛藟之下, 但簡札換處, 失其次耳. 兎爰, 旣言桓王, 擧上以明下, 明采葛・大車, 從可知矣. 采葛箋云"桓王之時, 政事不明." 明大車亦桓王詩也. 丘中有麻序云"莊王不明." 卽莊王詩明矣, 故鄭於左方[2]中, 以此而知.

1) (行)〔于〕: 저본의 교감기에 따라 '于'로 번역하였다.
2) 左方 : 저본의 교감기에 따르면, 鄭玄이 詩譜의 내용에 해당 詩의 篇名과 군주의 世系를 왼쪽 옆줄 상단에 비껴 기록한 것을 가리키는데, 南宋 때 자료를 병합하면서 빼버려서 지금은 없다고 한다.

〈黍離〉의 序에 "周室의 전복을 가엾게 여긴 것이다."라고 하였으니, 鎬京이 무너진 것을 말한 것이니 平王의 때이다. 〈君子于役〉과 〈揚之水〉와 〈葛藟〉는 모두 序에 평왕이라 하였으니, 이는 평왕 때의 시이다. 〈君子陽陽〉과 〈中谷有蓷〉는 가운데에 있으니 미루어 〈평왕 때의 시임을〉 알 수 있다. 〈兎爰〉의 序에 桓王을 말하였으니, 그렇다면 본래 〈갈류〉의 아래에 있어야 하니, 단지 簡札이 바뀌어 차서를 잃은 것이다. 〈토원〉에 환왕을 말하였으니, 위를 가지고 아래를 밝혀보면 분명 〈采葛〉과 〈大車〉는 따라서 알 수 있다. 〈채갈〉의 箋에 "환왕의 때에 정사가 밝지 못했다."라고 하였으니, 분명히 〈대거〉도 환왕 때의 시이다. 〈丘中有麻〉의 序에 "莊王이 현명하지 못했다."라고 하였으니, 곧 장왕 때의 시가 분명하다. 그리하여 鄭玄이 左方에 기록한 것은 이것 때문에 〈지어진 시기를〉 안 것이다.

【疏】 皇甫謐云"平王時, 王室微弱, 詩人怨而爲刺, 今王風, 自黍離至中谷有蓷五篇是也. 桓王, 失信, 禮義陵遲, 男女淫奔, 讒僞竝作, 九族[1]不親, 故詩人刺之, 今王風, 自兎爰至大車四篇是也." 如謐此言, 以葛藟爲桓王之詩. 今葛藟序云平王, 則謐言非也. 定本葛藟序云 "刺桓王." 誤也. 王詩次在鄭上, 譜退豳下者, 欲近雅·頌, 與王世相次故也.

1) 九族 : 위에서 高祖로부터 옆으로 三從형제에 미치고 아래로 玄孫에 이르기까지 3개월 복을 입는 친족을 가리키는데, 轉하여 모든 친족을 뜻한다. ≪尙書≫ 〈堯典〉에 "〈요임금이〉 큰 덕을 제대로 밝혀 구족을 친애하자 구족이 화목하게 되었다.〔克明竣德 以親九族 九族旣睦〕" 하였다.

皇甫謐이 "平王의 때에 왕실이 미약하여 시인이 원망하고 풍자하였으니, 지금 〈王風〉의 〈黍離〉로부터 〈中谷有蓷〉까지 5편이 이것이다. 桓王이 믿음을 잃어 예의가 무너지고, 남녀가 음란하며 참소와 거짓이 한꺼번에 일어나고 九族이 친애하지 않았다. 그리하여 시인이 풍자하였으니, 지금 〈王風〉의 〈兎爰〉으로부터 〈大車〉까지 4편이 이것이다."라고 하였으니, 만약 황보밀의 이 말과 같다면 〈葛藟〉를 환왕의 시로 여긴 것이다. 이제 〈갈류〉의 序에 平王이라 하였으니 황보밀의 말은 잘못이다. 定本의 "〈갈류〉 序에 환왕을 풍자한 것이다."라고 한 것은 오류이다. 〈왕풍〉의 차례가 〈鄭風〉의 앞에 있는데 ≪詩譜≫에서 〈豳風〉의 뒤로 물린 것은, 雅와 頌에 가까이 두어 王의 세대와 이어지게 하고자 하였기 때문이다.

黍離 (서리)

【序】 **黍離**는 **閔宗周也**라 **周大夫行役**이라가 **至于宗周**하여 **過故宗廟宮室**하니 **盡爲禾黍**라 **閔周室之顚覆**하여 **彷徨不忍去**하고 **而作是詩也**라

〈黍離〉는 宗周(鎬京)를 가슴 아프게 여긴 것이다. 周의 대부가 부역을 나갔다가 宗周에 이르러 옛 종묘와 궁궐터를 지나가니 모두 벼와 기장 밭으로 변하였다. 그리하여 周室의 전복을 가슴 아프게 여겨 방황하여 차마 떠나지 못하고 이 시를 지은 것이다.

【箋】 宗周는 鎬京也니 謂之西周요 周는 王城也니 謂之東周라 幽王之亂而宗周滅에 平王東遷이어늘 政遂微弱하여 下列於諸侯라 其詩不能復雅하여 而同於國風焉이라 ○ 離는 說文作穲(리)라 而同於國風焉은 崔集注本此下에 更有猶尊之故稱王也나 今詩本皆無라

宗周는 호경이니 西周를 말하고, 周는 王城이니 東周를 말한다. 幽王 때의 환란으로 종주가 멸망함에 平王이 동쪽으로 옮겨 갔는데, 정사가 마침내 미약하여 제후 반열의 나라로 낮추어졌다. 그리하여 그 시가 더는 '雅'가 되지 못하여 國風과 같게 된 것이다. ○ 離는 《說文解字》에 '穲(기장의 이삭이 드리운 모양)'로 되어 있다. '而同於國風焉'은 崔靈恩의 《毛詩集注》本에는 이 아래에 다시 '그래도 높였으므로 왕이라 칭한 것이다.〔猶尊之故稱王也〕'가 있으나, 지금의 《詩經》本에는 모두 없다.

【疏】 '黍離(三章章十句)'至'是詩' ○ 正義曰：作黍離詩者, 言閔宗周也. 周之大夫行從征役, 至於宗周鎬京, 過歷故時宗廟宮室. 其地民皆墾耕, 盡爲禾黍, 以先王宮室, 忽爲平田. 於是大夫閔傷周室之顚墜覆敗, 彷徨省視, 不忍速去, 而作黍離之詩, 以閔之也. 言'過故宗廟', 則是有所適, 因過舊墟, 非故詣宗周也.

序의〔黍離〕에서〔是詩〕까지

○ 正義曰：〈黍離〉의 詩를 지은 것은 宗周를 가슴 아프게 여김을 말한 것이다. 周의 대부가 부역에 따라 나가 종주인 鎬京에 이르러 옛날 종묘와 궁궐터를 지나게 되었다. 그 땅은 백성들이 모두 개간하고 경작하여 다 벼와 기장 밭이 되었고 先王의 궁궐터는 홀연히 밭이 되어 있었다. 이에 대부가 周室의 전복과 패망을 가슴 아프게 여겨 방황하며 살펴보다가 차마 빨리 떠나지 못하고 〈서리〉의 시를 지었으니, 그것을 가슴 아프게 여긴 것이다. '過故宗廟'라 하였으니, 그렇다면 이는 갈 곳이 있어서 옛 터를 지나간 것이지 일부러 종주에 간 것이 아니다.

【疏】 周室顚覆, 正謂幽王之亂, 王室覆滅, 致使東遷洛邑, 喪其舊都, 雖作在平王之時, 而志恨幽王之敗, 但主傷宮室生黍稷, 非是追刺幽王, 故爲平王詩耳. 又宗周喪滅, 非平王之咎, 故不刺平王也. '彷徨不忍去', 敍其作詩之意, 未必卽在宗周而作也. 言'宗周宮室, 盡爲禾黍', 章首上二句是也, '閔周顚覆, 彷徨不忍去', 三章下八句是也. 言'周大夫行役, 至於宗周', 敍其所傷之由, 於經無所當也.

'周室顚覆'은 바로 幽王 때의 화란으로 왕실이 전복되고 멸망하여 동쪽으로 洛邑에 옮겨가 그 옛 도읍을 잃게 한 것을 말한 것이니, 비록 平王의 때에 지어진 것이지만 뜻은 유왕이 패망한 것을 한스럽게 여긴 것이다. 다만 궁궐에 찰기장과 메기장이 난 것을 위주로 상심한 것이지 유왕을 추궁하여 풍자한 것이 아니다. 그리하여 평왕 때의 시가 되는 것이다. 또 종주가 멸망한 것은 평왕의 허물이 아니다. 그리하여 평왕을 풍자하지 않았다.

'彷徨不忍去'는 시를 지은 뜻을 서술한 것이니 반드시 종주에 있으면서 지은 것은 아니다. '宗周宮室 盡爲禾黍'라 한 것은 장마다 첫 두 구절이 이것이고, '閔周顚覆 彷徨不忍去'는 세 장의 아래 8句가 이것이다. '周大夫行役 至於宗周'라 한 것은 상심한 이유를 서술한 것이지만 經에 해당되는 곳이 없다.

【疏】 箋'宗周'至'風焉' ○正義曰：鄭先爲箋而復作譜, 故此箋與譜大同. 周語云"幽王三年, 西周三川皆震[1]." 是鎬京謂之西周也, 卽知王城謂之東周也. 論語孔子曰"如有用我者, 吾其爲東周乎." 注云"據時東周, 則謂成周爲東周"者, 以敬王[2]去王城而遷於成周, 自是以後, 謂王城爲西周, 成周爲東周, 故昭二十二年, 王子猛入于王城, 公羊傳曰"王城者何, 西周也." 二十六年, 天王入于成周, 公羊傳曰"成周者何, 東周也." 孔子設言之時, 在敬王居成周之後, 且意取周公之敎頑民, 故知其爲東周, 據時成周也. 此在敬王之前, 王城與鎬京相對, 故言王城謂之東周也.

1) 三川皆震 : 三川은 西周의 涇水와 渭水와 洛水를 말하는데, 이해에 지진이 발생하여 三川이 모두 말랐다.

2) 敬王 : 武王으로부터 27대, 平王으로부터 15대이다. 이름은 姬匄(희개)이고 景王의 둘째 아들이며 悼王의 동생이다. 도왕의 사후에 王城에서 翟泉으로 도읍을 옮기니, 당시의 사람들이 東王이라 하였다.

箋의 〔宗周〕에서 〔風焉〕까지

○ 正義曰 : 鄭玄이 먼저 箋을 짓고 나서 다시 ≪詩譜≫를 지었다. 그리하여 이 箋과 ≪시보≫가 대체로 같은 것이다. ≪國語≫ 〈周語〉에 "幽王 3년에 西周의 三川이 모두 진동하였다."라고 하였으니, 이는 鎬京을 서주라 말한 것이니, 바로 王城을 東周라 말한 것임을 안 것이다. ≪論語≫ 〈陽貨〉에 孔子께서 "만약 나를 써주는 자가 있다면 내가 동주를 도울 것이다."라고 하였는데, 注에 "당시의 동주를 근거해보면 成周를 일러 동주라 한 것이다."라고 한 것은 敬王이 왕성을 떠나 성주〔翟泉〕로 도읍을 옮겨 이로부터 왕성을 서주라 하고 성주를 동주라 하였기 때문이다. 그리하여 昭公 22년에 왕자 猛이 왕성으로 들어갔는데 ≪春秋公羊傳≫에 "왕성은 어디인가? 서주이다."라고 하고, 26년에 천자가 성주로 들어갔는데 ≪춘추공양전≫에 "성주는 어디인가? 동주이다."라고 한 것이다. 공자가 가설하여 말한 때는 敬王이 성주에 도읍한 뒤이니, 또한 周公이 殷의 유민을 교화한 뜻을 취한 것이다. 그리하여 ≪논어≫의 '其爲東周'는 당시의 성주에 근거한 것임을 아는 것이다. 이 일은 경왕의 이전에 있었으니, 왕성과 호경이 서로 대응하고 있었다. 그리하여 왕성을 말하여 동주라 한 것이다.

【疏】 周本紀云"平王東徙洛邑, 避戎寇. 平王之時, 周室微弱, 諸侯以强幷弱, 齊·楚·秦·晉始大, 政由方伯." 是平王東遷, 政遂微弱. 論語注云"平王東遷, 政始微弱"者, 始者, 從下本上之辭, 遂者, 從上嚮下之稱, 彼言"十世希不失矣[1)]", 據末而本初, 故言始也. 此言天子當爲雅, 從是作風, 據盛以及衰, 故言遂也. '下列於諸侯', 謂化之所及, 纔行境內, 政敎不加於諸侯, 與諸侯齊其列位, 故其詩不能復更作大雅·小雅, 而與諸侯同爲國風焉.

1) 十世希不失矣 : ≪論語≫ 〈季氏〉에 "천하에 道가 없으면 禮樂과 征伐이 諸侯로부터 나온다. 제후로부터 나오면 10代에 〈정권을〉 잃지 않는 자가 드물고, 대부로부터 나오면 5代에 잃지 않는 자가 드물고, 가신이 나라의 정권을 잡으면 3代에 잃지 않는 자가 드물다.〔天下無道 則禮樂征伐 自諸侯出 自諸侯出 蓋十世希不失矣 自大夫出 五世希不失矣 陪臣 執國命 三世希不失矣〕"라고 하였다.

≪史記≫ 〈周本紀〉에 "平王이 동쪽으로 洛邑에 천도하여 犬戎의 도적을 피하였다. 평왕의 때에 周室이 미약해지고 강한 제후가 약한 나라를 병합하여 齊·楚·秦·晉이 비

로소 강대해져서 정사가 方伯으로부터 나왔다."라고 하였으니, 이는 평왕이 동쪽으로 도읍하여 정사가 마침내 미약해진 것이다. ≪論語≫의 注에 "평왕이 동천하여 정사가 비로소 미약해졌다.〔政始微弱〕"라고 하였으니, '始'는 지난 뒤에 앞의 일을 기준으로 하여 하는 말이고, '遂'는 앞에서 뒤에 오는 일을 향해서 하는 말이니, ≪論語≫에서 "10대에 〈정권을〉 잃지 않는 자가 드물다."라고 한 것은 결과를 근거로 처음을 추구한 것이다. 그리하여 '始'를 말한 것이다. 여기에서는 天子에게는 마땅히 '雅'가 지어져야 하는데 이때부터 '風'이 지어진 것을 말하였으니, 성대하다가 쇠미해진 것을 근거한 것이다. 그리하여 '遂'를 말한 것이다.

'下列於諸侯'는 교화가 겨우 境內에서만 행해져서, 政教가 제후에게 미치지 못해 제후와 더불어 그 반열이 같았다. 그리하여 그 시가 더는 大雅·小雅로 지어지지 못하여 제후와 똑같이 國風이 된 것이다.

彼黍離離어늘 彼稷之苗로다

저기에 찰기장 이삭 늘어졌는데
저기에는 메기장 싹이 돋았네

【傳】 彼는 彼宗廟宮室이라

彼는 저 종묘와 궁실 터이다.

【箋】 箋云 宗廟宮室毁壞하여 而其地盡爲禾黍라 我以黍離離時至하니 稷則尙苗라

箋云 : 종묘와 궁실이 무너져 그 땅이 온통 벼와 기장 밭이 된 것이다. 내가 찰기장이 익어 고개를 숙인 때에 왔으니 메기장은 아직 어린 싹일 때인 것이다.

黍稷(≪毛詩品物圖攷≫)

行邁靡靡하니 中心搖搖로다

더디고 더딘 발걸음
가슴이 수심에 젖네

【傳】 邁는 行也라 靡靡는 猶遲遲也요 搖搖는 憂無所愬(소)라

邁는 '감'이다. 靡靡는 '더딤'과 같고, 搖搖는 근심하지만 하소연할 곳이 없는 것이다.

【箋】 箋云 行은 道也니 道行은 猶行道也라

箋云 : 行은 도로이니, 道行은 行道와 같다.

知我者는 謂我心憂요

내 심정 아는 이는
내 맘에 근심 있다 하고

【箋】 箋云 知我者는 知我之情이라

箋云 : 知我者는 나의 심정을 아는 사람이다.

不知我者는 謂我何求로다

내 심정 모르는 이는
내게 무얼 찾느냐 하네

【箋】 箋云 謂我何求는 怪我久留不去라

箋云 : '謂我何求'는 내가 오래 머물고 떠나지 못함을 괴이하게 여긴 것이다.

悠悠蒼天아 此何人哉오

저 멀리 푸른 하늘이시여
이리 만든 이 누구인가요

【傳】 悠悠는 遠意라 蒼天은 以體言之니 尊而君之면 則稱皇天이요 元氣廣大면 則稱昊天이요 仁覆(부)閔下면 則稱旻天이요 自上降鑒이면 則稱上天이요 據遠視之蒼蒼然이면 則稱蒼天이라

悠悠는 멀다는 뜻이다. '蒼天'은 모습으로 말한 것이니, 높여서 임금처럼 여기는 것으로 말하면 '皇天'이라 하고, 원기가 광대함으로 말하면 '昊天'이라 하며, 仁으로 덮어 백성을 긍휼이 여기는 것으로 말하면 '旻天'이라 하고, 위에서 내려다보는 것으로 말하면 '上天'이라 하며, 멀리서 보아 푸른 모습에 근거하여 말하면 '蒼天'이라 하는 것이다.

【箋】 箋云 遠乎蒼天은 仰愬欲其察己言也라 此亡國之君은 何等人哉오하니 疾之甚이라 ○ 蒼天은 本亦作倉이라 爾雅云 春爲蒼天하고 莊子云 天之蒼蒼이 其正色邪(야)아하다 夏爲昊天이라 旻은 閔也니 秋爲旻天이라

箋云 : '저 멀리 푸른 하늘이시여.'는 우러러 하소연하여 하늘이 자기를 살펴주기를 바라는 말이다. '이 망국의 임금은 어떤 사람인가.' 하니 매우 미워한 것이다.

○ 蒼天은 '倉'으로 되어 있는 본도 있다. ≪爾雅≫ 〈釋天〉에 "봄은 蒼天이다."라고 하고, ≪莊子≫ 〈逍遙遊〉에 "하늘이 푸른 것이 본래의 색이 그러한 것인가."라고 하였다. 여름은 '昊天'이다. 旻은 '불쌍하게 여김'이니, 가을은 '旻天'이다.

【疏】 '彼黍'至'人哉' ○ 正義曰 : 鎬京宮室毁壞, 其地盡爲禾黍. 大夫行役, 見而傷之, 言 "彼宗廟宮室之地, 有黍離離而秀, 彼宗廟宮室之地, 又有稷之苗矣." 大夫見之, 在道而行, 不忍速去, 遲遲然而安舒, 中心憂思, 搖搖然而無所告訴. 大夫乃言 "人有知我之情者, 則謂我爲心憂, 不知我之情者, 乃謂我之何求乎." 見我久留不去, 謂我有何所求索. 知我者希, 無所告語, 乃訴之於天 "悠悠而遠者, 彼蒼蒼之上天, 此亡國之君, 是何等人哉, 而使宗廟丘墟至此也." 疾之太甚, 故云 "此何人哉."

經의 〔彼黍〕에서 〔人哉〕까지

○ 正義曰 : 鎬京의 궁실이 무너져 그 땅이 온통 벼와 찰기장 밭이 되었다. 대부가 부역을 나갔다가 보고서 상심하여 "저기 종묘와 궁실 터에는 찰기장이 무성하게 이삭이 늘어져 있는데, 저기 종묘와 궁실 터에는 또 메기장이 어리다."라고 한 것이다.

대부가 이를 보고서 길을 가면서 차마 빨리 가지 못하여 느릿느릿 천천히 가고, 마음속으로 근심하지만 안타까이 하소연할 곳이 없었다. 대부가 마침내 말하기를 "사람들

중에 내 심정을 아는 사람은 '내가 마음속에 근심이 있어서이다.'라고 하고, 내 심정을 알지 못하는 사람은 '내가 무엇을 찾는가?'라고 한다. 내가 오래 머뭇거리며 가지 못하는 것을 보고는 내가 무언가 찾는 것이 있다고 한 것이다.

나를 아는 사람이 드물어 하소연할 곳이 없다. 그리하여 마침내 하늘에 하소연하여 "아득히 멀리 저 푸르디푸른 하늘이시여! 이 亡國의 임금은 어떤 사람이란 말인가. 종묘의 옛 터가 이 지경에 이르게 하였도다."라고 하였으니, 매우 미워한 것이다. 그리하여 '此何人哉'라고 하였다.

【疏】 傳'彼 彼宗廟宮室' ○正義曰:序云'宗廟宮室盡爲禾黍', 故知彼黍彼稷, 是宗廟宮室之地黍與稷也. 作者言彼黍彼稷, 正謂黍稷爲彼耳, 傳言'彼宗廟宮室'者, 言彼宗廟宮室之地有此黍稷也.

傳의 〔彼 彼宗廟宮室〕

○正義曰:序에 '宗廟宮室盡爲禾黍'라 하였다. 그리하여 '彼黍'와 '彼稷'이 종묘와 궁실 터에 자란 메기장과 찰기장임을 안 것이다. 作者가 말한 '彼黍'와 '彼稷'은 바로 찰기장과 메기장이 '彼'임을 말한 것이고, 傳에서 말한 '彼宗廟宮室'은 저 종묘와 궁실 터에 이 찰기장과 메기장이 있는 것을 말한 것이다.

【疏】 箋'宗廟'至'尙苗' ○正義曰:言毀壞者, 以傳文質略, 嫌宗廟尙存, 階庭生禾黍, 故辨之. 湛露傳曰"離離, 垂然." 則黍離離, 亦謂秀而垂也. 黍言離離, 稷言苗, 則是黍秀稷未秀, 故云"我以黍離離時至, 稷則尙苗." 苗, 謂禾未秀. 出車云"黍稷方華." 則二物大時相類. 但以稷比黍, 黍差爲稙, 故黍秀而稷苗也.

箋의 〔宗廟〕에서 〔尙苗〕까지

○正義曰:'毁壞'를 말한 것은, 傳의 글이 간략하여 종묘가 그대로 남아 있는데 계단 앞의 뜰에 벼와 기장이 자란 것으로 여길까 염려하였다. 그리하여 분별한 것이다.

〈小雅 湛露〉의 傳에 "離離는 〈이삭이〉 늘어진 모습이다."라고 하였으니, 그렇다면 '黍離離'도 이삭이 패서 늘어진 것이다. 찰기장은 '이삭이 늘어졌다'라고 하고 메기장은 '어리다'라고 하였으니, 그렇다면 이는 찰기장은 이삭이 패고 메기장은 아직 이삭이 패지 않은 것이다. 그리하여 '我以黍離離時至 稷則尙苗'라고 하였으니, 苗는 벼가 아직 이삭이 패지 않은 것을 말한다. 〈小雅 出車〉에 "찰기장과 메기장의 꽃이 피었도다."라고 하였으니, 그렇다면 찰기장과 메기장은 자라는 시기가 같다. 다만 찰기장이 메기장에 비해 약간 올된다. 그리하여 찰기장은 이삭이 팼는데 메기장은 어린 것이다.

【疏】 詩人以黍秀時至, 稷則尙苗, 六月時也, 未得還歸, 遂至於稷之穗, 七月時也, 又至於稷之實, 八月時也. 是故三章歷道其所更見, 稷則穗實改易, 黍則常云離離, 欲記其初至, 故不變黍文. 大夫役當有期而反, 但事尙未周了故也.

시인이 찰기장의 이삭이 팼을 때에 이르렀는데 메기장은 아직 어리니 6월이고, 돌아가지 못하여 마침내 메기장의 이삭이 팼으니 7월이고, 또 메기장이 열매를 맺을 때에 이르렀으니 8월이다. 이 때문에 세 장에서 번갈아 본 것을 차례로 말하면서 메기장은 '穗'와 '實'로 바꾸고 찰기장은 항상 '離離'를 말하여, 처음 이르렀을 때를 기억하고자 하였다. 그리하여 黍의 '離離'를 바꾸지 않은 것이다.

대부의 부역은 당연히 기한이 있어서 돌아가야 하는데 〈돌아가지 못한 것은〉 다만 일이 아직 끝나지 않았기 때문이다.

【疏】 傳'邁行'至'所愬' ○ 正義曰：'邁, 行', 釋言文. 靡靡, 行舒之意, 故言猶遲遲也, 釋訓云"遲遲, 徐也" 戰國策云"楚威王謂蘇秦曰'寡人, 心搖搖然如懸旌而無所薄.'" 然則搖搖, 是心憂無所附著之意, 故爲憂思無所愬也.

傳의 〔邁行〕에서 〔所愬〕까지

○ 正義曰：'邁는 감이다.〔邁行〕'는 ≪爾雅≫ 〈釋言〉의 글이다. 靡靡는 '천천히 간다'는 뜻이다. 그리하여 '遲遲'와 같다고 한 것이니, ≪이아≫ 〈釋訓〉에 "遲遲는 '천천히 감'이다."라고 하였다. ≪戰國策≫ 〈楚策〉에 "楚 威王이 蘇秦에게 이르기를 '과인은 마음이 매달린 깃발처럼 흔들려서〔搖搖然〕 붙일 곳이 없다.' 하였다."라고 하였으니, 그렇다면 '搖搖'는 마음이 근심스러운데도 의지할 곳이 없다는 뜻이다. 그리하여 '근심스러운 생각이 하소연할 곳이 없는 것'이 되는 것이다.

【疏】 箋'行道也 道行猶行道' ○ 正義曰：今定本文當如此. 傳訓經之邁以爲行, 箋又訓經之行以爲道, 嫌相涉, 故又釋之云"道行, 猶行道也."

箋의 〔行道也 道行猶行道〕

○ 正義曰 : 지금 定本의 글은 응당 이와 같다. 傳에서 經의 '邁'를 풀이하여 '行'이라 하였는데, 箋에서 또 經의 '行'을 풀이하여 '道'라고 하여, 서로 관계가 있다고 여길까 염려하였다. 그리하여 또 풀이하여 '道行 猶行道也'라 한 것이다.

【疏】 傳'悠悠'至'蒼天' ○ 正義曰 : 釋詁云"悠, 遠也." 故知悠悠遠意. 釋天云"穹蒼, 蒼天." 李巡曰"古(詩)〔時〕[1] 人質, 仰視天形, 穹隆而高, 其色蒼蒼, 故曰穹蒼, 是蒼天, 以體言之也. 皇, 君也, 故尊而君之, 則稱皇天. 昊, 大貌, 故言其混元之氣, 昊昊廣大, 則稱昊天. 旻, 閔也, 言其以仁慈之恩, 覆閔在下, 則稱旻天. 從上而下視萬物, 則稱上天. 據人遠而視之, 其色蒼蒼然, 則稱蒼天." 然以經傳言天, 其號不一, 故因蒼天而摠釋之, 當有成文, 不知出何書.

1) (詩)〔時〕: 저본의 교감기에 따라 '時'로 번역하였다.

傳의 〔悠悠〕에서 〔蒼天〕까지

○ 正義曰 : ≪爾雅≫ 〈釋詁〉에 "悠는 遠이다." 하였다. 그리하여 悠悠는 멀다는 뜻임을 안 것이다. ≪이아≫ 〈釋天〉에 "높고 푸른 하늘이 '蒼天'이다."라고 하였는데, 李巡이 "옛날에 사람들이 질박하여 우러러 하늘의 모습을 보면 아득하게 높고 그 빛이 푸르렀다. 그리하여 '穹蒼'이라 하였으니, 이 '蒼天'은 모습으로 말한 것이다. 皇은 군주이다. 그리하여 높여서 군주로 여기면 '皇天'이라 한다. 昊는 큰 모습이다. 그리하여 천지의 기운이 크고 광대함으로 말하면 '昊天'이라 한다. 旻은 가엾게 여기는 것이니 하늘이 인자한 은혜로 아래에 있는 것을 감싸고 가엾게 여기는 것으로 말하면 '旻天'이라 한다. 위로부터 아래로 만물을 내려다보는 것으로 말하면 '上天'이라 한다. 사람이 멀리서 바라보아 그 색이 푸른 것에 근거하여 말하면 '蒼天'이라 한다."라고 하였다. 그러나 經과 傳에서 하늘을 말함에 호칭이 똑같지 않다. 그리하여 '蒼天'으로 인하여 모두 풀이하였으니, 당연히 成文이 있을 것이지만 어느 글에서 나왔는지는 알 수 없다.

【疏】 釋天云"春爲蒼天, 夏爲昊天, 秋爲旻天, 冬爲上天." 李巡曰"春, 萬物始生, 其色蒼蒼, 故曰蒼天. 夏, 萬物盛壯, 其氣昊大, 故曰昊天. 秋, 萬物成熟, 皆有文章, 故曰旻天. 冬, 陰氣在上, 萬物伏藏, 故曰上天." 郭璞曰"旻, 猶愍也, 愍萬物凋落." 冬時無事,在上臨下而已.

〈釋天〉에 "봄은 蒼天이고 여름은 昊天이며 가을은 旻天이고 겨울은 上天이다."라고 하였는데, 李巡은 "봄은 만물이 처음 나와 그 빛깔이 푸르다. 그리하여 蒼天이라 한다. 여름은 만물이 장성하여 기운이 왕성하다. 그리하여 昊天이라 한다. 가을은 만물이 성숙하여 모두 문채를 이룬다. 그리하여 旻天이라 한다. 겨울은 음기가 위에 있어서 만물이 엎드려 숨는다. 그리하여 上天이라 한다."라고 하고, 郭璞은 "旻은 愍과 같으니 만물이 시드는 것을 가엾게 여긴 것이다."라고 하였으니, 겨울은 주장하는 일이 없어 위에서 아래로 임할 뿐이다.

【疏】 如爾雅釋天, 以四時異名, 此傳言天, 各用所宜爲稱, 鄭君和合二說, 故異義[1]天號 "今尙書歐陽[2]說 '春曰昊天, 夏曰蒼天, 秋曰旻天, 冬曰上天.' 爾雅亦云'古尙書[3]說與毛同.' 謹案尙書堯典羲和, 以昊天摠勑以四時[4], 故知昊天不獨春也, 左傳'夏四月孔丘卒', 稱曰'旻天不弔', 非秋也."

1) 異義 : 漢나라 許愼이 今文으로 된 經學과 고문으로 된 경학의 다른 내용을 분별하여 서술한 ≪五經異義≫의 약칭이다. ≪오경이의≫는 그 내용을 논박한 鄭玄의 ≪駁五經異義≫의 앞부분에 실려 전해졌으나 함께 일실되었다. ≪四庫全書≫ 提要의 내용을 정리하면, ≪舊唐書≫ 〈經籍志〉와 ≪新唐書≫ 〈藝文志〉에 書名이 수록되어 있으나 ≪宋史≫ 〈예문지〉에 서명이 보이지 않으므로 唐宋의 사이에 일실되었을 것으로 추측된다. 현재 ≪사고전서≫에 전하는 내용은 ≪사고전서≫를 편수할 때 王應麟의 편집본을 토대로 거듭 정리하고 내용을 바로잡아 온전한 내용만을 앞에 나열하고 ≪박오경이의≫의 내용만이 겨우 전하는 것을 뒤에 부록으로 실은 것이다.

2) 今尙書歐陽 : 漢나라 歐陽生이 전한 ≪今文尙書≫를 말한다. 구양생은 字가 和伯으로 伏生에게서 ≪尙書≫를 받아 倪寬에게 전하였고, 예관은 복생의 아들에게 전하였고, 대대로 서로 전하여 증손 歐陽高에 이르러서는 博士가 되었다.

3) 古尙書 : ≪古文尙書≫를 말한다. 漢 武帝 때 魯共王이 집을 증축하려고 공자의 옛집을 허물다가 先秦의 蝌蚪文字로 된 수십 편의 글을 얻었는데, 그중에 ≪고문상서≫가 들어 있었다고 한다. 참고로 ≪금문상서≫는 隸書로 되어 있다.(≪漢書≫ 권30 〈藝文志〉)

4) 羲和 以昊天摠勑以四時 : 堯임금이 曆官인 羲氏와 和氏에게 명하는 가운데 昊天을 말한 것을 말한다. ≪상서≫ 〈堯典〉에 "이에 역관 희씨와 화씨에게 명하여 하늘을 공경히 따라서 해와 달과 별자리를 기록하고 관찰하여 백성의 농사철을 공경히 내려주게 하였다.〔乃命羲和 欽若昊天 曆象日月星辰 敬授人時〕"라고 하였다.

예컨대 ≪爾雅≫ 〈釋天〉은 4계절로 명칭을 달리하고, 이 傳에서는 하늘을 말하면서 각각 그 합당한 것으로써 명칭을 삼았는데, 鄭玄이 두 설을 합쳐서 말한 것이다. 그리하여 ≪五經異義≫ 〈天號〉에 "歐陽生의 ≪今文尙書≫의 설에 '봄에는 昊天이라 하고 여름에는 蒼天이라 하며 가을에는 旻天이라 하고 겨울에는 上天이라 한다.'라고 하며, ≪이아≫에도 '≪古文尙書≫의 설과 毛亨의 뜻이 같다.'라고 하였다. 내가 살펴보니 ≪尙書≫ 〈堯典〉에서 '羲·和에게 昊天으로 사계절을 총괄하여 신칙하였다.'라고 하였다. 그리하여 昊天이 봄에만 해당되지 않음을 알 수 있고, ≪春秋左氏傳≫에 '〈哀公 16년〉 여름 4월에 孔丘가 죽었다.'라고 하고 〈哀公이 誄文을 지어〉 '旻天이 돌보지 않은 것이다.' 하였으니, 가을이 아니다."라고 하였다.

【疏】"玄之聞也[1], 爾雅者, 孔子門人所作, 以釋六藝[2]之言, 蓋不誤也. 春氣博施, 故以廣大言之, 夏氣高明, 故以遠(人)〔大〕[3]言之, 秋氣或生或殺, 故以閔下言之, 冬氣閉藏而淸察, 故以監下言之. 皇天者, 至尊之號也. 六藝之中, 諸稱天者, 以情所求〔言〕[4]之耳, 非必於其時稱之. '浩浩昊天', 求天之博施, '蒼天蒼天', 求天之高明, '旻天不弔', 求天之生殺當得其宜, '上天同雲', 求天之所爲當順其時也. 此之求天, 猶人之說事, 各從其主耳. 若察於是, 則堯命羲和, 欽若昊天, 孔丘卒, 旻天不弔, 無可怪耳." 是鄭君和合二說之事也.

1) 玄之聞也 : 여기부터 '無可怪耳'까지는 ≪駁五經異義≫에서 鄭玄이 許愼의 설을 논박한 내용이다.
2) 六藝 : 先秦시대의 대표적인 儒家의 경전인 ≪禮≫, ≪樂≫, ≪書≫, ≪詩≫, ≪易≫, ≪春秋≫를 가리킨다.
3) (人)〔大〕 : 저본의 교감기에 따라 '大'로 번역하였다.
4) 〔言〕 : 저본의 교감기에 따라 '言'을 보충하여 번역하였다.

〈이에 대해 鄭玄이 말하기를〉 "내가 들으니, ≪爾雅≫는 공자의 문인이 지은 것으로 六藝의 뜻을 해석한 것이니, 아마도 그르지 않을 것이다. 봄기운은 널리 베푼다. 그리하여 광대함으로 말하고, 여름기운은 높고 밝다. 그리하여 원대함으로 말하며, 가을기운은 살리기도 하고 죽이기도 한다. 그리하여 아래를 가엾게 여기는 것으로 말하고, 겨울기운은 숨어서 밝게 살핀다. 그리하여 굽어 살피는 것으로 말한 것이다. 皇天은 지극히 존귀한 호칭이다. 六藝 중에 하늘을 부르는 모든 경우에 마음속으로 바라는 것으로 말했을 뿐이니, 반드시 철에 맞게 호칭한 것이 아니다. 〈小雅 雨武正〉의 '넓고 넓은 昊天〔浩浩昊天〕'은 하늘이 널리 베풀기를 바란 것이고, 〈小雅 巷伯〉의 '푸른 하늘 푸른 하늘〔蒼天蒼天〕'은 하늘의 高明함을 바란 것이며, ≪春秋左氏傳≫의 '昊天이 보살피지 않음〔旻天不弔〕'은 하늘의 살리고 죽이는 것이 합당한 도를 얻기를 바란 것이고, 〈小雅 信南山〉의 '하늘에 먹구름 끼었네〔上天同雲〕'는 하늘이 하는 일이 계절에 순조롭기를 바란 것이다. 여기에서 하늘에 바란 것은 사람이 일을 말한 것과 같으니 각각 그의 주장을 따른 것일 뿐이다. 만약 여기에서 살펴본다면 '요임금이 羲氏와 和氏에게 명하여 昊天을 공경히 따르라.'라고 한 것과, '공자가 죽자, 「旻天이 돌보지 않은 것이다.」'라고 한 것은 이상할 것이 없다."라고 하였으니, 이는 정현이 두 설의 내용을 합친 것이다.

【疏】 爾雅"春爲蒼天, 夏爲昊天." 歐陽說"春爲昊天, 夏爲蒼天", 鄭既言"爾雅不誤." 當從爾雅, 而又從歐陽之說, 以春昊・夏蒼者. 鄭爾雅與孫郭本異, 故許愼既載今尙書說, 卽言"爾雅亦云." 明見爾雅與歐陽說同. 雖蒼昊有春夏之殊, 則未知孰是. 要二物理相符合, 故鄭和而釋之.

≪爾雅≫에는 "봄은 蒼天이고 여름은 昊天이다.'라 하고, 歐陽生의 설에는 "봄은 昊天이고 여름은 蒼天이다.'라 하였는데, 鄭玄이 "≪이아≫가 그르지 않을 것이다."라고 하였으니 당연히 ≪이아≫를 따라야 하는데 또 구양생의 설을 따라서 봄은 昊天이고 여름은 蒼天이라 하였다. 〈이는〉 정현이 본 ≪이아≫는 孫炎과 郭璞의 本과는 달랐기 때문이다. 그리하여 許愼이 〈≪五經異義≫에〉 ≪今文尙書≫의 설을 싣고, 바로 "≪이아≫에도 말하였다."라 하였으니, ≪이아≫와 구양생의 설이 같음을 분명하게 드러낸 것이다. 〈두 설에서〉 비록 蒼과 昊에 있어 봄과 여름의 차이가 있지만 어느 것이 옳은지는 모르겠다. 요컨대 두 物(蒼과 昊)의 이치가 서로 부합하여 정현이 합쳐서 풀이한 것이다.

【疏】 箋'此亡國'至'之甚' ○正義曰：正月云"赫赫宗周, 褒姒滅之." 亡國之君者, 幽王也. 史記宋世家云"箕子朝周, 過殷故墟, 城壞生黍. 箕子傷之, 乃作麥秀之詩以歌之. 其詩曰'麥秀漸漸兮, 禾黍油油兮. 彼狡童兮, 不我好兮.' 所謂狡童者, 紂也." 過殷墟而傷紂, 明此亦傷幽王, 但不是主刺幽王, 故不爲雅耳. 何等人, 猶言何物人, 大夫非爲不知而言何物人, 疾之甚也.

箋의 〔此亡國〕에서 〔之甚〕까지

○ 正義曰：〈小雅 正月〉에 "빛나는 宗周, 褒姒가 망쳤네."라고 하였으니, 나라를 망하게 한 임금은 幽王이다. ≪史記≫ 〈宋世家〉에 "箕子가 周에 조회하러 가는 길에 殷의 옛 도읍을 지나가니 성은 허물어져 기장이 무성하였다. 기자가 상심하여 마침내 〈麥秀〉의 시를 지어 노래하였다. 그 시에 '보리 이삭 패어 늘어지고, 벼와 기장 무성하네. 저 교활한 아이, 나를 좋아하지 않았네.'라고 하였으니, 이른바 '교활한 아이〔狡童〕'는 紂이다."라고 하였다. 殷墟를 지나다가 紂의 일을 가슴 아프게 여긴 것이니, 분명 이 또한 유왕의 일을 가슴 아프게 여긴 것이다. 다만 유왕을 위주로 풍자하지 않았다. 그리하여 '雅'가 되지 않은 것이다.

'何等人'은 '何物人'이라 말한 것과 같으니, 대부가 누구인지 몰라서 何物人이라 한 것이 아니라 매우 미워한 것이다.

彼黍離離어늘 彼稷之穗(수)로다

저기에 찰기장 이삭 늘어졌는데
저기에는 메기장 이삭이 팼네

【傳】 穗는 秀也라 詩人이 自黍離離로 見稷之穗라 故歷道其所更見이라

穗는 '이삭이 팬 것'이다. 시인이 찰기장의 이삭이 늘어진 것부터 메기장의 이삭이 팬 것을 보았다. 그리하여 그가 번갈아 본 것을 차례대로 말한 것이다.

行邁靡靡하니 中心如醉로다

더디고 더딘 발걸음
속마음 취한 듯하네

【傳】 醉於憂也라

근심에 취한 것이다.

知我者는 謂我心憂요

不知我者는 謂我何求로다

悠悠蒼天아 此何人哉아

내 심정 아는 이는

내 맘에 근심 있다 하고

내 심정 모르는 이는

내게 무얼 찾느냐 하네

저 멀리 푸른 하늘이시여

이리 만든 이 누구인가요

彼黍離離하고 彼稷之實이로다

저기에 찰기장은 이삭이 늘어졌는데

저기엔 메기장 여물었네

【傳】 自黍離離로 見稷之實이라

찰기장 〈이삭이〉 늘어진 것부터 메기장이 여문 것을 본 것이다.

行邁靡靡하니 中心如噎(열)이로다

더디고 더딘 발걸음

가슴이 답답하네

【傳】 噎은 憂不能息也라

噎은 근심 때문에 숨을 쉴 수가 없는 것이다.

知我者는 謂我心憂하고

不知我者는 謂我何求라

悠悠蒼天아 **此何人哉**아

내 심정 아는 이는
내 맘에 근심 있다 하고
내 심정 모르는 이는
내게 무얼 찾느냐 하네
저 멀리 푸른 하늘이시여
이리 만든 이 누구인가요

【疏】 傳'噎憂不能息' ○ 正義曰：噎者, 咽喉蔽塞之名, 而言中心如噎, 故知憂深, 不能喘息, 如噎之然.

傳의 〔噎憂不能息〕

○ 正義曰：噎은 목구멍이 막히는 것의 명칭인데, 가슴이 噎과 같다고 했으므로 근심이 깊어서 숨을 쉬지 못하는 것이 마치 목구멍이 막힌 듯함을 안 것이다.

黍離三章이니 **章十句**라

〈黍離〉 3章이니 章마다 10句이다.

君子于役(군자우역)

【序】 **君子于役**은 **刺平王也**라 **君子行役**하여 **無期度**어늘 **大夫思其危難以風焉**이라

〈君子于役〉은 平王을 풍자한 것이다.

군자가 부역에 나가 〈돌아올〉 기한이 없자, 大夫가 군자의 어려움을 생각하여 풍자하였다.

【疏】 '君子于役(二章 章八句)'至'風焉' ○ 正義曰：大夫思其危難, 謂在家之大夫, 思君子僚友在外之危難. 君子行役無期度, 二章上六句是也, 思其危難, 下二句是也.

序의 〔君子于役〕에서 〔風焉〕까지

○ 正義曰 : '大夫思其危難'은 집에 남아 있는 대부가 〈부역에 나가〉 바깥에 있는 동료 군자의 어려움을 생각한 것이다. '君子行役無期度'는 두 章의 앞의 6句가 이것이고, '思其危難'은 뒤의 2句가 이것이다.

君子于役이여 不知其期로다 曷(할)至哉아

부역에 나간 군자
돌아올 기한 모르네
언제나 돌아오려나

【箋】 箋云 曷은 何也라 君子(于)[1]往行役하되 我不知其反期하여 何時當來至哉아하니 思之甚이라

1) (于) : 저본의 교감기에 따라 衍文으로 처리하였다.

箋云 : 曷은 '언제'이다. '군자가 부역에 나갔는데 자신은 그가 돌아올 기한을 알지 못하여 어느 때나 돌아올 것인가.'라고 한 것이니, 매우 염려한 것이다.

鷄棲于塒(시)하고 日之夕矣니 羊牛下來로다

닭은 홰에 깃들고
날이 저무니
양과 소 내려오네

【傳】 鑿牆而棲曰塒(시)라

담을 뚫어 〈닭이〉 깃들게 하는 것을 '홰'라고 한다.

【箋】 箋云 鷄之將棲하고 日則夕矣니 羊牛從下牧地而來라 言畜産出入도 尙使有期節이어늘 至於行役者하야는 乃反不也라 ○ 塒는 鑿牆以棲鷄라

箋云 : 닭이 깃들려 하고 날이 저무니 소와 양도 목초지로부터 내려온 것이다. 가축이

들고 나는 것도 오히려 절도가 있는데 부역에 나간 사람은 도리어 그렇지 않음을 말한 것이다.

○ 塒는 담을 뚫어 닭이 깃들게 하는 것이다.

君子于役이여 如之何勿思리오

부역에 나간 군자
어이 염려하지 않으리오

【箋】 箋云 行役多危難이라 我誠思之라

箋云 : 行役은 어려움이 많다. 그리하여 내가 진실로 염려하는 것이다.

【疏】 傳'鑿牆而棲曰塒' ○ 正義曰 : 釋宮文也. 又云"鷄棲於杙(익)爲桀." 李巡曰"別鷄所棲之名. 寒鄕鑿牆, 爲鷄作棲曰塒."

傳의 〔鑿牆而棲曰塒〕

○ 正義曰 : ≪爾雅≫ 〈釋宮〉의 글이다. 또 "닭이 말뚝에 깃드는 것을 桀이라 한다."라고 하였는데, 李巡이 "닭이 깃드는 곳을 구분한 명칭이다. 추운 지방에서는 담을 뚫어 닭이 깃들 곳을 만든 것을 塒라 한다."라고 하였다.

君子于役이여 不日不月이니 曷其有佸(활)고

부역에 나간 군자
하루 한 달도 아니니
어느 때나 만날까

【傳】 佸은 會也라

佸은 '만남'이다.

【箋】 箋云 行役反無日月하니 何時而有來會期오 ○ 佸은 韓詩에 至也라

箋云 : 부역에 나가 돌아올 날과 달을 〈계산할 수〉 없으니 어느 때나 와서 만날 기약이 있는가.

○ 佸은 ≪韓詩≫에 "도착함이다."라고 하였다.

鷄棲于桀하고 **日之夕矣**니 **羊牛下括**이라

닭은 홰에 깃들고
날이 저무니
양과 소 내려오네

【傳】 鷄棲于杙爲桀이라 括은 至也라

닭이 말뚝에 깃드는 것을 '桀'이라 한다. 括은 '도착함'이다.

君子于役이여 **苟無飢渴**이어다

부역에 나간 군자
우선 기갈이나 없는지

【箋】 箋云 苟는 且也라 且得無飢渴고하니 憂其飢渴也라

箋云 : 苟는 '우선'이다. '우선 기갈이나 없는가?'라고 한 것이니, 그의 기갈을 근심한 것이다.

君子于役二章이니 **章八句**라

〈君子于役〉 2章이니 章마다 8句이다.

君子陽陽(군자양양)

【序】 **君子陽陽**은 **閔周也**라 **君子遭亂**하여 **相招爲祿仕**하니 **全身遠害而已**라

〈君子陽陽〉은 周의 일을 가슴 아프게 여긴 것이다.

군자가 난세를 만나 서로 불러 祿仕가 되었으니, 몸을 온전히 하고 해로움을 멀리했을 뿐이다.

【箋】 祿仕者는 苟得祿而已요 不求道行이라

祿仕는 구차하게 녹만을 얻을 뿐이고 〈자신의〉 도가 행해지기를 구하지 않는 것이다.

【疏】 '君子陽陽(二章 章四句)'至'而已' ○ 正義曰：作君子陽陽之詩者, 閔周也. 君子之人, 遭此亂世, 皆畏懼罪辜. 招呼爲祿仕, 冀安全已身, 遠離禍害已, 不復更求道行, 故作詩以閔傷之. 此敘其招呼之由, 二章皆言其相呼之事.

序의 〔君子陽陽〕에서 〔而已〕까지

○ 正義曰：〈君子陽陽〉의 詩를 지은 것은 周의 일을 가슴 아프게 여긴 것이다. 군자가 이러한 난세를 만나 모두 죄를 받을까 두려워하였다. 서로 불러 祿仕가 되었으니 자신의 몸을 안전하게 하고 재앙을 멀리하기만을 바랄 뿐이고 다시는 〈자신의〉 도가 행해지기를 구하지 않았다. 그리하여 시를 지어 가슴 아프게 여긴 것이다. 이는 서로 부른 이유를 서술하였으니, 두 장이 모두 서로 부른 일을 말한 것이다.

【箋】 箋'祿仕'至'道行' ○ 正義曰：君子仕於朝廷, 欲求行已之道, 非爲祿食而仕. 今言祿仕, 則是止爲求祿, 故知是苟得祿而已, 不求道行也.

箋의 〔祿仕〕에서 〔道行〕까지

○ 正義曰：군자가 조정에 벼슬하는 것은 자신의 도를 행하기를 구하고자 하는 것이지, 녹봉을 위해 벼슬하는 것은 아니다. 그러나 이제 '祿仕'라 하였으니, 그렇다면 이는 녹봉만을 구함이 된다. 그리하여 이것이 '苟得祿而已 不求道行'임을 안 것이다.

君子陽陽하여 左執簧하고 右招我由房[1)]하니

1) 房：房은 房中樂을 말한다. 房中樂은 周代에 시작된 樂歌의 형식으로 后·夫人이 궁중의 잔치에서 불러서 그 군자를 섬기는 것이니, 鐘磬의 절주를 쓰지 않고 〈周南〉·〈召南〉의 시를 거문고와 비파에 맞춰 노래한다.

군자 태연하게
왼손엔 생황을 잡고
오른손으로 나를 부르네 연주하자고

【傳】陽陽은 無所用其心也라 簧은 笙也요 由는 用也라 國君有房中之樂이라

陽陽은 마음 쓸 일이 없는 것이다. 簧은 笙이고, 由는 '씀'이다. 군주에게는 房中樂이 있다.

【箋】箋云 由는 從也라 君子祿仕在樂官이 左手持笙하고 右手招我니 欲使我從之於房中하여 俱在樂官也라 我者는 君子之友自謂也니 時在位하여 有官職也라

箋云 : 由는 '따름'이다. 祿仕하여 樂官에 있는 군자가 왼손으로 생황을 잡고 오른손으로 나를 부른 것이니, 나로 하여금 房中에서 그를 따라 함께 악관에 있게 하고자 한 것이다. '나[我]'는 군자의 벗이 스스로를 말한 것이니, 당시 관리가 되어 관직이 있는 사람이다.

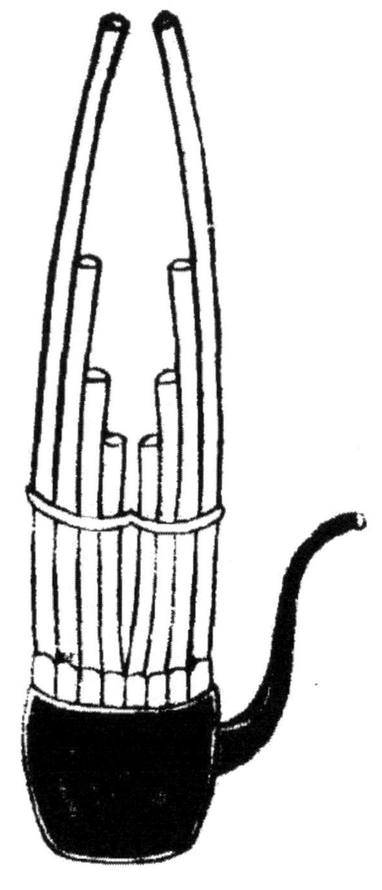

笙(≪五經圖彙≫)

其樂只且(저)로다

그저 즐겁도다

【箋】箋云 君子遭亂하여 道不行하니 其且樂此而已라 ○ 樂은 注且樂·和樂하니 及下章同이라

箋云 : 君子가 난세를 만나 도가 행해지지 않으니 다만 이를 즐길 뿐이다.
○ 樂은 '且樂'과 '和樂'으로 주석하였으니, 아래 章도 같다.

【疏】'君子'至'只且' ○ 毛以爲"君子祿仕賤職, 招呼其友, 此君子之友, 陳其呼己之事, 言有君子之人, 陽陽然無所用心, 在於樂官之位. 左手執其笙簧, 右手招我用此房中樂官之位, 言時世衰亂, 道教不行, 其且相與樂此而已." ○ 鄭唯以由爲從爲異, 餘同.

經의 〔君子〕에서 〔只且〕까지

○ 毛亨은 "군자가 천한 자리에 祿仕하여 그 벗을 불렀고, 이 군자의 벗은 그 군자가 자신을 부른 일을 서술하였으니, 군자가 의기양양하여 마음 쓸 일이 없이 樂官의 지위에 있는 것을 말한 것이다. 왼손으로는 생황을 잡고 오른손으로는 나를 이 房中樂을 연주하는 악관의 자리로 불렀으니, 당시에 세상이 쇠퇴하고 어지러워 도덕과 교화가 행해지지 않아 다만 서로 이것으로 즐거워하였을 뿐임을 말한 것이다."라고 여겼다.

○ 鄭玄은 '由'를 '從'으로 여긴 것만 다르고 나머지는 같다.

【疏】 傳'陽陽'至'之樂' ○ 正義曰 : 言無所用心者, 史記稱晏子御"擁大蓋, 策四馬, 意氣陽陽, 甚自得." 則陽陽是得志之貌. 賢者在賤職, 而亦意氣陽陽, 是其無所用心, 故不憂. 下傳云"陶陶, 和樂." 亦是無所用心, 故和樂也. 簧者, 笙管之中金薄鍱(섭)也. 春官笙師注鄭司農云"笙十三簧." 笙必有簧, 故以簧表笙. 傳以笙簧一器, 故云"簧笙"也. 月令"仲夏, 調竽・笙・篪・簧." 則簧似別器者. 彼於竽・笙・篪三器之下而別言簧者, 欲見三器皆有簧, 簧非別器也.

傳의 〔陽陽〕에서 〔之樂〕까지

○ 正義曰 : '無所用心'이라 한 것은, ≪史記≫ 〈管晏列傳〉에 晏子의 마부를 일컬어 "큰 일산을 펴고 네 마리 말에 채찍질하여 의기가 陽陽하여 매우 만족하였다."라고 하였으니, 그렇다면 '陽陽'은 뜻을 이룬 모습이다. 현자가 賤職에 있으면서도 의기가 양양하니, 이는 마음을 쓰는 바가 없는 것이다. 그리하여 근심하지 않는 것이다. 아래 章의 傳에 "陶陶는 화락이다."라고 한 것도 마음을 쓰는 바가 없는 것이다. 그리하여 화락한 것이다.

簧은 笙의 管 속에 있는 얇은 쇠 떨림판이다. ≪周禮≫ 〈春官 笙師〉의 注에 鄭司農이 '笙은 簧이 13개가 있다."라고 하였으니, 笙에는 반드시 簧이 있다. 그리하여 簧으로 笙을 나타낸 것이다. 傳은 笙簧이 하나의 악기이기 때문에 "簧은 笙이다."라고 한 것이다. ≪禮記≫ 〈月令〉에 "仲夏에 竽・笙・篪・簧을 조율한다."라고 하였으니, 그렇다면 簧이 다른 악기인 듯하다. 그러나 저 ≪禮記≫에서 竽・笙・篪의 세 악기의 아래에 따로 簧을 말한 것은 세 악기에 모두 簧이 있는 것을 보이고자 한 것이지 簧이 별도의 악기라는 것은 아니다.

【疏】 若然, 三器皆有簧, 何知此非竽・篪而必以爲笙者. 以笙師備言樂器有笙簧, 鹿鳴云"吹笙鼓簧." 言吹笙則鼓簧, 是簧之所用, 本施於笙. 言笙可以見簧, 言簧可以見笙, 故知簧卽笙, 非竽・篪也. 此執笙招友, 欲令在房, 則其人作樂, 在房內矣, 故知國君有房中之樂. 此實天子而言國君者, 以諸侯亦有此樂, 擧國君以明天子. 譜云"路寢[1]之常樂, 風之正經, 天子以周南, 諸侯以召南." 是天子諸侯, 皆有房中之樂也.

1) 路寢 : 路는 大의 뜻이고 寢은 室의 뜻이니, 곧 天子나 諸侯가 정사를 듣는 正殿을 가리킨다.

만약 그렇다면 세 악기가 모두 簧이 있는데 어떻게 여기에서는 竽와 篪가 아니고 반드시 생황이 됨을 알 수 있는가? 〈笙師〉에 악기에 생황이 있음을 갖추어 말하고, 〈小雅 鹿鳴〉에 "생을 불어 황을 울려〔吹笙鼓簧〕"라 하였는데, 笙을 불면 곧 簧을 울리는 것이니 이는 簧의 쓰임이 본래 笙에 쓰이는 것임을 말한 것이다. 笙을 말하면 簧을 알 수 있고, 簧을 말하면 笙을 알 수 있다. 그리하여 簧이 바로 笙이고 竽와 篪가 아님을 안 것이다.

여기에서는 笙을 잡고 벗을 불러 房中樂을 연주하는 자리에 있게 하고자 하였으니, 그렇다면 그 사람이 음악을 연주할 때 방의 안에 있는 것이다. 그리하여 國君에게 방중악이 있음을 안 것이다. 이는 실제로 천자인데 국군이라 말한 것은 제후도 이 음악이 있기 때문에 국군을 거론하여 천자임을 밝힌 것이다. ≪詩譜≫에 "路寢의 통상적인 음악이 國風의 正經이니, 천자는 〈周南〉으로 연주하고 제후는 〈召南〉으로 연주한다."라고 하였으니, 이는 천자와 제후가 모두 방중악이 있는 것이다.

【疏】 箋'由從'至'官職' ○正義曰 : 釋詁云"由・從, 自也." 俱訓爲自, 是由得爲從. 以招人必欲其從己, 故易傳也. 此君子之友, 說君子招己, 故言"我, 君子之友自謂也." 此人, 於時在位, 有官職, 故君子得招之. 鄭志張逸問"何知在位, 有官職, 又男子焉得在房." 答曰"房中而招人, 豈遠乎, 故知可招者當在位也. 招之者樂官, 有祿而無言責, 苟免時耳. 路寢房中可用男子, 是說男子得在房招友之事也." 斯干箋云"宗廟及路寢, 制如明堂[1]." 則天子路寢有五室[2], 無左右房矣.

1) 明堂 : 天子가 朝見(조현)을 받는 正殿을 말한다.

2) 五室 : 五行을 형상하여 다섯 개의 室을 두었다.

箋의 〔由從〕에서 〔官職〕까지

○ 正義曰 : ≪爾雅≫ 〈釋詁〉에 "由와 從은 自이다."라고 하여 모두 訓을 自라 하였으니, 이것이 由가 從이 되는 것이다. 사람을 부르는 것은 반드시 자기를 따르게 하고자 하는 것이다. 그리하여 傳의 〈訓을〉 바꾼 것이다.

이 군자의 벗이 군자가 자기를 부르는 것을 말하였다. 그리하여 '我 君子之友自謂也'라고 한 것이다. 이 사람이 당시 관리가 되어 관직이 있었다. 그리하여 군자가 그를 부를 수 있었으니, ≪鄭志≫에 張逸이 "어떻게 〈벗이〉 관리가 되어 관직이 있고, 또 남자가 어떻게 방에 있음을 알 수 있습니까?"라고 하니, 답하기를 "방에서 사람을 부른다면 어떻게 먼 곳에 있겠는가. 그리하여 부를 수 있는 사람은 관직에 있어야 함을 안 것이다. 부른 사람은 악관으로 녹봉이 있지만 간언할 책임이 없으니 구차히 난세를 면할 뿐이다.

路寢의 房中樂은 남자를 쓸 수 있으니, 이는 남자가 방에서 벗을 부를 수 있는 것임을 말한 것이다."라고 하였다. 〈小雅 斯干〉의 箋에 "宗廟와 노침의 제도는 明堂과 같다."라고 하였으니, 천자의 노침에는 다섯 개의 室이 있고 좌우의 방은 없다.

【疏】 言路寢房中可用男子者, 此路寢之樂, 謂路寢之下小寢[1]之內作之, 非於正寢作樂也. 何則, 玉藻云"君日出而視朝, 退適路寢, 聽政, 使人視大夫, 大夫退然後, 適小寢, 釋服." 是路寢以聽政, 小寢以燕息, 路寢非燕息之所也. 下箋云"欲使從之於燕舞之位." 以燕言之, 明不在路寢也. 樂實不在路寢, 而譜云"路寢之樂"者, 云"路寢房中"者, 以小寢是路寢之下室, 繫路寢言之. 天官宮人"掌六寢之脩." 注云"六寢者, 路寢一, 小寢五." 是小寢繫於路寢之事也. 天子小寢, 如諸侯之路寢, 故得有左右房.

1) 小寢 : 天子와 제후의 寢宮이니 燕寢이라고도 한다.

'路寢의 房中樂에 남자를 쓸 수 있다.'라고 한 것은 노침의 음악이 노침의 아래인 小寢의 안에서 연주함을 말한 것이니, 正寢에서 음악을 연주한 것이 아니다. 어째서인가. ≪禮記≫ 〈玉藻〉에 "군주는 해가 뜨면 조회를 보고 물러나 노침으로 가서 정사를 듣고 사람을 시켜 대부를 살펴보게 하여 대부가 물러간 뒤에 소침으로 가서 朝服을 벗는다."라고 하였다. 이는 노침에서 정사를 듣고 소침에서 휴식을 하는 것이니, 노침은 쉬는 장소가 아니다. 아래 장의 箋에 "燕席의 춤추는 자리로 따르게 하고자 하였다."라고 하여 燕으로 말했으니, 분명 노침에 있는 것이 아니다. 음악을 〈연주하는 곳이〉 실제는 노침에 있는 것이 아닌데, ≪詩譜≫에서 "路寢之樂"이라 한 것과 "路寢房中"이라 한 것은 소침이 노침의 內室이기 때문에 노침에 연계하여 말한 것이다. ≪周禮≫ 〈天官 宮人〉에 "六寢의 청소를 맡는다."라고 하였는데, 注에 "六寢은 노침이 하나이고, 소침이 다섯이다."라고 하였으니, 이는 소침으로 노침에 연계시킨 사례이다. 천자의 소침은 제후의 노침과 같다. 그리하여 좌우에 방이 있을 수 있는 것이다.

君子陶陶하여 左執翿(도)하고 右招我由敖하니

군자 화락하여
왼손엔 깃을 잡고
오른손으로 나를 부르네 놀기나 하자고

【傳】 陶陶는 和樂貌라 翿는 纛(독)也며 翳(예)也라

陶陶는 '和樂한 모습'이다. 翿는 '기'이며 '깃'이다.

【箋】 箋云 陶陶는 猶陽陽也라 翳는 舞者所持니 謂羽舞也라 君子左手持羽하고 右手招我하여 欲使我從之於燕舞之位니 亦俱在樂官也라 ○ 敖는 遊也라 燕은 本又作宴이라

箋云 : 陶陶는 '陽陽'과 같다. 翳는 춤추는 사람이 잡는 물건이니 羽舞를 말한다. 군자가 왼손으로 깃을 잡고 오른손으로 나를 불러 나로 하여금 燕席의 춤추는 자리로 따르게 하고자 한 것이니, 또한 함께 악관에 있는 것이다.

○ 敖는 '놀다'이다. 燕은 '宴'으로 되어 있는 본도 있다.

其樂只且로다

그저 즐겁도다

【疏】 傳'翿纛也翳也' ○ 正義曰 : 釋言云"翿, 纛也." 李巡曰"翿, 舞者所持纛也." 孫炎曰"纛, 舞者所持羽也." 又云"纛, 翳也." 郭璞云"所持以自蔽翳也." 然則翿訓爲纛也, 纛所以爲翳, 故傳幷引之.

傳의 〔翿纛也翳也〕

○ 正義曰：≪爾雅≫〈釋言〉에 "翿는 '기〔纛〕'이다." 하였는데, 李巡은 "翿는 춤추는 사람이 잡는 기이다."라고 하고, 孫炎은 "纛은 춤추는 사람이 잡는 깃이다."라고 하고, 또 "纛은 '깃〔翳〕'이다."라고 하며, 郭璞은 "잡고 스스로 가리는 翳이다."라고 하였으니, 그렇다면 翿의 훈이 纛이 되고, 纛은 가리는 것이다. 그리하여 傳에서 함께 인용한 것이다.

君子陽陽二章이니 **章四句**라

〈君子陽陽〉 2章이니 章마다 4句이다.

揚之水(양지수)

【序】 揚之水는 **刺平王也**라 **不撫其民而遠屯戍于母家**하니 **周人怨思焉**이라

〈揚之水〉는 平王을 풍자한 것이다.

백성을 돌보지 않고 멀리 어머니 나라에 주둔하여 수비하게 하니 周人이 원망하고 그리워하였다.

【箋】 怨平王恩澤不行於民이로대 而久令屯戍하여 不得歸하여 思其鄉里之處者라 言周人者는 時諸侯亦有使人戍焉이라 平王母家申國이 在陳鄭之南하여 迫近彊楚러니 王室微弱하여 而數(삭)見侵伐일새 王是以戍之라 ○ 揚은 如字니 或作楊木之字는 非라 戍는 守也니 韓詩云舍라 思는 如字라 近은 附近之近이나 或如字라

平王의 은택이 백성들에게 베풀어지지 못했는데 오래도록 주둔하여 수비하게 하여 〈수자리 살러 간 백성이〉 돌아가지 못함을 원망하여 고향에 있는 사람을 그리워한 것이다. '周人'이라 한 것은, 당시의 제후 중에도 백성들로 하여금 수비하게 함이 있었기 때문이다. 평왕의 어머니 나라인 申國이 陳과 鄭의 남쪽에 있어 강성한 楚에 가까웠는데, 왕실이 미약하여 자주 침략을 당했으므로 평왕이 이 때문에 수비하게 한 것이다.

○ 揚은 본음으로 읽으니, 간혹 '楊木'의 '楊'자로 되어 있는 것은 잘못이다. 戍는 '지킴'이니, ≪韓詩≫에는 '군영(舍)'이라 하였다. 思는 본음으로 읽는다. 近은 '附近'의 '近'이지

만 혹은 본음으로 읽는다.

【疏】'揚之水(三章 章六句)'至'思焉' ○ 正義曰 : 不撫其民, 三章章首二句是也, 屯戍母家, 次二句是也, 思者, 下二句是也. 此三章, 皆是所怨之思, 俱出民心, 故以怨配思而摠之.

序의 〔揚之水〕에서 〔思焉〕까지

○ 正義曰 : '不撫其民'은 세 章의 1,2句가 이것이고, '屯戍母家'는 다음 3,4句가 이것이며, 생각한 것은 아래 두 句가 이것이다. 이 詩 세 章은 모두 원망하는 생각이니 모두 민심에서 나왔다. 그리하여 '怨'을 '思'와 짝하여 총괄하였다.

【疏】箋'怨平王'至'戍之' ○ 正義曰 : 此刺平王, 不嫌非是周人, 而特言周人者, 時諸侯亦有使人戍焉, 故言周人以別之. 諸侯之戍, 亦由於王, 諸侯之人所以不怨者, 時王政不加於諸侯, 諸侯自使戍耳. 假有所怨, 自怨其君, 故周人獨怨王也. 車牽・白華之序, 亦云"周人." 但其詩在雅, 天下爲一, 此則下同列國, 故須辨之. 杜預云"申, 今南陽宛縣." 是也. 在陳・鄭之南, 後竟爲楚所滅, 故知迫近彊楚, 數見侵伐, 是以戍之.

箋의 〔怨平王〕에서 〔戍之〕까지

○ 正義曰 : 이 시는 平王을 풍자한 것이니, 周人이 아니라고 의심할 일이 아닌데도 특별히 '周人'을 말한 것은, 당시 제후 중에도 백성들로 하여금 수비하게 한 자가 있었다. 그리하여 周人을 말하여 구별한 것이다.

諸侯가 수비하는 것도 왕으로 말미암는 것인데도 제후의 백성들이 왕을 원망하지 않은 까닭은, 당시 왕의 정사가 제후에게 미치지 못하여 제후 스스로 방어하게 하였을 뿐이기 때문이다. 만약 원망할 일이 있으면 스스로 자기의 군주를 원망하였다. 그리하여 周人만이 왕을 원망한 것이다.

〈小雅 車牽〉과 〈白華〉의 序에도 周人이라 하였다. 다만 그 시는 '雅'에 있고 천하가 하나였으나, 이 시는 낮추어 여러 제후국과 같았다. 그리하여 굳이 구분한 것이다.

杜預가 "申은 지금의 南陽郡 宛縣이다."라고 하였으니 이곳이다. 〈申은〉 陳과 鄭의 남쪽에 있었는데, 훗날 마침내 楚에 멸망했다. 그리하여 강한 초나라에 가까워 자주 침략을 받아 이 때문에 수비하였음을 안 것이다.

揚之水여 不流束薪이로다

급하게 흐르는 물
나뭇단 띄워 옮기지 못하네

【傳】 興也라 揚은 激揚也라

興이다. 揚은 급하게 흐르는 물이다.

【箋】 箋云 激揚之水至湍迅(단신)이로대 而不能流移束薪이라 興者는 喩平王政教煩急이로대 而恩澤之命이 不行于下民이라

箋云 : 급히 흐르는 물이 매우 급하고 빠른데도 나뭇단을 옮기지 못한 것이다. 興한 것은 平王의 정사와 교화가 번잡하고 급박한데도 은택의 명령이 백성들에게 행해지지 못함을 비유한 것이다.

彼其之子여 不與我戍申이로다

저기 저 그 사람
나와 申에 와 수자리하지 않네

【傳】 戍는 守也라 申은 姜姓之國이니 平王之舅라

戍는 '지킴'이다. 申은 姜姓의 나라이니 平王 외삼촌의 나라이다.

【箋】 箋云 之子는 是子也라 彼其是子 獨處鄕里하여 不與我來守申이라하니 是思之言也라 其或作記하고 或作己하니 讀聲相似라 ○ 其는 音記니 詩內皆放此요 或作己亦同이라

箋云 : '之子'는 이 사람이다. 저기 저 사람만 고향에 남아 나와 함께 와서 申을 방어하지 않는다고 한 것이니, 이는 그리워하는 말이다. '其'는 '記'로도 되어 있고 '己'로도 되어 있으니, 독음이 서로 같다.

○ '其'는 음이 '記'이니 ≪詩經≫ 안에서는 모두 이와 같고, 혹 '己'로 되어 있는 경우도

같다.

懷哉懷哉아 曷月予還歸哉리오

편안한가 편안한가

어느 달에나 나 돌아갈꼬

【箋】 箋云 懷는 安也니 思鄕里處者라 故曰 今亦安不哉安不哉아 何月我得歸還見之哉리오하니 思之甚이라

箋云 : 懷는 '편안함'이니 고향에 남아 있는 사람을 그리워하였다. 그리하여 "지금도 편안한가? 편안한가? 어느 달에나 돌아가 만날까?"라고 한 것이니 매우 그리워한 것이다.

【疏】 '揚之水'至'歸哉' ○毛以爲 "激揚之水, 豈不能流移一束之薪乎. 言能流移之, 以興王者之尊, 豈不能施行恩澤於下民乎, 言其能施行之. 今平王不撫下民, 自不爲耳, 非不能也. 王旣不撫下民, 又復政教頗僻, 彼其之子在家, 不與我共戍申國, 使我獨行, 偏當勞苦. 自我之來, 日月已久, 此在家者, 今日安否哉, 安否哉, 何月得還歸見之哉, 羨其得在家, 思願早歸見之, 久不得歸, 所以爲怨." 鄭唯上二句爲異, 餘同.

經의 〔揚之水〕에서 〔歸哉〕까지

○ 毛亨은 "'급히 흐르는 물이 어찌 한 묶음의 나뭇단을 옮기지 못하겠는가.'라는 것은 옮길 수 있음을 말하여, '왕의 존귀함으로 어찌 백성들에게 은택을 베풀지 못하는가.'를 興하였으니, 베풀 수 있음을 말한 것이다. 지금 平王이 백성들을 보살피지 않음은 스스로 하지 않을 뿐이지 할 수 없는 것이 아니다. 왕이 백성을 보살피지 않고 또 다시 정사와 교화를 치우치게 하여, 저기 저 사람은 집에 있어 나와 함께 申國을 방어하지 않고 나로 하여금 홀로 오게 하여 노고가 공평하지 못하였다. 내가 수비하러 온 때부터 세월이 이미 오래되었는데, 고향에 남아 있는 사람은 '지금 편안한가? 편안한가? 어느 달에나 돌아가 그를 볼 것인가?'라고 하였으니, 고향에 남아 있는 사람을 부러워하여 속히 돌아가 그를 보기를 바란 것이고, 오랫동안 돌아가지 못해 원망한 것이다."라고 여겼다. 鄭玄은 위 두 句만을 다르게 여겼고 나머지는 같다.

【疏】 傳'興也 揚 激揚' ○ 正義曰 : 激揚, 謂水急激而飛, 揚波流疾之意也. 此傳不言興意, 而鄭風亦云"揚之水, 不流束楚." 文與此同, 傳曰"激揚之水, 可謂不能流漂束楚乎." 則此亦不與鄭同, 明別爲興.

傳의 〔興也 揚 激揚〕

○ 正義曰 : '激揚'은 물이 급하고 격렬하여 나는 듯한 것을 말하니, 물결치면서 빠르게 흐른다는 뜻이다. 이 傳에서는 興한 뜻을 말하지 않았지만, 〈鄭風 揚之水〉에도 "揚之水 不流束楚"라 하여 글이 여기와 같은데, 傳에 "급히 흐르는 물이니, 나뭇단을 옮기지 못한다고 말할 수 있는가."라고 하였다. 그렇다면 여기서도 정현의 뜻과 다르니, 興이 됨을 밝혀 구별한 것이다.

【疏】 箋'懷安'至'之甚' ○ 正義曰 : 釋詁云"懷・安, 止也." 俱訓爲止, 是懷得爲安. 此承'不與我戍申'之下, 故知思鄕里處者之安否也. 役人所思, 當思其家, 但旣怨王政不均, 羨其在家處者. 雖託辭於處者, 願早歸而見之, 其實所思之甚, 在於父母妻子耳.

箋의 〔懷安〕에서 〔之甚〕까지

○ 正義曰 : ≪爾雅≫ 〈釋詁〉에 "懷와 安은 止이다."라고 하여 모두 훈을 '止'라고 하였으니, 이것이 '懷'가 '安'이 될 수 있는 것이다. 여기에서 '不與我戍申'의 아래에 이어졌다. 그리하여 고향에 남아 있는 사람의 안부를 그리워함을 안 것이다. 부역을 나간 사람이 그리워하는 것은 당연히 자기 집안을 그리워하는 것인데, 단지 王政이 고르지 않음을 원망하여 고향에 남아 있는 사람을 부러워한 것이다. 비록 남아 있는 사람에게 말을 가탁하여 속히 돌아가 보기를 원한 것이지만, 그러나 실제 간절히 그리워한 것은 부모와 처자에게 있는 것이다.

揚之水여 不流束楚로다

급하게 흐르는 물
나뭇단 띄워 옮기지 못하네

【傳】 楚는 木也라

楚는 '나무'이다.

彼其之子여 不與我戍甫로다

저기 저 그 사람

나와 甫에 와 수자리하지 않네

【傳】 甫는 諸姜也라

甫는 姜姓의 나라이다.

懷哉懷哉아 曷月予還歸哉리오

편안한가 편안한가

어느 달에나 나 돌아갈꼬

【疏】 傳'甫諸姜' ○ 正義曰：尙書有呂刑之篇, 禮記引之, 皆作甫刑. 孔安國云"呂侯後爲甫侯." 周語云"祚四岳, 爲侯伯, 賜姓曰姜, 氏曰有呂."[1] 又曰"申・呂雖衰, 齊・許猶在." 是申與甫・許同爲姜姓, 故傳言"甫, 諸姜", "許, 諸姜", 皆爲姓與申同也. 平王母家申國, 所戍唯應戍申, 不戍甫・許也. 言甫・許者 以其同出四岳, 俱爲姜姓, 旣重章以變文, 因借甫・許以言申, 其實不戍甫・許也. 六國[2]時, 秦・趙皆伯益[3]之後, 同爲嬴姓. 史記・漢書多謂秦爲趙, 亦此類也.

1) 祚四岳……氏曰有呂：'四岳'은 堯舜시대의 官名으로, 사방의 諸侯를 통솔하던 우두머리를 지칭한다. ≪國語≫ 〈周語〉에 "四岳의 나라에 복을 내리고 侯伯에 임명하여 姓을 내리기를 '姜'이라 하고 氏를 '有呂'라 하였으니, 禹의 신하가 되어 만물을 기르고 백성을 풍족하게 할 수 있었다.〔祚四岳國 命以侯伯 賜姓曰姜 氏曰有呂 謂其能爲禹股肱心膂 以養物豐民人也〕"라고 하였다.
2) 六國：戰國時代 秦의 동쪽에 위치했던 齊・楚・燕・韓・趙・魏를 가리킨다.
3) 伯益：舜임금 때의 東夷의 영수로 嬴姓을 쓰는 각 민족의 선조가 된다. 禹임금을 도와 치수에 공이 있어 선위하려고 했으나 피하여 箕山의 북쪽에 은거하였다.

傳의 〔甫諸姜〕

○ 正義曰：≪尙書≫에 〈呂刑〉편이 있는데, ≪禮記≫에서 인용하여 모두 〈甫刑〉편이

라 하였다. 孔安國이 "呂侯가 나중에 甫侯가 되었다."라고 하고, ≪國語≫ 〈周語〉에 "四岳에 복을 내려 侯伯으로 삼고 姓을 '姜'으로 내리고 氏를 '有呂'라 하였다."라고 하고, 또 말하기를 "申과 呂는 비록 쇠미했으나 齊와 許는 아직 남아 있다."라고 하였으니, 申과 甫와 許는 함께 姜姓이다. 그리하여 傳에서 "甫는 姜姓의 나라이다." 하고, "許는 姜姓의 나라이다."라 말하였으니 모두 姓이 申과 같다. 平王의 외가가 申國이었으니 방어한 곳은 응당 申을 방어한 것이고 甫와 許를 방어한 것이 아니다. 그런데도 甫와 許를 말한 것은 그들이 모두 四岳의 후손으로 姜姓이기 때문이니, 章을 거듭하여 變文한 것이다. 이로 인하여 甫와 許를 빌려 申을 말한 것이지 실제로 甫와 許를 방어한 것이 아니다. 戰國時代에 秦과 趙가 모두 伯益의 후예로 함께 嬴姓이었다. 그리하여 ≪史記≫와 ≪漢書≫에 秦을 趙라고 한 것이 많은 것도 이러한 종류이다.

揚之水여 不流束蒲로다

급하게 흐르는 물
풀단도 띄워 옮기지 못하네

【傳】 蒲는 草也라

蒲는 '풀'이다.

【箋】 箋云 蒲는 蒲柳라 ○蒲如字라 孫毓云 蒲草之聲이 不與戍許相協하니 箋義爲長이나 今則二蒲之音이 未詳其異耳라

蒲(≪詩經名物圖解≫)

箋云 : 蒲는 '갯버들'이다.

○ 蒲는 본음으로 읽는다. 孫毓은 "蒲가 草일 때의 음이 戍許의 許와 어울리지 않으니, 箋의 뜻이 낫다."라고 하였으나, 지금은 〈'草'일 때와 '蒲抑'일 때의〉 두 가지 蒲의 음이 어떻게 다른지 자세하지 않다.

彼其之子여 不與我戍許로다

저기 저 그 사람은
나와 許에 와 수자리하지 않네

【傳】 許는 諸姜也라

許는 姜姓의 나라이다.

懷哉懷哉여 曷月予還歸哉아

편안한가 편안한가
어느 달에나 나 돌아갈꼬

【疏】 箋'蒲蒲柳' ○ 正義曰 : 以首章言薪, 下言蒲・楚, 則蒲・楚是薪之木名, 不宜爲草, 故易傳以蒲爲柳. 陸機疏云"蒲柳有兩種, 皮正靑者曰小楊, 其一種皮紅者曰大楊. 其葉皆長廣於柳葉, 皆可以爲箭幹, 故春秋傳曰'董澤之蒲, 可勝旣乎.' 今又以爲箕鑵之楊也."

箋의 〔蒲蒲柳〕

○ 正義曰 : 首章에 '薪'을 말하고 아래 장에서 蒲와 楚를 말했으니, 그렇다면 蒲와 楚는 땔감용 나무의 이름이니 '草'라 해서는 안 된다. 그리하여 傳을 바꾸어 蒲를 '蒲柳'라고 한 것이다. 陸機의 ≪毛詩草木鳥獸蟲魚疏≫에 "갯버들은 두 종류가 있는데 껍질이 靑色인 것을 '小楊'이라 하고, 다른 한 종은 껍질이 紅色인데 '大楊'이라 한다. 그 잎이 모두 버드나무 잎보다는 길쭉하고 넓으며 모두 화살대를 만들 수 있다. 그리하여 ≪春秋左氏傳≫ 宣公 12년에 '董澤의 버들을 다 쓸 수 있겠는가.'라고 하였으니, 지금은 또 키와 두레박을 만드는 버들이다."라고 하였다.

揚之水三章이니 章六句라

〈揚之水〉 3章이니 章마다 6句이다.

中穀有蓷(중곡유퇴)

【序】 **中谷有蓷**는 **閔周也**라 **夫婦日以衰薄**하여 **凶年饑饉**으로 **室家相棄爾**라

〈中谷有蓷〉는 周의 일을 가슴 아프게 여긴 것이다.

夫婦의 정이 날로 야박해져 흉년에 기근이 들자 부부가 서로를 버린 것이다.

○ 蓷는 韓詩云 茺蔚(충울)也라하고 廣雅에 又名益母라 飢는 本或作饑하니 穀不熟이요 饉은 蔬不熟이라

○ 蓷는 ≪韓詩≫에 '익모초[茺蔚]이다.'라고 하고, ≪廣雅≫에 또 '益母'라고 하였다. 飢는 饑로 되어 있는 本도 있으니 곡식이 여물지 않는 것이고, 饉은 채소가 자라지 않는 것이다.

【疏】 '中谷有蓷(三章章六句)'至'棄爾' ○ 正義曰：作中谷有蓷詩者, 言閔周也. 平王之時, 民人夫婦之恩, 日日益以衰薄, 雖薄未至棄絶, 遭遇凶年饑饉, 遂室家相離棄耳. 夫婦之重逢, 遇凶年薄而相棄, 是其風俗衰敗, 故作此詩以閔之. '夫婦日以衰薄', 三章章首二句是也, '凶年饑饉, 室家相棄', 下四句是也.

序의 〔中谷有蓷〕에서 〔棄爾〕까지

○ 正義曰：〈中谷有蓷〉 시를 지은 것은 周의 일을 가슴 아프게 여김을 말한 것이다. 平王 때에 백성의 부부간 은애가 날로 야박해졌고, 비록 야박해졌지만 아직 버리는 데에는 이르지 않았었는데, 흉년의 굶주림을 만나 마침내 부부가 서로 버렸다. 부부의 소중한 만남이 흉년을 만나 야박해져 서로 버린 것이니, 그 풍속이 쇠미해진 것이다. 그리하여 이 시를 지어 가슴 아프게 여긴 것이다. '夫婦日以衰薄'은 세 章의 처음 두 句가 이것이고, '凶年饑饉 室家相棄'는 아래 네 句가 이것이다.

【疏】 夫婦衰薄, 以凶年相棄, 假陸草遇水而傷, 以喻夫恩薄厚. 蓷之傷於水, 始則濕, 中則脩, 久而乾(간), 猶夫之於婦, 初已衰, 稍而薄, 久而甚, 甚乃至於相棄. 婦旣見棄, 先擧其重, 然後倒本其初, 故章首二句先言乾, 次言脩, 後言濕, 見夫之遇己, 用凶年深淺

爲薄厚也. 下四句, 言婦旣被棄, 怨恨以漸而甚, 初而嘆, 次而歗(소), 後而泣. 旣嘆而後乃歗, 艱難亦輕於不淑, '何嗟及矣', 是決絶之語, 故以爲篇終, 雖或逆或順, 各有次也.

夫婦의 정이 야박해져서 흉년 때문에 서로 버렸으니, 뭍의 풀이 물을 만나 해를 입은 것을 가설하여 지아비의 정이 야박해짐을 비유한 것이다. 익모초가 물에 해를 입어 처음에는 젖고 조금 지나면 마르다가 오래되면 바짝 마른다. 이것이 마치 남편이 아내에게 처음에 정이 야박해지다가 조금 지나면 각박해지고 오래되면 심해지며, 심해지다가 마침내 서로 버리는 지경에 이르는 것과 같은 것이다. 아내가 버려진 뒤에 먼저 그 중한 것을 들고 그런 다음에 역으로 그 처음을 말하였다. 그리하여 章의 처음 두 句에서 먼저 '乾'을 말하고 다음에 '脩'를 말하였으며 나중에 '濕'을 말하여, 남편이 자신을 대우한 것이 흉년의 정도에 따라 야박해졌음을 드러낸 것이다.

아래 네 句는 아내가 버림받아 원한이 점차로 심해져서, 처음에 탄식하고 다음엔 울부짖으며 나중에 운 것을 말한 것이다. 탄식한 뒤에 휘파람을 불었으니 '어려움〔艱難〕'이 또한 '좋지 못한 대접〔不淑〕'보다 가벼운 것이고, '아! 어찌해야 정을 회복할까〔何嗟及矣〕'는 결단하여 끊는 말이다. 그리하여 篇의 마무리로 삼은 것이다. 〈말을 한 것이〉 비록 逆順의 차이가 있으나 각각 차서가 있다.

蓷(≪毛詩品物圖攷≫)

中谷有蓷 暵(한)其乾(간)矣로다

골짜기의 익모초
바짝 말라비틀어졌네

【傳】 興也라 蓷는 鵻(추)也요 暵은 菸(언)貌라 陸草生於谷中하여 傷於水라

興이다. 蓷는 '익모초'이고, 暵은 '말라비틀어진 모습'이다. 뭍에서 자라는 풀이 골짜기에 나서 물에 상한 것이다.

【箋】 箋云 興者는 喻人居平安之世 猶鵻之生於陸하니 自然也요 遇衰亂凶年이 猶鵻之生谷中하여 得水則病將死라 ○ 暵은 說文云 水濡而乾也라 字作灘(탄)하고 又作灘(탄)이라 鵻는 爾雅又作萑(추)하니 音同이라 菸은 說文云 鬱也라하고 廣雅云 臭라하다

箋云 : 興한 것은, 사람이 평화로운 세상에 사는 것이 익모초가 뭍에서 자라는 것과 같으니 자연스러운 일이고, 어지럽고 흉년이 드는 세상을 만난 것이 익모초가 골짜기에 자라는 것과 같아 물을 만나면 병들어 죽게 되는 것을 비유한 것이다.

○ 暵은 ≪說文解字≫에 "물에 젖었다가 마르는 것이다."라고 하였는데, 글자는 '灘'으로 쓰고 '灘'으로도 쓴다. 鵻는 ≪爾雅≫에 '萑'로도 쓰는데 음은 같다. 菸은 ≪說文解字≫에 '鬱'이라 하고 ≪廣雅≫에 '臭'라 하였다.

有女仳(비)離라 嘅(개)其嘆矣로다

생이별한 여인네

한숨짓고 탄식하네

【傳】 仳는 別也라

仳는 '헤어짐'이다.

【箋】 箋云 有女遇凶年而見棄하여 與其君子別離하고 嘅然而嘆이니 傷已見棄其恩薄이라 ○ 嘆은 本亦作歎하니 協韻也라

箋云 : 여인이 흉년을 만나 버림받아 남편과 이별하고 한숨짓고 탄식한 것이니, 자기가 남편의 은애가 야박해져 버려진 것을 상심한 것이다.

○ 嘆은 '歎'으로 되어 있는 본이 있으니, 協韻이다.

嘅其嘆矣하니 遇人之艱難矣로다

한숨짓고 탄식하니

남편의 박대를 만났네

【傳】 艱亦難也라

艱도 '어려움'이다.

【箋】 箋云 所以嘅然而嘆者는 自傷遇君子之窮厄이라

箋云 : 한숨짓고 탄식하는 이유는 군자에게 〈자신이〉 곤궁함을 당한 것을 스스로 상심해서이다.

【疏】 '中谷'至'難矣' ○ 正義曰 : 言谷中之有蓷草, 爲水浸之, 暵然其乾燥矣, 以喩凶年之有婦人, 其夫遇之恩情甚衰薄矣. 蓷草, 宜生高陸之地, 今乃生於谷中, 爲谷水浸之, 故乾燥而將死, 喩婦人宜居平安之世, 今乃居於凶年, 爲其夫薄之, 故情疎而將絶, 恩旣疎薄, 果至分離矣. 有女與夫別離, 嘅然其長嘆矣, 所以長嘆者, 自傷逢遇人之艱難於己矣. 人者, 斥其夫, 艱難, 謂無恩情而困苦之.

經의 〔中谷〕에서 〔難矣〕까지

○ 正義曰 : 골짜기에 자란 익모초가 물에 젖어 바짝 말라비틀어진 것을 말하여, 흉년을 만난 부인에게 그 남편의 대우하는 은정이 매우 야박해진 것을 비유한 것이다. 익모초는 높은 뭍에서 자라야 하는데, 지금 도리어 골짜기에 나서 골짜기 물에 젖었다. 그리하여 바짝 말라비틀어져 죽으려 하는 것으로, 부인은 평안한 세상에 살아야 하는데 지금 도리어 흉년을 만나 남편에게 박대를 받아 정이 야박해져 단절되게 되었으니, 은애가 야박해져서 결국 이별함에 이른 것을 비유한 것이다. 여인이 남편과 이별하고 한숨짓고 길게 탄식하였으니, 길게 탄식한 까닭은 남편이 자기에게 곤궁하게 함을 만난 것을 스스로 상심해서이다. '人'은 남편을 가리키고, '艱難'은 은정이 없어져서 〈남편이 자기를〉 곤궁하게 함을 말한다.

【疏】 傳'蓷鵻'至'於水' ○ 正義曰 : 釋草云"萑, 蓷." 李巡曰"臭穢草也." 郭璞曰"今茺蔚也, 葉似(萑)〔荏〕[1], 方莖白華, 華(注)〔生〕[2]節間, 又名益母." 陸機疏云"舊說及魏博士濟陰周元明皆云'菴(閭)〔藺〕[3]', 是也. 韓詩及三蒼[4]說悉云'益母', 故曾子見益母而感." 案本草云"益母, 茺蔚也." 一名益母, 故劉歆(흠)曰"蓷, 臭穢." 臭穢, 卽茺蔚也.

1) (萑)〔荏〕 : 저본의 교감기에 따라 '荏'으로 번역하였다.

2) (注)〔生〕: 저본의 교감기에 따라 '生'으로 번역하였다.
3) (閭)〔蔄〕: 저본의 교감기에 따라 '蔄'로 번역하였다.
4) 三蒼 : ≪蒼頡篇≫·≪訓纂篇≫·≪滂喜篇≫의 字書를 말한다. ≪창힐편≫은 秦나라의 승상 李斯가 지었고, ≪훈찬편〉은 漢나라의 揚雄이 지었으며, ≪방희편≫은 後漢의 郎中인 賈魴이 지은 것이다. 3篇을 합쳤기 때문에 이런 명칭이 된 것이며 郭璞이 주를 냈다.

傳의 〔蓷鵻〕에서 〔於水〕까지

○ 正義曰 : ≪爾雅≫ 〈釋草〉에 "萑는 蓷이다." 하였는데, 李巡이 "냄새가 고약한 풀이다."라 하고, 郭璞은 "지금의 茺蔚인데 잎은 들깨와 같고 모난 줄기에 흰 꽃이다. 꽃이 마디에 피는데 益母라고도 한다."라고 하며, 陸機의 ≪毛詩草木鳥獸蟲魚疏≫에 "舊說과 魏나라 博士인 濟陰 땅의 周元明이 모두 '菴蔄'라고 한 것이 이것이다. ≪韓詩≫와 三蒼의 설에 모두 '益母'라고 하였다. 그리하여 曾子가 益母를 보고 감동하였다."라고 하였다. ≪本草綱目≫을 살펴보면 "益母는 茺蔚이다."라고 하였으니, 일명 益母이다. 그리하여 劉歆이 "蓷는 냄새가 고약하다.〔臭穢〕"라고 한 것이니, 臭穢는 바로 '茺蔚'이다.

【疏】 說文云"暵, 燥也." 易曰"燥萬物者, 莫熯乎火." 說文云"菸, (緌)〔矮(위)〕[1]." 然則由菸死而至於乾燥, 以暵爲菸也. 釋水云"水注川曰谿, 注谿曰谷." 谷是水之所注, 蓷處其中而乾, 故知以陸草傷水爲喻.

1) (緌)〔矮(위)〕: 저본의 교감기에 따라 '矮'로 번역하였다.

≪說文解字≫에 "暵은 '마름'이다."라고 하고, ≪周易≫ 〈說卦傳〉에 "만물을 건조시키는 것은 불보다 더 잘 건조시키는 것이 없다."라고 하고, ≪설문해자≫에 "菸은 '矮(시듦)'이다."라고 하였다. 그렇다면 시들어 죽기 때문에 마르는 데에 이르는 것이니, 〈그리하여〉 暵을 菸이라 한 것이다. ≪爾雅≫ 〈釋水〉에 "물이 내〔川〕로 흘러가는 것을 '谿'라 하고, 谿로 흘러가는 것을 '谷'이라 한다." 하였으니, 골짜기는 물이 흘러드는 곳인데 익모초가 그 가운데에 있어 마른 것이다. 그리하여 '뭍에서 자라는 풀이 물에 해를 입은 것'으로 비유한 것임을 안 것이다.

【疏】 傳'仳別' ○ 正義曰 : 以仳與離共文, 故知當爲別義也.

傳의 〔仳別〕

○ 正義曰 : 仳와 離는 의미로 쓰인 글이다. 그리하여 '헤어짐〔別〕'의 뜻이 됨을 안 것이다.

中谷有蓷 暵其脩矣로다

골짜기의 익모초
말라비틀어져가네

【傳】 脩는 且乾(간)也라 ○ 脩如字라 本或作蓨하니 音同이라

脩는 바짝 말라가는 것이다.

○ 脩는 본음으로 읽는다. '蓨'로 되어 있는 本도 있으니 音이 같다.

有女仳離여 條其歗(소)矣로다

생이별한 여인네
길게 울부짖네

【傳】 條는 條然歗也라 ○ 歗는 籒(주)文[1]嘯字이니 本又作嘯라

1) 籒(주)文 : 글씨체의 한 가지로, 周의 太史인 籒가 만들었다고 한다. 小篆에 대하여 大篆이라고 한다. 글자의 획이 복잡하고 수식을 주로 한 글씨체이다.

條는 길게 울부짖는 것이다.

○ 歗는 籒文의 嘯字이니, 嘯로 되어 있는 본도 있다.

條其歗矣니 遇人之不淑矣로다

길게 울부짖으니
남편의 푸대접 받았네

【箋】 箋云 淑은 善也라 君子於己不善也라

箋云 : 淑은 '좋음'이다. 君子가 자기에게 좋지 않게 한 것이다.

中谷有蓷 嘆其濕矣로다

골짜기의 익모초
물에 젖어 시들었네

【傳】 鵻遇水則濕이라

익모초가 물을 만나면 젖어 시든다.

【箋】 箋云 鵻之傷於水하여 始則濕하고 中而脩하며 久而乾하여 有似君子於己之恩이 徒用凶年深淺爲厚薄이라 ○ 徒는 如字니 徒는 空也라 沈云 當作從이라

箋云 : 익모초가 물에 해를 입어 처음엔 젖고 중간에는 시들며 오래되면 바짝 말라비틀어진 것이 마치 군자가 자기를 사랑하는 은애가 부질없이 흉년의 정도에 따라 야박해지는 것과 같음이 있는 것이다.

○ 徒는 본음으로 읽으니, 徒는 '부질없음'이다. 沈重은 "〈徒는〉 從이 되어야 한다."라고 하였다.

有女仳離여 啜(철)其泣矣로다

생이별한 여인네
훌쩍이며 우네

【傳】 啜은 泣貌라

啜은 훌쩍거리는 모습이다.

啜其泣矣여 何嗟及矣아

훌쩍이며 우는 여인
아! 어찌해야 정을 회복할까

【箋】 箋云 及은 與也라 泣者 傷其君子棄己하여 嗟乎라 將復何與爲室家乎아하니 此其有餘厚於君子也라

箋云 : 及은 '함께'이다. 우는 여인이 그 군자가 자기를 버린 것을 마음 아파하여 '아! 앞으로 다시 어찌해야 함께 가정을 이룰 것인가.'라고 하였으니, 이는 여인이 군자에게 미련이 있는 것이다.

【疏】 箋'雖之'〔至〕[1]'薄厚' ○ 正義曰 : 以水之浸草, 當先濕後乾, 今詩立文, 先乾後濕, 故知喩君子於己有薄厚, 從其甚而本之也. 但君子於己自薄, 因遭凶年益甚, 故云"徒用凶年深淺爲薄厚." 徒, 空也, 言其意自薄, 己空假凶年爲辭也.

1)〔至〕: 저본의 교감기에 따라 '至'를 보충하여 번역하였다.

箋의 〔雖之〕에서 〔薄厚〕까지

○ 正義曰 : 물이 풀을 적시면 응당 먼저 젖고 나중에 마르는 것인데, 지금 이 시는 글을 만들면서 마르는 것을 먼저하고 젖는 것을 나중에 말하였다. 그리하여 군자가 자기에게 박하고 후함이 있는 것을 비유함에 그 야박한 것으로부터 근본을 삼았음을 안 것이다. 다만 군자가 자기에게 본래 야박했지만 흉년을 만난 것 때문에 더욱 심해졌다. 그리하여 '徒用凶年深淺爲薄厚'라 한 것이다. 徒는 '부질없음'이니, 군자의 뜻이 본래 박정하였는데도 자기가 부질없이 흉년을 빌려 말을 만든 것임을 말한 것이다.

【疏】 箋'及與'至'君子' ○ 正義曰 : '及與', 釋詁文. '嗟乎, 復何與爲室家乎', 其意言舍此君子, 則無所與, 此其有餘厚於君子. 定本作餘, 俗本作殊, 非也.

箋의 〔及與〕에서 〔君子〕까지

○ 正義曰 : '及與'는 ≪爾雅≫ 〈釋詁〉의 글이다. '嗟乎 復何與爲室家乎'는 여인의 마음에 이 군자를 버린다면 함께할 사람이 없음을 말한 것이니, 이는 여인이 군자에게 미련이 있는 것이다. 定本에 餘로 되어 있는데, 俗本에 殊로 되어 있는 것은 잘못이다.

中谷有蓷三章이니 章六句라

〈中谷有蓷〉 3章이니 章마다 6句이다.

兎爰(토원)

【序】 兎爰은 閔周也라 桓王失信하니 諸侯背叛하여 構怨連禍하여 王師傷敗하니 君子不樂其生焉이라

〈兎爰〉은 周의 일을 가슴 아프게 여긴 것이다.

桓王이 신의를 잃자 제후가 배반하여 원한을 맺고 재앙이 연이어 왕의 군대가 패하니, 군자가 사는 것을 달갑게 여기지 않았다.

【箋】 不樂其生者는 寐不欲覺(교)之謂也라

'不樂其生'은 잠들어 깨어나고 싶지 않다고 말한 것이다.

【疏】 '兎爰(三章章七句)'至'生焉' ○ 正義曰 : 作兎爰詩者, 閔周也. 桓王失信於諸侯, 諸侯背叛之, 王與諸侯, 交構怨惡, 連結殃禍, 乃興師出伐諸侯, 諸侯禦之, 與之交戰. 於是, 王師傷敗, 國(危)〔內〕[1]役賦不息, 使君子之人, 皆不樂其生焉, 故作此詩以閔傷之也. 隱三年左傳曰"鄭武公·莊公爲平王卿士. 王貳於虢(괵), 鄭伯怨王. 王曰'無之', 故周鄭交質, 王子狐爲質於鄭, 鄭公子忽爲質於周. 及平王崩, 周人將畀(비)虢公政, 四月, 鄭祭(채)足帥師取溫之麥, 秋又取成周之粟, 周鄭交惡. 君子曰'信不由中, 質無益也.'" 是桓王失信之事也.

1) (危)〔內〕: 저본의 교감기에 따라 '內'로 번역하였다.

序의 〔兎爰〕에서 〔生焉〕까지

○ 正義曰 : 〈兎爰〉 시를 지은 것은 周의 일을 가슴 아프게 여긴 것이다.

桓王이 제후에게 신의를 잃자 제후가 배반하여 왕과 제후가 서로 원망하고 미워하여 재앙이 이어지다가 마침내 군대를 일으켜 출정하여 제후를 정벌하니, 제후가 왕의 군대를 막아 교전을 하였다. 이때에 왕의 군대가 패하여 나라 안에 부역이 멈추지 않아 군자로 하여금 모두 사는 것을 달갑게 여기지 않게 하였다. 그리하여 이 시를 지어 가슴 아파한 것이다.

≪春秋左氏傳≫ 隱公 3년에 "鄭 武公과 莊公이 平王의 卿士가 되었다. 그런데 평왕이 〈鄭伯을 더 이상 신임하지 않고〉 政權을 虢公에게 나누어주려 하자 정백이 평왕을 원망하였다. 그러자 평왕이 '그럴 뜻이 없다.'고 하였다. 그리하여 周와 鄭이 人質을 교환하여 王子 狐가 鄭나라에 人質이 되고, 鄭나라 公子 忽이 周나라에 人質이 되었다. 평왕이 죽자 周人이 괵공에게 정권을 맡기려 하니, 4월에 鄭나라 祭足이 군대를 이끌고 가서 溫의 보리를 차지하고, 가을에 또 成周의 벼를 차지하니, 주나라와 정나라가 서로 미워하였다. 군자가 말하기를 '믿음이 마음에서 나오지 않으면 人質을 〈교환하는 것은〉 이익이 없다.' 하였다."라고 하였으니, 이것이 '桓王失信'의 일이다.

【疏】 桓五年左傳曰"王奪鄭伯政, 鄭伯不朝." 是諸侯背〔叛〕[1]也. 傳又曰"秋, 王以諸侯伐鄭, 王爲中軍, 虢公林父將右軍, 蔡人·衛人屬焉, 周公黑肩將左軍, 陳人屬焉. 鄭伯禦之, 曼伯爲右拒[2], 祭仲足爲左拒, 原繁·高渠彌以中軍奉公, 爲魚麗(리)之陳[3]. 戰於繻(수)葛, 蔡·衛·陳皆奔, 王卒亂, 鄭師合以攻之, 王卒大敗, 祝聃(담)射王中肩." 是王師傷敗之事也.

1) 〔叛〕: 저본의 교감기에 따라 '叛'을 보충하여 번역하였다.
2) 右拒 : 오른쪽에 포진한 方形의 軍陣을 말한다.
3) 魚麗(리)之陳 : 고대 陣法의 하나이다. 물고기 비늘처럼 죽 늘어서는 진을 말하는데, 戰車 25乘을 偏으로 삼아 앞에 배치하고, 甲士 5인을 伍로 삼아 뒤에 배치하여 戰車의 틈을 메우는 진법이다.

≪春秋左氏傳≫ 桓公 5년에 "王이 鄭伯의 정권을 빼앗으니 정백이 朝覲하지 않았다."라고 하니, 이것이 諸侯가 배반한 일이다. ≪춘추좌씨전≫ 환공 5년에 또 "가을에 王이 제후를 거느리고 정나라를 정벌하였는데, 王이 中軍이 되고, 虢公 林父가 右軍을 거느려 蔡人과 衛人이 이에 속하고, 周公 黑肩이 左軍을 거느려 陳人이 이에 속하였다. 정백이 이를 방어하여 曼伯이 右拒의 장수를 맡고 祭仲足이 左拒의 장수를 맡았으며, 原繁과 高渠彌가 中軍으로 公을 받들어 魚麗陳을 펼쳤다. 繻葛에서 싸웠는데, 蔡人·衛人·陳人이 모두 도망하여 왕의 군대가 어지러워지니 정나라 군대가 합세하여 공격하여 왕의 군대가 大敗하였고, 祝聃이 왕을 쏘아 왕의 어깨를 적중시켰다."라고 하였으니, 이것이 '王師傷敗'의 일이다.

【疏】傳稱'射王中肩', 自是矢傷王身, 此言'師敗', 正謂軍敗耳. 據邶谷風序云"國俗傷敗", 止言俗敗, 則知此云"傷敗", 亦止言師敗, 非謂王身傷也. 序(云)〔言〕[1]'君子不樂其生'之由, 三章下五句, 皆言不樂其生之事. 章首二句, 言王政有緩有急, 君子亦爲此而不樂, 序不言, 略之也.

1) (云)〔言〕: 저본의 교감기에 따라 '言'으로 번역하였다.

≪春秋左氏傳≫에서 '射王中肩'이라 한 것은 본디 화살이 왕의 몸을 상하게 한 것이고, 序에서 '군대가 敗하였다.'라고 한 것은 바로 군사가 패하였음을 말한 것이다. 〈邶風 谷風〉의 序에서 말한 "國俗傷敗"가 풍속이 무너진 것만을 말한 것임에 근거해보면, 여기에서 말한 "傷敗"도 군대가 패한 것만을 말한 것이지 왕의 몸이 상한 것을 말한 것이 아님을 알 수 있다.

序에서 '君子不樂其生'의 이유를 말했으니, 세 章의 아래 5句가 모두 '不樂其生'의 일을 말한 것이다. 章首의 두 句는 王의 정사에 여유롭게 함이 있고 급박하게 함이 있어 군자가 또한 이 때문에 사는 것을 달가워하지 않음을 말하였는데, 序에서 이를 말하지 않은 것은 생략한 것이다.

有兎爰爰이어늘 雉離于羅로다

토끼는 여유 있는데
꿩은 그물에 걸렸네

【傳】興也라 爰爰은 緩意라 鳥網爲羅라 言爲政有緩有急하여 用心之不均이라

興이다. '爰爰'은 '느릿느릿함'의 뜻이다. 새그물이 羅이다. 〈왕이〉 정사를 함에 〈사람에 따라〉 여유롭게 함이 있고 급박하게 함이 있어서 마음 씀이 공평하지 않음을 말한 것이다.

【箋】箋云 有緩者는 有所聽縱也요 有急者는 有所躁蹙也라 ○ 躁는 本亦作懆라 今作躁는 與定本異하고 與箋義合이라

箋云 : '有緩'은 〈왕이〉 용납함이 있는 것이고, '有急'은 〈왕이〉 다그침이 있는 것이다.

○ 躁는 '懆'로 되어 있는 본이 있다. 지금 '躁'로 되어 있는 것은 定本과는 다르고 箋의 뜻과는 합치된다.

我生之初에는 **尙無爲**러니

나 어릴 때는
군역이 없기를 바랐더니

【傳】 尙無成人爲也라

成人의 일이 없기를 바란 것이다.

【箋】 箋云 尙은 庶幾也라 言我幼稚之時에 庶幾於無所爲니 謂軍役之事也라

箋云 '尙'은 '바람'이다. 내가 어릴 적에 일이 없기를 바랐음을 말한 것이니, 군역의 일을 말한다.

我生之後에 **逢此百罹**하니 **尙寐無吪**(와)어다

나 장성한 뒤에
이 온갖 근심 만났으니
잠들어 꼼짝하지 말았으면

【傳】 罹는 憂요 吪는 動也라

'罹'는 '근심'이요, '吪'는 '움직임'이다.

【箋】 箋云 我長大之後에 乃遇此軍役之多憂니 今但庶幾於寐에 不欲見動하니 無所樂生之甚이라 ○ 罹는 本又作離요 吪는 本亦作訛라

箋云 : 내가 장성한 뒤에 마침내 이러한 군역의 많은 근심을 만났으니 이제 다만 잠들어 꼼짝하지 말기를 바란다고 한 것이니, 사는 것을 달갑게 여기지 않음이 심한 것이다.
○ '罹'는 '離'로 되어 있는 본도 있고, '吪'는 '訛'로 되어 있는 본도 있다.

【疏】'有兎'至'無吪' ○正義曰：言有兎無所拘制，爰爰然而緩，有雉離於羅網之中而急，此二者緩急之不均，以喩王之爲政，有所聽縱者則緩，有所躁蹙者則急．此言王爲政，用心之不均也，故君子本而傷之．言我生初幼稚之時，庶幾無此成人之所爲，言其冀無征役之事也．今我生之後，年已長大，乃逢此軍役之百憂，旣不能殺身，庶幾服寐而無動耳，言不樂其生也．

經의 〔有兎〕에서 〔無吪〕까지

○正義曰：토끼는 구속하는 것이 없어 느긋하게 여유가 있고, 꿩은 그물에 걸려 급박함을 말하였으니, 이는 두 짐승의 여유 있고 급박한 것이 공평하지 못한 것으로 왕이 정사를 함에 용납하는 사람에게는 여유가 있게 하고 다그치는 사람에게는 급박하게 함을 비유한 것이다. 이는 왕이 정사를 함에 마음을 씀이 공평하지 못하기 때문에 군자가 근거하여 서글퍼함을 말한 것이다.

자신이 갓 태어나 어렸을 적에는 이러한 성인의 일이 없기를 바란 것을 말하였으니, 군역의 일이 없기를 바람을 말한 것이다. 이제 자신이 태어나 장성하여 마침내 이러한 군역의 온갖 근심을 만나 스스로 죽지 못하고 잠들어 꼼짝하지 말기만을 바란 것이니, 사는 것을 달가워하지 않음을 말한 것이다.

【疏】傳'爰爰'至'不均' ○正義曰：釋訓云"爰爰，緩也．"釋器云"鳥罟(고)謂之羅．"李巡曰"鳥飛，張網以羅之．"此經兎言緩，則雉爲急矣，雉言在羅，則兎無拘制矣．擧一緩一急之物，故知喩政有緩急，用心之不均也．箋有所躁蹙者，定本作操，義竝得通．

傳의 〔爰爰〕에서 〔不均〕까지

○正義曰：≪爾雅≫〈釋訓〉에 "爰爰은 '느릿느릿함'이다."라고 하고, 〈釋器〉에서는 "새그물을 '羅'라고 한다."라고 하였는데, 李巡은 "새가 날아가면 그물을 쳐서 잡는다."라고 하였다.

이 經文에서 토끼는 '여유 있음'을 말했으니 그렇다면 꿩은 급박함이 되고, 꿩은 '그물에 걸림'을 말했으니 그렇다면 토끼는 구속이 없는 것이다. 하나는 여유 있고 하나는 급박한 동물을 들었다. 그리하여 정사에 완급이 있어 마음 씀이 고르지 못함을 비유한 것임을 안 것이다. 箋의 '有所躁蹙者'의 '躁'가 定本에는 '操'로 되어 있는데 뜻은 모두 통할 수 있다.

【疏】 箋'尙庶幾'至'之事' ○ 正義曰：釋言云"庶幾, 尙也." 是尙得爲庶幾也. 易(云)〔注〕[1)]"庶, 幸也, 幾, 覬(기)也." 是庶幾者, 幸覬之意也. 以傳云尙無成人者, 爲成人之所爲, 正謂軍役之事, 申述傳意.

1) (云)〔注〕: 저본의 교감기에 따라 '注'로 번역하였다.

箋의 〔尙庶幾〕에서 〔之事〕까지

○ 正義曰：≪爾雅≫ 〈釋言〉에 "庶幾는 尙이다." 하였으니, 尙이 庶幾가 될 수 있는 것이다. ≪周易≫의 注에 "庶는 '원함'이고, 幾는 '바람'이다." 하였으니, 庶幾는 '원하고 바람'의 뜻이다.

傳에서 말한 '尙無成人'을 成人의 일로 여겨 바로 '軍役之事'라 하였으니, 傳의 뜻을 거듭 말한 것이다.

【疏】 傳'罹憂吪動' ○ 正義曰：皆釋詁文.

傳의 〔罹憂吪動〕

○ 正義曰：모두 ≪爾雅≫ 〈釋詁〉의 글이다.

有兎爰爰이어늘 雉離于罦(부)로다

토끼는 여유 있는데
꿩은 새그물에 걸렸네

【傳】 罦는 覆(복)車也라 ○ 罦는 郭云 今之翻車니 大網也라

罦는 새나 짐승을 잡는 그물이다.

○ 罦는 郭璞이 "지금의 翻車이니 큰 그물이다."라고 하였다.

我生之初에는 尙無造러니

나 어릴 때는

군역을 하지 않기를 바랐더니

【傳】 造는 僞[1]也라

1) 僞 : 저본의 교감기에 '小字本 등의 異本을 참고할 때 '爲'가 옳지만, 예전에는 '僞'와 '爲'가 통용되었으므로 수정하지 않는다.'라고 하였다.

造는 '함'이다.

我生之後에 逢此百憂하니 尙寐無覺(교)어다

나 장성한 뒤에
이 온갖 근심 만났으니
잠들어 깨어나지 말았으면

【疏】 傳'罦覆車' ○ 正義曰 : 下傳"罿(동), 罬(철).' 與此一也. 釋器云"繴(벽)謂之罿, 罿, 罬也, 罬謂之罦, 罦, 覆車也." 孫炎曰"覆車, 網, 可以掩兎者也. 一物五名, 方言異也." 郭璞曰"今之翻車也, 有兩轅中, 施罥(견)以捕鳥." 展轉相解, 廣異語也.

傳의 〔罦覆車〕

○ 正義曰 : 아래 傳에서 "罿은 罬이다."라고 한 것은 이것과 한가지이다. ≪爾雅≫ 〈釋器〉에 "繴을 罿이라 하니, 罿은 罬이다. 罬을 罦라고 하니, 罦는 覆車이다."라고 하였는데, 孫炎은 "覆車는 그물이니 토끼를 잡을 수 있는 것이다. 한 물건이 다섯 가지의 명칭이 있는 것은 방언의 차이이다."라고 하고, 郭璞은 "지금의 翻車이니, 두 개의 끌채 가운데에다 그물을 설치하여 새를 잡는다."라고 하였다. 〈말을〉 바꾸어가며 해석한 것은 방언을 널리 소개한 것이다.

有兎爰爰이어늘 雉離于罿이로다

토끼는 여유 있는데
꿩은 새그물에 걸렸네

【傳】 罿은 罬也라 ○罿은 韓詩云 施羅於車上曰罿이라하고 罬은 爾雅云 罬謂之罦니 罦는 覆車也라하다

罿은 '새그물'이다.

○罿은 ≪韓詩≫에 "수레 위에 그물을 설치한 것을 罿이라 한다."라고 하고, 罬은 ≪爾雅≫에 "罬을 罦라 하니, 罦는 覆車이다."라고 하였다.

我生之初에는 尙無庸이러니

나 어릴 때에는
군역에 쓰이지 않길 바랐더니

【傳】 庸은 用也라

庸은 '쓰임'이다.

【箋】 箋云 庸은 勞也라

箋云 : 庸은 '수고로움'이다.

我生之後에 逢此百凶하니 尙寐無聰이어다

나 장성한 뒤에
이 온갖 험한 일 만났으니
잠들어 아무것도 듣지 말았으면

【傳】 聰은 聞也라

聰은 '들음'이다.

【箋】 箋云 百凶者는 王構怨連禍之凶이라

箋云 : 百凶은 왕이 원망을 맺어 흉한 화가 연이은 것이다.

兎爰三章이니 章七句라

〈兎爰〉 3章이니 章마다 7句이다.

葛藟(갈류)

藟(≪毛詩名物圖說≫)

【序】 葛藟는 王族이 刺平王也라 周室道衰하여 棄其九族焉이라

〈葛藟〉는 왕족이 平王을 풍자한 것이다. 周 왕실의 도가 쇠미해져 九族을 버린 것이다.

【箋】 九族者는 據己上至高祖하고 下及玄孫之親이라 ○ 藟는 似葛이라 廣雅云 藟는 藤也라하다 刺桓王이 本亦作刺平王이나 按詩譜면 是平王詩라 皇甫士安은 以爲桓王之詩하고 崔集注本도 亦作桓王이라

九族은 자신을 기준으로 위로 高祖에 이르고 아래로 玄孫의 친족에 이르는 것이다. ○ 藟는 칡과 비슷하다. ≪廣雅≫에 "藟는 등나무 넝쿨이다."라고 하였다. '刺桓王'이 '刺平王'으로 되어 있는 本도 있으나 ≪詩譜≫를 살펴보면 이는 平王 때의 詩이다. 皇甫謐은 桓王의 詩라고 여겼고, 崔靈恩의 ≪毛詩集注≫ 本에도 桓王으로 되어 있다.

【疏】 '葛藟(三章章六句)'至'族焉' ○ 正義曰：'棄其九族'者, 不復以族食族燕之禮敍而親睦之, 故王之族人, 作此詩以刺王也. 此敍其刺王之由, 經皆陳族人怨王之辭. 定本云"刺桓王, 義雖通, 不合鄭譜."

序의 〔葛藟〕에서 〔族焉〕까지

○ 正義曰：'棄其九族'은 다시는 친족들과 잔치를 열어 먹고 마시는 예를 베풀어 친목을 도모하지 않은 것이다. 그리하여 왕의 친족이 이 詩를 지어 왕을 풍자한 것이다. 이 序는 왕을 풍자한 사유를 서술한 것이고, 經은 모두 친족이 왕을 원망한 말을 진술한 것

이다. 定本에서 말한 '刺桓王'도 뜻은 통하지만 鄭玄의 詩譜와는 부합하지 않는다.

【疏】 箋'九族'至'之親' ○正義曰 : 此, 古尙書說, 鄭取用之. 異義 "九族, 今戴禮・尙書歐陽說云'九族, 乃異姓有親屬者. 父族四, 五屬之內, 爲一族, 父女昆弟, 適人者與其子, 爲一族, 己女昆弟, 適人者與其子, 爲一族, 己之子, 適人者與其子, 爲一族. 母族三, 母之父姓, 爲一族, 母之母姓, 爲一族, 母女昆弟, 適人者, 爲一族. 妻族二, 妻之父姓, 爲一族, 妻之母姓, 爲一族.' 古尙書說'九族者, 上從高祖, 下至玄孫, 凡九, 皆爲同姓.' 謹案禮, 緦(시)麻三月以上, 恩之所及, 禮, 爲妻父母有服, 明在九族, 不得但施(이)於同姓."

箋의 〔九族〕에서 〔之親〕까지

○正義曰 : 이는 ≪古尙書≫의 말이니 鄭玄이 취해 쓴 것이다. ≪五經異義≫에 "九族은 지금 ≪大戴禮記≫와 ≪尙書≫의 歐陽生의 말에 '九族은 바로 異姓으로 친족관계가 있는 사람이다. 父系의 친족에 넷이 있으니, 五服의 이내가 一族이 되고, 아버지의 여자 형제로 시집을 간 사람과 그 아들이 일족이 되며, 자신의 여자 형제로 시집을 간 사람과 그 아들이 일족이 되고, 자신의 딸로 시집을 간 사람과 그 자식이 일족이 된다. 母系의 친족에 셋이 있으니, 어머니의 아버지 성이 일족이 되고, 어머니의 어머니 성이 일족이 되며, 어머니의 여자 형제로 시집을 간 사람이 일족이 된다. 妻族에 둘이 있으니, 아내의 아버지의 성이 일족이 되고, 아내의 어머니 성이 일족이 된다.'라고 하고, ≪古尙書≫의 말에 '구족은 위로 고조로부터 아래로 현손에 이르기까지 모두 아홉이니 모두 同姓이다.'라고 하였다. 그러나 삼가 살펴보니, 禮에 3개월의 緦麻服 이상은 은혜가 미치는 것인데, 禮에 아내의 부모를 위해서는 服이 있으니, 분명 〈아내의 부모가〉 九族에 포함되니 동성에만 미쳐서는 안 된다."라고 하였다.

【疏】 "玄之聞也, 婦人歸宗[1], 女子雖適人, 字猶繫姓[2], 明不與父兄爲異族, 其子則然. 昏禮請期辭曰'惟是三族之不虞.' 欲及今三族未有不億度(탁)之事而迎婦也. 如此所云, 則三族〔不〕[3]當有異姓. 異姓其服皆緦麻, 緦麻之服, 不禁嫁女聚妻, 是爲異姓不在族中明矣. 周禮 '小宗伯, 掌三族之別.' 喪服小記, 說族之義曰'親親, 以三爲五, 以五爲九[4].' 以此言之, 知高祖至玄孫, 昭然察矣." 是, 鄭以古說長, 宜從之事也.

1) 婦人歸宗 : 친정에 대한 의리를 지키는 것으로, ≪儀禮≫ 〈喪服〉에 "부인은 비록 외국에 시집가 있어도 반드시 歸宗함이 있다.〔婦人雖在外 必有歸宗〕" 하였는데, 鄭玄 注에 "歸宗은 친정아버지가 죽었어도 오히려 스스로 친정으로 돌아와 아버지의 후사가 되어 중임을 맡은 자를 높여 친족과 스스로 단절하지 않는 것이다.〔歸宗者 父雖卒 猶自歸 宗其爲父後持重者 不自絶其族類也〕"라고 하였다.

2) 字猶繫姓 : 여인이 시집간 경우에도 父族의 姓을 字에 붙였던 것을 말한다. 이를테면 齊에서 시집온 왕비를 齊나라의 姓을 붙여 孟姜이나 莊姜이라 하는 예이다.

3) 〔不〕 : 저본의 교감기에 따라 '不'을 보충하여 번역하였다.

4) 以三爲五 以五爲九 : 九族의 범위를 나타내는 말이다. ≪禮記正義≫ 〈喪服小記〉에, "자신의 위로 아버지를 친애하고 아래로 자식을 친애하는 것이 3이고, 아버지로 인해 할아버지를 친애하고 자식으로 인해 손자를 친애하는 것이 5이며, 할아버지로 인해 고조를 친애하고 손자로 인해 현손을 친애하는 것이 9이다.〔己上親父下親子 三也 以父親祖 以子親孫 五也 以祖親高祖 以孫親玄孫 九也〕"라고 하였다.

〈정현이 논박하기를〉 "내가 들은 것은 〈다음과 같다.〉 婦人이 종족에 포함되는 것은, 여자가 비록 다른 사람에게 시집을 가더라도 字는 오히려 姓에 연계되니 분명 부형과 異族이 되지 않고 그 자식의 경우도 같다. ≪儀禮≫ 〈士昏禮〉의 請期의 말에 '三族에게 근심스러운 일이 없습니다.'라고 하였으니, 지금 삼족에게 예기치 못한 일이 없을 때를 당하여 신부를 맞이하고자 하는 것이다. 여기에서 말한 대로라면 삼족에는 異姓이 포함되어서는 안 된다. 이성간의 복은 모두 緦麻服이니, 시마복은 딸을 시집보내고 장가가는 것을 금하지 않으니, 이는 이성이 삼족 중에 포함되지 않음이 분명한 것이다. ≪周禮≫ 〈小宗伯〉에 '小宗伯이 삼족의 분별을 담당한다.'라고 하고, ≪禮記≫ 〈喪服小記〉에 친족의 뜻을 설명하여 '친척을 친애하여 3에서 5가 되고, 5에서 9가 된다.'라고 하였으니 이것으로 말한다면 고조로부터 현손까지임이 분명함을 알 수 있다."라고 하였으니, 이는 정현이 ≪古尙書≫의 설을 옳게 여겨 의당 따라야 할 일로 여긴 것이다.

【疏】 古尙書說, 直云"高祖至玄孫, 凡九." 不言'之親', 此言'之親', 欲見同出高祖者, 當皆親之. 此言'棄其九族', 正謂棄其同出高祖者, 非棄高祖之身.

≪古尙書≫의 說에 다만 "고조로부터 현손까지 모두 九이다."라고 하여 '之親'을 말하지 않았는데, 여기에서 '之親'을 말한 것은 함께 고조로부터 나온 사람이 의당 모두 친해야 함을 보이고자 한 것이다. 여기에서 '棄其九族'이라 한 것은 바로 함께 고조로부터 나

온 사람을 버린 것을 말한 것이지 고조를 버린 것은 아니다.

綿綿葛藟여 在河之滸(호)로다

길게 뻗은 칡이며 등나무 넝쿨
河水 가에 있네

【傳】 興也라 綿綿은 長不絶之貌라 水厓曰滸라

興이다. '綿綿'은 끊임없이 긴 모습이다. 물가를 '滸'라 한다.

【箋】 箋云 葛也藟也 生於河之厓하여 得其潤澤하여 以長大而不絶이라 興者는 喩王之同姓이 得王之恩施하여 以生長其子孫이라

箋云 : 葛과 藟가 하수 가에 나서 윤택하게 함에 힘입어 크게 자라 끊임이 없는 것이다. 興한 것은 왕의 동성인 친족이 왕의 은혜를 입어 그 자손을 기르는 것을 비유한 것이다.

終遠兄弟라 謂他人父로다

끝내 형제를 멀리하니
남을 아버지라 하네

【傳】 兄弟之道 已相遠矣라

兄弟의 도리가 이미 멀어진 것이다.

【箋】 箋云 兄弟는 猶言族親也라 王寡於恩施라가 今已遠棄族親矣니 是我謂他人爲己父라 族人尙親親之辭라

箋云 : 兄弟는 친족이라는 말과 같다. 왕이 은혜를 베풀기를 소홀히 하다가 이제는 친족을 멀리한 것이니, 이는 내가 다른 사람을 내 아비라고 하는 것이다. 族人이 친족을 친애하기를 바라는 말이다.

謂他人父하니 **亦莫我顧**로다

다른 사람을 아비라 하니

역시 나를 돌보지 않네

【箋】 箋云 謂他人爲己父하니 無恩於我요 亦無顧眷我之意라

箋云 : 다른 사람을 자기의 아비라 부르니, 나에게 은애가 없고 나를 돌보는 뜻도 없는 것을 말한 것이다.

【疏】 '綿綿'至'我顧' ○正義曰 : 綿綿然枝葉長而不絶者, 乃是葛藟之草, 所以得然者, 由其在河之滸, 得河之潤故也. 以興子孫長而昌盛者, 乃是王族之人, 所以得然者, 由其與王同姓, 得王之恩故也. 王族宜得王之恩施, 猶葛藟宜得河之潤澤, 王何故, 棄遺我宗族之人乎. 王終是遠於兄弟, 無復恩施於我, 是我謂他人爲己父也. 謂他人爲己父, 則無恩於我, 亦無肯於我有顧戀之意. 言王無恩於己, 與他人爲父同, 責王無父之恩也.

經의 〔綿綿〕에서 〔我顧〕까지

○正義曰 : 길게 가지와 잎이 자라 끊임이 없는 것은 바로 칡과 등나무 넝쿨이니, 그렇게 될 수 있는 까닭은 河水 가에 있어서 하수가 윤택하게 해주었기 때문이다. 이로써 자손이 자라 창성해지는 것은 바로 왕족이니 그렇게 될 수 있는 까닭이 왕과 동성으로 왕의 은애를 얻기 때문임을 흥하였다.

왕족이 마땅히 왕의 은애를 얻는 것은 葛과 藟가 마땅히 하수가 윤택하게 해줌을 얻는 것과 같은데 왕은 무슨 까닭으로 우리 왕족을 버리는가. 왕이 끝내 형제를 멀리하여 다시는 나에게 은애가 없으니, 이는 내가 다른 사람을 나의 아비라 부르는 것이다. 다른 사람을 나의 아비라 부르니, 곧 나에게 은애가 없고 또한 나를 돌보고 사랑해주려는 뜻이 없는 것이다. 왕이 자신에게 은애가 없어 다른 사람을 아비로 여기는 것과 같음을 말한 것이니, 왕이 아버지의 은애가 없음을 책망한 것이다.

【疏】 傳'水厓曰滸' ○正義曰 : 釋水云"滸, 水厓." 李巡曰"滸, 水邊地, 名厓也."

傳의 〔水厓曰滸〕

○ 正義曰 : ≪爾雅≫ 〈釋水〉에 "滸는 물가이다."라고 하였는데, 李巡은 "滸는 물가의 땅이니 명칭이 厓이다."라고 하였다.

綿綿葛藟여 **在河之涘**(사)로다

길게 뻗은 칡이며 등나무 넝쿨
하수 가에 있네

【傳】 涘는 厓也라 ○ 涘는 涯也라

涘는 '厓'이다.

○ 涘는 '물가'이다.

終遠兄弟라 **謂他人母**로라

끝내 형제를 멀리하니
남을 어미라 하네

【箋】 〔箋云〕[1] 王又無母恩이라

1) 〔箋云〕 : 저본의 교감기에 따라 '箋云'을 보충하여 번역하였다.

箋云 : 왕이 어미의 은애도 없는 것이다.

謂他人母하니 **亦莫我有**라

남을 어미라 하니
역시 나를 기억하지 않네

【箋】 箋云 有는 識有也라

箋云 : 有는 '기억함'이다.

【疏】 傳'涘厓' ○ 正義曰：釋丘云"涘, 爲厓." 李巡曰"涘, 一名厓." 郭璞曰"謂水邊也."

傳의 〔涘厓〕

○ 正義曰：≪爾雅≫ 〈釋丘〉에 "涘는 물가이다."라고 하였는데, 李巡은 "涘는 일명 厓이다."라고 하고, 郭璞은 "물 가장자리를 말한다."라고 하였다.

【疏】 箋'王又無母恩' ○ 正義曰：又者, 亞前之辭. 上言謂他人父, 責王無父恩也, 此言謂他人母, 責王又無母恩也. 然則下章謂他人昆, 責王無兄恩也. 定本及諸本, 又作后, 義亦通.

箋의 〔王又無母恩〕

○ 正義曰：又는 앞을 이어받는 말이다. 위에서 '謂他人父'를 말하여 왕이 아비의 은애가 없음을 책망하고, 여기에서는 '謂他人母'를 말하여 왕이 어미의 은애도 없음을 책망하였다. 그렇다면 아래 장의 '謂他人昆'은 왕이 형의 은애도 없음을 책망한 것이다. 定本과 諸本에 '又'가 '后'로 되어 있는데, 뜻은 역시 통한다.

綿綿葛藟여 在河之漘(순)이로다

길게 뻗은 칡이며 등나무 넝쿨
하수 가에 있네

【傳】 漘은 水(溓(렴))〔隒(엄)〕[1]也라 ○ 爾雅云 夷上洒(선)下 (水)〔不〕[2]漘이라하니 旁從水라 郭云 涯上平坦而下水深爲漘이니 不은 發聲也라 爾雅云 重甗(언)이 隒이라한대 郭云 形似累兩重甑(증)하여 上大下小라하야늘 李巡云 隒은 阪也라하다 詩本又作水旁兼者어늘 廣雅云 溓(렴)은 淸也라하니 與此義乖라

1) (溓(렴))〔隒(엄)〕：저본의 교감기에 따라 '隒'으로 번역하였다.
2) (水)〔不〕：저본의 교감기에 따라 '不'로 번역하였다.

漘은 물가이다.

○ ≪爾雅≫ 〈釋丘〉에 "언덕 위가 평탄하고 아래의 물이 깊은 것이 '漘'이다."라고 하였으니, 부수는 水이다. 郭璞은 "언덕 위가 평탄하고 아래 물이 깊은 것이 漘이니, 不은 발어사이다."라고 하였다. ≪이아≫ 〈釋山〉에 "시루를 겹쳐놓은 것이 '隒'이다."라고 하였는

데, 곽박은 "모습이 두 개의 시루를 쌓아놓은 것 같아서 위는 크고 아래는 작다."라고 하고, 李巡은 "隒은 언덕이다."라고 하였다. ≪詩經≫에 水 부수에 兼으로 되어 있는(溓) 본이 있으나, ≪廣雅≫에 "溓은 '맑음'이다."라고 하였으니, 여기와는 뜻이 맞지 않는다.

終遠兄弟라 **謂他人昆**이로다

끝내 형제를 멀리하니
남을 형이라 하네

【傳】昆은 兄也라

昆은 '형'이다.

謂他人昆하니 **亦莫我聞**이로다

남을 형이라 하니
역시 나와는 상관하지 않네

【箋】箋云 不與我相聞命也라

箋云 : 나와 상관하지 않는 것이다.

【疏】傳'漘水隒' ○ 正義曰 : 釋丘云 "夷上洒下, 不漘." 李巡曰"夷上, 平上, 洒下, 陗下, 故名漘." 孫炎曰"平上陗下, 故名曰漘, 不(行)[1]者, 蓋衍字." 郭璞曰"厓上平坦而下水深者, 爲漘, 不, 發聲也." 此在河之漘, 即彼漘也. 釋山云"重甗, 隒." 孫炎曰"山基有重岸也." 隒是山岸, 漘是水岸, 故云水隒.

1) (行) : 저본의 교감기에 따라 '行'을 衍字 처리하여 번역하였다.

傳의 〔漘水隒〕

○ 正義曰 : ≪爾雅≫ 〈釋丘〉에 "夷上洒下가 '漘'이다."라고 하였는데, 李巡은 "'夷上'은 위가 평탄한 것이고, '洒下'는 아래가 가파른 곳이다. 그리하여 漘이라 한다."라고 하고, 孫炎은 "위가 평탄하고 아래가 가파른 곳이다. 그리하여 漘이라고 하니, '不'은 아마도

衍字일 것이다."라고 하며, 郭璞은 "언덕 위가 평탄하고 아래의 물이 깊은 것이 漘이니, 不은 발어사이다."라고 하였다. 이곳은 하수의 물가에 있으니 그렇다면 여기의 '漘'이다. 〈釋山〉에 "시루를 겹쳐놓은 모양이 隒이다."라고 하였는데 孫炎이 "산기슭에 언덕이 겹쳐진 곳이다."라고 하니, 그렇다면 隒은 산의 기슭이고 漘은 물가이다. 그리하여 '水隒'이라 한 것이다.

【疏】 傳'昆兄' ○ 正義曰：釋親文.

傳의 〔昆兄〕

○ 正義曰：≪爾雅≫ 〈釋親〉의 글이다.

葛藟三章이니 **章六句**라

〈葛藟〉 3章이니 章마다 6句이다.

采葛(채갈)

【序】 **采葛**은 **懼讒也**라

〈采葛〉은 참소를 두려워한 것이다.

【箋】 **桓王之時**에 **政事不明**하여 **臣無大小**하고 **使**(시)**出者**는 **則爲讒人所毁**라 **故懼之**라

桓王 때에 정사가 밝지 않아, 신하들이 크고 작은 일에 관계없이 사신으로 나간 사람은 참소하는 사람에게 비방을 당하였다. 그리하여 두려워한 것이다.

【疏】 '采葛(三章章三句)'至'讒也' ○ 正義曰：三章如此次者, 旣以葛・蕭・艾爲喩, 因以月・秋・歲爲韻[1]. 積日成月, 積月成時, 積時成歲, 欲先少而後多, 故以月・秋・歲爲次也. 臣之懼讒於小事大事, 其憂等耳, 未必小事之憂則如月, 急事之憂則如歲. 設文各從其韻, 不由事大憂深也. 年有四時, 時皆三月, 三秋, 謂九月也. 設言三春三夏, 其義亦同, 作者取其韻耳.

1) 葛蕭艾爲喩 因以月秋歲爲韻 : 葛과 月, 蕭와 秋, 艾와 歲를 같은 운으로 배치했다는 말이다.

序의 〔采葛〕에서 〔讒也〕까지

○ 正義曰 : 세 章의 순서를 이와 같이 한 것은, 칡과 〈제사에 쓰는〉 쑥과 〈치료에 쓰는〉 쑥으로 비유를 삼고, 月과 秋와 歲로 韻을 삼았기 때문이다. 날이 누적되면 달이 되고 달이 누적되면 계절이 되며 계절이 거듭되면 해가 되니, 적은 것을 앞에 두고 많은 것을 나중에 두고자 하였다. 그리하여 '月・秋・歲'로 차례를 삼은 것이다.

신하가 큰 일이나 작은 일에 참소를 두려워하는 것은 근심이 같으니, 반드시 작은 일의 근심이면 月과 같이하고 급한 일의 근심이면 歲와 같이하는 것은 아니다. 그리하여 글을 지음에 각각 그 운을 따르고 일의 크기나 근심의 깊이를 따르지 않은 것이다.

한 해는 네 계절이 있고 한 계절은 석 달이니, '三秋'는 아홉 달이다. 그리하여 글을 지음에 '三春'이나 '三夏'라 해도 그 뜻은 또한 같은 것이니, 작자가 그 운을 취한 것일 뿐이다.

彼采葛兮여 一日不見이 如三月兮로다

저기 칡넝쿨 베는 이여
하루 보지 못함이
석 달이나 된 듯하네

【傳】 興也라 葛所以爲絺綌(치격)也라 事雖小나 一日不見於君이면 憂懼於讒矣라

興이다. 칡은 葛布를 만드는 것이다. 일이 비록 작지만 하루 동안 군주를 보지 못하면 참소를 당할까 근심한 것이다.

葛(≪毛詩品物圖攷≫)

【箋】 箋云 興者는 以采葛로 喩臣以小事使出이라

箋云 : 興한 것은 칡넝쿨을 베는 것으로 신하가 작은 일 때문에 사신으로 나간 것을 비유하였다.

【疏】'彼采'至'月兮' ○ 正義曰：彼采葛草以爲絺綌兮, 以興臣有使出而爲小事兮. 其事雖小, 憂懼於讒, 一日不得見君, 如三月不見君兮, 日久情疎, 爲懼益甚, 故以多時況少時也.

經의 〔彼采〕에서 〔月兮〕까지

○ 正義曰：저 사람이 칡넝쿨을 베어다 갈포를 만드는 것으로 신하가 사신으로 나가 작은 일을 하는 것을 興한 것이다. 그 일이 비록 작지만 참소를 당할까 근심하여 하루 동안 군주를 보지 못하는 것이 석 달이나 임금을 보지 못하는 것과 같았다는 것이니, 날이 지날수록 정이 멀어져 두려워함이 더욱 심해진다. 그리하여 많은 시간으로 적은 시간을 비유한 것이다.

【疏】傳'葛所'至'讒矣' ○ 正義曰：言'所以爲絺綌'者, 以其所采, 疑作當暑之服, 比於祭祀療疾, 乃緩而且小, 故以喩小事使出也. 大事容或多過, 小事當無愆咎, 但桓王信讒之, 故其事唯小, 一日不見於君, 已憂懼於讒矣.

傳의 〔葛所〕에서 〔讒矣〕까지

○ 正義曰：'所以爲絺綌'이라 한 것은 베어온 것으로 아마도 여름에 입을 옷을 만드는 것이니, 제사나 병을 치료하는 것에 비하여 느슨하고도 작은 일이다. 그리하여 작은 일로 사신으로 나감을 비유한 것이다. 큰 일은 혹여 허물이 많을 수 있지만 작은 일은 허물이 없을 것인데도 다만 桓王이 참소를 믿었다. 그리하여 그 일이 비록 작아 하루 동안 임금을 보지 못하지만 참소를 두려워한 것이다.

彼采蕭兮여 一日不見이 如三秋兮로다

저기 쑥 캐는 이여
하루 보지 못함이
三秋나 된 듯하네

【傳】蕭는 所以共祭祀라

蕭는 제사에 사용하는 것이다.

【箋】箋云 彼采蕭者는 喩臣以大事使出이라

箋云 : '彼采蕭'는 신하가 큰 일 때문에 사신으로 나감을 비유한 것이다.

【疏】傳'蕭所以共祭祀' ○ 正義曰 : 釋草云"蕭, (荻)〔萩〕[1]." 李巡曰"(荻)〔萩〕, 一名蕭." 陸機云"今人所謂(荻)〔萩〕蒿者是也. 或云'牛尾蒿.' 似白蒿, 白葉莖麤, 科生多者數十, 莖可作燭, 有香氣, 故祭祀, 以脂爇之爲香. 許愼以爲艾蒿, 非也. 郊特牲云'旣奠然後, 爇蕭合馨香.[2]'" (王氏)〔生民〕[3]云"取蕭祭脂." 是蕭所以供祭祀也. 成十三年左傳曰"國之大事, 在祀與戎." 故以祭祀所須者, 喩大事使出.

1) (荻)〔萩〕: 저본의 교감기에 따라 '萩'로 번역하였다. 아래도 같다.
2) 旣奠然後 爇蕭合馨香 : ≪禮記≫ 〈郊特牲〉에는 "음식을 올린 뒤에 쑥에다가 黍稷을 섞어 태운다.〔旣奠然後 焫蕭合羶薌〕"라고 하였다.
3) (王氏)〔生民〕: 저본의 교감기에 따라 '生民'으로 번역하였다.

傳의 〔蕭所以共祭祀〕

○ 正義曰 : ≪爾雅≫ 〈釋草〉에 "蕭는 '산쑥〔萩〕'이다."라고 하였는데, 李巡은 "萩는 일명 蕭이다."라고 하고, 陸機는 "지금 사람이 萩蒿라고 하는 것이 이것이다. 혹 '牛尾蒿'라고도 하는데 白蒿와 같고, 잎은 희고 줄기는 거칠며, 떨기로 자라는데 많은 것은 수십 줄기나 되며, 줄기는 횃불을 만들 수 있고 향기가 있다. 그리하여 제사에 희생의 기름으로 그것을 태워 향을 낸다. 허신이 艾蒿라 한 것은 잘못이다. ≪禮記≫ 〈郊特牲〉에 '음식을 올린 다음에 쑥에다가 〈黍稷을〉 섞어 태워 향을 낸다.'라고 하였다." 하고, 〈大雅 生民〉에 "쑥 뜯어 기름에 태워 제사하네."라고 하였으니, 이는 쑥이 제사에 쓰인 것이다. ≪春秋左氏傳≫ 成公 13년에 "나라의 큰 일은 제사와 전쟁이다."라고 하였다. 그리하여 제사에 필요한 것으로 큰 일 때문에 사신으로 나가는 것을 비유한 것이다.

彼采艾(애)兮여 一日不見이 如三歲兮로다

저기 약쑥 캐는 이여
하루를 보지 못함이
三歲나 된 듯하네

【傳】 艾는 所以療疾이라

艾는 질병을 치료하는 것이다.

【箋】 箋云 彼采艾者는 喩臣以急事使出이라

箋云 : '彼采艾'는 신하가 급한 일 때문에 사신으로 나가는 것을 비유한 것이다.

采葛三章이니 章三句라

〈采葛〉 3章이니 章마다 3句이다.

大車(대거)

【序】 大車는 刺周大夫也라 禮義陵遲하여 男女淫奔이라 故陳古하여 以刺今大夫不能聽男女之訟焉이라

〈大車〉는 周의 大夫를 풍자한 것이다.

예의가 무너져 남녀가 음란하였다. 그리하여 옛 일을 말하여 지금의 대부가 남녀의 송사를 잘 다스리지 못함을 풍자한 것이다.

【疏】 '大車(三章章四句)'至'訟焉' ○ 正義曰 : 經三章, 皆陳古者大夫, 善於聽訟之事也. 陵遲, 猶陂陁(파타), 言禮義廢壞之意也. 男女淫奔, 謂男淫而女奔之也. 檀弓曰"合葬, 非古也, 自周公以來, 未之有改." 然則周法始合葬也. 經稱死則同穴, 則所陳古者, 陳周公以來賢大夫.

序의 〔大車〕에서 〔訟焉〕까지

○ 正義曰 : 經文 세 章은 모두 옛날의 대부가 송사를 잘 다스린 것을 말한 것이다. '陵遲'는 '陂陁'와 같으니 예의가 무너진 뜻을 말한다. '男女淫奔'은 남자가 여자를 탐하고〔淫〕 여자가 사사로이 남자를 만나는〔奔〕 것을 말한다. ≪禮記≫ 〈檀弓〉에 "合葬은 옛날 법도가 아니지만 周公 이후로 바뀌지 않았다."라고 하였으니, 그렇다면 周의 법에 비

로소 합장한 것이다. 그렇다면 經에서 말한 '죽으면 함께 묻히리.〔死則同穴〕'는 곧 옛날 사람을 말한 것이니, 주공 이후의 어진 대부를 말한다.

大車檻(함)檻이요 毳(취)衣如菼(담)이로다

대부 수레 덜컹덜컹
관복은 갈대 햇잎 색이로세

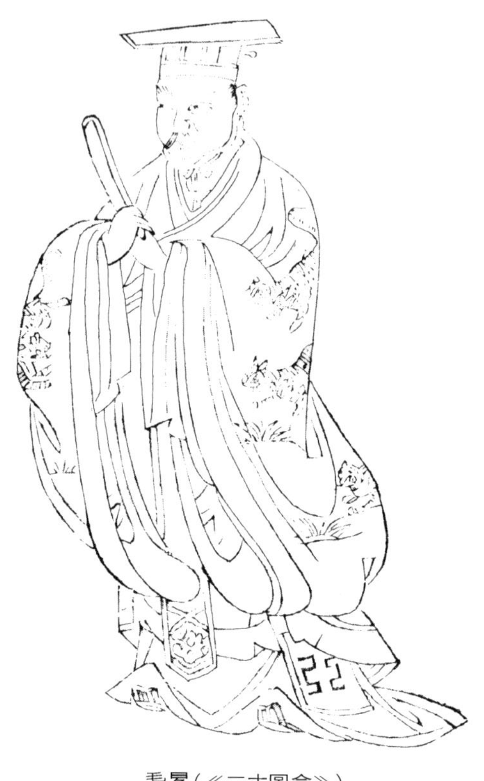

毳冕(≪三才圖會≫)

【傳】 大車는 大夫之車요 檻檻은 車行聲也라 毳衣는 大夫之服이요 菼은 鵻(추)也니 蘆之初生者也라 天子大夫는 四命이니 其出封五命이면 如子男之服이라 乘其大車檻檻然하여 服毳冕以決訟이라

大車는 대부의 수레이고, 檻檻은 수레가 가는 소리이다. 毳衣는 大夫의 옷이고, 菼은 '鵻'니 갈대가 처음 돋아난 것이다. 천자의 대부는 4命인데 封畿에서 나가 5命이 되면 子와 男의 복식과 같다. 그리하여 덜컹덜컹 대부의 수레를 타고 가서 毳服에 면류관을 쓰고 송사를 다스린 것이다.

【箋】 箋云 菼은 薍(완)也니 古者에 天子大夫가 服毳冕[1]以巡行邦國하여 而決男女之訟하니 則是는 子男入爲大夫者라 毳衣之屬은 衣繢(회)而裳繡로 皆有五色焉하니 其青者如鵻라 ○ 毳는 冕名이라 鵻는 本亦作萑라

1) 毳冕 : 왕이 제사에 입는 옷 중에 네 번째에 해당하는 것이다. ≪周禮≫ 〈春官 司服〉에 "왕의 길복은 왕이 하늘과 上帝에게 제사 지낼 때는 大裘를 입고 면류관을 쓰며, 五帝에게 제사 지낼 때도 이와 같이 한다. 先王에게 제사 지낼 때는 袞冕을 하고, 先公에게 제사 지낼 때나 연회를 베풀거나 활쏘기를 할 때는 鷩冕을 한다. 四望 산천에 제사 지낼 때는 毳冕을 하고, 社稷이나 五祀에 제사 지낼 때는 希(絺)冕을 하고, 모든 소소한 제사에는 玄冕을 한다.〔王之吉服 祀昊天上帝則服大裘而冕 祀五帝亦如之 享先王則袞冕 享先公饗

射則驚(별)冕 祀四望山川則毳冕 祭社稷五祀則希冕 祭群小祀則玄冕]"라고 하였다.

箋云 : 菼은 '물억새'이니, 옛날 천자의 대부가 毳服에 면류관을 쓰고서 나라를 순행하며 남녀의 송사를 처리하였다. 그렇다면 이는 子와 男으로 〈천자국에〉 들어가 대부가 된 사람이다. 毳衣 등은 그림을 그린 上衣에 수놓은 下衣로 모두 다섯 가지의 색이 있으니, 그 파란색이 鵻와 같은 것이다. ○ 毳는 면류관의 명칭이다. 鵻는 萑로 되어 있는 본도 있다.

豈不爾思리오 **畏子不敢**이로다

어찌 그대 그립지 않으랴만
저분 두려워 감히 가지 못하네

【傳】 畏子大夫之政하여 終不敢이라

저분 대부의 정사를 두려워하여 끝내 감히 〈가지〉 못한 것이다.

【箋】 箋云 此二句者는 古之欲淫奔者之辭니 我豈不思與女以爲無禮與리오 畏子大夫來聽訟하여 將罪我라 故不敢也라하다 子者는 稱所尊敬之辭라

箋云 : 이 두 句는 옛날 淫行을 저지르려고 했던 사람의 말이니, '내 어찌 그대와 무례한 짓을 저지를 것을 생각하지 않겠는가마는 저분 대부가 와서 송사를 다스려 나를 죄줄까 두렵습니다. 그리하여 감히 〈예를 범하지〉 못합니다.'라고 한 것이다. 子는 존경하는 사람을 일컫는 말이다.

【疏】 '大車'至'不敢' ○ 正義曰 : 言"古者大夫, 乘大車而行, 其聲檻檻然, 身服毳冕之衣, 其有靑色者, 如菼草之色(○)[1]然. 乘大車服毳冕, 巡行邦國, 決男女之訟, 於時, 男女莫不畏之. 有女欲奔者, 謂男子云'我豈不於汝思爲無禮之交與. 畏子大夫之政, 必將罪我, 故不敢也.'" 古之大夫, 使民畏之若此, 今之大夫不能然, 故陳古以刺之也.

1) (○) : 저본의 교감기에 따라 '○'을 衍字 처리하여 번역하였다.

經의 〔大車〕에서 〔不敢〕까지

○ 正義曰 : "옛날 대부가 큰 수레를 타고 〈나라를〉 순행할 때에 수레 소리가 덜컹덜컹 하고 몸에는 毳服에 면류관을 쓰고 있는데 그중에 청색의 〈무늬가〉 물억새 〈햇잎의〉 색깔과 같았다. 대부의 수레를 타고 毳服에 면류관을 쓰고서 나라를 순행하며 남녀의 송사를 다스렸으니, 이때에 남녀가 그를 두려워하지 않는 이가 없었다. 그리하여 사사로이 남자를 만나려는 여자가 남자에게 말하기를 '내가 어찌 당신과 무례하게 사귈 것을 생각하지 않겠습니까마는 저분 대부의 정사가 반드시 나를 죄줄 것이 두렵습니다. 그리하여 감히 〈예를 범하지〉 못합니다.'라고 한 것임"을 말한 것이다. 옛날의 대부가 백성들로 하여금 두렵게 한 것이 이와 같은데 오늘의 대부는 그렇게 하지 못한다. 그리하여 옛일을 말하여 풍자한 것이다.

【疏】 傳'大車'至'決訟' ○ 正義曰 : 以序云陳古大夫, 故知大車是大夫之車. 春官巾車職云"革路以封四衛." 四衛, 四方諸侯守衛者, 謂蠻服[1]以內. 又云"大夫乘墨車." 然則王朝大夫, 於禮當乘墨車, 以大夫出封, 如子男之服, 則車亦得乘諸侯之車. 此大車蓋革路也. 檻檻, 聲之狀, 故爲車行聲. 陳古大夫而云毳衣, 故知毳衣大夫之服也.

1) 蠻服 : 九服 중의 하나이다. 九服은 周代에 王畿를 사방 천 리로 하고 그 주위를 상하좌우 각각 500리마다 구획하여 侯服·甸服·男服·采服·衛服·蠻服·夷服·鎭服·蕃服으로 삼은 것을 말하는데, 蠻服은 그중의 여섯 번째이다. 고대에는 왕기의 밖을 五服으로 했는데, 周公 때에 이르러 九服으로 했다.(≪周禮≫ 〈夏官 職方氏〉)

傳의 〔大車〕에서 〔決訟〕까지

○ 正義曰 : 序에 '陳古大夫'라고 하였다. 그리하여 大車가 대부의 수레임을 안 것이다. ≪周禮≫ 〈春官 巾車職〉에 "革路를 내려 四衛에 봉한다."라고 하였으니, 사위는 사방을 지키는 제후이니 蠻服의 안쪽 지역을 말한다. 또 "大夫는 墨車를 탄다."라고 하였으니, 그렇다면 왕실의 조정 대부는 예법대로 묵거를 타야 하지만, 대부로서 封地로 나가면 子와 男의 복식과 같이 하니 그렇다면 수레도 제후의 수레를 탈 수 있다. 여기의 大車는 아마도 革路일 것이다. '檻檻'은 의성어이다. 그리하여 '車行聲'이라 한 것이다. '古大夫'를 말하고 '毳衣'를 말하였다. 그리하여 '毳衣'가 대부의 옷임을 안 것이다.

【疏】 '菼鵻', 釋言文, 郭璞曰"菼, 草色如鵻, 在青白之間." 傳以經云如菼, 以衣冠比菼色, 故先解菼色, 又解草, 言菼是蘆之初生. 釋草云"葭, 蘆, 菼, 薍." 孫炎·郭璞, 皆以蘆·薍爲二草, 李巡·舍人·樊光, 以蘆·薍爲一草, 此傳菼爲蘆之初生, 則意同李巡之輩, 以蘆·菼爲一也.

'菼 鵻'는 ≪爾雅≫ 〈釋言〉의 글이니, 郭璞은 "菼은 풀의 색깔이 익모초〔鵻〕와 같으니 청색과 백색의 중간이다."라고 하였다. 傳은 經에서 말한 '如菼'이 의관을 菼의 색깔에 비유한 것으로 여겼다. 그리하여 먼저 菼의 색을 풀이하고 또 풀을 해석하여 菼을 '蘆之初生'이라고 한 것이다. 〈釋草〉에 "葭는 蘆이고 菼은 薍이다."라고 하였는데, 孫炎과 郭璞은 모두 蘆와 薍을 두 가지 풀로 여겼고, 李巡과 舍人과 樊光은 蘆와 薍을 한 가지 풀로 여겼으니, 이 傳에서 菼을 '蘆之初生'이라 한 것은 곧 뜻이 李巡 등이 蘆와 菼을 한 가지로 여긴 것과 같다.

【疏】 春官司服曰"子男之服, 自毳冕而下, 卿大夫之服, 自玄冕而下."[1] 則大夫不服毳冕. 傳又解其得服之意, 天子大夫四命, 其出封五命, 如子男之服, 故得服毳冕也. 春官典命職曰"王之三公八命, 其卿六命, 其大夫四命. 及其出封, 皆加一等." 鄭解周禮, "出封, 謂出於畿內, 封爲諸侯, 加一等, 褒有德也. 謂大夫爲子男, 卿爲侯伯, 其命加於王朝一等耳, 非謂使出封畿[2]外卽加命也."

1) 子男之服……自玄冕而下 : 冕服은 여섯 등급이 있는데, 왕으로부터 孤에 이르기까지 命數에 따라 차등을 두었다. ≪周禮≫ 〈春官 司服〉에 "公의 의복은 衮冕 이하는 王의 의복과 같고, 侯伯의 의복은 鷩冕 이하는 公의 의복과 같고, 子男의 의복은 毳冕 이하는 侯伯의 의복과 같고, 孤의 의복은 希冕 이하는 子男의 의복과 같고 卿大夫의 의복은 玄冕 이하는 孤의 의복과 같다.〔公之服 自衮冕而下 如王之服 侯伯之服 自鷩冕而下 如公之服 子男之服 自毳冕而下 如侯伯之服 孤之服 自希冕而下 如子男之服 卿大夫之服 自玄冕而下 如孤之服〕라고 하였다.
2) 封畿 : 王都 주위의 지역을 말한다.

≪周禮≫ 〈春官 司服〉에 "子와 男의 의복은 毳冕 이하이고, 卿大夫의 의복은 玄冕 이하이다."라고 하였으니, 그렇다면 대부는 취면을 착용할 수 없다. 그리하여 傳에서 또 취면을 착용할 수 있는 뜻을 풀이하였으니, 천자의 대부는 4命이지만 封地로 나가서 5命이 되면 子男의 복식과 같이 한다. 그리하여 취면을 착용할 수 있는 것이다. 〈春官 典命職〉에 "왕의 三公은 8命이고 卿은 6命이며 大夫는 4命인데 나가서 봉해지면 모두 한 등급을 더한다."라고 하였는데, 鄭玄이 ≪주례≫를 해석하기를 "出封은 京畿 안에서 나가 제후로

봉해진 것이고, 한 등급을 더한 것은 덕이 있음을 포상한 것이다. 대부가 子와 男이 되고 경이 侯와 伯이 되면 그 명이 왕조에서보다 한 등급 더해진 것을 말한 것이지, 사신이 되어 封畿 밖으로 나가면 명을 더해준다고 말한 것은 아니다."라고 하였다.

【疏】今傳言"大夫四命, 出封五命." 則毛意以周禮出封, 謂出於封畿, 非封爲諸侯也. 尊王命而重其使, 出於封畿, 卽得加命, 反於朝廷, 還服其本. 此陳古者大夫, 出封聽訟, 故得如子男之衣服, 乘其大車檻檻然, 服毳冕以決訟也. 此時, 王政纔行境內而已, 周人, 刺其大夫不能聽境內之訟. 無復出封之事, 但作者陳出封之事, 以刺之耳.

그러나 이제 傳에서 "〈천자의〉 대부는 4命인데 封畿에서 나가 5명이 되면〔大夫四命 出封五命〕"이라고 했으니, 그렇다면 毛亨의 뜻은 ≪주례≫의 '出封'을 封畿에 나간 것을 말한 것이지 봉하여 제후로 삼은 것이 아니다. 왕명을 높이고 그 사신을 중히 여겨 봉기에 나가면 명수를 더하고 조정에 돌아오면 다시 본래의 복식을 한다. 이는 옛날의 대부가 봉기에 나가 송사를 다스린 것이다. 그리하여 子와 男의 복식과 같이 하여 덜컹덜컹 대부의 수레를 타고 毳冕을 착용하여 송사를 다스린 것을 말한 것이다. 당시에는 왕의 정사가 겨우 경내에만 행해질 뿐이었으니, 周人이 대부가 경내의 송사를 다스리지 못함을 풍자한 것이다. 다시는 봉기에 나갈 일이 없었지만 다만 작자가 봉기에 나가는 일을 말하여 풍자한 것일 뿐이다.

【疏】箋'菼薍'至'如騅' ○正義曰: '菼薍', 釋草文. 以傳解菼色, 未辨草名, 故取爾雅以定之. 鄭以周禮出封, 謂爲諸侯乃加一等, 出封行使則不得. 然此詩, 陳古天子大夫, 服毳冕以決訟, 則是其人於禮自得服之. 緣此服之貴賤, 準其官之尊卑, 解得服之所由, 故云'則是子男入爲大夫者'也.

箋의 〔菼薍〕에서 〔如騅〕까지

○正義曰: '菼薍'은 ≪爾雅≫ 〈釋草〉의 글이다. 傳은 菼의 색깔은 풀이하고 풀의 이름을 분별하지 않았다. 그리하여 ≪이아≫를 취하여 정한 것이다. 鄭玄은 ≪周禮≫의 '出封'을 제후가 되어 이에 한 등급을 더한 것이라고 하였으니, 封畿에 나가 사신의 일을 한다면 〈한 등급을〉 더할 수 없다. 그러나 이 시에 옛날 천자의 대부가 毳冕을 착용하고 송사를 다스렸음을 말했으니, 그렇다면 이는 그 사람이 예에 맞는 복식을 한 것이다. 복

식의 등급에 따라 그 관직의 높이를 기준으로 하여 복식을 입는 이유를 풀이하였다. 그리하여 "그렇다면 이는 子와 男으로 〈천자국에〉 들어가 대부가 된 사람이다.〔則是子男入爲大夫者〕"라 한 것이다.

【疏】王朝之卿大夫, 出封於畿外, 褒有德, 加一等, 使卿爲侯伯, 大夫爲子男. 其諸侯入於王朝, 爲卿大夫者, 以其本爵仍存, 直以入仕爲榮耳, 不復更加其命數. 故侯伯入爲卿, 子男入爲大夫. 諸侯之數衆, 王朝之官少, 或亦侯伯爲大夫, 非唯子男耳.

왕조의 卿大夫가 나가서 京畿의 밖에 봉해지면 덕이 있음을 포상하여 한 등급을 더하니, 卿은 侯와 伯이 되고 大夫는 子와 男이 된다. 그 제후가 왕조로 들어와 경대부가 된 사람은 그 본래의 작위가 그대로이니, 이는 다만 왕조에 벼슬함을 영예로 생각할 뿐, 다시 그 命數를 더하지 않기 때문이다. 그리하여 후와 백은 들어와서는 경이 되고 자와 남은 들어와서는 대부가 되는 것이다. 제후의 수는 많고 왕조의 관직은 적어서 혹 후와 백이 대부가 되기도 하니 자와 남뿐만이 아니다.

【疏】隱十一年左傳曰"滕侯曰'我周之卜正.'" 顧命孔安國注云"齊侯呂伋, 爲天子虎賁氏." 是侯伯入爲大夫者也. 以其本爵先尊, 服其於國之服, 故鄭志答趙商云"諸侯入爲卿大夫, 與在朝仕者異, 各依本國, 如其命數." 是由尊諸侯, 使之以其命. 此陳子男爲大夫, 仍得服毳冕也, 又解毳衣之色, 所以得如菼者, 以毳衣之屬, 衣則畫繪爲之, 裳則刺繡爲文, 由皆有五色, 其靑色者則如鵻, 故得如菼色.

≪春秋左氏傳≫ 隱公 11년에 "滕侯가 '나는 周의 卜官의 우두머리이다.' 하였다."라고 하고, ≪尙書≫ 〈顧命〉에 대한 孔安國의 주에 "齊侯 呂伋이 천자의 虎賁氏가 된 것이다."라고 하였으니, 이는 侯伯이 들어가 대부가 된 사람이다. 본래의 작위를 우선 존중하여 자신의 나라에서의 복식을 입었다. 그리하여 ≪鄭志≫에서 趙商에게 답하기를 "제후가 들어가 卿大夫가 된 자는 조정에 있으면서 벼슬한 자와는 달리 각기 본국의 〈작위에〉 따라 그 命數를 같이 한다."라고 하였으니, 이는 제후를 존중하여 그에게 자신의 명수로써 하게 한 것에서 연유한 것이다. 여기서 子男이 大夫가 되어 그대로 毳冕을 착용함을 말하고 또 毳衣의 색을 菼의 색과 같을 수 있다고 해석한 것은, 毳衣의 등속이 上衣는 그림을 그려 만들고 下衣는 수를 놓아 무늬를 만들어 모두 다섯 가지 색이 있음에서 연

유하는데 그중 청색이 곧 雝와 같다. 그리하여 菼의 색과 같을 수 있는 것이다.

【疏】言毳衣之屬者, 自毳以上, 當有袞冕·鷩冕與毳冕之服, 其衣皆用繢也. 若絺(치)冕則衣刺粉米, 唯用繡, 玄冕則衣無文, 不復用繡, 明毳衣之屬, 正謂袞鷩(별)耳. 知衣繢裳繡者, 考工記 言畫繢之事, 則繢謂畫之也. 皐陶謨云"予欲觀古人之象, 日·月·星辰·山·龍·華蟲作會, 宗彝(이)·藻·火·粉米·黼·黻絺繡." 於華蟲以上言作繢, 明畫爲繢文, 宗彝以下言絺繡, 明是絺爲繡文.

'毳衣之屬'이라 한 것은 毳衣 이상에 의당 袞冕과 鷩冕과 毳冕의 복식이 있어서이니, 그 上衣는 모두 그림을 그린 것을 사용한다. 絺冕은 상의에 '쌀〔粉米〕'을 수놓으니 刺繡만을 사용하고, 玄冕은 상의에 무늬가 없어서 다시 수를 놓지 않으니, 분명 '毳衣之屬'은 바로 袞冕과 鷩冕을 말할 뿐이다.

상의에 그림을 그리고 下衣에 수를 놓았음을 안 것은 ≪周禮≫ 〈考工記〉에 繪畫의 일을 말했는데, 곧 繢가 그리는 것을 말하기 때문이다. ≪尙書≫ 〈皐陶謨〉에 "내가 옛사람이 말한 자연현상을 관찰하고자 해·달·별·산·용·꿩을 그림으로 그리고, 宗彝·마름·불·쌀·보·불을 수놓게 하였다."라고 하여 '華蟲(꿩)' 이상을 繢라 하였으니, 분명 畫는 무늬를 그린 것이고, '宗彝' 이하에는 絺繡라 하였으니, 분명 이 絺는 무늬를 수놓은 것이다.

宗彝(≪五經圖彙≫)

【疏】但王者相變, 禮制不同. 周法, 火與宗彝亦畫而爲衣, 不復在裳, 故鄭於司服, 引尙書以校之周禮, 考之而立說云"古者, 天子冕服十二章, 至周而以日·月·星辰, 畫於旌旗, 而冕服九章, 登龍於山, 登火於宗彝. 九章, 初一曰龍, 次二曰山, 次三曰華蟲, 次四曰火, 次五曰宗彝, 皆畫以爲繢, 次六曰藻, 次七曰粉米, 次八曰黼, 次九曰黻, 皆絺以爲繡, 則袞之衣五章, 裳四章, 凡九也. 鷩畫以雉, 謂華蟲也, 其衣三章, 裳四章, 凡七也. 毳畫虎(雉)〔蜼(유)〕[1], 謂宗彝也, 其衣三章, 裳二章, 凡五也. 絺刺粉米, 無畫

也, 其衣一章, 裳二章, 凡三也. 玄者, 衣無文, 裳刺黻而已, 是以謂之玄焉." 如鄭此言, 是毳以上, 則衣用繢, 絺冕則衣亦繡也.

1) (雉)〔蜼〕: 저본의 교감기에 따라 '蜼'로 번역하였다.

다만 제왕은 변경하니 예법과 제도가 같지 않다. 그리하여 周의 법에 火와 宗彝도 그려 上衣를 만들고 下衣에는 사용하지 않았다. 그리하여 鄭玄이 ≪周禮≫ 〈司服〉에서 ≪尙書≫를 인용하여 ≪주례≫를 교감할 적에, 이를 살펴 견해를 밝히기를 "옛날 천자의 冕服은 12가지 문양이었는데, 주대에 이르러 해·달·별은 깃발에다 그리고, 면복에는 〈세 가지를 제외한〉 9가지 문양을 두되, 용을 산보다 앞에 두고 불을 宗彝보다 앞에 두었다. 9가지 문양은 첫 번째가 용이고, 다음 두 번째가 산이며, 다음 세 번째가 꿩이고, 다음 네 번째가 불이며, 다음 다섯 번째가 宗彝이니 모두 그림으로 문양을 그렸다. 다음 여섯 번째가 마름이고, 다음 일곱 번째가 쌀이며, 다음 여덟 번째가 黼이고, 다음 아홉 번째가 黻이니 모두 꿰매어 문양을 수놓았다. 그렇다면 衮冕의 上衣는 다섯 가지 문양이고 下衣는 네 가지 문양으로 모두 아홉 가지 문양이다. 鷩冕은 꿩을 그려 화충이라 했으니, 상의는 세 가지 문양이고 하의는 네 가지 문양으로 모두 일곱 가지 문양이다. 毳冕은 호랑이와 원숭이를 그려 宗彝라 했으니, 상의는 세 가지 문양이고 하의는 두 가지 문양으로 모두 다섯 가지 문양이다. 絺冕은 粉米를 수놓고 그림이 없으니 상의는 한 가지 문양이고 하의는 두 가지 문양으로 모두 세 가지 문양이다. 玄冕은 상의에 문양이 없고 하의에 黻을 수놓았을 뿐이다. 이 때문에 玄이라 한다."라고 하였으니, 정현의 이 말대로라면 毳冕 이상은 상의에 그림을 그렸지만 絺冕은 상의에도 수를 놓은 것이다.

【疏】 知繡皆有五色者, 考工記曰"畫繢之事, 雜五色." 又曰"五色備, 謂之繡." 是繢繡皆五色. 其青者如騅, 其赤者如赬(정), 故二章各擧其一耳. 傳以菼爲騅, 箋以菼爲䓨, 似如易傳, 又言其青者如騅, 復似從傳. 張逸疑而問之, 鄭答云"騅鳥青, 非草名, 䓨亦青, 故其青者如騅."

繡에 모두 다섯 가지 색이 있음을 안 것은, ≪周禮≫ 〈考工記〉에 "그림을 그리는 일은 다섯 가지의 색을 섞어서 한다."라고 하고, 또 "다섯 가지 색이 갖추어진 것을 繡라 한다."라고 하였으니, 이것이 繢와 繡의 색이 모두 다섯 가지인 것이다. 그 青色은 騅와 같고 赤色은 赬과 같다. 그리하여 두 章에 각각 하나씩을 든 것이다. 傳은 菼을 騅라 하였는데 箋은 菼을 薍이라 하여 마치 傳을 바꾼 듯하지만, 또 '其青者如鵻'라 하였으니 다시 傳을 따른 듯하였다. 그리하여 張逸이 의심하여 질문하니, 鄭玄이 답하기를 "鵻는 새가 청색인 것이니 풀의 명칭이 아니며 薍도 청색이다. 그리하여 그 청색인 것이 鵻와 같은 것이다."라고 하였다

大車哼(톤)哼하니 毳衣如璊(문)이로다

대부 수레 느릿느릿

관복은 붉은 옥색 같네

【傳】 哼哼은 重遲之貌요 璊은 赬也라 ○ 璊은 音門이니 說文作(璊)〔䊵〕[1]하고 云 以毳爲罽(계)也라하고 解此璊云 玉赬色也라 (木)〔禾〕[2]之赤苗를 謂之虋也니 玉色如之라 赬은 赤也라

1) (璊)〔䊵〕: ≪說文解字≫에 근거하여 '䊵'으로 번역하였다.

2) (木)〔禾〕: 문맥과 ≪說文解字≫에 근거하여 교감한 북경대본에 따라 '禾'로 번역하였다.

哼哼은 '더딘 모습'이고, 璊은 '붉은색'이다.

○ 璊은 音이 門인데, ≪說文解字≫에는 䊵으로 쓰고 "짐승 털로 모직물을 만드는 것이다."라고 하고, 여기에서는 璊字를 풀이하여 "옥의 적색이다. 곡식의 붉은 싹을 虋이라 하니 玉의 색이 이와 같다."라고 하였다. 赬은 적색이다.

豈不爾思리오마는 畏子不奔이로다

어찌 그대 그립지 않으랴만

저분 두려워 감히 어울리지 못하네

【疏】 傳'哼哼'至'璊赬' ○ 正義曰：哼哼, 行之貌, 故爲重遲. 上言行之聲, 此言行之貌, 互相見也. 釋器云"一染謂之縓(제), 再染謂之赬." 郭璞云"淺赤也." 說文云"璊, 玉赤色." 故以璊爲赬.

傳의 〔哼哼〕에서 〔璊赬〕까지

○ 正義曰：哼哼은 가는 모습이다. 그리하여 '重遲'가 된다. 위에서는 가는 소리를 말

하고 여기에서는 가는 모습을 말하여 번갈아 보인 것이다. ≪爾雅≫ 〈釋器〉에 "한 번 물들인 것을 '緹'라 하고, 두 번 물들인 것을 '赬'이라 한다."라고 하고, 郭璞은 "옅은 적색이다."라고 하였으며, ≪說文解字≫에는 "璊은 옥의 적색이다." 하였다. 그리하여 '璊'을 '赬'이라 한 것이다.

穀則異室이나 **死則同穴**하리라 **謂予不信**이나 **有如皦**(교)**日**이로다

살아서는 떨어져 살지만
죽으면 함께 묻히리
내말 믿지 못하겠다 하지만
밝은 해처럼 분명하네

【傳】 穀은 生이요 皦는 白也라 生在於室이면 則外內異어니와 死則神合하여 同爲一也라

穀은 '살아 있는 것'이고, 皦는 '밝음'이다. 살아서 거처할 때에는 안과 밖이 다르지만, 죽으면 神이 합치되어 함께 하나가 된다는 것이다.

【箋】 箋云 穴은 謂冢壙中也라 此章은 言古之大夫聽訟之政이 非但不敢淫奔이요 乃使夫婦之禮有別이러니 今之大夫不能然하여 反謂我言不信이로되 我言之信이 如白日也라하니 刺其闇於古禮라 ○ 皦는 本又作皎라

箋云 : 穴은 무덤 속을 말한다. 이 章은 '옛날 대부의 송사를 다스리는 정사가 감히 음란하지 못하게 하는 것만이 아니고 마침내 夫婦有別의 예를 지키게 하였다. 그러나 지금의 대부는 그렇게 하지 못해 도리어 내 말을 믿지 못하겠다고 말하지만 내 말이 미더워 밝은 해와 같다.'라고 한 것이니, 〈지금의 대부가〉 옛날의 예에 어두운 것을 풍자한 것이다.

○ 皦는 '皎'로 되어 있는 본도 있다.

【疏】 '穀則'至'皦日' ○ 正義曰 : 言古之大夫聽政也, 非徒不敢淫奔, 又令室家有禮, 使夫之與婦, 生則異室而居, 死則同穴而葬, 男女之別如此. 汝今時大夫若謂我此言爲不信乎. 我言之信, 有如皦然之白日, 言其明而可信也. 刺今大夫闇於古禮, 而不信此言也.

經의 〔穀則〕에서 〔皦日〕까지

○ 正義曰 : '옛날의 대부가 정사를 다스림에 감히 음란하지 못하게 했을 뿐만 아니고, 또 부부로 하여금 禮가 있게 하여 부부로 하여금 살아서는 다른 거처에서 살게 하고 죽어서는 함께 묻히게 하니 남녀의 분별이 이와 같았다. 그런데 그대 지금의 대부는 마치 내가 한 이 말을 믿지 못하겠다고 여긴단 말인가. 내 말의 미더움이 분명하여 밝은 해와 같다.'라고 한 것이니, 그 말이 명백하여 믿을 만함을 말한 것이다. 지금의 대부가 옛날의 예에 어두워 이 말을 믿지 않음을 풍자한 것이다.

【疏】 傳'穀生'至'爲一' ○ 正義曰 : '穀生', 釋言文. 皦者, 明白之貌. 故爲白也. 內則曰 "禮始於謹夫婦宮室, 辨外內, 男不入, 女不出." 是禮也. 生在於室, 則內外異, 死所以得同穴者, 死則神合, 同而爲一, 故得同穴也. 祭統曰"鋪筵, 設同几." 春官司几筵注云 "周禮雖(今)〔合〕[1]葬及同時在殯, 皆異几, 體實不同, 祭於廟中, 同几, 精氣合也." 是既葬之後, 神合爲一, 神合故可以同穴也.

1) (今)〔合〕: 저본의 교감기에 따라 '合'으로 번역하였다.

傳의 〔穀生〕에서 〔爲一〕까지

○ 正義曰 : '穀生'은 ≪爾雅≫ 〈釋言〉의 글이다. '皦'는 밝은 모습이다. 그리하여 '白'이 된다. ≪禮記≫ 〈內則〉에 "禮는 부부가 궁실을 삼가는 것에서 시작하니, 안과 밖을 구분하여 남자는 〈안채에〉 들어가지 않고 여자는 〈바깥채에〉 나가지 않는다."라고 한 것이 이 禮이다. 살아서 궁실에 있을 때는 안과 밖이 다르지만 죽어서 무덤을 같이할 수 있는 것은, 죽으면 神이 합해져 함께 하나가 되기 때문이다. 그리하여 무덤을 같이할 수 있는 것이다. ≪예기≫ 〈祭統〉에 "자리를 펴고 같은 靈几를 설치한다."라고 하고, ≪周禮≫ 〈春官 司几筵〉의 注에 "≪주례≫에 비록 合葬할 때나 동시에 殯에 있을지라도 모두 靈几를 달리하는 것은 몸이 실제 다르기 때문이고, 廟에서 제사하는 경우에 靈几를 같이하는 것은 정기가 합해지기 때문이다."라고 하였으니, 이는 장사 지낸 후에는 神이 합해져 하나가 된 것이니, 神이 합해졌기 때문에 무덤을 같이할 수 있는 것이다.

大車三章이니 **章四句**라

〈大車〉 3章이니 章마다 4句이다.

丘中有麻(구중유마)

【序】 丘中有麻는 **思賢也**라 **莊王不明**하여 **賢人放逐**하니 **國人思之而作是詩也**라

〈丘中有麻〉는 어진 사람을 생각한 것이다.

莊王이 현명하지 못하여 어진 사람이 쫓겨나니, 나라사람들이 그를 생각하여 이 시를 지은 것이다.

【箋】 思之者는 思其來하여 已得見之라

'思之'는 〈어진 사람이〉 와서 자신이 그를 볼 수 있기를 생각한 것이다.

【疏】 '丘中有麻(三章章四句)'至'是詩' ○ 正義曰：毛以爲"放逐者, 本在位有功, 今去而思之." 鄭以爲"去治賤事, 所在有功, 故思之." 意雖小異, 三章俱是思賢之事.

序의 〔丘中有麻〕에서 〔是詩〕까지

○ 正義曰：毛亨은 "쫓겨난 사람이 본래 자리에 있으면서 공이 있었는데 지금은 쫓겨나 그를 생각한 것이다."라고 여기고, 鄭玄은 "쫓겨나 하찮은 일에 종사하지만 그곳에서 공이 있었다. 그리하여 그를 생각한 것이다."라고 여겼다. 뜻은 비록 약간 다르지만 세 章 모두 어진 사람을 생각하는 일이다.

【疏】 箋'思之'至'見之' ○ 正義曰：箋以爲施施爲見己之貌, 來食謂己得食(사)之, 故以思之爲思其來, 已得見之, 毛以來食爲子國復來, 我乃得食, 則思其更來在朝, 非徒思見而已, 其意與鄭小異. 子國是子嗟之父, 俱是賢人, 不應同時見逐. 若同時見逐, 當先思子國, 不應先思其子.

箋의 〔思之〕에서 〔見之〕까지

○ 正義曰：箋은 '施施'는 자신을 보러온 모습이라 여기고, '來食'은 자신이 그를 먹일 수 있음을 말한 것으로 여겼다. 그리하여 '思之'를 '그가 와서 자신이 그를 볼 수 있는 것'으로 여기고, 毛亨은 '來食'을 '子國이 다시 오면 자신이 먹을 수 있는 것'으로 여겼다. 그렇다면 그가 다시 와서 조정에 있을 것을 생각한 것이지 볼 수 있기만을 생각한 것이

아니니, 그 뜻이 鄭玄과 조금 다르다. 자국은 子嗟의 아버지이니 모두 어진 사람이지만 동시에 쫓겨난 것은 아닐 것이다. 만약 동시에 쫓겨났다면 응당 먼저 자국을 생각했을 것이지 그 아들을 먼저 생각하지는 않았을 것이다.

【疏】今首章先言子嗟, 二章乃言子國, 然則賢人放逐, 止謂子嗟耳. 但作者旣思子嗟, 又美其弈世有德, 遂言及子國耳, 故首章傳曰"麻·麥·草·木, 乃彼子嗟之所治." 是言麥亦子嗟所治, 非子國之功也. 二章箋"言子國使丘中有麥, 著其世賢." 言著其世賢, 則是引父以顯子, 其意非思子國也. 卒章言"彼留之子." 亦謂子嗟耳.

지금 首章에서 먼저 子嗟를 말하고 2章에서 비로소 子國을 말했으니, 그렇다면 '賢人放逐'은 자차만을 말한 것이다. 다만 작자가 자차를 생각하고 나서 또 대대로 덕이 있음을 찬미하여 마침내 자국을 언급했을 뿐이다. 그리하여 首章의 傳에 "麻·麥·草·木은 저 자차가 다스린 공이다." 하였으니, 이는 보리도 자차가 다스린 것임을 말한 것이니 자국의 공로가 아니다. 2章의 箋에 "자국이 언덕에 보리가 있게 하였다고 한 것은 대대로 어짊을 나타낸 것이다."라고 하여 '대대로 어짊을 나타낸 것'을 말했으니, 그렇다면 이는 아버지를 말하여 아들을 드러낸 것이니 그 뜻이 자국을 생각한 것이 아니다. 卒章에서 "저 留氏의 아들"이라 한 것도 자차를 말한 것이다.

丘中有麻하니 彼留子嗟로다

언덕 위에 삼이 있으니
저 留氏 子嗟의 공이로세

【傳】留는 大夫氏요 子嗟는 字也라 丘中墝埆(요각)之處에 盡有麻麥草木은 乃彼子嗟之所治라

'留'는 大夫의 氏이고, '子嗟'는 字이다. 언덕 위의 척박한 곳에 모두 삼과 보리, 풀과 나무가 있는 것은 바로 저 자차가 다스린 〈공로이다.〉

麻(≪詩經名物圖解≫)

【箋】 箋云 子嗟放逐於朝하여 去治卑賤之職而有功하니 所在則治理는 所以爲賢이라 ○ 墝는 本亦作墽(교)라 埆은 本或作遠하니 此從孫義而誤耳라

箋云 : 子嗟가 조정에서 쫓겨나 떠나가서 천한 일에 종사하면서 공이 있었으니, 머무는 곳이 잘 다스려진 것은 어진 사람이 되는 이유이다.

○ '墝'는 '墽'로 되어 있는 본이 있다. '埆'은 '遠'으로 되어 있는 본이 있으니, 이는 孫炎의 뜻을 따라 잘못된 것이다.

彼留子嗟여 將其來施施아

저 留氏 子嗟여
돌아오려 하겠는가

【傳】 施施는 難進之意라

'施施'는 나아오기를 어렵게 여기는 뜻이다.

【箋】 箋云 施施는 舒行이니 伺閒獨來見己之貌라 ○ 將은 王申毛如字하고 鄭七良反[1)]하니 下同이라 施는 如字이고 閒은 又如字라

1) 七良反 : '願'이나 '請'으로 해석된다.

箋云 '施施'는 천천히 걷는 것이니, 한가한 틈을 엿보아 홀로 와서 자기를 만나는 모습이다.

○ 將은 王肅은 毛亨이 본음(장차 장)으로 읽어야 한다고 본 것을 다시 밝혔고, 鄭玄은 '七과 良의 반절(창)'이라 풀이하였으니 아래도 같다. 施는 본음으로 읽고 閒도 본음으로 읽는다.

【疏】 '丘中'至'來施施' ○ 毛以爲"子嗟在朝有功, 今而放逐在外, 國人覩其業而思之. 言'丘中墝埆之處, 所以得有麻者, 乃留氏子嗟之所治也, 由子嗟敎民農業, 使得有之.' 今放逐於外, 國人思之, 乃遙述其行. 彼留氏之子嗟, 其將來之時, 施施然甚難進而易退, 其肯來乎." 言不肯復來, 所以思之特甚.

經의 〔丘中〕에서 〔來施施〕까지

○ 毛亨은 "子嗟가 조정에 있을 때 공이 있었는데 지금은 쫓겨나 밖에 있어서 나라사람이 그 업적을 보고 그를 생각하여, '언덕 위 척박한 곳에 삼이 있게 된 것은 바로 留氏 자차가 이룬 공로이니, 자차가 백성들에게 농업을 가르쳐 〈삼이〉 있을 수 있게 된 것이다.'라고 하였다. 〈그런데〉 이제 밖으로 쫓겨나 나라사람이 그를 생각하여 앞으로 그가 올 것을 서술하였다. 저 류씨 자차가 장차 오려고 할 때에 나아오기를 어렵게 여기고 물러나기를 쉽게 여기니 오려고 하겠는가."라고 한 것으로, 다시 오려고 하지 않을 것이기 때문에 그를 생각함이 특별히 심함을 말한 것이다.

○ 鄭以爲"子嗟放逐於朝, 去治卑賤之職. 言丘中墝埆之處, 今日所以有麻者, 彼留氏之子嗟, 往治之耳, 故云'所在則治理, 信是賢人.' 國人之意, 願得彼留氏之子嗟, 其將欲來, 舒行施施然, 伺候閒暇, 獨來見已." 閔其放逐, 愛其德義, 冀來見已, 與之盡懽.

○ 鄭玄은 "子嗟가 조정에서 쫓겨나 떠나가서 비천한 일에 종사하였다. 언덕 위 척박한 곳에 오늘 삼이 있게 된 것은 저 留氏 자차가 가서 다스렸기 때문이다. 그리하여 '머무는 곳이 잘 다스려졌으니 진실로 어진 사람이다.'라고 하였다. 나라사람의 뜻이, 저 류씨 자차를 보기를 원했고, 그가 장차 오려고 할 때에 천천히 걸어 한가한 시간을 살펴 홀로 와서 자기를 보기를 바란 것이다."라고 한 것으로 여겼다. 그가 쫓겨난 것을 안타깝게 여기고 그의 덕과 의리를 사랑하여 자기를 보러 오면 그와 즐거움을 다하기를 바란 것이다.

【疏】 傳'留大'至'所治' ○ 正義曰：賢人放逐, 明爲大夫而去, 下云"彼留之子." 與易稱"顔氏之子." 其文相類, 故知(劉)〔留〕[1]氏, 大夫氏也. 子者, 有德之稱, 古人以子爲字, 與嗟連文, 故知字也. 釋丘云"非人力爲之丘." 丘是地之高者. 在丘之中, 故云"墝埆之處." 墝埆, 謂地之瘠薄者也. 傳探下章而解之, 故言麻・麥・草・木也. 木卽下章李也, 兼言草以足句. 乃彼子嗟之所治, 謂子嗟未去之日, 敎民治之也. 定本云"丘中墝埆, 遠盡有麻麥草木." 與俗本不同也.

1) (劉)〔留〕：經文에 근거하여 '留'로 번역하였다.

傳의 〔留大〕에서 〔所治〕까지

○ 正義曰：賢人이 쫓겨났으니, 분명 대부이면서 쫓겨난 것이다. 아래 장의 "彼留之

子"라고 한 것은 ≪周易≫ 〈繫辭傳〉의 "顔氏之子"라고 한 것과 글이 비슷하다. 그리하여 留氏가 대부의 氏임을 안 것이다. '子'는 덕이 있는 사람의 호칭이고, 옛사람들은 '子'를 字로 삼았는데 '嗟'로 글자를 이었으므로 字임을 안 것이다.

≪爾雅≫ 〈釋丘〉에 "사람의 힘으로 만들지 않은 것이 丘이다."라고 하니, 丘는 땅의 높은 곳이다. 丘의 가운데 있기 때문에 "墝埆之處"라 한 것이니, '墝埆'은 땅이 척박한 것을 말한다. 傳은 아래 장을 살펴 해석하였다. 그리하여 '麻·麥·草·木'을 말한 것이다. '木'은 아래 장의 '李'이니 '草'를 겸해 말하여 구절을 완성하였다. '乃彼子嗟之所治'는 子嗟가 쫓겨나기 전에 백성을 가르쳐 다스렸음을 말한다. 定本에는 "丘中墝埆 遠盡有麻麥草木"이라 하여 俗本과 같지 않다.

【疏】 箋'子嗟'至'爲賢' ○正義曰：箋以'有麻'之下, 卽云"彼留子嗟." 則是子嗟今日所居, 有麻麥也, 且丘中是隱遁之處, 故易傳以爲'去治卑賤之職而有功'. 孝經云"居家理, 故治可移於官." 子嗟在朝則能助敎行政, 隱遁則能使墝埆生物, 所在則治理, 是其所以爲賢也.

箋의 〔子嗟〕에서 〔爲賢〕까지

○正義曰：箋은 '有麻'의 아래에 바로 "彼留子嗟"라고 했으니, 그렇다면 이는 子嗟가 현재 머무는 곳에 삼과 보리가 있는 것이고, 또 丘中을 은둔하는 곳이라고 여겼다. 그리하여 傳을 바꾸어 '去治卑賤之職而有功'이라고 한 것이다. ≪孝經≫에 "〈군자가〉 집에 있으면서 잘 다스린다. 그리하여 다스림을 관청으로 옮길 수 있다."라고 하니, 자차가 조정에 있어서는 교화를 돕고 정사를 행할 수 있었으며 은둔해서는 척박한 곳에 식물을 자라게 할 수 있어서 거처하는 곳이면 곧 다스려졌으니, 이것이 그가 어진 이가 되는 이유이다.

【疏】 傳'施施難進之意' ○正義曰：傳亦以施施爲舒行, 由賢者難進, 故來則舒行, 言其本性爲然, 恐將不復更來, 故思之也.

傳의 〔施施難進之意〕

○正義曰：傳도 '施施'를 '舒行'으로 여겼는데, 어진 사람은 나아오기를 어렵게 여기기 때문이다. 그리하여 온다면 천천히 올 것이다. 〈이는〉 그의 본성이 그러하여 장차 다시 오지 않을까 걱정하였기 때문에 생각한 것임을 말한 것이다.

【疏】 箋'施施'至'之貌' ○正義曰：箋以思之欲使更來，不宜言其難進．且言其將者，是冀其復來，故易傳以爲'伺候閒暇，獨來見己之貌'．此章欲其獨來見己，下章冀得設食以待之，亦事之次也．

箋의 〔施施〕에서 〔之貌〕까지

○ 正義曰：箋은 그를 생각하여 다시 오게 하고자 한 것으로 여겼으니，그가 나아오기를 어렵게 여긴다고 하는 것은 마땅하지 않다. 또 그 '將'을 말했으니，이는 그가 다시 오기를 바란 것이다. 그리하여 傳을 바꾸어 '한가한 틈을 엿보아 홀로 와서 자기를 만나는 모습〔伺候閒暇 獨來見己之貌〕'이라고 한 것이다. 이 章은 그가 홀로 와서 자기를 보기를 바란 것이고，아래 장은 음식을 차려 그를 대접하기를 바란 것이니，또한 일의 순서이다.

丘中有麥하니 彼留子國이라

언덕 위에 보리가 있으니
저 留氏 子國의 공이로세

【傳】 子國은 子嗟父라

子國은 子嗟의 아버지이다.

【箋】 箋云 言子國使丘中有麥하니 著其世賢이라

箋云：子國이 언덕 위에 보리가 있게 함을 말했으니，대대로 어짊을 드러낸 것이다.

彼留子國이여 將其來食이로다

저 留氏 子國이여
그가 오면 먹을 수 있겠네

【傳】 子國復來어든 我乃得食이라

子國이 다시 온다면 내가 먹을 수 있다는 것이다.

【箋】 箋云 言其將來食(사)하니 庶其親己하여 己得厚待之라 ○ 食은 如字니 一云 鄭音嗣라

箋云 : 그가 장차 오면 〈내가 그를〉 먹이겠다는 말이니, 그가 자기를 친애하여 자기가 그를 후하게 대접할 수 있기를 바란 것이다.

○ 食은 본음으로 읽는데, 어떤 이는 "鄭玄은 音을 '사'라 하였다."라고 하였다.

【疏】 傳'子國子嗟父' ○ 正義曰 : 毛時書籍猶多, 或有所據, 未詳毛氏何以知之.

傳의 〔子國 子嗟父〕

○ 正義曰 : 毛亨의 당시에는 서적이 그래도 많아서 혹 근거한 것이 있을 것이지만, 모형이 어떻게 알았는지는 자세하지 않다.

【疏】 箋'言子'至'世賢' ○ 正義曰 : 箋以丘中有麻, 是子嗟去往治之, 而此章言子國, 亦能使丘中有麥, 是顯著其世賢. 言其父亦是治理之人耳, 非子國實使丘中有麥也.

箋의 〔言子〕에서 〔世賢〕까지

○ 正義曰 : 〈앞장의〉 箋에서는 '丘中有麻'를 子嗟가 가서 다스린 것으로 여기고, 이 章에서는 子國도 丘中에 麥이 있게 할 수 있음을 말하였으니, 이는 대대로 어질다는 것을 드러낸 것이다. 〈이는〉 그 아버지도 다스리는 사람임을 말한 것이지, 자국이 실제 丘中에 麥이 있게 한 것이 아니다.

【疏】 傳'子國'至'得食' ○ 正義曰 : 傳言以子國教民稼穡, 能使年歲豐穰, 及其放逐, 下民思之. 乏於飲食, 故言子國其將來, 我乃得有食耳.

傳의 〔子國〕에서 〔得食〕까지

○ 正義曰 : 傳은 子國이 백성들에게 농사를 가르쳐 해마다 풍년이 들게 하였는데, 그가 쫓겨나자 백성들이 그를 생각하였음을 말한 것이다. 〈당시에〉 음식이 부족하였다. 그리하여 '子國이 돌아오면 내가 마침내 먹을 것이 있을 것이다.'라고 한 것이다.

【疏】 箋'言其'至'待之' ○ 正義曰 : 準上章思者, 欲令子國見己, 言其獨來, 就我飲食. 庶其親己, 來至己家, 己得厚禮以待之, 思賢之至, 欲飲食(임사)之也.

箋의 〔言其〕에서 〔待之〕까지

○ 正義曰：上章의 생각한 사람이 子國으로 하여금 자기를 보기를 바란 것임을 근거하여, 그가 홀로 와서 나에게 와 음식 먹을 것을 말한 것이다. 그가 자기를 친애하여 와서 자기의 집에 이르면 자기가 후한 禮로 대접할 수 있기를 바란 것이니, 어진 사람을 생각함이 지극하여 그를 먹이고자 한 것이다.

丘中有李하니 **彼留之子**로다

언덕 위에 오얏나무 있으니
저 留氏 아들이 심었네

【箋】 箋云 丘中而有李하니 又留氏之子所治라

箋云：언덕 위에 오얏나무가 있으니 또 留氏의 아들이 다스린 것이다.

彼留之子여 **貽我佩玖**리라

저 留氏의 아들이여
나에게 佩玉을 선물하리

【傳】 玖는 石次玉者니 言能遺我美寶라

玖는 옥의 다음가는 돌이니, 나에게 아름다운 보석을 줄 수 있음을 말한 것이다.

【箋】 箋云 留氏之子는 於思者則朋友之子니 庶其敬己而遺己也라 ○ 玖는 說文云 石之次玉이니 黑色者라하다

箋云：留氏의 아들은 생각하는 사람에게는 친구의 아들이니, 그가 자기를 공경하여 자기에게 주기를 바란 것이다.

○ 玖는 ≪說文解字≫에 "옥 다음가는 돌이니 흑색이다."라고 하였다.

【疏】 傳'玖石'至'美寶' ○ 正義曰：玖是佩玉之名, 故以美寶言之, 美寶猶美道. 傳言以爲作者思而不能見, 乃陳其昔日之功, 言彼留氏之子, 有能遺我以美道, 謂在朝所施之政敎.

傳의 〔玖石〕에서 〔美寶〕까지

○ 正義曰：玖는 佩玉의 명칭이다. 그리하여 '美寶'라고 말한 것이니, '美寶'는 '아름다운 도리'와 같다. 傳은 작자가 생각하지만 만날 수 없어서 마침내 옛날의 공로를 말한 것으로 여긴 것이라 했으니, 저 留氏의 아들이 나에게 아름다운 도를 줄 수 있다고 한 것은 조정에 있을 때에 베푼 정사와 교화를 말한다.

【疏】 箋'留氏'至'遺己' ○正義曰：箋亦以佩玖喩美道, 所異者, 正謂今日冀望其來, 敬己而遺己耳, 非是昔日所遺. 上章, 欲其見已, 己得食(사)之, 言己之待留氏, 此章, 留氏之子, 遺我以美道, 欲留氏之子敎己. 是思者與留氏情親, 故云"留氏之子, 於思者則朋友之子." 正謂朋友之身, 非與其父爲朋友. 孔子謂子路"賊夫人之子."[1] 亦此類也.

1) 賊夫人之子：≪論語≫〈先進〉에 보인다.

箋의 〔留氏〕에서 〔遺己〕까지

○ 正義曰：箋도 '佩玖'를 '美道'에 비유하였지만, 다른 점은 바로 오늘 그가 와서 자기를 공경하여 자기에게 주기를 바란 것을 이르니 옛날에 준 것이 아니다. 上章은 그가 자기를 만나보고 자기가 먹일 수 있기를 바랐으니 자기가 留氏를 대접하는 것이고, 이 章은 류씨의 아들이 나에게 美道로 전해준 것이니 류씨의 아들이 자기를 가르칠 것을 바란 것이다. 이는 생각한 사람과 류씨가 친한 것이다. 그리하여 "류씨의 아들은 생각하는 사람에게는 친구의 아들이다."라고 한 것은 바로 친구 당사자를 말한 것이지 그 아버지와 친구가 된 것이 아니다. 孔子가 子路에게 "남의 아들을 해친다."라고 한 것도 이러한 종류이다.

丘中有麻三章이니 章四句라

〈丘中有麻〉 3章이니 章마다 4句이다.

王國十篇이니 二十八章이요 百六十二句라

王國(王風) 10篇이니 28章이고 162句이다.

毛詩注疏 卷第四(四之二)

鄭緇衣詁訓傳 第七

○ 陸曰 鄭者는 國名이니 周宣王母弟桓公友所封也라 其地는 詩譜云 宗周圻內咸林之地니 今京兆鄭縣이 是其都也라하고 漢書地理志云 京兆鄭縣은 周宣王弟鄭桓公邑이 是也라 至桓公之子武公滑突하여 隨平王東遷하여 遂滅虢鄶而居之하니 卽史伯所云 十邑之地니 右洛左濟하고 前華後河요 食溱洧焉[1]이라 今河南新鄭이 是也니 在滎陽宛陵縣西南이라하니라

1) 史伯所云……食溱洧焉 : ≪國語≫ 〈鄭語〉에 보이는 내용이다. 史伯은 周나라 太史이고, 十邑은 虢·鄶·鄔·蔽·補·丹·依·㖻·歷·莘이다.(≪國語≫ 〈鄭語〉 韋昭 注)

○ 陸德明이 "鄭은 나라 이름이니, 周 宣王이 同腹아우〔母弟〕 桓公 友를 봉한 곳이다. 그 땅은 ≪詩譜≫에 '宗周 畿內 咸林의 땅인데, 지금 京兆 鄭縣이 그 도읍이다.'라고 하고, ≪漢書≫ 〈地理志〉에 '경조 정현은 주 선왕의 아우 鄭 桓公의 邑이다.'라고 한 것이 이곳이다. 환공의 아들 武公 滑突에 이르러 平王을 따라 東遷하여 마침내 虢과 鄶를 멸하고 그곳에 살았으니, 바로 史伯이 말한 '10邑의 땅'이니 오른쪽에 洛水가 왼쪽에 濟水가 있고 앞쪽에 華水가 뒤쪽에 河水가 있는 곳이고, 溱水와 洧水의 물을 먹는다. 지금 河南 新鄭縣이 이곳이니, 滎陽 宛陵縣의 서남쪽에 있다."라고 하였다.

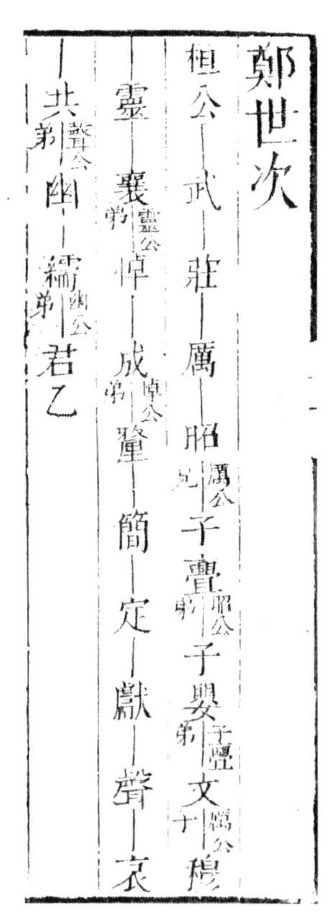

鄭世次(≪六經圖考≫)

毛詩國風　鄭氏箋　孔穎達疏

鄭譜(정보)

初에 宣王封母弟友於宗周畿內咸林之地하니 是爲鄭桓公이라 今京兆鄭縣이 是其都也라

처음에 宣王이 母弟 友를 宗周 기내 咸林의 땅에 봉하였으니, 이가 鄭 桓公이다. 지금 京兆 鄭縣이 그 도읍이다.

【疏】 ○ 正義曰：漢書地理志云 "本周宣王母弟友爲周司徒, 食采於宗周畿內, 是爲鄭桓公." 鄭據此爲說也. 春秋之例, 母弟稱弟, 繫兄爲尊, 以異於其餘公子, 僖二十四年左傳曰 "鄭有厲・宣之親." 以厲王之子, 而兼云宣王, 明是其母弟也. 服虔・杜預皆云 "母弟." 鄭世家云 "宣王庶弟." 皇甫謐亦云 "庶弟." 又史記年表云 "鄭桓公友, 宣王母弟." 世家・年表同出馬遷, 而自乖異, 是無明文可據也. 地理志云 "京兆鄭縣, 周宣王母弟鄭桓公邑." 是桓公封京兆鄭縣, 故云"京兆鄭縣, 是其都也." 其地一曰咸林, 故曰 "咸林之地." 不先言鄭國所在, 而本宣王封母弟者, 以鄭因虢(괵)・鄶之地而國之, 而鄶亦有詩, 旣譜鄶事, 然後譜鄭, 故先言有鄭之由, 而後說得鄶之事.

○ 正義曰：≪漢書≫ 〈地理志〉에 "본래 周 宣王의 母弟 友가 周의 司徒가 되어 宗周의 기내에 采邑을 받았으니, 이가 鄭 桓公이다."라고 하였으니, 鄭玄이 이 말에 근거하여 말한 것이다.

≪春秋≫의 例에서 母弟를 弟라고 칭한 것은 兄으로 인하여 높여서 다른 公子와 달리 한 것이니, ≪春秋左氏傳≫ 僖公 24년에 "鄭나라에는 厲王과 宣王의 친속이 있다."라고 하였으니, 厲王의 아들로서 宣王을 겸하여 말한 것이니, 이것이 그 母弟임을 밝힌 것이다. 服虔과 杜預는 모두 '母弟'라고 하였는데, ≪史記≫ 〈鄭世家〉에 "宣王의 異腹아우〔庶弟〕이다."라고 하고, 皇甫謐도 '庶弟'라고 하고, 또 ≪사기≫ 〈十二諸侯年表〉에 "鄭 桓公 友는 宣王의 母弟이다."라고 하였으니, 〈정세가〉와 〈십이제후연표〉는 모두 司馬遷이 지은 것인데 스스로 어긋나게 적었으니, 이는 근거할 만한 명확한 글이 없는 것이다.

〈지리지〉에 "京兆 鄭縣은 주 선왕의 母弟인 정 환공의 邑이다."라고 하였으니, 이는 환공을 경조 정현에 봉한 것이다. 그리하여 "지금 경조 정현이 그 도읍이다.〔京兆鄭縣 是其都也〕"라고 한 것이고, 그 땅을 咸林라고도 하였으므로 "咸林之地"라고 한 것이다. 먼저 鄭나라의 소재지를 말하지 않고 선왕이 母弟를 봉한 것을 근거하여 말한 것은, 鄭나라가 虢과 鄶의 땅으로 인해 나라를 세웠는데, 鄶도 詩가 있어 ≪詩譜≫에서 鄶의 일을 기록한 뒤에 鄭을 기록하였기 때문이다. 그리하여 먼저 鄭나라가 있게 된 까닭을 말하고 나중에 鄶를 얻은 일을 말한 것이다.

又(云)[1]爲幽王大司徒하여 甚得周衆與東土之人이러니 問於史伯曰 王室多故하니 余懼及焉이라 其何所可以逃死아하니

1) (云) : ≪十三經註疏正字≫에 의거하여 衍字로 처리하였다.

또 〈鄭 桓公이〉 幽王의 大司徒가 되어 周의 많은 무리와 동쪽 사람들의 〈마음을〉 많이 얻었는데, 周의 史伯에게 묻기를 "王室에 변고가 많으니, 나는 〈환란이〉 미칠까 두렵다. 어느 곳으로 가야 죽음의 위험을 피할 수 있겠는가?"라고 하니,

【疏】 正義曰 : 自此以下, 盡'可以少固', 皆鄭語文, 謂得西周之衆, 與東土河·洛之人心也多, 故謂多難, 懼禍難及已也.

○ 正義曰 : 여기서부터 아래로 '可以少固'까지는 모두 ≪國語≫ 〈鄭語〉의 글인데, 〈여기는〉 西周의 무리와 동쪽 河水와 洛水 지역의 人心을 많이 얻음을 말한 것이다. 그리하여 患亂이 많아 자신에게 미칠까 두렵다고 한 것이다.

史伯曰 其濟洛河潁之間乎인저 是其子男之國이니 虢鄶爲大라 虢叔恃勢하고 鄶仲恃險하여 皆有驕侈怠慢之心하고 加之以貪冒하니 君若以周難之故로 寄帑(노)與賄(회)면 不敢不許리이다 是驕而貪하여 必將背君하리니 君以成周之衆으로 奉辭罰罪면 無不克矣리이다

史伯이 "아마도 濟水·洛水·河水·潁水의 사이일 것입니다. 이곳은 子와 男의 나라인데, 虢과 鄶가 큰 나라입니다. 虢叔은 지세의 험준함을 믿고 鄶仲은 막힌 지형을 믿어 모두 교만 방자하고 태만한 마음이 있는 데다가 탐하는 마음도 있으니 君께서 만약 周의 환란을 이유로 처자와 재물을 보내면 감히 받지 않을 수 없을 것입니다. 이들은 교만하고 탐욕스러워 반드시 君을 배신할 것이니, 〈그렇게 하면〉 君께서 成周의 무리를 거느리고 명을 받들어 그들의 죄를 벌하면 반드시 이길 것입니다.

【疏】 ○ 正義曰 : 謂濟西·洛東·河南·潁北, 是四水之間. 其子·男之國有十, 惟虢·鄶爲大. 叔·仲, 皆當時二國之君字也. '勢'謂地勢阻固, '險'謂境多阨塞.

○ 正義曰 : 濟水의 서쪽과 洛水의 동쪽과 河水의 남쪽과 潁水의 북쪽을 이르니, 이곳이 네 강의 사이이다. 그 지역의 子와 男의 나라에는 10國이 있는데, 虢과 鄶만이 大國

이다. 叔과 仲은 모두 당시 두 나라 군주의 字이다. '勢'는 지세가 험하고 견고함을 이르고, '險'은 경내가 많이 막혀 있음을 이른다.

若克二邑이면 鄢蔽補丹依疇歷華는 君之土也니 脩典刑以守之하면 惟是可以少固라하니라

만약 두 邑을 이기다면, 鄢·蔽·補·丹·依·疇·歷·華는 군의 땅이 될 것이니, 典刑을 정비하여 나라를 지킨다면 오직 이것이 적은 힘으로 굳게 지킬 수 있을 것입니다."라고 하였다.

【疏】○ 正義曰：八國, 皆在四水之間, 與虢·鄶爲隣, 若克虢·鄶二邑, 則其餘八邑, 自然可滅, 爲君之土也. 脩典法以守之. 惟有是處可以少固, 餘方不可入也. 虢·鄶實國而言邑者, 以國·邑相對爲異, 散則國亦爲邑. 殷武云 "商邑翼翼." 左傳每言'弊邑'者, 皆公侯之國而稱邑也.

○ 正義曰：여덟 나라는 모두 네 강의 사이에 있고, 虢과 鄶와 서로 인접해 있어 만약 괵과 회 두 읍을 이긴다면, 나머지 여덟 읍도 자연 멸할 수 있어 군주의 영토가 될 것이다. 典法을 정비하여 지킨다면 이곳은 적은 힘으로 굳게 지킬 수 있어 다른 지방이 침입할 수 없을 것이다.

괵과 회는 실제로 나라인데 邑이라고 한 것은, 나라와 邑을 상대하여 말하면 다르지만 구별없이 말하면 나라도 邑이 되기 때문이다. 〈商頌 殷武〉에 "商邑 훌륭하도다."라고 한 것과 ≪春秋左氏傳≫에서 매번 '弊邑'이라 한 것은, 모두 公과 侯의 나라를 邑이라고 칭한 것이다.

桓公從之하여 言然之後三年에 幽王爲犬戎所殺하고 桓公死之라 其子武公與晉文侯가 定平王於東都王城이라

桓公이 이 말을 따라 '옳다'고 말한 3년 뒤에 幽王이 犬戎에게 살해당하고, 환공도 죽었다. 그의 아들 武公이 晉 文侯와 함께 東都의 王城에서 周 平王을 안정시켰다.

【疏】○ 正義曰：鄭語又云 "公悅, 乃東寄帑與賄, 虢·鄶受之." 是'桓公從之'也. 鄭語云 "幽王八年, 桓公爲司徒." 鄭世家云 "桓公爲司徒一歲, 問太史伯曰'王室多故, 余安逃死.'" 是爲司徒一年乃問也. 問史伯, 在九年, 至十一年而幽王被殺, 是'言然之後三年'也. 世家又云"犬戎殺幽王, 幷殺桓公. 鄭人立其子掘突, 是爲武公." 地理志云"幽王敗, 桓公死. 其子武公與平王東遷." 是其事也.

○ 正義曰 : ≪國語≫ 〈鄭語〉에 또 "公이 기뻐하여 이에 東으로 처자와 재물을 보내니 虢과 鄶가 받아들였다."라고 하였으니, 이것이 '환공이 이 말을 따랐다.〔桓公從之〕'이다. 〈정어〉에 "幽王 8년에 桓公이 司徒가 되었다."라고 하고, ≪史記≫ 〈鄭世家〉에 "환공이 사도가 된 지 1년에 太史 伯에게 묻기를 '王室에 변고가 많으니, 나는 어찌 해야 죽음을 피할 수 있겠는가?' 하였다."라고 하였으니, 이것이 司徒가 된 지 1년에 물은 것이다. 史伯에게 물은 것은 유왕 9년 때이고, 11년에 이르러 유왕이 피살되었으니, 이것이 '옳다고 말한 3년 뒤에〔言然之後三年〕'이다.

〈정세가〉에 또 "犬戎이 유왕을 죽이고, 아울러 환공도 죽였다. 鄭나라 사람들이 그의 아들 掘突을 세웠으니, 이가 武公이다."라고 하고, ≪漢書≫ 〈地理志〉에 "유왕이 패하고, 환공이 죽었다. 그의 아들 무공이 平王과 함께 東遷하였다."라고 하였으니, 이것이 그 일이다.

卒取史伯所云十邑之地하니 右洛左濟하고 前華後河하고 食溱洧焉이라 今河南新鄭이 是也라

마침내 史伯이 말한 '10邑'의 땅을 취하였으니, 오른쪽으로 洛水가, 왼쪽으로 濟水가 있고, 앞쪽으로 華水가, 뒤쪽으로 河水가 있는 곳이며, 溱水와 洧水의 물을 먹는다. 지금 河南 新鄭縣이 이곳이다.

【疏】 ○ 正義曰 : 此謂武公卒取之. 知者, 以史伯之言, 皆信而有徵, 隱元年左傳曰"制, 巖邑也, 虢叔死焉."[1] 桓十一年公羊傳曰"先鄭伯有善於鄶公者, 通乎夫人, 以取其國." 鄭見處虢・鄶之地, 明是武公滅虢・鄶, 則其餘八邑亦武公取之可知, 故云"卒取十邑之地." 案鄭世家"史伯云'虢・鄶之君, 貪而好利, 百姓不附. 今公爲司徒, 民皆愛公, 公誠請居之, 虢・鄶之君見公方用事, 輕分公地. 公誠居〔之〕[2], 虢・鄶〔之〕民皆公之民也.' 桓公(臣)〔曰〕[3]'善.' 於是卒言於王, 東〔徙〕[4]其民於洛東, 而虢・鄶果獻十邑, 竟國之." 如世家, 則桓公皆自取十邑, 而云死後武公取者, 馬遷見國語有史伯爲桓公謀取十邑之文, 不知桓身未得, 故傳會爲此說耳. 外傳云"皆子・男之國, 虢・鄶爲大." 則八邑各爲其國, 非虢・鄶之地, 無由得獻之桓公也, 明馬遷之說謬耳.

1) 制……虢叔死焉 : 鄭 武公이 죽은 뒤에 아들 莊公이 즉위하였는데, 어머니 武姜이 동생 共叔段에게 옛 虢國인 制邑을 줄 것을 청하자, 장공이 거절하며 제읍은 험준한 지역이라 虢叔이 이를 믿고 덕을 닦지 않다가 그곳에서 죽었으니 다른 읍을 주겠다고 한 내용이다.
2) 〔之〕 : 북경대본의 교감기에 따라 '之'를 보충하여 번역하였다. 아래도 같다.
3) (臣)〔曰〕 : 저본의 교감기에 따라 '曰'로 번역하였다.
4) 〔徙〕 : 북경대본의 교감기에 따라 '徙'를 보충하여 번역하였다.

○ 正義曰 : 이 글은 武公이 마침내 〈10邑의 땅을〉 취한 것을 이른다. 이를 안 것은 史伯의 말이 모두 믿을 만하고 증험할 수 있기 때문이니, ≪春秋左氏傳≫ 隱公 원년에 "制邑은 지세가 험준한 곳이라서 虢叔이 이곳에서 죽었다."라고 하고, ≪春秋公羊傳≫ 桓公 11년에 "이보다 앞서 鄭伯이 鄶公에게 잘한 것이 있었는데, 〈鄶公의〉 夫人과 정을 통하여 그 나라를 취하였다."라고 하였다. 〈이는〉 鄭玄이 虢과 鄶가 처한 곳을 드러낸 것이니 분명 무공이 괵과 회를 멸한 것이다. 그렇다면 그 나머지 8邑도 무공이 취한 것임을 알 수 있다. 그리하여 "마침내 〈史伯이 말한〉 10읍의 땅을 취하였다.〔卒取十邑之地〕"라고 한 것이다.

〈鄭世家〉를 살펴보면 "史伯이 '괵과 회의 군주는 탐욕스럽고 이익을 좋아하여 백성들이 따르지 않습니다. 지금 公께서 司徒이고 백성들이 모두 공을 좋아하고 있으니, 공께서 그곳에 살기를 진심으로 요청하신다면 괵과 회의 군주가 공께서 현재 권력을 행사하는 것을 보고 기꺼이 땅을 떼어줄 것입니다. 공께서 참으로 그곳에 사신다면 괵과 회의 백성들은 모두 公의 백성일 것입니다.'라고 하니, 환공이 '옳은 말이다.'라고 하였다. 이에 마침내 幽王에게 말하고 그의 백성을 동으로 洛水의 동쪽에 이주시키니, 괵과 회가 과연 10읍을 바쳐 마침내 그곳에 鄭나라를 세웠다."라고 하였으니, 〈정세가〉의 내용대로라면 환공이 모두 직접 10읍을 취한 것인데, 그가 죽은 후에 무공이 취했다고 한 것은 史馬遷이 ≪國語≫의 史伯이 환공을 위해 10읍을 취할 것을 도모했다는 글만 보고 환공이 미처 얻지 못한 것을 알지 못해서이다. 그리하여 억지로 말을 만들어 이 말을 한 것이다. ≪국어≫ 〈鄭語〉에 "모두 子와 男의 나라인데, 괵과 회가 큰 나라이다."라고 하였으니, 그렇다면 8읍은 각각의 나라이고 괵과 회의 땅이 아니어서 〈虢과 鄶가〉 환공에게 바칠 길이 없는 것이니, 분명 사마천의 말은 틀린 것이다.

【疏】 桓公雖未得虢·鄶, 旣寄帑賄, 臣民亦從而寄焉, 故昭十六年左傳"子産曰'昔我先君桓公與商人皆出自周, 庸次比耦以艾殺此地, 斬之蓬蒿藜(翟)〔藋〕[1]而共處之.'" 是桓公寄帑之時, 商人亦從而寄, 至武公遂取而與居之也. 史伯言"子男之國, 虢鄶爲大." 設令十邑皆方百里, 開方除之, 尙三百有餘. 鄭當侯爵而爲伯者, 周禮五等封疆, 言大法耳, 其土地不可一如其制度. 春秋之敍鄭伯在邢侯之上, 曹伯在許男之下, 是不可以爵之尊卑計其地之大小也.

1) (翟)〔藋〕: 저본의 교감기에 따라 '藋'으로 번역하였다.

桓公이 비록 虢과 鄶를 얻지는 못했지만 처자와 뇌물을 보냈고 보면 신하와 백성도 함께 보낸 것이다. 그리하여 ≪春秋左氏傳≫ 昭公 16년에 "子產이 '옛날에 우리 先君 환공이 〈옛〉 상나라 사람〔商人〕과 함께 周에서 이주하여, 교대해가며 짝지어 밭을 갈아 이 땅에서 풀을 베고 개간하여 쑥과 명아주와 콩을 베며 함께 살았습니다.' 하였다."라고 하였으니, 이것이 환공이 처자를 보낼 때에 商人도 함께 보낸 것이고, 武公 때에 이르러 마침내 취합하여 함께 산 것이다.

史伯이 "子와 男의 나라인데 虢과 鄶가 큰 나라이다."라고 하였으니 설령 10邑이 모두 사방 100리일지라도, 넓이를 구하는 방식으로 계산하면 오히려 300여 리 남짓이다. 〈그렇다면〉 鄭나라는 侯의 작위여야 하는데 伯이 된 것은, ≪周禮≫에 五等으로 봉하는 것은 大法만을 말한 것이니 그 봉한 땅은 제도와 똑같을 수는 없어서이다. ≪春秋≫ 僖公 16년에 鄭伯을 邢侯의 위에 적고 曹伯을 許男의 아래에 적었으니, 이것이 爵位의 높고 낮음으로 땅의 크고 작음을 헤아릴 수 없는 것이다.

【疏】 '右洛左濟, 前華後河, 食溱洧焉', 亦鄭語文也, 韋昭云 "華, 華國也, 食, 謂居其土而食其水也," 鄶譜云 "居溱·洧之地." 此云"食溱洧焉." 則鄭都在鄶地, 故服虔云 "鄭, 東鄭, 古鄶國之地." 是鄭雖處其地, 不居其都. 僖三十三年左傳稱 "文夫人葬公子瑕於鄶城之下." 服虔云 "鄶城, 故鄶國之墟." 杜預云 "鄶國, 在滎陽密縣東北, 新鄭, 在滎陽宛陵縣西南, 是鄭非鄶都, 故別有鄶城也." 若然, 昭十七年左傳曰 "鄭, 祝融之墟." 鄶譜亦云 "則鄶·鄭同地." 而云鄭非鄶都者, 正以鄭國別有鄶城, 決知鄭國之都非鄶也. 但二城不甚相遠, 故於鄶言祝融之墟, 見鄭因國其地, 言其境界所及, 非謂鄭居鄶都也.

'右洛左濟 前華後河 食溱洧焉' 또한 ≪國語≫ 〈鄭語〉의 글인데, 韋昭는 "華는 華나라이고, 食은 그 지역에 살면서 그 물을 먹은 것을 이른다."라고 하고, ≪鄶譜≫에는 "溱水와 洧水 지역에 산 것이다."라고 하고, 여기서는 "溱水와 洧水의 물을 먹었다."라고 하였으니, 그렇다면 鄭나라의 도성이 鄶 땅에 있는 것이다. 그리하여 服虔이 "정은 東鄭이니 옛 회나라 땅이다."라고 한 것이니, 이는 정나라가 비록 회의 땅을 차지하였지만 그 도성에 산 것이 아니다. ≪春秋左氏傳≫ 僖公 33년에 "鄭 文公 부인이 公子瑕를 鄶城 아래에 장사 지냈다."라고 하였는데, 복건은 "회성은 회나라의 옛 터이다."라고 하고, 杜預는 "회나라는 滎陽 密縣의 동북쪽에 있고, 新鄭은 滎陽 宛陵縣의 서남쪽에 있으니, 이는 정이 회의 도성이 아닌 것이다. 그리하여 별도의 회성이 있는 것이다."라고 하였다. 이와 같은데 ≪춘추좌씨전≫ 昭公 17년에 "정은 祝融의 옛 터이다."라고 하고, ≪회보≫에도 "그렇다면 회와 정은 같은 곳이다."라고 하였으니, 정이 회의 도성이 아니라는 것은 바로 정나라에 별도의 회성이 있는 것이니, 정나라의 도읍이 회가 아님을 분명히 알 수 있다. 다만 두 성의 거리가 멀지 않으므로 회에 대해 축융의 옛 터라고 말하여 정나라가 이로 인해 그 땅에 나라를 세운 것을 드러내었으니, 경계가 인접한 것을 말한 것이지 정나라가 회의 도성에 살았다고 말한 것이 아니다.

【疏】鄶在東周畿外之國, 隱元年穀梁傳曰 "寰內諸侯, 不正其外交."[1] 然則畿內之國, 非正南面之君, 政教稟於天子, 善惡歸於其上, 無假風諫, 不當有詩. 鄶國見有變風, 不在畿內明矣. 鄭因虢・鄶之國, 自然亦爲畿外. 鄭發墨守[2]云 "桓公國在宗周畿內, 武公遷居東周畿內"者, 以鄭於西周, 本在畿內, 西都之地, 盡以賜秦, 明武公初遷, 亦在東周畿內, 故歷言之也.

1) 寰內諸侯 不正其外交 : 虢과 鄶가 王畿 밖의 나라임을 밝히고자 천자의 대부가 사사로이 왕기 밖으로 나가 제후를 만나는 것이 바른 외교가 아님을 인용해 설명한 것이다. ≪春秋≫ 隱公 원년에 "12월에 祭伯이 〈魯에〉 왔다.〔冬十有二月祭伯來〕"라고 하였는데, ≪春秋穀梁傳≫에서 "왔다는 것은 조회 온 것이다. 그런데 朝라고 하지 않은 것은 어째서인가? 왕기 안에 〈采邑이 있는〉 제후는 천자의 명이 아니면 나가 제후와 만나지 못하니, 외교가 바르지 않기 때문에 '朝'라고 쓰는 것을 허여하지 않은 것이다.〔來者 來朝也 其弗謂朝 何也 寰內諸侯 非有天子之命 不得出會諸侯 不正其外交 故弗與朝也〕"라고 하였다.

2) 發墨守 : 鄭玄이 撰한 것으로, 後漢의 何休가 지은 ≪公羊墨守≫에 대하여 반박하는 글이다. 原本은 1卷이었으나 佚失되었고 現存하는 것은 後人이 모아놓은 것으로 4條만이 전한다.(≪四庫全書簡明目錄≫)

鄶는 東周의 王畿 밖에 있는 나라이니, ≪春秋穀梁傳≫ 隱公 원년에 "〈祭伯은〉 왕기 안의 제후이니, 外交를 바르게 하지 않은 것이다."라고 하였으니, 그렇다면 왕기 안의 나라의 제후(천자의 대부)는 남면하는 군주가 아니어서 정사와 교화를 천자에게 여쭈어 하니 잘하고 못하는 것이 윗사람에게 돌아가기 때문에 風諫이 필요 없어 시가 있을 수가 없다. 그런데도 회나라에 變風의 시가 있는 것을 볼 수 있으니, 왕기 안에 있지 않음이 분명하다. 鄭나라가 虢과 회의 나라로 인해 〈세워졌으니〉 자연스레 또한 왕기 밖의 나라가 된다. 鄭玄의 ≪發墨守≫에서 "桓公의 나라는 宗周 왕기 안에 있었는데 武公이 천도하여 東周의 왕기 안에 살았다."고 한 것은, 정나라가 西周에서는 본래 왕기 안에 있었는데, 〈周가 東都로 천도한 뒤에〉 西都의 땅을 모두 秦나라에 주었으니, 분명 무공이 처음 천도하였을 때에는 〈나라가〉 역시 東周의 왕기 안에 있었던 것이다. 그리하여 낱낱이 말한 것이다.

【疏】 及幷十邑, 鬱成大國, 盟會列於諸侯, 灼然在畿外, 故緇衣傳曰 "諸侯入爲天子卿士." 是畿外之君稱入也. 鄭雖非畿內, 不過侯服[1]. 昭十三年左傳曰 "鄭伯, 男也." 賈逵以爲 "鄭伯爵, 在男畿[2]." 鄭距王城三百餘里, 而得在男畿者, 鄭志答趙商云 "此'鄭伯男'者, 非男畿, 乃謂子・男也. 先鄭之於王城, 爲在畿內之諸侯, 雖爵爲侯伯, 周之舊俗皆食子・男之地, 故云'鄭伯, 男也.'" 是鄭意與賈說異.

1) 侯服 : 周나라가 王畿 이외의 땅을 아홉 구역〔九服〕으로 나누었는데, 王城의 사방 천 里 지역을 王畿라고 하고, 왕기에서 밖으로 500리 지역을 '侯服'이라고 하였다. 여기는 정나라가 왕성과의 거리가 후복에 해당됨을 말한 것이다.(≪周禮≫ 〈夏官 職方氏〉)
2) 男畿 : ≪周禮≫ 〈夏官 大司馬〉에 "사방 1,000里를 國畿라 하고, 그 밖 사방 500里를 侯畿라 하고, 또 그 밖 사방 500里를 甸畿라 하고, 또 그 밖 사방 500里를 男畿라 한다."라고 하였다.

10邑을 병합하여 우뚝 큰 나라가 되어 회맹함에 제후의 반열에까지 이르렀으니 분명 왕기 밖에 있는 것이다. 그리하여 〈鄭風 緇衣〉의 傳에서 "제후가 왕기 안에 들어가 天子의 卿士가 되었다."라고 하였으니, 이는 왕기 밖의 군주가 왕기 안으로 들어간 것을 일컬은 말이다. 鄭나라는 비록 왕기 안에 있는 것은 아니지만 〈거리는〉 侯服에 불과하였다. ≪春秋左氏傳≫ 昭公 13년에 "鄭伯은 男이다."라고 하였는데, 賈逵는 "정나라가 伯의 작위로 男畿에 있는 것이다."라고 하였다. 정나라가 王城과의 거리가 300여 리인데도 남기에 있을 수 있는 것은, ≪鄭志≫에서 趙商에게 답하기를 "이 '鄭伯男'의 〈男은〉 남기가 아니고 바로 子와 男의 〈男을〉 말한다. 예전의 정나라는 王城에 있어 왕기 안에

있던 제후이니 비록 작위는 侯伯이었지만 주나라의 옛 습속은 모두 子와 男의 땅을 식읍으로 받았다. 그리하여 '정백은 男이다.'라고 한 것이다."라고 하였으니, 이것이 鄭玄의 뜻과 가규의 설이 다른 것이다.

武公又作卿士하니 國人宜之하여 鄭之變風又作이라

武公이 또 卿士가 되니, 나라 사람들이 합당하다고 여겨서 鄭나라의 變風이 또 지어졌다.

【疏】○正義曰：緇衣序云"父子竝爲周司徒." 則桓公之死, 武公卽代爲司徒, 故得輔平王以東遷. 是先爲卿士, 後并十邑, 但鄭先說得國之由, 故云"又作卿士." 其實作卿士, 在并十邑之前也. 序又云"善於其職, 國人宜之, 故美其德." 是國人宜之而作變風也. 對上鄶風已作, 故云"又作."

○正義曰：〈緇衣〉의 序에 "아버지와 아들이 모두 周의 司徒가 되었다."라고 하였으니, 그렇다면 桓公이 죽자 武公이 바로 대를 이어 사도가 된 것이다. 그리하여 平王을 도와 東遷할 수 있었던 것이다. 이것이 먼저 卿士가 되고 뒤에 10邑을 병합한 것인데, 다만 鄭玄이 나라를 얻은 까닭을 먼저 말하였으므로 "또 경사가 되었다.〔又作卿士〕"라고 한 것이다. 그러나 실제 경사가 된 것은 10읍을 병합하기 이전의 일이다.

序에 또 "그 직무를 잘 수행하여 나라 사람들이 합당하게 여겼다. 그리하여 그 덕을 찬미한 것이다."라고 하였으니, 이것이 나라 사람들이 합당하게 여겨서 變風을 지은 것이다. 앞서 이미 〈鄶風〉이 지어진 것에 상대하였으므로 "또 지어졌다.〔又作〕"라고 한 것이다.

【疏】案左傳及鄭世家, 武公生莊公, 莊公娶鄧曼, 生太子忽, 是爲昭公, 又娶宋雍氏女, 生公子突, 是爲厲公, 又生公子亹(미)・公子儀. 春秋桓十一年夏五月, 莊公卒, 而昭公立, 其年九月, 昭公奔衛, 而厲公立. 桓十五年夏, 厲公奔蔡, 六月, 昭公入. 桓十七年, 高渠彌弑昭公, 而立子亹, 十八年, 齊人殺子亹, 鄭人立公子儀. 莊十四年, 傅瑕殺子儀, 而納厲公. 厲公前立四年而出奔, 至此而復入, 至莊二十一年卒, 前後再在位, 凡十一年. 厲公卒, 子文公踕(첩)立, 四十五年卒, 此其君世之次也.

≪春秋左氏傳≫과 ≪史記≫〈鄭世家〉를 살펴보면 武公이 莊公을 낳고, 장공이 鄧曼에게 장가들어 太子 忽을 낳으니 이가 昭公이고, 또 宋 雍氏의 딸에게 장가들어 公子 突을

낳으니 이가 厲公이고, 또 公子 亹와 公子 儀를 낳았다. ≪春秋≫에 의하면 魯 桓公 11년 여름 5월에 鄭 莊公이 卒하여 소공이 즉위하고, 그해 9월에 소공이 衛나라로 달아나니 여공이 즉위하였다. 노 환공 15년 여름에 여공이 蔡나라로 도망가니, 6월에 소공이 〈鄭나라로〉 돌아왔다. 노 환공 17년에 高渠彌가 소공을 시해하고 공자 미를 세웠고, 〈노 환공〉 18년에 齊나라 사람이 공자 미를 죽이자 정나라 사람이 공자 의를 세웠다. 魯 莊公 14년에 傅瑕가 공자 의를 죽이고 여공을 귀국시켰다. 여공이 앞서 4년 재위하고 도망갔다가 이때에 다시 돌아와 노 장공 21년에 卒하였으니, 앞뒤로 거듭 재위한 기간이 모두 11년이다. 여공이 졸하고, 아들 文公 踕이 즉위하여 45년에 졸하였으니, 이것이 정나라 군주 세대의 순서이다.

【疏】 詩緇衣序云 "美武公." 則武公詩也. 將仲子・叔于田・大叔于田序皆云 "刺莊公." 而淸人之下有羔裘・遵大路・女曰鷄鳴, 遵大路序云 "莊公失道." 則此三篇通上將仲子等六篇, 皆莊公詩也. 有女同車・山有扶蘇・蘀兮・狡童及揚之水皆云 "刺忽." 則褰裳・丰(봉)・東門之墠・風雨・子衿在其間, 皆爲昭公詩也. 忽於桓十一年, 以太子而承正統, 雖未踰年, 要君於其國,[1] 有女同車序云 "至於見逐." 則爲被逐而作, 是忽前立時事也, 山有扶蘇・蘀兮・狡童刺忽所美非賢, 權臣擅命, 忽之前立時月旣淺, 則此三篇蓋後立時事也.

1) 忽於桓十一年……要君於其國 : 桓公 11년에 忽이 즉위하였는데 그해 가을에 宋나라에서 鄭나라의 대부 祭仲을 체포하여 "突을 세우지 않으면 죽을 것이다."라고 협박하여 祭仲이 홀을 내쫓고 돌을 즉위시킨 일을 말한다.(≪春秋左氏傳≫, ≪史記≫ 〈鄭世家〉)

≪詩經≫ 〈鄭風 緇衣〉는 序에서 "武公을 찬미한 것이다."라고 하였으니, 무공 때의 詩이다. 〈將仲子〉・〈叔于田〉・〈大叔于田〉은 서에서 모두 "莊公을 풍자한 것이다."라고 하고, 〈淸人〉 다음에 〈羔裘〉・〈遵大路〉・〈女曰鷄鳴〉 편이 있는데, 〈준대로〉는 서에서 "장공이 道를 잃은 것이다."라고 하였으니, 이 3편과 위의 〈將仲子〉 등을 합한 6편은 모두 장공 때의 詩이다.

〈有女同車〉・〈山有扶蘇〉・〈蘀兮〉・〈狡童〉과 〈揚之水〉는 모든 편에서 "忽을 풍자한 것이다."라고 하였으니, 그렇다면 그 사이에 있는 〈褰裳〉・〈丰〉・〈東門之墠〉・〈風雨〉・〈子衿〉 편은 모두 昭公 때의 詩가 된다. 홀이 魯 桓公 11년에 태자로 정통을 이어받아

〈즉위한 지〉 1년이 지나지 않아 나라의 군주에서 〈물러나기를〉 요구받았는데, 〈有女同車〉는 서에서 "〈홀이〉 쫓겨남에 이른 것이다."라고 하였으니, 그렇다면 쫓겨나게 되었기 때문에 지은 것이니 이 시는 홀이 앞서 즉위한 때의 일이고, 〈山有扶蘇〉·〈蘀兮〉·〈狡童〉은 홀이 어질지 않은 이를 아름답게 여기고 권력 있는 신하가 제멋대로 명령을 내림을 풍자한 것인데, 홀이 앞서 즉위한 시기는 짧았으니 그렇다면 이 3편은 아마도 뒤에 다시 즉위한 때의 일일 것이다.

【疏】 褰裳"思見正", 言突簒國之事, 是突前簒之(箋)〔事〕[1], 國人欲以隣國正之. 春秋之義, 君雖簒弑而立, 已列於會, 則成爲君. 案突以桓十一年簒, 十二年公會鄭伯, 盟於武父(보), 自是以後, 頻列於會. 則成爲鄭君, 國人不應思大國之見正, 褰裳宜是初(田)〔日〕[2]事也. 丰·東門之墠·風雨·子衿直云"刺亂世耳." 不指君事, 或當突簒之時, 或當忽入之後, 其時難知. 要是忽爲其主, 雖當突前簒時, 亦宜繫忽, 故序於揚之水, 又言忽以明之. 揚之水言"無忠臣良士, 終以死亡." 經云"終鮮兄弟." 則兄弟已爭, 是後立之事. 出其東門序云"公子五爭." 野有蔓草序云"民窮於兵革." 溱洧序云"兵革不息." 三篇相類, 皆三公子既爭之後事也. 公子五爭, 突最在後得之, 則此三篇, 厲公詩也.

1) (箋)〔事〕: 저본의 교감기에 따라 '事'로 번역하였다.
2) (田)〔日〕: 저본의 교감기에 따라 '日'로 번역하였다.

〈褰裳〉의 序에서 "바로잡아 주기를 생각한 것이다."라고 한 것은 突이 나라를 찬탈한 일을 말한 것이니, 이 시는 돌이 전에 찬탈한 일로 나라 사람들이 이웃 나라가 바로잡아 주기를 바란 것이다. ≪春秋≫의 大義는 군주가 비록 찬탈하거나 시해하고 즉위하였더라도 이미 회맹의 반열에 참석했으면 군주가 된다고 여겼다. 살펴보면 돌이 魯 桓公 11년에 찬탈하고, 12년에 환공이 鄭伯과 회합을 가져 武父에서 맹약하였고, 이 이후로 〈정백이〉 자주 회맹에 참석하였다. 그렇다면 鄭나라의 군주가 된 것이니 〈이때에는〉 나라 사람들이 큰 나라가 바로잡아 줄 것을 응당 생각하지 않았을 것이니, 〈건상〉은 아마도 맨 처음의 일일 것이다.

〈丰〉·〈東門之墠〉·〈風雨〉·〈子衿〉편은 "난세를 풍자한 것이다."라고만 하고 군주의 일은 지적하여 말하지 않았으니, 어쩌면 돌이 찬탈한 때에 해당하거나 忽이 〈鄭나라에〉 돌아온 뒤에 해당될 것이니 그 때를 알기는 어렵다. 요컨대 홀이 군주가 된 것은 비록 돌이 찬탈하기 전에 해당되나 역시 홀과 연계시키는 것이 합당하다. 그리하여 〈揚之水〉의 서에서 또 홀을 말하여 밝힌 것이다. 〈양지수〉는 서에서 "훌륭한 충신이 없어 끝내 죽게 된 것이다."라고 하고, 經文에서 "끝내 형제간의 우애 다 없어졌네."라고 하였으니, 그렇다면 형제가 다툰 것이니 이 시는 뒤에 다시 즉위한 때의 일이다.

〈出其東門〉은 序에 "公子들이 다섯 번 〈왕위를〉 다툰 것이다."라고 하고, 〈野有蔓草〉는 서에 "백성들이 전쟁으로 곤궁해진 것이다."라고 하고, 〈溱洧〉는 서에 "전쟁이 그치지 않은 것이다."라고 하여 이 세 편이 서로 유사하니 모두 세 공자가 다툰 뒤의 일이다. 공자들이 다섯 번 〈왕위를〉 다투고서 돌이 가장 뒤에 즉위하였으니, 그렇다면 이 세 편은 厲公 때의 詩이다.

【疏】 淸人刺文公, 文公詩也. 鄭於左方中, 皆以此而知. 文公, 厲公之子, 淸人當處卷末, 由爛脫失次, 厠於莊公詩內. 所以得錯亂者, 鄭答趙商云"詩本無文字, 後人不能盡得其弟, 錄者直錄其義而已." 如志之言, 則作序乃始雜亂, 故羔裘之序, 從上大叔于田, 爲莊公之詩也.

〈淸人〉은 文公을 풍자하였으니, 문공 때의 詩이다. 그리하여 鄭玄이 左方에 기록한 것은 모두 이로써 안 것이다. 문공이 厲公의 아들이니, 〈청인〉은 응당 이 〈鄭風〉 卷의 끝에 위치해야 하는데, 〈옛 서적이〉 썩고 유실되어서 차례를 잃어 莊公의 詩 안에 섞여 있게 된 것이다. 뒤섞이게 된 까닭은, 鄭玄이 趙商에게 답하기를 "詩에는 본래 〈차례를 적은〉 글이 없어서 뒷사람들이 그 차례를 다 알지 못하여 기록하는 자가 그 뜻만을 기록한 것이다."라고 하였으니, ≪鄭志≫의 말과 같다면 차례를 만들 때에 처음 뒤섞인 것이다. 그리하여 〈羔裘〉의 순서는 앞의 〈大叔于田〉을 따라 장공 때의 詩가 되는 것이다.

緇衣(치의)

【序】 **緇衣**는 **美武公也**라 **父子竝爲周司徒**하여 **善於其職**하니 **國人宜之**라 **故美其德**하여 **以明有國善善之功焉**이라

〈緇衣〉는 武公을 찬미한 시이다.

아버지와 아들이 모두 周의 司徒가 되어 그 직책을 잘 수행하니 나라 사람들이 이를 옳게 여겼다. 그리하여 그 덕을 찬미하여, 나라를 가진 자의 잘한 것 중에 잘한 공임을 밝힌 것이다.

【箋】父는 謂武公父니 桓公也라 司徒之職은 掌十二教[1]라 善善者는 治之有功也라 鄭國之人이 皆謂桓公武公居司徒之官하여 正得其宜라

1) 掌十二教 : 大司徒는 백성을 가르치는 열두 가지 가르침을 관장하는데, 그 가르침은 祭祀의 禮로 공경을 가르쳐 구차해지지 않게 하고, 鄕射의 禮로 겸양을 가르쳐 다투지 않게 한다는 것 등 열두 조항으로, 아래 疏에 자세히 보인다.(≪周禮≫ 〈大司徒職〉)

'父'는 武公의 아버지를 말하니 桓公이다. 司徒의 직책은 열두 가지 가르침을 관장한다. '善善'은 다스림에 공이 있는 것이다. 鄭나라 사람들이 모두 환공과 무공이 사도의 관직을 맡아 참으로 그 마땅함을 얻었다고 여긴 것이다.

【疏】'緇衣(三章章四句)'至'功焉' ○正義曰：作緇衣詩者, 美武公也. 武公之與桓公, 父子皆爲周司徒之卿, 而善於其卿之職, 鄭國之人咸宜之, 謂武公爲卿, 正得其宜. 諸侯有德, 乃能入仕王朝, 武公旣爲鄭國之君, 又復入作司徒, 已是其善又能善其職, 此乃有國者善中之善, 故作此詩, 美其武公之德, 以明有邦國者善善之功焉. 經三章, 皆是國人宜之, 美其德之辭也. '以明有國善善之功焉', 敍其作詩之意, 於經無所當也.

序의 〔緇衣〕에서 〔功焉〕까지

○ 正義曰 : 〈緇衣〉의 詩를 지은 것은 武公을 찬미한 것이다.

武公은 桓公과 부자간으로 모두 周의 司徒인 卿이 되어 그 경의 직분을 잘 수행하니 鄭나라 사람들이 모두 마땅하게 여겨 '무공이 경이 되어 참으로 그 마땅함을 얻었다.'라고 한 것이다. 諸侯가 德이 있어야 王朝에 들어가 벼슬할 수 있는데, 무공이 鄭나라 군주가 되고 또다시 들어가 사도가 되었으니 이미 이것도 잘한 일인데 또 직책을 잘 수행하였으니, 이것이 바로 나라를 가진 자의 잘한 것 중에 잘한 것이다. 그리하여 이 시를 지어 무공의 덕을 찬미하여 나라를 가진 자의 잘한 것 중에 잘한 功임을 밝힌 것이다. 經文의 세 章은 모두 나라 사람들이 마땅하게 여겨서 그 덕을 찬미한 말이다. '以明有國善善之功焉'은 詩를 지은 뜻을 서술한 것이지만, 經文에는 해당되는 곳이 없다.

【疏】 箋'父謂'至'其宜' ○正義曰：以桓公已作司徒，武公又復爲之，子能繼父，是其美德，故兼言父子，所以盛美武公. 周禮大司徒職曰"因民常而施十有二教焉，一曰以祀禮教敬，則民不苟，二曰以陽禮教讓，則民不爭，三曰以陰禮教親，則民不怨，四曰以樂(악)教和，則民不乖，五曰以儀辨等，則民不越，六曰以俗教安，則民不愉，七曰以刑教中，則民不暴，八曰以誓教恤，則民不怠，九曰以度教節，則民知足，十曰以世事教能，則民不失職，十有一曰以賢制爵，則民愼德，十有二曰以庸制祿，則民興功." 是'司徒職掌十二教'也.

箋의 〔父謂〕에서 〔其宜〕까지

○ 正義曰：桓公이 司徒가 되었었고, 武公이 또다시 司徒가 되어 아들이 아버지를 이었으니, 이것이 아름다운 德이다. 그리하여 아버지와 아들을 함께 말하여 성대하게 무공을 찬미한 것이다.

≪周禮≫ 〈大司徒職〉에서 "백성들의 윤리 도덕을 이용하여 열두 가지 가르침을 시행한다. 첫 번째, 祀禮로 공경을 가르치니 그러면 백성들이 구차하지 않고, 두 번째, 陽禮로 겸양을 가르치니 그러면 백성들이 다투지 않고, 세 번째, 陰禮로 친함을 가르치니 그러면 백성들이 원망하지 않고, 네 번째, 樂으로 화목을 가르치니 그러면 백성들이 도리에 어긋나지 않고, 다섯 번째, 儀로 등급을 구분하니 그러면 백성들이 분수를 넘지 않고, 여섯 번째, 옛 習俗으로 안정을 가르치니 그러면 백성들이 구차하지 않고, 일곱 번째, 刑으로 中正을 가르치니 그러면 백성들이 포악하지 않고, 여덟 번째, 誓로 돌봐줌을 가르치니 그러면 백성들이 태만하지 않고, 아홉 번째, 度로 절제를 가르치니 그러면 백성들이 분수에 만족할 줄 알고, 열 번째, 世事로 능함을 가르치니 그러면 백성들이 직분을 잃지 않고, 열한 번째, 賢으로 작위를 제정해주니 그러면 백성들이 德을 삼가고, 열두 번째, 庸(공로)으로 祿을 제정해주니 그러면 백성들이 공업을 세운다."라고 하였으니, 이것이 '司徒의 직책은 백성을 가르치는 열두 가지 가르침을 관장한다.〔司徒職掌十二教〕'는 것이다.

【疏】 '祀禮', 謂祭祀之禮，教之恭敬，則民不苟且. '陽禮', 謂鄕射·飮酒之禮，教之謙讓，則民不爭鬪. '陰禮', 謂男女昏姻之禮，教之相親，則民不怨曠. '樂', 謂五聲八音之樂，教之和睦，則民不乖戾. '儀', 謂君南面·臣北面·父坐·子伏之屬，辨其等級，則民不踰越. '俗', 謂土地所生習，教之安存，則民不愉惰. '刑', 謂刑罰，教之中正，則民不殘暴, '誓', 謂戒勅, 敎之相憂, 則民不懈怠, '度', 謂宮室衣服之制, 敎之節制, 則民知止足, '世事', 謂士・農・工・商之事, 敎之各能其事, 則民不失業. 以賢之大小, 制其爵之尊卑, 則民皆謹愼其德, 相勸爲善, 以功之多少, 制其祿之數量, 則民皆興立功效, 自求多福. 司徒之職, 所掌多矣, 此十二事, 是敎民之大者, 故擧以言焉.

'祀禮'는 祭祀의 禮를 말하니 〈이것으로〉 공경을 가르치면 백성들이 구차하지 않고, '陽禮'는 鄕射와 飮酒의 禮를 말하니 〈이것으로〉 겸양을 가르치면 백성들이 다투지 않고, '陰禮'는 男女 昏姻의 禮를 말하니 〈이것으로〉 서로 친함을 가르치면 백성들이 홀로 사는 원망이 없고, '樂'은 五聲과 八音의 음악을 말하니 〈이것으로〉 화목을 가르치면 백성들이 도리에 어긋나지 않고, '儀'는 군주는 南面하고 신하는 北面하며 아버지는 앉고 아들은 엎드리는 것과 같은 類를 말하니 〈이것으로〉 등급을 분변하면 백성들이 분수를 넘지 않고, '俗'은 그 지역의 습관을 말하니 〈이것으로〉 안정된 삶을 가르치면 백성들이 구차하고 소홀하지 않고, '刑'은 형벌을 말하니 〈이것으로〉 中正을 가르치면 백성들이 포악하지 않고, '誓'는 경계함을 말하니 〈이것으로〉 서로 걱정해줌을 가르치면 백성들이 태만하지 않고, '度'는 궁실과 의복의 제도를 말하니 〈이것으로〉 절제를 가르치면 백성들이 그치고 만족함을 알고, '世事'는 士・農・工・商의 일을 말하니 〈이것으로〉 각자의 일을 잘하도록 가르치면 백성들이 본업을 잃지 않고, 어짊의 정도에 따라 작위의 높낮이를 제정하면 백성들이 모두 덕을 삼가 힘쓰고 서로 善을 행하기를 권하고, 功의 크기에 따라 祿의 수량을 제정하면 백성들이 모두 공을 세워 스스로 많은 복을 구한다. 司徒의 직분은 담당하는 것이 많으나, 이 열두 가지 일이 백성을 가르치는 중요한 것이다. 그리하여 거론하여 말한 것이다.

【疏】 此與淇隩, 國人美君有德, 能仕王朝, 是其一國之事, 故爲風, 蘇公之刺暴公[1], 吉甫之美申伯[2], 同寮之相刺美, 乃所以刺美時王, 故爲雅. 作者主意有異, 故所繫不同.

1) 蘇公之刺暴公 : 〈小雅 何人斯〉의 내용으로, 暴公이 卿士가 되어 蘇公을 참소하자, 소공이 포공을 풍자하는 내용이다.

2) 吉甫之美申伯 : 〈大雅 崧高〉의 내용으로, 尹吉甫가 周 宣王의 외숙인 申伯을 찬미하는 내용이다.

이 시와 〈衛風 淇隩〉의 시는 나라 사람들이 군주가 덕이 있어 王朝에 벼슬할 수 있음을 찬미한 것이니, 이는 한 나라의 일이다. 그리하여 風이 된 것이다. 蘇公이 暴公을 풍자한 것과 吉甫가 申伯을 찬미한 것은 동료가 서로 풍자하고 찬미한 것이니 바로 당시의 왕을 풍자하거나 찬미한 것이다. 그리하여 雅가 된 것이다. 지은 사람의 주장하는 뜻이 다름이 있다. 그리하여 연계된 것이 다른 것이다.

緇衣之宜兮여 **敝予又改爲兮**리라

緇衣 잘도 어울리시니
해어지면 내 다시 지어주리다

【傳】 緇는 黑色이라 卿士聽朝之正服也라 改는 更(갱)也라 有德君子는 宜世居卿士之位焉이라

緇는 '흑색'이다. 〈緇衣는〉 卿士가 조회에서 정사를 들을 때 입는 正服이다. 改는 '다시'이다. 德이 있는 君子는 대대로 卿士의 지위에 있는 것이 합당하다.

【箋】 箋云 緇衣者는 居私朝之服也라 天子之朝服은 皮弁服也라 ○ 敝는 本又作弊라

箋云 : 緇衣는 私朝에 있을 때의 복장이다. 天子의 조회하는 복장은 皮弁服이다. ○ 敝는 '弊'로 되어 있는 본도 있다.

適子之館兮라 **還予授子之粲兮**리라

그대의 관사에 가시었으니
돌아오면 내 음식 대접하리다

【傳】 適은 之요 館은 舍요 粲은 餐也라 諸侯入爲天子卿士면 受采祿이라

適은 '감'이고, 館은 관사이고, 粲은 음식이다. 諸侯가 〈왕실에〉 들어가 天子의 卿士가 되면 采祿을 받는다.

【箋】 箋云 卿士所之之館은 在天子〔之〕宮이니 如今之諸廬也라 自館還在采地之都면 我則設餐以授之니 愛之하여 欲飲食(임사)之라 ○ 粲은 飧(손)也라

1) 〔之〕: 저본의 교감기에 따라 '之'를 보충하여 번역하였다.

箋云 : 卿士가 가는 관사는 天子의 宮에 있으니, 지금의 여러 廬舍와 같다. 관사로부터 采地가 있는 도성으로 돌아오면 나는 음식을 마련하여 주겠다는 것이니, 그를 좋아하여 음식을 대접하려는 것이다.

○ 粲은 '익힌 음식'이다.

【疏】'緇衣'至'粲兮' ○〔正義曰〕[1] : 毛以爲"武公作卿士, 服緇衣, 國人美之." 言武公於此緇衣之宜服之兮, 言其德稱其服也. 此衣若敝, 我願王家又復改而爲之兮, 願其常居其位, 常服此服也. 卿士於王宮有館舍, 於畿內有采祿. 言武公去鄭國, 入王朝之適子卿士之館舍兮, 自朝而還, 我願王家授子武公以采祿兮, 欲使常朝於王, 常食采祿也. 采祿, 王之所授, 衣服, 王之所賜, 而言予爲(子)〔予〕[2]授者, 其意願王爲然, 非民所能改(受)〔授〕[3]之也. ○鄭以爲"國人愛美武公, 緇衣若弊, 我願爲君改作兮, 自館而還, 我願授君以飮食兮." 愛之, 願得作衣服, 與之飮食也. 鄭以授之以食爲民授之, 則改作衣服亦民爲之也.

1) 〔正義曰〕: 편찬체제에 따라 보충하여 번역하였다.
2) (子)〔予〕: 저본의 교감기에 따라 '予'로 번역하였다.
3) (受)〔授〕: 저본의 교감기에 따라 '授'로 번역하였다.

經의 〔緇衣〕에서 〔粲兮〕까지

○ 正義曰 : 毛亨은 "武公이 卿士가 되어 緇衣를 입으니 나라 사람들이 그를 찬미한 것이다."라고 여긴 것이다. 무공이 입은 치의가 잘 어울린다고 한 것은 덕이 그 옷에 걸맞음을 말한 것이고, 이 옷이 만약 해어지면 나는 왕실에서 또다시 고쳐 만들어주기를 원한다는 것은 그가 항상 그 지위에 있어 항상 이 옷을 입기를 원한 것이다. 경사는 王宮에는 관사가 있고 王畿 안에는 采祿이 있으니, 무공이 鄭나라를 떠나 王朝로 들어가 그대 경사의 관사에 갔으니, 왕조에서 돌아오면 나는 왕실에서 그대 무공에게 채록을 주기를 원한다고 한 것은 항상 王에게 조회하여 항상 채록을 받기 바란 것이다. 채록은 왕이 주는 것이고 의복도 왕이 주는 것인데, '予'를 내가 주는 것으로 말한 것은 왕이 그렇게 하기를 원한다는 뜻이지 백성들이 다시 줄 수 있는 것이 아니다.

○ 鄭玄은 "나라 사람들이 무공을 좋아하고 찬미하여 치의가 만약 해지면 나는 그대를

위해 다시 지어주기를 원하고, 관사로부터 돌아오면 나는 그대에게 음식을 대접해 주길 원한 것이다."라고 여겼으니, 좋아하여 의복을 지어주고 음식을 주기를 원한 것이다. 정현은 음식을 주는 것을 백성이 주는 것으로 여겼으니 그렇다면 다시 의복을 지어주는 것도 백성이 지어주는 것으로 여긴 것이다.

【疏】 傳'緇黑'至'之位' ○ 正義曰：考工記言"染法, 三入爲纁, 五入爲緅(추), 七入爲緇." 注云"染纁者, 三入而成, 又再染以黑〔則爲緅, 又復再染以黑〕[1]乃成緇." 是緇爲黑色. 此緇衣, (卿)〔卽〕[2]士冠禮所云"主人玄冠朝服, 緇帶素韠(필)." 是也. 諸侯與其臣服之以日視朝, 故禮通謂此服爲朝服. 美武公善爲司徒, 而經云"緇衣."(周)〔明〕[3]緇衣, 卿士所服也, 而天子與其臣皮弁以日視朝, 則卿士旦朝於王, 服皮弁, 不服緇衣, 故知是'卿士聽朝之正服', 謂旣朝於王, 退適治事之館, 釋皮弁而服, 以聽其所朝之政也. 言'緇衣之宜', 謂德稱其服, 宜衣此衣, 敝則更願王爲之, 令常衣此服. 以武公繼世爲卿, 竝皆宜之, 故言"有德君子, 宜世居卿士之位焉."

1) 〔則爲緅 又複再染以黑〕: 저본의 교감기에 따라 보충하여 번역하였다.
2) (卿)〔卽〕: 저본의 교감기에 따라 '卽'으로 번역하였다.
3) (周)〔明〕: 저본의 교감기에 따라 '明'으로 번역하였다.

傳의 〔緇黑〕에서 〔之位〕까지

○ 正義曰：≪周禮≫ 〈考工記〉에 "염색법에 세 번 물들이면 분홍색〔纁〕이 되고, 다섯 번 물들이면 청적색〔緅〕이 되고, 일곱 번 물들이면 검정색〔緇〕이 된다."라고 하였는데, 注에 "纁으로 물들인 것은 세 번 물들여서 된 것인데, 또 두 번 더 흑색으로 물들이면 緅가 되고, 또다시 두 번 더 흑색으로 물들이면 緇가 된다."라고 하였으니, 이것이 緇가 흑색인 것이다. 이 緇衣는 바로 ≪儀禮≫ 〈士冠禮〉에 "主人은 玄冠을 쓰고 朝服을 입고 검정색 띠를 매고 흰색 蔽膝을 착용한다."라고 한 것이 이것이다. 제후와 그의 신하들은 이 옷을 입고 매일 조회를 본다.

皮弁服(≪新定三禮圖≫)

그리하여 禮에서 모두 이 옷을 '조복'이라고 한 것이다.

武公이 司徒로 직무를 잘 수행함을 찬미한 것인데 經文에서 '치의'라고 하였으니, 분명 치의는 卿士의 복장이다. 그러나 천자와 그의 신하들은 皮弁服을 입고 날마다 조회를 본다. 그렇다면 경사가 아침에 왕에게 조회할 때는 피변복을 입고 치의를 입지 않는 것이다. 그리하여 이것이 '경사가 조회에서 정사를 들을 때 입는 正服〔卿士聽朝之正服〕'임을 안 것이니, 왕에게 조회하고 물러나 사무를 보는 관사로 가서 피변복을 벗고 〈치의를〉 입고서 자신의 업무를 듣는 것을 말한다.

'緇衣之宜'라고 한 것은 德이 옷에 걸맞아 이 옷을 입음이 마땅함을 말한 것이고, 해지면 다시 왕이 만들어주기를 원한다는 것은 항상 이 옷을 입게 해야 한다는 뜻이다. 무공이 대를 이어 卿이 된 것이 모두 마땅한 것이기 때문에 '덕이 있는 君子는 대대로 경사의 지위에 있는 것이 합당하다.〔有德君子 宜世居卿士之位焉〕'라고 한 것이다.

【疏】 箋'緇衣'至'弁服' ○ 正義曰：退適治事之處, 爲私也, 對在天子之庭, 爲公. 此私朝在天子宮內, 卽下句'適子之館兮', 是也. 舜典云"闢四門"者, 注云"卿士之職, 使爲己出政教於天下." 言'四門'者, 亦因卿士之私朝在國門, 魯有東門襄仲, 宋有桐門右師,[1] 是後之取法於前也. 彼言私朝者在國門, 謂卿大夫夕治家事, 私家之朝耳, 與此不同. 何則, 玉藻說視朝之禮曰"君旣視朝, 退適路寢, 使人視大夫, 大夫退, 然後適小寢, 釋服." 君使人視其事盡, 然後休息, 則知國之政教事在君所斷之, 不得歸適國門私朝, 明國門私朝非君朝矣. 論語"冉子退朝", 注云"朝於季氏之私朝." 亦謂私家之朝, 與此異也. 玉藻云"天子皮弁以日視朝." 是天子之朝服皮弁, 故退適諸曹服緇衣也. 定本云"天子之朝, 朝服皮弁服."

1) 卿士之私朝在國門……宋有桐門右師：國門의 이름으로 卿士의 이름을 삼은 예를 말한다. 師는 항상 주둔하고 있는 곳의 문으로 이름을 삼고, 卿도 그가 항상 머무는 곳의 門으로 이름을 삼는데, 魯의 公子 襄仲이 東門에 살아서 '東門襄仲'이라고 불렀고, 宋의 右師인 樂大心이 桐門에 살아서 '桐門右師'라고 불렀다고 한다.(≪周禮註疏≫)

箋의 〔緇衣〕에서 〔弁服〕까지

○ 正義曰：물러나 사무를 보는 곳으로 가는 것은 私이고, 마주하여 천자의 조정에 있는 것은 公이다. 이 私朝는 천자의 宮 안에 있으니 바로 아래 句의 '그대의 관사로 갔네.

〔適子之館兮〕'가 이것이다. ≪尙書≫ 〈舜典〉에 "사방의 문을 활짝 열라.〔闢四門〕"라고 하였는데, 鄭玄이 注에 "卿士의 직무이니 〈왕이〉 자기를 위해 천하에 政敎를 내게 한 것이다." 라고 하였다. 〈순전〉에서 '四門'이라고 한 것은 또한 卿士의 私朝가 國門에 있기 때문이니, 魯에 東門襄仲이 있고 宋에 桐門右師가 있었던 것은 후대에 前代에서 法을 취한 것이다.

저 〈순전〉에서 말한 私朝가 國門에 있다는 것은 卿大夫가 저녁에 집안일을 다스리는 것을 말하니 私家의 朝이므로 여기와는 다르다. 어째서인가? ≪禮記≫ 〈玉藻〉에서 조회를 보는 禮를 설명하여 "군주는 朝會를 보고 나서 물러나 路寢(正殿)으로 가서 사람을 시켜 大夫를 살펴보게 하고 大夫가 물러간 다음에 小寢으로 나아가 朝服을 벗는다."라고 하였으니, 군주는 사람을 시켜 그 일이 끝난 것을 살펴본 뒤에 쉬는 것이다. 그렇다면 나라의 政敎는 일이 군주가 판단하는 것에 달려 있어 國門의 私朝로 돌아갈 수 없음을 알 수 있으니, 분명 國門의 私朝는 군주의 조정이 아니다. ≪論語≫ 〈子路〉의 "冉有가 朝會에서 돌아오자〔冉子退朝〕"의 注에 "季氏의 私朝에 조회한 것이다."라고 하였으니, 또한 私家의 朝를 말하니 여기와는 다르다.

〈옥조〉에 "天子는 皮弁服을 입고 날마다 조회를 본다."라고 하였으니, 이것이 天子가 조회할 때 피변복을 입은 것이다. 그리하여 물러나 해당 관사〔曹〕로 가서 緇衣를 입은 것이다. 정본에는 '天子之朝 朝服皮弁服'이라고 하였다.

【疏】 傳'適之'至'采祿' ○正義曰：釋詁云 "之·適, 往也." 故適得爲之. 館者, 人所止舍, 故爲舍也. '粲餐', 釋言文, 郭璞曰 "今河北人, 呼食爲粲, 謂餐食也." '諸侯入爲天子卿士, 受采祿', 解其授粲之意. 采, 謂田邑, 采取賦稅, 祿, 謂賜之以穀, 二者皆天子與之, 以供飮食, 故謂之授子粲也.

傳의 〔適之〕에서 〔采祿〕까지

○正義曰：≪爾雅≫ 〈釋詁〉에 "之와 適은 '감'이다."라고 하였다. 그리하여 '適'이 '之'가 되는 것이다. '館'은 사람이 머무는 곳이다. 그리하여 '舍'라고 한 것이다. '粲 餐'은 ≪이아≫ 〈釋言〉의 글인데, 郭璞은 "지금 河北 사람들은 食을 粲이라고 하니 밥을 먹는 것을 말한다."라고 하였다. '諸侯入爲天子卿士 受采祿'은 음식을 주는 뜻을 풀이한 것이다. 采는 田邑을 말하니 采邑에서 賦稅를 받는 것이고, 祿은 곡물을 주는 것을 말하니, 두 가지는 모두 천자가 주는 것인데 이것으로 음식을 제공하는 것이기 때문에 '그대에

게 음식을 준다.'라고 한 것이다.

【疏】 箋'卿士'至'飮食' ○正義曰：考工記說王官之制"內有九室, 九嬪居之, 外有九室, 九卿朝焉." 注云"內, 路寢之裏, 外, 路寢之表. 九室, 如今朝堂・諸曹治事之處也, 六卿・三孤爲九卿." 彼言諸曹治事處, 此言諸廬, 正謂天子宮內, 卿士各立曹司, 有廬舍以治事也. 言適子之館, 則有所從而適也, 言還授子粲, 則還有所至也. 旣爲天子卿士, 不可還歸鄭國, 明是從采邑而適公館, 從公館而反采邑, 故云'還在采地之都, 我則設餐以授之'.

箋의 〔卿士〕에서 〔飮食〕까지

○正義曰：≪周禮≫ 〈考工記〉에 王官의 제도에 대해 "안에 九室이 있으니 九嬪이 살고, 바깥에 구실이 있으니 九卿이 조회한다."라고 하였는데, 注에 "안은 路寢의 안이고, 바깥은 노침의 바깥이다. 구실은 지금의 朝堂과 諸曹의 사무 보는 곳과 같은 곳이고, 六卿과 三孤가 구경이다."라고 하였다. ≪주례≫에서 '諸曹 治事處'라고 하였는데, 箋에서 '諸廬'라고 한 것은 바로 天子의 宮 안에 卿士가 각기 曹司(官署)를 설치하고 廬舍를 두어 사무를 처리하는 것을 말한다.

그대의 관사로 간다고 하였으니 출발한 곳이 있어 간 것이고, 돌아오면 그대에게 음식을 대접한다고 하였으니 돌아와 이르는 곳이 있는 것이다. 天子의 卿士가 되었으므로 鄭나라로는 돌아갈 수 없으니 분명 采邑으로부터 公館에 간 것이고, 공관으로부터 채읍에 돌아온 것이다. 그리하여 '采地가 있는 도성으로 돌아오면 나는 음식을 마련하여 주겠다는 것이다.〔還在采地之都 我則設餐以授之〕'라고 한 것이다.

【疏】 傳言'受采祿'者, 以采祿解粲義也, 箋言'還在采地之都'者, 自謂迴還所至國人授粲之處, 其意與傳不同. 雖在采地之都, 願授之食, 其授之者, 謂鄭國之人, 非采地之人. 何則, 此詩是鄭人美君, 非采地之人美之. 且食采之主, 非邑民常君, 善惡繫於天子, 不得曲美鄭國君也. 鄭國之人所以能遠就采地, 授之食者, 言愛之, 願飮食之耳, 非卽實與之食也. 易傳者, 以言'予'者, 鄭人自授之食, 非言天子與之祿也. 飮食雖云小事, 聖人以之爲禮, 伐柯言王迎周公, 言"我覯之子, 籩豆有踐." 奉迎聖人, 猶願以飮食, 故小民愛君, 願飮食之.

傳에서 말한 '受采祿'은 采祿을 음식의 뜻으로 풀이한 것이고, 箋에서 말한 '還在采地之都'는 본디 돌아와 이른 곳이 나라 사람들이 음식을 주는 곳임을 말한 것이니, 그 뜻이 傳과는 다르다. 비록 采邑의 도성에 있지만 음식 주기를 원하니, 주는 사람은 鄭나라 사람임을 말하지 采地의 사람이 아니다. 어째서인가? 이 詩는 정나라 사람이 그들의 군주를 찬미한 것이지, 채지의 사람이 찬미한 것이 아니다. 그리고 채지의 군주는 채읍의 백성들이 항상 섬기는 군주가 아니어서 잘하고 못하는 것이 天子와 관계되니 그릇되게 정나라 군주를 찬미할 수는 없다. 정나라 사람들이 멀리 채읍에 가서 음식을 준다는 것은 그를 좋아하여 음식을 대접해주기를 원한다고 말한 것이지, 실제로 음식을 준 것이 아니다. 傳과 다르게 본 것은, '予'라고 한 것은 鄭나라 사람이 직접 음식을 준다는 것이지, 天子가 祿을 준 것을 말한 것이 아니기 때문이다. 음식은 비록 작은 일이라고 할 수 있으나 聖人이 이것을 禮로 여겼다. 〈豳風 伐柯〉에서 成王이 周公을 맞이함에 "그분 맞이하려면 〈예를 갖춘〉 籩豆의 음식 대접해야 하네."라고 하였으니, 성인을 받들어 맞이하는 데 오히려 음식으로 대접하기를 바란 것이다. 그리하여 일반 백성이 군주를 좋아하여 음식을 대접하기를 바란 것이다.

緇衣之好兮여 **敝予又改造兮**리라

緇衣 참으로 멋지시니
해어지면 내 다시 지어주리다

【傳】 好는 猶宜也

好는 宜와 같다.

【箋】 箋云 造는 爲也라

箋云 : 造는 '만듦'이다.

【疏】 箋'造爲' ○ 正義曰 : 釋言文.

箋의 〔造爲〕
○ 正義曰 : ≪爾雅≫ 〈釋言〉의 글이다.

適子之館兮라 **還予授子之粲兮**리라

그대 관사에 가시었으니
돌아오면 내 음식 대접하리다

緇衣之蓆兮여 **敝予又改作兮**리라

緇衣 매우 편안하시니
해어지면 내 또 지어주리다

【傳】 蓆은 大也라

蓆은 '큼'이다.

【箋】 箋云 作은 爲也라 ○ 蓆은 韓詩云 儲也라하고 說文云 廣多라

箋云 : 作은 '만듦'이다.

○ 蓆은 ≪韓詩≫에는 "쌓음이다."라고 하고, ≪說文解字≫에는 "넉넉함이다."라고 하였다.

【疏】 傳'蓆 大' ○ 正義曰 : 釋詁文, 言服緇衣, 大得其宜也.

傳의 〔蓆 大〕

○ 正義曰 : ≪爾雅≫ 〈釋詁〉의 글이니, 緇衣를 입은 것이 매우 알맞음을 말한 것이다.

適子之館兮라 **還予授子之粲兮**리라

그대 관사에 가시었으니
돌아오면 내 음식 대접하리다

緇衣 三章이니 **章四句**라

〈緇衣〉 3章이니 章마다 4句이다.

將仲子(장중자)

【序】 **將仲子**는 **刺莊公也**라 **不勝其母**하여 **以害其弟**라 **弟叔失道而公弗制**하고 **祭**(채)**仲諫而公弗聽**하여 **小不忍**하여 **以致大亂焉**이라

〈將仲子〉는 莊公을 풍자한 시이다.

〈장공이〉 그의 어머니를 이겨내지 못하여 아우를 해쳤다. 아우 叔段이 도리를 잃었는데도 公이 제지하지 않았고, 祭仲이 간하였지만 공이 듣지 아니하여, 일이 작았을 때에 차마 〈다스리지〉 못하여 큰 난리를 부른 것이다.

【箋】 **莊公之母**는 **謂武姜**하니 **生莊公及弟叔段**이라 **段好勇而無禮**어늘 **公不早爲之所**하여 **而使驕慢**이라

莊公의 어머니는 武姜을 말하니, 장공과 아우 叔段을 낳았다. 숙단이 용맹을 좋아하였으나 무례하였는데 장공이 일찍 조처를 취하지 아니하여 교만하게 만들었다.

【疏】 '將仲(三章章八句)'至'大亂焉' ○ 正義曰：作將仲子詩者, 刺莊公也. 公有弟名段字叔. 其母愛之, 令莊公處之大都. 莊公不能勝止其母, 遂處段於大都, 至使驕而作亂, 終以害其親弟, 是公之過也. 此叔於未亂之前, 失爲弟之道, 而公不禁制, 令之奢僭, 有臣祭仲者, 諫公, 令早爲之所, 而公不聽用, 於事之小, 不忍治之, 以致大亂國焉, 故刺之. 經三章, 皆陳拒諫之辭. '豈敢愛之, 畏我父母', 是小不忍也, 後乃興師伐之, 是致大亂(大)〔國〕[1)]也.

1) (大)〔國〕: 저본의 교감기에 따라 '國'으로 번역하였다.

序의 〔將仲〕에서 〔大亂焉〕까지

○ 正義曰 : 〈將仲子〉의 詩를 지은 것은, 莊公을 풍자한 것이다.

公에게 아우가 있었는데, 이름이 段이고, 字가 叔이다. 그의 어머니가 그 아우를 사랑하여 장공으로 하여금 큰 도성에 거처하게 해줄 것을 요구하였다. 그러나 장공은 차마 어머니를 제지하지 못하여 마침내 叔段을 큰 도성에 거처하게 하여 교만해져서 난을 일으키게 만들어 마침내 친아우를 해치는 데 이르게 되었으니, 이것은 공의 잘못이다.

이는 숙단이 난을 일으키기 전에 형제의 도리를 잃었을 때에 공이 제지하지 않아 사치하고 참람하게 만든 것이고, 신하 祭仲이 공에게 간하여 일찍 조처를 취하게 하였는데도 공이 듣지 아니하여 일이 작았을 때 차마 다스리지 못하여 나라에 큰 혼란을 일으킨 것이다. 그리하여 풍자한 것이다.

經文의 세 章은 모두 諫한 것을 거절한 말을 진술한 것이다. 〈아래 經文의〉 '어찌 감히 아껴서리오. 부모님 두려워서니라.〔豈敢愛之 畏我父母〕'가 일이 작았을 대에 차마 〈다스리지〉 못한 것이고, 뒤에야 군사를 일으켜 친 것이 나라를 크게 혼란스럽게 한 것이다.

【疏】 箋'莊公'至'驕慢' ○ 正義曰：此事見於左傳隱元年. 傳曰"鄭武公娶於申, 曰武姜. 生莊公及共叔段. 莊公寤生[1], 驚姜氏, 故名曰'寤生', 遂惡(오)之. 愛共叔段, 欲立之, 亟(기)請於武公, 公不許. 及莊公卽位, 爲之請制, 公曰'制, 巖邑也, 虢叔死焉. 他邑唯命.' 請京, 使居之, 謂之京城大(태)叔. 祭仲曰 '都城過百雉[2], 國之害也. 今京不度, 非制也. 君將不堪.' 公曰 '姜氏欲之, 焉辟(피)害.' 對曰 '姜氏何厭(염)之有, 不如早爲之所, 無使滋蔓, 蔓, 難圖也. 蔓草猶不可除, 況君之寵弟乎.' 公曰 '多行不義, 必自斃, 子姑待之.' 旣而大叔命西鄙·北鄙貳於己, 公子呂曰 '國不堪二, 君將若之何, 欲與大叔, 臣請事之, 若不與, 則請除之.' 公曰 '無庸. 將自及.' 大叔又收貳以爲己邑, 至於廩延, 子封曰 '可矣. 厚將得衆.' 公曰 '不義, 不暱. 厚將崩.' 大叔完聚, 繕甲兵, 具卒乘, 將襲鄭, 夫人將啓之. 公聞其期, 曰 '可矣.' 命子封帥(솔)車二百乘以伐京, 京叛大叔段, 段入於鄢. 公伐諸鄢, 大叔出奔共." 是謂共城大叔, 是段驕慢作亂之事也. 大叔于田序曰 "叔多才而好勇." 是'段勇而無禮'也.

1) 寤生：≪春秋左氏傳≫의 注에서 杜預는 "잠에서 깨어보니 莊公이 태어나 있었다."라고 해석하였다. 그러나 근대 학자 楊伯峻은 ≪春秋左傳注≫에서 '寤生'을 '牾生'의 의미로 보아 거꾸로 태어난 것이라고 하였다.

2) 百雉：雉는 성 담의 면적을 계산하는 단위인데, 사방 1丈이 堵이고, 3도를 雉라고 한다. 1치의 담은 높이 1장이고 길이 3장이다. 侯伯의 성은 사방 5리이고 반경 300치이기 때문에 큰 도성이 100치를 넘지 못한다고 한 것이다.(≪春秋左傳正義≫ 권2)

箋의 〔莊公〕에서 〔驕慢〕까지

○ 正義曰：이 일은 ≪春秋左氏傳≫ 隱公 원년에 보인다. 그 傳은 〈다음과 같다.〉

"鄭 武公이 申나라에서 아내를 맞이하였으니 그녀가 武姜이다. 莊公과 共叔段을 낳았다. 장공이 寤生하여 姜氏를 놀라게 하였으므로 이름을 '寤生'이라고 하고 마침내 그를 미워하였다. 공숙단을 총애하여 그를 〈세자로〉 세우고자 자주 무공에게 청하였으나, 무공이 허락하지 않았다. 그 뒤 장공이 즉위함에 공숙단을 위해 制邑을 줄 것을 청하였으나, 장공이 '제읍은 지세가 험한 邑이어서 虢叔이 그곳에서 죽었습니다. 다른 읍을 〈원하시면〉 그 명에 따르겠습니다.'라고 하였다. 이에 京城을 청하여 그곳에서 살도록 하고는 '京城大叔'이라고 하였다.

祭仲이 '〈國都를 제외한〉 도성이 100雉를 넘으면 나라의 해가 됩니다. 그런데 지금 경성이 〈선왕의〉 법도에 맞지 아니하니 올바른 제도가 아닙니다. 君께서는 감당하지 못하게 될 것입니다.'라고 하니, 장공이 '강씨가 하고자 하니 어찌 해를 피할 수 있겠는가.'라고 하였다. 〈채중이〉 대답하기를 '강씨가 어찌 만족함이 있겠습니까. 일찍 조치를 취하는 것만 못하니 자라서 뻗어 나가지 못하게 해야 합니다. 뻗어 나가면 제거하기 어렵습니다. 뻗어 나가는 풀도 오히려 제거하기 힘든데 하물며 임금의 총애하는 아우이겠습니까.'라고 하니, 장공이 '의롭지 못한 행동을 많이 하면 반드시 자멸할 것이니 그대는 우선 기다려라.'라고 하였다.

얼마 후에 大叔이 서쪽 변방 읍과 북쪽 변방 읍에 명하여 자기와 〈장공〉 두 곳에 소속되게 하자, 公子呂가 '한 나라가 두 곳에 소속되는 것은 감당할 수 없으니 군주께서는 어떻게 하시렵니까? 태숙에게 주고자 하신다면 臣은 그를 섬길 것이고, 만약 주지 않으려 하신다면 제거하십시오.'라고 하니, 장공이 '그럴 필요는 없다. 장차 〈화가〉 저절로 미칠 것이다.'라고 하였다. 태숙이 또 두 곳에 소속시킨 읍을 자기 읍으로 만들고 〈북쪽에 있는〉 廩延까지 차지하자, 子封(公子呂)이 '때가 되었습니다. 영토가 넓어지면 많은 무리를 얻게 될 것입니다.'라고 하니, 公이 '〈군주에게〉 의리를 지키지 않고 〈형에게〉 친애하지 않으니, 아무리 영토가 넓어도 붕괴될 것이다.'라고 하였다.

태숙이 성을 완비하여 무리를 모으고 갑옷과 무기를 수리하고 군졸과 兵車를 갖추어 鄭나라를 습격하려 하니, 夫人(武姜)이 성문을 열어주기로 하였다. 공이 그 모의한 시기를 듣고 '때가 되었다.'라고 하고, 자봉에게 명하여 수레 200乘을 거느리고 가서 경성을 치게 하니, 경성 사람들이 大叔段을 배반하여 段이 鄢으로 도망갔다. 公이 또 鄢을 치니 태숙이 共나라로 도망하였다."

이것이 '共城大叔'을 이르는 것이고, 이것이 숙단이 교만하여 난을 일으킨 일이다. 〈鄭

風 大叔于田〉의 序에서 "숙단이 재주가 많고 용맹하였다."라고 하였으니, 이것이 숙단이 용맹하였지만 무례한 것이다.

將仲子兮여 無踰我里하고 無折我樹杞하라

바라노니 祭仲이여
내 마을 넘어오지 말고
내가 심은 키버들 꺾지 마라

杞(≪詩經名物圖解≫)

【傳】將은 請也요 仲子는 祭仲也요 踰는 越이라 里는 居也니 二十五家爲里라 杞는 木名也요 折은 言傷害也라

將은 '청함'이고, 仲子는 祭仲이고, 踰는 '넘음'이다. 里는 '사는 곳'이니 25家가 里가 된다. 杞는 나무이름이고, 折은 '해침'을 뜻한다.

【箋】箋云 祭仲驟諫이나 莊公不能用其言이라 故言請하여 固距之라 無踰我里는 喩言無干我親戚也요 無折我樹杞는 喩言無傷害我兄弟也라 仲初諫曰 君將與之면 臣請事之하고 君若不與면 臣請除之라 ○ 驟는 服虔曰 數(삭)也라

箋云：祭仲이 자주 간하였으나 莊公이 그의 말을 들어줄 수 없었다. 그리하여 '請'을 말하여 굳게 거절한 것이다. '無踰我里'는 내 친척을 범하지 말라고 한 것을 비유한 말이고, '無折我樹杞'는 내 형제를 해치지 말라고 한 것을 비유한 말이다. 채중이 처음 간하기를 "군주께서 그에게 주시고자 하신다면 신은 그를 섬길 것이고, 군주께서 만약 그에게 주지 않으려 하신다면 그를 제거하십시오."라고 한 것이다.

○ 驟는 服虔은 "자주〔數〕이다."라고 하였다.

豈敢愛之리오 畏我父母니라

어찌 감히 아껴서리오

내 부모님 두려워서니라

【箋】 箋云 段將爲害어늘 我豈敢愛之而不誅與아 以父母之故라 故不爲也라 ○段將此一將字는 如字라

箋云 : 段이 해를 끼치려 하니 내가 어찌 감히 그를 아껴서 죽이지 않겠는가. 부모님이 계시기 때문이다. 그리하여 하지 않는 것이다.

○'段將'의 '將'자는 本音으로 읽는다.

仲可懷也나 父母之言도 亦可畏也니라

祭仲의 말 생각해볼 만하지만
부모님 말씀도
두려웁다네

【箋】 箋云 懷私曰懷니 言仲子之言可私懷也나 我迫於父母有言하여 不得從也라

箋云 : 사사로움을 생각하는 것을 '懷'라고 하니, 仲子의 말은 사사로이 생각해볼 수 있으나 내가 부모의 말에 압박을 받아 〈그의 말을〉 따를 수 없다고 말한 것이다.

【疏】 '將仲子'至'可畏' ○正義曰 : 祭仲數諫莊公, 莊公不能用之, 反請於仲子兮, 汝當無踰越我居之里垣, 無損折我所樹之杞木, 以喩無干犯我之親戚, 無傷害我之兄弟. 段將爲害, 我豈敢愛之而不誅與, 但畏我父母也. 以父母愛之, 若誅之, 恐傷父母之心, 故不忍也. 仲子之言可私懷也, 雖然父母之言, 亦可畏也. 言莊公以小不忍至於大亂, 故陳其拒諫之辭以刺之.

經의 〔將仲子〕에서 〔可畏〕까지

○正義曰 : 祭仲이 자주 莊公에게 간하였으나 장공이 들어줄 수 없어 도리어 채중에게 '너는 내가 사는 마을의 담을 넘지 말고 내가 심은 키버들 꺾지 말라.'고 청하였으니, 이것으로 내 친척 침범하지 말고 내 형제 해치지 말 것을 비유한 것이다. 段이 해를 끼치려 하니 내가 어찌 감히 그를 아껴서 죽이지 않겠는가. 다만 내 부모님이 두려워서이다. 부모가 그를 아끼니 만약 죽인다면 부모의 마음이 상할까 걱정이 된다. 그리하여 차마 하지

못하는 것이다. 채중의 말은 사사로이 생각해볼 만하다. 비록 그렇지만 부모의 말도 두려워해야 하는 것이다. 이는 장공이 〈일이〉 작았을 때 차마 〈다스리지〉 못하여 큰 난리에 이른 것을 말한 것이다. 그리하여 간한 것을 거절하는 말을 진술하여 풍자한 것이다.

【疏】 傳'里居'至'木名' ○正義曰：里者, 民之所居, 故爲居也. 地官遂人云 "五家爲隣, 五隣爲里." 是'二十五家爲里'也. '無踰我里', 謂無踰越我里居之垣牆, 但里者, 人所居之名, 故以所居表牆耳. 四牡傳云 "杞, 枸(繼)〔檵〕[1]." 此直云木名, 則與彼別也. 陸機疏云 "杞, 柳屬也, 生水傍, 樹如柳, 葉麤而白色, 理微赤, 故今人以爲車轂. 今共北淇水傍, 魯國泰山汶水邊, 純杞也."

1) (繼)〔檵〕: 저본의 교감기에 따라 '檵'로 번역하였다.

傳의 〔里居〕에서 〔木名〕까지

○ 正義曰：里는 백성들이 사는 곳이다. 그리하여 '居'라고 한 것이다. ≪周禮≫ 〈地官 遂人〉에서 "5家가 隣이 되고, 5隣이 里가 된다."라고 하였으니, 이것이 '25家가 里가 된다.〔二十五家爲里〕'이다.

'無逾我里'는 내가 사는 마을의 담장을 넘지 말라고 말한 것인데, 다만 里는 사람이 사는 곳의 명칭이다. 그리하여 사는 곳을 담으로 표명한 것이다.

〈小雅 四牡〉의 傳에서 "杞는 구기자나무〔枸檵〕이다."라고 하였는데, 여기서는 '나무이름'이라고만 하였으니, 저 〈소아 사모〉의 傳과 다르게 본 것이다. 陸機의 ≪毛詩草木鳥獸蟲魚疏≫에는 "杞는 버드나무 종류인데 물가에서 자라고 모양이 버드나무와 같으며 잎은 거칠고 흰색이며 나뭇결은 촘촘하고 적색이다. 그리하여 지금 사람들이 이것으로 수레바퀴를 만든다. 지금 共北山의 淇水 가와 魯나라 泰山의 汶水 가에는 전부 杞가 자란다."라고 하였다.

【疏】 箋'祭仲'至'除之' ○正義曰：哀二十年左傳云 "吳公子慶忌驟諫吳王." 服虔云 "驟, 數也." 箋言驟諫, 出於彼文. 序不言驟, 而箋言驟者, 若非數(삭)諫, 不應固請, 故知'驟諫'也. 以里垣之內始有樹木, 故以里喩親戚, 樹喩兄弟. 旣言驟諫, 以爲其諫非一, 故言'初諫曰', 以爲數諫之意. 案左傳此言乃是公子呂辭, 今箋以爲祭仲諫者, 詩陳請祭仲, 不請公子呂. (矣)〔然〕[1]則祭仲之諫多於公子呂矣. 而公子呂請除大叔, 爲諫之切,

莫切於此, 祭仲正可數諫耳, 其辭亦不是過, 仲當亦有此言, 故引之以爲祭仲諫.

1) (矣)〔然〕: 저본의 교감기에 따라 '然'으로 번역하였다.

箋의 〔祭仲〕에서 〔除之〕까지

○ 正義曰 : ≪春秋左氏傳≫ 哀公 20년에 "吳나라 公子 慶忌가 吳王에게 驟諫하였다." 라고 하였는데, 服虔은 "驟는 자주이다."라고 하였으니, 箋에서 말한 '驟諫'은 이 글에서 나온 것이다. 序에서 '驟'를 말하지 않았는데 箋에서 '驟'라고 한 것은, 만약 자주 간한 것이 아니라면 굳이 청하지 않았을 것이기 때문이다. 그리하여 '驟諫'임을 안 것이다. 마을의 담 안에 애초에 심은 나무가 있었기 때문에 마을로 친척을 비유하고, 나무로 형제를 비유한 것이다. '驟諫'이라고 하였으니, 간한 것이 한 번이 아니라 여긴 것이다. 그리하여 '初諫曰'이라고 하여 자주 간한 뜻으로 삼은 것이다.

≪춘추좌씨전≫을 살펴보면 이 말은 바로 公子 呂의 말인데 여기 箋에서 祭仲이 간한 것으로 여긴 것은, 詩에서 채중에게 청함을 말하였으니, 공자 여에게 청하지 않은 것이다. 그렇다면 채중이 간한 것이 공자 여보다 많을 것이다. 〈그리고〉 공자 여가 大叔을 없앨 것을 청하였으니 절실한 간언으로는 이보다 더할 수는 없지만, 채중은 바로 자주 간할 수 있었고 그의 말도 이에 지나지 않았으니 채중도 이 말을 하였을 것이다. 그리하여 인용하여 채중이 간한 것이라고 한 것이다.

【疏】 箋'懷私'至'得從' ○ 正義曰 : 晉語稱公子重耳安於齊, 姜氏勸之行云 "懷與安, 實(敗名)[1]病大事. 鄭詩云 '仲可懷也.'" 引此爲懷私之義, 故以懷爲私. 以父母愛段, 不用害之, 故畏迫父母有言, 不得從也. 於時其父雖亡, 遺言尙存, 與母連言之也.

1) (敗名) : 저본의 교감기에 따라 衍文으로 처리하였다.

箋의 〔懷私〕에서 〔得從〕까지

○ 正義曰 : ≪國語≫ 〈晉語〉에 公子 重耳가 齊나라에 안주하자 부인 姜氏가 그에게 〈晉나라로〉 돌아갈 것을 권하여 "사사로움을 생각하는 것과 편안함에 안주하는 것은 실로 큰일에 해가 됩니다. 〈鄭風〉의 詩에서 '祭仲의 말 생각해볼 만하다.〔仲可懷也〕'라고 하였습니다."라고 하였으니, 이 글을 인용하여 사사로움을 생각하는 뜻으로 삼은 것이다. 그리하여 懷를 私로 여긴 것이다.

父母가 叔段을 아껴서 해칠 수 없었다. 그리하여 부모의 말에 압박을 받아 〈그의 말을〉 따를 수 없었던 것이다. 이때에 아버지는 죽고 없었지만 유언이 남아 있어서 〈父를〉 母와 붙여서 말한 것이다.

將仲子兮여 **無踰我牆**하고 **無折我樹桑**하라

祭仲이여
나의 담 넘어오지 말고
내가 심은 뽕나무들 꺾지 마라

【傳】 牆은 垣也라 桑은 木之衆也라

牆은 '담'이다. 桑은 많은 그루가 같이 자라는 나무이다.

豈敢愛之리오 **畏我諸兄**이라

어찌 감히 아껴서리오
내 형제들 두려워서라네

【傳】 諸兄은 公族이라

諸兄은 公族이다

仲可懷也나 **諸兄之言**도 **亦可畏也**니라

祭仲의 말 생각해볼 만하지만
형제들의 말도
두려웁다네

將仲子兮여 **無踰我園**하고 **無折我樹檀**하라

祭仲이여
나의 동산 넘어오지 말고

내가 심은 박달나무 꺾지 마라

【傳】 園은 所以樹木也라 檀은 彊韌(인)之木이라 ○ 檀은 木名이라

園은 나무를 심는 곳이다. 檀은 단단하고 질긴 나무이다.

○ 檀은 나무이름이다.

【疏】 傳'園所'至'之木' ○ 正義曰：大宰職云 "園圃, 毓(육)草木." 園者, 圃之蕃, 故其內可以種木也. 檀材可以爲車, 故云"彊韌之木." 陸機疏云 "檀木皮正靑滑澤, 與檕(계)迷相似, 又似駮馬. 駮馬, 梓(榆)〔楡〕[1], 故里語曰 '斫檀不諦得檕迷, 檕迷尙可得駮馬.' 檕迷, 一名挈榼(설혜), 故齊人諺曰 '上山斫檀, 挈榼先殫.'"

1) (榆)〔楡〕: 저본의 교감기에 따라 '楡'로 번역하였다.

傳의 〔園所〕에서 〔之木〕까지

○ 正義曰：≪周禮≫ 〈大宰職〉에 "園圃는 풀과 나무를 기르는 곳이다."라고 하였는데, 園은 울타리를 한 圃이다. 그리하여 그 안에 나무를 심을 수 있는 것이다. 박달나무는 재질이 수레를 만들 수 있다. 그리하여 "단단하고 질긴 나무이다.〔强韌之木〕"라고 한 것이다. 陸璣의 ≪毛詩草木鳥獸蟲魚疏≫에는 "박달나무는 껍질은 푸른색이고 매끄럽고 윤기가 있으며 檕迷와 서로 비슷하고, 또 駮馬와도 비슷하다. 駮馬는 梓楡이다. 그리하여 속담에 '박달나무 베려다가 檕迷를 얻은 줄 모르고, 檕迷를 〈구하려다〉 오히려 駮馬를 얻는다.'라고 한 것이다. 檕迷는 일명 挈榼이다. 그리하여 齊 지방 사람의 속담에 '산에 올라 박달나무 베려다 挈榼를 먼저 다 베었네.'라고 한 것이다."라고 하였다.

豈敢愛之리오 畏人之多言이니라

어찌 감히 아껴서리오

사람들의 많은 말 두려워서라네

仲可懷也나 人之多言도 亦可畏也니라

祭仲의 말 생각해볼 만하지만

사람들의 많은 말도
두려웁다네

將仲子三章이니 **章八句**라

〈將仲子〉 3章이니 章마다 8句이다.

叔于田(숙우전)

【序】 **叔于田**은 **刺莊公也**라 **叔處于京**에 **繕甲治兵**하여 **以出于田**하니 **國人說**(열)**而歸之**하니라

〈叔于田〉은 莊公을 풍자한 시이다.

叔이 京城에 머물 적에 갑옷을 수선하고 무기를 손질하여 사냥하러 나가니, 나라 사람들이 기뻐하여 그에게 마음을 준 것이다.

【箋】 繕之言은 善也요 甲은 鎧(개)也라 ○ 繕은 善也라

繕의 뜻은 '좋게 함〔善〕'이고, 甲은 '갑옷'이다.

○ 繕은 '좋게 함〔善〕'이다.

【疏】 '叔于田(三章章五句)'至'歸之', 箋'繕之'至'甲鎧' ○ 正義曰 : 世本[1]云"杼(저)作甲." 宋仲子云"少康子名杼也[2]." 經典皆謂之甲, 後世乃名爲鎧, 箋以今曉古.

1) 世本 : 상고시대의 黃帝 이후 戰國시대까지의 역사와 제왕의 家系를 기록한 책이다. 총 15편인데 옛 본은 남아 있지 않고, ≪漢書≫ 〈藝文志〉에 그 내용이 실려 있다. 唐나라 때에는 唐 太宗 李世民의 이름을 피해 책이름을 ≪系本≫, ≪代本≫으로 고쳐 불렀다고 전한다.

2) 少康子名杼也 : 禹의 7世孫인 少康의 아들 后杼를 말한다.

序의 〔叔于田〕에서 〔歸之〕까지와 箋의 〔繕之〕에서 〔甲鎧〕까지

○ 正義曰 : ≪世本≫에 "杼가 갑옷을 만들었다."라고 하였는데, 宋仲子(宋衷 또는 宋忠)

가 "少康의 아들의 이름이 杼이다."라고 하였다. 經典에는 모두 甲이라고 하였는데, 후대에 비로소 명칭을 鎧라고 한 것이니, 箋은 지금의 글자로써 옛 글자를 밝힌 것이다.

叔于田하니 **巷無居人**이로다

叔이 사냥 가니
거리에는 사는 사람 없네

【傳】 叔은 大(태)叔段也요 田은 取禽也라 巷은 里塗也라

叔은 大叔段이고, 田은 짐승을 잡는 것이다. 巷은 마을길이다.

【箋】 箋云 叔往田하니 國人注心于叔하여 似如無人處라 ○ 大는 音泰이니 後大叔皆放此라

箋云 : 叔이 사냥 가니 나라 사람들이 叔에게 마음이 쏠려서 마치 사는 사람이 없는 것과 같은 것이다.

○ 大는 음이 泰이니, 뒤의 '大叔'도 모두 이와 같다.

豈無居人이리오 **不如叔也**의 **洵美且仁**이니라

어찌 사는 사람 없으리오
叔처럼
참으로 멋지고도 인자하지 못해서라네

【箋】 箋云 洵은 信也니 言叔信美好而又仁이라

箋云 : 洵은 '진실로'이니, 叔이 참으로 멋지고 또 어짊을 말한 것이다.

【疏】 '叔于'至'且仁' ○ 正義曰 : 此皆悅叔之辭, 時人言叔之往田獵也, 里巷之內全似無復(부)居人, 豈可實無居人乎, 有居人矣, 但不如叔也信美好而且有仁德. 國人注心於叔, 悅之若此, 而公不知禁, 故刺之.

經의 〔叔于〕에서 〔且仁〕까지

○ 正義曰 : 이는 모두 叔을 좋아한 말이니, 당시 사람들이 '叔이 사냥하러 가니 마을 안에 사는 사람이 전혀 없는 듯하다. 어찌 실제로 사는 사람이 없겠는가. 사는 사람은 있지만, 叔처럼 참으로 멋지고 어질지 못한 것이다.'라고 말한 것이다. 나라 사람들이 叔에게 마음이 쏠려 이처럼 좋아하였는데도 莊公이 금지할 줄을 몰랐다. 그리하여 풍자한 것이다.

【疏】 傳'叔大'至'里塗' ○ 正義曰 : 左傳及下篇, 皆謂之大叔, 故傳辨之, 以明叔與大叔一人. 其字曰叔, 以寵私過度, 時呼爲大叔, 左傳謂之京城大叔, 是由寵而異其號也. 此言叔于田, 下言大叔于田, 作者意殊, 無他義也. '田'者, 獵之別名, 以取禽於田, 因名曰田, 故云"田, 取禽也." 丰曰"俟我乎巷." 謂待我於門外, 知巷是里內之途道也.

傳의 〔叔大〕에서 〔里塗〕까지

○ 正義曰 : ≪春秋左氏傳≫과 아래편에서 모두 그를 大叔이라 하였으므로 傳에서 분별하여 叔과 大叔이 같은 사람임을 밝힌 것이다. 그의 字가 '叔'인데 총애와 은혜가 과도해서 당시에 大叔이라고 불렸는데, ≪춘추좌씨전≫에서 京城大叔이라고 한 것은 바로 총애 때문에 호칭을 달리한 것이다. 여기서 말한 '叔于田'과 아래에서 말한 '大叔于田'은 작자가 생각을 달리 표현한 것이지 다른 뜻은 없다.

'田'은 사냥의 다른 명칭이니, 밭〔田〕에서 짐승을 잡았기 때문에 명칭을 '田'이라고 하였다. 그리하여 "田은 짐승을 잡는 것이다.〔田 取禽也〕"라고 한 것이다. 〈鄭風 丰〉에서 "巷에서 나를 기다렸네.〔俟我乎巷〕"라고 한 것은 문 밖에서 나를 기다리는 것을 말하니, 巷이 마을 안에 있는 도로임을 알 수 있다.

【疏】 箋'洵信'至'又仁' ○ 正義曰 : '洵信', 釋詁文. 仁, 是行之美名. 叔乃作亂之賊, 謂之'信美好而又仁'者, 言國人悅之辭, 非實仁也.

箋의 〔洵信〕에서 〔又仁〕까지

○ 正義曰 : '洵信'은 ≪爾雅≫ 〈釋詁〉의 글이다. 仁은 행실에 대한 아름다운 명칭이다. 叔은 바로 난을 일으킨 역적인데도 '참으로 멋지고 또 어질다〔信美好而又仁〕'라고 한 것은, 나라사람들이 좋아한다는 말을 설명한 것이지 실제로 仁한 것이 아니다.

叔于狩하니 **巷無飮酒**로다

叔이 겨울 사냥 가니
거리에 술 마시는 이 없네

【傳】 冬獵曰狩라

겨울 사냥을 狩라고 한다.

【箋】 箋云 飮酒는 謂燕飮也라

箋云 : 飮酒는 연회하여 술 마시는 것을 이른다.

豈無飮酒리오 **不如叔也**의 **洵美且好**니라

어찌 술 마시는 이 없으리오
叔처럼
참으로 훌륭하고 멋지지 못해서라네

【疏】 傳'冬獵曰狩' ○正義曰 : 釋天文. 李巡曰 "圍守取之, 無所擇也."

傳의 〔冬獵曰狩〕

○ 正義曰 : ≪爾雅≫ 〈釋天〉의 글이니, 李巡은 "〈짐승을〉 에워싸서 잡아, 가리지 않고 〈다 잡는〉 것이다."라고 하였다.

叔適野하니 **巷無服馬**로다

叔이 들판으로 나가니
거리에 말 타는 이 없네

【箋】 箋云 適은 之也요 郊外曰野라 服馬는 猶乘馬也라

箋云 : 適은 '가는 것'이고, 郊의 밖을 野라고 한다. '服馬'는 말 타는 것과 같다.

豈無服馬리오 不如叔也의 洵美且武니라

어찌 말 타는 이 없으리오

叔처럼

참으로 멋지고 용맹하지 못해서라네

【箋】 箋云 武는 有武節이라

箋云 : 武는 용맹스러운 절도가 있는 것이다.

【疏】 箋'郊外'至'乘馬' ○ 正義曰 : 釋地云 "郊外謂之牧, 牧外謂之野." 是野在郊外也. 易稱"服牛乘馬." 俱是駕用之義, 故云"服馬, 猶乘馬." 夾轅兩馬謂之服馬, 何知此非夾轅之馬, 而云'猶乘馬'者, 以上章言'無居人', '無飮酒', 皆是人事而言, 此不宜獨言無馬, 知正謂叔旣往田, 巷無乘馬之人耳.

箋의 〔郊外〕에서 〔乘馬〕까지

○ 正義曰 : ≪爾雅≫ 〈釋地〉에 "郊의 밖을 牧이라 하고, 牧의 밖을 野라고 한다."라고 하였으니, 이것이 野가 郊의 밖에 있는 것이다. ≪周易≫ 〈繫辭傳 下〉에서 "소는 부리고 말은 탄다.〔服牛乘馬〕"라고 하였으니, 모두가 멍에를 사용한다는 뜻이다. 그리하여 "服馬는 말 타는 것과 같다.〔服馬猶乘馬〕"라고 한 것이다. 끌채에 매여 있는 두 마리 말을 服馬라고 하는데, 어떻게 이 말이 끌채에 매여 있는 말이 아님을 알아서 "말 타는 것과 같다.〔猶乘馬〕"라고 한 것인가? 위의 章에서 '無居人', '無飮酒'라고 하여 모두 人事를 말했는데, 여기서만 '말이 없다.'라고 하는 것은 맞지 않으니, 바로 叔이 사냥 가서 거리에 말을 타는 사람이 없다고 한 것임을 안 것이다.

○ 箋'武有武節' ○ 正義曰 : 文武者, 人之伎能. 今言美且武, 悅其爲武, 則合武之要, 故云"有武節." 言其不妄爲武.

箋의 〔武有武節〕

○ 正義曰 : 文과 武는 사람의 재능이다. 이제 經文에서 멋지고 용맹스럽다고 하여 그의 용맹함을 좋아하였으니, 그렇다면 용맹함의 요체에 합치된다. 그리하여 "용맹스러운 절도가 있는 것이다.〔有武節〕"라고 한 것이니, 그가 함부로 용기를 부리지 않은 것을 말

한 것이다.

叔于田三章이니 **章五句**라

〈叔于田〉 3章이니 章마다 5句이다.

大叔于田(태숙우전)

【序】 **大叔于田**은 **刺莊公也**라 **叔多才而好勇**하여 **不義而得衆也**라

〈大叔于田〉은 莊公을 풍자한 시이다.

叔이 재주가 많고 용맹을 좋아하여 의롭지 못하면서 많은 사람의 마음을 얻었다.

【疏】 '大叔于田(三章章十句)'至'得衆' ○ 正義曰：叔負才恃衆, 必爲亂階, 而公不知禁, 故刺之. 經陳其善射御之等, 是多才也, '襢裼暴虎', 是好勇也, '火烈具擧', 是得衆也.

序의 〔大叔于田〕에서 〔得衆〕까지

○ 正義曰：叔이 재주와 무리를 믿어 반드시 난리를 일으킬 계제를 만드는데도 公이 금할 줄을 몰랐다. 그리하여 풍자한 것이다. 經文에서 말한 활을 잘 쏘고 말을 잘 모는 것 등이 '多才'이고, '웃통 벗고 맨손으로 범을 잡은 것〔襢裼暴虎〕'이 '好勇'이며, '늘어선 횃불 일제히 드는 것〔火烈具擧〕'이 '得衆'이다.

(大)[1)]**叔于田**하니 **乘乘馬**로다

1) (大)：저본의 교감기에 따라 衍文으로 처리하였다.

叔이 사냥 가니
네 필 말이 수레 끄네

【傳】 叔之從公田也라 ○ 叔于田이 本或作大叔于田者는 誤라 乘乘은 上如字요 下繩證反이니 後句例爾라

叔이 莊公의 사냥에 따라간 것이다.

○ 叔于田이 '大叔于田'으로 되어 있는 본은 잘못이다. 乘乘은 앞의 글자는 本音(타다)으로 읽고, 뒤의 글자는 繩證의 반절음(네 필)으로 읽으니, 뒤의 句도 이 사례와 같다.

執轡(비)**如組**하니 **兩驂**(참)**如舞**로다

비단 짜듯 부드럽게 고삐 잡으니
두 곁말 춤추는 듯하네

【傳】 驂之與服으로 和諧中節이라

驂馬가 服馬와 함께 어울려 절도에 맞은 것이다.

【箋】 箋云 如組者는 如織組之爲也라 在旁曰驂이라

箋云 : '如組'는 비단을 짜는 것과 같은 것이다. 바깥쪽에 있는 말을 참마라고 한다.

叔在藪(수)하니 **火烈具擧**로다

叔이 늪가에 있으니
늘어선 횃불 일제히 드네

【傳】 藪는 澤이니 禽之府也라 烈은 列이요 具는 俱也라

藪는 澤이니 짐승이 모이는 곳이다. 烈은 '늘어섬'이고, 具는 '함께'이다.

【箋】 箋云 列人이 持火俱擧는 言衆同心이라 ○ 藪는 韓詩云 禽獸居之曰藪라

箋云 : 늘어선 사람들이 횃불을 일제히 든 것은 무리가 같은 마음임을 말한다.

○ 藪는 ≪韓詩≫에 "짐승이 사는 곳을 藪라고 한다."라고 하였다.

襢裼暴(단석포)**虎**하여 **獻于公所**로다

웃통 벗고 맨손으로 범을 잡아

公에게 바치네

【傳】 襢裼은 肉袒(단)也요 暴虎는 空手以搏之라

'襢裼'은 웃옷을 벗어 몸을 드러낸 것이고, '暴虎'는 맨손으로 잡는 것이다.

【箋】 箋云 獻于公所는 進於君也라 ○ 襢은 本又作袒이라

箋云 : '獻于公所'는 군주에게 바치는 것이다.

○ 襢은 袒으로 되어 있는 本도 있다.

將叔無狃(뉴)어다 戒其傷女니라

叔이여 그 일 익히지 마라

그대 몸 상할까 경계하노라

【傳】 狃는 習也라

狃는 '익힘'이다.

【箋】 箋云 狃는 復(부)也라 請叔無復者는 愛也라 ○ 將은 請也라

箋云 : 狃는 '다시'이다. 叔이 다시 하지 말기를 청한 것은 아껴서이다.

○ 將은 '청함'이다.

【疏】 '(大叔)〔叔于〕[1]'至'傷女' ○〔正義曰〕[2] : 毛以爲 "大叔往田獵之時, 乘駕一乘之馬. 叔馬旣良, 叔之御人又善, 執持馬轡如織組. 織組者, 揔紕於此, 成文於彼, 御者, 執轡於手, 馬騁於道, 如織組之爲, 其兩驂之馬與兩服馬和諧, 如人舞者之中於樂節也. 大叔乘馬, 從公田獵, 叔之在於藪澤也, 火有行列, 俱時擧之, 言得衆之心, 故同時擧火. 叔於是襢去裼衣, 空手搏虎, 執之而獻於公之處所, 公見其如是, 恐其更然, 謂之曰'請叔無習此事. 戒愼之, 若復爲之, 其必傷汝矣.'" 言大叔得衆之心, 好勇如此, 必將爲亂, 而公不禁, 故刺之. ○ 鄭唯以狃爲復, 餘同

1) (大叔)〔叔于〕: 저본의 교감기에 따라 '叔于'로 번역하였다.

2)〔正義曰〕: 편찬체제에 따라 보충하여 번역하였다.

經의 〔叔于〕에서 〔傷女〕까지

○ 正義曰 : 毛亨은 "大叔이 사냥을 갈 때 네 마리 말이 끄는 수레를 탔다. 叔의 말이 좋은데 叔의 마부도 훌륭하여 그가 말고삐를 잡는 것이 비단 짜는 것과 같았다. 織組는 여기(베틀)에서 비단을 짜면 저기(비단)에 문채가 이루어지는 것이니, 마부가 손에 고삐를 잡고 있는데 말은 길을 달리는 것이 마치 비단을 짜는 것과 같고, 두 마리 驂馬가 두 마리 服馬와 함께 잘 어울리는 것이 마치 춤추는 자가 음악의 곡조에 잘 맞는 것과 같았다. 大叔이 말을 타고 公을 따라 사냥하였는데 叔이 늪에 있자 동시에 행렬을 이루어 횃불을 들었으니, 무리의 마음을 얻었기 때문에 동시에 횃불을 든 것이라고 한 것이다. 叔이 이때에 웃옷을 벗고 맨손으로 범을 잡아 公의 처소에 바치니 公이 이와 같음을 보고 다시 그렇게 할까 걱정하여 '叔이여 다시 이러한 일을 익히지 마라. 조심하라. 만약 다시 한다면 반드시 그대 몸이 상할 것이다.' 하였다."라고 여겼으니, 이는 大叔이 무리의 마음을 얻고 용맹을 좋아함이 이와 같아 반드시 난을 일으킬 것인데도 公이 금하지 않았기 때문에 풍자한 것이라고 한 것이다.

○ 鄭玄은 狃만 '復(다시)'로 여겼고, 나머지는 같다.

【疏】 傳'叔之從公田' ○ 正義曰 : 下云"襢裼暴虎, 獻于公所." 明公亦與之俱田, 故知從公田也.

傳의 〔叔之從公田〕

○ 正義曰 : 아래 經文에서 "웃통 벗고 맨손으로 범을 잡아 公의 처소에 바치네.〔襢裼暴虎 獻于公所〕"라고 하였으니, 분명 公도 大叔과 함께 사냥한 것이다. 그리하여 '공을 따라 사냥 간 것〔從公田〕'임을 안 것이다.

【疏】 傳'驂之'至'中節' ○ 正義曰 : 此經止云兩驂, 不言兩服, 知'驂與服和諧中節'者, 以下二章於此二句, 皆說兩服・兩驂, 則知此經所云, 亦摠驂・服. 但馬之中節, 亦由御善, 以其篇之首先云御者之良. 旣言"執轡如組", 不可更言兩服, 理則有之, 故知'如舞'之言, 兼言服亦中節也. 此二句言叔之所乘, 馬良御善耳, 非大叔親自御之. 下言"又良御忌", 乃云叔身善御.

傳의 〔驂之〕에서 〔中節〕까지

○ 正義曰 : 이 經文에서는 '兩驂'만을 말하고 '兩服'은 말하지 않았는데도 〈傳에서〉 驂馬가 服馬와 잘 어울려 절도에 알맞음을 안 것은, 아래 두 章에서 〈1章의〉 이 두 句에 해당하는 구에서 모두 '양복'과 '양참'을 말했으니, 그렇다면 이 경문에서 말한 것도 참마와 복마를 포함하여 말한 것임을 알 수 있기 때문이다. 다만 말이 절도에 맞는 것은 역시 마부가 잘 모는 것 때문이니 篇의 첫 머리에서 먼저 마부의 훌륭함을 말한 것이다. "執轡如組"라고 했으니 다시 양복을 말하기는 불가하지만 이치로 보면 있는 것이다. 그리하여 '如舞'라고 한 말이 복마도 절도에 알맞음을 아울러 말한 것임을 안 것이다.

이 두 구는 叔의 수레에 말이 좋고 마부가 훌륭한 것을 말한 것이지, 大叔이 직접 말을 몬 것은 아니다. 아래 경문에서 말한 "말도 잘 몰아〔又良御忌〕"가 바로 叔이 직접 말을 잘 몬 것을 말한 것이다.

【疏】 傳'藪澤'至'具俱' ○ 正義曰 : 地官序[1]澤虞云 "每大澤·大藪, 小澤·小藪."[2] 注云 "澤, 水所鍾, 水希曰藪." 然(則)〔澤〕[3]藪非一, 而此云'藪澤'者, 以藪澤俱是曠野之地, 但有水無水異其名耳. 地官藪澤共立澤虞掌之, 夏官職方氏每州云"其澤藪曰'某'."[4] 明某是一也. 釋地說十藪云 "鄭有圃田." 此言'在藪', 蓋在圃田也. 此言'府'者, 貨之所藏謂之府, 藪澤亦禽獸之所藏, 故云"禽之府." 爛熟謂之烈, 火烈嫌爲火猛, 此無取爛義, 故轉烈爲列, 言火有行列也. 火有行列, 由布列人使持之, 故箋申之云"列人持火." 此爲宵田, 故持火炤之. 具, 備, 卽偕俱之義, 故爲俱也.

1) 序 : ≪周禮≫의 여섯 편에서 여섯 관직이 통솔하는 관원의 수와 담당 업무, 관할 지역을 편의 맨 앞에 적었는데, 이를 '序' 또는 '序官'이라고 한다.

2) 每大澤……小藪 : 澤과 藪가 명칭은 다르나 하나의 관직〔澤虞〕이 관리하여 실제 같은 것임을 설명하기 위해 인용한 것이다. ≪주례≫ 〈地官 司徒 序官 澤虞〉에 "每 大澤大藪는 中士 4명, 下士 8명, 府人 2명, 史人 4명, 胥人 8명, 徒人 80명이고, 中澤中藪는 中川의 관원 수와 같고, 小澤小藪는 小川의 관원 수와 같다.〔每大澤大藪 中士四人 下士八人 府二人 史四人 胥八人 徒八十人 中澤中藪 如中川之衡 小澤小藪 如小川之衡〕"라고 하였다.

3) (則)〔澤〕 : 저본의 교감기에 따라 '澤'으로 번역하였다.

4) 其澤藪曰某 : ≪주례≫ 〈夏官 職方氏〉에서 每州를 설명하면서 "그 州의 澤藪는 무엇이라고 부른다."라고 한 것을 말한다. 예컨대 "正南을 荊州라고 부르는데 그 山鎭은 衡山이라고 하고, 그 澤藪는 雲瞢(몽)이라고 한다.〔正南曰荊州 其山鎭曰衡山 其澤藪曰雲瞢〕"라

고 한 것이다.

傳의 〔藪澤〕에서 〔具俱〕까지

○ 正義曰 : ≪周禮≫ 〈地官 司徒〉의 序官에서 澤虞에 대하여 “每 大澤·大藪와 小澤·小藪”라고 하였는데, 注에서 “澤은 물이 모이는 곳이고, 물이 적은 곳을 藪라고 한다.”라고 하였다. 그러나 澤과 藪는 같은 것이 아니다. 그런데 여기서 “藪는 澤이다.”이라고 한 것은, 藪와 澤이 모두 비어있는 넓은 들판으로, 다만 물이 있고 없는 것에 따라 명칭을 달리 한 것이기 때문이다. ≪주례≫ 〈지관 사도〉에는 藪와 澤에 모두 澤虞를 두어 관장하게 하였고, ≪주례≫ 〈夏官 職方氏〉에는 매 州에 “澤藪는 ‘某’이다.”라고 하였으니, 분명 某는 〈澤과 藪가〉 같은 것이다. ≪爾雅≫ 〈釋地〉에서 十藪를 말하면서 “鄭나라에 圃田이 있다.”라고 하였으니, 여기서 말한 ‘在藪’는 아마도 포전에 있었다는 것이다. 여기서 말한 ‘府’는, 財貨를 보관해두는 곳을 府라고 하는데, 藪와 澤도 禽獸가 모이는 곳이므로 “짐승이 모이는 곳이다.〔禽之府〕”라고 한 것이다.

爛熟함을 烈이라고 하니 ‘火烈’을 불길이 맹렬한 것으로 의심할 수 있기에 여기서는 爛의 뜻을 취하지 않았다. 그리하여 烈을 列로 바꾸었으니 횃불이 행렬을 이룸을 말한 것이다. 횃불이 행렬을 이룬 것은 사람들을 줄로 세워 횃불을 들게 했기 때문이다. 그리하여 箋에서 그것을 밝혀 “늘어선 사람이 횃불을 가지고〔列人持火〕”라고 한 것이다. 이는 밤에 사냥한 것이므로 횃불을 들어 비춘 것이다. 具는 갖춤이니 바로 함께 갖춘다는 뜻이다. 그리하여 ‘俱’라고 한 것이다.

【疏】 傳‘襢裼’至‘搏之’ ○正義曰 : ‘襢裼肉袒’, 釋訓文, 李巡曰 “襢裼, 脫衣見體曰肉袒.” 孫炎曰 “袒, 去裼衣.” 釋訓又云 “暴虎, 徒搏也.” 舍人曰 “無兵, 空手搏之.”

傳의 〔襢裼〕에서 〔搏之〕까지

○ 正義曰 : ‘襢裼肉袒’은 ≪爾雅≫ 〈釋訓〉의 글이니, 李巡은 “襢裼은 윗옷을 벗어 몸을 드러내는 것이니 肉袒이라 한다.”라고 하고, 孫炎은 “袒은 裼衣를 벗는 것이다.”라고 하였다. 〈석훈〉에 또 “暴虎는 맨손으로 잡는 것이다.”라고 하였는데, 舍人은 “무기 없이 맨손으로 잡는 것이다.”라고 하였다.

【疏】 傳‘狃習’ ○ 正義曰 : 釋言云 “狃, 復(부)也.” 孫炎曰 “狃, (伏)〔忕(세)〕[1], 前事復爲

也." 復亦貫習之意, 故傳以狃爲習也. 箋以爾雅正訓, 故以爲復.

1) (伏)〔忕(세)〕: 저본의 교감기에 따라 '忕'로 번역하였다.

傳의 〔狃習〕

○ 正義曰 : ≪爾雅≫ 〈釋言〉에 "狃는 復이다."라고 하였는데, 孫炎은 "狃는 익숙함이니, 이전의 일을 다시 하는 것이다."라고 하였으니, 復도 익숙함의 뜻이다. 그리하여 傳은 狃를 '習'으로 여긴 것이고, 箋은 ≪이아≫를 옳은 풀이라고 여겼으므로 '復'라고 한 것이다.

叔于田하니 乘乘黃이로다

叔이 사냥 가니
네 필 黃馬가 수레 끄네

【傳】 四馬皆黃이라

네 마리 말이 모두 황색이다.

兩服上襄하고 兩驂雁行이로다

두 필 服馬 멍에 얹고
두 필 驂馬는 기러기처럼 따르네

【箋】 箋云 兩服은 中央夾轅者요 襄은 駕也니 上駕者는 言爲衆馬之最良也라 雁行者는 言與中服相次序라 ○ 上襄은 竝如字라

箋云 : '兩服'은 중앙의 끌채에 매여 있는 말이고, 襄은 멍에이니, 멍에를 얹은 말은 여러 말 중에서 가장 뛰어난 말임을 말한다. '雁行'은 중앙의 服馬와 함께 차례 있게 가는 것을 말한다.

○ 上과 襄은 모두 本音으로 읽는다.

叔在藪하니 火烈具揚이로다

叔이 늪가에 있으니
늘어선 횃불 일제히 빛나네

【傳】 揚은 揚光也라

揚은 '빛남'이다.

叔善射忌며 又良御忌라

叔은 활도 명사수이고
말도 잘 몰아

【傳】 忌는 辭也라

忌는 어조사이다.

【箋】 箋云 良亦善也라 忌는 讀如彼己之子[1]之己라 ○ 忌는 注作己니 同音記라 下皆同이라

1) 彼己之子 : ≪毛詩≫에는 모두 '彼其之子'로 되어 있다. 다만 〈國風 揚之水〉의 箋에 "'其'는 '記'로도 되어 있고 '己'로도 되어 있으니, 음이 서로 같다.〔其或作記 或作己 讀聲相似〕" 하였다.

箋云 : 良도 善이다. 忌는 '彼己之子'의 '己'와 같이 읽는다.

○ 忌는 注에는 '己'로 되어 있으니, 音이 記와 같다. 아래도 모두 같다.

抑[1]磬(경)控忌며 抑縱送忌로다

1) 抑 : '亦然'의 뜻으로, 위에서 한 말을 거듭 설명하기 위해 쓴 것이다.

말 잘 달리고 잘 멈추며
활 잘 쏘고 짐승 잘 쫓네

【傳】 騁馬曰磬이요 止馬曰控이라 發矢曰縱이요 從禽曰送이라

말을 달리는 것을 '磬'이라고 하고, 말을 멈추는 것을 '控'이라고 한다. 화살을 쏘는 것

을 '縱'이라고 하고, 짐승을 쫓는 것을 '送'이라고 한다.

【疏】'叔于'至'送忌' ○ 正義曰：言叔之往田也，乘一乘之黃馬，在內兩服者，馬之上駕也，在外兩驂，與服馬，如雁之行相次序也．叔乘此四馬，從公田獵，叔之在於藪澤也，火有行列，俱時揚之．叔有多才，既善射矣，又善御矣，抑者，此叔能磬騁馬矣，又能控止馬矣，言欲疾則走，欲止則(往)〔住〕[1]．抑者，此叔能縱矢以射禽矣，又能縱送以逐禽矣，言發則能中，逐則能及，是叔之善御善射也．叔既得衆，多才如是，必將爲亂，而公不禁，故刺之．

1) (往)〔住〕: 저본의 교감기에 따라 '住'로 번역하였다.

經의 〔叔于〕에서 〔送忌〕까지

○ 正義曰 : '叔이 사냥 갈 때에 네 필 황색 말이 끄는 수레를 탔는데, 안쪽에 있는 두 服馬는 위에 멍에를 얹고, 바깥에 있는 두 驂馬는 服馬와 함께 기러기가 날아가듯 서로 차례가 있었다. 叔이 이 네 필 말이 끄는 수레를 타고 公을 따라 사냥할 때에 叔이 늪가에 있자 횃불이 행렬을 이루어 동시에 빛났다. 叔이 재주가 많아 활을 잘 쏘고 말도 잘 몰았으니, 말하자면 이 叔은 말을 잘 달라게 하고 말을 잘 멈추게도 하였으니 빨리 달리고자 하면 달리고 멈추고자 하면 멈추게 한 것을 말한 것이고, 말하자면 이 叔이 화살을 쏘아 짐승을 잘 잡고 또 말을 달려 짐승을 잘 쫓았으니 활을 쏘면 적중하고 짐승을 쫓으면 따라잡을 수 있음을 말한 것이다. 이것이 叔이 말을 잘 몰고 활을 잘 쏘는 것이다.'라는 말이다. 叔이 무리의 마음을 얻고 재주 많음이 이와 같아 반드시 난을 일으킬 것인데도 公이 금할 줄을 몰랐다. 그리하여 풍자한 것이다.

【疏】箋'兩服'至'次序' ○ 正義曰：小戎云"騏駵(류)是中，騧(와)驪是驂．" 驂・中對文，則驂在外．外者爲驂，則知內者爲服，故言"兩服中央夾轅者"也．'襄駕'，釋言文．馬之上者，謂之上駕，故知上駕者，言衆馬之最上也．曲禮注云"雁行者，與之竝差退．" 此四馬同駕，其兩服則齊首，兩驂與服馬雁行，其首不齊，故左傳云"如驂之有靳(근)．"[1]

1) 如驂之有靳(근) : ≪春秋左氏傳≫에는 '如驂之靳'으로 되어 있다. 이에 대해 杜預는 "靳은 수레의 가운데서 수레를 끄는 말이니 마치 驂馬가 靳(服馬)을 따르는 것과 같다는 것이다.〔如驂馬之隨靳也〕"라고 하였다.

箋의 〔兩服〕에서 〔次序〕까지

○ 正義曰 : 〈秦風 小戎〉에 "騏馬·騮馬는 가운데 서고, 騧馬·驪馬는 驂馬이네."라고 하였으니, 驂과 中은 상대로 쓴 것이니 그렇다면 참마가 바깥에 있는 것이다. 바깥에 있는 말이 참마이면 안에 있는 말은 服馬임을 알 수 있다. 그리하여 "兩服은 중앙의 끌채에 매여 있는 말이다.〔兩服 中央夾轅者〕"라고 한 것이다.

'襄駕'는 ≪爾雅≫ 〈釋言〉의 글이다. 상등의 말을 '上駕'라고 한다. 그리하여 上駕가 많은 말 중에 가장 좋은 말을 말함을 안 것이다.

≪禮記≫ 〈曲禮〉의 注에서 "雁行은 함께 나란히 가되 조금 뒤에 떨어져 가는 것이다."라고 하였으니, 이는 네 필 말이 함께 수레를 끌 때에 두 복마는 머리를 나란히 하고 두 참마는 복마와 기러기떼가 나는 듯하여 머리가 〈복마와〉 나란하지 않은 것이다. 그리하여 ≪春秋左氏傳≫ 定公 9년에 "참마가 복마를 따르는 것과 같다."라고 한 것이다.

【疏】 傳'揚揚光' ○ 正義曰 : 言擧火而揚其光耳, 非訓揚爲光也.

傳의 〔揚 揚光〕

○ 正義曰 : 횃불을 들어 그 불빛이 빛남을 말한 것이지, '揚'을 '빛'이라고 풀이한 것이은 아니다.

【疏】 傳'騁馬'至'曰送' ○ 正義曰 : 此無正文, 以文承射御之下, 申說射御之事. 馬之進退, 唯騁止而已, 故知騁馬曰磬, 止馬曰控. 今止馬猶謂之控, 是古遺語也. 縱謂放縱, 故知發矢, 送謂逐後, 故知從禽.

傳의 〔騁馬〕에서 〔曰送〕까지

○ 正義曰 : 이 글은 正文(經文)에 없으나 글이 활쏘기와 말 모는 것 다음에 이어졌기 때문에 거듭 활 쏘고 말 모는 일로 풀이한 것이다. 말이 나가고 물러섬은 달리고 그치는 것일 뿐이다. 그리하여 '騁馬曰磬'과 '止馬曰控'을 안 것이다. 지금도 '止馬'를 여전히 '控'이라고 하는데, 이는 예부터 전해오는 말이다. '縱'은 '놓아줌'을 말한다. 그리하여 '發矢'임을 안 것이다. '送'은 뒤를 쫓음을 말한다. 그리하여 '從禽'임을 안 것이다.

叔于田하니 乘乘鴇(보)로다

叔이 사냥 가니
네 필 오총이 수레를 끄네

【傳】驪白雜毛曰鴇라 ○ 鴇는 依字면 作駂(보)라

검은 색과 흰색 털이 섞인 말을 '鴇'라고 한다.
○ 鴇는 본래 글자의 뜻에 따르면 駂로 쓴 것이다.

兩服齊首요

두 필 服馬 나란히 달리고

【傳】馬首齊也라

말의 머리가 나란한 것이다.

兩驂如手로다

두 필 驂馬 마부 손놀림 따르네

【傳】進止如御者之手라

나가고 멈춤이 마부의 손놀림을 따른 것이다.

【箋】箋云 如人左右手之相佐助也라

箋云 : 사람의 좌우 손이 서로 돕는 것과 같다.

叔在藪하니 火烈具阜(부)로다

叔이 늪가에 있으니
횃불 일제히 타오르네

【傳】阜는 盛也라

阜는 '왕성함'이다.

叔馬慢忌며 叔發罕忌하니

叔의 말 걸음 느려지고
叔의 활쏘기 뜸해지니

【傳】 慢은 遲요 罕은 希也라

慢은 '느림'이고, 罕은 '드묾'이다.

【箋】 箋云 田事且畢이면 則其馬行遲하고 發矢希라

箋云 : 사냥이 끝나가면 말은 천천히 가고, 화살은 드물게 쏜다.

抑釋掤(빙)忌며 抑鬯(창)弓忌로다

화살통 풀어 덮개 덮고
활집에 활을 넣네

【傳】 掤은 所以覆(부)矢요 鬯弓은 弢(도)弓이라

掤은 화살을 덮는 것이고, 鬯弓은 활을 넣는 것이다.

【箋】 箋云 射者蓋矢弢弓이니 言田事畢이라 ○ 掤은 所以覆矢也니 馬云 櫝(독)丸蓋也라하고 杜預云 櫝丸은 箭筩(용)也라하니라

箋云 : 활 쏘는 자가 화살통을 덮고 활을 활집에 넣은 것이니, 사냥이 끝남을 말한 것이다.

○ 掤은 화살통을 덮는 것이니, 馬融은 "櫝丸(화살통)의 덮개이다."라고 하고, 杜預는 "櫝丸은 화살통이다."라고 하였다.

【疏】 '叔于'至'弓忌' ○〔正義曰〕[1] : 毛以爲 "叔往田獵之時, 乘一乘之鴇馬, 其內兩服則齊其頭首, 其外兩驂, 進止如御者之手. 乘此車馬, 從公田獵, 叔之在於藪也, 火有行列, 其光俱盛. 及田之將罷, 叔之馬旣遲矣, 叔發矢又希矣. 及其田畢, 抑者叔釋掤以覆矢矣, 抑者叔執韔以弢弓矣." 旣美叔之多才, 遂終說其田之事. ○ 鄭唯'如手'如人手相助爲異, 餘同, 以'如'者比諸外物, 故易傳.

1) 〔正義曰〕: 편찬체제에 따라 보충하여 번역하였다.

經의 〔叔于〕에서 〔弓忌〕까지

○ 正義曰 : 毛亨은 "叔이 사냥 갈 때에 네 필 오총마가 끄는 수레를 탔는데 안쪽의 두 服馬는 머리를 나란히 하고 바깥의 두 驂馬는 달리고 멈춤이 마부의 손놀림을 따랐다. 이 수레를 타고 公을 따라 사냥할 적에 叔이 늪가에 있자 횃불이 행렬을 이루어 그 빛이 일제히 빛났다. 사냥이 끝나갈 적에는 叔이 말을 천천히 몰고 叔이 화살도 드물게 쏘았다. 사냥을 마치고서는 말하자면 叔이 화살통을 풀어 화살을 덮고, 말하자면 叔이 활집을 잡아 활을 넣었다."라고 여겼으니, 이는 叔의 재주 많음을 찬미하고서 마침내 사냥의 일을 끝에 말한 것이다.

○ 鄭玄은 '如手'만 사람의 〈좌우〉 손이 서로 도와주는 것과 같다고 다르게 여겼으며, 나머지는 〈毛亨의 뜻과〉 같은데, '如'자를 外物에 비유한 것으로 여겼다. 그리하여 傳과 다르게 풀이한 것이다.

【疏】 傳'驪白雜毛曰鴇' ○ 正義曰 : 釋畜文, 郭璞曰 "今呼之爲烏驄."

傳의 〔驪白雜毛曰鴇〕

○ 正義曰 : ≪爾雅≫ 〈釋畜〉의 글인데, 郭璞은 "지금은 '오총이'라고 부른다."라고 하였다.

【疏】 傳'慢遲罕希' ○ 正義曰 : 以惰慢者, 必遲緩, 故慢爲遲也, 釋詁云 "希, 罕也." 是罕爲希也.

傳의 〔慢遲 罕希〕

○ 正義曰 : 태만한 사람은 반드시 느리다. 그리하여 '慢'을 '遲'라고 한 것이다. ≪爾雅≫ 〈釋詁〉에 "希는 罕이다."라고 하였으니, 이것이 '罕'이 '希'가 되는 것이다.

【疏】 傳'掤所'至'弢弓' ○ 正義曰 : 昭二十五年左傳云 "公徒執氷而踞." 字雖異, 音義同.

服虔云 "氷, 櫝丸蓋." 杜預云 "或說櫝丸是箭筩, 其蓋可以取飮." 先儒相傳掤爲覆矢之物, 且下句言鬯弓, 明上句言覆矢可知矣, 故云"掤, 所以覆矢." 鬯者, 盛弓之器, '鬯弓', 謂弢弓而納之鬯中, 故云"鬯弓, 弢弓." 謂藏之也.

傳의 〔掤所〕에서 〔弢弓〕까지

○ 正義曰 : ≪春秋左氏傳≫ 昭公 25년에 "昭公의 무리가 화살통 뚜껑을 잡고서 걸터앉고 있었다.〔公徒執氷而踞〕"라고 하였으니, 〈掤과 氷이〉 글자는 다르지만 음과 뜻은 같다. 服虔은 "氷은 櫝丸의 뚜껑이다."라고 하고, 杜預는 "혹자는 '櫝丸은 화살통이니, 그 뚜껑으로 마실 수 있다.'라고 하였다."라고 하였다. 先儒들이 서로 전하여 '掤'을 화살을 덮는 물건으로 풀이하였고, 또 아래 句에서 '鬯弓'을 말하였으니, 분명 위 句는 화살을 덮는 것을 말함을 알 수 있다. 그리하여 "掤은 화살을 덮는 것이다.〔掤 所以覆矢〕"라고 한 것이다. '鬯'은 활을 담는 기구이니, '鬯弓'은 활을 넣되 활집 안에 넣는 것이다. 그리하여 "鬯弓은 활을 넣는 것이다.〔鬯弓 弢弓〕"라고 한 것이니, 보관함을 말한다.

大叔于田三章이니 **章十句**라

〈大叔于田〉 3章이니 章마다 10句이다.

淸人(청인)

【序】 **淸人**은 **刺文公也**라 **高克**이 **好利而不顧其君**하니 **文公**이 **惡**(오)**而欲遠之**나 **不能**하여 **使高克**으로 **將兵而禦狄于竟**하니 **陳其師旅**하고 **翺翔**(고상)**河上**이라 **久而不召**하니 **衆散而歸**하고 **高克奔陳**이라 **公子素**는 **惡高克進之不以禮**하고 **文公退之不以道**하니 **危國亡師之本**이라 **故作是詩也**라

〈淸人〉은 文公을 풍자한 시이다.

高克이 이익을 좋아하고 군주를 돌보지 않으니, 文公이 미워하여 멀리하고자 하였으나 그렇게 하지 못하여 고극으로 하여금 군사를 거느리고 국경에서 狄人을 방어하게 하니, 군사들을 진열해놓고 河水 가에서 하는 일 없이 말달리며 놀았다. 오래되었는데도

〈文公이〉 부르지 않자 군사들은 흩어져 돌아가고 고극은 陳나라로 달아났다. 公子 素가 고극은 나아가서는 禮로써 〈군주를 섬기지〉 않았고, 문공은 바른 道로 내치치 못함을 미워하였다. 〈이는〉 나라를 위태롭게 하고 군사를 잃는 근본이다. 그리하여 이 詩를 지은 것이다.

【箋】 好利不顧其君은 注心於利也요 禦狄于竟은 時狄侵衛라 ○ 克은 一本作剋이라

'好利不顧其君'은 마음이 이익에 쏠려 있는 것이고, '禦狄于竟'은 당시에 狄人이 衛나라를 침입했기 때문이다.

○ 克은 다른 本에는 '剋'으로 되어 있다.

【疏】 '淸人(三章章四句)'至'是詩' ○ 正義曰 : 作淸人詩者, 刺文公也. 文公之時, 臣有高克者, 志好財利, 見利則爲, 而不顧其君. 文公惡其如是, 而欲遠離之, 而君弱臣强, 又不能以理廢退. 適値有狄侵衛, 鄭與衛隣國, 恐其來侵, 文公乃使高克將兵禦狄於竟. 狄人雖去, 高克未還, 乃陳其師旅, 翺翔於河上. 日月經久, 而文公不召, 軍衆自散而歸, 高克懼而奔陳. 文公有臣鄭之公子名素者, 惡此高克進之事君不以禮也, 又惡此文公退之逐臣不以道, 高克若擁兵作亂則是危國, 若將衆出奔則是亡師. 公子素謂文公爲此, 乃是危國亡師之本, 故作是淸人之詩以刺之. 經三章唯言'陳其師旅翺翔河上'之事耳, 序則具說'翺翔'所由. 作詩之意, 二句以外, 皆於經無所當也.

序의 〔淸人〕에서 〔是詩〕까지

○ 正義曰 : 〈淸人〉 시를 지은 것은, 文公을 풍자한 것이다.

文公 때에 신하 중에 高克이라는 자가 있었는데 재물과 이익을 좋아하는 데 뜻을 두어 이로운 것을 보면 행하고 군주는 돌보지 아니하였다. 문공이 이와 같음을 미워하여 멀리 내치고자 하였으나, 군주의 힘은 약하고 신하의 힘은 강하였으며, 또 도리를 들어 내치지도 못하였다.

마침 狄人이 衛나라를 침범하였는데 鄭나라는 위나라와 이웃나라여서 〈정나라에〉 침범해올까 걱정되어 문공이 고극으로 하여금 군사를 거느리고 국경에서 狄人을 방어하게 하였다. 狄人이 물러갔는데도 고극은 돌아오지 못하자, 군사들을 진열해놓기만 하고 河水 가에서 하는 일 없이 말달리며 놀았다. 세월이 오래 되었는데도 문공이 부르지 않자

군사들은 스스로 흩어져 돌아가고 고극은 두려워 陳나라로 달아났다.

문공에게 鄭나라 公子인 素라는 신하가 있었는데, 고극이 나아가서 禮로 군주를 섬기지 않음을 미워하고, 또 문공이 신하를 물러나게 함에 바른 道로 내치지 못함을 미워하였으니, 고극이 만약 군사를 이끌고 亂을 일으킨다면 이는 나라를 위태롭게 하는 것이고, 만약 군사를 거느리고 도망간다면 이는 군사를 잃는 것이다. 공자 소가 문공이 이렇게 함이 곧 나라를 위태롭게 하고 군사를 잃는 근본이라고 여겼다. 그리하여 이 〈청인〉 시를 지어 풍자한 것이다.

經文의 세 章은 '군사들을 진열해놓고 河水 가에서 하는 일 없이 말달리며 놀았다.〔陳其師旅 翺翔河上〕'는 일만을 말하였는데, 序에서 '하는 일 없이 말달리며 논〔翺翔〕' 까닭을 갖추어 말하였다. 그러나 詩를 지은 뜻은 두 句 외에는 모두 經文에는 해당되는 곳이 없다.

【疏】 箋'好利'至'侵衛' ○ 正義曰：春秋閔公二年冬十二月 "狄入衛. 鄭棄其師." 左傳曰 "鄭人惡高克, 使帥(솔)師次於河上, 久而不召, 師潰而歸, 高克奔陳. 鄭人爲之賦淸人." 是於時有狄侵衛也. 衛在河北, 鄭在河南, 恐其渡河侵鄭, 故使高克將兵於河上禦之.

箋의 〔好利〕에서 〔侵衛〕까지

○ 正義曰：≪春秋≫ 閔公 2년 冬 12월에 "狄人이 衛나라에 들어왔다. 鄭나라가 군대를 버렸다."라고 하였는데, ≪春秋左氏傳≫에서 "鄭人이 高克을 미워하여 군대를 거느리고 河水 가에 주둔하게 하였는데, 오랫동안 부르지 않자 군사들은 흩어져 돌아가고 고극은 陳나라로 달아났다. 정나라 사람이 이 때문에 〈淸人〉 시를 지었다."라고 하였으니, 이는 당시에 狄人이 위나라를 침범함이 있었던 것이다. 위나라는 하수 북쪽에 있고, 정나라는 하수 남쪽에 있으니 하수를 건너 정나라를 침범할까 걱정되었다. 그리하여 고극으로 하여금 군대를 거느리고 하수 가에서 방어하게 한 것이다.

【疏】 春秋經書'入衛', 而箋言'侵'者, 狄人初實侵衛, 衛人與戰而敗, 後遂入之. 此據其初侵, 故言侵也. 案襄十九年, "晉侯使士匄(개)侵齊, 聞齊侯卒乃還." 左傳稱爲'禮也', 公羊傳亦云 "大夫以君命出, 進退在大夫." 然則高克禮當自還, 不須待召, 而文公不召, 久留河上者, 其戰伐進退, 自由將帥, 若罷兵還國, 必須君命, 故不召不得歸也. 傳善士匄不伐喪耳, 其得反國, 亦當晉侯有命, 故善之.

≪春秋≫의 經文에는 '入衛'라고 쓰여 있는데, 箋에서 '侵'이라고 한 것은, 狄人이 처음에 실제로 衛나라를 침범〔侵〕하니 위나라 사람들이 싸워 패퇴시켰는데 뒤에 마침내 衛나라를 침입〔入〕하였으니, 이는 처음 침범〔侵〕한 일에 근거하였기 때문이다. 그리하여 '侵'이라 한 것이다.

≪춘추≫ 襄公 19년을 살펴보면 "晉侯가 士匄로 하여금 齊나라를 침범하게 하였는데 齊侯가 죽었다는 말을 듣고 곧바로 돌아갔다."라고 하였는데, ≪春秋左氏傳≫에 '禮에 맞다.'라고 하고, ≪春秋公羊傳≫에도 "大夫는 군주의 命으로 〈전쟁에〉 나가지만 〈전쟁에서〉 진격하고 퇴각함은 대부에게 달려 있다."라고 하였으니, 그렇다면 高克은 예에 응당 스스로 돌아와야 하고 부르기를 기다릴 필요가 없다. 그런데 文公이 부르지 않자 오래도록 河水 가에 머문 것은, 전쟁에서 진격하고 퇴각하는 것은 본디 장수에게 달려 있지만 罷兵하고 還國하는 것은 반드시 군주의 命을 기다려야 한다. 그리하여 부르지 않아 돌아갈 수 없었던 것이다. ≪춘추좌씨전≫은 사개가 喪을 당한 〈齊나라를〉 정벌하지 않은 것을 옳게 여겼을 뿐이니, 그가 나라로 돌아갈 수 있었던 것은 또한 당연히 진후의 명이 있어서일 것이다. 그리하여 옳게 여긴 것이다.

淸人在彭(방)하니 駟介旁旁이로다

淸邑 사람 彭 땅에 있으니
갑옷 입힌 네 필 말 하염없이 달리네

【傳】 淸은 邑也라 彭은 衛之河上이요 鄭之郊也라 介는 甲也라

淸은 邑이다. 彭은 衛나라 河水 가이고, 鄭나라 郊이다. 介는 갑옷이다.

【箋】 箋云 淸者는 高克所帥(솔)衆之邑也라 駟는 四馬也라 ○ 旁은 王云 彊也라 駟四馬也는 一本駟介四馬也라

箋云 : 淸은 高克이 군사를 거느린 邑이다. 駟는 네 필 말이다.

○ 旁은 王肅은 "굳셈이다"라고 하였다. '駟四馬也'는 다른 本에는 '駟介四馬也'로 되어 있다.

二矛重英하고 河上乎翶翔이로다

두 종류의 창에 붉은 장식 달고

河水 가에서 하는 일 없이 노니네

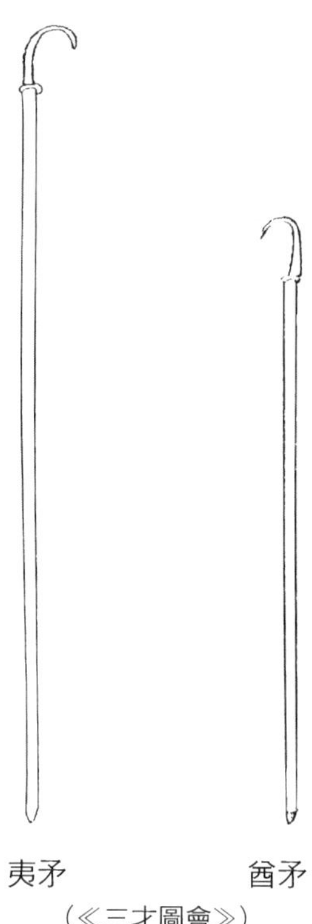

(≪三才圖會≫)

【傳】 重英은 矛有英飾也라

重英은 창에 〈붉은〉 장식이 있는 것이다.

【箋】 箋云 二矛는 酋(추)矛와 夷矛也니 各有畫飾이라 ○ 矛는 方言云 矛는 吳揚江淮南楚五湖之間에는 謂之鍦(이)하고 或謂之鋋(연)하고 或謂之鏦(종)하며 其柄謂之矜이라하니라

箋云 : 二矛는 酋矛와 夷矛이니, 각각 그림 장식이 있다.

○ 矛는 ≪方言≫에 "矛는 吳·揚·江淮·南楚·五湖의 사이에서는 '鍦'라고 하고, '鋋'이라고도 하고, '鏦'이라고도 하며, 그 자루를 '矜'이라고 한다."라고 하였다.

【疏】 '淸人'至'翶翔' ○ 正義曰 : 言高克所率淸邑之人, 今在於彭地. 狄人以去, 無所防禦, 高克乃使四馬被〔甲〕[1], 馳驅敖遊, 旁旁然不息, 其車之上, 建二種之矛, 重有英飾, 河水之上, 於是翶翔, 言其不復有事, 可召之使還, 而文公不召, 故刺之.

1) 〔甲〕 : 저본의 교감기에 따라 보충하여 번역하였다.

經의 〔淸人〕에서 〔翶翔〕까지

○ 正義曰 : '高克이 거느린 淸邑 사람들이 지금 彭 땅에 있으니, 狄人이 물러가서 방어할 것이 없는데도 高克이 네 필 말에 갑옷을 입혀서 내달리고 마음껏 노니는 것을 그치지 않았으며, 수레 위에 두 종류의 창을 세웠는데 창 위에 붉은 장식을 달고 河水 가에서 하는 일 없이 놀았음'을 말한다. 이는 그가 다시 할일이 없음을 말하니, 불러 돌아오게 해야 하는데도 文公이 부르지 않았다. 그리하여 풍자한 것이다.

【疏】 傳'淸邑'至'介甲' ○ 正義曰 : 序言高克將兵, 則淸人是所將之人, 故知淸是鄭邑. 言'禦狄于竟', 明在鄭·衛境上, 言'翶翔河上', 是營軍近河, 而衛境亦至河南, 故云"衛之河上, 鄭之郊也". 郊, 謂二國郊境, 非近郊・遠郊[1]也. 碩鼠云"適彼樂郊." 亦摠謂境爲郊也. 下言消・軸, 傳皆以爲河上之地, 蓋久不得歸, 師有遷移, 三地亦應不甚相遠, 故俱於河上. 介, 是甲之別名, 故云"介, 甲也." 北山傳云"旁旁然不得已." 則此言旁旁亦爲不得已之義, 與下麃麃爲武貌, 陶陶爲驅馳之貌, 互相見也.

1) 近郊 遠郊 : ≪周禮≫ 〈地官 載師〉 鄭玄의 注에서 도성 밖의 50리 안쪽 지역을 '近郊'라고 하고, 100리 안쪽 지역을 '遠郊'라고 하였다.

傳의 〔淸邑〕에서 〔介甲〕까지

○ 正義曰 : 序에서 高克이 군사를 거느렸음을 말하였으니, 그렇다면 淸人은 〈고극이〉 거느린 사람들이다. 그리하여 淸이 鄭나라의 邑임을 안 것이다. '禦狄於竟'이라고 하였으니 분명 정나라와 衛나라의 국경에 있는 것이고, '翶翔河上'이라고 하였으니 이는 河水 가까이에 군대가 주둔한 것이고, 위나라 국경도 하수 남쪽에 이르므로 "위나라 하수 가이고 정나라 교이다.〔衛之河上 鄭之郊也〕"라고 한 것이다. '郊'는 두 나라의 국경〔郊境〕을 말하니 近郊와 遠郊가 아니다. 〈魏風 碩鼠〉에 "저 좋은 국경으로 가려네.〔適彼樂郊〕"라고 하였으니, 또한 총괄하여 국경을 郊라고 한 것이다. 아래에서 말한 '消'와 '軸'을 傳에서는 모두 하수 가로 여겼으니, 아마도 오래도록 돌아가지 못하여 군사들을 이동하였을 것이니 세 곳도 〈서로 간에〉 그다지 멀지 않았을 것이다. 그리하여 모두 하수 가로 여긴 것이다.

介는 갑옷의 다른 명칭이다. 그리하여 "介는 갑옷이다.〔介 甲也〕"라고 한 것이다. 〈小雅 北山〉의 傳에서 "하염없이 그치지 않는 것이다.〔旁旁然不得已〕"라고 하였으니, 그렇다면 여기서 말한 '旁旁'도 그치지 않는다는 뜻이니, 아래의 麃麃가 씩씩한 모습이고, 陶陶가 달리는 모습인 것과 서로 보완하여 밝힌 것이다.

【疏】 傳'重英 矛有英飾' ○ 正義曰 : 重英與二矛共文, 明是矛飾. 魯頌說矛之飾, 謂之朱英, 則以朱染爲英飾, 二矛長短不同, 其飾重累, 故謂之重英也.

傳의 〔重英 矛有英飾〕

○ 正義曰 : '重英'은 '二矛'와 관련이 있는 글이니, 분명 창의 장식이다. 〈魯頌 閟宮〉에서 창의 장식을 말하여 '朱英'이라고 하였으니, 그렇다면 붉게 물들인 것으로 英飾을 한 것인데, 두 가지 창의 길이가 달라서 장식이 〈위아래로〉 겹쳐졌다. 그리하여 '重英'이라

고 한 것이다.

【疏】 箋'二矛'至'畫飾' ○ 正義曰：考工記云 "酋矛常有四尺, 夷矛三尋." 注云 "八尺曰尋, 倍尋曰常." 酋・夷長短名也, 酋近夷長也, 是矛有二等也. 記又云 "攻國之兵用短, 守國之兵用長." 此禦狄于境, 是守國之兵長, 宜有夷矛, 故知二矛爲酋矛・夷矛. 魯頌以'矛'與'重弓'共文,[1] 弓無二等, 直是一弓而重之, 則知二矛, 亦一矛而有二, 故彼箋云 "二矛重弓, 備折壞." 直是酋矛有二, 無夷矛也. 經言重英, 嫌一矛有重飾, 故云"各有畫飾." 言其各自有飾, 竝建而重累.

1) 魯頌以矛與重弓共文 : 〈魯頌 閟宮〉에 "두 자루 창과 두 벌 활이로다.〔二矛重弓〕"라고 하였다.

箋의 〔二矛〕에서 〔畫飾〕까지

○ 正義曰 : ≪周禮≫ 〈冬官 考工記〉에 "酋矛는 1常 4尺(20尺)이고, 夷矛는 3尋(24尺)이다."라고 하였는데, 注에 "8尺을 尋이라고 하고, 尋의 두 배를 常이라 한다."라고 하였으니, 酋와 夷는 길고 짧은 명칭으로 酋는 짧고 夷는 기니 이것이 창〔矛〕이 두 종류 있는 것이다. 〈동관 고공기〉에 또 "다른 나라를 공격할 때의 병기는 짧은 것을 사용하고, 자기 나라를 수비할 때의 병기는 긴 것을 사용한다."라고 하였으니, 여기는 국경에서 狄人을 방어할 때로 나라를 수비하는 병기는 기니 응당 이모가 있었을 것이다. 그리하여 '二矛'가 '추모'와 '이모'임을 안 것이다.

〈魯頌 閟宮〉에서는 '矛'와 '重弓'을 연관지어 썼으나 활은 두 종류가 아니니, 다만 한 종류의 활 두 벌을 〈활집에〉 포개 넣은 것이다. 그렇다면 二矛도 같은 종류의 창이 두 개 있는 것이다. 그리하여 그 箋에서 "二矛重弓은 망가지는 것을 대비한 것이다."라고 하였으니, 바로 이것이 추모만 두 개이고 이모는 없는 것이다. 經文에서 말한 重英을 한 자루의 창에 중복된 장식이 있는 것이라고 의심할 수 있다. 그리하여 "각각 그림 장식이 있다.〔各有畫飾〕"라고 한 것이니, 각각 장식이 있는 것을 나란히 세워놓아 〈위아래로〉 겹친 것을 말한 것이다.

淸人在消하니 駟介麃(표)麃로다

消 땅에 온 淸邑 사람

갑옷 입힌 네 필 말 씩씩하게 달리네

【傳】 消는 河上地也라 麃麃는 武貌라

消는 河水 가의 땅이다. 麃麃는 씩씩한 모습이다.

二矛重喬(교)로 河上乎逍遙로다

깃 장식 두 종류 창 겹쳐 걸고
河水 가에서 한가로이 노니네

【傳】 重喬는 累荷也라

重喬는 겹쳐 거는 것이다.

【箋】 箋云 喬는 矛矜近上及室題니 所以縣毛羽라 ○ 喬는 雉名이니 韓詩作鷮(교)라 逍本又作消요 遙本又作搖라 荷는 謂刻矛頭爲荷葉하여 相重累也니 沈은 謂兩矛之飾이 相負荷也라하니라 矜은 字又作槿(근)이라 近은 附近之近이요 題는 頭也라 室은 劒削(소)名也니 方言云 劒削를 自河而北과 燕趙之間은 謂之室이나 此言室은 謂矛頭受刃處也라

箋云 : 喬는 창 자루 윗부분의 자루를 꽂는 구멍 곁의 표지이니 깃털을 매다는 것이다.
○ 喬는 꿩 이름이니 ≪韓詩≫에는 '鷮'로 되어 있다. 逍가 '消'로 되어 있는 本도 있고, 遙가 '搖'로 되어 있는 本도 있다. 荷는 창의 꼭대기에 연꽃잎을 새겨서 서로 겹친 것을 말하는데, 沈重은 "두 가지 창의 장식이 서로 겹쳐 기대어 걸려있는 것이다."라고 하였다. 矜은 '槿'으로 되어 있는 것도 있다. 近은 부근의 近이며, 題는 頭이다. 室은 칼집의 이름이니, ≪方言≫에 "칼집을 河水 이북과 燕·趙 지방 사이에서는 '室'이라고 한다."라고 하였는데, 여기서 말한 室은 창 꼭대기의 창날을 꽂는 곳을 말한다.

【疏】 傳'重喬 累荷' ○ 正義曰 : 釋詁云 "喬, 高也." 重喬, 猶如重英, 以矛建於車上, 五兵[1]之最高者也. 而二矛同高, 其高復有等級, 故謂之重高, 傳解稱高之意, 故言累荷. 候人傳曰 "荷, 揭也." 謂此二矛, 刃有高下, 重累而相負揭.

1) 五兵 : 戈·殳·戟·酋矛·夷矛이다.(≪周禮≫〈司兵〉 鄭玄注)

傳의 〔重喬 累荷〕

○ 正義曰：≪爾雅≫ 〈釋詁〉에 "喬는 높음이다."라고 하고, 重喬는 重英과 같으니 수레 위에 창을 세워 五兵 중에 가장 높은 것이다. 그러나 두 종류의 창은 모두 높지만 그 높이에는 다시 차등이 있다. 그리하여 〈經文에서〉 '重高'라고 한 것이고, 傳은 '高'라고 한 뜻을 풀이하였으므로 '累荷'라고 한 것이다. 〈曹風 候人〉의 傳에 "荷는 揭이다."라고 하였으니, 이 두 종류 창이 칼날에 높낮이가 있어 겹쳐 서로 기대어 걸려 있는 것을 말한다.

【疏】 箋'喬矛'至'毛羽' ○ 正義曰：矜, 謂矛柄也, 室, 謂矛之銎(공)孔. 襄十年左傳云"舞師題以旌夏." 杜預云"題, 識(지)也. 以大旌表識其行列." 然題者, 表識之言. 箋申說累荷之意, 言喬者, 矛之柄近於上頭及矛之銎室之下, 當有物以題識之, 其題識者, 所以懸毛羽也. 二矛於其上頭皆懸毛羽以題識之, 似如重累相負荷然, 故謂之累荷也. 經・傳不言矛有毛羽, 鄭以時事言之, 猶今之鵝毛矟(삭)也.

箋의 〔喬矛〕에서 〔毛羽〕까지

○ 正義曰：矜은 창의 자루를 말하고, 室은 창 자루를 〈끼우는〉 구멍을 말한다. ≪春秋左氏傳≫ 襄公 10년에 "舞師가 큰 깃발〔旌夏〕로 題하였다." 하였는데, 杜預는 "題는 標識함이니, 큰 깃발로 그 행렬을 표시한 것이다."라고 하였으니, 그러면 題는 표지라는 뜻이다. 箋에서 거듭 '累荷'의 뜻을 말하였는데, 喬는 창 자루의 꼭대기 근처와 창 자루를 끼우는 구멍 아래에 물건을 달아 표시한 것이니, 그 표시는 꿩의 깃털을 매다는 것이다. 二矛는 창의 맨 꼭대기에 모두 깃털을 매달아 표시한 것이 흡사 겹쳐 서로 기대어 걸려있는 것과 같다. 그리하여 '累荷'라고 한 것이다. 經文과 傳에는 창에 깃털이 있음을 말하지 않았는데, 鄭玄은 당시의 일로 말하였으니 지금의 鵝毛矟과 같다.

淸人在軸(축)하니 駟介陶陶로다

軸 땅에 온 淸邑 사람

갑옷 입힌 네 필 말 하염없이 달리네

【傳】 軸은 河上地也요 陶陶는 驅馳之貌라 ○ 軸은 地名이라

軸은 河水 가의 땅이고, 陶陶는 말 달리는 모습이다.

○ 軸은 지명이다.

左旋右抽(추)어늘 中軍作好로다

왼쪽 마부 수레 돌리고 오른쪽 무사 칼 뽑는데
가운데 장수 의젓한 모습일세

【傳】 左旋은 講兵이요 右抽는 抽矢以射요 居軍中하여 爲容好라

左旋은 병사 훈련이고, 右抽는 화살을 뽑아 쏘는 것이고, 〈高克 자신은〉 부대 가운데 자리하여 보기 좋은 모습을 한 것이다.

【箋】 箋云 左는 左人이니 謂御者요 右는 車右也요 中軍은 (爲)〔謂〕[1]將也라 高克之爲將하여 久不得歸하여 日使其御者로 習旋車하고 車右抽刃하고 自居中央하여 爲軍之容好而已라 兵車之法에 將居鼓下라 故御者在左라 ○ 抽는 說文作(陷)〔搯〕[2]하고 云 抽刃以習擊刺也라

1) (爲)〔謂〕: 저본의 교감기에 따라 '謂'로 번역하였다.
2) (陷)〔搯〕: 저본의 교감기에 따라 '搯'로 번역하였다.

箋云 : 左는 수레의 왼쪽에 있는 사람이니 마부를 이르고, 右는 수레 오른쪽에 있는 사람〔車右〕이고, 中軍은 장수를 말한다. 高克이 장수가 되어 오래도록 돌아가지 못하여 날마다 마부로 하여금 수레 돌리는 것을 익히게 하고, 수레 오른쪽에 있는 사람에게 칼을 뽑는 것을 〈익히게〉 하고, 〈高克〉 자신은 중앙에 자리하면서 부대의 보기 좋은 모습을 보일 뿐이었다. 兵車의 법에 장수는 북 아래에 자리한다. 그리하여 마부가 왼쪽에 있는 것이다.

○ 抽는 ≪說文解字≫에 '搯'로 되어 있고, "칼을 뽑아 찌르는 것을 익히는 것이다."라고 하였다.

【疏】 '左旋右抽 中軍作好' ○〔正義曰〕[1] : 毛以爲 "高克閒暇無爲, 逍遙河上, 乃左迴旋其師, 右手抽矢以射, 高克居軍之中, 以爲一軍之容好, 言可召而不召, 故刺之." ○ 鄭以"高克使御人在車左者, 習迴旋其車, 勇士在右者, 習抽刃擊刺, 高克自居中央, 爲軍之容好", 指謂一車之上事也.

1) 〔正義曰〕: 편찬체제에 따라 보충하여 번역하였다.

經의 〔左旋右抽 中軍作好〕

○ 正義曰 : 毛亨은 "高克이 한가하게 하는 일이 없어 河水 가에서 노닐다가, 이에 군사를 왼쪽으로 돌게 하고, 오른손으로 화살을 뽑아 쏘게 하고, 고극은 군대 가운데 자리하여 한 부대의 보기 좋은 모습을 하고 있으니, 이는 불러야 하는데도 부르지 않음을 말한 것이다. 그리하여 풍자한 것이다."라고 여긴 것이다.

○ 鄭玄은 "고극이 수레 왼쪽에 있는 마부에게는 수레 돌리는 것을 익히게 하고, 오른쪽에 있는 용사에게는 칼을 뽑아 찌르는 것을 익히게 하였으며, 고극 자신은 중앙에 자리하여 군대의 보기 좋은 모습을 한 것"이라고 여겼으니, 이는 한 대의 수레 위 일을 가리켜 말한 것이다.

【疏】 傳'左旋'至'容好' ○ 正義曰 : 毛以爲 "左·右·中摠謂一軍之事." 左旋以講習兵事, 在軍之人皆右手抽矢而射, 高克爲將, 將在軍中, 以此左旋右抽矢爲軍之容好, 言其無事, 故逍遙也. 必左旋者, 少儀云 "軍尙左." 注云 "(右)〔左〕[1], 陽也, 陽主生. 將軍有廟勝[2]之策, 左將軍爲上, 貴不敗績." 然則此亦以左爲陽, 故爲左旋.

1) (右)〔左〕: 저본의 교감기에 따라 '左'로 번역하였다.

2) 廟勝 : 廟算·廟策과 같은 말로, 朝廷에서 적을 이기기 위해 미리 정한 策略이다. 顔師古는 "廟勝은 묘당에서 모의하여 적을 이기는 것을 말한다.〔廟勝 謂謀於廟堂而勝敵也〕"라고 하였다.(≪資治通鑑≫ 胡三省 音注 권63)

傳의 〔左旋〕에서 〔容好〕까지

○ 正義曰 : 毛亨은 "左·右·中은 한 군대의 일을 총괄하여 말한 것이다."라고 여겼으니, 왼쪽으로 돌려서 병사의 일을 익히게 하고, 군대에 있는 사람들이 모두 오른손으로 화살을 뽑아 쏘게 하고, 高克은 장수이고 장수는 군대 가운데 있는 것이니, 이 왼쪽으로 돌고 오른손으로 화살을 쏘는 것이 군대의 보기 좋은 모습이라고 여긴 것이니, 할일이 없었기 때문에 한가하게 노님을 말한 것이다.

반드시 左旋한 것은, ≪禮記≫ 〈少儀〉에 "軍將은 왼쪽을 높게 여긴다."라고 하였는데, 注에 "左는 陽이니, 陽은 살리는 것을 위주로 한다. 장군에게는 廟勝의 계책이 있고, 左

將軍이 상관이 되며, 크게 패하지 않음을 귀하게 여긴다."라고 하였으니, 그렇다면 여기 또한 左를 陽으로 여긴 것이다. 그리하여 '左旋'이라고 한 것이다.

【疏】 箋'左人'至'在左' ○ 正義曰 : 箋以左右爲相敵之言, 傳以左爲軍之左旋, 右爲人之右手, 於事不類, 故易傳以爲一車之事. 左謂御者在車左, 右謂勇力之士在車右, 中謂將居車中也, 車是御之所主也, 故習旋迴之事, 右主持兵, 故抽刃擊刺之, 亦是習之也, 高克自居車中, 以此一車所爲之事爲軍之容好.

箋의 〔左人〕에서 〔在左〕까지

○ 正義曰 : 箋은 左와 右를 서로 상대하여 하는 말로 여겼는데, 傳은 左를 군사가 왼쪽으로 도는 것으로 여기고 右를 사람의 오른손으로 여겼으니, 일에 있어서 같지 않다. 그리하여 〈箋에서〉 傳과 다르게 한 대의 수레에 대한 일로 여긴 것이다.

左는 마부가 수레 왼쪽에 있는 것을 이르고, 右는 용맹한 군사가 수레 오른쪽에 있는 것을 이르고, 中은 장수가 수레 가운데 있는 것을 말하니, 수레는 마부가 주관하므로 돌리는 일을 익히고, 右는 병장기를 가지고 있는 것을 주관하므로 칼을 빼어 찌르는 것을 역시 익힌 것이고, 高克 자신은 수레 가운데 있는 것이니, 이 한 대의 수레에서 하는 일이 군대의 보기 좋은 모습인 것으로 여긴 것이다.

【疏】 成二年左傳說晉之伐齊云 "郤克將中軍, 解張御, 鄭(兵)〔丘〕[1)]緩爲右. 郤克傷於矢, 流血及屨, 未絶鼓音, 曰'余病矣.' 張侯曰'自始合, 而矢貫余手及肘, 余折以御, 左輪朱殷, 豈敢言病.'" 張侯, 卽解張也. 郤克傷矢, 言未絶鼓音, 是郤克爲將, 在鼓下也, 張侯傷手, 而血染左輪, 是御者在左也, 此謂將之所乘車耳.

1) (兵)〔丘〕: ≪春秋左氏傳≫에 의거하여 '丘'로 번역하였다.

≪春秋左氏傳≫ 成公 2년에 晉나라가 齊나라를 정벌하는 것을 말하여 "〈晉나라의〉 郤克이 中軍을 거느리고, 解張이 말을 몰고 鄭丘緩이 車右가 되었다. 극극이 화살에 부상을 당하여 피가 신발에까지 흘렀는데도 북을 계속 울리며 말하기를 '나는 부상을 당하였다.'라고 하니, 張侯가 '저는 처음 싸울 때부터 화살이 나의 손과 팔꿈치를 꿰뚫었으나 나는 화살을 꺾어버리고 말을 몰아 피로 왼쪽 바퀴가 검붉게 물들었지만 어찌 감히 부상당했다고 말할 수 있었겠습니까.'라고 하였다." 하였으니, 장후는 바로 해장이다. 극

극이 화살을 맞아 부상을 당하고도 북을 계속 울렸다고 한 것은 극극이 장수가 되어 북 아래에 있는 것이고, 장후가 손에 부상을 입어 피가 왼쪽 바퀴까지 물들었다는 것은 마부가 왼쪽에 있는 것이니, 이는 장수가 타는 수레를 말한 것이다.

【疏】若士卒兵車, 則閟宮箋所云 "兵車之法, 左人持弓, 右人持矛, 中人御." 御車不在左也. 此二箋皆言兵車之法, 則平常乘車不然矣. 曲禮曰 "乘君之乘車, 不敢曠左." 注云 "君存, 惡(오)空其位." 則人君平常皆在車左, 御者在中央, 故月令說耕籍之義云 "天子親載耒耜, 措之於參保介之御間." 保介謂車右也, 置耒耜於車右・御者之間, 御者在中, 與兵車異也. 將居鼓下, 雖人君親將, 其禮亦然. 夏官大僕職云 "凡軍旅田役, 贊王鼓." 注云 "王通鼓, 佐擊其餘面."[1] 是天子親鼓也. 成二年左傳云 "齊侯伐我北鄙, 圍龍, 齊侯親鼓之." 是爲將乃然, 故云"將居鼓下."

1) 王通鼓 佐擊其餘面 : 왕이 네 면의 북인 路鼓의 한쪽 면을 쳐서 왕명을 전달하면, 나머지 세 면을 大僕과 마부와 오른쪽의 무사가 쳐서 부대에 왕명 전달을 돕는다고 한다. (≪周禮註疏≫ 권31)

士卒의 兵車인 경우는 〈魯頌 閟宮〉의 箋에서 말하기를 "兵車의 법은 수레 왼쪽에 있는 사람이 활을 잡고 오른쪽에 있는 사람이 창을 잡고, 가운데 있는 사람이 말을 몬다."라고 하였으니, 마부가 수레의 왼쪽에 있지 않는다. 여기의 두 箋은 모두 兵車의 법을 말한 것이니, 그렇다면 평상시의 수레를 타는 것은 그렇지 않다.

兵車(≪五經圖彙≫)

≪禮記≫ 〈曲禮〉에 "군주가 타는 乘車는 감히 왼쪽을 비

워두지 않는다."라고 하였는데, 注에 "군주가 살아 있을 때에는 그 자리가 비는 것을 싫어한다."라고 하였으니, 그렇다면 평상의 경우에는 人君은 모두 수레 왼쪽에 있고, 마부는 중앙에 있는 것이다. 그리하여 ≪예기≫ 〈月令〉에 籍田을 친히 경작하는 뜻을 말하여 "천자가 친히 쟁기와 보습을 수레에 실어 함께 타는 保介와 마부 사이에 둔다."라고 하였다. 保介는 車右를 말하니, 쟁기와 보습을 車右와 마부 사이에 둔다면 마부가 가운데 있는 것이니, 兵車와는 다르다.

장수가 북 아래에 있는 것은 비록 군주가 친히 거느릴지라도 그 禮는 역시 그러하다. ≪周禮≫ 〈夏官 大僕職〉에 "〈大僕이〉 정벌과 사냥할 때에 왕을 도와 북을 친다."라고 하였는데, 注에 "왕이 북을 쳐 〈명령을〉 전하면 북의 나머지 면을 도와서 친다."라고 하였으니, 이것이 천자가 직접 북을 치는 것이다. ≪春秋左氏傳≫ 成公 2년에 "齊侯가 우리 북쪽 변방을 침략하여 龍邑을 포위할 적에 齊侯가 친히 북을 쳤다."라고 하였으니, 이것이 군주가 장수가 되어 그렇게 〈북을 친〉 것이다. 그리하여 "장수는 북의 아래 있는다.〔將居鼓下〕"라고 한 것이다.

清人三章이니 **章四句**라

〈清人〉 3章이니 章마다 4句이다.

毛詩注疏 卷第四(四之三)

羔裘(고구)

【序】 羔裘는 刺朝也라 言古之君子하여 以風其朝焉이라

〈羔裘는〉 朝廷을 풍자한 것이다.

옛날의 군자를 말하여 지금의 조정을 풍자한 것이다.

【箋】 言은 猶道也라 鄭自莊公而賢者陵遲하여 朝無忠正之臣이라 故刺之라 ○ 裘는 字或作求라

言은 道와 같다. 鄭나라가 莊公 때로부터 현자를 업신여겨 조정에 충성스럽고 정직한 신하가 없었다. 그리하여 풍자한 것이다.

○ 裘는 글자가 求로 되어 있기도 하다.

【疏】 '羔裘(三章章四句)'至'朝焉' ○ 正義曰 : 作羔裘詩者, 刺朝也. 以莊公之朝, 無正直之臣, 故作此詩, 道古之在朝君子, 有德有力, 故以風刺其今朝廷之人焉. 經之所陳, 皆古之君子之事也, 此主刺朝廷之臣. 朝無賢臣, 是君之不明, 亦所以刺君也.

序의 〔羔裘〕에서 〔朝焉〕까지

○ 正義曰 : 〈羔裘〉 시를 지은 것은 조정을 풍자한 것이다.

莊公의 조정에 정직한 신하가 없었다. 그리하여 이 시를 지어 옛날 조정에 있던 군자는 덕과 힘이 있었음을 말하였다. 그리하여 이로써 지금 조정의 신하들을 풍자한 것이다. 經文에서 말한 것은 모두 옛 군자의 일이니, 이는 조정의 신하들을 위주로 풍자한 것이다. 조정에 훌륭한 신하가 없음은 군주가 밝지 못해서이니, 또한 그 때문에 군주를 풍자한 것이다.

【疏】 箋'言猶'至'刺之' ○ 正義曰 : 言, 謂口道說, 諸序之言字, 義多爲道, 就此一釋, 餘皆從之. 下篇之序, 猶言莊公, 則此莊公詩也, 故言莊公以明之. 以桓・武之世, 朝多賢者, 陵遲自莊公爲始, 故言自也.

箋의 〔言猶〕에서 〔刺之〕까지

○ 正義曰 : '言'은 입으로 말하는 것을 말하는데, 여러 序에서의 '言'字는 뜻이 대부분 '道'이니, 이 하나의 풀이를 나머지는 모두 따랐다. 아래 篇(〈遵大路〉)의 序에서도 莊公을 말했으니, 그렇다면 여기는 장공 때의 詩이다. 그리하여 장공을 언급하여 그것을 밝힌 것이다. 桓公·武公 때에는 조정에 훌륭한 신하가 많았는데 이들을 업신여기는 것이 장공 때부터 시작되었다. 그리하여 '自'라고 한 것이다.

羔裘如濡하니 洵直且侯로다

윤이 나는 염소 갖옷 입은 이
공평하고 곧으며 人君다워라

羔裘(≪三才圖會≫)

【傳】 如濡는 潤澤也라 洵은 均이요 侯는 君也라

如濡는 '윤이 나는 것'이다. 洵은 '공평함'이고, 侯는 '인군'이다.

【箋】 箋云 緇衣羔裘는 諸侯之朝服也라 言古朝廷之臣이 皆忠直하고 且君也라 君者는 言正其衣冠하여 尊其瞻視하여 儼然人望而畏之라 ○韓詩云 侯는 美也라하니라

箋云 : 緇衣와 羔裘는 諸侯의 朝服이다. 옛 조정의 신하들은 모두 충직하고 또 人君다웠음을 말한 것이다. 君은 의관을 바르게 갖추어 몸가짐과 외모를 존엄하게 하여 사람들이 엄숙하게 바라보고 경외하는 자임을 말한 것이다.

○ ≪韓詩≫에 "侯는 '아름다움'이다."라고 하였다.

彼其之子 舍命不渝(투)로다

저기 저이는
목숨을 바쳐 변치 않았네

【傳】 渝는 變也라

渝는 '변함'이다.

【箋】 箋云 舍는 猶處也요 之子는 是子也니 是子處命不變이 謂守死善道와 見危授命[1]之等이라 ○ 舍는 王云 受也라하니라

1) 守死善道 見危授命 : '守死善道'는 ≪論語≫ 〈泰伯〉의 글이고, '見危授命'은 ≪논어≫ 〈憲問〉의 글이다.

箋云 : 舍는 處와 같고, 之子는 '저 사람'이니, 저 사람이 목숨을 바쳐 〈뜻을〉 변치 않음이, '목숨을 걸고 도를 지킨다.'와 '위태로운 것을 보면 목숨을 바친다.'라고 한 것과 같음을 말한다.

○ 舍는 王肅은 "'받음'이다."라고 하였다.

【疏】 '羔裘'至'不渝' ○ 正義曰 : 言古之君子, 在朝廷之上, 服羔皮爲裘, 其色潤澤, 如濡濕之然. 身服此服, 德能稱之, 其性行均直, 且有人君之度也. 彼服羔裘之是子, 其自處性命, 躬行善道, 至死不變, 刺今朝廷無此人.

經의 〔羔裘〕에서 〔不渝〕까지

○ 正義曰 : '옛날 군자는 조정에서 염소가죽으로 만든 갖옷을 입었는데, 그 빛깔이 마치 젖은 듯 윤택하였다. 그런데 이 옷을 입음에 덕이 걸맞으니, 성품과 행실이 공평하고 곧으며 게다가 人君다운 절도가 있었다. 염소 갖옷을 입은 저 사람은 목숨을 걸고서 옳은 도를 몸소 행하고 죽을 때까지 변치 않았음'을 말하였으니, 지금 조정에는 이런 사람이 없음을 풍자한 것이다.

【疏】 傳'如濡'至'侯君' ○ 正義曰 : 如似濡濕, 故言潤澤, 謂皮毛光色潤澤也. '洵 均', 釋言文, '侯 君', 釋詁文.

傳의 〔如濡〕에서 〔侯君〕까지

○ 正義曰 : 마치 젖은 듯하므로 '潤澤'이라 하였으니, 모피의 빛깔이 윤이 나는 것을 말한다. '洵 均'은 ≪爾雅≫ 〈釋言〉의 글이고, '侯 君'은 ≪이아≫ 〈釋詁〉의 글이다.

【疏】 箋'緇衣'至'畏之' ○正義曰：經云'羔裘', 知緇衣者, 玉藻云"羔裘緇衣以裼之", 論語云"緇衣羔裘." 是羔裘必緇衣也. 士冠禮云"主人, 玄冠朝服緇帶素韠." 注云"衣不言色者, 衣與冠同也." 是緇衣爲朝服也. 玉藻云"諸侯朝服, 以日視朝." 故知緇衣羔裘, 是諸侯之朝服也. 以臣在朝廷, 服此羔裘, 故擧以言. 是皆均直且君, 言其有人君之度. 孔子稱"雍也, 可使南面." 亦美其堪爲人君, 與此同也. '正其衣冠'以下, 論語文.

箋의 〔緇衣〕에서 〔畏之〕까지

○正義曰：經文에서 '羔裘'라 하였는데, 緇衣에 입은 것임을 안 것은 ≪禮記≫ 〈玉藻〉에 "염소 갖옷〔羔裘〕에 검은 비단옷〔緇衣〕을 裼衣로 입는다."라고 하고, ≪論語≫ 〈鄕黨〉에 "검은 옷에는 염소 갖옷이다."라고 해서이니, 이것이 염소 갖옷은 반드시 緇衣에 입는 것이다.

≪儀禮≫ 〈士冠禮〉에는 "주인은 검은 冠에 朝服을 입고 검은 띠에 흰 폐슬을 한다."라고 하였는데, 그 注에 "옷(조복)의 색을 말하지 않은 것은 옷과 冠의 색이 같기 때문이다."라고 하였으니, 이것이 緇衣가 朝服인 것이다. ≪예기≫ 〈옥조〉에는 "제후는 조복을 입고 날마다 조회를 본다."라고 하였다. 그리하여 緇衣에 염소 갖옷이 제후의 조복임을 안 것이다.

신하가 조정에 있을 때에 이 염소 갖옷을 입는다. 그리하여 이를 들어 말하였다. 이들 모두가 공정하고 곧으며 게다가 人君답다는 것은 '인군의 도량이 있다.'는 말이다. 孔子가 "雍은 남면하게 할 만하다."라고 칭찬한 것도 그가 인군의 자리를 감당할 수 있음을 찬미한 것이니, 여기와 같다. '正其衣冠' 이하는 ≪論語≫ 〈堯曰〉의 글이다.

【疏】 傳'渝變' ○正義曰：釋言文.

傳의 〔渝變〕

○正義曰：≪爾雅≫ 〈釋言〉의 글이다.

【疏】 箋'舍猶'至'之等' ○正義曰：舍息, 是安處之義, 故知舍猶處也. '之子 是子也', 釋訓文.

箋의 〔舍猶〕에서 〔之等〕까지

○ 正義曰 : '舍'는 '그침'이니, '편안히 머문다'는 뜻이다. 그리하여 '舍'가 '處'와 같음을 안 것이다. '之子 是子也'는 ≪爾雅≫ 〈釋訓〉의 글이다.

羔裘豹飾하니 孔武有力이로다

염소 갖옷에 표범 가죽 선 두르니
매우 군세고 힘이 있었네

【傳】 豹飾은 緣以豹皮也라 孔은 甚也라

豹飾은 표범 가죽으로 가선을 두른 것이다. 孔은 '매우'이다.

彼其之子 邦之司直이로다

저기 저분은
나라의 충직 지킴이었네

【傳】 司는 主也라

司는 '주관함'이다.

【疏】 '羔裘'至'司直' ○ 正義曰 : 言古之君子, 服羔皮爲裘, 以豹皮爲袖飾者, 其人甚武勇且有力, 可禦亂也, 彼服羔裘之是子, 一邦之人主, 以爲直刺今無此人.

經의 〔羔裘〕에서 〔司直〕까지

○ 正義曰 : 옛날의 군자 중에 염소 가죽으로 만든 갖옷을 입고 표범 가죽으로 소매의 가선을 두른 자는, 그 사람이 〈표범처럼〉 매우 용맹한데다가 힘이 있어 난을 막을 수 있는 자이고, 이 염소 갖옷을 입은 저기 저이는 한 나라의 人主다움을 말하였으니, 지금은 이런 사람이 없음을 바로 풍자한 것이라 여긴 것이다.

【疏】 傳'豹飾'至'孔甚' ○ 正義曰 : 唐風云 "羔裘豹祛"·"羔裘豹袖", 然則緣以豹皮, 謂之爲祛·袖也. 禮, 君用純物, 臣下之, 故袖飾異皮. '孔甚', 釋言文.

傳의 〔豹飾〕에서 〔孔甚〕까지

○ 正義曰 : 〈唐風 羔裘〉에 "염소 갖옷에 표피 가선 두른 소매〔羔裘豹袪〕"라고 하고, "염소 갖옷에 표피 가선 두른 소매〔羔裘豹褎〕"라고 하였으니, 그렇다면 표범 가죽으로 가선 두른 소매를 '袪'나 '褎'라고 하는 것이다. 禮에 군주는 순색을 쓰고, 신하는 〈군주보다〉 낮추어 쓴다. 그리하여 소매 장식을 다른 가죽으로 댄 것이다. '孔 甚'은 ≪爾雅≫ 〈釋言〉의 글이다.

羔裘晏兮요 三英粲(찬)兮로다

염소 갖옷 빛깔 산뜻하고

세 가지 덕 지닌 이 많았네

【傳】 晏은 鮮盛貌라 三英은 三德也라

晏은 '선명하고 아름다운 모습'이다. 三英은 '세 가지 덕'이다.

【箋】 箋云 三德은 剛克과 柔克과 正直也라 粲은 衆意라

箋云 : 三德은 剛으로 다스림과 柔로 다스림과 正直함이다. 粲은 많다는 뜻이다.

彼其之子여 邦之彦兮로다

저기 저분은

나라의 훌륭한 선비였네

【傳】 彦은 士之美稱이라

彦은 士의 미칭이다.

【疏】 '羔裘'至'彦兮' ○ 正義曰 : 言古之君子, 服羔皮爲裘, 其色晏然而鮮盛兮, 其人有三種英俊之德, 粲然而衆多兮, 彼服羔裘之是子, 一邦之人以爲彦士兮, 刺今無此人.

經의 〔羔裘〕에서 〔彦兮〕까지

○ 正義曰 : 옛날의 군자는 염소 가죽으로 만든 갖옷을 입었는데 그 색이 산뜻하여 선명하고 아름다우며, 세 가지 훌륭한 덕을 지닌 이들이 매우 많았으며, 저 염소 갖옷 입은 저분을 온 나라 사람이 훌륭한 이로 여김을 말하였으니, 지금은 이런 사람이 없음을 풍자한 것이다.

【疏】 箋'三德'至'衆意' ○ 正義曰 : 英, 俊秀之名, 言有三種之英, 故傳以爲三德. 洪範云 "三德, 一曰正直, 二曰剛克, 三曰柔克." 注云 "正直, 中平之人, 克, 能也." 剛能·柔能, 謂寬猛相濟, 以成治立功. 剛則彊, 柔則弱, 此陷於滅亡之道, 非能也. 然則正直者, 謂不剛·不柔, 每事得中也, 剛克者, 雖剛而能以柔濟之, 柔克者, 雖柔而能以剛濟之, 故三者各爲一德.

箋의 〔三德〕에서 〔衆意〕까지

○ 正義曰 : 英은 '준수함'의 명칭이니, 세 가지의 준수함이 있음을 말한 것이다. 그리하여 傳에서 '三德'이라 여긴 것이다. ≪尙書≫ 〈洪範〉에 "三德은 첫 번째는 正直이고, 두 번째는 剛克이고, 세번째는 柔克이다."라고 하였는데, 注에 "正直은 중도를 행하는 사람이고, 克은 '能'이다."라고 하였으니, '剛能'과 '柔能'은 너그러움과 매서움으로 서로 보완하여 다스림을 완성하고 공을 세움을 말한다. 剛으로만 하면 너무 세고 柔로만 하면 너무 약하니, 이는 멸망하게 되는 길이요 잘 다스림이 아니다. 그렇다면 正直이란 너무 강하지도 약하지도 않게 하여 매사에 중도를 얻음을 말하는 것이고, 剛克이란 비록 강하더라도 부드러움으로 보완할 수 있는 것이고, 柔克이란 비록 유약하더라도 강함으로 보완할 수 있는 것이다. 그리하여 세 가지가 각각 하나의 덕이 되는 것이다.

【疏】 洪範先言正直, 此引之而與彼倒者, 以經有正直无剛柔, 故先言剛柔, 意明剛能·柔能, 亦爲德故也. 洪範之言, 謂人性不同, 各有一德, 此言'三英粲兮', 亦謂朝(夕)〔多〕[1] 賢臣, 具此三德, 非一人而備有三德也. 地官師氏, 以三德教國子, 至德·敏德·孝德, 彼乃德之大者, 教國子使知之耳, 非朝廷之人所能有, 故知此三德, 是洪範之三德. 周語稱三女爲粲[2], 是粲爲衆意.

1) (夕)〔多〕: 저본의 교감기에 따라 '多'로 번역하였다.

2) 三女爲粲 : 粲이 셋 이상의 다수를 뜻하는 말임을 증명한 것이다. 密 康公이 周 共王을

모시고 涇水를 유람하다가 세 여인을 얻었는데, 그의 어머니가 "짐승이 셋 이상이면 群이라 하고, 사람이 셋 이상이면 衆이라 하고, 여인이 셋 이상이면 粲이라 한다.……粲이란 아름다운 존재들인데 이 많은 미인이 너에게 왔으니, 네가 무슨 덕으로 감당하겠느냐."라고 하며 주 공왕에게 바칠 것을 권한 부분에서 인용한 것이다.(≪國語≫ 〈周語〉)

〈洪範〉에서는 먼저 正直을 말하였는데, 여기서 인용하면서 〈홍범〉과 순서를 바꾼 것은 經文에 '正直'은 있고 剛·柔가 없어서이다. 그리하여 먼저 剛·柔를 말하였으니, 剛能·柔能도 덕이 되는 까닭을 밝히려는 의도이다.

〈홍범〉의 말은 사람의 성품이 같지 않아 각기 한 가지 덕이 있음을 말한 것이고, 여기서 말한 '三英粲兮'도 조정에 이 세 덕을 갖춘 훌륭한 신하가 많았음을 말한 것이니, 한 사람이 세 가지 덕을 〈다〉 구비한 것이 아니다.

≪周禮≫ 〈地官〉에 師氏가 三德으로 公卿大夫의 자제들을 가르치는데, 〈三德은〉 至德·敏德·孝德으로 이는 바로 덕 중에 큰 것이니, 공경대부의 자제들을 가르쳐 그것을 알게 한 것일 뿐이지 조정의 신하들이 지녀야 할 바는 아니다. 그리하여 여기의 三德이 〈홍범〉의 三德임을 안 것이다.

≪國語≫ 〈周語〉에 "여인이 셋 이상이면 粲이라 한다."라고 하였으니, 여기의 粲은 많다는 뜻이다.

【疏】 傳'彦 士之美稱' ○ 正義曰：釋訓云"美士爲彦." 舍人曰"國有美士, 爲人所言道."

傳의 〔彦 士之美稱〕

○ 正義曰：≪爾雅≫ 〈釋訓〉에는 "훌륭한 선비가 彦이다."라고 하고, 舍人은 "나라의 훌륭한 선비는 사람들에게 일컬어진다."라고 하였다.

羔裘三章이니 章四句라

〈羔裘〉 3章이니 章마다 4句이다.

遵大路(준대로)

【序】 遵大路는 思君子也라 莊公失道하여 君子去之하니 國人思望焉이라

〈遵大路〉는 군자를 그리워한 것이다.

莊公이 도리를 잃어 군자가 떠나가니 國人들이 그리워한 것이다.

遵大路兮하여 摻(삼)執子之袪兮리라

큰길 따라가서
그대 옷소매 붙잡으리

【傳】 遵은 循이요 路는 道요 摻은 擥(람)이요 袪는 袂(메)也라

遵은 '따라감'이고, 路는 '길'이고, 摻은 '잡음'이고, 袪는 '옷소매'이다.

【箋】 箋云 思望君子하여 於道中見之면 則欲擥持其袂而留之라

箋云 : 군자를 그리워하여 길에서 만난다면 그 옷소매 부여잡고 만류하고자 한 것이다.

無我惡(오)兮어다 不寁(삼)故也니라

나를 미워하지 마세요
先君의 道 급히 행하지 않아서예요

【傳】 寁은 速也라

寁은 '빠름'이다.

【箋】 箋云 子無惡我擥持子之袂하라 我乃以莊公不速於先君之道하여 使我然이라 ○ 故也는 一本作故兮니 後好也도 亦爾라

箋云 : '그대는 내가 그대의 옷소매 부여잡는 것을 미워하지 마세요. 내가 〈만류함은〉 바로 莊公이 先君의 도를 급히 행하지 않아 나로 하여금 그렇게 하게 한 것입니다.'라고 한 것이다.

○ '故也'가 '故兮'로 되어 있는 본도 있는데, 뒤에 나오는 '好也'도 그러하다.

【疏】'遵大'至'故也' ○正義曰：國人思望君子，假說得見之狀，言"已循彼大路之上兮，若見此君子之人，我則攬執君子之衣袪兮．君子若忿我留之，我則謂之云'無得於我之處怨惡我留兮．我乃以莊公不速於先君之道故也.'" 言莊公之意，不速於先君之道，不愛君子，令子去之，我以此固留子．

經의 〔遵大〕에서 〔故也〕까지

○ 正義曰 : 國人들이 군자를 그리워하여 〈군자를〉 만나는 상황을 가설하여 "내가 저 큰 길가를 따라가 군자를 만난다면 나는 군자의 옷소매를 부여잡으리라. 만약 군자가, 내가 만류하는 것에 성을 낸다면 나는 '내가 〈그대를〉 만류하는 처사에 대해 원망하고 미워하지 마세요. 내가 〈만류함은〉 莊公이 先君의 도를 급히 행하지 않았기 때문입니다.'라고 할 것" 임을 말한 것이다. 장공의 뜻이 선군의 도를 행하는 것을 급히 여기지 않고 군자를 아끼지 않아 군자를 떠나게 하였으니, 내가 이 때문에 군자를 굳이 만류하는 것임을 말한 것이다.

【疏】傳'遵 循'至'袪 袂' ○正義曰 : '遵 循'，釋詁文．地官遂人云"澮上有道，川上有路."[1] 對文，則有廣狹之異，散則道路通也．以摻字從手，又與執共文，故爲攬也．說文摻字，〔參(삼)〕[2]聲，訓爲斂也，操字，喿(조)聲，訓爲奉也，二者義皆小異．喪服云"袂屬幅，袪尺二寸." 則袂是袪之本，袪爲袂之末．唐羔裘傳云"袪，袂末[3]." 則袂袪不同．此云'袪，袂'者，以袪袂，俱是衣袖，本末別耳，故擧類以曉人．唐風取本末爲義[4]，故言袂末．

1) 澮上有道 川上有路 : 道와 路의 너비가 다름을 설명한 것이다. 道는 수레 2대가 지나갈 수 있는 길이고, 路는 수레 3대가 지나갈 수 있는 길이다.(≪周禮≫ 〈地官 司徒 遂人〉)
2) 〔參(삼)〕 : 저본의 교감기에 따라 '參'을 보충하여 번역하였다.
3) 袂末 : 〈唐風 羔裘〉의 傳에는 '袂也'로 되어 있다. 그러나 여기에서는 阮元도 교감하지 않았고, 북경대본도 '袂末'로 되어 있다. 이는 疏에서 '袂末'로 해석하여 설명하고 있기 때문에 문맥을 바꿀 수 없어 그대로 둔 듯하다. 따라서 번역도 그대로 하였다.
4) 唐風取本末爲義 : 〈唐風 羔裘〉에서는 염소 갖옷의 몸통이 本이고 소매가 末이니, 袪든 袂든 갖옷의 몸통에 대하여는 모두 末로 본 것을 말한 것이다.

傳의 〔遵循〕에서 〔袪袂〕까지

○ 正義曰 : '遵循'은 ≪爾雅≫ 〈釋詁〉의 글이다. ≪周禮≫ 〈地官 司徒 遂人〉에 "澮 위에 道를 두고, 川 위에 路를 둔다."라고 하였으니 상대하여 쓰면 넓고 좁은 차이가 있고,

구별 없이 쓰면 '도로'로 통한다.

'摻'은 手변에 쓰는데 또한 '執'과 같은 의미로 쓴 글이다. 그리하여 '잡음'이라고 한 것이다. ≪說文解字≫에는, 摻은 聲이 '參(삼)'이고 訓이 '거둠'이며, 操는 聲이 '喿'이고 訓이 '奉'이라고 하였으니, 두 글자는 모두 의미가 조금 다르다.

≪儀禮≫ 〈喪服〉에 "袂는 온폭(2尺 2寸)을 쓰고, 袪는 1尺 2寸이다."라고 하였으니, 袂는 袪의 몸통 쪽 부분이고 袪는 袂의 끝부분이다. 〈唐風 羔裘〉의 傳에는 "袪는 '袂의 끝부분'이다."라고 하였으니, 袂와 袪는 〈본래〉 다르다. 〈그런데도〉 여기서 '袪는 袂이다.'라고 한 것은, 袪와 袂는 모두 옷소매로서 本과 末의 구별일 뿐이기 때문이다. 그리하여 같은 종류를 들어서 사람들에게 알게 한 것이다. 〈당풍 고구〉에서는 本(갖옷의 몸통)과 末(소매)을 취하여 뜻을 삼았다. 그리하여 袂의 끝부분이라 한 것이다.

【疏】 傳'寁 速' ○ 正義曰：釋詁文, 舍人曰 "寁, 意之速."

傳의 〔寁 速〕

○ 正義曰 : ≪爾雅≫ 〈釋詁〉의 글인데, 舍人은 "寁은 신속하게 하려는 뜻이다."라고 하였다.

遵大路兮하여 摻執子手兮리라

큰길 따라가서
그대의 손 붙잡으리

【箋】 箋云 言執手者는 思望之甚이라

箋云 : 손을 잡겠다고 한 것은 매우 그리워하는 것이다.

無我魗(수)兮어다 不寁好也라

나를 버리지 마세요
선한 도를 급히 행하지 않아서예요

【傳】 魗는 棄也라

䰻는 '버리는 것'이다.

【箋】 箋云 䰻는 亦惡(오)也라 好는 猶善也라 子無惡我하라 我乃以莊公不速於善道하여 使我然이라 ○ 䰻는 本亦作𣪮(수)하고 又作𣫔(수)하니 或云 鄭音爲醜라하다 好는 如字니 鄭云 善也라하다

箋云 : 䰻도 '미워함'이다. 好는 善과 같다. '그대는 나를 미워하지 마세요. 내가 〈붙잡음은〉 莊公이 선한 도를 급히 행하지 않아 나로 하여금 그렇게 하게 한 것입니다.'라고 한 것이다.

○ 䰻는 𣪮로 되어 있는 본도 있고 𣫔로 되어 있기도 한데, 혹자는 "鄭玄은 음을 '醜'로 여겼다."고 하였다. 好는 본음대로 읽는데, 정현은 "善이다."라고 하였다.

【疏】 傳'䰻棄' ○ 正義曰 : 䰻與醜古今字, 醜惡可棄之物, 故傳以爲棄, 言子無得棄遺我. 箋準上章, 故云 '䰻 亦惡(오).' 意小異耳.

傳의 〔䰻棄〕

○ 正義曰 : 䰻는 古字이고 醜는 今字이니, 추악하여 버릴 만한 대상이다. 그리하여 傳에서 '버리는 것'으로 여겼으니, 그대는 나를 버리지 말라고 한 것이다. 箋은 위의 장을 따랐기 때문에 '䰻도 미워함이다.〔䰻 亦惡〕'라 한 것이니, 뜻이 조금 다르다.

遵大路二章이니 章四句라

〈遵大路〉 2章이니, 章마다 4句이다.

女曰鷄鳴(여왈계명)

【疏】 女曰鷄鳴은 刺不說(열)德也라 陳古義하여 以刺今不說德而好色也라

〈女曰鷄鳴〉은 덕 있는 이를 좋아하지 않음을 풍자한 것이다.

옛사람의 도의를 말하여 지금은 덕이 있는 이를 좋아하지 않고 女色을 좋아함을 풍자하였다.

【箋】 德은 謂士大夫賓客有德者라

德은 덕 있는 사대부 빈객을 말한다.

【疏】 '女曰鷄鳴(三章章六句)'至'好色' ○ 正義曰：作女曰鷄鳴詩者, 刺不說德也. 以莊公之時, 朝廷之士, 不悅有德之君子, 故作此詩, 陳古之賢士好德不好色之義, 以刺今之朝廷之人, 有不悅賓客有德, 而愛好美色者也. 經之所陳, 皆是古士之義, 好德不好色之事, 以時人好色不好德, 故首章先言古人不好美色, 下章乃言愛好有德. 但主爲不悅有德而作, 故序指言刺不悅德也.

序의 〔女曰鷄鳴〕에서 〔好色〕까지

○ 正義曰：〈女曰鷄鳴〉의 시를 지은 것은 덕이 있는 이를 좋아하지 않음을 풍자한 것이다.

莊公의 때에 조정의 신하들이 덕이 있는 군자를 좋아하지 않았다. 그리하여 이 시를 지어 옛날의 훌륭한 선비는 덕이 있는 이를 좋아하고 여색을 좋아하지 않던 도의를 말하여, 지금 조정에 있는 사람들이 덕이 있는 빈객을 좋아하지 않고 美色을 애호하는 것을 풍자한 것이다.

經에서 말한 것은 모두 옛날 선비들의 도의로 덕을 좋아하고 여색을 좋아하지 않던 일인데, 장공 당시의 사람들은 미색을 좋아하고 덕을 좋아하지 않았다. 그리하여 첫 장에서 먼저 옛사람들이 여색을 좋아하지 않은 일을 말하고, 아래 장에서 비로소 덕이 있는 이를 애호함을 말한 것이다. 다만 덕이 있는 이를 좋아하지 않는 것을 위주로 〈시를〉 지었으므로, 序에서 '刺不悅德'이라고 지적하여 말하였다.

【疏】 箋'德謂'至'德(也)〔者〕[1)]' ○ 正義曰：經陳愛好賓客, 思贈問之, 故知'德 謂士大夫賓客有德者'. 士大夫, 君子之摠辭, 未必爵爲大夫士也. 下箋云 "士大夫以君命出使"者, 義亦然. 月出指刺好色, 經無好德之事, 此則經陳好德, 文異於彼, 故於此箋辨其德之所在也.

1) (也)〔者〕: 저본의 교감기에 따라 '者'로 번역하였다.

箋의 〔德謂〕에서 〔德者〕까지

○ 正義曰 : 經에서 빈객을 아끼고 좋아하여 선물을 줄 것을 생각함을 말하였다. 그리하여 '德 謂士大夫賓客有德者'임을 안 것이다. 士大夫는 君子를 총칭하는 말이니 반드시 작위가 大夫나 士인 것은 아니다. 아래 箋에서 '사대부는 君命으로 사신 간다.〔士大夫以君命出使〕'라고 말한 것도 뜻이 같다. 〈陳風 月出〉은 여색을 좋아함을 지적하여 풍자하였지만 經에 덕을 좋아한 일을 〈말한 것이〉 없고, 여기는 經에 덕을 좋아한 것을 말하였으니, 글이 〈陳風 月出〉과는 다르다. 그리하여 여기의 箋에서 그 덕을 지닌 주체(사대부 빈객)를 밝힌 것이다.

女曰鷄鳴이라하니 **士曰昧旦**이라

아내 말하네 "닭이 울었네요"
남편 말하네 "어둑새벽이라오"

【箋】 箋云 此夫婦相警覺以夙興이니 言不留色也라

箋云 : 이는 부부가 일찍 일어나라고 서로 일깨운 것이니 여색 때문에 늦잠 자지 않음을 말한다.

子興視夜하라하니 **明星有爛**이라

"당신 일어나 밖을 보세요" 하니
샛별이 반짝이네

【傳】 言小星已不見也라

작은 별들이 이미 보이지 않음을 말한 것이다.

【箋】 箋云 明星尙爛爛然하니 早於別色時라

箋云 : 샛별이 아직 반짝인 것이니, 색을 구별할 수 있는 시각보다 이른 것이다.

將翺(고)**將翔**(상)하여 **弋鳧**(익부)**與雁**이로다

나는 듯이 나가서
주살로 오리며 기러기 잡아 오네

【傳】 閑於政事하니 則翶翔習射라

정사가 한가하니 나는 듯이 나가 활쏘기를 익히는 것이다.

【箋】 箋云 弋은 繳射(작석)也라 言無事하니 則往弋射鳧雁하여 以待賓客爲燕具라

箋云 : 弋은 '주살로 쏘아 맞히는 것'이다. 할일이 없으니 가서 주살로 오리며 기러기를 잡아 빈객을 대접하는 잔치 음식거리로 삼는 것을 말한 것이다.

【疏】 '女曰'至'與雁' ○ 正義曰 : 言古之賢士, 不留於色, 夫妻同寢, 相戒夙興. 其女曰"鷄鳴矣." 而妻起, 士曰"已昧旦矣." 而夫起, 夫起卽子興也. 此子於是同興, 而視夜之早晩, 明星尙有爛然, 早於別色之時. 早朝於君, 君事又早, 終閑暇無事, 將翶翔以學習射事, 弋射鳧之與雁, 以待賓客爲飮酒之羞. 古士好德不好色如此, 而今人不好有德, 唯悅美色, 故刺之.

經의 〔女曰〕에서 〔與雁〕까지

○ 正義曰 : 옛날의 賢士는 여색으로 인해 늦잠 자지 않아 부부가 함께 잠들었다가 일찍 일어나도록 서로 경계하였음을 말한 것이다. 아내가 "닭이 울었네요."라고 하였으니 아내가 일어난 것이고, 남편이 "이미 어둑새벽이라오."라고 하였으니 남편이 일어난 것인데, 남편이 일어난 것이 곧 '子興'이다. 이 남편이 이때에 같이 일어나 날이 샜는지를 보니, 샛별이 아직 반짝여 색을 구별할 수 있는 시각보다 이른 것이다. 군주에게 조회하는 시각보다 이르고 조정의 일 보기도 일러 마침내 일이 없어 한가하니, 나는 듯이 나가 활 쏘는 일을 익히면서 주살로 오리며 기러기를 잡아 빈객을 대접하는 술안주거리로 삼은 것이다.

옛 賢士는 덕이 있는 이를 좋아하고 미색을 좋아하지 않음이 이와 같았는데, 지금 사람들은 덕 있는 이를 좋아하지 않고 오로지 미색만 좋아한다. 그리하여 풍자한 것이다.

【疏】 箋'此夫'至'留色' ○ 正義曰 : 士女相對與語, 故以夫妻釋之. 士者, 男子之大號, 下傳言'閒於政事'·'習射'·'待賓客', 則所陳古士, 是謂古朝廷大夫士也. 鷄鳴女起之常節, 昧旦士自起之常節, 皆是自言起節, 非相告語, 而云'相警覺'者, 見賢思齊, 君子恒性, 彼旣以時而起, 此亦不敢淹留, 卽是相警之義也. 各以時起, 是不爲色而留也.

箋의 〔此夫〕에서 〔留色〕까지

○ 正義曰 : 사내와 여인이 상대하여 함께 말하였다. 그리하여 남편과 아내로 풀이한 것이다. 士는 남자의 일반적 호칭인데 아래 傳에서 "정사에 한가하다.〔閒於政事〕", "활쏘기를 익힌다.〔習射〕"라고 하고, 〈箋에서〉 "빈객을 대접한다.〔待賓客〕"라고 말하였으니, 여기서 말한 '古士'는 옛 조정의 대부며 士를 말한다. '鷄鳴'은 아내가 항상 일어나는 시각이고 '昧旦'은 남편이 항상 일어나는 시각이니, 모두 일어나는 때를 스스로 말한 것이지 서로 일러준 것이 아니다. 그런데도 '서로 일깨운다.〔相警覺〕'라고 한 것은, 어진 이를 보면 똑같이 할 것을 생각하는 것이 군자의 본성이기 때문에 아내가 제때에 일어나면 남편도 감히 지체하지 않은 것이니, 이것이 곧 서로 경계하는 뜻이다. 각자 제때에 일어났으니, 이것이 바로 여색 때문에 늦잠 자지 않는 것이다.

【疏】 箋'明星'至'色時' ○ 正義曰 : 玉藻說朝之禮云"群臣別色始入." 以別色之時, 當入公門, 故起又早於別色時.

箋의 〔明星〕에서 〔色時〕까지

○ 正義曰 : ≪禮記≫ 〈玉藻〉에서 조회하는 예를 설명하면서, "신하들은 〈날이 밝아〉 색을 구별할 수 있는 시각에 비로소 公門에 들어간다."라고 하였으니, 〈날이 밝아〉 색을 구별할 수 있는 시각에 공문에 들어가야 하는 것이다. 그리하여 일어난 때가 색을 구별할 수 있는 시각보다 이른 것이다.

【疏】 箋'弋繳'至'燕具' ○ 正義曰 : 夏官司弓矢"矰矢·茀(불)矢, 用諸(저)弋射." 注云 "結繳於矢, 謂之矰, 矰, 高也. 茀矢象焉, 茀之言, 刜(불)也. 二者, 皆可以弋飛鳥, 刜羅之也." 然則繳射(석), 謂以繩繫矢而射也, 說文云 "繳, 謂生絲爲繩也." 下云 "宜言飮酒." 故知以待賓客爲燕飮之具.

箋의 〔弋繳〕에서 〔燕具〕까지

○ 正義曰 : ≪周禮≫ 〈夏官 司弓矢〉에 "矰矢와 茀矢는 주살에 사용한다."라고 하였는데, 注에 "화살에 줄을 맨 것을 矰이라 하니 矰은 높이 나는 〈새를 잡는〉 것이다. 茀矢도

〈그와〉 비슷하니, 茀의 뜻은 刜(칼로 침)이다. 두 가지는 모두 주살로 나는 새를 쏘고, 쳐서 잡는 것이다."라고 하였다. 그렇다면 '繳射'은 끈을 화살에 매어 쏘아 맞히는 것인데, ≪說文解字≫에는 "繳은 生絲로 만든 끈이다."라고 하였다.

아래에서 "안주에 술을 마시며〔宜言飮酒〕"라고 하였다. 그리하여 '빈객을 대접하는 연회의 음식거리'임을 안 것이다.

弋言加之하여 與子宜之리라

주살로 잡아온 것을 요리하여
그분과 안주 하리라

【傳】 宜는 肴也라

宜는 '안주'이다.

【箋】 箋云 言은 我也요 子는 謂賓客也라 所弋之鳧雁으로 我以爲加豆[1]之實하여 與君子共肴也라

1) 加豆 : ≪周禮≫ 〈天官 冢宰 醢人〉에 醢人이 담당하는 豆에 담는 4가지 음식의 일종으로 미나리 절임, 토끼 젓갈, 죽순 절임, 기러기 젓갈 등의 음식을 말한다. 여기서는 주살로 잡은 오리와 기러기로 요리하여 豆에 담은 음식을 가리킨다.

箋云 : 言은 '나'이고, 子는 '빈객'을 말한다. 주살로 잡은 오리와 기러기로 내가 음식을 만들어 君子와 안주를 함께하려는 것이다.

宜言飮酒하여 與子偕老하리라

안주에 술을 마시며
그분과 함께 늙어가리라

【箋】 箋云 宜乎我燕樂賓客而飮酒하여 與之俱至老라하니 親愛之言也라

箋云 : '나는 마땅히 빈객을 연회로 즐겁게 하고 술을 마시며, 그와 함께 늙어가리라.'라고 한 것이니 친애하는 말이다.

琴瑟在御하니 **莫不靜好**로다

거문고 비파 자리에 있으니

한없이 평온하고 좋기도 하네

【傳】 君子는 無故不徹琴瑟하니 賓主和樂하여 無不安好라

君子는 변고가 없으면 거문고와 비파를 거두지 않으니, 손님과 주인이 화락하여 평온하고 좋지 않음이 없는 것이다.

【疏】 '弋言'至'靜好' ○ 正義曰 : 此又申上弋射之事. 弋取鳧雁, 我欲爲加豆之實, 而用之與子賓客作肴羞之饌, 共食之. 宜乎我以燕樂賓客而飮酒, 與子賓客, 俱至於老, 言相親之極, 沒身不衰也. 於飮酒之時, 琴瑟之樂(악), 在於侍御, 有肴有酒, 又以琴瑟樂(락)之, 則賓主和樂, 又莫不安好者. 古之賢士, 親愛有德之賓客如是, 刺今不然.

經의 〔弋言〕에서 〔靜好〕까지

○ 正義曰 : 이는 위의 주살로 잡은 일을 다시 설명한 것이다. 주살로 잡아온 오리며 기러기로 내가 음식을 만들어 이것으로 그대 빈객과 안주 삼아 함께 먹으려다. 내가 연회로 빈객을 즐겁게 하고 술을 마시며 그대 빈객과 함께 늙어가려는 것이 당연하니, 서로 친애함이 지극하여 죽도록 시들해지지 않음을 말한 것이다. 술을 마실 때에 거문고와 비파의 음악이 〈빈객을〉 모시는 자리에 있고 안주와 술이 있으며, 게다가 거문고와 비파로 즐겁게 하니 손님과 주인이 화락하여 또 더없이 편하고 좋은 것이다. 옛날의 賢士들은 이처럼 덕이 있는 빈객을 친애하였는데, 지금은 그렇지 않음을 풍자한 것이다.

【疏】 傳'宜肴' ○ 正義曰 : 釋言文, 李巡曰 "宜, 飮酒之肴."

傳의 〔宜肴〕

○ 正義曰 : ≪爾雅≫ 〈釋言〉의 글인데, 李巡은 "宜는 술안주이다."라고 하였다.

【疏】 箋'言我'至'共肴也' ○ 正義曰 : '言 我', 釋詁文. 與之飮酒相親, 故知'子謂賓客.' 故以所射之鳧雁, 爲加豆之實, 與君子共肴之. 若然, 曲禮云 "凡進食之禮, 左肴右胾(자),

食居人之左, 羹(갱)居人之右, 膾炙處外, 醯(혜)醬處內, 葱渫處末, 酒漿處右." 注云"此大夫·士, 與賓客燕食之禮, 其禮食則宜倣公食(사)大夫禮云." 又案公食大夫禮, 皆無用鳧雁之文, 此得用鳧雁者, 公食大夫自是食禮, 此則飮酒, 彼以正禮而食, 此以相好私燕, 其饌不得同也. 曲禮所陳燕食之饌, 與禮食已自不同, 明知燕飮之肴. 又當異於食法, 故用雁爲加豆也. 牲牢[1]之外, 別有此肴, 故謂之加也. 箋'宜乎'者, 謂閑暇無事, 宜與賓客燕, 與上宜肴別也.

1) 牲牢 : 일반적으로 제사에 희생으로 바치는 가축을 지칭하는 말인데, 여기서는 소, 돼지, 양을 의미한다.

箋의 〔言我〕에서 〔共肴也〕까지

○ 正義曰 : '言我'는 ≪爾雅≫ 〈釋詁〉의 글이다. 더불어 술을 마셔 서로 친하였으므로 '子는 빈객을 말하는 것〔子謂賓客〕'임을 안 것이다. 그리하여 〈주살로〉 잡은 오리며 기러기로 음식을 만들어 君子와 함께 안주 삼는 것이다. 만약 그렇다면, ≪禮記≫ 〈曲禮〉에 "대체로 음식을 올리는 禮는, 왼쪽에 肴(뼈에 붙은 고기)를 놓고 오른쪽에 胾(자른 고기)를 놓으며, 밥은 사람의 왼쪽에 놓고 국은 사람의 오른쪽에 놓으며, 膾와 炙는 바깥쪽에 놓고 초와 장은 안쪽에 놓으며, 파는 끝에 놓고 酒漿은 오른쪽에 놓는다."라고 하였는데, 注에 "이는 大夫와 士가 빈객과 연회하는 예인데, 그 예의 음식은 마땅히 ≪儀禮≫ 〈公食大夫禮〉를 따른다."라고 하였다. 또 〈공사대부례〉를 살펴보면, 모두 오리와 기러기를 쓴다는 글이 없다. 그런데도 여기서 기러기와 오리를 쓴 것은, 〈공사대부례〉는 본래 食禮이고 여기는 飮酒禮이며, 〈공사대부례〉는 正禮의 食禮이고 여기는 서로 친목하는 사적인 燕禮이니 그 饌이 같을 수 없어서이다. 〈곡례〉에서 말한 연례 음식의 찬도 정례의 음식과는 애초에 다르니, 〈이것은〉 연례 음식의 안주임을 분명히 알 수 있다. 또 응당 음식 만드는 법도 다르다. 그리하여 기러기로 음식을 더 만든 것이니, 牲牢 외에 별도로 이 안주가 있는 것이다. 그리하여 '加'라고 말한 것이다.

箋의 '宜乎'는 한가하여 할 일이 없을 때에는 빈객과 연회하기에 알맞음을 말한 것이니, 위의 〈傳에서〉 '宜는 안주이다.〔宜肴〕'라고 한 것과는 다르다.

【疏】 傳'君子'至'安好' ○ 正義曰 : 解其在御之意, 由無故不徹, 故飮則有之. 曲禮云"大夫無故不徹懸, 士無故不徹琴瑟." 注云"故, 謂災患喪病." 傳意出於彼文. 此古士兼有大夫, 當云不徹懸, 而唯言琴瑟者, 證經之琴瑟, 有樂懸[1)]者, 亦有琴瑟故也.

1) 樂懸 : 大夫의 악기인 鍾이나 磬을 거는 틀인데, 종이나 경을 바로 가리키기도 한다. 옛날에 임금이나 경대부가 병이 들어 위독해지면 악현을 철거하여 燕樂을 즐기지 않는다는 뜻을 보였다.

傳의 〔君子〕에서 〔安好〕까지

○ 正義曰 : '在御'의 뜻을 풀이한 것이니, 〈거문고와 비파는〉 변고가 없으면 거두지 않는다. 그리하여 술을 마실 때면 〈곁에〉 두는 것이다. ≪禮記≫ 〈曲禮〉에 "大夫는 이유 없이〔無故〕 걸어두는 악기(鐘이나 磬)를 거두지 않고, 士는 이유 없이 琴瑟을 거두지 않는다."라고 하였는데, 注에 "故는 재난과 喪事와 질병이다."라고 하였으니 傳의 뜻은 이 글에서 나온 것이다. 여기의 古士는 大夫를 포함하니 〈傳에서〉 당연히 '걸어두는 악기를 거두지 않는 것〔不徹懸〕'도 말해야 하는데 '琴瑟'만을 말한 것은, 經의 '琴瑟'이 '樂懸'을 두는 자이면 琴瑟도 있음을 증명하는 것이기 때문이다.

知子之來之면 雜佩以贈之언마는

그대가 오실 줄 알았다면
雜佩로 전송할 것을

【傳】 雜佩者는 珩(형)·璜(황)·琚·瑀·衝牙之類라

雜佩는 珩·璜·琚·瑀·衝牙 등의 종류이다.

【箋】 箋云 贈은 送也니 我若知子之必來면 我則豫儲雜佩하여 去則以送子也라 與異國賓客燕時에 雖無此物이나 猶言之하여 以致其厚意니 其若有之면 固將行之라 士大夫以君命出使면 主國之臣은 必以燕禮樂之하여 助君之歡이라 ○ 珩은 佩上玉也라 半璧曰璜이라 琚는 佩玉名이요 瑀는 石次玉也라 衝은 狀如牙라

箋云 : 贈은 '전송함'이다. 내가 만약 그대가 반드시 오실 것을 알았더라면 잡패를 미리 장만해두었

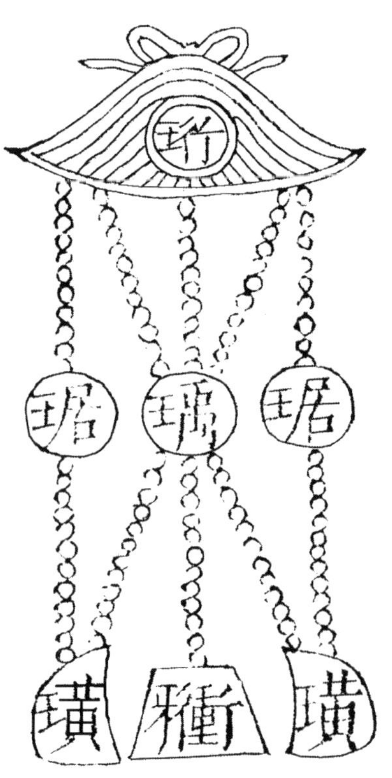

雜佩圖(≪三才圖會≫)

다가 떠나갈 때에 그대를 〈이것으로〉 전송하겠다는 것이다. 異國의 빈객과 燕饗할 때에 비록 이 패물이 없을지라도 오히려 〈이렇게〉 말하여 후히 대접하는 뜻을 다하겠다는 것이니, 만약 패물이 있다면 진실로 그렇게 하려는 것이다. 士大夫가 君命으로 사신 가면 주인 나라의 신하는 반드시 燕禮로 그를 즐겁게 하여 임금이 기뻐하도록 돕는다.

○ 珩은 잡패의 윗부분에 다는 옥이다. 반원형의 옥을 璜이라 한다. 琚는 패옥의 이름이고, 瑀는 옥에 버금가는 돌이다. 衝은 모양이 '어금니〔牙〕'와 같다.

知子之順之면 雜佩以問之언마는

그대가 나와 화목할 줄 알았다면
雜佩로 선물할 것을

【傳】 問은 遺也라

問은 '선물함'이다.

【箋】 箋云 順은 謂與己和順이라

箋云 : 順은 자기와 화목한 것을 말한다.

知子之好之면 雜佩以報之언마는

그대가 〈나와〉 친해질 줄 알았다면
雜佩로 보답할 것을

【箋】 箋云 好는 謂與己同好라

箋云 : 好는 자기와 서로 사이가 좋은 것을 말한다.

【疏】'知子'至'報之' ○ 正義曰 : 古者之賢士, 與異國賓客, 燕飮相親, 設辭以愧謝之, 我若知子之今日必來之, 我當豫儲雜佩, 去則以贈送之, 若知子之與我和順之, 當豫儲雜佩, 去則以問遺之, 若知子之與我和好之, 當豫儲雜佩, 去則以報答之, 正爲不知子之來, 愧無此物. 親愛有德之甚, 言此以致厚意, 刺今不然.

經의 〔知子〕에서 〔報之〕까지

○ 正義曰 : 옛날의 賢士는 다른 나라의 빈객과 연회에서 술을 마시며 서로 친목할 때에는 인사로 민망해하며 사례하기를, '내가 만약 그대가 오늘 반드시 오실 것을 알았다면 내가 마땅히 잡패를 미리 장만해두었다가 떠날 때에 그것으로 전송하며, 만약 그대가 나와 화목할 줄 알았다면 내가 마땅히 잡패를 미리 장만해두었다가 떠날 때 선물하며, 만약 그대가 나와 사이가 좋아질 줄 알았다면 마땅히 잡패를 미리 장만해두었다가 떠날 때 그것으로 보답할 것을.'이라고 한 것이니, 바로 그대(빈객)가 올 줄을 몰라 이 패옥을 장만해두지 못하여 민망해한 것이다. 덕이 있는 이를 매우 친애하여 이를 말하여 후의를 다한 것이니, 지금은 그렇지 못함을 풍자한 것이다.

【疏】 傳'雜佩'至'之類' ○ 正義曰 : 說文云 "珩, 佩上玉也, 璜, (圭)〔半〕[1]璧也, 琚, 佩玉名也, 瑀・玖, 石次玉也." 玉藻云 "佩玉有(衡)〔衝〕[2]牙." 注云 "居中央, 以前後觸也." 則衝牙, 亦玉爲之, 其狀如牙, 以衝突前後也. 玉藻說"佩有黝(유)珩." 列女傳稱 "阿谷之女, 佩璜而澣."[3] 下云 "佩玉瓊琚." 丘中有麻云 "貽我佩玖." 則琚・玖與瑀, 皆是石次玉. 玖是佩, 則瑀亦佩也, 故云"雜佩, 珩璜・琚瑀・衝牙之類."

1) (圭)〔半〕: 저본의 교감기에 따라 '半'으로 번역하였다.
2) (衡)〔衝〕: 저본의 교감기에 따라 '衝'으로 번역하였다.
3) 阿谷之女 佩璜而澣 : ≪列女傳≫ 〈辯通 阿谷處女〉에 나오는 내용을 축약하여 인용한 것이다. ≪列女傳≫에는 '澣'이 '浣'으로 되어 있다.

傳의 〔雜佩〕에서 〔之類〕까지

○ 正義曰 : ≪說文解字≫에 "珩은 잡패의 윗부분에 다는 옥이고, 璜은 반원형의 옥이며, 琚는 佩玉의 〈한〉 명칭이고, 瑀・玖는 옥에 버금가는 돌이다."라고 하고, ≪禮記≫ 〈玉藻〉에 "佩玉에는 衝牙가 있다."라고 하였는데, 注에 "중앙에 있으면서 앞뒤로 〈흔들리며 다른 옥에〉 부딪친다."라고 하였으니, 衝牙도 옥으로 만들고 그 모양은 어금니와 같아 〈걸으면〉 앞뒤로 부딪치는 것이다. ≪예기≫ 〈옥조〉에 "佩帶에는 黝珩(검은 옥)이 있다."라고 하고, ≪列女傳≫에 "阿谷의 여인이 璜을 차고 빨래를 한다."라고 하고, 아래 〈鄭風 有女同車〉에 "佩玉은 瓊琚이다."라고 하고, 〈王風 丘中有麻〉에는 "나에게 패옥〔佩玖〕을 주시려나."라고 하였으니, 琚・玖와 瑀는 모두 옥에 버금가는 돌이다. 玖가 차는 것이면 瑀도 차는 것이다. 그리하

여 "雜佩는 珩·璜·琚·瑀·衝牙 등의 종류이다.〔雜佩 珩璜琚瑀衝牙之類〕"라고 한 것이다.

【疏】玉藻又云"天子佩白玉, (諸)〔公〕[1]侯佩山玄玉, 大夫佩水蒼玉, 世子佩瑜玉, 士佩瓀玫(연민)玉." 則佩玉之名, 未盡於此, 故言'之類'以包之. 天官玉府云"共王之服玉·佩玉·珠玉." 注引詩傳[2]曰"佩玉上有葱珩, 下有雙璜·衝牙, 蠙(빈)珠以納其間." 下傳亦云"佩有琚·玖[3], 所以納間." 謂納衆玉與珩上下之間.

1) (諸)〔公〕: 저본의 교감기에 따라 '公'으로 번역하였다.

2) 詩傳 : 이는 ≪禮記正義≫ 〈月令〉의 疏에 근거하면 ≪韓詩外傳≫으로 확인되며, ≪周禮注疏≫의 疏에는 ≪韓詩≫로만 되어 있는데, 현전하는 ≪한시외전≫에는 이 내용이 없다. 이는 〈小雅 采芑〉의 '有瑲葱珩'에 대한 풀이이다.

3) 佩有琚玖 : 〈鄭風 有女同車〉의 "나는 듯이 움직일 때마다 瓊琚의 패옥소리 울리네〔將翶將翔 佩玉瓊琚〕"의 傳이다.

〈玉藻〉에 또 "천자는 흰 옥을 차고, 公侯는 山色 같은 玄玉을 차고, 대부는 물색 같은 蒼玉을 차고, 세자는 瑜玉을 차고, 士는 瓀玫玉(옥에 버금가는 옥돌)을 찬다."라고 하니, 패옥이라 부르는 것들이 이것만이 아니다. 그리하여 '之類'라 하여 포괄한 것이다. ≪周禮≫ 〈天官 冢宰 玉府〉에 "왕의 服玉·佩玉·珠玉을 제공한다."라고 하였는데, 注에서 ≪韓詩≫의 傳에 "패옥은 위에는 葱珩이 있고 아래에는 두 璜과 衝牙가 있는데 진주〔蠙珠〕로 그 사이(위의 옥과 아래 옥 사이)에 꿴다."라고 한 것을 인용하였고, 아래의 傳에도 "패옥에 琚와 玖가 있는데 그 사이에 끼우는 것이다."라고 하였으니, 여러 옥의 위와 珩의 아래에 끼워 넣은 것을 말한다.

【疏】箋'贈送'至'之歡' ○正義曰 : 上章與賓客飮酒, 箋不言異國, 於此言異國者, 上章燕卽是此客, 俱辭不言來, 客非異國, 至此章言來, 送之與別, 故以異國稱之. 燕禮者, 諸侯燕聘問之賓與己之群臣, 其禮同此. 朝廷之士, 與賓客燕樂, 同國異國, 其義亦同. 此篇所陳, 非古士獨說外來賓客, 但上章不言外來賓客, 有國內賓客, 此章(非)〔自〕[1]是異國耳. 又稱臣無境外之交[2], 所以得與異國賓客燕者, 士大夫以君命出使他國, 主國之臣必以燕禮樂之, 助主君之歡心, 故得與之燕也, 聘禮云"公於賓一食再饗[3], 大夫於賓一饗一食." 不言燕者, 以燕非大禮, 故不言之. 饗·食猶尙有之, 明當燕樂之矣.

1) (非)〔自〕: 저본의 교감기에 따라 '自'로 번역하였다.

2) 臣無境外之交 : ≪禮記≫ 〈郊特牲〉에 "人臣은 〈사적으로〉 다른 나라의 〈군주와〉 교류하지 않는다.〔爲人臣者 無外交〕"라고 하였다.

3) 一食再饗 : 제후가 타국의 빈객에게 베푸는 예인데, 饗禮는 太牢로써, 俎豆에 희생을 담아 命數대로 대접하는 것이다. 밥과 술이 있어, 밥을 위주로 하는 食禮나 술은 있고 밥이 없는 燕禮보다 규모가 크다.

箋의 〔贈送〕에서 〔之歡〕까지

○ 正義曰 : 上章의 빈객과 술을 마시는 부분에 대하여 箋에서는 '異國'을 말하지 않았는데 여기에서 '異國'을 말한 것은, 上章의 연례는 곧 이 客을 연향한 것이라 모두 '來'를 말하지 않았으니 이국의 객이 아니고, 이 장에서는 '來'를 말하였으니 그를 전송하며 전별하는 것이므로 '異國'이라 일컬은 것이다.

燕禮는 제후가 빙문 온 빈객이나 자기의 신하들을 연향하는 것이니 그 예가 이와 같다. 조정의 관리가 빈객과 연향하여 즐겁게 함은 같은 나라의 〈객에게나〉 다른 나라의 〈객에게나〉 그 의리는 또한 같다. 이 편에서 말한 것은 古士가 이국에서 온 빈객에게만 말한 것은 아닌데, 다만 上章에서는 '이국에서 온 빈객'임을 말하지 않았기에 국내의 빈객이 되고, 이 장은 자연 이국의 빈객만이다.

또 신하는 이국인과의 사귐이 없다고 하였는데, 이국의 빈객과 연회할 수 있던 까닭은, 사대부가 임금의 명으로 다른 나라에 사신 가면 주인 나라의 신하가 반드시 연례로 그를 즐겁게 하여 주인 나라 군주가 기뻐하도록 돕기 때문이다. 그리하여 그와 연향할 수 있는 것이다.

≪儀禮≫ 〈聘禮〉에 "公은 賓에게 한 번의 食禮와 두 번의 饗禮를 행하고, 大夫는 賓에게 한 번의 饗禮와 한 번의 食禮를 행한다."라고 하고 燕禮를 말하지 않은 것은, 연례가 大禮가 아니기 때문이다. 그리하여 말하지 않은 것이다. 그런데 饗禮와 食禮가 오히려 있고 보면 분명 燕禮로 즐겁게 해야 하는 것이다.

【疏】 傳'問遺' ○ 正義曰 : 曲禮云 "凡以苞苴·簞笥問人者", 哀二十六年左傳云 "衛侯使(시)以弓問子貢." 皆遺人物, 謂之問, 故云'問, 遺也'. 問之者, 卽出己之意, 施遺前人, 報之者, 彼能好我, 報其恩惠, 贈之者, 以物與之. 送之與別, 其實一也, 所從言之異耳.

傳의 〔問遺〕

○ 正義曰：≪禮記≫〈曲禮〉에 "〈선물을〉 苞苴와 簞笥로 싸서 남에게 보내는 경우에……"라 하고, ≪春秋左氏傳≫ 哀公 26년에 "衛侯가 사람을 보내 子貢에게 활을 선물하였다."라고 하였으니, 모두 남에게 선물을 주는 것을 '問'이라 한 것이다. 그리하여 '問은 '선물함'이다.〔問 遺也〕'라고 한 것이다. '問之'는 바로 자기의 뜻을 표현하면서 앞에 있는 사람에게 주는 것이고, '報之'는 저 사람이 나를 친애하여 자기가 그 은혜에 보답하는 것이고, '贈之'는 선물을 주는 것이다. '전송함〔送〕'과 '이별함〔別〕'은 실제로 같은데 말하는 주체가 다른 것일 뿐이다.

女曰鷄鳴三章이니 章六句라

〈女曰鷄鳴〉 3章이니 章마다 6句이다.

有女同車(유녀동거)

【序】有女同車는 刺忽也라 鄭人이 刺忽之不昏于齊라 太子忽이 嘗有功于齊어늘 齊侯請妻之러니 齊女賢而不取라가 卒以無大國之助하여 至於見逐이라 故國人刺之라

〈有女同車〉는 忽을 풍자한 것이다.

鄭나라 사람이, 忽이 齊나라 여인과 혼인하지 않은 것을 풍자한 것이다. 이 태자 忽이 일찍이 齊나라에 공이 있었는데 齊侯가 딸을 시집보내겠다고 청하였지만, 齊侯의 딸이 어진데도 장가들지 않았다가 마침내 큰 나라의 도움이 없어서 쫓겨나게 되었다. 그리하여 나라 사람들이 풍자한 것이다.

【箋】忽은 鄭莊公世子니 祭(채)仲이 逐之而立突이라 ○ 以女適人曰妻라

忽은 鄭 莊公의 世子이니, 祭仲이 그를 축출하고 突을 세웠다. ○ 딸을 남에게 시집보내는 것을 妻라 한다.

【疏】'有女同車(二章章六句)'至'刺之' ○ 正義曰：作有女同車詩者, 刺忽也. 鄭人刺忽之不婚於齊, 對齊爲文, 故言鄭人. 旣摠敍經意, 又申說之. 此太子忽嘗有功於齊, 齊侯喜得其功, 請以女妻之, 此齊女賢, 而忽不娶. 由其不與齊爲婚, 卒以無大國之助, 至於見逐, 棄國出奔, 故國人刺之. 忽宜娶齊女, 與之同車, 而忽不娶, 故經二章, 皆假言鄭忽實娶齊女, 與之同車之事, 以刺之.

序의 〔有女同車〕에서 〔刺之〕까지

○ 正義曰 : 〈有女同車〉 시를 지은 것은 忽을 풍자한 것이다.

鄭人이 忽이 齊나라와 혼인하지 않은 것을 풍자한 것인데, 齊와 相對하여 표현하였다. 그리하여 '鄭人'이라 한 것이다. 먼저 經의 뜻을 총괄하여 서술하고 또 거듭 설명한 것이다. 이 태자 忽이 일찍이 제나라에 공이 있자 齊侯는 그가 공을 세운 것을 기뻐하여 딸을 시집보내려 하였는데, 이 제나라 여인이 어진데도 홀이 장가들지 않았다. 그가 제나라와 혼인하지 않은 일 때문에 마침내 대국의 원조가 없어 축출당하여 나라를 버리고 도망하는 지경에 이르렀다. 그리하여 정나라 사람들이 그를 풍자한 것이다. 홀이 당연히 제나라 여인에게 장가들어 그녀와 수레를 함께 탔어야 하는데, 장가들지 않았다. 그리하여 經의 두 章에서 모두 정나라 홀이 실제로 제나라 여인에게 장가들어 그녀와 수레를 함께 타는 일을 가설하여 말해서 그것을 풍자한 것이다.

【疏】 桓六年傳曰 "北戎侵齊, 齊侯使乞師於鄭, 鄭太子忽師(솔)師救齊, 六月, 大敗戎師, 獲其二帥大良・少良, 甲首三百, 以獻於齊." 是太子忽嘗有功於齊也. 傳又云 "公之未婚於齊也, 齊侯欲以文姜妻鄭太子忽, 太子忽辭. 人問其故, 太子曰'人各有耦, 齊大, 非吾耦也. 詩云「自求多福」[1], 在我而已, 大國何爲.' 君子曰'善自爲謀.' 及其敗戎師也, 齊侯又請妻之, 固辭. 人問其故, 太子曰'無事於齊, 吾猶不敢, 今以君命奔齊之急, 而受室以歸, 是以師婚也, 人其謂我何.' 遂辭諸鄭伯."

1) 自求多福 : 〈大雅 文王〉편에 "길이 천명에 맞게 행함이 스스로 많은 복을 구하는 길이네〔永言配命 自求多福〕"라고 하였다.

≪春秋左氏傳≫ 桓公 6년에 "北戎이 齊나라를 침범하자 齊侯가 사신을 보내 鄭나라에 구원병을 요청하였다. 〈이에〉 鄭의 太子 忽이 군대를 거느리고 제를 구원하여 6월에 北戎의 군대를 대패시키고 두 장수 大良과 少良을 사로잡고 甲兵 3백 명의 머리를 베어 제나라에 바쳤다."라고 하였으니, 이것이 태자 忽이 일찍이 제나라에 세운 공이다.

또 ≪춘추좌씨전≫ 환공 6년에 "魯 桓公이 제나라와 혼인하기 전에 齊侯가 文姜(노 환공의 夫人)을 鄭의 태자 忽에게 시집보내려 하였는데 태자 忽이 사양하였다. 어떤 이가 그 까닭을 묻자 태자가 대답하기를, '사람은 각자 알맞은 짝이 있다. 제나라는 대국이라 〈제나라 여인은〉 나의 합당한 짝이 아니다. 詩에 「스스로 많은 복을 구하는 길이네.」라고 하였으니, 나에게 달려 있을 뿐이지 大國인들 무슨 소용이 있겠는가.'라고 하니, 君子가 '스스로는 잘 도모하였다.'라고 하였다. 또 태자가 북융의 군대를 대패시키자 齊侯가 또 딸을 시집보내려 하였는데 〈홀은〉 군이 사양하였다. 이에 어떤 이가 그 까닭을 묻자 태자가 답하기를 '齊나라에 〈위급한〉 일이 없을 때에도 내가 오히려 감히 할 수 없었는데 지금 임금의 명으로 제나라의 위급한 일에 달려가서 아내를 얻어 돌아온다면 이는 전쟁을 기회로 혼인하는 셈이니, 백성들이 나를 두고 뭐라 하겠는가.'라고 하고, 마침내 鄭伯에게 거절의 뜻을 아뢰었다."라고 하였다.

【疏】 如左傳文, 齊侯前欲以文姜妻忽, 後復(부)欲以他女妻忽, 再請之. 此言'齊女賢而忽不娶'不娶, 謂復請妻者, 非文姜也. 鄭志張逸問曰 "此序云'齊女賢', 經云'德音不忘', 文姜內淫, 適人殺夫, 幾亡魯國, 故齊有雄狐之刺[1], 魯有敝笱之賦[2], 何德音之有乎." 答曰 "當時佳耳, 後乃有過, 或者早嫁, 不至於此. 作者據時而言, 故序達經意." 如鄭此答, 則以爲此詩刺忽不娶文姜. 案此序言'忽有功於齊, 齊侯請妻之', 則請妻在有功之後, '齊女賢而忽不娶', 其文又在其下, 明是在後妻者也, 安得以爲文姜乎.

1) 雄狐之刺 : 자신의 누이인 文姜과 간통한 齊 襄公을 숫여우에 비유하여 풍자한 시 〈齊風 南山〉을 가리킨다.
2) 敝笱之賦 : 자신의 오라비인 제 양공과 간통한 문강을 풍자하고, 아울러 문강을 막지 못한 魯 桓公을 미워한 시 〈齊風 敝笱〉를 가리킨다.

≪春秋左氏傳≫의 글과 같다면 齊侯가 먼저는 文姜을 忽에게 시집보내려 하였고 나중에는 또 다른 여인을 홀에게 시집보내려 하였으니 두 번 청한 것이다. 여기서 말한 '齊女賢而忽不娶'의 '不娶'는 시집보내기를 다시 청한 것을 말하니, 문강을 두고 한 말이 아니다.

≪鄭志≫에서 張逸이 묻기를 "이 序에서는 '齊女賢'이라 하고, 經에서는 '德音不忘'이라 하였습니다. 그러나 文姜은 시집가기 전에는 혈육과 간통하고 시집가서는 남편을 죽게 하여 노나라를 거의 망하게 하였습니다. 그리하여 齊나라에는 '雄狐'의 풍자가 있고 魯나라에는 '敝笱'의 賦가 있게 된 것인데, 어찌하여 '德音'이 있는 것입니까?"라고 하니,

답하기를 "당시에는 아름다웠는데 나중에 가서 마침내 잘못이 있었으니, 혹 일찍 시집갔더라면 이런 지경에 이르지는 않았을 것이다. 〈이는〉 지은이가 〈그〉 당시에 근거하여 말한 것이다. 그리하여 序는 經의 뜻과 통한다."라고 하였다. 鄭玄의 이 대답과 같다면 이 詩를, 忽이 문강을 아내로 맞이하지 않은 것을 풍자한 것으로 여긴 것이다. 〈그러나〉 '홀이 제나라에 공이 있어 齊侯가 딸을 시집보내기를 청하였다.'라고 한 이 序의 말을 살펴보면, 시집보내기를 청한 것은 공을 세우고 난 뒤이고 '齊女賢而忽不娶'의 글이 또 그 뒤에 있으니, 이는 분명 나중에 시집보내기를 청한 일에 해당되니 어찌 그 여인이 문강이라고 할 수 있겠는가.

【疏】 又桓十一年左傳曰 "鄭昭公之敗北戎也, 齊人將妻之, 昭公辭. 祭仲曰 '必娶之. 君多內寵, 子無大援, 將不立.' 弗從. 夏, 鄭莊公卒, 秋, 昭公出奔衛." 傳亦以出奔之年, 追說不婚於齊, 與詩刺其意同也. 張逸以文姜爲問, 鄭隨時答之. 此箋不言文姜, 鄭志未爲定解也. 若然, 前欲以文姜妻之, 後欲以他女妻之, 他女必幼於文姜, 而經謂之'孟姜'者, 詩人以忽不娶, 言其身有賢行, 大國長女, 刺忽應娶不娶, 何必實賢實長也.

또 ≪春秋左氏傳≫ 桓公 11년에 "鄭 昭公(太子 忽)이 北戎을 패배시키자 齊侯가 〈그에게〉 딸을 시집보내려 하였는데 정 소공이 사양하였다. 祭仲이 아뢰기를 '반드시 아내 삼으십시오. 군주에게는 안으로 총애하는 이가 많으니, 세자께서는 큰 나라의 후원이 없으면 임금 자리에 오르지 못할 것입니다.'라고 하였는데 따르지 않았다. 여름에 鄭 莊公이 죽고 가을에 소공이 衛로 도망하였다."라고 하였으니, ≪춘추좌씨전≫도 〈소공이〉 도망간 해를 기준으로 齊나라와 혼인하지 않았던 일을 소급하여 말한 것이니 詩에서 풍자한 것과 그 뜻이 같다. 〈그러니〉 張逸은 文姜으로 묻고 鄭玄은 〈혼인을 청한〉 시기를 따져 답한 것이다. 〈그러나〉 이 箋에서 문강을 말하지 않았으니 ≪鄭志≫가 꼭 맞는 해석은 아니다. 만약 그렇다면 먼저는 문강을 시집보내려 하고 나중에는 다른 딸을 시집보내려 한 것이니, 다른 딸은 반드시 문강보다 어렸을 터이다. 그런데 經에 '孟姜'이라 한 것은, 시인은 忽이 장가들지 않은 일 때문에, 그녀가 어진 행실이 있고 大國의 長女임을 말하여 홀이 당연히 장가들었어야 하는데 장가들지 않은 것을 풍자한 것이지, 어찌 반드시 실제로 어질고 실제로 장녀여서이겠는가.

【疏】 桑中'刺奔'・'相竊妻妾', 言孟姜・孟庸・孟弋, 責其大國長女爲此姦淫, 其行可恥惡耳, 何必三姓之女, 皆處長也. 此忽實不同車, 假言同車, 以刺之, 足明齊女未必實賢・實長, 假言其賢長以美之, 不可執文以害意也.

〈그리고〉〈鄘風 桑中〉序의 '刺奔'과 '相竊妻妾'은 孟姜・孟庸・孟弋을 말하니 대국의 장녀로서 〈이렇게〉 간음하여 그 행실이 부끄럽고 미워할 만함을 책망한 것일 뿐이지, 어찌 세 성씨의 여인이 반드시 모두 장녀였겠는가. 이 시는 忽이 실제로 수레를 같이 타지 않았는데 같이 탄 것으로 가상하여 말해서 풍자한 것이니, 齊나라 여인이 반드시 실제로 어질고 장녀인 것이 아닌데 어질고 장녀인 것으로 가상하여 말해서 미화한 것임을 충분히 알 수 있으니, 글에 얽매여 뜻을 해쳐서는 안 된다.

【疏】 此陳同車之禮, 欲忽娶爲正妻也. 案隱八年左傳云"鄭公子忽, 如陳逆婦嬀(규)." 則是已娶正妻矣. 齊侯所以得請妻之者, 春秋之世, 不必如禮. 或者陳嬀已死, 忽將改娶, 二者, 無文以明之. 此請妻之時, 在莊公之世, 不爲莊公詩者, 不娶齊女, 出自忽意, 及其在位無援, 國人乃追刺之.

여기는 수레를 함께 타는 예를 말하여 忽이 장가들어 정실부인 삼기를 바란 것이다. ≪春秋左氏傳≫ 隱公 8년을 살펴보니 "鄭 公子 忽이 陳에 가서 부인 嬀氏를 맞이해 왔다."라고 하였으니 이미 장가들어 정실부인을 얻은 것이다. 〈그런데도〉 齊侯가 딸을 시집보내기를 청한 것은, 春秋 시대에는 반드시 禮대로 하지는 않아서일 것이다. 혹자는 嬀氏가 죽어서 忽이 새 장가를 가려는 일이라 하였지만 두 가지 일은 증명할 글이 없다. 여기서 시집보내기를 청한 때는 莊公의 때인데 장공 때의 시로 분류되지 않은 것은, 齊女에게 장가들지 않은 것이 忽의 뜻에서 나왔고, 그가 임금이 된 뒤에 〈과연〉 후원세력이 없어 〈축출되자〉 國人들이 마침내 그 일을 돌이켜 풍자한 것이기 때문이다.

【疏】 序言'嘗有功於齊', 明是忽爲君後, 追刺前事, 非莊公之時, 故不爲莊公詩也. 傳稱忽不娶文姜, 君子謂之善自爲謀, 則是善忽矣, 此詩刺之者, 傳言"善自爲謀," 言其謀不及國, 故再發傳, 以言忽之無援, 非善之也.

序에서 '嘗有功於齊'라 하였으니 분명 이는 忽이 임금이 된 뒤에 이전의 일을 돌이켜 풍자한 것이지 莊公의 때가 아니다. 그리하여 장공의 시가 되지 않은 것이다. ≪春秋左

氏傳≫에 홀이 文姜에게 장가들지 않은 일에 대하여 君子가 '스스로는 잘 도모하였다.〔善自爲謀〕'라고 하였으니, 그렇다면 이는 홀을 훌륭하게 여긴 것인데, 이 시에서 홀을 풍자한 것은 ≪춘추좌씨전≫에서 "스스로는 잘 도모하였다."라 한 것이 그의 도모가 나라에는 미치지 못함을 말한 것이기 때문이다. 그리하여 다시 ≪춘추좌씨전≫을 들어서 '홀에게 후원국이 없다.'는 것을 말하였으니, 〈시는 결코〉 그를 훌륭히 여긴 것이 아니다.

【疏】 箋'忽鄭'至'立突' ○正義曰：經書"鄭世子忽", 是爲莊公子也. 桓十一年左傳曰"祭仲有寵於莊公, 爲公娶鄧曼, 生昭公, 故祭仲立之. 宋雍氏女於鄭莊公, 曰雍(始)〔姞(길)〕[1], 生厲公. 雍氏宗, 有寵於宋莊公, 故誘祭仲而執之, 曰'不立突, 將死.' 亦執厲公而求賂焉, 祭仲與宋人盟, 以厲公歸而立之. 九月丁亥, 昭公奔衛, 已亥, 厲公立." 是祭仲逐之而立突也.

1) (始)〔姞(길)〕: 저본의 교감기에 따라 '姞'로 번역하였다.

箋의 〔忽鄭〕에서 〔立突〕까지

○ 正義曰：≪春秋≫ 桓公 15년의 經에 "鄭의 世子 忽"이라고 썼으니 이는 莊公의 아들이다. ≪春秋左氏傳≫ 환공 11년에 "祭仲이 장공에게 총애를 받아 그가 公을 위해 鄧曼을 부인으로 맞이하게 하여 昭公을 낳았다. 그리하여 채중이 그를 임금으로 세운 것이다. 宋나라도 雍氏의 딸을 鄭 莊公에게 시집보냈는데 이름이 雍姞이니, 그녀가 厲公을 낳았다. 옹씨의 종족이 宋 莊公에게 총애를 받았다. 그리하여 〈송나라가〉 채중을 유인하여 잡아두고 말하기를 '突(여공)을 임금 자리에 앉히지 않으면 죽이겠다.'라고 하고, 또 여공을 잡아두고 뇌물을 요구하니, 채중이 宋人과 '여공을 데리고 돌아가 임금으로 세울 것'을 맹약하였다. 9월 丁亥일에 소공이 衛나라로 도망가고 已亥일에 여공이 임금 자리에 올랐다."라고 하였으니, 이것이 채중이 〈소공을〉 쫓아내고 돌을 임금 자리에 앉힌 것이다.

有女同車하니 顔如舜華로다

수레에 함께 탄 여인
고운 얼굴 무궁화 같네

【傳】 親迎同車也라 舜은 木槿也라

親迎하여 수레를 함께 탄 것이다. 舜은 무궁화꽃이다.

【箋】 箋云 鄭人이 刺忽不取齊女하여 親迎與之同車라 故稱同車之禮와 齊女之美라 ○同車는 讀與何彼襛(농)矣詩同이라 華도 讀亦與召南同[1]하니 下篇放此라

1) 同車……讀亦與召南同 : 〈召南 何彼襛矣〉는 王姬가 제후에게 下嫁할 때에 모습이 唐棣의 꽃처럼 아름답고 그 수레와 복식이 엄숙하면서도 온화한 것을 찬미한 시인데, 여기의 시집갈 때 함께 타는 수레인 '同車'와 꽃처럼 아름다운 신부를 비유한 華도 〈何彼襛矣〉와 같은 의미임을 설명한 것이다.

舜(≪詩經名物圖解≫)

箋云 : 鄭나라 사람들이 忽이 제나라 여인에게 장가들어 親迎하여 수레를 함께 타지 않은 것을 풍자한 것이다. 그리하여 수레를 함께 타는 예와 齊女의 아름다움을 말한 것이다.

○'同車'는 〈何彼襛矣〉 시의 〈車와〉 같은 뜻으로 읽고, 華도 〈召南 何彼襛矣〉의 〈華와〉 같은 뜻으로 읽으니, 아래 편도 이와 같다.

將翶將翔하니 佩玉瓊琚로다

나는 듯 걸어가려니
佩玉은 아름다운 瓊琚네

【傳】 佩有琚(瑀)〔玖〕[1]는 所以納閒(간)이라

1) (瑀)〔玖〕 : 저본의 교감기에 따라 '玖'로 번역하였다.

패옥 중에 琚와 玖는 〈위아래의 옥돌〉 사이에 끼인 것이다.

彼美孟姜이여 洵美且都로다

저 아름다운 孟姜이여

참으로 아름답고 얌전하네

【傳】 孟姜은 齊之長女라 都는 閑也라

孟姜은 齊나라의 장녀이다. 都는 '얌전함'이다.

【箋】 箋云 洵은 信也니 言孟姜信美好하고 且閑習婦禮라

箋云 : 洵은 '진실로'이니, 孟姜이 진실로 아름답고 또 부인의 예에 익숙함을 말한 것이다.

【疏】 '有女'至'且都' ○ 正義曰 : 鄭人刺忽不娶齊女, 假言忽實娶之, 與之同車. 言有女與鄭忽同車, 此女之美其顔色, 如舜木之華然, 其將翺將翔之時, 所佩之玉, 是瓊琚之玉, 言其玉聲和諧, 行步中節也, 又歎美之, 言彼美好之孟姜, 信美好, 而又且閑習於婦禮, 如此之美而忽不娶, 使無大國之助, 故刺之.

經의 〔有女〕에서 〔且都〕까지

○ 正義曰 : 鄭나라 사람들이 忽이 齊나라 여인에게 장가들지 않은 것을 풍자하면서 홀이 실제로 장가들어 그녀와 수레를 함께 탄 것을 가정하여 말한 것이다. '저 여인이 정나라 홀과 수레를 함께 탔는데 이 여인의 고운 얼굴이 무궁화의 아름다움과 같음'을 말하고, 그녀가 나는 듯 설을 때에 차고 있는 옥은 瓊琚이니 '옥소리가 조화로워 걸음걸이가 절도에 맞음'을 말하고, 또 탄미하면서 '저 아름다운 孟姜이 참으로 곱고도 여인의 예에 익숙함'을 말한 것이니, 이와 같이 아름다운데도 홀이 장가들지 않아서 대국의 후원이 없게 하였으므로 그것을 풍자한 것이다.

【疏】 傳'親迎'至'木槿' ○ 正義曰 : 士昏禮云"壻揖, 婦出門." 乃云 "壻御婦車, 授綏(수)." 是親迎之禮, 與婦同車也. 釋草云 "椵, 木槿, 櫬(친), 木槿." 樊光曰 "別二名也, 其樹, 如李, 其華, 朝生暮落, 與草同氣, 故在草中." 陸機疏云 "舜, 一名木槿, 一名櫬, 一名曰椵. 齊・魯之間, 謂之王蒸, 今朝生暮落[1]者, 是也, 五月始華, 故月令'仲夏, 木槿榮.'"

1) 朝生暮落 : 무궁화의 개화기간이 짧기 때문에 붙여진 이름이다.

傳의 〔親迎〕에서 〔木槿〕까지

○ 正義曰 : ≪儀禮≫ 〈士昏禮〉에 "신랑이 읍하고 신부가 문을 나간다."고 말하고, 이

어서 "신랑이 신부가 탈 수레를 몰고 가서 수레 손잡이 줄을 건네준다."라고 하였으니, 이것이 親迎하는 예로써 신부와 수레를 함께 타는 것이다.

≪爾雅≫ 〈釋草〉에 "椴은 木槿이고, 櫬도 木槿이다."라고 하였는데, 樊光은 "다른 두 이름이니, 그 나무는 오얏과 비슷하고 꽃은 아침에 폈다가 저녁에 지는데 풀과 성질이 같으므로 草 항목 속에 들어 있다."라고 하고, 陸機의 ≪毛詩草木鳥獸蟲魚疏≫에는 "舜은 또 다른 이름이 木槿이고 櫬이며 椴이다. 齊・魯 지방 일대에서는 王蒸이라 하는데, 지금의 '朝生暮落花'가 이것이니, 5월에 비로소 꽃이 핀다. 그리하여 ≪禮記≫ 〈月令〉에 '仲夏에 무궁화꽃이 핀다.'라고 하였다."라고 하였다.

【疏】 傳'都閑' ○ 正義曰：都者, 美好閑習之言, 故爲閑也. 司馬相如上林賦云 "妖冶閑都." 亦以都爲閑也.

傳의 〔都 閑〕

○ 正義曰：都는 아름답고 얌전하다는 말이다. 그리하여 閑이라 한 것이다. 司馬相如의 〈上林賦〉에 "아름답고 우아하네."라고 한 것 역시 都를 閑으로 여긴 것이다.

有女同行하니 顔如舜英이로다

함께 가는 저 여인
어여쁜 얼굴 무궁화 같네

【傳】 行은 行道也요 英은 猶華也라

行은 '길을 감'이고, 英은 華(꽃)와 같다.

【箋】 箋云 女始乘車면 壻御輪三周하고 御者代壻라 ○ 壻는 字書에 作㚸(서)라

箋云：여인이 처음 수레에 타고 나면 신랑이 세 바퀴 구를 때까지 몰고 〈그 뒤에는〉 마부가 신랑을 대신한다.

○ 壻는 字書에 㚸로 되어 있다.

將翶將翔하니 佩玉將將이로다

나는 듯 걸어가려니
패옥 소리 짤랑짤랑

【傳】 將將은 鳴玉而後行이라 ○ 將將은 玉佩聲이라

將將은 갈 때에 옥소리가 먼저 나는 것이다.

○ 將將은 패옥 소리이다.

彼美孟姜이여 德音不忘하리라

저 아리따운 孟姜이여
德音을 잊지 못하리라

【箋】 箋云 不忘者는 後世傳(其道)〔道其〕[1]德也라

1) (其道)〔道其〕: 저본의 교감기에 따라 '道其'로 번역하였다.

箋云 : '不忘'이란 후세까지 그 덕을 전하여 말하는 것이다.

【疏】 箋'女始'至'代壻' ○ 正義曰 : 昏義文也. '御者代壻', 卽先道而行, 故引之以證同道之義.

箋의 〔女始〕에서 〔代壻〕까지

○ 正義曰 : ≪禮記≫ 〈昏義〉의 글이다. '御者代壻'는 곧 〈신랑이〉 앞에서 인도하며 가는 것이다. 그리하여 〈혼의〉의 글을 인용하여 함께 가는 뜻을 증명한 것이다.

【疏】 傳'將將 鳴玉而後行' ○ 正義曰 : 此解鏘(장)鏘之意, 將動而玉已鳴, 故於將翶將翔之時, 已言"佩玉鏘鏘"也. 上章言玉名, 此章言玉聲, 互相足.

傳의 〔將將 鳴玉而後行〕

○ 正義曰 : 이는 '鏘鏘(將將)'의 뜻을 풀이한 것이니, 막 걸으려 하면 옥이 먼저 울린다. 그리하여 '나는 듯 걸어가는〔將翶將翔〕' 때인데도 이미 '패옥 소리 짤랑짤랑〔佩玉鏘鏘〕'이라 한 것이다. 上章은 옥의 명칭을 말하고, 이 章은 옥의 소리를 말하였으니, 서로

보완이 된다.

有女同車二章이니 章六句라

〈有女同車〉 2章이니 章마다 6句이다.

山有扶蘇(산유부소)

【序】 山有扶蘇는 刺忽也라 所美非美然이라

〈山有扶蘇〉는 忽을 풍자한 것이다.

훌륭하지 않은 이를 훌륭하게 여겼기 때문이다.

【箋】 言忽所美之人이 實非美人이라 ○ 蘇는 如字라

忽이 훌륭하게 여긴 이가 실제로 훌륭한 사람이 아님을 말한 것이다.

○ 蘇는 본음대로 읽는다.

【疏】 '山有扶蘇(二章章四句)'至'美然' ○ 正義曰：毛以二章皆言用臣不得其宜, 鄭以上章言用之失所, 下章言養之失所, 箋·傳意雖小異, 皆是所美非美人之事.

序의 〔山有扶蘇〕에서 〔美然〕까지

○ 正義曰：毛亨은 "두 章이 모두 신하를 올바르게 등용하지 못함을 말한 것"으로 여기고, 鄭玄은 "上章은 제자리에 등용하지 못한 것을 말하고, 下章은 〈신하를〉 길러줌에 제자리를 잃게 한 것을 말한 것"으로 여겼으니, 箋과 傳의 뜻이 비록 조금은 다르지만 모두 훌륭하게 여긴 이가 훌륭한 사람이 아닌 일이다.

山有扶蘇하고 隰有荷華어늘

산에는 부소나무

습지에는 연꽃이 있건만

【傳】 興也라 扶蘇는 扶胥니 小木也요 荷華는 扶渠也니 其華菡萏(함담)이라 言高下大小가 各得其宜也라

興이다. 扶蘇는 扶胥이니 작은 나무이고, 荷華는 扶渠이니 그 꽃이 菡萏이다. 높이와 크기가 각각 그 합당함을 얻음을 말한 것이다.

荷華(≪毛詩品物圖攷≫)

【箋】 箋云 興者는 扶胥之木이 生于山으로 喩忽置不正之人于上位也하고 荷華生于隰으로 喩忽置有美德者于下位하니 此言其用臣顚倒하여 失其所也라 ○ 菡은 本作歁(함)하고 又作莟(함)하며 萏은 本又作欿(함)하고 又作萏(담)이라 菡萏은 荷華也니 未開曰菡萏이요 已發曰芙蕖라

箋云 : 興한 것은, 扶胥나무가 산에서 자란다는 것으로 忽이 바르지 않은 사람을 윗자리에 둔 것을 비유하고, 연꽃이 습지에서 자란다는 것으로 忽이 아름다운 덕이 있는 이를 아랫자리에 둔 것을 비유한 것이니, 이는 신하를 등용함에 〈위아래가〉 전도되어 제자리를 잃었음을 말한 것이다.

○ 菡은 歁으로 되어 있는 본이 있고 莟으로 되어 있기도 하며, 萏은 欿으로 되어 있는 본도 있고 萏으로 되어 있기도 하다. 菡萏은 연꽃이니 아직 피지 않은 것을 菡萏이라 하고 핀 것을 芙蕖라 한다.

不見子都하고 乃見狂且(저)로다

子都는 보지 못하고
미치광이만 보았구나

【傳】 子都는 世之美好者也요 狂은 狂人也라 且는 辭也라

子都는 세상의 아름다운 사람이고, 狂은 미치광이이다. 且는 어조사이다.

【箋】 箋云 人之好美色이로되 不往覩(도)子都하고 乃反往覩狂醜之人으로 以興忽好善이로되 不任用賢者하고 反任用小人이니 其意同이라

箋云 : 어떤 이가 미인을 좋아하는데 가서 子都는 보지 못하고 도리어 가서 못난 미치광이를 본 것으로, 忽이 善을 좋아하였지만 훌륭한 이를 임용하지 않고 도리어 소인을 임용한 것을 興한 것이니, 그 뜻이 같다.

【疏】 '山有'至'狂且' ○毛以爲 "山上有扶蘇之木, 隰中有荷華之草, 木生於山, 草生於隰, 高下各得其宜, 以喩君子在上, 小人在下, 亦是其宜. 今忽置小人於上位, 置君子於下位, 是山隰之不如也. 忽之所愛, 皆是小人, 我適忽之朝上, 觀其君臣, 不見有美好之子閑習禮法者, 乃唯見狂醜之昭公耳." 言臣無賢者, 君又狂醜, 故以刺之.

經의 〔山有〕에서 〔狂且〕까지

○ 毛亨은 "산 위에 扶蘇나무가 있고 습지 안에 荷華草가 있으니, 나무는 산에 자라고 풀은 습지에서 자라서 높거나 낮은 〈땅이〉 각기 그 마땅한 〈식물을〉 얻은 것으로써 君子가 위에 있고 小人이 아래에 있는 것도 마땅한 것임을 비유하였다. 그런데 지금 忽은 소인을 윗자리에 두고 군자를 아랫자리에 두었으니 이는 산이나 습지만도 못한 것이다. 홀이 아끼는 이가 모두 소인이니, 〈어떤 이가〉 '내가 홀의 조정에 가서 그 君臣을 보았는데, 禮法에 익숙한 훌륭한 이는 보지 못하고 다만 못난 미치광이 昭公(홀)을 보았을 뿐이다.'라고 한 것"으로 여겼으니, 신하 중에는 훌륭한 이가 없고 임금은 또 못났으므로 이 때문에 풍자하였음을 말한 것이다.

【疏】 鄭以"高山喩上位, 下隰喩下位, 言山上有扶蘇之小木, 隰中有荷華之茂草, 小木之處高山, 茂草之生下隰, 喩忽置不正之人於上位, 置美德之人於下位, 言忽用臣顚倒, 失其所也. 忽之所以然者, 由不識善惡之故. 有人自言愛好美色, 不往見子都之美好閑習者, 乃往見狂醜之人, 喩忽之好善, 不任用賢者, 反任用小人, 所美非(矣)〔美〕[1], 故刺之."

1) (矣)〔美〕: 저본의 교감기에 따라 '美'로 번역하였다.

鄭玄은 "높은 산은 윗자리를 비유하고 낮은 습지는 아랫자리를 비유한 것이니, 산 위

에는 작은 부소나무가 있고 습지에는 무성한 연꽃이 있어 작은 나무가 높은 산에 자라고 무성한 풀이 낮은 습지에 자라는 것을 말하여, 忽이 바르지 않은 이를 윗자리에 두고 훌륭한 덕이 있는 이를 아랫자리에 둔 것을 비유한 것이니, 홀이 신하를 등용함에 위아래가 전도되어 합당함을 잃었음을 말한 것이다. 홀이 그러한 까닭은 선악을 구별할 줄 몰랐기 때문이다. 어떤 이가 '아름다운 이를 애호하지만 가서 훌륭하고 예에 익숙한 子都를 보지 못하고 도리어 가서 미치광이 같은 사람만 보았다.'고 스스로 말한 것으로, 홀이 善을 좋아하지만 훌륭한 이를 임용하지 않고 도리어 소인을 임용한 것을 비유하였으니, 훌륭하게 여긴 이가 훌륭하지 않았다. 그리하여 그것을 풍자한 것이다."라고 여겼다.

【疏】 傳'扶蘇'至'其宜' ○正義曰：毛以下章山有喬松是木, 則扶蘇是木可知, 而釋木無文. 傳言'扶胥小木'者, 毛當有以知之, 未詳其所出也. '荷 扶蕖(其)[1] 其華菡萏', 釋草文, 又云 "其實蓮, 其根藕(우), 其中的, 的中薏(의)." 李巡曰 "皆分別蓮華實莖葉之名, 的, 蓮實, 薏, 中心苦者也[2]." 扶胥, 山木, 宜生於高山, 荷華, 水草, 宜生於下隰, 言'高下大小各得其宜', 反以喩不宜, 言忽使小人在上, 君子在下, 亦爲不宜也.

1) (其) : 저본의 교감기에 따라 衍字로 처리하여 번역하였다.
2) 中心苦者也 : 연의 씨앗을 쪼개보면 가운데에 薏라고 부르는 초록색 가느다란 심이 있는데 맛이 쓰다.

傳의 〔扶蘇〕에서 〔其宜〕까지

○ 正義曰 : 毛亨은, 下章의 '山有喬松'의 〈喬松이〉 나무이니 扶蘇도 나무임을 알 수 있다고 여겼다. 그러나 ≪爾雅≫ 〈釋木〉에는 관련된 글이 없다. 傳에서 '扶胥 小木'이라 한 것은 모형이 응당 알게 된 이유가 있었을 것이나 출전은 자세하지 않다. '荷 扶蕖 其華菡萏'은 ≪이아≫ 〈釋草〉의 글인데, 또 "그 열매는 蓮(연방)이고, 뿌리는 藕(연근)이며, 〈蓮〉 속에 있는 것이 的(연밥)이고, 的 속에 있는 것이 薏(연밥심)이다."라고 하였는데, 李巡은 "모두 연의 꽃과 열매와 줄기와 잎의 이름인데, 〈그중에〉 的은 연의 열매이고 薏는 〈的의〉 중앙에 있는 쓴 부분이다."라고 하였다. 扶胥는 山木이니 높은 산에서 자라기에 알맞고 荷華는 수초이니 낮은 습지에서 자라기에 알맞으므로 '높이와 크기가 각각 그 합당함을 얻었다.〔高下大小 各得其宜〕'라고 하였으니, 이는 역으로 합당하지 않은 〈사실을〉 비유하여, 忽이 소인을 윗자리에 두고 군자를 아랫자리에 둔 것 역시 합당하지 않음

을 말한 것이다.

【疏】 箋'興者'至'其所' ○ 正義曰：箋以扶蘇, 是木之小者, 荷華, 是草之茂者, 今擧山有小木, 隰有茂草爲喩, 則以山喩上位, 隰喩下位, 小木喩小人, 茂草喩美德, 故易傳, 喩忽置不正之人於上位, 置美德於下位.

箋의 〔興者〕에서 〔其所〕까지

○ 正義曰：箋은, 扶蘇는 나무 중에 작은 것이고 荷華는 풀 중에 무성한 것인데, 지금 산에 작은 나무가 있고 습지에 무성한 풀이 있음을 들어 비유하였으니, 산은 윗자리를, 습지는 아랫자리를, 작은 나무는 소인을, 무성한 풀은 아름다운 덕을 비유한 것이다. 그리하여 傳을 바꾸어 忽이 바르지 않은 이를 윗자리에 두고 훌륭한 덕 지닌 이를 아랫자리에 둔 것을 비유한 것으로 여긴 것이다.

【疏】 傳'子都'至'且辭' ○ 正義曰：都, 謂美好而閑習於禮法, 故云'子都, 世之美好者也.' 狂者, 狂愚之人. 下傳以狡童爲昭公, 則此亦謂昭公也. 狡童皆以爲義, 嫌且亦爲義, 故云'且 辭.'

傳의 〔子都〕에서 〔且辭〕까지

○ 正義曰：都는 아름답고 예법에 익숙함을 말한다. 그리하여 '子都는 세상의 아름다운 사람이다.〔世之美好者〕'라고 하였다. 狂은 미치고 어리석은 사람이다. 아래의 傳에서 狡童을 昭公이라 여겼으니, 여기도 소공이라고 한 것이다. 狡와 童이 모두 뜻을 지니고 있어 且도 뜻을 지니는 것으로 여길까 염려하였다. 그리하여 '且는 어조사이다.〔且辭〕'라 한 것이다.

【疏】 (醜)〔箋〕[1]'人之'至'意同' ○ 正義曰：箋以子都謂美麗閑習者也, 都是美好, 則狂是醜惡, 擧其見好醜爲言, 則是假外事爲喩, 非朝廷之上有好醜也, 故知此以人之好美色, 不往覩美, 乃往覩惡, 興忽之好善, 不任賢者, 反用小人, 其意與好色者同.

1) (醜)〔箋〕：저본의 교감기에 따라 '箋'으로 번역하였다.

箋의 〔人之〕에서 〔意同〕까지

○ 正義曰：箋은, '子都는 아름답고 예에 익숙한 이임을 말한 것'으로 여겼으니, 都가 아름다운 것이면 狂은 못난 것으로 외모의 美醜를 들어 말한 것이다. 그렇다면 이는 조

정 밖의 일로 비유를 삼은 것이지 조정에 있는 이의 美醜가 아니다. 그리하여 '여기서 아름다운 이를 좋아하는 사람이 가서 아름다운 이를 보지 못하고 도리어 가서 못난 이를 본 것으로, 忽이 善을 좋아하는데 훌륭한 이를 임용하지 못하고 도리어 소인을 임용함을 興한 것이니, 그의 뜻이 아름다운 이를 좋아하는 사람과 같음'을 안 것이다.

山有喬松하고 隰有游龍이어늘

산에는 키 큰 소나무
습지에는 마구 자란 털여뀌 있건만

【傳】 松은 木也요 龍은 紅草也라

松은 나무이고, 龍은 紅草이다.

【箋】 箋云 游龍은 猶放縱也라 喬松在山上은 喩忽無恩澤於大臣也요 紅草放縱枝葉於隰中은 喩忽聽恣小臣이니 此又言養臣顚倒하여 失其所也라 ○ 橋[1]는 本亦作喬하고 毛作橋하니 王云 高也라하여늘 鄭作槁하니 枯槁也라

1) 橋 : 저본의 經文에는 '喬'로 되어 있는데 陸德明이 본 本에는 '橋'로 되어 있던 것으로 보인다. 아래의 疏도 같다.

箋云 : 游龍의 〈'游'는〉 放縱과 같다. 키 큰 소나무가 산에 있음은 忽이 대신에게 베풀 은택이 없는 것을 비유하고, 紅草가 습지에서 줄기와 잎이 제멋대로 자라남은 홀이 小臣을 멋대로 굴게 한 것을 비유한 것이니, 이는 또한 〈賢臣과 小人의〉 신하를 전도되게 길러주어 제자리를 잃은 것을 말한 것이다.

○ 橋는 어떤 본에는 喬로도 되어 있고 毛本에는 橋로 되어 있는데, 王肅은 "높음이다."라고 하고, 鄭玄은 槁로 썼으니 '시드는 것'이다.

不見子充하고 乃見狡童이라

子充은 보지 못하고
도리어 교활한 아이를 보았네

【傳】 子充은 良人也요 狡童은 昭公也라

子充은 훌륭한 사람이고, 狡童은 昭公이다.

【箋】 箋云 人之好忠良之人이어늘 不往覩子充하고 乃反往覩狡童하니 狡童은 有貌而無實이라

箋云 : 어떤 이가 충실하고 어진 이를 좋아하는데 가서 子充은 보지 못하고 도리어 狡童만 보았으니, 狡童은 겉모습은 그럴싸한데 진실함이 없는 사람이다.

【疏】 '山有'至'狡童' ○ 毛以爲 "山上有喬高之松木, 隰中有放縱之龍草, 木生於山, 草生於隰, 高下得其宜, 以喩君子在上, 小人在下, 亦是其宜. 今忽置小人於上位, 置君子於下位, 是山隰之不如也. 忽之所愛, 皆是小人, 我適忽之朝上, 觀其君臣, 不見有美好之子充實忠良者, 乃唯見此壯狡童昏之昭公." 言臣無忠良, 君又昏愚, 故刺之.

經의 〔山有〕에서 〔狡童〕까지

○ 毛亨은, "산에는 키 큰 소나무가 있고 습지에는 제멋대로 자라난 털여뀌가 있으니, 나무가 산에서 자라고 풀이 습지에서 자라서 제 높이에 합당한 것을 얻은 것으로, 군자가 위에 있고 소인이 아래에 있는 것 또한 합당한 일임을 비유한 것이다. 지금 忽은 소인을 윗자리에 두고 군자를 아랫자리에 두었으니 이는 산과 습지만도 못한 것이다. 忽이 아끼는 이가 모두 소인이므로, 〈어떤 이가〉 '내가 홀의 조정에 가서 그 군신을 보니, 아름답고 충실한 子充은 보지 못하고 도리어 오직 건장하지만 어리석은 昭公만 보았다.'"라고 한 것으로 여겼으니, 신하 중에는 忠良한 이가 없고 임금은 또 어리석었으므로 풍자한 것임을 말한 것이다.

【疏】 鄭以爲 "山上有枯槁之松木, 隰中有放縱之龍草, 松木雖生高山, 而柯條枯槁, 龍草雖生於下隰, 而枝葉放縱, 喩忽之養臣, 君子在於上位, 則不加恩澤, 小人在於下位, 則祿賜豐厚, 言忽養臣顚倒, 失其所也. 忽之所以然者, 由不識善惡之故. 有人自言愛好忠良, 不往見子之充實之善人, 乃往見狡好之童穉有貌無實者, 以喩忽之好善, 不任用賢者, 反任用小人, 故刺之."

鄭玄은, "산 위에는 마른 소나무가 있고 습지 안에는 마구 자란 털여뀌가 있는데, 소나

무는 비록 높은 산에서 자라나지만 그 가지와 줄기가 말랐고 털여뀌는 비록 습지에서 자라나지만 그 줄기와 잎이 마구 자란 것으로, 忽이 신하를 길러주지만 윗자리에 있는 군자에게는 은택을 더해주지 않고 아랫자리의 소인에게는 녹과 상을 후하게 내리는 것을 비유하였으니, 홀이 신하를 길러줌에 〈위아래가〉 전도되어 제자리를 잃음을 말한 것이다. 홀이 그러한 까닭은 선악을 분간하지 못했기 때문이다. 그리하여 어떤 이가 '忠良한 이를 좋아하는데 가서 충실한 善人은 보지 못하고 도리어 가서 외모는 준수하지만 어리석고 진실함이 없는 이만을 보았다.'라고 한 것으로, 홀이 선을 좋아하는데 훌륭한 이를 임용하지 않고 도리어 소인을 임용한 것을 비유하였다. 그리하여 그것을 풍자한 것"으로 여겼다.

【疏】 傳'松木'至'紅草' ○正義曰：傳以喬松共文, 嫌爲一木, 故云'松 木', 以明喬非木也. 釋草云"紅, 蘢(롱)古, 其大者蘬(귀)." 舍人曰"紅名蘢古, 其大者名蘬." 是龍・紅, 一草而列名, 故云'龍 紅草也'. 陸機疏云"一名馬蓼, 葉大而赤白色, 生水澤中, 高丈餘." 據上章之傳, 正取高下得宜爲喩, 不取喬游爲義.

傳의 〔松木〕에서 〔紅草〕까지

○正義曰：傳은 喬와 松이 함께 쓰여 있어 하나의 나무로 여길까 염려하였다. 그리하여 '松 木'이라 하여 喬가 나무가 아님을 밝힌 것이다. ≪爾雅≫ 〈釋草〉에 "紅은 蘢古이니 큰 것이 蘬이다."라고 하였는데, 舍人은 "紅草는 이름이 蘢古인데 그중 큰 것의 이름이 蘬이다."라고 하였으니, 龍과 紅은 같은 풀인데 이름을 달리한 것이다. 그리하여 '龍은 紅草이다.〔龍 紅草也〕'라고 한 것이다. 陸機의 ≪毛詩草木鳥獸蟲魚疏≫에는 "一名은 馬蓼인데 잎이 크고 적백색이며 강이나 못 가운데에서 자라고 키는 1丈 남짓이다."라고 하였으니, 上章의 傳에 근거해보면 바로 높이가 알맞은 것을 취하여 비유를 삼은 것이지 喬와 游를 취하여 뜻을 삼은 것이 아니다.

【疏】 箋'游龍'至'其所' ○正義曰：此(章)〔草〕[1]直名龍耳, 而言游龍, 知謂枝葉放縱也. 箋以作者若取山木隰草爲喩, 則當指言松・龍而已, 不應言橋游也, 今松言橋, 而龍云游, 明取橋・游爲義. 山上之木, 言枯槁, 隰中之草, 言放縱, 明槁松喩無恩於大臣, 游龍喩聽恣於小臣, 言養臣顚倒, 失其所也. 孫毓難鄭云"箋言用臣顚倒, 置不正於上位,上位, 大臣也, 置有美德於下位, 下位, 小臣也, 則其養之, 又無恩於所寵, 而聽恣於所薄乎." 以箋爲自相違戾, 斯不然矣. 忽之群臣, 非二人而已, 用臣, 則不正者在上, 有美德者在下, 養臣, 則薄於大臣, 厚於小臣, 此二者俱爲不可, 故二章各擧以刺忽.

1) (章)〔草〕: 저본의 교감기에 따라 '草'로 번역하였다.

箋의 〔游龍〕에서 〔其所〕까지

○ 正義曰 : 이 풀은 다만 이름이 龍일 뿐인데 游龍이라 하였기 때문에 줄기와 잎이 제멋대로 자란 것을 말함을 안 것이다. 箋은, '지은이가 산의 나무와 습지의 풀을 취하여 비유를 삼았다면, 松과 龍만을 가리켜 말하고 橋(喬)와 游는 말하지 않아야 하는데, 지금 松에는 槁를 말하고 龍에는 游를 말하였으니 분명 槁와 游를 취하여 뜻을 삼은 것이다. 산 위의 나무에는 '枯槁'를 말하고 습지 가운데의 풀에는 '放縱'을 말하였으니, 분명 마른 소나무로 대신에게 은택이 없는 것을 비유하고 제멋대로 자란 털여뀌로 지위가 낮은 신하에게 제멋대로 굴게 한 것을 비유하였으니, 신하를 길러주는 도가 전도되어 제자리를 잃음을 말한 것'으로 여긴 것이다.

孫毓은 鄭玄의 말을 비판하면서 "箋은 신하를 임용하는 도가 전도되어 윗자리에 바르지 않은 이를 두었다고 하였으니 上位는 大臣이고, 아랫자리에 덕이 아름다운 이를 두었다 하였으니 下位는 小臣이다. 그렇다면 신하를 길러줌에 또 총애할 이에게는 은택이 없고, 박대할 이에게는 멋대로 굴게 하였겠는가."라고 하여, 箋의 내용이 저절로 서로 어긋난다고 여겼지만, 이는 그렇지 않다.

忽의 신하들은 이 두 부류만이 아니니, 신하를 등용한 것에 있어서는 바르지 않은 이가 윗자리에 있고 덕이 아름다운 이가 아랫자리에 있는 것이고, 신하를 길러준 것에 있어서는 대신에게는 박대하고 소신에게는 후히 대접한 것이니, 이 두 가지는 모두 옳지 않다. 그리하여 두 章에서 각각의 경우를 들어 홀을 풍자한 것이다.

【疏】 傳'子充'至'昭公' ○ 正義曰 : 充者, 實也, 言其性行充塞良善之人, 故爲'良人'. 下篇刺昭公, 而言'彼狡童兮', 是斥昭公, 故以狡童爲昭公也.

傳의 〔子充〕에서 〔昭公〕

○ 正義曰 : 充은 '충실함'이니 그 성품과 행실이 충실하고 선량한 사람임을 말한 것이다. 그리하여 '良人'이라 한 것이다. 아래의 〈狡童〉篇에서 昭公을 풍자하면서 '彼狡童兮'

라 하였으니 바로 소공을 가리킨다. 그리하여 狡童을 소공으로 여긴 것이다.

【疏】 箋'人之'至'無實' ○ 正義曰：充, 是誠實, 故以忠良言之, 充爲性行誠實, 則知狡童是有貌無實者也. 狡童, 謂狡好之童, 非有指斥定名也. 下篇刺昭公之身, 此篇刺昭公之所美非美, 養臣失宜, 不以狡童爲昭公, 故易傳, 以爲人之好忠良, 不覩子充而覩狡童, 以喩昭公之好善, 不愛賢人而愛小人也. 孫毓云 "此狡, 狡好之狡, 謂有貌無實者也. 云'刺昭公', 而謂狡童爲昭公, 於義, 雖通, 下篇言'昭公有(狂)〔壯〕[1)]狡之志', 未可用也, 箋義爲長."

1) (狂)〔壯〕: 저본의 교감기에 따라 '壯'으로 번역하였다.

箋의 〔人之〕에서 〔無實〕까지

○ 正義曰：充은 '성실함'이다. 그리하여 '忠良'으로 말하였으니, 充이 성품과 행실의 성실함이라면, 狡童은 모습은 그럴듯한데 진실함이 없는 자임을 알 수 있다. 狡童은 용모가 수려한 어린아이를 말한 것이지 지정된 인물의 이름을 가리키는 것이 아니다. 아래의 〈狡童〉편은 昭公 자신을 풍자하였는데, 이 篇은 소공이 훌륭하게 여긴 이가 실은 훌륭하지 않고 신하를 길러주는 도가 합당하지 않음을 풍자하였으니 狡童을 소공으로 여기지 않은 것이다. 그리하여 傳을 바꾸어 어떤 이가 충량한 이를 좋아하였는데 子充은 보지 못하고 狡童만 본 것으로, 소공이 善을 좋아하였는데도 賢人을 아끼지 않고 小人만 아끼는 것을 비유한 것이다.

孫毓은 "여기의 狡는 '狡好'의 狡이니 겉모습만 번듯하고 진실함이 없는 이를 말한다. 〈〈狡童〉의 序에〉 '刺昭公'이라 하여 狡童이 소공임을 말하였으니, 의미는 비록 통하지만 아래의 〈狡童〉篇에서는 '소공이 어른스러운〔壯狡〕 뜻이 있다.'라고 한 것은 따를 만하지 않으니, 이 箋의 뜻이 낫다."라고 하였다.

山有扶蘇二章이니 **章四句**라

〈山有扶蘇〉 2章이니 章마다 4句이다.

蘀兮(탁혜)

【序】 蘀兮는 刺忽也라 君弱臣强하여 不倡而和也라

〈蘀兮〉는 忽을 풍자한 시이다.

군주는 약하고 신하가 강하여 〈군주가〉 선창하고 〈신하가〉 화답하지 못한 것이다.

【箋】 不倡而和는 君臣各失其禮하여 不相倡和라 ○倡은 本又作唱하니 注下同이라

'不倡而和'는 군주와 신하가 각기 제 예를 잃어서 서로 선창하고 화답하지 못한 것이다. ○倡은 또 '唱'으로 되어 있는 本도 있는데, 注와 아래도 같다.

蘀兮蘀兮여 風其吹女어늘

바싹 마른 잎은

바람 불어야 지는데

【傳】 興也라 蘀은 槁也라 人臣待君倡而後和라

興이다. 蘀은 '마른 것'이다. 신하는 군주의 선창을 기다린 후에 화답한다.

【箋】 箋云 槁는 謂木葉也라 木葉槁라도 待風乃落이라 興者는 風喩號令也니 喩君有政教라야 臣乃行之라 言此者는 刺今不然이라

箋云 : 槁는 나뭇잎을 말하니, 나뭇잎은 말라도 바람이 불어야 마침내 떨어진다는 것이다. 興한 것은, 바람은 號令을 비유하니 군주가 정령을 내려야 신하가 마침내 실행함을 비유한 것이다. 이를 말함은 지금은 그렇지 못함을 풍자한 것이다.

叔兮伯兮여 倡予和女로다

叔이여 伯이여

선창할 이 나요 화답할 이 그대라네

【傳】 叔伯은 言群臣長幼也라 君倡臣和也라

叔과 伯은 신하들의 長幼를 말한다. 군주는 선창하고 신하들은 화답하는 것이다.

【箋】 箋云 叔伯은 群臣相謂也라 群臣無其君而行하여 自以强弱相服하여 女倡矣면 我則將和之라 言此者는 刺其自專也라 叔伯은 兄弟之稱이라

叔과 伯은 신하들끼리 서로를 부르는 말이다. 신하들이 군주를 무시하고 행하여 저희끼리 강한 이에게 약한 이가 복종하여 '네가 선창하면 나는 화답하리라.'라고 한 것이니, 이를 말한 것은 그들이 멋대로 함을 풍자한 것이다. 叔과 伯은 兄弟의 호칭이다.

【疏】 '蘀兮'至'和女' ○ 毛以爲 "落葉謂之蘀, 詩人謂此蘀兮蘀兮, 汝雖將墜於地, 必待風其吹女, 然後乃落, 以興謂此臣兮臣兮, 汝雖職當行政, 必待君言倡發, 然後乃和. 汝鄭之諸臣, 何故, 不待君倡而後和, 又以君意責群臣, 汝等叔兮伯兮, 群臣長幼之等, 倡者, 當是我君, 和者, 當〔是〕[1]汝臣, 汝何不待我君倡而和乎." ○ 鄭下二句與毛異, 具在箋.

1) 〔是〕: 저본의 교감기에 따라 '是'를 보충하여 번역하였다.

經의 〔蘀兮〕에서 〔和女〕까지

○ 毛亨은 "낙엽을 蘀이라 하는데, 시인이 '바싹 마른 잎이여, 네가 비록 땅에 떨어지려 하지만 반드시 바람이 분 뒤에야 떨어지는 것'을 말하여, '너희 신하들이여, 비록 그 직분이 정사를 시행하는 것이지만 반드시 임금이 선창하기를 기다린 후에 마침내 화답하는 것이다. 너희 鄭나라의 신하들은 어찌하여 임금의 선창을 기다린 후에 화답하지 않는가.'라고 함을 興하였고, 또 임금의 뜻으로 신하들을 책망하기를, '너희 叔이며 伯인 높거나 낮은 자리의 신하들이여, 선창하는 이는 군주인 나이고 화답하는 이는 너희 신하들이어야 하는데, 너희는 어찌하여 군주인 내가 선창하기를 기다려 화답하지 않는가.'라고 한 것"으로 여겼다.

○ 鄭玄은 아래 두 句를 모형과 달리 여겼으니, 자세한 것은 箋에 있다.

【疏】 傳'蘀槁'至'後和' ○ 正義曰 : 七月云"十月隕蘀." 傳云 "蘀, 落也." 然則落葉謂之蘀, 此云"蘀, 槁"者, 謂枯槁乃落, 故箋云"槁, 謂木葉." 是也. 木葉雖槁, 待風吹而後落, 故以喩人臣待君倡而後和也.

傳의 〔蘀槁〕에서 〔後和〕까지

○ 正義曰：〈豳風 七月〉에서 말한 "十月隕蘀"의 傳에 "蘀은 落이다."라고 하였으니 그렇다면 낙엽을 蘀이라 한 것인데, 여기서 '蘀 槁'라 한 것은 잎이 말라야 떨어지는 것을 말한다. 그리하여 箋에 '槁는 나뭇잎을 말하니〔槁 謂木葉〕'라고 한 것이 이것이다. 나뭇잎이 비록 말랐으나 바람이 불기를 기다린 후에 떨어진다. 그리하여 신하가 임금이 선창하기를 기다린 후에 화답함을 비유한 것이다.

【疏】 傳'叔伯'至'臣和' ○ 正義曰：士冠禮爲冠者, 作字云伯某甫, 仲・叔・季唯其所當, 則叔・伯, 是長幼之異字, 故云'叔伯 言群臣長幼也', 謂摠呼群臣爲叔・伯也. 言'君倡臣和', 解經'倡予和汝', 言倡者, 當是我君, 和者, 當是汝臣.

傳의 〔叔伯〕에서 〔臣和〕까지

○ 正義曰：≪儀禮≫ 〈士冠禮〉에, 冠禮를 행하는 자에게 字를 지어 '伯某甫'라고 하는데, 仲・叔・季도 해당하는 〈서열대로 붙인다고〉 하였으니, 叔・伯은 長・幼의 다른 표현이다. 그리하여 '叔과 伯은 신하들의 長幼를 말한다.〔叔・伯 言群臣長幼也〕'라고 하였으니, 신하들을 총괄하여 불러 叔・伯이라 한 것이다. '君倡臣和'라고 한 것은 經의 '倡予和汝'를 풀이한 것이니, 선창하는 이는 군주인 나이고 화답하는 이는 너희 신하들이어야 함을 말한 것이다.

【疏】 箋'叔伯'至'之稱' ○ 正義曰：箋以叔・伯長幼之稱, 予汝相對之語, 故以爲'叔・伯群臣相謂也.' 桓二年左傳稱宋督有無君之心.[1] 言有君不以爲君, 雖有若無, 忽之諸臣, 亦然, 故云'無其君而行 自以强弱相服', 故弱者謂强者, '汝倡矣, 我則和之', 刺其專恣而不和君也. 箋又自明己意, 以叔伯兄弟相謂之稱, 則知此經爲群臣相謂之辭, 故易傳也.

1) 宋督有無君之心：宋의 華父 督이 孔氏를 죽이고 그의 아내를 취하자 宋 殤公이 크게 노하니 宋督이 두려워하여 상공을 시해하였다. 군자가 이에 대해 "임금을 무시하는 마음이 있었기 때문에 악행을 한 것이다.〔有無君之心 而動於惡〕'라고 하였다.(≪春秋左氏傳≫ 桓公 2년)

箋의 〔叔伯〕에서 〔之稱〕까지

○ 正義曰：箋은, 叔・伯은 長・幼의 호칭으로 너와 내가 상대하는 말로 여겼다. 그리하여 '叔・伯은 신하들끼리 서로를 부르는 말이다.〔叔伯 群臣相謂也〕'라고 한 것이다. ≪春秋左氏傳≫ 桓公 2년에 "宋의 督이 임금을 무시하는 마음이 있었다."라고 하였으니, 임금

이 있으나 임금으로 여기지 않아 비록 있지만 없는 것처럼 여겼다는 말이니, 忽의 신하들도 그러하였다. 그리하여 '군주를 무시하고 행하여 저희끼리 강한 이에게 약한 이가 복종하였다.〔無其君而行 自以强弱相服〕'라고 한 것이다. 때문에 약한 자가 강한 자에게 말하기를 '네가 선창하면 나는 화답하리라.〔汝倡矣 我則和之〕'라고 한 것이니, 그가 멋대로 행동하면서 군주에게 화답하지 않은 것을 풍자한 것이다. 箋은 또, 스스로 자기의 뜻을 밝혀 叔·伯을 형제간의 호칭으로 여겼으니, 곧 이 經文이 신하들끼리 나눈 말임을 안 것이다. 그리하여 傳을 바꾼 것이다.

蘀兮蘀兮여 風其漂女니라

바싹 마른 잎은
바람 불어야 날린다네

【傳】 漂는 猶吹也라 ○ 漂는 本亦作飄라

漂는 吹(불다)와 같다.
○ 漂는 飄로 되어 있는 본도 있다.

叔兮伯兮여 倡予要女니라

叔이여 伯이여
선창할 이는 나이고 화답할 이는 그대라네

【傳】 要는 成也라

要는 '이룸'이다.

蘀兮二章이니 章四句라

〈蘀兮〉 2章이니 章마다 4句이다.

狡童(교동)

【序】 狡童은 刺忽也라 不能與賢人圖事하여 權臣擅命也라

〈狡童〉은 忽을 풍자한 시이다.

賢人과 나랏일을 도모하지 못하여 權臣이 국정의 명령을 제멋대로 하였다.

【箋】 權臣擅命은 祭仲專也라

'權臣擅命'은 祭仲이 제멋대로 한 것이다.

【疏】 '狡童(二章章四句)', 箋'權臣'至'仲專' ○ 正義曰 : 權者, 稱也, 所以銓量輕重. 大臣專國之政, 輕重由之, 是之謂權臣也. 擅命, 謂專擅國之教命, 有所號令, 自以已意行之, 不復諮白於君. 鄭忽之臣有如此者, 唯祭仲耳. 桓十一年左傳稱"祭仲爲公娶鄧曼, 生昭公, 故祭仲立之." 是忽之前立, 祭仲專政也. 其年, 宋人誘祭仲而執之, 使立突, 祭仲逐忽立突, 又專突之政, 故十五年傳稱"祭仲專, 鄭伯患之, 使其壻雍糾殺之, 祭仲殺雍糾, 厲公奔蔡." 祭仲又迎昭公而復立, 是忽之復立, 祭仲又專. 此當是忽復立時事也.

序의 '狡童'과 箋의 〔權臣〕에서 〔仲專〕까지

○ 正義曰 : '權'은 저울이니 무게를 헤아리는 것이다. 대신이 나라의 정사를 멋대로 좌우하여 크고 작은 〈명령이〉 그로부터 나오니 이를 '權臣'이라 한 것이다. '擅命'은 나라의 教命을 멋대로 하여 호령할 일이 있으면 자기 마음대로 명을 내리고 다시 군주에게 아뢰지 않은 것을 말한다.

鄭나라 忽의 신하 중에 이와 같은 이가 있었으니, 오직 祭仲뿐이다. ≪春秋左氏傳≫ 桓公 11년에 "채중이 鄭 莊公을 위해 鄧曼을 부인으로 맞이하게 하였는데 昭公(忽)을 낳았다. 그리하여 채중이 소공을 임금으로 세웠다."라고 하였으니, 이는 忽이 처음 즉위한 것으로 채중이 정권을 쥐고 흔들었다. 그해에 宋人(宋 莊公)이 채중을 유인하여 잡아두고 突을 임금으로 세우도록 강요하니, 채중이 홀을 쫓아내고 돌을 임금으로 세우고는 또 돌의 정사를 마음대로 하였다. 그리하여 ≪춘추좌씨전≫ 환공 15년에 "채중이 정권을 제멋대로 휘둘렀다. 鄭伯이 이를 근심하여 자신의 사위인 雍糾를 시켜 그를 죽이게 하였는데, 채중이 옹규를 죽이니 厲公은 蔡로 달아났다."라고 하였다. 이에 채중이 또 소공을 맞이하여 다시 즉위시키니, 이것이 홀이 다시 즉위하고 채중이 또 권력을 좌지우지한 것이다. 여기는 홀이 다시 즉위했을 때의 일에 해당된다.

彼狡童兮여 不與我言兮로다

저 겉만 어른스런 동자
나와는 말도 않네

【傳】 昭公有壯狡之志라

昭公이 어른다운 뜻은 있는 것이다.

【箋】 箋云 不與我言者는 賢者欲與忽圖國之政事나 而忽不能受之라 故云然이라

箋云 : '不與我言'은 어진 신하가 忽과 나라의 정사를 도모하려 하였지만 忽이 받아주지 못하였다. 그리하여 그렇게 말한 것이다.

維子之故로 使我不能餐兮로다

그대 때문에
나 밥도 먹을 수가 없네

【傳】 憂懼不遑餐也라 ○ 遑은 暇也라

걱정하느라 밥 먹을 겨를도 없는 것이다.
○ 遑은 '겨를'이다.

【疏】 '彼狡'至'餐兮' ○ 正義曰 : 賢人欲與忽圖事, 而忽不能受. 忽雖年長而有壯狡之志, 童心未改, 故謂之爲狡童. 言彼狡好之幼童兮, 不與我賢人言說國事兮. 維子昭公不與我言之, 故至令權臣擅命, 國將危亡, 使我憂之, 不能餐食兮. 憂懼不暇餐, 言己憂之甚也.

經의 〔彼狡〕에서 〔餐兮〕까지

○ 正義曰：賢人이 忽과 일을 도모하려 하였지만 홀이 수용하지 못하였다. 홀이 비록 장성하여 어른스러운 뜻은 있었지만 童心이 바뀌지 않았다. 그리하여 '狡童'이라 한 것이다. '저 겉모습만 그럴듯한 어린 군주가 현인인 나와 나랏일을 함께 이야기하지 않네. 그대 昭公이 나와 말하지 않았다. 그리하여 權臣으로 하여금 국정의 명령을 멋대로 하게 하여 나라가 위태롭게 되어 나로 하여금 걱정스러워 밥도 못 먹을 지경이 되게 하였다.' 라고 한 것이다. 걱정하느라 밥 먹을 겨를이 없다는 것은, 자기가 매우 근심함을 말한다.

【疏】 傳'昭公'至'之志' ○ 正義曰：解呼昭公爲狡童之意, 以昭公雖則年長, 而有幼壯狡好, 作童子之時之志, 故謂之狡童. 襄三十一年左傳稱"魯昭公年十九矣, 猶有童心[1]." 亦此類也.

1) 年十九矣 猶有童心：魯 襄公의 서자인 稠가 19세에 즉위하였는데, 앞서 襄公의 喪中에 슬퍼하지도 않고 상복을 세 차례나 갈아입어 군자가 제명대로 살지 못할 것이라고 비평한 일이다.(≪春秋左氏傳≫ 襄公 31년)

傳의 〔昭公〕에서 〔之志〕까지

○ 正義曰：昭公을 狡童이라고 부른 뜻을 해설한 것이니, 소공이 비록 어른의 나이가 되었지만 겉모습만 건장하고 어른스러울 뿐 〈아직〉 童子이던 때의 생각을 행하였다. 그리하여 '狡童'이라 한 것이다. ≪春秋左氏傳≫ 襄公 31년에 "魯 昭公이 나이가 19세인데도 아직 어린아이 같은 마음이 있었다."라고 한 것도 이런 부류이다.

彼狡童兮여 不與我食兮로다

저 겉만 어른스런 동자
나와는 정사를 함께 도모하지 않네

【傳】 不與賢人共食祿이라

賢人과 함께 녹을 먹지 않는 것이다.

維子之故로 使我不能息兮로다

그대 때문에

나 쉬지도 못하겠네

【傳】 憂不能息也라

근심하여 쉴 수 없다는 것이다.

狡童二章이니 章四句라

〈狡童〉 2章이니 章마다 4句이다.

褰裳(건상)

【序】 褰裳은 思見正也라 狂童恣行한대 國人思大國之正己也라

〈褰裳〉은 바로잡아주기를 생각하는 것이다.

狂童이 제멋대로 행동하자 나라 사람들이 큰 나라가 자기 나라를 바로잡아주기를 생각하였다.

【箋】 狂童恣行은 謂突與忽爭國하여 更(경)出更入이어늘 而無大國正之라 ○ 褰은 本或作騫(건)하니 非라 說文云 褰은 袴也라

'狂童恣行'은 突과 忽이 나라를 두고 다투어 번갈아 도망하고 들어와 〈왕위를 차지하였는데〉 大國에서 바로잡아줌이 없음을 말한다.

○ 褰은 騫으로 되어 있는 본도 있는데 잘못이다. ≪說文解字≫에는 "褰은 袴이다."라고 하였다.

【疏】 '褰裳(二章章五句)'至'正己' ○ 正義曰 : 作褰裳詩者, 言思見正也. 所以思見正者, 見者, 自彼加己之辭, 以國內有狂悖幼童之人, 恣極惡行, 身是庶子, 而與正適爭國, 禍亂不已, 無可奈何. 是故, 鄭國之人思得大國之正己, 欲大國以兵征鄭, 正其爭者之是非, 欲令去突而定忽也. 經二章, 皆上四句, 思大國正己, 下句, 言狂童恣行. 序以由狂童恣行, 故思大國正己, 經先述思大國之言, 乃陳所思之意, 故復言"狂童之狂." 所以經·序倒也.

序의 〔褰裳〕에서 〔正己〕까지

○ 正義曰:〈褰裳〉 시를 지은 것은 바로잡아주기를 생각함을 말한 것이다.

바로잡아주기를 생각한 까닭은 〈다음과 같다.〉 見은 저쪽에서 자기에게 가한다는 말이니, 국내에 미치광이 동자가 악행을 자행하여 자신이 庶子인데도 적장자와 나라를 다투어 禍亂이 그치지 않고 있지만 어찌할 수가 없는 실정이다. 이 때문에 鄭나라 사람들이 大國이 자기 나라를 바로잡아줄 수 있기를 생각하여 대국이 군대를 거느리고 정나라를 쳐서 다투는 이들의 시비를 바로잡아주기를 원하였으니, 突을 제거하고 忽을 〈왕으로〉 확정해줄 것을 바란 것이다.

經 두 章의 위 네 句는 모두 대국이 자기 나라를 바로잡아주기를 생각한 것이고, 아래 〈한〉 句는 미치광이 동자가 제멋대로 행동함을 말한 것이다. 序는 미치광이 동자가 제멋대로 행동하였기 때문에 대국이 자기나라를 바로잡아주기를 생각한 것으로 여기고, 經은 대국을 생각하는 말을 먼저 서술하고 나서 〈대국을〉 생각하는 뜻을 말하였다. 그리하여 다시 "狂童이 미쳤다."라고 하였으니, 이는 經과 序의 말이 앞뒤가 바뀐 것이다.

【疏】 箋'狂童'至'正之' ○ 正義曰:忽是莊公世子, 於禮宜立, 非詩人所當疾, 故知狂童恣行, 謂突也. 忽以桓十一年繼世而立, 其年九月經書"突歸於鄭, 鄭忽出奔衛." 是突入而忽出也, 桓十五年經書"鄭伯突出奔蔡, 鄭世子忽復(思)〔歸〕[1]於鄭." 是忽入而突出也, 故云'與忽更出更入.' 於時, 諸侯信其爭競, 而無大國之正者, 故思之也. 此箋言'更出更入, 而無大國正之', 則是忽復立之時, 思大國也. 忽之復立, 突已出奔, 仍思大國正己者, 突以桓十五年奔蔡, 其年九月, 鄭伯突入於櫟(력), 櫟是鄭之大都, 突入據之, 與忽爭國, 忽以微弱, 不能誅逐去突, 諸侯又無助忽者, 故國人思大國之正己也.

1) (思)〔歸〕: 저본의 교감기에 따라 '歸'로 번역하였다.

箋의 〔狂童〕에서 〔正之〕까지

○ 正義曰:忽은 莊公의 세자이니 禮에 비추어볼 때 그가 즉위하는 것이 합당하니, 시인이 응당 미워할 대상이 아니다. 그리하여 '狂童恣行'은 突을 말하는 것임을 안 것이다.

홀이 桓公 11년에 대를 이어 즉위하였는데, 그해 9월 ≪春秋≫의 經에 "돌이 鄭나라에 돌아갔고 정나라 홀이 衛로 도망하였다."라고 썼으니 이는 돌이 들어가자 홀이 도망

나온 것이고, 환공 15년 經에 "鄭伯 돌이 蔡로 도망가니 정 세자 홀이 다시 정나라로 돌아갔다."라고 썼으니 이는 홀이 들어가자 돌이 나온 것이다. 그리하여 '홀과 번갈아 나가고 들어왔다.'라고 한 것이다.

이때에 諸侯들은 〈홀과 돌이〉 다툴 것을 알았지만 바로잡아주는 大國이 없었다. 그리하여 이를 생각한 것이다. 이 箋에서 '번갈아 도망하고 들어왔는데 대국에서 바로잡아줌이 없었다.〔更出更入 而無大國正之〕'라고 하였으니, 그렇다면 이는 홀이 다시 즉위하던 때에 대국을 생각한 것이다. 홀이 다시 즉위하던 때는 돌이 도망나간 뒤인데 계속 큰 나라가 자기 나라를 바로잡아줄 것을 생각한 것은, 돌이 환공 15년에 채나라로 도망했다가 그해 9월에 정백 돌이 櫟에 들어왔고, 력은 정의 큰 도읍으로 돌이 들어가 그곳을 근거지로 삼아 홀과 나라를 다투었는데 홀이 미약하여 돌을 주벌하여 축출하지 못하고 제후들도 홀을 돕는 이가 없어서이다. 그리하여 國人들이 대국이 자기 나라를 바로잡아줄 것을 생각한 것이다.

子惠思我인댄 褰裳涉溱이어니와

그대가 날 사랑하고 생각한다면
치마 걷고 溱水 건너겠지만

【傳】 惠는 愛也요 溱은 水名也라

惠는 '사랑함'이고, 溱은 水名이다.

【箋】 箋云 子者는 斥大國之正卿이라 子若愛而思我인댄 我國有突簒國之事하니 而可征而正之리니 我則揭衣渡溱水하여 往告難也리라

箋云 : 子는 大國의 正卿을 가리킨다. 그대가 만약 나를 사랑하고 생각한다면, 우리나라에 突이 나라를 찬탈한 일이 있으니 정벌하여 바로잡아줄 수 있을 것이다. 그렇다면 나는 옷을 걷고 溱水를 건너가서 어려움을 고하겠다는 것이다.

子不我思인댄 豈無他人이리오

그대 날 생각지 않는다면
어찌 다른 사람 없겠는가

【箋】 箋云 言他人者는 先鄕齊晉宋衛하고 後之荊楚라 ○ 鄕은 本亦作向이라

箋云 : 他人이라 한 것은, 먼저 齊・晉・宋・衛로 가고 뒤에 荊楚로 간다는 것이다. ○ 鄕은 向으로 되어 있는 본도 있다.

狂童之狂也且(저)로다

狂童이 미친 짓을 하네

【傳】 狂行은 童昏所化也라

미친 짓은 무지몽매함의 소치이다.

【箋】 箋云 狂童之人이 日爲狂行이라 故使我言此也라

箋云 : 미치광이 동자가 날로 미친 행동을 하기 때문에 나로 하여금 이런 말을 하게 한 것이다.

【疏】 '子惠'至'也且' ○ 正義曰 : 鄭人以突簒國, 無若之何, 思得大國正之, 乃設言以語大國正卿曰 "子大國之卿, 若愛而思我, 知我國有突簒國之事, 有心欲征而正之, 我則褰衣裳涉溱水, 往告難於子矣, 若子大國之卿, 不於我鄭國, 有所思念, 我豈無他國疏遠之人可告之乎, 又言所以告急之意. 我國有狂悖幼童之人, 日日益爲此狂行也, 是爲狂不止, 故所思大國正之.

經의 〔子惠〕에서 〔也且〕까지

○ 正義曰 : 鄭人이, 突이 나라를 찬탈하였는데도 어떻게 할 수 없어서 큰 나라가 바로잡아줄 수 있기를 생각하여 마침내 대국의 正卿에게 말한 것으로 가설하여 "그대 대국의 卿이 만약 우리를 사랑하고 생각한다면 우리나라에 突이 나라를 찬탈한 일이 있음을 알게 되어 정벌하여 바로잡아주려는 마음이 생길 것이니 나는 옷을 걷고 溱水를 건너가서 그대에게 난을 고하겠지만, 만약 그대 대국의 卿이 우리 鄭나라를 〈바로잡아줄〉 생

각이 없다면 내 어찌 멀더라도 고할 만한 다른 나라 사람이 없겠는가."라고 하였으니 또 다급함을 고하려는 이유를 말한 것이다.

우리나라에 미친 동자가 있어 날이 갈수록 더욱 이런 미친 행동을 하고, 이 미친 짓을 그치지 않았다. 그리하여 대국이 바로잡아줄 것을 생각한 것이다.

【疏】 傳'惠愛'至'水名' ○ 正義曰 : '惠 愛', 釋詁文. 溱・洧, 鄭國之水, 自鄭而適他國, 當涉之也.

傳의 〔惠愛〕에서 〔水名〕까지

○ 正義曰 : '惠 愛'는 ≪爾雅≫ 〈釋詁〉의 글이다. 溱水과 洧水는 鄭나라의 강인데 鄭에서 다른 나라에 가려면 〈이 강을〉 건너야 한다.

【疏】 箋'子者'至'告難' ○ 正義曰 : 序言'思大國之正己', 則意欲告者, 將告大國之正卿, 謂卿之長者, 執一國之政, 出師征伐, 事必由之, 故知'子者, 斥大國之正卿'也. 宛丘云 "子之湯兮." 山有樞云 "子有衣裳." 子皆斥君, (可)〔何〕[1]知此子不斥大國之君者. 隣國之君, 爵位尊重, 鄭人所告, 不宜徑告於君. 國之政敎, 正卿所主, 且云'子惠思我', 平等相告之辭, 故知子者, 必是大國正卿. 又下云'子不我思 豈無他人', 則他人與此子者, 正可有親疏之異, 而尊卑同也. 謂他國者, 爲人爲士, 非斥國君, 則知子者, 亦非國君矣. '他人'・'他士', 是他國之卿, 明知子者, 亦大國之卿也.

1) (可)〔何〕: 저본의 교감기에 따라 '何'로 번역하였다.

箋의 〔子者〕에서 〔告難〕까지

○ 正義曰 : 序에서 '큰 나라가 자기 나라를 바로잡아주기를 생각하였다〔思大國之正己〕'라고 하였으니, 생각건대 고하려고 하는 자가 대국의 正卿에게 고하려는 것이다. 〈정경은〉 卿의 우두머리를 말하니, 한 나라의 정치를 집행하고 군대를 출동하여 정벌할 때에는 일이 반드시 그를 통한다. 그리하여 '子는 大國의 정경을 가리킨다.〔子者 斥大國之正卿〕'는 것임을 안 것이다.

〈陳風 宛丘〉에서 "그대의 방탕함이여〔子之湯兮〕"라고 하고 〈唐風 山有樞〉에서 "그대에게 衣裳이 있으며〔子有衣裳〕"라고 하였으니 子가 모두 군주를 가리키는데, 여기의 子가 대국의 군주를 가리키지 않는 것임을 어떻게 안 것인가. 이웃나라의 군주는 작위가 높고 귀중하니 鄭人이 고할 것을 바로 군주에게 고해서는 안 되기 때문이다. 나라의 政教는 정경이 주관하는 것이고, 또 '그대가 날 사랑하고 생각한다면〔子惠思我〕'이라는 말은 평등한 사이에 서로 고하는 말이다. 그리하여 子가 반드시 대국의 정경임을 안 것이다.

또 아래에서 '그대가 날 생각지 않는다면 어찌 다른 사람 없겠는가.〔子不我思 豈無他人〕'라고 하였으니, '他人'과 여기의 '子'는 바로 가깝고 먼 차이는 있을 수 있지만 그 尊卑는 같다. 他國이라 한 것이 백성이나 士이지 國君을 가리킨 것이 아니니, 〈箋의〉 '子' 역시 國君이 아님을 안 것이다. '他人'과 '他士'는 他國의 卿이니 분명 '子'도 大國의 卿임을 알 수 있다.

【疏】 若然, 論語及左傳說 "陳恒弑其君, 孔子告於哀公, 請討之, 公曰 '告夫三子.' 孔子曰 '以吾從大夫之後, 不敢不告, 公曰「告夫三子.」'" 彼述孔子之意, 以爲君使之告臣, 非禮也, 此所以不告其君而告臣者, 彼孔子是國內之人, 勸君行義, 不可則止, 哀公不能自專其事, 反令孔子告臣, 故孔子以爲不可. 此則鄭國之人, 欲告他國, 不敢徑告其君, 故當告其大臣, 使之致達於君, 與彼不同. 溱・洧大水, 未必褰裳可渡, 示以告難之疾意耳.

만약 그렇다면 ≪論語≫ 〈憲問〉과 ≪春秋左氏傳≫ 哀公 14년에서 "陳恒(齊나라 대부)이 그 군주를 시해하자 孔子가 哀公에게 고하여 토벌하기를 청하자, 公이 말하기를 '세 大夫에게 말하라.'라고 하니, 공자가 '내가 대부의 末席이라 감히 아뢰지 않을 수 없었는데 공은 「세 대부에게 고하라.」고 하는구나.'라고 하였다."라고 하였으니, ≪논어≫에서는 공자의 뜻이 군주가 신하에게 고하라고 시키는 것이 예가 아니라고 한 것을 기술한 것이고, 이 시에서 군주에게 고하지 못하고 신하에게 고한 까닭은, ≪논어≫에서 공자는 내국인으로서 군주에게 義를 행할 것을 권하여 들어주지 않으면 그칠 뿐이니, 애공이 그 일을 스스로 처리하지 못하고 도리어 공자로 하여금 신하들에게 고하게 하였다. 그리하여 공자가 옳지 않다고 여긴 것이고, 이 시는 鄭나라 사람들이 다른 나라에 고하고자 하였지만 감히 그 나라 군주에게 바로 고할 수 없기 때문에 응당 대신에게 고하여 그로 하여금 군주에게 진달하게 한 것이니, ≪논어≫와는 다르다.

溱水와 洧水는 큰 강이어서 필시 裳을 걷고서 건널 수 있는 것은 아니니, 난을 고하려는 다급한 마음을 보인 것일 뿐이다.

【疏】 箋'言他'至'荊楚' ○ 正義曰：言子不我思, 乃告他人, 是先告近隣, 後告遠國.

齊・晉(宋)〔本〕[1]是諸夏大國, 與鄭境接連, 楚則遠在荊州, 是南夷大國, 故箋擧以爲言, 見(현)子與他人之異有, 其實大國, 非獨齊・晉, 他人, 非獨荊楚也. 若然, 案春秋, 突以桓十五年, 入于鄭之櫟邑, 其年冬, 經書"公會宋公・衛侯・陳侯于袲(치), 伐鄭." 十六年四月, "公會宋公・衛侯・陳侯・蔡侯, 伐鄭." 左傳稱謀納厲公也, 則是其諸侯皆助突矣, 而云告齊・晉・宋・衛者, 此述鄭人告難之意耳, 非言諸侯皆助忽, 故言'子不我思 豈無他人'. 是爲諸國不思正己, 故有遠告他人之志, 若當時大國, 皆不助突, 自然征而正之, 鄭人無所可思, 由宋・衛・蔡・魯助突爲簒, 故思大國正己耳.

1) (宋)〔本〕: 저본의 교감기에 따라 '本'으로 번역하였다.

箋의 〔言他〕에서 〔荊楚〕까지

○ 正義曰 : 그대가 나를 생각해주지 않는다면 다른 사람에게 고하겠다고 하였으니, 이는 먼저 가까운 이웃나라에 고하고 뒤에 먼 나라에 고하는 것이다. 齊와 晉은 본래 중국의 大國으로 鄭과 국경이 인접하고, 楚는 멀리 荊州에 있으니 이는 南夷의 대국이다. 그리하여 箋에서 이를 들어 말하여 子와 他人이 차이가 있음을 보인 것이니, 실제로 대국은 齊와 晉만이 아니고, 他人도 荊楚만이 아니다.

만약 그렇다면, ≪春秋≫를 살펴보면, 突이 桓公 15년(9월)에 鄭의 櫟邑에 들어갔는데, 그해 겨울 經에 "公이 宋公・衛侯・陳侯와 袲에서 회합하여 정을 토벌하였다."라고 하고, 16년 4월에 "公이 송공・위후・진후・채후와 회합하여 정을 토벌하였다."라고 하고, ≪春秋左氏傳≫ 환공 15년에 '厲公을 들여보낼 것을 모의하였다.'라고 하였으니, 이는 제후들이 모두 돌을 도운 것이다. 그런데 '齊・晉・宋・衛에 고한다.'라고 하였으니, 이는 鄭人이 難을 고하려는 뜻을 기술한 것일 뿐이고, 제후들이 모두 忽을 도왔음을 말한 것이 아니다. 그리하여 '子不我思 豈無他人'이라 한 것이다. 이는 여러 나라가 자기 나라를 바로잡아주려는 생각을 하지 않은 것이다. 그리하여 멀리 다른 나라 사람에게 고하려는 뜻이 있었던 것이니, 만약 당시에 대국이 모두 돌을 돕지 않았다면 자력으로 정벌하여 바로잡아 鄭人이 〈대국이 나서서 바로잡아주기를〉 생각할 만한 이유가 없었을 것인데, 宋・衛・蔡・魯가 돌이 왕위를 찬탈하는 것을 도왔기 때문에 대국이 자기 나라를 바로잡아주기를 생각한 것이다.

【疏】 傳'狂行 童昏所化' ○ 正義曰 : 此'狂童', 斥突也. '狂童', 謂狂頑之童稚, '狂童之狂也', 且言其日益爲狂, 故傳解其益狂之意. 言突以狂行童昏, 其所風化於人, 人又從之, 徒衆漸多, 所以益爲狂行, 作亂不已, 故鄭人思欲告急也. 狂行, 謂篡其國, 是疏狂之行, 童昏, 謂年在幼童, 昏闇無知, 鄭突時年實長, 以其志似童幼, 故以童名之.

傳의 〔狂行 童昏所化〕

○ 正義曰 : 여기의 '狂童'은 突을 가리킨다. '狂童'은 미치고 제멋대로인 동자를 말하고, '狂童之狂也'는 그가 날로 더욱 미친 짓을 함을 거듭하여 말한 것이다. 그리하여 傳에서 더욱 미쳐가는 뜻을 해석한 것이다. 突이 미친 행동과 무지로 사람들에게 영향을 끼쳐 변화시키자 사람들도 이를 따라 그 무리가 점차 많아지니 이 때문에 더욱 미친 짓을 하고 난을 일으키기를 그치지 않았다. 그리하여 鄭人이 위급함을 고하려고 한 것임을 말한 것이다. '狂行'은 그 나라를 찬탈함을 말하니 제멋대로 행함이고, '童昏'은 나이가 어려 무지몽매함을 말하니, 鄭나라의 돌이 당시에 나이는 실로 어른인데 그 뜻이 어린아이와 같았으므로 童이라 한 것이다.

子惠思我인댄 褰裳涉洧어니와

그대가 날 사랑하고 생각한다면
치마 걷고 洧水 건너겠지만

【傳】 洧는 水名也라

洧는 강 이름이다.

子不我思인댄 豈無他士리오

그대가 날 생각지 않는다면
어찌 다른 사람 없겠는가

【傳】 士는 事也라

士는 '일'이다.

【箋】 箋云 他士는 猶他人也라 大國之卿은 當天子之上士라

箋云：'他士'는 '他人'과 같다. 大國의 卿은 天子의 上士에 해당된다.

狂童之狂也且(저)로다

狂童이 미친 짓을 하네

【疏】 箋'他士'至'上士' ○ 正義曰：傳言'士 事也.' 以其堪任於事, 謂之爲士, 故箋之云 '他士 猶他人', 正謂遠國之卿也. 所以謂爲士者, 大國之卿, 當天子之上士, 故呼卿爲士也. 春官典命云 "王之三公八命, 其卿六命, 其大夫四命." 以大夫旣四命, 則上士當三命也, 故注云 "王之上士三命, 中士再命, 下士一命." 又云 "公之孤四命, 其卿三命, 侯伯之卿, 亦如之." 是大國之卿亦三命, 當天子之上士也. 曲禮曰 "列國之大夫, 入天子之國, 曰某士." 襄二十六年左傳曰 "晉韓宣子聘于周, 王使請事. 對曰'晉士起將歸時事於宰旅'"[1), 是由命與王之士同, 故稱士也.

1) 晉士起將歸時事於宰旅：杜預의 注에 따르면, 起는 韓宣子의 이름이고, 時事는 四時의 職貢을 이르고, 宰旅는 冢宰의 下士를 이른다.

箋의 〔他士〕에서 〔上士〕까지

○ 正義曰：傳에서 '士 事也'라 한 것은 그가 일을 담당하기 때문에 士라고 한 것이다. 그리하여 箋에서 '他士 猶他人'이라 하였으니, 바로 먼 나라의 卿을 말한 것이다. 士라고 말한 까닭은 大國의 卿이 천자의 上士에 해당되기 때문이다. 그리하여 卿을 부르기를 士라고 한 것이다. ≪周禮≫ 〈春官 典命〉에 "王의 三公은 八命이고, 卿은 六命이고, 大夫는 四命이다."라고 하였으니, 大夫가 四命이면 上士는 三命에 해당된다. 그리하여 注에서 "王의 上士는 三命이고, 中士는 再命이고, 下士는 一命이다."라고 하고, 또 "公의 孤는 四命이고, 卿은 三命이고, 侯와 伯의 卿도 이와 같다."라고 하였으니 이것이 大國의 卿도 三命으로 天子의 上士에 해당되는 것이다. ≪禮記≫ 〈曲禮〉에 "列國의 大夫가 천자의 나라에 들어가면 '某士'라 한다."라고 하고, ≪春秋左氏傳≫ 襄公 26년에 "晉의 韓宣子가 周나라에 빙문 가니, 王이 사람을 보내 무슨 일로 왔는지를 묻게 하였다. 〈韓宣子가〉 대답하기를 '晉의 士인 제가 宰旅에게 時事를 바치러 왔습니다.' 하였다."라고 하였으니, 이것이 命數가 王의 士와 같기 때문에 士라고 호칭한 것이다.

褰裳二章이니 **章五句**라

〈褰裳〉 2章이니 章마다 5句이다.

毛詩注疏 卷第四(四之四)

毛詩國風　鄭氏箋　孔穎達疏

丰(봉)

【序】 丰은 刺亂也라 婚姻之道缺하여 陽倡而陰不和하고 男行而女不隨라

〈丰〉은 문란함을 풍자한 시이다.

혼인의 도리가 없어져 陽이 앞서 불러도 陰이 화답하지 않고, 남자가 앞서 가는데도 여자가 따르지 않은 것이다.

【箋】 婚姻之道는 謂嫁取之禮라 ○ 丰은 面貌豐滿也니 方言作妦(봉)이라

'婚姻之道'는 시집가고 장가드는 예를 말한다.

○ 丰은 모습이 풍만한 것이니, ≪方言≫에는 '妦'으로 되어 있다.

【疏】 '丰(四章二章章三句二章章四句)'至'不隨' ○ 正義曰：陽倡陰和, 男行女隨, 一事耳, 以夫婦之道, 是陰陽之義, 故相配言之. 經陳女悔之辭, 上二章悔己前不送男, 下二章欲其更來迎己, 皆是男行女不隨之事也.

序의 〔丰〕에서 〔不隨〕까지

○ 正義曰：陽이 부르면 陰이 화답하는 것과 남자가 가면 여자가 따르는 것은 한 가지 일인데, 부부의 도가 음양의 뜻이기 때문에 서로 짝하여 말한 것이다.

經文은 여인이 후회한 말을 서술한 것인데, 위의 두 章은 자기가 전에 남자를 따라가지 않음을 후회한 것이고, 아래 두 장은 다시 와서 자기를 맞이해주기를 바라는 것이니, 모두 남자가 가는데도 여인이 따르지 않은 일이다.

【疏】 箋'婚姻'至'之禮' ○ 正義曰：男以昬時迎女, 女因男而來. 嫁謂女適夫家, 娶謂男往娶女, 論其男女之身, 謂之嫁娶, 指其好合之際, 謂之(昬)〔婚〕[1]姻, 嫁娶婚姻, 其事是一, 故云"婚姻之道, 謂嫁娶之禮"也. 若指男女之身, 則男以昬時取婦, 婦因男而來,婚姻之名, 本生於此. 若以婦黨壻黨相對爲稱, 則釋親所云 "壻之父爲姻, 婦之父爲婚, 婦之黨爲婚兄弟, 〔壻〕[2]之黨爲姻兄弟." 是婦黨稱婚, 壻黨稱姻也, 對文則有異, 散則可以通. 我行其野(箋)〔傳〕[3]云 "新特, 謂外婚."[4] 謂婦爲婚也, 隱元年左傳說葬之月數云 "士踰月, 外姻至." 非獨謂壻家也.

1) (昏)〔婚〕: 저본의 교감기에 따라 '婚'으로 번역하였다.
2) 〔壻〕: 저본의 교감기에 따라 '壻'를 보충하여 번역하였다.
3) (箋)〔傳〕: ≪毛詩正義≫의 내용에 따라 '傳'으로 바로잡아 번역하였다.
4) 新特 謂外婚 : 예를 갖추지 않고 밖에서 새 신부를 데려 오는 것을 '外昏'이라고 하니, 〈小雅 我行其野〉의 傳의 글이다. 그 經文에 "남편은 시아버지의 명은 생각하지 않고 밖에서 신부 구하려 하네.〔不思舊姻 求爾新特〕"라고 하였는데, 箋에 "禮로 와서 너에게 시집갔는데 너는 네 부모의 명을 생각하지 않고 나를 버리고 너에게 새로이 밖에서 혼인하여 혼자서 올 여자를 구한 것이다.〔以禮來嫁女 女不思女老父之命而棄我 而求女新外昏特來之女〕"라고 하였다.

箋의 〔婚姻〕에서 〔之禮〕까지

○ 正義曰 : 남자가 어두울 때에 여인을 맞이하면, 여인은 남자를 따라 시집온다. 嫁는 여인이 남편 집에 가는 것을 말하고, '娶'는 남자가 가서 여인을 맞이하는 것을 말한다. 남자와 여자의 입장에서 논하면 '嫁娶'라고 하고, 結合하는 관계를 가리켜 말하면 '婚姻'이라고 하니 '嫁娶'와 '婚姻'은 같은 일이다. 그리하여 "婚姻之道는 시집가고 장가드는 예를 말한다.〔婚姻之道 謂嫁娶之禮〕"라고 한 것이다.

남녀의 입장을 가리켜 말하자면 남자가 어두울〔昏〕 때에 신부를 맞이하고 신부는 남자를 따라〔因〕 시집오니, 婚姻의 명칭은 원래 여기에서 생겨났다. 신부의 친족과 신랑의 친족을 상대하여 말하자면 ≪爾雅≫ 〈釋親〉에서 말한 "신랑의 아버지가 姻이 되고 신부의 아버지가 婚이 되니, 신부의 친족은 婚兄弟가 되고, 신랑의 친족은 姻兄弟가 된다."라고 하였으니, 이는 신부의 친족을 '婚'이라 하고 신랑의 친족을 '姻'이라 한 것으로, 상대하여 쓰면 다르지만 구별 없이 쓰면 통한다.

〈小雅 我行其野〉의 傳에서 "新特은 外婚을 이른다."라고 하였으니, 신부가 '婚'이 됨을 말한 것이고, ≪春秋左氏傳≫ 隱公 원년에 葬禮의 달수를 말하여 "士는 달을 넘겨서 〈장사를 지내니,〉 멀리 있는 친척〔外姻〕들이 이르는 것이다."라고 하였으니, 이는 신랑의 집안만을 말한 것이 아니다.

子之丰兮여 俟我乎巷兮러니

풍채 좋은 그분

문 밖에서 날 기다렸는데

【傳】 丰은 豐滿也요 巷은 門外也라

丰은 '풍만함'이고, 巷은 '문 밖'이다.

【箋】 箋云 子는 謂親迎者요 我는 我將嫁者라 有親迎我者하여 面貌丰丰然豐滿하여 善人也니 出門而待我於巷中이라

箋云 : 子는 親迎하는 자를 이르고, 我는 시집가려는 나이다. 나를 親迎하려는 자가 있어 모습이 넉넉하게 풍만하여 좋은 사람이니, 문을 나가 마을에서 나를 기다린 것이다.

悔予不送兮로다

내가 따라가지 않은 것 후회하네

【傳】 時有違而不至者라

당시에 어긋남이 있어 가지 않은 것이다.

【箋】 箋云 悔乎我不送是子而去也니 時不送은 則爲異人之色이라가 後不得耦而思之라

箋云 : 내가 그이를 따르지 않아 떠나간 것을 후회한 것이니, 당시에 따르지 않은 것은 다른 사람의 여인이 되려다가 뒤에 〈그 사람의〉 배우자가 되지 못하자 생각한 것이다.

【疏】 '子之'至'送兮' ○正義曰 : 鄭國衰亂, 婚姻禮廢. 有男親迎而女不從, 後乃追悔, 此陳其辭也. 言往日有男子之顔色丰然豐滿, 是善人兮, 來迎我, 出門而待我於巷中兮. 予當時別爲他人, 不肯共去, 今日悔恨, 我本不送是子兮, 所爲留者, 亦不得爲耦, 由此故悔也.

經의 〔子之〕에서 〔送兮〕까지

○ 正義曰：鄭나라가 衰亂하여 혼인의 예가 없어졌다. 남자가 親迎하는데도 여인이 따르지 않다가 뒤미쳐서 후회였으니, 이는 그 말을 진술한 것이다. '지난날 얼굴빛이 넉넉하게 풍만한 남자가 있었는데 좋은 사람으로 와서 나를 친영하고 문을 나가 마을길에서 나를 기다렸다. 그런데 나는 당시에 따로 다른 사람 때문에 함께 떠나려 하지 않았으니, 지금 뉘우치고 한탄함은 내가 본래 그이를 따라가지 않았고, 나를 머물게 만든 자도 배우자가 되지 못하였으니 이런 까닭으로 후회함'을 말한 것이다.

【疏】 傳'丰豐'至'門外' ○ 正義曰：丰者, 面色丰然, 故爲豐滿也. 叔于田傳云 "巷, 里塗." 此言門外者, 以迎婦自門而出, 故繫門言之, 其實巷是門外之道, 與里塗一也.

傳의 〔丰豐〕에서 〔門外〕까지

○ 正義曰：丰은 모습이 넉넉한 것이다. 그리하여 '豐滿'이라고 한 것이다. 〈鄭風 叔于田〉의 傳에서 "巷은 마을의 길이다."라고 하였는데, 여기서 문 밖이라 한 것은 신부를 親迎하고 문에서 나왔기 때문이다. 그리하여 문과 연계하여 말하였으나, 실제로 巷은 문 밖의 길이니 마을의 길과 같다.

子之昌兮여 俟我乎堂兮러니

건장한 그분
堂에서 나를 기다렸는데

【傳】 昌은 盛壯貌라

昌은 건장한 모습이다.

【箋】 箋云 堂은 當爲棖(정)하니 棖은 門梱上木近邊者라 ○ 堂은 竝如字이니 門堂也니 鄭改作棖이라 梱은 本作閫(곤)이라 近은 附(如)〔近〕[1]之近이라

1) (如)〔近〕：저본의 교감기에 따라 '近'으로 번역하였다.

箋云：堂은 마땅히 '棖'이 되어야 하니, 棖은 문지방 위 가장자리 부근의 나무이다.

○ 堂은 모두 本音으로 읽으니, 門의 堂인데 鄭玄은 '棖'으로 고쳐 썼다. 梱은 '閫'으로 되어 있는 本도 있다. 近은 附近의 近이다.

悔予不將兮로다

내가 가지 않은 것 후회하네

【傳】 將은 行也라

將은 '가는 것'이다.

【箋】 箋云 將亦送也라

箋云：將도 送이다.

【疏】 '子之'至'將兮' ○正義曰：毛以爲 "女悔前事, 言'有男子之容貌昌然盛壯兮, 來就迎我, 待我於堂上兮, 我別爲他人, 不肯共去, 今日悔我本不共是子行去兮.'" ○鄭以堂爲棖, 將爲送, 爲異, 餘同.

經의 〔子之〕에서 〔將兮〕까지

○正義曰：毛亨은 "여인이 이전의 일을 후회한 것이니, '모습이 씩씩하고 건장한 남자가 있었는데 와서 나를 친영하고 堂 위에서 나를 기다렸다. 그러나 나는 따로 다른 사람 때문에 함께 가려 하지 않았으니, 지금 내가 애초에 그이와 함께 가지 않은 것을 후회한다.'고 말한 것이다."라고 여겼다.

○鄭玄은 堂을 '棖'으로, 將을 '送'으로 다르게 여겼으며, 나머지는 같다.

【疏】 傳'昌 盛壯貌' ○正義曰：此傳不解堂之義, 王肅云 "升于堂以俟." 孫毓云 "禮, 門側之堂謂之塾(숙), 謂出俟於塾前. 詩人此句故言堂耳, 毛無易字之理, 必知其不與鄭同." 案此篇所陳庶人之事, 人君之禮尊, 故於門設塾, 庶人不必有塾, 不得待之於門堂也. 著云"俟我於堂." 文與著庭爲類,[1] 是待之堂室, 非門之堂也. 士昏禮 "主人揖賓, 入于廟. 主人升堂西面, 賓升堂北面, 奠(전)〔雁〕[2], 再拜稽首, 降, 出. 婦從, (從)[3]降自西階." 是則士禮受女於廟堂. 庶〔人〕[4]雖無廟, 亦當受女於寢堂, 故以王爲毛說.

1) 著云……文與著庭爲類：문간에서 집안의 堂으로 들어오는 친영의 모습을 묘사하며 '著'와 '庭'과 '堂'을 같이 사용한 것이다. 〈齊風 著〉의 첫 장에서 "문간에서 나를 기다렸네.

〔俟我於著乎而〕"라고 하고, 다음 장에서 "뜰에서 나를 기다렸네.〔俟我於庭乎而〕"라고 하고, 마지막 장에서 "堂에서 나를 기다렸네.〔俟我於堂乎而〕"라고 하였다.

2) 〔雁〕 : ≪儀禮≫에 의거하여 '雁'을 보충하여 번역하였다.
3) (從) : ≪의례≫에 의거하여 '從'을 衍字로 처리하였다.
4) 〔人〕 : ≪의례≫에 의거하여 '人'을 보충하여 번역하였다.

傳의 〔昌 盛壯貌〕

○ 正義曰 : 이 傳에서는 堂의 뜻을 풀이하지 않았는데, 王肅은 "堂에 올라가서 기다린 것이다."라고 하고, 孫毓은 "禮에 문 옆의 堂을 塾이라고 하니, 나가 塾 앞에서 기다린 것을 말한다. 詩人은 이 句에서 의도를 가지고 堂을 말한 것인데, 毛亨은 글자를 바꿀 이유가 없었으니 반드시 鄭玄과 같지 않음을 알 수 있다."라고 하였다.

살펴보면 이 편에서 말한 것은 庶人의 일인데, 人君의 예는 존귀하기 때문에 門에 塾을 설치하지만 庶人은 반드시 塾이 있는 것은 아니니 門의 堂에서 기다릴 수가 없다. 〈齊風 著〉에 "나를 堂에서 기다렸네.〔俟我於堂〕"라고 하였는데, 〈堂이〉 '著'・'庭'과 같은 부류로 쓰여 있으니 이는 堂室에서 기다린 것이지 門의 堂이 아니다. ≪儀禮≫ 〈士昏禮〉에 "주인이 賓에게 읍하고 廟堂으로 들어간다. 주인이 堂에 올라 서쪽으로 향하면, 빈이 堂에 올라 북쪽으로 향하여 기러기를 폐백으로 올리고 두 번 절하고 머리를 조아리고서 내려와 나온다. 이에 신부가 따라서 서쪽 계단으로 내려온다."라고 하였으니, 이는 바로 士가 묘당에서 예로 여인을 받는 것이다. 서인은 비록 묘당이 없지만 역시 방〔寢堂〕에서 여인을 받아야 한다. 그리하여 왕숙의 설을 모형의 설로 삼은 것이다.

【疏】 箋'堂當'至'邊〔者〕[1]' ○ 正義曰 : 箋(以)[2]以(篇)〔著〕[3]篇言'堂'文, 在'著'・'庭'之下, 可得爲廟之堂, 〔此〕[4]篇上言於巷, 此言於堂, 巷之與堂, 相去懸遠, 非爲文次, 故〔轉〕[5]堂爲棖. 棖是門梱上(上)[6]豎木, 近門之兩邊者也. 釋宮云 "柣(질)謂〔之〕[7]閾(역), 棖謂之楔(설)." 孫炎曰(曰)[8] "柣, 門限也." 李巡曰 "棖, 謂梱上兩傍木." 〔上〕[9]言待於門外, 此言待(待)[10]之於門, 〔事〕[11]之次, 故易爲棖也.

1) 〔者〕 : 箋의 내용에 의거하여 '者'를 보충하여 번역하였다.
2) (以) : ≪欽定四庫全書 毛詩注疏 卷七≫에 의거하여 衍字로 처리하였다.
3) (篇)〔著〕 : ≪欽定四庫全書 毛詩注疏 卷七≫에 의거하여 '著'로 번역하였다.
4) 〔此〕 : ≪欽定四庫全書 毛詩注疏 卷七≫에 의거하여 '此'를 보충하여 번역하였다.

5)〔轉〕: ≪欽定四庫全書 毛詩注疏 卷七≫에 의거하여 '轉'을 보충하여 번역하였다.
6) (上) : ≪欽定四庫全書 毛詩注疏 卷七≫에 의거하여 '上'을 衍字로 처리하였다.
7)〔之〕: ≪欽定四庫全書 毛詩注疏 卷七≫에 의거하여 '之'를 보충하여 번역하였다.
8) (曰) : ≪欽定四庫全書 毛詩注疏 卷七≫에 의거하여 '曰'을 衍字로 처리하였다.
9)〔上〕: ≪欽定四庫全書 毛詩注疏 卷七≫에 의거하여 '上'을 보충하여 번역하였다.
10) (待) : ≪欽定四庫全書 毛詩注疏 卷七≫에 의거하여 '待'를 衍字로 처리하였다.
11)〔事〕: ≪欽定四庫全書 毛詩注疏 卷七≫에 의거하여 '事'를 보충하여 번역하였다.

箋의 〔堂當〕에서 〔邊者〕까지

○ 正義曰 : 箋은 〈齊風 著〉편은 '堂'이라 한 글자가 '著'와 '庭'의 뒤에 있으니 廟의 堂이 될 수 있으나, 이 편은 위에서는 '巷에서'라고 하고 여기에서는 '堂에서'라고 하였으니 巷이 堂과의 거리가 매우 머니 글의 차례가 되지 않는다고 여겼다. 그리하여 堂을 바꾸어 棖이라고 한 것이다. 棖은 문지방 위에 세운 나무로 문의 양쪽 가장자리 부근에 있는 것인데, ≪爾雅≫ 〈釋宮〉에 "柣을 閾이라 하고, 棖을 楔이라 한다."라고 하였는데, 孫炎은 "柣은 문지방이다."라고 하고, 李巡은 "棖은 문지방 위 양쪽 가의 나무를 말한다."라고 하였다. 위에서 문 밖에서 기다리는 것을 말하고 여기서 문에서 기다리는 것을 말하는 것이 일의 순서이다. 그리하여 〈'堂'을〉 바꾸어 棖이라고 한 것이다.

衣錦褧(경)衣하고 裳錦褧裳하니

비단 저고리에 홑저고리 덧입고
비단 치마에 홑치마 덧입었으니

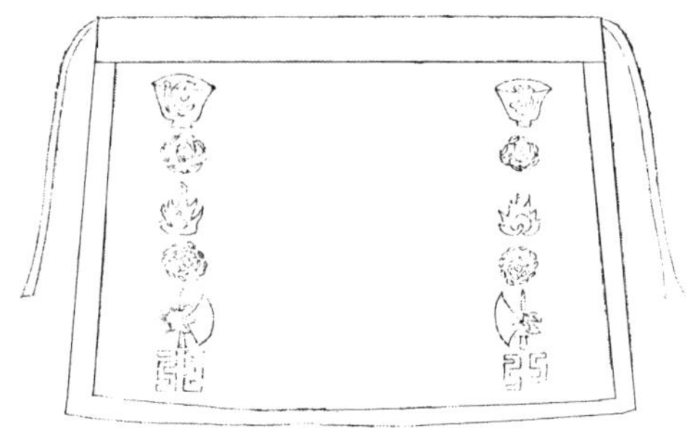

纁裳(≪三才圖會≫)

【傳】 衣錦과 褧裳은 嫁者之服이라

衣錦과 褧裳은 시집가는 이의 복장이다.

【箋】 箋云 褧은 禪(단)(禪)[1]也니 蓋以禪縠(곡)爲之中衣라 裳用錦하고 而上加禪縠焉하니 爲其文之大(태)著也라 庶人之妻嫁服也니 士妻紂(치)衣纁袡(훈염)이라 ○ 衣錦은 如字라 紂는 本或作純(치)요 又作緇니 竝同纁이라

1) (禪) : ≪欽定四庫全書 毛詩注疏 卷七≫에 의거하여 '禪'을 衍字로 처리하였다.

箋云 : 褧은 홑옷인데, 이는 고운 비단 홑옷을 中衣로 삼은 것이다. 치마는 비단을 사용하고 그 위에 고운 비단 홑치마를 더하였으니, 문채가 너무 드러나기 때문이다. 이는 庶人 妻의 혼례복이니, 士의 처는 紂衣에 분홍색 가선을 두른다.

○ 衣錦은 본음으로 읽는다. 紂는 '純'로 되어 있는 本도 있고, 또 '緇'로도 되어 있으니, 모두 분홍색 〈가선을 두른다는 것이다.〉

叔兮伯兮여 駕予與行하리라

叔이여 伯이여
수레 몰고 오면 나 함께 가리라

【傳】 叔伯은 迎己者라

叔과 伯은 자기를 친영하는 자이다

【箋】 箋云 言此者는 以前之悔하여 今則叔也伯也 來迎己者하면 從之니 志又易也라

箋云 : 이를 말한 것은 이전의 일을 후회하여 지금은 叔과 伯이 와서 자기를 친영하면 따르겠다는 것이니, 생각을 또 바꾼 것이다.

【疏】 '衣錦'至'與行' ○ 正義曰 : 此女失其配耦, 悔前不行, 自說衣服之備, 望夫更來迎己. 言己衣則用錦爲之, 其上復有禪衣矣, 裳亦用錦爲之, 其上復有禪裳矣, 言己衣裳備足, 可以行嫁, 乃呼彼迎者之字云叔兮伯兮, 若復駕車而來, 我則與之行矣, 悔前不送, 故來則從之.

經의 〔衣錦〕에서 〔與行〕까지

○ 正義曰 : 이는 여인이 배우자를 잃고 이전에 따라가지 않음을 후회하여 자신이 의복을 갖추었음을 말하여 남편이 다시 와서 자기를 친영해주기를 바란 것이다. '자기 저고리를 비단으로 만들고 그 위에 다시 홑저고리가 있으며, 치마도 비단으로 만들고 그 위에 다시 홑치마가 있다.'라고 하였으니, 이는 자기의 치마저고리가 잘 갖추어져 시집갈 수 있음을 말한 것이다. 이어 저 친영하는 자의 字를 불러 叔이여 伯이여, 다시 수레 몰고 온다면 나는 함께 가겠다고 한 것이니, 이전에 따라가지 않음을 후회한 것이다. 그

리하여 오면 따르겠다고 한 것이다.

【疏】 傳'衣錦'至'之服' ○ 正義曰：知者, 以此詩是婦人追悔, 願得從男, 陳行嫁之事, 云已有此服, 故知是'嫁者之服'也. 而人之服不殊裳, 而經衣裳異文者, 以其衣裳別名, 詩須韻句, 故別言之耳, 其實婦人之服, 衣裳連, 俱用錦, 皆有褧. 下章倒其文, 故傳'衣錦'·'褧裳'互言[1]之.

1) 互言：같은 말(字)을 되풀이하지 않기 위해 일부를 번갈아 쓰는 것을 말하니, 여기는 衣裳錦에서 裳을 생략하여 '衣錦'으로, 褧衣裳에서 衣를 생략하여 '褧裳'을 쓴 것을 말한다.

傳의 〔衣錦〕에서 〔之服〕까지

○ 正義曰：이를 안 것은, 이 시에서 부인이 후회하여 남자를 따르기를 원하여 시집가는 일을 말하면서 자기에게 이 의복이 있음을 말했기 때문이다. 그리하여 이것이 '시집가는 이의 복장〔嫁者之服〕'임을 안 것이다. 그러나 사람의 의복은 〈저고리와〉 치마가 다르지 않은데 經文에서 '저고리〔衣〕와 치마〔裳〕를 구분하여 쓴 것은, 저고리와 치마는 다른 명칭이고 시는 韻句(押韻)를 맞추어야 하기 때문이다. 그리하여 따로 말하였지만, 실제 부인의 의복은 저고리와 치마가 연결되어 있고 모두 비단을 사용하며 다 홑옷이 있다. 아래 章에서는 글자를 도치하였다. 그리하여 傳에서 '衣錦'과 '褧裳'을 번갈아 보완하여 말한〔互言〕 것이다.

【疏】 箋'褧禪'至'纁袡' ○ 正義曰：玉藻云"禪爲絅(경)." 絅與褧音義同, 是褧爲禪. 衣裳所用, 書傳無文, 而婦人之服尙輕細, 且欲露錦文, 必不用厚繒矣, 故云"盖以禪縠爲之." 禪衣在外, 而錦衣在中, 故言'中衣'. 裳用錦, 而上加禪縠焉, 中庸引此詩, 乃云"爲其文之大著也." 故箋依用之. 傳直言嫁者之服, 故又申之云"庶人之妻嫁服." 若士妻, 則紂衣纁袡. 士昏禮云"女次紂衣纁袡, 立於房中南面." 注云"次, 首飾也. 紂衣, 絲衣. 女從者畢袗玄[1], 則此亦玄矣. 袡亦緣也, 袡之言任也, 以纁緣其衣, 象陰氣上任也. 凡婦人之服不常施袡之衣盛, 昏禮爲此服耳." 是士妻嫁時服紂衣纁袡也.

1) 袗玄：위·아래 모두 검은색의 衣裳을 말한다.(≪儀禮≫ 〈士冠禮〉)

箋의 〔褧禪〕에서 〔纁袡〕까지

○ 正義曰：≪禮記≫ 〈玉藻〉에 "禪은 絅이다."라고 하였는데, 絅은 褧과 음과 뜻이 같

으니 이 褧은 褝이다. 그런데 저고리와 치마에 사용되는 것은 經書와 주석서에 글이 없으나, 부인의 의복은 가볍고 가는 것을 높이 치고, 또 비단 무늬를 드러내고자 반드시 두꺼운 비단을 쓰지 않는다. 그리하여 "이는 고운 비단 홑옷을 中衣로 삼은 것이다.〔蓋以褝縠爲之〕"라고 한 것이고, 홑저고리는 밖에 입고 비단 저고리는 안에 입는다. 그리하여 '中衣'라고 한 것이다. 치마는 비단으로 만들고 그 위에 고운 비단 홑옷을 덧입으니, ≪禮記≫ 〈中庸〉에서 이 시를 인용하여 "문채가 너무 드러나기 때문이다."라고 하였다. 그리하여 箋에서 그대로 쓴 것이다.

傳에서 '시집가는 이의 복장〔嫁者之服〕'이라고만 하였으므로, 또 풀이하여 "庶人 妻의 혼인 예복이다.〔庶人之妻嫁服〕"라고 한 것이니, 士의 처라면 紂衣에 분홍색 가선을 두른다. ≪儀禮≫ 〈士昏禮〉에 "신부는 次를 하고 紂衣에 분홍색 가선을 두른 옷을 입고 방 가운데 서서 남쪽으로 향한다."라고 하였는데, 注에서 "次는 머리 장식이고, 紂衣는 명주 저고리이다. 隨行하는 여인은 모두 袗玄을 입으니, 그렇다면 이 또한 검은색이다. 衻도 가선을 두르는 것인데, 衻의 뜻은 의지하는 것이니, 분홍색 가선을 저고리에 둘러 陰氣가 위로 〈陽氣를〉 의지함을 표현한 것이다. 무릇 婦人의 복장은 평상시에는 가선 두른 성대한 저고리를 입지 않지만 혼례에는 이 옷을 입는다."라고 하였으니, 이것이 士의 妻가 시집갈 때 紂衣에 분홍색 가선을 두른 옷을 입은 것이다.

【疏】 傳'叔伯迎己者' ○ 正義曰：欲其駕車而來, 故斥'迎己者'也. 迎己者一人而已, 叔伯竝言之者, 此作者設爲女悔之辭, 非知此女之夫實字叔伯, 託而言之耳. 箋言"志又易"者, 以不得配耦, 志又變易於前, 故叔伯來則從之也.

傳의〔叔伯 迎己者〕

○ 正義曰：그가 수레를 몰고 오기를 바랐다. 그리하여 '자기를 친영한 자이다.〔迎己者〕'라고 한 것이다. 자기를 친영하려는 자는 한 사람인데 叔과 伯을 아울러 말한 것은, 이는 작자가 여인이 후회하는 말을 가설한 것이지 여인의 남편의 실제 字가 叔과 伯임을 알아서 가탁하여 말한 것이 아니다. 箋에서 "생각을 또 바꾼 것이다.〔志又易〕"라고 한 것은, 배우자를 얻지 못하여 뜻이 다시 이전과 달라졌다. 그리하여 叔과 伯이 오면 따르겠다고 한 것이다.

裳錦褧裳하고 **衣錦褧衣**하니 **叔兮伯兮**여 **駕予與歸**하리라

비단 치마에 홑치마 덧입고
비단 저고리에 홑저고리 덧입었으니
叔이여 伯이여
수레 몰고 오면 나 함께 돌아가리라

丰**四章**이니 **二章**은 **章三句**요 **二章**은 **章四句**라

〈丰〉 4章이니, 두 章은 章마다 3句이고, 두 章은 章마다 4句이다.

東門之墠(동문지선)

【序】 東門之墠은 **刺亂也**라 **男女有不待禮而相奔者也**라

〈東門之墠〉은 문란함을 풍자한 시이다.
남녀가 예를 기다리지 않고 서로 私通한 자가 있었다.

○ **此序**는 **舊無注**러니 **而崔集注本有**라 **鄭注云 時亂**이라 **故不得待禮而行**이라하니라

○ 이 序는 옛날에는 注가 없었는데, 崔靈恩의 ≪毛詩集注≫本에는 注가 있다. 鄭玄의 注에는 "당시에 문란하였으므로 예를 기다리지 않고 문란함을 행한 것이다."라고 하였다.

【疏】 '東門之墠(二章章四句)'至'奔者也' ○ 正義曰：經二章皆女奔男之事也, 上篇以禮親迎, 女尙違而不至, 此復得有不待禮而相奔者, 私自姦通, 則越禮相就, 志留他色, 則依禮不行, 二者俱是淫風, 故(名曰)〔各自〕[1]爲刺也.

1) (名曰)〔各自〕: 저본의 교감기에 따라 '各自'로 번역하였다.

序의 〔東門之墠〕에서 〔奔者也〕까지

○ 正義曰：經文의 두 章은 모두 여인이 남자와 私通한 일이다. 위의 편은 禮로 親迎하는데도 여인이 오히려 어기고 〈남자에게〉 이르지 않은 것이고, 이 편에 다시 예를 기

다리지 않고 서로 사통한 자가 있어 사사로이 간통했으니 그렇다면 〈이 편은〉 예를 어기고 서로 만난 것이고, 마음을 다른 사람에게 두었으니 그렇다면 〈앞 편은〉 예대로 행하지 않은 것이니, 두 편이 모두 淫風이다. 그리하여 각각 풍자로 여긴 것이다.

東門之墠이요 **茹藘**(려)**在阪**이로다

城 東門 밖엔 판판한 빈 터
꼭두서니는 산비탈에서 자라네

茹藘(≪毛詩品物圖攷≫)

【傳】東門은 **城東門也**요 **墠**은 **除地町**(정)**町者**라 **茹藘**는 **茅蒐**(수)**也**라 **男女之際**는 **近(而易)**[1] **則如東門之墠**이요 **遠而難則〔如〕**[2]**茹藘在阪**이라

1) (而易) : 저본의 교감기에 따라 衍文으로 처리하였다. 아래 疏도 같다.
2) 〔如〕 : 저본의 교감기에 따라 '如'를 보충하여 번역하였다.

東門은 城의 東門이고, 墠은 땅을 다듬어 평평한 곳이다. 茹藘는 茅蒐이다. 남녀의 사이는 가까운 것으로 하자면 東門의 평평한 곳과 같고, 멀고 어려운 것으로 하자면 꼭두서니가 산비탈에 있는 것과 같다.

【箋】箋云 城東門之外有墠하고 **墠邊有阪**하여 **茅蒐生焉**이어늘 **茅蒐之爲難淺矣**하여 **易**(이)**越而出**이라 **此女欲奔男之辭**라 ○ **茹藘**는 **茅蒐**요 **蒨**(청)**草也**라

箋云 : 성의 동문 밖에 평평한 곳이 있고 그 가장자리에 산비탈이 있어 꼭두서니가 자라는데, 꼭두서니가 〈통행을〉 어렵게 하는 것이 적어서 쉽게 넘어 나갈 수가 있다. 이는 여인이 남자와 私通하고자 하는 말이다.

○ 茹藘는 茅蒐이고 蒨草이다

其室則邇나 **其人甚遠**이라

그 집은 가까우나

그 사람 너무나 머네

【傳】 邇는 近也라 得禮則近하고 不得禮則遠이라

邇는 '가까움'이다. 예에 맞게 하면 가깝고, 예에 맞게 하지 못하면 먼 것이다.

【箋】 箋云 其室則近은 謂所欲奔男之家요 望其來迎己而不來則爲遠이라

箋云 : 그의 집이 가깝다는 것은, 私通하고자 하는 남자의 집을 말하고, 그가 와서 자기를 맞이하기를 바라지만 오지 않는 것은, 먼 것이 된다.

【疏】 '東門'至'甚遠' ○毛以爲 "東門之墠(선), 除地町町, 其踐履則易, 茹藘在阪則爲礙阻, 其登陟則難, 言人之行者, 踐東門之墠則易, 登茹藘在阪則難越, 以興爲婚姻者, 得禮則易, 不得禮則難. 婚姻之際, 非禮不可, 若得禮, 其室則近, 人得相從易, 可爲婚姻, 若不得禮, 則室雖相近, 其人甚遠, 不可爲婚矣, 是男女之交, 不可無禮. 今鄭國之女, 有不待禮而奔男者, 故擧之以刺當時之淫亂也."

經의 〔東門〕에서 〔甚遠〕까지

○毛亨은 "동문의 墠은 평평하게 땅을 다듬어 그곳을 지나기는 쉽지만 꼭두서니가 있는 비탈은 막히고 험하여 오르기 어려운 것이니, 길 가는 사람이 동문의 墠은 지나기는 쉽지만 꼭두서니가 있는 산비탈은 넘어가기 어려움을 말하여, 혼인하려는 자가 예에 맞게 하면 〈혼인하기〉 쉽지만 예에 맞게 하지 못하면 어렵다는 것을 興한 것이다. 혼인할 때에 禮가 아니면 불가하니 예에 맞게 하면 그의 집이 가까워 서로 만나기 쉬워 혼인할 수 있지만, 예에 맞게 하지 못하면 그의 집이 비록 가까이 있을지라도 그 사람과 매우 멀어져 혼인할 수 없으니, 이것이 남녀의 사귐에 예가 없어서는 안 되는 것이다. 지금 鄭나라의 여인이 예를 기다리지 않고 남자와 사통하는 이가 있었다. 그리하여 그것을 거론하여 당시의 음란함을 풍자한 것이다."라고 여겼다.

【疏】 ○鄭以爲 "女欲奔男之辭, 東門之外有墠, 墠之邊有阪, 茹藘之草生於阪上. 女言東門之外有墠, 茹藘在於阪上, 其爲禁難淺矣, 言其易越而出, 興己是未嫁之女, 父兄之禁難亦淺矣, 言其易可以奔男. 止自男不來迎己耳. 又言己所欲奔之男, 其室去此則近, 爲不來迎己, 雖近難見, 其人甚遠, 不可得從也. 欲使此男迎己, 己則從之, 是不待禮而相奔, 故刺之."

○ 鄭玄은 "여인이 남자와 사통하고자 하는 말로 여겼으니, 동문 밖에 墠이 있고 墠의 가장자리에 비탈이 있는데 꼭두서니 풀이 그 비탈 위에 자라고 있었다. 여인이 '동문 밖에 墠이 있고 꼭두서니 풀이 그 비탈 위에 있는데, 〈그 풀이 사람이 다니는 것을〉 금하거나 어렵게 함이 적다.'라고 하였으니, 쉽게 넘어 나갈 수 있음을 말한 것이다. 〈이것으로〉 자기는 아직 시집가지 않은 여인이고 父兄들이 〈나가는 것을〉 금하거나 어렵게 함이 적은 것을 흥하였으니, 쉽게 남자와 사통할 수 있음을 말한 것이다. 다만 남자가 와서 자기를 맞이하지 않았다. 〈그리하여〉 또 〈여인이〉 '자기가 사통하고자 하는 남자는 그의 집이 여기에서 가까운 거리인데도 와서 자기를 맞이하지 않으니, 비록 가까이 있지만 만나기 어려워 그 사람이 매우 멀어져 좇아갈 수가 없다. 이 남자가 자기를 맞아주기 바라니 그렇게 되면 자기는 따르겠다.'라고 하였으니, 이는 예를 기다리지 않고 사통하는 것이다. 그리하여 풍자한 것이다."라고 여긴 것이다.

【疏】 傳'東門'至'在阪' ○ 正義曰："出其東門, 有女如雲." 是國門之外見女也, "東門之池, 可以漚麻." 是國門之外有池也, 則知諸言東門, 皆爲城門, 故云"東門, 城東門也." 襄二十八年左傳云 "子産相鄭伯以如楚, 舍不爲壇, 外僕言曰 '昔先大夫相先君適四國, 未嘗不爲壇, 今子草舍, 無乃不可乎.'" 上言'舍不爲壇', 下言'今子草舍', 明知壇者除地去草矣, 故云"墠, 除地町町者"也. 徧檢諸本, 字皆作'壇', 左傳亦作'壇', 其禮記・尙書言壇・墠者, 皆封土者謂之壇, 除地者謂之墠. 壇・墠字異, 而作此'壇'字, 讀音曰墠, 蓋古字得通用也.

傳의 〔東門〕에서 〔在阪〕까지

○ 正義曰：〈鄭風 出其東門〉의 "東門을 나가니 여인들 구름같이 많네.〔出其東門 有女如雲〕"는 國門 밖에서 여인을 본 것이고, 〈陳風 東門之池〉의 "東門의 연못은 삼을 적실만하네.〔東門之池 可以漚麻〕"는 國門 밖에 연못이 있는 것이니, 그렇다면 여러 곳에서 말한 '東門'은 모두 성문임을 알 수 있다. 그리하여 "東門은 城의 東門이다.〔東門 城東門也〕"라

고 한 것이다.

≪春秋左氏傳≫ 襄公 28년에 "子產이 鄭伯을 보좌하여 楚나라에 가서 막사만 짓고 壇을 만들지 않았는데, 外僕이 말하기를 '옛날에 先大夫께서 先君을 보좌하여 사방의 나라에 갈 때는 壇을 만들지 않은 적이 없었습니다. 지금 그대는 풀도 베지 않고 막사를 지으니 불가하지 않습니까.' 하였다."라고 하였으니, 위에서 '막사만 짓고 壇을 만들지 않았다.'라고 하고 아래에서 '지금 그대는 풀도 베지 않고 막사를 짓는다.'라고 하였으니, 분명 壇이 땅을 다듬고 풀을 베는 것임을 알 수 있다. 그리하여 "壇은 땅을 다듬어 평평한 곳이다.[壇 除地町町者]"라고 한 것이다. 여러 本을 두루 살펴보면 글자[墠]가 모두 '壇'으로 되어 있고 ≪춘추좌씨전≫에도 '壇'으로 되어 있는데, ≪禮記≫와 ≪尙書≫에서 壇과 墠을 설명하면서 모두 흙을 쌓아 올린 곳을 '壇'이라고 하고, 땅을 다듬은 곳을 '墠'이라고 하였다. 壇과 墠은 글자가 다른데, ≪춘추좌씨전≫에서 이 '壇'자를 쓴 것은, 〈壇의〉 讀音이 '墠'이기 때문이니 아마도 옛날에는 글자를 통용하였을 것이다.

【疏】'茹藘, 茅蒐.' 釋草文, 李巡曰 "茅蒐, 一名茜(천), 可以染絳(강)." 陸機疏云 "一名地血, 齊人謂之茜, 徐州人謂之牛蔓." 然則今之蒨草是也. '男女之際'者, 謂婚姻之禮, 是男女交際之事. 禮記大傳云 "異姓主名治際會."[1] 亦謂婚禮交際之會也. 以壇阪者各自爲喩, 壇是平地, 又除治, 阪是高阜, 又草生焉, 人欲踐之, 則有難易, 以喩婚姻之道, 有禮・無禮之難易, 故云"男女之際, 近(而易)則如東門之壇, 遠而難則如茹藘在阪"也. 阪云遠而難, 則壇當云近而易, 不言'而易', 可知而省文也, 壇阪可以喩難[易(이)][2]耳. 無遠近之象而云近遠者, 以壇繫東門言之, 則在東門外, 阪不言所在, 則遠於東門矣, 且下句言'則邇'・'甚遠', 故傳顧下經, 以遠近解之. 下傳云"得禮則近, 不得禮則遠." 還與此傳文相成爲始終之說.

1) 異姓主名治際會 : 異性은 시어머니와 며느리를 말하는데, 관계의 명분을 분명하게 밝혀 인륜이 문란해짐을 막아 바르게 한다는 것이다. ≪禮記正義≫ 권34의 注와 疏에서, 同姓은 아버지 친족으로 大宗・小宗을 따라 昭와 穆의 차서로 신주를 배향하여 親疏를 구분하고, 시집온 異姓의 이름을 밝히는 것은 시어머니와 며느리의 관계를 밝히는 것으로, 이 名義가 분명하지 않아 시아버지와 며느리, 군부인과 서자와의 불륜이 있게 됨을 사례로 들었다.
2) [易(이)] : 저본의 교감기에 따라 '易'를 보충하여 번역하였다.

'茹藘 茅蒐'는 ≪爾雅≫ 〈釋草〉의 글인데, 李巡은 "茅蒐는 일명 茜이니 진홍색으로 물을 들일 수 있다."라고 하고, 陸機의 ≪毛詩草木鳥獸蟲魚疏≫에는 "일명 地血이니, 齊 지방 사람들은 '茜'이라고 하고, 徐州 사람들은 '牛蔓'이라고 한다."라고 하였으니, 그렇다면 지금의 蒨草가 이것이다.

'男女之際'는 婚姻의 禮를 이르니, 男女가 교제하는 일이다. ≪禮記大傳≫에 "異姓은 名을 밝혀 만나는 것을 바르게 한다."라고 한 것도 婚禮 交際의 만남을 말한 것이다.

墠과 阪으로 각각 비유를 삼았으니 墠은 평지이고 또 다듬은 곳이며, 阪은 높은 언덕이고 또 풀이 자라는 곳이어서 사람이 지나가려면 쉬움과 어려움이 있다는 것으로 婚姻의 道가 禮가 있고 없음에 따라 쉬움과 어려움이 됨을 비유하였다. 그리하여 "남녀의 사이는 가까운 것으로 말하자면 東門의 평평한 곳과 같고, 멀고 어려운 것으로 말하자면 꼭두서니가 산비탈에 있는 것과 같다.〔男女之際 近則如東門之墠 遠而難則如茹藘在阪〕"라고 한 것이다. 阪을 '遠而難'이라고 했으면 墠도 '近而易'라고 해야 하는데, '而易'라고 하지 않은 것은 〈없어도〉 알 만한 것이어서 글을 생략한 것이니, 墠과 阪으로 어려움과 쉬움을 비유한 것일 따름이다.

〈經文에서〉 '遠'과 '近'을 표현함이 없었는데 '遠'과 '近'을 말한 것은, 墠을 東門과 연계하여 말했으니 그렇다면 동문〈의 바로〉 밖에 있는 것이고, 阪은 있는 곳을 말하지 않았으니 그렇다면 동문에서 먼 것이며, 또 아래 句에서 '則邇'와 '甚遠'을 말했기 때문이다. 그리하여 傳에서 아래 경문을 살펴보고 '遠'과 '近'으로 풀이한 것이다. 아래 句의 傳에서 "예에 맞게 하면 가깝고, 예에 맞게 하지 못하면 먼 것이다.〔得禮則近 不得禮則遠〕"라고 하였으니, 또 여기 傳의 글과 서로 보완하여 앞뒤가 맞는 말이 된다.

【疏】 箋'城東'至'之辭' ○正義曰：箋以下章'栗'與'有踐家室'連文, 以此章'墠'與'茹藘在阪'連文, 則是同在一處, 不宜分之爲二, 故易傳以爲墠邊有阪, 栗在室內, 得作一興, 共爲女辭. 阪是難登之物, 茅蒐延蔓之草, 生於阪上, 行者之所以小難, 但爲難淺矣, 易越而出, 以自喩己家禁難亦淺矣, 易以奔男, 是女欲奔男, 令迎己之辭也. 若然, 阪有茹藘, 可爲小難, 墠乃除地, 非爲阻難, 而亦言之者, 物以高下相形, 欲見(현)阪之難登, 故先言墠之易踐, 以形見阪爲難耳, 不取易爲義也.

箋의 〔城東〕에서 〔之辭〕까지

○正義曰：箋은 아래 章에는 '栗'이 '有踐家室'과 이어졌고, 이 章에는 '墠'이 '茹藘在阪'

과 이어져 있으니, 그렇다면 모두 한 곳에 있어 둘로 나누는 것이 마땅하지 않다고 여겼다. 그리하여 傳을 바꾸어 墠의 가장자리에 비탈이 있는 것과 밤나무가 집안에 있는 것이 하나의 興이 되어 모두 여인의 말이라고 여긴 것이다.

阪은 오르기 힘든 곳이고, 茅蒐는 뻗어 가는 풀인데 비탈 위에 자라서 行人의 작은 어려움이 된다. 다만 그 어려움이 크지 않아서 쉽게 넘어나갈 수 있다는 것으로 자기 집에서 금하는 것도 크지 않아서 쉽게 남자와 사통할 수 있음을 스스로 비유한 것이니, 이는 여인이 남자와 사통하고자 자기를 맞이하도록 하는 말이다. 그렇다면 비탈은 꼭두서니가 있어 작은 어려움이 될 수 있으나 墠은 다듬은 땅으로 험하지 않는데도 이를 말한 것은, 事物의 높이로 비탈이 오르기 어려운 곳임을 드러내고자 한 것이다. 그리하여 먼저 墠이 쉽게 갈 수 있는 곳임을 말하여 비탈이 어려운 곳임을 드러낸 것이지, 쉬움을 취하여 뜻으로 삼은 것은 아니다.

【疏】 傳'邇近'至'則遠' ○ 正義曰："邇, 近." 釋詁文. 室與人相對, 則室謂宅, 人居室內, 而云"室近人遠." 此刺女不待禮, 故知以禮爲(逺)〔遠〕[1]近.

1) (逺)〔遠〕: 저본의 교감기에 따라 '遠'으로 번역하였다.

傳의 〔邇近〕에서 〔則遠〕까지

○ 正義曰："邇 近"은 ≪爾雅≫ 〈釋詁〉의 글이다. 室과 人은 相對로 보면 室은 집을 이르고, 사람은 집안에 산다. 그런데 〈經文에서〉 "집은 가까우나 사람은 멀다.〔室近人遠〕"라고 하였으니, 이는 여인이 예를 기다리지 않음을 풍자한 것이다. 그리하여 禮가 〈있는지 없는지에〉 따라 멀거나 가까운 것이 됨을 안 것이다.

東門之栗은 有踐家室이라

東門 밖 길가 밤나무
좁은 집안에 있네

【傳】 栗은 行上栗也요 踐은 淺也라

栗은 길가의 밤나무이고, 踐은 '좁음'이다.

【箋】 箋云 栗而在淺家室之內는 言易(이)竊取라 栗은 人所啗(담)食而甘耆라 故女以自喩也라 ○行上은 竝如字라 行은 道也니 左傳云 斬行栗이라하니라 啗은 本又作啖하고 亦作噉(담)하니 竝同이라

箋云 : 밤나무가 좁은 집안에 있다는 것은 훔치기 쉬움을 말한 것이다. 밤은 사람들이 먹는데 맛이 있다. 그리하여 여인이 그것으로 자신을 비유한 것이다.

○行과 上은 모두 본음으로 읽는다. 行은 길이니, ≪春秋左氏傳≫ 襄公 9년에 "길가의 밤나무를 베었다."라고 하였다. 啗은 '啖'으로 되어 있는 本도 있고, '噉'으로도 되어 있는데 모두 같다.

豈不爾思리오 子不我卽이니라

어찌 그대 그리워하지 않으리오
그대 나를 찾지 않아서일 뿐이네

【傳】 卽은 就也라

卽은 '나아감'이다.

【箋】 箋云 我豈不思望女乎아 女不就迎我而俱去耳라

箋云 : 내 어찌 그대를 그리워하지 않겠는가, 그대가 와서 나를 맞이하여 함께 가지 않을 뿐이라는 것이다.

【疏】 '東門'至'我卽' ○毛以爲 "東門之外, 有栗樹生於路上, 無人守護, 其欲取之則爲易, 有物在淺室家之內, 雖在淺室, 有主守之, 其欲取之則難, 以興爲婚者, 得禮則易, 不得禮則難. 婚姻之際, 不可無禮, 故貞女謂男子云我豈不於汝思爲室家乎, 但子不以禮就我, 我無由從子. 貞女之行, 非禮不動, 今鄭國之女, 何以不待禮而奔乎, 故刺之."

經의 〔東門〕에서 〔我卽〕까지

○毛亨은 "동문 밖 길가에서 자라고 있는 밤나무는 지키는 사람이 없어 따려고 하면 쉽게 딸 수 있지만, 좁은 집안에 있는 물건은 비록 좁은 집에 있을지라도 주인이 지키고 있

어 취하려고 해도 취하기 어렵다는 것으로, 혼인하려는 자가 禮에 맞게 하면 〈혼인하기〉 쉽지만, 예에 맞게 하지 않으면 어려움을 興한 것이다. 혼인할 때에 예가 없어서는 안 된다. 그리하여 정숙한 여인이 남자에게 '내가 어찌 그대와 부부가 될 것을 생각하지 않았겠는가. 다만 그대가 예로써 나에게 오지 않아 내가 그대를 따를 길이 없다.'라고 한 것이다. 정숙한 여인의 행동은 예가 아니면 움직이지 않는데 지금 鄭나라 여인은 무슨 까닭으로 예를 기다리지 않고 사통하는가. 그리하여 그것을 풍자한 것이다."라고 여겼다.

○ 鄭以爲"女(乎)〔呼〕[1]男迎己之辭. 言東門之外栗樹, 有淺陋家室之內生之, 栗在淺家, 易可竊取, 喩己在父母之家, 亦易竊取, 正以栗爲興者. 栗有美味, 人所啗食而甘之, 言己有美色, 亦男所親愛而悅之, 故女以自喩. 女又謂男曰'我豈可不於汝思望之乎, 誠思汝矣, 但子不於我來就迎之, 故我無由得往耳.' 女當待禮從男, 今欲男就迎卽去, 故刺之."

1) (乎)〔呼〕: 저본의 교감기에 따라 '呼'로 번역하였다.

○ 鄭玄은 "여인이 남자를 불러 자기를 맞이하라는 말이다. 東門 밖의 밤나무가 좁은 집안에서 자라니 밤나무가 좁은 집안에 있으면 쉽게 취할 수 있음을 말하여, 자기가 부모의 집에 있는 것도 쉽게 취할 수 있음을 비유하였으니 바로 밤나무로 興한 것이다. 밤은 맛이 좋아 사람들이 먹기를 좋아하는 것이니, 이는 자신에게 美色이 있어 역시 남자가 아끼고 좋아할 만하다고 말한 것이다. 그리하여 여인이 그것으로 자신을 비유한 것이다. 여인이 또 남자에게 '내가 어찌 그대를 그리워하지 않겠는가. 참으로 그대를 그리워하나 다만 그대가 나에게 와서 맞이하려 하지 않았다. 그리하여 내가 갈 수 있는 방법이 없다.'라고 한 것이다. 여인은 禮를 기다려 남자를 따라야 하는데 지금 남자가 와서 맞이해주면 바로 가려고 하였다. 그리하여 그것을 풍자한 것이다."라고 여겼다.

【疏】 傳'栗行'至'踐淺' ○正義曰: 傳以栗在東門之外, 不處園圃之間, 則是表道樹也, 故云"栗, 行上栗." 行, 謂道也, 襄九年左傳云"趙武・魏絳斬行栗." 杜預云"行栗, 表道樹." "踐, 淺." 釋言文. 此經傳無明解, 準上章亦宜以難易爲喩, 故同上爲說也.

傳의 〔栗行〕부터 〔踐淺〕까지

○ 正義曰: 傳은 밤나무가 동문 밖에 있고 園圃 안에 있지 않으니, 이는 길을 표시하는 나무라고 여겼다. 그리하여 "栗은 길가의 밤나무이다.〔栗 行上栗〕"라고 한 것이다. 行은

길을 이르니, ≪春秋左氏傳≫ 襄公 9년에 "趙武와 魏絳이 길가의 밤나무를 베었다."라고 하였는데, 杜預는 "行栗은 길을 표시하는 나무이다."라고 하였다. '踐 淺'은 ≪爾雅≫ 〈釋言〉의 글이다. 이 經文의 傳에서는 분명하게 풀이함이 없으나, 위의 章을 기준으로 하면 역시 어려움과 쉬움으로 비유해야 한다. 그리하여 위의 章과 같이 설명한 것이다.

東門之墠二章이니 **章四句**라

〈東門之墠〉 2章이니 章마다 4句이다.

風雨(풍우)

【序】 風雨는 **思君子也**라 **亂世則思君子**하니 **不改其度焉**이라

〈風雨〉는 군자를 그리워한 시이다.

난세엔 군자를 그리워하니 그 節度를 변치 않아서이다.

風雨凄凄어늘 **鷄鳴喈**(개)**喈**로다

비바람 쌀쌀한데도

닭은 제때에 꼬끼오 우네

【傳】 興也라 **風且雨**하여 **凄凄然**이어늘 **鷄猶守時而鳴喈喈然**이라

興이다. 바람 불고 또 비 내려 쌀쌀한데도 닭은 오히려 제때에 꼬끼오 하고 우는 것이다.

【箋】 箋云 興者는 **喩君子雖居亂世**나 **不變改其節度**라

箋云 : 興한 것은, 군자는 난세에 살더라도 節度를 바꾸지 않음을 비유한 것이다.

旣見君子면 **云胡不夷**리오

군자 만난다면

어찌 기쁘지 않겠는가

【傳】 胡는 何요 夷는 說(열)也라

胡는 '어찌'이고, 夷는 '기쁨'이다.

【箋】 箋云 思而見之면 云何而心不說이리오

箋云 : 그리워하다 만나면 어찌 기쁘지 않다 하겠는가.

【疏】 '風雨'至'不夷' ○ 正義曰 : 言風雨且雨, 寒涼凄凄然, 鷄以守時而鳴音聲喈喈然, 此鷄雖逢風雨, 不變其鳴, 喩君子雖居亂世, 不改其節. 今日時世無復有此人, 若旣得見此不改其度之君子, 云何而得不悅, 言其必大悅也.

經의 〔風雨〕에서 〔不夷〕까지

○ 正義曰 : 비바람 불고 다시 비 내려 차갑고 쌀쌀한데도 닭은 제때에 꼬끼오 하고 소리 내어 우는 것을 말하였으니, 이는 닭이 비록 비바람을 만났지만 변함없이 우는 것으로, 군자가 비록 난세에 살지만 절도를 바꾸지 않음을 비유한 것이다. 지금 세상에 다시는 이러한 사람이 없는데, 만약 이처럼 절도를 바꾸지 않는 군자를 만날 수 있다면 어찌 기쁘지 않겠는냐는 것이니, 반드시 크게 기쁠 것임을 말한 것이다.

【疏】 傳'風且'至'喈喈然' ○ 正義曰 : 四月云"秋日凄凄." 寒涼之意, 言雨氣寒也, 二章 '瀟(소)瀟', 謂雨下急疾瀟瀟然, 與凄凄意異, 故下傳云"瀟瀟, 暴(포)疾." 喈喈·膠(교)膠則俱是鳴辭, 故云"猶喈喈也."

傳의 〔風且〕에서 〔喈喈然〕까지

○ 正義曰 : 〈小雅 四月〉에 "가을 날씨 쌀쌀하고〔秋日凄凄〕"라고 한 것은 차갑다는 뜻이니 비가 내려 차가움을 말한 것이고, 둘째 章의 '瀟瀟'는 비가 세차게 내리친 것을 말하니, '凄凄'와는 뜻이 다르다. 그리하여 아래 傳에서 "瀟瀟는 세차고 빠른 것이다.〔瀟瀟 暴疾〕"라고 한 것이다. '喈喈'와 '膠膠'는 모두 우는 소리이다. 그리하여 "〈膠膠는〉 喈喈와 같다.〔猶喈喈也〕"라고 한 것이다.

【疏】傳'胡何夷說' ○正義曰：胡之爲何, 書傳通訓. '夷, 悅.' 釋言文. 定本無胡何二字.

傳의〔胡何夷說〕

○正義曰：胡를 何라고 한 것은 經書와 注釋의 공통된 풀이이다. '夷 悅'은 ≪爾雅≫〈釋言〉의 글이다. 定本에는 '胡何' 두 글자가 없다.

風雨瀟瀟어늘 **鷄鳴膠膠**로다

비바람 세차게 몰아쳐도
닭은 제때에 꼬끼오 우네

【傳】瀟瀟는 暴疾也요 膠膠는 猶喈喈也라

瀟瀟는 세차고 빠른 것이고, 膠膠는 喈喈와 같다.

旣見君子면 **云胡不瘳**(추)리오

군자 만난다면
어찌 아픔 낫지 않겠는가

【傳】瘳는 愈也라

瘳는 '나음'이다.

風雨如晦어늘 **鷄鳴不已**로다

비바람 불어 어둑한데도
닭 울음은 그치지 않네

【傳】晦는 昏也라

晦는 어두움이다.

【箋】箋云 已는 止也니 鷄不爲如晦而止不鳴이라

箋云 : 已는 '그침'이니, 닭은 어둡지만 그치지 않고 운다는 것이다.

旣見君子면 **云胡不喜**리오

군자 만난다면

어찌 기쁘지 않겠는가

風雨三章이니 **章四句**라

〈風雨〉 3章이니 章마다 4句이다.

子衿(자금)

【序】 子衿은 **刺學校廢也**라 **亂世則學校不脩焉**이라

〈子衿〉은 學校가 폐지됨을 풍자한 시이다.

세상이 혼란해지면 學校가 제대로 운영되지 못한다.

【箋】 鄭國謂學爲校하니 **言可以校正道藝**[1]라 ○ **衿**은 **本亦作襟**이라 **校**는 (注)〔左〕[2]**傳云 鄭人遊於鄕校是也**요 **公孫弘云 夏曰校**라하니라

1) 道藝 : 禮·樂·射·御·書·數인 六藝를 말한다. ≪周禮≫ 〈地官 司徒〉에서 "鄕大夫의 職은……德行과 道藝가 있는 자를 살핀다.〔鄕大夫之職……以考其德行 察其道藝〕"라고 하였는데, 注疏에서 "道藝를 살핀다는 것은, 백성 중에 六藝가 있는 자를 이른다.〔察其道藝者 謂萬民之中有六藝者〕"라고 하였다.

2) (注)〔左〕 : ≪欽定四庫全書≫에 의거하여 '左'로 번역하였다.

鄭나라는 학교를 '校'라고 하였으니, 道藝를 고찰하여 바로잡을 수 있음을 말한 것이다. ○ 衿은 '襟'으로 되어 있는 본도 있다. 校는 ≪春秋左氏傳≫ 襄公 31년에 "鄭人들이 鄕校에서 교유하였다."라고 한 것이 이것이고, ≪漢書≫ 〈儒林傳〉에 公孫弘은 "夏나라는 〈학교를〉 '校'라고 하였다."라고 하였다.

【疏】'子衿(三章章四句)'至'不脩焉' ○ 正義曰：鄭國衰亂，不脩〔學〕[1]校，學者分散，或去或留，故陳其留者恨責去者之辭，以刺學校之廢也．經三章，皆陳留者責去者之辭也．

1)〔學〕: 저본의 교감기에 따라 '學'을 보충하여 번역하였다.

序의 〔子衿〕에서 〔不脩焉〕까지

○ 正義曰 : 鄭나라가 衰亂하여 학교가 제대로 운영되지 못하여 학생들이 분산되어 떠나기도 하고 남아 있기도 하였다. 그리하여 남아 있는 자가 떠나간 자를 책망하는 말을 진술하여 학교가 폐지됨을 풍자한 것이다. 經文의 세 章은 모두 남아 있는 자가 떠나간 자를 책망한 말을 서술한 것이다.

【疏】箋'鄭國'至'道藝' ○ 正義曰：襄三十一年左傳云"鄭人游於鄉校．" 然明謂子產毀鄉校，是鄭國謂學爲校．校是學之別名，故序連言之，又稱其名校之意，言於其中可以校正道藝，故曰校也．此序非鄭人言之，箋見左傳有鄭人稱校之言，故引以爲證耳，非謂鄭國獨稱校也．漢書公孫弘奏云"三代之道，鄉里有教，夏曰校，殷曰庠，周曰序．" 是古亦名學爲校也．禮"人君立大學小學．" 言學校廢者，謂鄭國之人廢於學問耳，非謂廢毀學宮也．

箋의 〔鄭國〕에서 〔道藝〕까지

○ 正義曰 : ≪春秋左氏傳≫ 襄公 31년에 "鄭人들이 鄕校에서 교유하였다."라고 하고, 〈이에〉 然明이 子產에게 향교를 헐어버리라고 하였으니, 이것이 鄭나라에서 학교를 校라고 한 것이다. 校는 학교의 다른 명칭이므로 序에서 〈學과 校를〉 이어 말하였고, 또 校라고 부른 뜻을 말한 것이니, 그곳에서 道藝를 고찰하여 바로잡을 수 있기 때문에 '校'라고 한 것임을 말한다. 이 序에서는 鄭人을 말한 것이 아닌데, 箋에서 ≪춘추좌씨전≫에 鄭人이 校라고 일컬은 말이 있음을 보았으므로 인용하여 증명한 것이지, 鄭나라에서만 校라고 일컬었다고 말한 것이 아니다.

≪漢書≫〈儒林傳〉에서 公孫弘이 아뢰기를 "三代의 道는 향리에 가르치는 곳을 두었으니, 夏에서는 '校'라고 하고, 殷에서는 '庠'이라고 하였으며, 周에서는 '序'라고 하였습니다."라고 하였으니, 이는 옛날에도 학교의 명칭을 校라고 한 것이다.

禮에 "人君이 大學과 小學을 세운다."라고 하였는데, '학교가 폐해졌다.〔學校廢〕'라고 한 것은 鄭나라 사람들이 학문을 폐한 것을 말한 것이지, 學宮을 폐하고 헐어버린 것을 말하는 것이 아니다.

青青子衿이여 **悠悠我心**이로다

푸른 옷깃의 그대
나의 그리움 가이없네

【傳】 青衿은 青領也니 學子之所服이라

青衿은 푸른 옷깃이니 배우는 이의 복장이다.

【箋】 箋云 學子而俱在學校之中이러니 己留彼去라 故隨而思之耳라 禮에 父母在면 衣純(준)以青이라 ○ 青은 如字니 學子以青爲衣領緣衿也니 或作菁이라

箋云 : 배우는 이들이 모두 학교에 있었는데 〈지금은〉 자신은 남고 저들은 떠났다. 그리하여 이로 인해 그리워한 것이다. 禮에 부모가 살아계시면 청색으로 가선을 두른 옷을 입는다.

○ 青은 본음대로 읽으니, 배우는 이들이 청색으로 옷깃에 가선을 두른 것인데, '菁'으로 되어 있는 본도 있다.

縱我不往이나 **子寧不嗣音**고

내 비록 못 가지마는
그대 어찌 詩며 樂을 익히지 않는가

【傳】 嗣는 習也라 古者에는 教以詩樂하여 誦之歌之하며 絃之舞之라

嗣는 '익힘'이다. 옛날에는 詩와 樂을 가르쳐 외우고 노래하며 연주하고 춤추게 하였다.

【箋】 箋云 嗣는 續也라 女曾不傳聲問我하니 以恩責其忘己라 ○ 嗣는 如字요 韓詩作詒(이)하니 詒는 寄也니 曾不寄問也라

箋云 : 嗣는 '이어짐'이다. 그대가 일찍이 소식을 전해 나의 안부를 묻지 않았으니 자기를 잊음을 恩情으로 책망한 것이다.

○ 嗣는 본음대로 읽는다. ≪韓詩≫에는 '詒'로 되어 있는데, 詒는 보내줌이니 일찍이 소식을 전하지 않은 것이다.

【疏】'靑靑'至'嗣音' ○毛以爲"鄭國學校不脩, 學人散去, 其留者思之, 言'靑靑之色者, 是彼學子之衣衿也, 此靑衿之子, 棄學而去, 悠悠乎我心思而不見', 又從而責之, '縱使我不往彼見子, 子寧得不來學習音樂乎.' 責其廢業去學也." ○鄭唯下句爲異, 言"汝何曾不嗣續音聲, 傳問於我," 責其遺忘己也.

經의 〔靑靑〕에서 〔嗣音〕까지

○ 毛亨은 "鄭나라에서 학교가 제대로 운영되지 못하여 학생들이 흩어져 떠나가니 남아 있는 이가 그리워하여 '푸르고 푸른색은 저 학생들의 옷깃인데, 저 푸른 옷깃의 이들이 배움을 버리고 떠났으니 아련히 내 마음속에 그리워하나 만나지 못한다.'라고 하고, 또 이로 인해 책망하여 '설사 내가 그곳으로 가서 만나 보지 못하지만 그대는 어찌 와서 音樂을 배우고 익히지 않는가.'라고 하였으니, 학업을 폐하고 학교를 떠난 것을 책망한 것이다."라고 여겼다.

○ 鄭玄은 아래 句만을 다르게 여겨, "그대는 어찌 일찍 소식을 이어 보내 나에게 안부를 전하지 않는가."라고 하였으니, 자기를 잊음을 책망한 것이라고 여겼다.

【疏】傳'靑衿靑領' ○正義曰 : 釋器云 "衣眥, 謂之襟." 李巡曰 "衣眥, 衣領之襟." 孫炎曰 "襟, 交領也." 衿與襟音義同, 衿是領之別名, 故云"靑衿, 靑領也." 衿・領一物, 色雖一靑, 而重言'靑靑'者, 古人之復言也. 下言"靑靑子佩", 正謂靑組綬耳, 都人士"狐裘黃黃", 謂裘色黃耳, 非有二事而重文也. 箋云"父母在, 衣純以靑." 是由所思之人父母在, 故言靑衿, 若無父母, 則素衿, 深衣云 "具父母衣純以靑, 孤子衣純以素." 是無父母者用素.

傳의 〔靑衿 靑領〕

○ 正義曰 : ≪爾雅≫ 〈釋器〉에 "옷깃의 겹쳐지는 곳〔衣眥〕을 襟이라고 한다."라고 하였는데, 李巡은 "衣眥는 옷깃인 襟이다."라고 하고, 孫炎은 "襟은 겹쳐지는 옷깃이다."라고 하였으니, 衿과 襟은 음과 뜻이 같고, 衿은 領의 다른 명칭이다. 그리하여 "靑衿은 푸른 옷깃이다.〔靑衿 靑領也〕"라고 한 것이다. 衿과 領은 같은 것이고, 색도 같은 청색인데 중복하여 '靑靑'이라고 한 것은 옛사람이 중복하여 말한 것이다. 아래에서 말한 "靑靑子

佩"는 바로 푸른 끈을 말하고, 〈小雅 都人士〉의 "狐裘黃黃"은 갖옷 색이 황색인 것을 말하니, 〈이는〉 두 가지여서 글자를 중복한 것이 아니다.

箋에서 "부모가 살아계시면 청색으로 가선을 두른 옷을 입는다.〔父母在 衣純以靑〕"라고 한 것은, 그리워하는 이의 부모가 살아 있기 때문에 '靑衿'이라 한 것이니, 만약 부모가 살아 있지 않았다면 '흰 옷깃〔素衿〕'이라고 하였을 것이다. ≪禮記≫ 〈深衣〉에 "부모가 살아 있으면 푸른색의 가선을 두른 옷을 입고, 〈부모가 없는〉 孤子는 흰색의 가선을 두른 옷을 입는다."라고 하였으니, 바로 부모가 살아 있지 않는 자는 흰색의 가선을 사용하는 것이다.

【疏】 傳'嗣習'至'舞之' ○正義曰：所以責其不習者, 古者教學子以詩樂, 誦之謂背文闇誦之, 歌之謂引聲長詠之, 絃之謂以琴瑟播之, 舞之謂以手足舞之. 學樂學詩, 皆是音聲之事, 故責其不來習音. 王制云 "樂正崇四術, 立四教, 春秋教以禮樂, 冬夏教以詩書." 文王世子云 "春誦夏絃, 太師詔之." 注云 "誦, 謂歌樂也, 絃, 謂以絲播詩." 是學詩學樂, 皆絃誦歌舞之.

傳의 〔嗣習〕에서 〔舞之〕까지

○ 正義曰：익히지 않음을 책망한 까닭은, 옛날에 배우는 이들에게 詩와 樂을 가르쳤으니, 외우게 하니 책을 등지고 암송하는 것을 이르고, 노래하게 하니 소리를 늘어뜨려 길게 읊조리는 것을 이르고, 絃을 연주하게 하니 琴瑟을 켜는 것을 이르고, 춤추게 하니 손과 발로 춤추는 것을 이른다. 樂을 배우고 詩를 배우는 것은 모두 音聲의 일이다. 그리하여 와서 音을 익히지 않음을 책망한 것이다. ≪禮記≫ 〈王制〉에 "樂正이 四術(詩·書·禮·樂)을 높여 네 가지의 교육을 확립하여, 봄과 가을에는 禮와 樂을 가르치고, 겨울과 여름에는 詩와 書를 가르친다."라고 하고, ≪예기≫ 〈文王世子〉에 "봄에는 외우고〔誦〕 여름에는 絃을 연주하니 太師가 가르친다."라고 하였는데, 注에서 "誦은 노래와 樂을 이르고, 絃은 현악기로 詩를 연주하는 것을 이른다."라고 하였으니, 詩를 배우고 樂을 배우는 것은 모두 연주하고 외우고 노래하고 춤추는 것이다.

【疏】 箋'嗣續'至'忘己' ○正義曰：箋以下章云"子寧不來", 責其不來見己, 不言來者有所學, 則此云"不嗣音", 不宜爲習樂, 故易傳言留者責去者, 子曾不傳續音聲存問我, 以恩責其忘己. 言與彼有恩, 故責其斷絶.

箋의 〔嗣續〕에서 〔忘己〕까지

○ 正義曰 : 箋은 아래 章에서 "그대 어이하여 오지 않는고.〔子寧不來〕"라고 한 것은 그가 와서 자기를 보지 않음을 책망한 것이지, 오는 자가 배울 것이 있음을 말한 것이 아니니, 그렇다면 여기서 말한 '不嗣音'은 응당 樂을 익히는 것이 되지 않는다고 여겼다. 그리하여 傳을 바꾸어 '남은 자가 떠난 자를 책망하여 그대는 일찍이 소식을 계속〔嗣〕전해 나에게 안부를 묻지 않았으니, 자기를 잊어버림을 은애로써 책망한 것'이라고 한 것이니, 저들과 은정이 있었기 때문에 소식 끊음을 책망한 것임을 말한다.

青青子佩여 悠悠我思로다

푸른 패옥을 찬 그대
나의 그리움 가이없네

【傳】 佩는 佩玉也라 士佩瓀(연)珉而青組綬라

佩는 佩玉이다. 士는 瓀珉을 차는데 푸른 끈으로 묶는다.

縱我不往이나 子寧不來오

내 비록 못 가지마는
그대 어이하여 오지 않는고

【傳】 不來者는 言不一來也라

不來는 한 번도 오지 않음을 말한 것이다.

【疏】 傳'佩佩玉'至'組綬' ○ 正義曰 : 玉藻云 "古之君子必佩玉, 君子於玉比德焉." 故知子佩爲佩玉也. 禮不佩青玉, 而云"青青子佩"者, 佩玉以組綬帶之, 士佩瓀珉而青組綬, 故云"青青", 謂組綬也. 案玉藻 "士佩瓀玟而縕組綬." 此云"青組綬"者, 蓋毛讀禮記作青字, 其本與鄭異也. 學子非士, 而傳以士言之, 以學子得依士禮故也.

傳의 〔佩 佩玉〕에서 〔組綬〕까지

○ 正義曰：≪禮記≫ 〈玉藻〉에 "옛날에 君子가 반드시 옥을 차는 것은, 군자는 옥에다 덕을 견주기 때문이다."라고 하였다. 그리하여 그가 찬 것이 패옥임을 안 것이다. 禮에서 푸른 옥을 찬다고 하지 않았는데 "푸른 패옥을 찬 그대〔青青子佩〕"라고 한 것은 패옥은 끈으로 묶어 매다는 것인데, 士는 瓀珉을 푸른 끈으로 묶어서이다. 그리하여 〈經에서〉 "青青"이라 한 것은 組綬가 〈푸른색이라는〉 것을 말한다. ≪예기≫ 〈옥조〉를 살펴보면 "士는 瓀玟을 차는데 적황색 끈으로 묶는다.〔士佩瓀玟而縕組綬〕"라고 하였는데, 여기서 말한 "青組綬"는 아마도 毛亨이 '青'자로 되어 있는 ≪예기≫本을 읽어서일 것이니, 그 本은 鄭玄이 읽은 本과 다르다.

배우는 이는 士가 아니다. 그런데 傳에서 士라고 한 것은, 배우는 이는 士의 禮를 따르기 때문이다.

【疏】 傳'不來者言不一來' ○ 正義曰：準上傳, 則毛意以爲責其不一來習業, 鄭雖無箋, 當謂不來見己耳.

傳의 〔不來者 言不一來〕

○ 正義曰：위의 傳을 근거하면 毛亨의 뜻은 그가 한 번도 와서 학업을 익히지 않음을 책망한 것으로 여겼으며, 鄭玄은 비록 해석한 箋이 없으나 당연히 그가 와서 자기를 보지 않음을 말한 것으로 여겼다.

挑(도)兮達兮하니 在城闕兮로다

오고 가며 바라보니
성의 누대에 있네

【傳】 挑達은 往來相見貌라 乘城而見闕이라

挑達은 가고 오며 바라보는 모습이다. 〈在城闕兮는〉 성에 올라 누대에서 바라본 것이다.

【箋】 箋云 國亂하여 人廢學業하고 但好登高見於城闕하니 以候望爲樂이라 ○ 挑는 說文作叜(수)요 達은 說文云 達은 不相遇也라하니라

箋云 : 나라가 어지러워 배우는 이들이 학업을 그만두고 단지 높은 곳에 올라가 성의 누대에서 바라보는 것을 좋아하였으니 멀리 바라보는 것을 즐거움으로 삼은 것이다.

○ 挑는 ≪說文解字≫에 '叟'로 되어 있고, 達은 ≪설문해자≫에 "達은 서로 만나지 못하는 것이다."라고 하였다.

一日不見이면 如三月兮로다

하루라도 보지 않으면
세 달 보지 않음과 같네

【傳】 言禮樂不可一日而廢라

禮와 樂을 〈배우는 것을〉 하루라도 그만둘 수 없음을 말한 것이다.

【箋】 箋云 君子之學은 以文會友하고 以友輔仁하니 獨學而無友면 則孤陋而寡聞이라 故思之甚이라

箋云 : 군자의 학문은 글로써 벗을 사귀고 벗으로써 仁을 배양하니, 홀로 배우고 벗이 없으면 고루하고 들은 것이 적어진다. 그리하여 매우 그리워한 것이다.

【疏】 '挑兮'至'月兮' ○ 毛以爲 "學人廢業, 候望爲樂, 故留者責之云 '汝何故棄學而去, 挑兮達兮, 乍(사)往乍來, 在於城之闕兮, 禮樂之道, 不學則廢, 一日不見此禮樂, 則如三月不見兮, 何爲廢學而遊觀.'" ○ 鄭以下二句爲異, 言"一日不與汝相見, 如三月不見兮", 言己思之甚也.

經의 〔挑兮〕에서 〔月兮〕까지

○ 毛亨은 "배우는 이들이 학업을 그만두고 멀리 바라보는 것을 즐거움으로 삼았다. 그리하여 남아 있는 자가 책망하여 '너는 무슨 까닭으로 학업을 버리고 떠나서 가고 오며 잠시 오가는 사이에도 성의 누대에 있는가, 禮樂의 도는 배우지 않으면 잊어버리게 되니 하루라도 이 禮樂을 보지 않는다면 마치 세 달을 보지 않는 것과 같은데, 어찌 학업을 중단하고 돌아다니며 구경만 하는가.'라고 한 것이다."라고 여긴 것이다.

○ 鄭玄은 아래 두 句를 다르게 여겨 "하루라도 그대를 보지 않음은 마치 세 달을 보

지 않음과 같다."라고 한 것으로 여겼으니, 자신이 매우 그리워함을 말한 것이다.

【疏】 傳'挑達'至'見闕' ○ 正義曰：城闕雖非居止之處, 明其乍往乍來, 故知挑達爲往來貌. 釋宮云"觀謂之闕." 孫炎曰"宮門雙闕, 舊章懸焉, 使民觀之, 因謂之觀." 如爾雅之文, 則闕是人君宮門, 非城之所有, 且宮門觀闕, 不宜乘之候望. 此言"在城闕兮", 謂城之上別有高闕, 非宮闕也. 乘城見於闕者, 乘, 猶登也, 故箋申之, 登高見於城闕, 以候望爲樂.

傳의 〔挑達〕에서 〔見闕〕까지

○ 正義曰 : 도성의 누대는 비록 거처하는 곳이 아니지만 분명 잠시 오고 가는 곳이다. 그리하여 '挑達'이 왕래하는 모습임을 안 것이다. ≪爾雅≫ 〈釋宮〉에 "觀을 闕이라 한다." 라고 하였는데, 孫炎은 "宮門의 양쪽 누대에 옛 법조문을 걸어놓아 백성으로 하여금 보게 하였기에 '觀'이라 한 것이다."라고 하였다. ≪이아≫의 글과 같다면 '闕'은 군주의 宮門이고, 성에 있는 것이 아니며, 또 宮門의 觀闕은 올라가서 바라보기에 마땅하지 않다. 그러니 여기서 말한 "성의 누대에 있네.〔在城闕兮〕"는 성 위에 별도의 높은 누대가 있음을 말한 것이지 宮의 누대가 아니다. '乘城見於闕'의 '乘'은 '登(오르다)'는 것과 같다. 그리하여 箋에서 거듭 풀이하여 높은 곳에 올라 城의 누대에서 바라보니 멀리 바라보는 것으로 즐거움을 삼은 것이라고 한 것이다.

【疏】 箋'君子'至'之甚' ○ 正義曰："君子, 以文會友, 以友輔仁." 論語文, "獨學而無友, 則孤陋而寡聞." 學記文. 由其須友以如此, 故思之甚.

箋의 〔君子〕에서 〔之甚〕까지

○ 正義曰 : "군자는 글로 벗을 사귀고, 벗으로 仁을 배양한다.〔君子以文會友 以友輔仁〕" 라고 한 것은 ≪論語≫ 〈顔淵〉의 글이고, "홀로 배우고 벗이 없으면 고루하고 들은 것이 적다.〔獨學而無友 則孤陋而寡聞〕"라고 한 것은 ≪禮記≫ 〈學記〉의 글이다. 벗이 필요한 까닭이 이와 같았기 때문에 매우 그리워한 것이다.

子衿三章이니 **章四句**라

〈子衿〉 3章이니 章마다 4句이다.

揚之水(양지수)

【序】 揚之水는 **閔無臣也**라 **君子 閔忽之無忠臣良士**하여 **終以死亡**하여 **而作是詩也**라

〈揚之水〉는 훌륭한 신하가 없음을 안타까워한 시이다.

군자가 忽에게 忠臣과 良士가 없어 끝내 죽게 될 것을 안타까워하여 이 시를 지은 것이다.

【疏】 '揚之水(二章章六句)'至'是詩' ○正義曰：經二章, 皆閔忽無臣之辭. '忠臣'·'良士', 一也, 言其事君則爲忠臣, 指其德行則爲良士, 所從言之異耳. '終以死亡', 謂忽爲其臣高渠彌所弒也, 作詩之時, 忽實未死, 序以由無忠臣, 意以此死, 故閔之. 有女同車序云"卒以無大國之助, 至於見逐." 意亦與此同.

序의 〔揚之水〕에서 〔是詩〕까지

○正義曰：經文의 두 章은 모두 忽에게 훌륭한 신하가 없음을 슬퍼한 말이다. '忠臣'과 '良士'는 같으니, 군주를 섬기는 것으로 말하면 忠臣이 되고 德行을 가리키면 良士가 되니 경우에 따라 말한 것이 다를 따름이다.

'終以死亡'은 홀이 그의 신하 高渠彌에게 시해된 것을 이르는데, 이 시를 지을 때에 홀이 실제로 죽지 않았지만 序는 충신이 없었기 때문에 죽게 될 것이라고 여겼다. 그리하여 가여워한 것이다. 〈鄭風 有女同車〉의 序에 "끝내 大國의 도움이 없어서 쫓겨나게 되는 데 이른 것이다."라고 하였으니, 뜻이 역시 여기와 같다.

揚之水여 **不流束楚**아

세차게 흐르는 물줄기
나뭇단 떠내려 보낼 수 없겠는가

【傳】 揚은 激揚也니 激揚之水 可謂不能流漂束楚乎아

揚은 '세차게 흐름'이니, '세차게 흐르는 물줄기가 나뭇단을 떠내려 보내지 못한다고

할 수 있겠는가.'라고 한 것이다.

【箋】 箋云 激揚之水는 喩忽政教亂促이요 不流束楚는 言其政不行於臣下라

箋云 : '激揚之水'는 忽의 政教가 어지럽고 급박함을 비유한 것이고, '不流束楚'는 그의 정사가 신하들에게 시행되지 못함을 말한 것이다.

終鮮兄弟라 維予與女니

끝내 형제간의 은애 적어져
오직 나와 너뿐이니

【箋】 箋云 鮮은 寡也라 忽兄弟爭國하니 親戚相疑하여 後竟寡於兄弟之恩하여 獨我與女有耳라 作此詩者는 同姓臣也라

箋云 : 鮮은 '적음'이다. 忽의 형제가 왕위를 다투니 친척들이 서로 의심하여 뒤에 마침내 형제간의 은애가 적어져 오직 나와 너만 있을 따름이라고 한 것이다. 이 시를 지은 자는 同姓의 신하이다.

無信人之言이어다 人實迋(광)女니라

남의 말 믿지 말지어다
남들 참으로 너를 속이느니라

【傳】 迋은 誑也라

迋은 '속임'이다.

【疏】 '揚之水'至'迋女' ○ 毛以爲"激揚之水, 可謂不能流漂一束之楚乎, 言能流漂之, 以興忠臣良士, 豈不能誅除逆亂之臣乎, 言能誅除之. 今忽旣不能誅除逆亂, 又復兄弟爭國, 親戚相疑, 終竟寡於兄弟之恩, 唯我與汝二人而已. 忽旣無賢臣, 多被欺誑, 故又誡之, 汝無信他人之言, (被)〔彼〕[1]他人之言, 實欺誑於汝. 臣皆誑之, 將至亡滅, 故閔之." 鄭唯上二句別, 義具箋.

1) (被)〔彼〕: 저본의 교감기에 따라 '彼'로 번역하였다.

經의 〔揚之水〕에서 〔迋女〕까지

○ 毛亨은 "세찬 물줄기가 한 단 나뭇단을 떠내려 보낼 수 없다고 할 수 있겠느냐고 한 것은 떠내려 보낼 수 있음을 말한 것이다. 이로써 忠臣과 良士가 어찌 반역한 신하들을 제거하지 못하겠느냐는 것을 興하였으니, 제거할 수 있음을 말한 것이다. 지금 忽이 반역한 이를 제거하지 못하고, 또 거듭 형제가 왕위를 다투어 친척들이 서로 의심하여 끝내 형제간의 은애가 적어져 오직 나와 그대 두 사람일 따름이다. 홀이 어진 신하가 없고 많은 속임을 당하였다. 그리하여 또 경계하여 그대는 다른 사람의 말을 믿지 마라, 다른 사람의 말은 실제로 너를 속이는 것이라고 하였다. 신하들이 모두 속이면 멸망하는 데 이르게 된다. 그리하여 슬퍼한 것이다."라고 여겼다.

鄭玄은 위의 두 句만 다르게 여겼으니, 뜻은 箋에 자세하다.

【疏】 箋'激揚'至'臣下' ○ 正義曰 : 箋言'激揚之水', 是水之迅疾, 言'不流束楚', 實不能流, 故以喩忽政教亂促, 不行臣下. 由政令不行於臣下, 故無忠臣良士與之同心, 與下勢相連接, 同爲閔無臣之事. 毛興雖不明, 以王及唐揚之水皆興, 故爲此解.

箋의 〔激揚〕에서 〔臣下〕까지

○ 正義曰 : 箋에서 말한 '激揚之水'는 물이 매우 빠른 것이고, '不流束楚'라고 한 것은 실제로 떠내려 보내지 못한 것이다. 그리하여 이로써 忽의 政敎가 어지럽고 급박하여 신하들에게 행해지지 못함을 비유한 것이다. 政令이 신하들에게 행해지지 못했기 때문에 마음을 같이할 忠臣과 良士가 없는 것인데, 아래 문세와 이어져 있으니 모두 신하가 없음을 걱정한 일이다. 毛亨이 〈이 章을〉 興으로 여긴 것은, 비록 분명하지는 않지만 〈王風 揚之水〉와 〈唐風 揚之水〉가 모두 興이다. 그리하여 이와 같이 풀이한 것이다.

揚之水여 不流束薪가

세차게 흐르는 물줄기
나뭇단도 떠내려 보낼 수 없겠는가

終鮮兄弟라 維予二人이니

끝내 형제간의 은애 적어져
나와 너 둘뿐이니

【傳】 二人同心也라

두 사람이 마음을 같이한 것이다.

【箋】 箋云 二人者는 我身與女忽이라

箋云 : 二人은 나 자신과 너 忽이다.

無信人之言이어다 人實不信이니라

남의 말 믿지 말지어다
남은 실로 믿을 것 못 되느니라

揚之水二章이니 章六句라

〈揚之水〉 2章이니 章마다 6句이다.

出其東門(출기동문)

【序】 出其東門은 閔亂也라 公子五爭하여 兵革不息하여 男女相棄하니 民人이 思保其室家焉이라

〈出其東門〉은 세상이 혼란함을 걱정한 시이다.

公子들이 다섯 번이나 〈왕위를〉 다투어 병란이 끊이지 아니하여 남녀가 서로를 버리니 백성들이 가정을 보전할 것을 생각한 것이다.

【箋】 公子五爭者는 謂突再也요 忽子亹(미)子儀 各一也라 ○ 爭은 爭鬪之爭이니 注同이라 亹는 莊公子라

'公子五爭'은 突이 두 번, 忽과 子亹와 子儀가 각각 한 번씩 〈다툰 것을〉 말한다.

○ 爭은 爭鬪의 爭이니 注도 같다. 亹는 莊公의 아들이다.

【疏】 '出其東門(二章章六句)'至'室家焉' ○ 正義曰：作出其東門詩者, 閔亂也. 以忽立之後, 公子五度爭國, 兵革不得休息, 下民窮困, 男女相棄, 民人迫於兵革, 室家相離, 思得保其室家也. '兵'謂弓・矢・干・戈之屬, '革'謂甲・胄之屬, 以皮革爲之. '保'者, 安守之義. 男以女爲室, 女以男爲家, 若散則通. 民人分散乖離, 故思得保有室家, 正謂保有其妻, 以妻爲室家, 經二章皆陳男思保妻之辭, 是思保室家也. "其公子五爭, 兵革不息", 敍其相棄之由, 於經無所當也. 俗本云"五公子爭", 誤也.

序의 〔出其東門〕에서 〔室家焉〕까지

○ 正義曰：〈出其東門〉의 詩를 지은 것은 세상이 혼란함을 걱정한 것이다.

忽이 즉위한 뒤에 公子들이 다섯 번이나 왕위를 다투어 병란이 끊이지 않아 백성들이 곤궁해져서 남녀가 서로를 버렸다. 백성들이 병란에 핍박당해 부부가 서로 헤어지니 가정을 보전할 것을 생각한 것이다.

'兵'은 활, 화살, 방패, 창의 종류이고, '革'은 갑옷과 투구의 종류이니 가죽으로 만든다. '保'는 지킨다는 뜻이다.

남자는 여인을 아내〔室〕로 삼고, 여인은 남자를 남편〔家〕으로 삼으니 구별 없이 쓰면 〈室과 家의 뜻이〉 통용된다. 백성들이 흩어지고 헤어졌으므로 가정〔室家〕을 보전할 것을 생각한 것이니 바로 그의 妻를 지키는 것을 이르니, 妻를 室家라 한 것이다. 經文의 두 章 모두 남자가 아내를 지킬 것을 생각하는 말을 진술하였으니, 이것이 바로 가정을 보전할 것을 생각한 것이다.

'公子五爭 兵革不息'은 서로 버린 이유를 서술한 것인데 經文에는 해당되는 곳이 없다. 俗本에 '五公子爭'이라고 한 것은 잘못이다.

【疏】 箋'公子'至'各一' ○ 正義曰：桓十一年左傳云 "祭(채)仲爲公娶鄧曼, 生昭公, 故祭仲立之. 宋雍氏女於鄭莊公, 生厲公, 故宋人誘祭仲而執之曰 '不立突, 將死.' 祭仲與宋人盟, 以厲公歸而立之. 秋九月, 昭公奔衛, 己亥厲公立." 是一爭也. 十五年傳曰 "祭仲專, 鄭伯患之, 使其壻雍糾殺之, 雍姬知之, 以告祭仲, 祭仲殺雍糾. 厲公出奔蔡, 六月

乙亥, 鄭世子忽復歸于鄭." 是二爭也.

箋의 〔公子〕에서 〔各一〕까지

○ 正義曰 : ≪春秋左氏傳≫ 桓公 11년에 "祭仲이 莊公을 鄧曼에게 장가들게 하여 昭公(忽)을 낳았다. 그리하여 채중이 〈소공을 왕으로〉 세운 것이다. 宋나라 雍氏가 딸을 鄭 莊公에게 시집보내어 厲公(突)을 낳았다. 그리하여 宋人이 채중을 유인하여 잡아두고 '돌을 세우지 않는다면 죽이겠다.'라고 하니, 채중이 송인과 맹약하고서 여공을 데리고 들어가 왕으로 세웠다. 가을 9월에 소공이 衛나라로 도망가니, 己亥일에 여공이 즉위하였다."라고 한 것이 첫 번째 다툰 것이다.

≪춘추좌씨전≫ 환공 15년에 "채중이 전횡을 일삼자 鄭伯(여공)이 이를 근심하여 〈채중의〉 사위 雍糾로 하여금 죽이게 하였는데, 〈옹규의 아내〉 雍姬가 이 사실을 알고 채중에게 알리니 채중이 옹규를 죽였다. 여공이 蔡나라로 달아나니, 6월 乙亥일에 정나라 世子 홀이 다시 정나라로 돌아왔다."라고 한 것이 두 번째 다툰 것이다.

【疏】 十七年傳曰 "初鄭伯將以高渠彌爲卿, 昭公惡(오)之, 固諫, 不聽. 昭公立, 懼其殺己也, 弑昭公而立公子亹." 是三爭也. 十八年傳曰 "齊侯師于首止, 子亹會之, 高渠彌相. 七月, 齊人殺子亹, 而(轘)〔轘(환)〕[1]高渠彌, 祭仲逆鄭子于陳而立之." 服虔云 "鄭子, 昭公弟子儀也." 是四爭也. 莊十四年傳曰 "鄭厲公自櫟侵鄭, 及大陵, 獲傅(부)瑕, 傅瑕曰 '苟舍我, 吾請納君.' 與之盟而(舍)〔赦〕[2]之. 六月, 傅瑕殺鄭子而納厲公." 是五爭也. 忽亦再爲鄭君; 前以太子嗣立, 不爲爭簒, 故唯數後爲五爭也.

1) (轘)〔轘〕: 저본의 교감기에 따라 '轘'으로 번역하였다.
2) (舍)〔赦〕: ≪春秋左氏傳≫에 의거하여 '赦'로 바로잡아 번역하였다.

≪春秋左氏傳≫ 桓公 17년에 "이전에 鄭伯(莊公)이 高渠彌를 卿으로 삼고자 하자 〈世子인〉 昭公이 그를 미워하여 간곡하게 간하였으나 들어주지 않았다. 〈그 후에〉 소공이 즉위하자 〈고거미가 소공이〉 자기를 죽일까 두려워하여 소공을 시해하고 公子 亹를 세웠다."라고 한 것이 세 번째 다툰 것이다.

≪춘추좌씨전≫ 환공 18년에 "齊侯가 首止에 군사를 주둔하고 子亹와 회합하였는데 고거미가 보좌하였다. 7월에 齊人이 자미를 죽이고 고거미를 거열형에 처하자, 祭仲이 陳나라에서 鄭子를 맞이하여 왕으로 세웠다."라고 하였는데, 服虔이 "鄭子는 소공의 아

우 子儀이다."라고 하였다. 이것이 네 번째 다툰 것이다.

≪춘추좌씨전≫ 莊公 14년에 "鄭 厲公이 櫟에서 鄭나라를 침입하여 大陵에 이르러 傅瑕를 잡았는데, 부하가 '만일 저를 놓아주신다면 저는 임금님을 맞아들이겠습니다.'라고 하니 함께 맹약하고 부하를 놓아 주었다. 6월에 부하가 자의를 죽이고 여공을 왕으로 맞아들였다."라고 하였으니 이것이 다섯 번째 다툰 것이다.

忽도 두 번 鄭나라의 군주가 되었는데 먼저는 태자로써 왕위를 이어 즉위하여 찬탈한 것이 되지 않는다. 그리하여 오직 뒤의 일만 헤아려 다섯 번 다툰 것이라고 한 것이다.

出其東門하니 有女如雲이로다

東門을 나서니
여인들 구름같이 많네

【傳】 如雲은 衆多也라

'如雲'은 무리가 많은 것이다.

【箋】 箋云 有女는 謂諸見棄者也라 如雲者는 如(其)〔雲〕[1]從風東西南北하니 心無有定이라

1) (其)〔雲〕: 저본의 교감기에 따라 '雲'으로 번역하였다.

箋云 : '有女'는 버림을 받은 여인들을 이른다. '如雲'은 구름이 바람을 따라 동서남북으로 떠도는 것과 같으니, 마음에 정처가 없는 것이다.

雖則如雲이나 匪我思存이로다

비록 구름같이 많지만
나는 구해줄 수가 없네

【傳】 思不存乎相救急이라

위급에서 구해줄 생각을 가지지 못하는 것이다.

【箋】 箋云 匪는 非也니 此如雲者는 皆非我思所存也라 ○ 思는 如字니 注及下皆同이라

箋云 : 匪는 非이니, 이 구름 같은 여인들은 모두 내가 생각할 바가 아니라는 것이다. ○ 思는 본음으로 읽으니, 注와 아래도 모두 같다.

縞(호)衣綦(기)巾이여 聊樂我員(운)이로다

흰옷 입고 쑥색 두건 쓴 이들
서로 함께 즐겁기를 바라네

【傳】 縞衣는 白色이니 男服也요 綦巾은 蒼艾色이니 女服也라 願室家得相樂也라

縞衣는 백색이니 남자의 복장이고, 綦巾은 푸른 쑥색이니 여인의 복장이다. 부부가 서로 함께 즐겁기를 바라는 것이다.

【箋】 箋云 縞衣綦巾은 〔己〕[1]所爲作者之妻服也라 時亦棄之는 迫兵革之難하여 不能相畜이니 心不忍絶이라 故言且留樂我員하니 此思保其室家요 窮困不得有其妻하여 而以衣巾言之하니 恩不忍斥之라 綦는 綦文也라 ○ 樂은 音洛이니 注竝同이라 一音岳이라 或云 箋留樂도 又音岳이라하니라 員은 本亦作云이요 韓詩作魂하니 魂은 神也라

1) 〔己〕: 저본의 교감기에 따라 '己'를 보충하여 번역하였다. 아래 疏도 같다.

箋云 : '縞衣綦巾'은 작자 자신이 자신의 아내를 위해 만든 복장이다. 당시에 역시 버린 것은 병란의 어려움이 닥쳐 서로를 보살펴주지 못해서이다. 그러나 마음으로는 차마 잊지 못하였다. 그리하여 잠시 머물러 나와 즐겁게 지낼 것을 말하였으니, 이는 가정을 보전할 것을 생각한 것이고, 곤궁하여 그 아내를 두지 못하여 옷과 두건으로 말하였으니, 은정으로 차마 내치지 못한 것이다. 綦는 綦의 문양이다.

○ 樂은 音이 洛(락)이니 注도 모두 같다. 한 음은 岳(악)인데, 或者는 "箋의 留樂의 〈樂도〉 音이 岳이다."라고 하였다. 員은 '云'으로 되어 있는 本도 있고, ≪韓詩≫에 '魂'으로 되어 있으니, 魂은 神이다.

【疏】 '出其'至'我員' ○ 毛以爲 "鄭國民人不能保其室家, 男女相棄, 故詩人閔之. 言'我出其鄭城東門之外, 有女被棄者衆多如雲.' 然女旣被棄, 莫不困苦. 詩人閔之, 無可奈何, 言'雖則衆多如雲, 非我思慮所能存救.' 以其衆多, 不可救拯, 唯願使昔日夫妻更自相得, 故言'彼服縞衣之男子, 服綦巾之女人, 是舊時夫妻, 願其還自配合, 則可以樂我心云耳.' 詩人閔其相棄, 故願其相得則樂." 云·員古今字, 助句辭也.

經의 〔出其〕에서 〔我員〕까지

○ 毛亨은 "鄭나라 백성들이 그의 가정을 보전하지 못하여 남녀가 서로를 버렸다. 그리하여 시인이 안타까워하여 '내가 鄭나라 성의 동문 밖을 나가니 버림받은 여인의 무리가 구름같이 많았다.'고 한 것이다. 그러나 버림받은 여인들은 모두 곤궁하였다. 시인이 안타까워했으나 어찌할 수 없어서 '비록 구름같이 많으나 내가 걱정해서 구해줄 수 있는 바가 아니다.'라고 한 것이다. 무리가 많았기 때문에 구해줄 수가 없어서 예전의 부부들로 하여금 다시 서로 만나기를 바랐다. 그리하여 '저 흰옷을 입은 남자와 쑥색 두건을 쓴 여인은 예전의 부부여서 다시 합치길 바라나니 그렇게 되면 내 마음을 즐겁게 해줄 것이다.'라고 하였다. 시인이 서로 버린 것을 안타까워하였다. 그리하여 서로 만나 즐겁게 되기를 바란 것이다."라고 여겼다.

云과 員은 옛날에 사용한 글자(員)와 지금 사용한 글자(云)이니 어조사이다.

【疏】 ○ 鄭以爲"國人迫於兵革, 男女相棄, 心不忍絶, 眷戀不已. 詩人述其意而陳其辭也, 言'鄭國之人, 有棄其妻〔者〕[1], 自言出其東門之外, 見有女被棄者, 如雲之從風, 東西無定', 此女被棄, 心亦無定如雲. 然此女雖則如雲, 非我思慮之所存在, 以其非己之妻, 故心不存焉. 彼被棄衆女之中, 有着縞素之衣·綦色之巾者, 是我之妻, 今亦絶去, 且得少時留住, 則以喜樂我云." 民人思保室家, 情又若此, 迫於兵革, 不能相畜, 故所以閔之.

1) 〔者〕: 저본의 교감기에 따라 '者'를 보충하여 번역하였다.

○ 鄭玄은 "백성들이 병란으로 곤궁해져 남녀가 서로 버렸으나 마음은 차마 잊지 못하여 그리워 마지않았다. 시인이 그들의 생각을 기술하고 그의 말을 적어 '鄭나라 사람 중에 아내를 버린 자가 있어 스스로 말하기를 동문 밖을 나가 버림받은 여인들을 보았는데 마치 바람 따라 동서로 정처 없이 떠도는 구름 같다.'라고 하였으니, 버림받은 이 여인의 마음도 구름처럼 정처가 없다는 것이다. 그러나 이런 여인이 비록 구름같이 많으나 내가 걱정해줄 사람은 아니니 자신의 아내가 아니기 때문이다. 그리하여 마음에 두지 않은 것이다. 저 버림받은 여인들 중에 흰옷을 입고 쑥색의 두건을 쓴 이가 있는데,

그가 나의 아내이니 지금 또 헤어졌지만 잠시 동안이라도 머물러 함께 살 수 있다면 나를 기쁘게 할 것이다."라고 여겼다. 백성들이 가정을 지킬 것을 생각하고 情도 이러한데 兵亂으로 곤궁해져 서로 돌보지 못하였다. 그리하여 안타까워한 것이다.

【疏】 傳'思不存乎相救急' ○ 正義曰：言其見棄旣多, 困急者衆, 非己一人所以救恤, 故其思不得存乎相救急.

傳의 〔思不存乎相救急〕

○ 正義曰：버려진 이가 많아 곤궁한 이가 많아졌지만 자기 한 사람이 구해줄 수 있는 바가 아님을 말하였다. 그리하여 위급에서 구해줄 생각을 가지지 못하는 것이다.

【疏】 傳'縞衣'至'相樂' ○ 正義曰：廣雅云 "縞, 細繒也." 戰國策云 "彊弩之餘, 不能穿魯縞."[1] 然則縞是薄繒, 不染, 故色白也. 顧命云 "四人綦弁." 注云 "青黑曰綦." 說文云 "綦, 蒼艾色也." 然則綦者, 青色之小別. 顧命爲弁色, 故以爲青黑, 此爲衣巾, 故爲蒼艾色, 蒼卽青也, 艾謂青而微白, 爲艾草之色也. 知縞衣男服·綦巾女服者, 以作者旣言非我思存, 故願其自相配合, 故知一衣一巾, 有男有女. 先男後女, 文之次也. 傳以聊爲願, 故云"願室家得相樂." 室家卽縞衣綦巾之男女也.

1) 戰國策云……不能穿魯縞：이는 본래 ≪史記≫ 〈韓張孺列傳〉에 韓安國이 共王에게 匈奴의 和親을 許諾하도록 간한 말인데, 諸葛亮이 孫權에게 赤壁大戰을 하도록 설득하면서 인용한 것이다.(≪戰國策≫ 〈孝獻皇帝記〉) ≪사기≫에는 餘자가 極자로 되어 있고 뒤에 矢자가 있다.

傳의 〔縞衣〕에서 〔相樂〕까지

○ 正義曰：≪廣雅≫에 "縞는 가는 비단이다."라고 하였고, ≪戰國策≫ 〈孝獻皇帝記〉 13년에는 "강한 쇠뇌로 쏘는 화살도 힘이 다하면 魯의 얇은 비단〔縞〕조차 뚫을 수가 없다."라고 하였으니, 그렇다면 縞는 얇은 비단이고 물들이지 않은 것이다. 그리하여 색이 흰 것이다.

≪尙書≫ 〈顧命〉에 "〈畢門에는〉 네 사람이 청흑색 고깔을 쓴다.〔四人綦弁〕"라고 하였는데, 注에 "청흑색을 '綦'라고 한다."라고 하고, ≪說文解字≫에 "綦는 푸른 쑥색이다."라고 하였으니, 그렇다면 綦는 청색과 조금 다르다. ≪상서≫ 〈고명〉은 고깔의 색이기

때문에 청흑색이라고 한 것이고, 여기는 옷의 두건이므로 푸른 쑥색이라고 한 것이니, 蒼은 바로 청색이고, 艾는 청색인데 약간 흰색이 섞이어 쑥의 색임을 말한다.

縞衣가 남자의 복장이고 綦巾이 여자의 복장임을 안 것은, 作者가 내가 생각할 바가 아니라고 말했으므로 서로 다시 합치기를 바란 것이고, 그리하여 하나의 옷과 하나의 두건에서 남자와 여인이 있음을 안 것이다. 남자를 먼저 말하고 여인을 뒤에 말한 것은 글의 순서이다. 傳은 聊를 願으로 여겼다. 그리하여 "부부가 서로 함께 즐겁기를 바라는 것이다.〔願室家得相樂〕"라고 한 것이니, 室家는 바로 흰옷을 입고 푸른 쑥색 두건을 쓴 남녀이다.

【疏】 箋'縞衣'至'綦文' ○正義曰：箋以序稱'民人思保其室家', 言夫思保妻也, 經稱'有女如雲', 是男言有女也. 經·序皆據男爲文, 則縞衣·綦巾是男之所言, 不得分爲男女二服. 衣巾旣共爲女服, 則此章所言, 皆是夫自言妻, 非他人言之, 故首尾皆易傳. 則詩人爲詩, 雖擧一國之事, 但其辭有爲而發, 故言"縞衣綦巾, 〔己〕所爲作者之妻服"也. '己'謂詩人自己, 旣相棄, 又願且留, 是心不忍絶也. 訓聊爲且, 故言且留可以樂我云也. 箋亦以綦爲青色, 但綦是文章之色, 非染繒之色, 故云"綦, 綦文." 謂巾上爲此蒼文, 非全用蒼色爲巾也.

箋의 〔縞衣〕에서 〔綦文〕까지

○ 正義曰：箋은, 序에서 말한 '民人思保其室家'는 남편이 아내를 지킬 것을 생각한 것을 말한 것이고, 經文에서 말한 '有女如雲'은 남자가 여인들이 있음을 말한 것으로 여겼다. 經文과 序가 모두 남자의 입장에서 쓴 것이면 縞衣와 綦巾은 남자가 말한 것이니, 나누어 남녀의 두 복장이라 할 수가 없다. 옷과 두건은 모두 여인의 복장이니 그렇다면 이 章에서 말한 것은 모두 남편이 직접 아내를 말한 것이지 다른 사람이 말한 것이 아니다. 그리하여 처음부터 끝까지 모두 傳과 다르게 본 것이다.

시인이 시를 지을 때에 비록 한 나라의 일을 거론하지만 다만 말은 말하고자 하는 목적을 가지고 말한다. 그리하여 "縞衣綦巾은 작자 자신이 자신의 아내를 위해 만든 복장이다.〔縞衣綦巾 己所爲作者之妻服〕"라고 한 것이다. '己'는 시인 자신을 이르고, 이미 서로 버렸으나 또 잠시 머물기를 바라니, 이것이 마음에서 차마 잊지 못하는 것이다. 聊를 '且'라고 풀이하였으므로 잠시 머문다면 나를 즐겁게 할 것이라고 한 것이다.

箋도 綦를 청색으로 여겼으나, 다만 綦는 문양의 색이지 비단을 물들인 색은 아니다.

그리하여 "綦는 綦의 문양이다.〔綦 綦文〕"라고 한 것이니, 두건 윗부분에 이 푸른 문양이 있는 것을 말하니, 전부 푸른색으로 두건을 만든 것이 아니다.

出其闉闍(인도)하니 **有女如荼**(도)[1]로다

1) 如荼(도) : 毛亨은 荼는 '英荼'라고 하여 상복을 입은 모습을 표현한 것이라고 하고, 鄭玄은 가벼워 정처 없이 날아다니는 띠 꽃 같다고 하였다. 시의 뜻을 살펴보면 버림받은 여인의 처지를 비유한 것이므로 鄭玄의 풀이를 따랐다.

성문을 나서니
여인들 띠 꽃 같네

荼(≪詩經名物圖解≫)

【傳】 闉은 曲城[1]也요 闍는 城臺也라 荼는 英荼也니 言皆喪服也라

1) 曲城 : 城門을 보호하기 위하여 성문 앞으로 둘러싼 보조성이다. '甕城' 또는 '月城'이라고 한다. 馬瑞辰의 ≪毛詩傳箋通釋≫에 "성 위에 臺가 있으면 아래에 반드시 문이 있고, 重門이 있으면 반드시 曲城이 있다.〔上有臺則下必有門 有重門則必有曲城〕"라고 하였다.

闉은 曲城이고, 闍는 성의 누대이다. 荼는 '흰 띠 꽃'이니, 〈여인들이〉 모두 상복을 입은 것을 말한다.

【箋】 箋云 闍는 讀當如彼都人士之都니 謂國外曲城之中市里也라 荼는 茅秀니 物之輕者로 飛行無常이라 ○闍는 鄭郭音都라하고 孫炎云 積土如水渚니 所以望氣祥也라 秀는 本或作莠니 音同이요 劉昌宗周禮音에 莠는 音酉라

箋云 : 闍는 〈小雅 都人士〉의 '彼都人士'의 '都'와 같이 읽어야 하니, 도성 밖 曲城 안의 저잣거리를 이른다. 荼는 '띠의 이삭〔茅秀〕'이니 가벼운 것으로 정처 없이 날아다닌다.

○闍는 鄭玄과 郭璞은 音을 '都'라고 하였으며, 孫炎은 "모래섬처럼 흙을 쌓은 것이니 기상의 길흉을 살피는 곳이다."라고 하였다. 秀는 '莠'로 되어 있는 本도 있는데 音이 같고, 劉昌宗의 ≪周禮音≫에 莠는 音이 '酉'라고 하였다.

雖則如荼나 匪我思且(저)로다

비록 띠 꽃 같으나

내가 걱정할 바는 아니네

【箋】 箋云 匪我思且는 猶(非)〔匪〕[1]我思存也라 ○ 且는 音徂니 爾雅云 存也라하니라

1) (非)〔匪〕: 저본의 교감기에 따라 '匪'로 번역하였다.

箋云 : '匪我思且'는 '나의 걱정이 있는 바가 아니다.〔匪我思存〕'라는 것과 같다.

○ 且는 音이 徂이니, ≪爾雅≫ 〈釋詁〉에는 '있음〔存〕'이다 하였다.

縞衣茹藘여 聊可與娛라

흰옷 입은 이, 붉은색 두건 쓴 여인

함께 즐겁기를 바라네

【傳】 茹藘는 茅蒐之染女服也라 娛는 樂也라

茹藘는 꼭두서니〔茅蒐〕로 물들인 여인의 복장이다. 娛는 '즐거움'이다.

【箋】 箋云 茅蒐는 染巾也라 聊可與娛는 且可留與我爲樂이니 心欲留之言也라 ○ 娛는 本亦作虞라

箋云 : 茅蒐는 두건을 물들이는 것이다. '聊可與娛'는 잠시 머물러 나와 함께 즐겁게 지내자고 한 것이니, 머물기를 바라는 마음을 말한다.

○ 娛는 '虞'로 되어 있는 本도 있다.

【疏】 '出其'至'與娛' ○〔正義曰〕[1] : 毛以爲 "詩人言我出其鄭國曲城門臺之外, 見有女被棄者衆多, 皆着喪服, 色白如荼. 然雖則衆多如荼, 非我思所存救. 以其衆多, 不可救恤, 惟願昔日夫妻更自相得, 彼服縞衣之男子, 服茹藘之女人, 是其舊夫妻也, 願其還得配合, 可令相與娛樂." 閔其相棄, 故願其相樂.

1)〔正義曰〕: 편찬체제에 따라 '正義曰'을 보충하여 번역하였다.

經의 〔出其〕에서 〔與娛〕까지

○ 正義曰 : 毛亨은 "詩人이 내가 鄭나라의 도성 문 밖을 나가 버림받은 많은 여인들을 보았는데, 모두 상복을 입어 띠 꽃같이 흰색이었다. 그러나 비록 띠 꽃같이 많지만 내가 걱정해서 구해줄 수 있는 바가 아니다. 무리가 많기 때문에 구해줄 수 없고 오직 예전의 부부가 다시 서로 만나기를 원하니, 저 흰옷을 입은 남자와 꼭두서니 물들인 두건을 쓴 여인은 예전의 부부이니 다시 합쳐 함께 즐겁게 지낼 수 있기를 바란다."라고 한 것으로 여긴 것이다. 서로 버린 것을 슬퍼한 것이다. 그리하여 서로 즐겁게 지내기를 바란 것이다.

【疏】 鄭以爲 "國人有棄其妻者, 自言出其曲城都邑市里之外, 見有女被棄者如荼, 飛揚無所常定. 此女被棄, 心亦無定如荼. 然此女雖則如荼, 非是我之所思, 以非己妻, 故不思之. 其中有著縞素之衣・茹藘染巾者, 是我之妻, 今亦絶去, 且得少時留住, 可與之娛樂也." 情深如此, 而不能相畜, 故閔之.

○ 鄭玄은 "나라 사람 중에 아내를 버린 자가 직접 말하기를 '曲城 도읍의 저잣거리 밖을 나가니 버림받아 띠 꽃처럼 이리저리 떠도는 정처 없는 여인들을 볼 수 있었다. 이 여인들이 버림받아 마음도 띠 꽃처럼 정처가 없었다. 그러나 이 여인들이 비록 띠 꽃 같으나 내가 걱정해줄 일이 아니니 자기의 아내가 아니기 때문이다. 그리하여 걱정해주지 않은 것이다. 그중에 흰옷 입고 꼭두서니 물들인 두건을 쓴 이가 있으니 그가 나의 아내인데 지금 또 헤어져 있으니 잠시 머물러 살아준다면 함께 즐겁게 지낼 수 있을 것이다.' 하였다."라고 여긴 것이다. 정이 이와 같이 깊은데도 서로 돌보지 못하였다. 그리하여 슬퍼한 것이다.

【疏】 傳'闉曲'至'喪服' ○ 正義曰 : 上言"出其東門", 此文亦言"出其闉闍", 字皆從門, 則知亦是人所從出之處. 釋宮云 "闍謂之臺." 是闍爲臺也. 出謂出城, 則闍是城上之臺, 謂當門臺也. 闍旣是城之門臺, 則知闉是門外之城, 卽今之門外曲城是也, 故云"闉, 曲城, 闍, 城臺." 說文云 "闉闍, 城曲重門." 謂闉爲曲城.

傳의 〔闉曲〕에서 〔喪服〕까지

○ 正義曰 : 위의 經文에서 "出其東門"이라고 하고, 여기 經文에서도 "出其闉闍"라고

하여 글자가 모두 門의 부수를 따랐으니 이 또한 사람이 출입하는 곳임을 알 수 있다. ≪爾雅≫ 〈釋宮〉에 "闍를 누대라고 한다."라고 하였으니, 여기의 闍가 누대가 되는 것이다. '出'은 성을 나가는 것을 이르니 그렇다면 '闍'는 성 위의 누대이니, 당연히 문 위의 누대를 이른다. 闍가 성문의 누대이면 闉은 문 밖의 城임을 알 수 있으니 바로 지금 문 밖의 曲城이 이것이다. 그리하여 "闉은 曲城이고, 闍는 성의 누대이다.〔闉 曲城 闍 城臺〕"라고 한 것이다. ≪說文解字≫에 "闉闍는 曲城의 重門이다."라고 하였으니, 이는 闉을 曲城이라 한 것이다.

【疏】 釋草有"荼, 苦菜." 又有"荼, 委葉." 邶(패)風"誰謂荼苦", 卽苦菜也, 周頌"以薅(호)荼蓼", 卽委(菜)〔葉〕[1]也. 鄭於地官掌荼注及旣夕注與此箋, 皆云"荼, 茅秀." 然則此言"如荼", 乃是茅草秀出之穗(수), 非彼二種荼草也. 言"荼, 英荼"者, 六月云 "白旆英(앙)英[2]." 是白貌, 茅之秀者, 其穗色白, 言女皆喪服, 色如荼然. 吳語說 "吳王夫差於黃池之會, 陳兵以脅晉, 萬人爲方陳, 皆白常[3]・白旗・素甲・白羽之矰, 望之如荼." 韋昭云 "荼, 茅秀." 亦以白色爲如荼, 與此傳意同. 女見棄, 所以喪服者, 王肅云 "見棄, 又遭兵革之禍, 故皆喪服也."

1) (菜)〔葉〕: 저본의 교감기에 따라 '葉'으로 번역하였다.
2) 英(앙)英 : 〈小雅 六月〉의 經文에는 '央央'으로 되어 있다.
3) 常 : 宋 陳祥道의 ≪禮書≫와 宋 李樗의 ≪毛詩詳解≫와 淸 李鍇의 ≪尙史≫에 '常'이 '裳'으로 되어 있으며, ≪說文解字≫에 "常은 혹 衣를 붙여 裳으로 쓴다."라고 하였으므로 '裳'의 의미로 번역하였다.

≪爾雅≫ 〈釋草〉에 "荼는 씀바귀〔苦菜〕이다."라고 하고, 또 "荼는 여뀌〔委葉〕이다."라고 하였으니, 〈邶風 谷風〉에 "누가 씀바귀 쓰다 하는가.〔誰謂荼苦〕"라고 한 것의 〈荼는〉 바로 '苦菜'이고, 〈周頌 良耜〉에 "온갖 여뀌 뽑아내네.〔以薅荼蓼〕"라고 한 것의 〈荼는〉 바로 '委葉'이다. 〈그런데〉 鄭玄이 ≪周禮≫ 〈地官 司徒 掌荼〉의 注와 ≪儀禮≫ 〈旣夕禮〉의 注와 여기의 箋에서 모두 "荼는 茅秀이다."라고 하였으니. 그렇다면 여기서 말한 '如荼'는 바로 띠풀의 팬 이삭이지 ≪이아≫에서 말한 두 종류 荼의 풀이 아니다. "荼 英荼"라고 한 것은, 〈小雅 六月〉에 "흰 기 선명하네.〔白旆英英〕"라고 하였으니 이는 흰 모습이고, 띠가 팬 것은 그 이삭이 희니 여인들이 모두 상복을 입어 띠의 흰색과 같음을 말한 것이

다. ≪國語≫ 〈吳語〉에 "吳王 夫差가 黃池에서 회맹할 때에 병사를 배치하여 晉나라를 위협하려고 만 명의 병사들로 方陳을 만들었는데 모두 흰 하의를 입고 흰 旗를 들고 흰 갑옷을 입고 흰 깃털의 화살을 가지고 있어 멀리서 바라보니 마치 흰 띠 꽃〔如荼〕과 같았다."라고 하였는데, 韋昭가 "荼는 茅秀이다."라고 하였으니, 또한 흰 색을 '如荼'로 여긴 것이니 여기 傳의 뜻과 같다. 버림받은 여인이 상복을 입은 것에 대하여 王肅은 "버림받고 또 병란의 화를 만났다. 그리하여 모두 상복을 입은 것이다."라고 하였다.

【疏】 箋'闍讀'至'無常' ○ 正義曰：以爾雅謂臺爲闍, 不在城門之上, 此言"出其", 不得爲出臺之中, 故轉爲彼都人士之都. 都者, 人所聚會之處, 故知謂國外曲城中之市里也. 以詩說女服, 言綦巾・茹藘, 則非盡喪服, 不得爲其色如荼, 故易傳以荼飛行無常, 與上章相類爲義也.

箋의 〔闍讀〕에서 〔無常〕까지

○ 正義曰：≪爾雅≫ 〈釋宮〉에서 누대를 闍라고 하였으니 성문의 위에 있는 것이 아니니, 여기서 말한 '出其'는 누대에서 나간 것이 될 수 없다. 그리하여 〈傳과〉 다르게 '彼都人士'의 '都'라고 한 것이다. 都는 사람들이 모이는 곳이다. 그리하여 도성 밖 曲城 안의 저잣거리를 이른 것임을 안 것이다. 詩에서 여인의 복장을 말하면서 '쑥색 두건〔綦巾〕'과 '붉은색 두건〔茹藘〕'을 말하였으니 그렇다면 모두 상복을 입은 것이 아니니 띠의 색과 같다고 할 수가 없다. 그리하여 傳과 다르게 '정처 없이 날아다니는 띠 꽃'이라고 한 것이니, 위의 章과 서로 유사한 것으로 뜻을 삼은 것이다.

出其東門二章이니 **章六句**라

〈出其東門〉 2章이니 章마다 6句이다.

野有蔓草(야유만초)

【序】 **野有蔓草**는 **思遇時也**라 **君之澤**이 **不下流**하고 **民窮於兵革**하여 **男女失時**하니 **思不期而會焉**이라

〈野有蔓草〉는 만날 때를 생각한 시이다.

군주의 은택이 아래 백성에게 미치지 못하고 백성들이 전쟁으로 곤궁하여 남녀가 婚期를 놓치니 기약하지 않고도 만나기를 생각한 것이다.

【箋】 不期而會는 謂不相與期而自俱會라

'不期而會'는 서로 〈만날 것을〉 기약하지 않고도 절로 함께 만나는 것을 말한다.

【疏】 '野有蔓草(二章章六句)'至'會焉' ○ 正義曰：作野有蔓草詩者, 言思得逢遇男女合會之時, 由君之恩德潤澤不流及於下, 又征伐不休, 國內之民皆窮困於兵革之事, 男女失其時節, 不得早相配耦, 思得不與期約而相會遇焉. 是下民窮困之至, 故述其事以刺時也. 男女失時, 謂失年盛之時, 非謂婚之時月也. 毛以爲"君之潤澤不下流, (下)〔二〕[1] 章首二句是也, 思不期而會, 下四句是也." 鄭以"經皆是思不期而會之辭." 言君之潤澤不流下, 敍男女失時之意, 於經無所當也.

1) (下)〔二〕: 저본의 교감기에 따라 '二'로 번역하였다.

序의 〔野有蔓草〕에서 〔會焉〕까지

○ 正義曰：〈野有蔓草〉의 詩를 지은 것은 남녀가 會合하는 때를 만날 수 있기를 바라는 마음을 말한 것이니, 군주의 은택이 아래에 미치지 못하고 게다가 정벌이 끊이지 않았기 때문에 나라 안의 백성들이 모두 전쟁으로 곤궁해져 남녀가 혼기를 놓쳐 일찍 배우자를 얻지 못하여 만날 것을 기약하지 않고도 서로 만나기를 바란 것이다. 이는 아래 백성들이 지극히 곤궁한 것이다. 그리하여 그 일을 기술하여 당시를 풍자한 것이다. '男女失時'는 혼기를 놓친 것을 말한 것이지 혼인하는 계절을 말한 것이 아니다.

毛亨은 "군주의 은택이 아래에 미치지 못한 것은 두 장의 처음 두 句가 그것이고, 만날 것을 기약하지 않고도 만나기를 바라는 것은 아래 네 句가 그것이다."라고 여겼다. 鄭玄은 "經文은 모두 만날 것을 기약하지 않고도 만나기를 바라는 것"이라고 여겼다. 군주의 은택이 아래에 미치지 못하였다고 한 것과 남녀가 때를 잃은 뜻을 서술한 것은 經文에는 해당되는 곳이 없다.

野有蔓草하니 **零露漙**(단)**兮**로다

들에 뻗은 덩굴 풀
이슬 내려 촉촉하네

【傳】 興也라 野는 四郊之外라 蔓은 延也라 漙은 漙然盛多也라

興이다. 野는 사방 郊外의 바깥이다. 蔓은 '뻗음'이다. 漙은 이슬이 촉촉하게 많이 내린 것이다.

【箋】 箋云 零은 落也라 蔓草而有露는 謂仲春之時에 草始生하고 霜爲露也니 周禮에 仲春之月에 令會男女之無夫家者라 ○ 漙은 本亦作團이라

箋云 : 零은 '떨어짐'이다. 덩굴 풀에 이슬이 내린 것은 仲春의 때에 풀의 싹이 처음 돋고 서리가 이슬이 된 것을 이르니, ≪周禮≫ 〈地官 媒氏〉에 "仲春의 달에 배우자가 없는 남녀를 만나게 한다."라고 하였다.

○ 漙은 '團'으로 되어 있는 本도 있다.

有美一人이여 淸揚婉兮로다

저 아름다운 이여
눈매도 곱고 어여쁘네

邂逅相遇나 適我願兮로다

우연히 만났지만
마침 내가 원하던 이였네

【傳】 淸揚은 眉目之間婉然美也라 邂逅는 不期而會니 適其時願이라

淸揚은 눈썹과 눈 사이가 곱고 아름다운 것이다. 邂逅는 기약하지 않고도 만난 것이니 마침 당시 원하던 것이었다.

【疏】 '野有'至'願兮' ○ 毛以爲 "郊外野中有蔓延之草, 草之所以能延蔓者, 由天有隕落之露, 溥溥然露潤之兮, 以興民所以得蕃息者, 由君有恩澤之化, 養育之兮. 今君之恩澤不流於下, 男女失時, 不得婚娶, 故於時之民, 乃思得有美好之一人, 其淸揚眉目之間婉然而美兮, 不設期約, 邂逅得與相遇, 適我心之所願兮." 由不得早婚, 故思相逢遇, 是君政使然, 故陳以刺君. ○ 鄭以蔓草零露記時爲異, 餘同.

經의 〔野有〕에서 〔願兮〕까지

○ 毛亨은 "郊外의 들판에 덩굴 풀이 있으니 풀이 덩굴져 퍼질 수 있는 것은 하늘에서 내리는 이슬이 있어 촉촉하게 적셔주기 때문이라는 것으로, 백성들이 蕃息할 수 있는 것은 군주에게 은택의 교화가 있어 길러주기 때문임을 興하였다. 그런데 지금 군주의 은택이 아래에 미치지 못하여 남녀가 혼기를 놓쳐 혼인하지 못하였다. 그리하여 당시의 백성들이 이에 어여쁜 사람을 만나기를 생각하였는데, 눈썹과 눈 사이가 곱고 아름다운 이를 기약하지 않고도 뜻밖에 만났지만 마침 내가 원하던 사람이었다."라고 한 것으로 여겼다. 일찍 혼인하지 못하였기 때문에 서로 만나기를 바란 것이니, 이는 군주의 정사가 그렇게 만든 것이다. 그리하여 이를 진술하여 군주를 풍자한 것이다.

○ 鄭玄은 "'덩굴 풀에 떨어지는 이슬'을 때를 기록한 것"으로 다르게 여겼고 나머지는 〈毛亨의 뜻과〉 같다.

【疏】 傳'野四'至'盛多' ○ 正義曰 : 釋地云 "郊外謂之牧, 牧外謂之野." 是野在四郊之外. 此唯解文, 不言興意, 王肅云 "草之所以能延蔓, 被盛露也, 民之所以能蕃息, 蒙君澤也."

傳의 〔野四〕에서 〔盛多〕까지

○ 正義曰 : ≪爾雅≫ 〈釋地〉에 "郊의 밖을 牧이라 하고, 牧의 밖을 野라 한다."라고 하였으니, 이것이 野가 四郊의 밖에 있는 것이다. 이 傳에서는 글자만을 해석하고 興의 의미는 말하지 않았는데, 王肅은 "풀이 덩굴져 퍼질 수 있는 까닭은 촉촉한 이슬이 내렸기 때문이고, 백성이 蕃息할 수 있는 까닭은 군주의 은택을 입었기 때문이다."라고 하였다.

【疏】 箋'零落'至'夫家' ○ 正義曰 : 靈作零字, 故爲落也. 仲春・仲秋, 俱是晝夜等溫涼中, 九月霜始降, 仲秋仍有露, 則知正月猶有霜, 二月始有露, 故云蔓草生而有露, 謂仲春時也. 所引周禮地官媒氏, 有其事, 取其意, 不全取文, 與彼小異. 鄭以仲春爲(媒)〔婚〕[1)]月; 故引以證此爲記時, 言民思此時而會者, 爲此時是婚月故也.

1) (媒)〔婚〕: 저본의 교감기에 따라 '婚'으로 번역하였다.

箋의 〔零落〕에서 〔夫家〕까지

○ 正義曰 : 靈이 '零'자로 되어 있다. 그리하여 '落'이라고 한 것이다. 仲春과 仲秋에는 모두 밤과 낮의 길이가 같고 서늘하고 따뜻한 기운이 알맞으며 9월에 서리가 처음 내리니 仲秋에는 여전히 이슬이 내린 것이다. 그러니 正月에는 아직 서리가 내리고 2월에 비로소 이슬이 내림을 알 수 있다. 그리하여 '덩굴 풀이 자라고 이슬이 내린다.'고 한 것이니 仲春의 때를 이른다. ≪周禮≫ 〈地官 媒氏〉를 인용한 것은, 그러한 일이 있어 그 의미를 취한 것이지 그 글 전부를 취한 것이 아니니 여기와는 조금 차이가 있다. 鄭玄은 仲春을 혼인하는 달로 여겼으므로 인용하여 이 구절이 때를 기록한 것임을 증명하였으니, 백성들이 이때에 만나기를 바란다고 한 것은 이때가 혼인하는 달이기 때문이다.

野有蔓草하니 **零露瀼**(양)**瀼**이로다

들에 뻗은 덩굴 풀
이슬 내려 촉촉하네

【傳】 瀼瀼은 盛貌라

瀼瀼은 〈이슬이〉 많은 모습이다

有美一人이여 **婉如淸揚**이로다

저 아름다운 이여
눈매도 곱고 시원하네

邂逅相遇나 **與子皆臧**이로다

우연히 만났지만
그대와 함께 좋아하리라

【傳】 臧은 善也라

臧은 '좋음'이다.

野有蔓草二章이니 章六句라

〈野有蔓草〉 2章이니 章마다 6句이다.

溱洧(진유)

【序】 溱洧는 刺亂也라 兵革不息하니 男女相棄하여 淫風大行이나 莫之能救焉이라

〈溱洧〉는 〈남녀 사이의〉 문란함을 풍자한 詩이다.

전쟁이 끊이지 않으니 남녀가 서로를 버려 음란한 풍속이 크게 유행하였지만 그치게 하지 못하였다.

【箋】 救는 猶止也라 亂者는 士與〔女〕[1]合會溱洧之上이라 ○ 說文에 溱作潧(증)이니 云潧水는 出鄭하고 溱水는 出桂陽也라하니라

1) 〔女〕: 저본의 교감기에 따라 '女'자를 보충하여 번역하였다.

救는 '그침'과 같다. 亂은 남녀가 溱水와 洧水 가에서 만난 것이다.

○ ≪說文解字≫에 '溱'이 '潧'으로 되어 있는데, "潧水는 鄭나라에서 발원하고, 溱水는 桂陽에서 발원한다."라고 하였다.

溱與洧 方渙渙兮어늘

溱水와 洧水
봄물 불어 넘실거리는데

【傳】 溱과 洧는 鄭兩水名이라 渙渙은 春水盛也라

溱水와 洧水는 鄭나라 두 강의 이름이다. 渙渙은 봄물이 불어난 것이다.

【箋】 箋云 仲春之時에 氷以釋하여 水則渙渙然이라 ○ 渙은 韓詩作洹(환)하고 洹은 說文作汎이라

箋云 : 仲春의 때에 얼음이 녹아 강물이 불어난 것이다.

○ 渙은 ≪韓詩≫에 '洹'으로 되어 있고, 洹은 ≪說文解字≫에는 '汎'으로 되어 있다.

士與女여 方秉蕑兮로다

사내와 여인
난초를 들었네

【傳】 蕑은 蘭也라

蕑은 난초이다.

【箋】 箋云 男女相棄하여 各無匹偶러니 感春氣竝出하여 託采芬香之草하여 而爲淫泆(일)之行이라 ○ 蕑은 字從艸하니 韓詩云 蓮也라 若作竹下면 是簡策之字耳라

箋云 : 남녀가 서로를 버려 각기 배우자 없이 지냈는데 봄기운에 느꺼워 모두 나와서 캐온 향기로운 풀에 의탁하여 음란한 행실을 하였다.

○ 蕑은 글자가 '艸'의 부수를 쓰니, ≪韓詩≫에 "연꽃이다."라고 하였다. 만약 '竹' 아래에 쓰면 이는 簡策의 '簡'자이다.

女曰觀乎아하니 士曰旣且(저)로다

여인 가보았나요 하니
사내 가보았노라 하네

【箋】 箋云 女曰觀乎는 欲與士觀於寬閒之處라 旣는 已也니 士曰已觀矣라하니 未從之也라 ○ 且는 往也니 下章放此라

箋云 : '女曰觀乎'는 〈여인이〉 사내와 함께 넓고 한적한 곳에 구경 가고자 한 것이다. 旣는 '이미'이다. 사내가 "이미 구경하였다"라고 하였으니 아직 따라가지 않은 것이다.

○ 且는 '가는 것'이니, 아래 章도 이와 같다.

且往觀乎인저 **洧之外**는 **洵訏**(우)**且樂**이라

다시 구경 가요
洧水 너머는
참으로 넓고 재미난 곳이지요

【傳】 訏는 大也라

訏는 '큼'이다.

【箋】 箋云 洵은 信也라 女情急이라 故勸男使往觀於洧之外하여 言其土地信寬大又樂也라 於是男則往也라 ○ 洵은 韓詩作恂하고 訏는 韓詩作盱하니 云 恂盱는 樂貌也라하니라

箋云 : 洵은 '참으로'이다. 여인의 마음이 다급해졌다. 그리하여 사내에게 洧水 너머로 구경 가기를 권하여 '그곳은 참으로 넓고 또 재미난 곳'이라고 한 것이다. 이에 사내가 따라간 것이다.

○ 洵은 ≪韓詩≫에 '恂'으로 되어 있고, 訏는 ≪한시≫에 '盱'로 되어 있으니, "恂盱는 즐거운 모습이다."라고 하였다.

維士與女 伊其相謔하고 **贈之以勺藥**이라

사내와 여인 어울려
희희낙락 함께 즐기고
정표로 작약 선물하네

【傳】 勺藥은 香草라

勺藥은 향기로운 풀이다.

【箋】 箋云 伊는 因也라 士與女往觀하고 因相與戲謔하며 行夫婦之事하고 其別에 則送女以勺

勺藥(≪詩經名物圖解≫)

藥하여 結恩情也라

箋云 : 伊는 '因'이다. 사내가 여인과 함께 구경 가고 이로 인해 서로 희희낙락하며 부부간의 일을 행하고 이별할 때에는 여인에게 勺藥을 주어 사랑의 정을 맺은 것이다.

【疏】'溱與洧'至'勺藥' ○正義曰 : 鄭國淫風大行, 述其爲淫之事. 言溱水與洧水, 春氷旣泮, 方欲渙渙然流盛兮, 於此之時, 有士與女方適野田, 執芳香之蘭草兮, 旣感春氣, 託采香草, 期於田野, 共爲淫泆. 士旣與女相見, 女謂士曰 "觀於寬閒之處乎." 意願與男俱行, 士曰 "已觀(乎)〔矣〕[1]." 止其欲觀之事, 未從女言. 女情急, 又勸男云 "且復更往觀乎, 我聞洧水之外, 信寬大而且樂, 可相與觀之." 士於是從之. 維士與女, 因卽其相與戲謔, 行夫婦之事, 及其別也, 士愛此女, 贈送之以勺藥之草, 結其恩情, 以爲信約. 男女當以禮相配, 今淫泆如是, 故陳之以刺亂.

1) (乎)〔矣〕: 저본의 교감기에 따라 '矣'로 번역하였다.

經의 〔溱與洧〕에서 〔勺藥〕까지

○正義曰 : 鄭나라에 음란한 풍속이 크게 유행하니 그 음란한 일을 서술한 것이다.

溱水와 洧水가 봄에 얼음이 녹아 넘실넘실 물결이 출렁이는데 이때에 사내와 여인이 들에 나가 향기로운 난초를 들었으니, 봄기운에 느껴워 캐온 향기로운 풀에 의탁하여 들에서 만나기를 약속하고 함께 음란한 행동을 한 것이다. 사내가 여인과 만나자 여인이 사내에게 "넓고 한적한 곳에 구경 가보았나요?"라고 하였으니 이는 사내와 함께 구경 가기를 바란 것이고, 사내가 "이미 가보았노라."고 하였으니 같이 구경 가고자 하는 일을 제지하여 여인의 말을 따르지 않은 것이다. 여인의 마음이 다급해져 다시 사내에게 권하길 "또다시 구경 가요. 내가 들으니 洧水 너머는 참으로 넓고 또 재미난 곳이라니 함께 구경 가요."라고 하니 사내가 이에 따라갔다. 사내와 여인이 이로 인해 바로 서로 희희낙락하며 부부간의 일을 행하고 이별할 때에는 사내가 이 여인을 사랑하여 작약을 주어 사랑의 마음을 맺어 정표로 삼은 것이다.

남녀는 응당 예로써 서로 짝이 되어야 하는데 지금의 음란한 행동이 이와 같았다. 그리하여 이 일을 말하여 음란함을 풍자한 것이다.

【疏】傳'蕑蘭' ○正義曰 : 陸機疏云 "蕑卽蘭, 香草也. 春秋傳曰 '刈蘭而卒.'[1] 楚辭云'紉秋蘭.' 孔子曰 '蘭當爲王者香草.'[2] 皆是也. 其莖葉似藥草, 澤蘭, 廣而長節, 節中赤, 高四五尺. 漢諸池苑及許昌宮中皆種之, 可著粉中, 藏衣著書中, 辟白魚[3]."

1) 刈蘭而卒 : 鄭 文公의 愛妾인 燕姞의 꿈에, 하늘에서 사자가 와서 난을 주며 "나는 伯儵(백조)로 너의 조상이다. 蘭으로 아들을 점지해줄 터이니, 蘭은 향기가 가장 뛰어나 모두의 사랑을 받게 될 것이다."라고 하였다. 아들을 낳아 蘭으로 이름을 지었는데 그가 王으로 즉위하였다. 그 후 병이 나자 "蘭이 죽으면 나도 죽을 것이다. 나를 태어나게 한 것은 蘭이기 때문이다."라고 하였는데, 蘭을 베어내자 穆公이 죽었다고 한다.(≪春秋左氏傳≫ 宣公 3년)

2) 蘭當爲王者香草 : 孔子가 ≪猗蘭操≫를 지으면서 말한 것으로 전해진 글이다. ≪孔子類記≫에 "〈蔡邕의〉 ≪琴操≫에 ≪猗蘭操≫는 공자가 지은 것이다. 공자가 諸侯를 차례로 聘問하였으나 제후가 맡기지 않았다. 이에 衛나라에서 魯나라로 돌아갈 때에 깊은 골짜기에서 향기로운 난초가 홀로 피어 있는 것을 보고 '저 난초는 王者를 위하여 향기를 내야 하는데 지금 도리어 잡초와 짝이 되었도다.'라고 한숨짓고 탄식하며, 마침내 수레를 멈추고 거문고를 타면서 때를 만나지 못함을 스스로 가슴 아파하며 향기로운 난초에 가탁하여 詩를 지었다.〔琴操 猗蘭操 孔子所作也 孔子歷聘諸侯 諸侯莫能任 自衛反魯 幽谷之中見香蘭獨秀 喟然歎曰 夫蘭當爲王者香 今乃與重草爲伍 乃止車 援琴鼓之 自傷不逢時 託辭於香蘭〕"라고 하였다.(≪欽定四庫全書≫ 卷八十六之一 ≪繹史≫)

3) 白魚 : 좀벌레를 말한다. 좀벌레〔蠹〕는 일명 '白魚'라고도 하고, '衣魚'라고 하며, 세속에서는 '蠹魚'라고도 한다.(≪諸羅縣志≫ 권10)

傳의 〔蕑蘭〕

○ 正義曰 : 陸機의 ≪毛詩草木鳥獸蟲魚疏≫에 "蕑은 바로 난초이니, 향기로운 풀이다. ≪春秋左氏傳≫ 宣公 3년에 '난초를 베어내니 〈鄭 穆公이〉 죽었다.'라고 하고, ≪楚辭≫ 〈離騷〉에는 '가을 난초 엮어 〈허리에 차노라.〉'라고 하고, 孔子는 '난초는 王者를 위하여 향기를 내야 하는데'라고 한 것이 모두 이것이다. 난초의 줄기와 잎은 약초와 비슷한데, 澤蘭은 넓고 마디가 길며 마디 사이는 붉고 키가 4, 5尺이다. 漢나라 때에 여러 연못과 동산 및 許昌宮 안에 모두 심었는데, 粉 속에 넣어 바를 수도 있고, 옷에 보관하고 책 속에 넣어 좀벌레를 쫓을 수도 있다."라고 하였다.

【疏】 傳'訏大' ○ 正義曰 : 釋詁文.

傳의 〔訏大〕

○ 正義曰 : ≪爾雅≫ 〈釋詁〉의 글이다.

【疏】 箋'洵信'至'則往' ○ 正義曰 : '洵 信', 釋詁文. 以'士曰旣且', 是男答女也, '且往觀乎'與上'女曰觀乎', 文勢相副, 故以女勸男辭. 言其寬且樂, 於是男則往也, 下句是男往之事.

箋의 〔洵信〕에서 〔則往〕까지

○ 正義曰 : '洵 信'은 ≪爾雅≫ 〈釋詁〉의 글이다. '사내가 가보았노라'라고 하였으니, 이는 사내가 여인에게 답한 것이고, '다시 구경 가요'라고 한 것과 위의 '여인이 구경 가보았나요'라고 한 것은 문세가 서로 부합한다. 그리하여 여인이 사내에게 권한 말이라고 여긴 것이다. 넓고 재미난 곳이라고 하자 이에 사내가 따라간 것이니, 아래 句가 바로 사내가 따라간 일이다.

【疏】 傳'勺藥香草' ○ 正義曰 : 陸機疏云 "今藥草勺藥無香氣, 非是也, 未審今何草."

傳의 〔勺藥香草〕

○ 正義曰 : 陸機의 ≪毛詩草木鳥獸蟲魚疏≫에 "지금의 약초인 勺藥은 향기가 없으니 여기서의 작약이 아니다. 지금의 어떤 풀인지는 잘 모르겠다."라고 하였다.

【疏】 箋'伊因' ○ 正義曰 : 因觀寬閒, 遂爲戲謔, 故以伊爲因也.

箋의 〔伊因〕

○ 正義曰 : 그 일로 인해 넓고 한적한 곳에 구경 가서 희희낙락한 것이다. 그리하여 '伊'를 '因'이라고 한 것이다.

溱與洧 瀏(류)其淸矣어늘

溱水와 洧水

깊고도 맑은데

【傳】 瀏는 深貌라 ○ 瀏는 說文에 流淸也라하니라

瀏는 깊은 모습이다. ○ 瀏는 ≪說文解字≫에 "물이 맑은 것이다."라고 하였다.

士與女여 **殷其盈矣**로다

사내와 여인들

그 무리 많네

【傳】 殷은 衆也라

殷은 '무리'이다.

女曰觀乎아하니 **士曰旣且**로다 **且往觀乎**인저 **洧之外**는 **洵訏且樂**이라 **維士與女**
伊其將謔하고 **贈之以勺藥**이라

여인 가보았나요 하니

사내 가보았노라 하네

다시 구경 가요

洧水 너머는

참으로 넓고 재미난 곳이지요

사내와 여인 어울려

희희낙락 즐기고

정표로 작약 선물하네

【箋】 箋云 將은 大也라

箋云 : 將은 '큼'이다.

溱洧二章이니 **章十二句**라

〈溱洧〉 2章이니 章마다 12句이다.

鄭國二十一篇이니 **五十三章**이요 **二百八十三句**라

鄭國(鄭風) 21篇이니 53章이고 283句이다.

〔附錄 1〕

15國風地理之圖(≪五經圖彙≫)

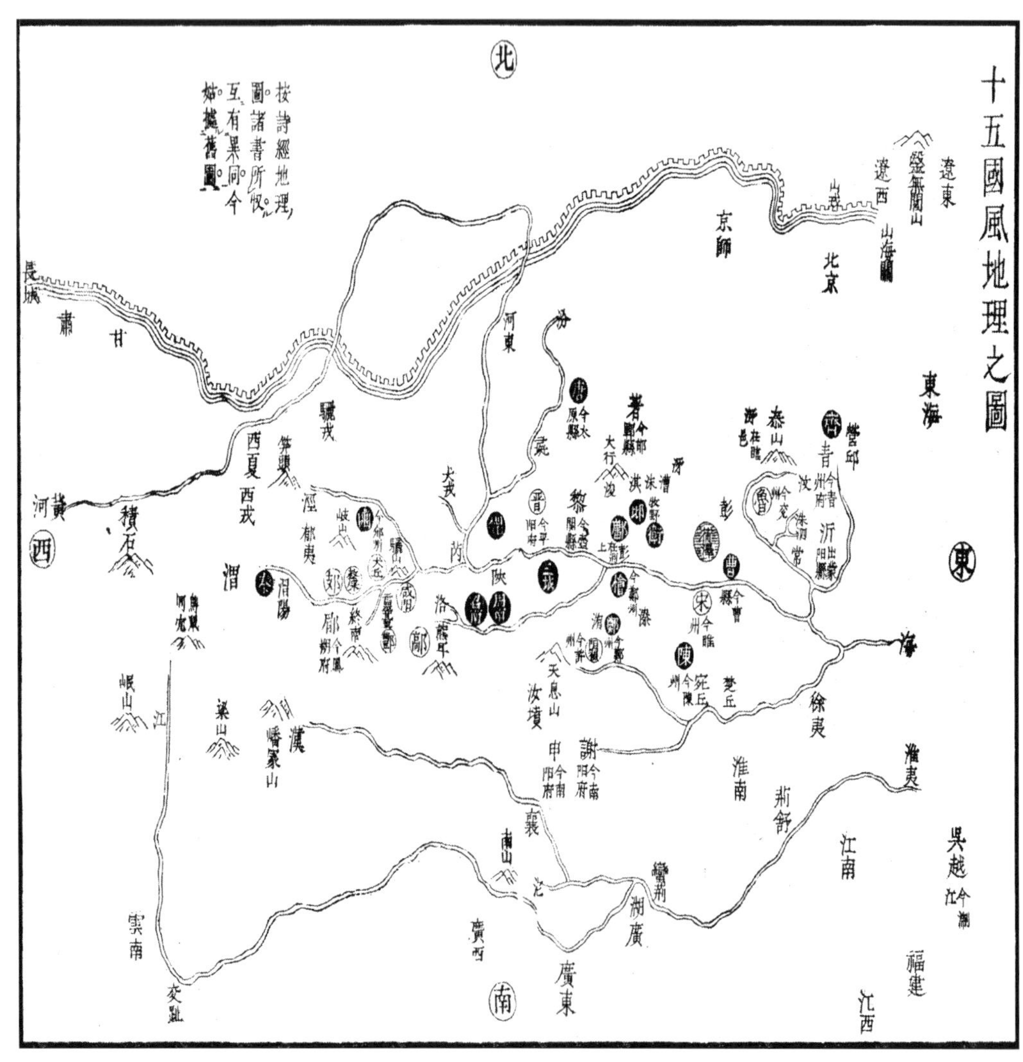

〔附錄 2〕

1. 參考圖版 目錄 및 出處

2. ≪毛詩正義≫ 總目次

QR코드를 스캔하면 ≪毛詩正義≫ 總目次를 볼 수 있습니다.

≪毛詩正義≫ 總目次

3. ≪毛詩正義≫ 解題

QR코드를 스캔하면 ≪毛詩正義≫ 解題를 볼 수 있습니다.

≪毛詩正義≫ 解題

責任飜譯者 略歷

朴小東

全南 求禮 光義 出生
蘭圃 徐漢奉 先生 師事

民族文化推進會 附設 國譯硏修院 硏修部 및 常任硏究部 卒業
成均館大學校 儒學大學院 卒業
民族文化推進會 國譯室長・編纂室長・敎務處長
韓國古典飜譯院 漢學敎授
成均館大學校 漢文古典飜譯 碩・博士 統合科程 兼任敎授
韓國古典飜譯院 名譽漢學敎授(現)
成均館大學校 招聘敎授(現)
國民勳章 冬栢章 受勳

論文 및 譯書

論文 〈古典國譯事業의 回顧와 展望〉, 〈禮와 樂舞의 상호관련성〉,
〈退溪 四書釋義의 經學的 特性에 관한 연구〉, 〈古典國譯의 實際〉,
〈朝鮮王朝儀軌 飜譯의 現況과 課題〉, 〈韓國古典 飜譯의 歷史〉
譯書 ≪嘉禮都監儀軌≫, ≪親耕·親蠶儀軌≫, ≪高宗壬寅進宴儀軌≫
共譯 ≪茶山詩文集 5≫, ≪宋子大全 6, 10≫, ≪弘齋全書 16≫, ≪中宗實錄 48≫,
≪明宗實錄 15≫, ≪宣祖實錄 13, 30, 38≫, ≪光海君日記 5, 14≫,
≪仁祖實錄 6, 17≫, ≪孝宗實錄 1≫
編書 ≪궁궐 밖의 역사≫ 외

共同飜譯者 略歷

金文順

경성대학교 한문학과 졸업
民族文化推進會 附設 硏究部 卒業
漢學者 李泰吉 先生, 서정민 先生 師事
한국승정원일기연구소 연구위원(現)

譯書 및 潤文·校訂

共譯 ≪은대조례 참고자료집≫, ≪은대편고≫
潤文·校訂 ≪毛詩正義1,2≫

金容美

全北 淳昌 雙置 出生

東國大學校 文科大學 哲學科 卒業
民族文化推進會 附設 國譯研修院 研修部 및 一般研究部 卒業
古典資料電算化 校正・校閱委員
林園經濟研究所 研究員

譯書 및 潤文·校訂

共譯 ≪政院故事≫, ≪怡雲志≫, ≪鼎俎志≫
潤文·校訂 ≪保養志≫, ≪毛詩正義1,2≫

白廣寅

全南 長興 長平 出生
朝鮮大學校 商學科 卒業
中小企業銀行 審査部長 및 企銀캐피탈 副社長 歷任

晩翠 魏啓道 先生 師事
儒道會 附設 研修院 受學
民族文化推進會 附設 國譯研修院 研修部 및 一般研究部 卒業
國史編纂委員會 附設 古文書研究院 2年科程 修了
海東經史研究所 研究員(現)

譯書 및 潤文·校訂

共譯 ≪與猶堂全書≫ 詩文集·雜評
潤文·校正 ≪韓國行草序跋文選≫, ≪論語集註詳說≫, ≪毛詩正義 1,2≫ 등

全哲槿

全北 鎭安 出生

全州大學 漢文教育科 卒業
民族文化推進會 附設 國譯研修院 研修部 및 一般研究部 卒業
海東經史研究所 研究委員(現)
韓國古典飜譯院 校點委員(現)

校勘標點 및 潤文·校訂

校勘標點 ≪東賢奏議≫, ≪新增東國輿地勝覽≫
潤文·校訂 ≪毛詩正義1,2≫

十三經注疏
譯註 毛詩正義 3 　　정가 37,000원

2020년 12월 30일 초판 발행
2022년 03월 15일 초판 3쇄

傳 毛亨　箋 鄭玄　疏 孔穎達
責任飜譯　朴小東
共同飜譯　金文順 金容美 白廣寅 全哲槿
企劃編輯　東洋古典飜譯編輯委員會
常任原文校閱　吳圭根
潤　　文　朴勝珠 南賢熙
校　　訂　李承俊 田炳秀
發 行 人　朴洪植
發 行 處　社團法人 傳統文化硏究會

서울시 종로구 삼일대로 428 낙원빌딩 411호
전화 : (02)762-8401　전송 : (02)747-0083
전자우편 : juntong@juntong.or.kr
사이버書堂 : cyberseodang.or.kr
온라인서점 : book.cyberseodang.or.kr

등록 : 1989. 7. 3. 제1-936호

인쇄처 : 한국법령정보주식회사(02-462-3860)
총　판 : 한국출판협동조합(070-7119-1750)

ISBN 979-11-5794-273-2 94140
　　　978-89-91720-93-0(세트)

※ 이 책은 2020년도 교육부 고전문헌 국역지원사업 지원비에 의해 초판(비매품) 간행.

전통문화연구회 도서목록

新編 基礎漢文教材

新編 四字小學·推句 고전교육연구실 編譯 11,000원
新編 啓蒙篇·童蒙先習 고전교육연구실 編譯 11,000원
新編 明心寶鑑 李祉坤·元周用 譯註 15,000원
新編 擊蒙要訣 咸賢贊 譯註 12,000원
新編 註解千字文 李忠九 譯註 13,000원
新編 原文으로 읽는 故事成語 元周用 編譯 15,000원
新編 唐音註解選 權卿相 譯註 22,000원

漢文讀解捷徑시리즈

漢文독해 기본패턴 고전교육연구실 著 15,000원
四書독해첩경 고전교육연구실 著 20,000원
한문독해첩경 文學篇 朴相水 李和春 李祉坤 元周用 著 15,000원
한문독해첩경 史學篇 朴相水 李和春 李祉坤 元周用 著 15,000원
한문독해첩경 哲學篇 朴相水 李和春 李祉坤 元周用 著 15,000원

東洋古典國譯叢書

大學·中庸集註 - 개정증보판 成百曉 譯註 10,000원
論語集註 - 개정증보판 成百曉 譯註 27,000원
孟子集註 - 개정증보판 成百曉 譯註 30,000원
詩經集傳 上·下 成百曉 譯註 各 35,000원
書經集傳 上·下 成百曉 譯註 各 35,000원
周易傳義 上·下 成百曉 譯註 各 40,000원
小學集註 成百曉 譯註 30,000원
古文眞寶 後集 成百曉 譯註 32,000원

五書五經讀本

論語集註 上·下 鄭太鉉 譯註 各 25,000원
孟子集註 上·下 田炳秀·金東柱 譯註 各 30,000원
大學·中庸集註 李光虎·田炳秀 譯註 15,000원
小學集註 上·下 李忠九 外 譯註 各 25,000원
詩經集傳 上·中·下 朴小東 譯註 各 30,000원
書經集傳 上·中·下 金東柱 譯註 各 30,000원
周易傳義 元·亨·利·貞 崔英辰 外 譯註 各 30,000원
詳說古文眞寶大全後集 上·下 李相夏 外 譯註 各 32,000원
春秋左氏傳 上·中·下 許鎬九 外 譯註 各 36,000원~38,000원
禮記 上·中·下 成百曉 外 譯註 各 30,000원

東洋古典譯註叢書

〈經部〉

十三經注疏
周易正義 1~4 成百曉·申相厚 譯註 各 30,000원~40,000원
尙書正義 1~7 金東柱 譯註 各 25,000원~36,000원
毛詩正義 1~6 朴小東 外 譯註 各 32,000원~37,000원
禮記正義 中庸·大學 李光虎·田炳秀 譯註 20,000원
論語注疏 1~3 鄭太鉉·李聖敏 譯註 各 25,000원~40,000원
孟子注疏 1~2 崔彩基·梁基正 譯註 各 30,000원
孝經注疏 鄭太鉉·姜珉廷 譯註 35,000원
周禮注疏 1~2 金容天·朴禮慶 譯註 30,000원
春秋左氏傳 1~8 鄭太鉉 譯註 各 18,000원~35,000원
禮記集說大全 1~2 辛承云 外 譯註 各 25,000원~30,000원
東萊博議 1~5 鄭太鉉·金炳愛 譯註 各 25,000원~35,000원
韓詩外傳 1~2 許敬震 外 譯註 各 29,000원~33,000원
說文解字注 1 李忠九 外 譯註 35,000원

〈史部〉

思政殿訓義 資治通鑑綱目 1~21 辛承云 外 譯註 各 18,000원~35,000원
通鑑節要 1~9 成百曉 譯註 各 18,000원~40,000원
唐陸宣公奏議 1~2 沈慶昊·金愚政 譯註 各 35,000원~45,000원
貞觀政要集論 1~4 李忠九 外 譯註 各 25,000원~32,000원
列女傳補注 1~2 崔秉準·孔勤植 譯註 各 30,000원~38,000원
歷代君鑑 1~4 洪起殷·全百燦 譯註 各 32,000원~35,000원

〈子部〉

近思錄集解 1~3 成百曉 譯註 各 25,000원/35,000원
孔子家語 1~2 許敬震 外 譯註 各 35,000원/36,000원
老子道德經注 金是天 譯註 30,000원
大學衍義 1~5 辛承云 外 譯註 各 26,000원~30,000원
墨子閒詁 1~5 李相夏 外 譯註 各 32,000원~38,000원
說苑 1~2 許鎬九 譯註 各 25,000원
世說新語補 1~4 金鎭玉 外 譯註 各 29,000원~38,000원
荀子集解 1~7 宋基采 譯註 各 25,000원~38,000원
心經附註 成百曉 譯註 35,000원
顔氏家訓 1~2 鄭在書·盧暻熙 譯註 各 22,000원/25,000원
揚子法言 1 朴勝珠 譯註 24,000원
二程全書 1~4 崔錫起·姜導顯 譯註 各 36,000원~38,000원
莊子 1~4 安炳周·田好根 共譯 各 25,000원~30,000원
政經·牧民心鑑 洪起殷·全百燦 譯註 27,000원
韓非子集解 1~5 許鎬九 外 譯註 各 32,000원~38,000원
武經七書直解
孫武子直解·吳子直解 成百曉·李蘭洙 譯註 35,000원
六韜直解·三略直解 成百曉·李鍾德 譯註 26,000원
尉繚子直解·李衛公問對直解 成百曉·李蘭洙 譯註 26,000원
司馬法直解 成百曉·李蘭洙 譯註 26,000원
管子 1~2 李錫明·金帝蘭 譯註 各 30,000원
列子鬳齋口義 崔秉準·孔勤植·權憲俊 共譯 34,000원

〈集部〉

古文眞寶 前集 成百曉 譯註 30,000원
唐詩三百首 1~3 宋載卲 外 譯註 各 25,000원~36,000원
唐宋八大家文抄 韓愈 1~3 鄭太鉉 譯註 各 22,000원/28,000원
〃 歐陽脩 1~7 李相夏 譯註 各 25,000원~35,000원
〃 王安石 1~2 申用浩·許鎬九 共譯 各 20,000원/25,000원
〃 蘇洵 李章佑 外 譯註 25,000원
〃 蘇軾 1~5 成百曉 譯註 各 22,000원
〃 蘇轍 1~3 金東柱 譯註 各 20,000원~22,000원
〃 曾鞏 宋基采 譯註 25,000원
〃 柳宗元 1~2 宋基采 譯註 各 22,000원
明淸八大家文鈔 1 歸有光·方苞 李相夏 外 譯註 35,000원
〃 2 劉大櫆·姚鼐 李相夏 外 譯註 35,000원

東洋古典新譯

당시선 송재소·최경렬·김영죽 편역 22,000원
손자병법 성백효 역주 14,000원
장자 안병주·전호근·김형석 역주 13,000원
고문진보 후집 신용호 번역 28,000원
노자도덕경 김시천 역주 15,000원
고문진보 전집 上·下 신용호 번역 각 28,000원

동양문화총서

동양사상 해설과 원전 정규훈 外 저 22,000원
화합의 길 《중용》 읽기 금장태 저 20,000원
호설과 시장 신용호 저 20,000원

문화문고

경전으로 본 세계종교 그리스도교 이정배 편저 10,000원
〃 도교 이강수 편역 10,000원
〃 천도교 윤석산·홍성엽 편저 10,000원
〃 힌두교 길희성 편역 10,000원
〃 유교 이기동 편저 10,000원
〃 불교 김용표 편저 10,000원
〃 이슬람 김영경 편역 10,000원
논어·대학·중용 / 맹자 조수익·박승주 공역 각 10,000원
소학 박승주·조수익 공역 10,000원
십구사략 1~2 정광호 저 각 12,000원
무경칠서 손자병법·오자병법 성백효 역 10,000원
〃 육도·삼략 성백효 역 10,000원
〃 사마법·울료자·이위공문대 성백효 역 10,000원
당시선 송재소·최경렬·김영죽 편역 10,000원
한문문법 이상진 저 10,000원
한자한문전통교재 조수익·이성민 공역 10,000원
士小節 선비 집안의 작은 예절 이동희 편역 12,000원
儒學이란 무엇인가 이동희 저 10,000원
동아시아의 유교와 전통문화 이동희 저 13,000원
현대인, 동양고전에서 길을 찾다 이동희 저 10,000원
100자에 담긴 한자문화 이야기 김경수 저 12,000원
우리 설화 1~2 김동주 편역 각 10,000원
대한민국 국무총리 이재원 저 10,000원
백운거사 이규보의 문학인생 신용호 저 14,000원